Millennium 1/2004

Millennium 1/2004

Jahrbuch zu Kultur und Geschichte
des ersten Jahrtausends n. Chr.

Yearbook on the Culture and History
of the First Millennium C.E.

Herausgegeben von / Edited by

Wolfram Brandes (Frankfurt/Main), Alexander Demandt (Berlin),
Hartmut Leppin (Frankfurt/Main), Helmut Krasser (Gießen)
und Peter von Möllendorff (Gießen)

Walter de Gruyter · Berlin · New York

∞ Gedruckt auf säurefreiem Papier, das die US-ANSI-Norm
über Haltbarkeit erfüllt.

ISBN 3-11-018035-9

Bibliografische Information Der Deutschen Bibliothek

Die Deutsche Bibliothek verzeichnet diese Publikation in der Deutschen
Nationalbibliografie; detaillierte bibliografische Daten sind im Internet über
<http://dnb.ddb.de> abrufbar.

Printed in Germany

Umschlaggestaltung: Christopher Schneider, Berlin
Datenkonvertierung: Werksatz Schmidt & Schulz GmbH, Gräfenhainichen

Inhalt

Editorial

Die Abgrenzung von Antike und Mittelalter ist konstitutiv für das neuzeitliche Geschichtsbild. Sie trat an die Stelle einer Auffassung, die von einer christlichen Zeitordnung bestimmt war und die in der Inkarnation und der Wiederkehr Christi die entscheidenden Daten sah. Nachdem die säkulare Epochengliederung sich in der Frühen Neuzeit durchgesetzt hatte, führte der Prozeß der Professionalisierung und Spezialisierung der Geisteswissenschaften im 19. und 20. Jahrhundert dazu, daß diese sich größtenteils entsprechend diesem Schema auffächerten.

Dennoch artikulierte sich frühzeitig und immer neu ein Unbehagen an dieser Dreigliederung der Geschichte. Erscheint Oswald Spenglers (1880–1936) Konstruktion des ersten Jahrtausends als eines magischen Zeitalters mehr wie eine Notlösung, so eröffnete Alfons Dopsch (1868–1953) mit seinen Forschungen zur wirtschaftlichen Kontinuität zwischen Antike und Mittelalter eine lebhafte Debatte, die bis heute anhält. Teils verschob man die zeitlichen Grenzen zwischen Mittelalter und Altertum, teils unterstrich man die Ungleichzeitigkeiten der Entwicklung verschiedener Regionen, teils überschritt man die Epochengrenze umstandslos.

Erschwert werden solche Versuche in der Forschungspraxis durch die historisch gewachsenen und aus zum Teil tagesaktuellen hochschulpolitischen Gründen eifersüchtig gehüteten disziplinären Grenzen, einmal zwischen jenen Fächern, die den Altertumswissenschaften, und jenen, die der Mediävistik zugerechnet werden, zum anderen zwischen Historikern, Literaturwissenschaftlern, Bildwissenschaftlern, Theologen und Philosophen, um nur einige Fächer zu benennen, die sich mit den tausend Jahren nach Christus befassen. Es fällt oft schwer, die Forschung der anderen Bereiche zu verfolgen, geschweige denn, das Gespräch mit ihnen aufzunehmen.

Eben dieses Gespräch wollen die Herausgeber von Millennium fördern. Millennium verfolgt einen epochenübergreifenden, transdisziplinären, international ausgerichteten Ansatz zur Erforschung des Ersten Jahrtausends n. Chr. in der Mittelmeerwelt und Europa. Das Herausgebergremium und der Beirat repräsentieren ein breites Spektrum von Fächern: Kunst- und literaturwissenschaftliche Fragestellungen kommen ebenso zu ihrem Recht wie historische, theologische und philosophische, Gegenstände der lateinischen und griechischen Kulturen ebenso wie solche der orientalischen. Die Vielfalt der Artikel soll das Gespräch zwischen den Fächern und zwischen den verschiedenen nationalen Forschungskulturen beleben.

Eine umfassende Großtheorie oder eine Große Erzählung von der Geschichte des Ersten Jahrtausends liegt dem Ansatz von Millennium dabei nicht zugrunde; das Herausgebergremium steht nicht für eine bestimmte Denkschule, sondern vielmehr für eine methodische Verbindung von primär theorieorientierter und primär empirischer Forschung. Das Gemeinsame, das die Methodenvielfalt nicht zu Beliebigkeit werden läßt, liegt in dem Willen zur Grenzüberschreitung in thematischer und in chronologischer Hinsicht.

Dieser transdisziplinäre Ansatz will nicht die spezifischen Fragen und Leistungen der einzelnen Disziplinen verwischen. So wird, um ein Bespiel zu geben, die Literaturwissenschaft als ein Teil kultureller Diskursformationen betrachtet, zugleich aber werden die spezifischen Qualitäten und Leistungen von Literatur an sich hervorgehoben: Literatur soll also ebenso in ihrer kulturellen wie in ihrer ästhetischen Dimension betrachtet werden, die Bedeutung von Literatur als Medium ebenso wie ihre diskursive Funktionalität. In analoger Weise werden auch die anderen Fächer behandelt.

Millennium teilt sich in die „Millennium Jahrbücher" und die „Millennium Studien". In den „Studien" werden sowohl Sammelbände als auch thematisch einschlägige Monographien publiziert; eröffnet werden sie mit den Akten des Diokletian-Symposions von Split 2003 und denen der Paideia-Tagung desselben Jahres in Heidelberg, weitere Sammelbände und Monographien sollen in dichter Folge erscheinen. Die Jahrbücher hingegen bieten Raum für Einzelbeiträge. Dabei besteht auch – ein Desiderat in der gegenwärtigen Zeitschriftenlandschaft – die Möglichkeit, längere Aufsätze oder kleinere Abhandlungen zu publizieren. Rezensionen werden hier im allgemeinen nicht veröffentlicht, allenfalls Rezensionsaufsätze oder kritische Literaturberichte. Aufsätze können bei den Herausgebern und bei den Beiräten eingereicht werden. Die Beiträge sollten so gestaltet sein, daß sie für die Vertreter anderer Fächer verständlich sind. Aus diesem Grund werden etwa Abkürzungen weitgehend aufgelöst.

Zwar wird keine quotenähnliche thematische Streuung von Beiträgen angestrebt, doch soll jeder Jahresband einerseits die thematische Vielfalt der Erforschung des Ersten Jahrtausends verdeutlichen, andererseits Verbindungslinien zwischen verschiedenen Beiträgen sichtbar machen. Dies geschieht im Editorial, das Abstracts ersetzt und Verbindungslinien zwischen den Artikeln zieht, ohne die Eigenständigkeit der Autoren zu gefährden. Auf diese Weise soll unmittelbar das interdisziplinäre Gespräch angeregt werden.

*

Im vorliegenden Band haben sich gewisse thematische Cluster ergeben, in denen sich aktuelle Debatten spiegeln. Die Zweite Sophistik hat seit gut zwei Jahrzehnten eine zunehmende Aufmerksamkeit genossen und zu avancierten interdisziplinären Forschungen angeregt, die auch die kulturwissenschaftlichen Debatten um den Begriff der Performanz für die Antike fruchtbar gemacht haben. Zwei Aufsätze kreisen um den bekanntesten Repräsentanten der Zweiten Sophistik: Peter von

Möllendorff (Puzzling Beauty. Zur ästhetischen Konstruktion von *Paideia* in Lukians „Bilder"-Dialogen) widmet sich als Klassischer Philologe der Konstruktion der *Paideia* in Lukians Dialogpaar *Eikones* und *Hyper Eikonon*. Dabei wird deutlich, daß Bildung sich nicht auf ein punktuelles, epideiktisches Virtuosentum reduzieren läßt, sondern im kommunikativen Prozeß immer neu konstruiert wird, zugleich aber ein psychologisches Phänomen darstellt, das mit Emotionen wie Angst, Scham und Begehren verbunden ist. Gleichzeitig zeigt sich, daß der Paideia-Entwurf dieser beiden Texte sich nicht vollständig in eine kulturhistorische Beschreibung zeitgenössischer Realität umsetzen läßt, sondern daß ein autonomes ästhetisches Universum generiert wird, innerhalb dessen auch disparate Bedeutungsstiftungen möglich sind.

Die Klassische Archäologin Barbara Borg (Bilder zum Hören – Bilder zum Sehen: Lukians Ekphrasis und die Rekonstruktion antiker Kunstwerke) bezweifelt, daß die Ekphraseis Lukians, so wie das weithin noch geschieht, als eine Quelle genutzt werden kann, um eine Vorstellung von verlorenen Bildern zu gewinnen. Doch bleibt sie bei der Feststellung des Verlustes nicht stehen, sondern erschließt die literarischen Beschreibungen als Quellen für die zeitgenössische Wahrnehmungsweise von Kunstwerken. Die Texte gewinnen damit eine neue Dignität, die über die schlichte Frage hinausgeht, ob die Beschreibungen denn tatsächlich einmal vorhandene Bilder träfen oder nicht. Sowohl von Möllendorff als auch Borg geht es um Formierungen eines paganen Paideia-Konzepts von innen heraus, das sich in einem autonomen Raum etabliert.

Dieses Konzept gerät in der Spätantike in den Sog heidnisch-christlicher Auseinandersetzungen und seine Bedeutung wird neu verhandelt. Das veränderliche Verhältnis des religiösen und des politischen Raums im Ersten Jahrtausend n. Chr. wird in mehreren Beiträgen von Althistorikern erörtert, die sich konstruktivistischen Ansätzen öffnen, wie sie in Kulturwissenschaften eine große Bedeutung gewonnen haben. Hartmut Leppin (Zum Wandel des spätantiken Heidentums) versucht zu zeigen, wie sich die Konstruktion des spätantiken Heidentums unter dem Druck des Christentums wandelt. Die bedrängte Situation der Heiden im 4./5. Jh. veranlaßte führende Repräsentanten des Heidentums dazu, sich nunmehr um all die Ausdrucksformen von Religiosität zu kümmern, welche die Christen als heidnisch betrachteten. Damit näherte sich die Selbstwahrnehmung des Heidentums dem Fremdbild an. Insofern verstärkten sich in der Auseinandersetzung zwischen den Religionen paradoxerweise die Gemeinsamkeiten.

Gabriele Marasco (La magia e la guerra) diskutiert, in welcher Weise magische Praktiken in Kriegen, sei es mit offensiven, sei es mit defensiven Zielen, über das ganze Erste Jahrtausend hin verwendet wurde. Insbesondere wird deutlich, daß magische Praktiken auch im christlichen Kontext weiterlebten, obgleich sie oft als heidnisch verurteilt wurden. Dabei zeigt sich, daß die Magie keineswegs als ein Phänomen der Volksreligion qualifiziert werden kann, daß sie vielmehr bis in die höchsten Kreise und auch unter den Gebildeten Akzeptanz fand und daß ihre Wirksamkeit auch von Kirchenhistorikern keineswegs in Frage gestellt wurde.

Während Leppin und Marasco, wenn auch mit unterschiedlichen Akzenten, die Gemeinsamkeiten des christlichen und des heidnischen Diskurses herausstreichen und dabei die Rolle der Eliten als Träger der Kontinuität würdigen, lenkt MISCHA MEIER (Sind wir nicht alle heilig? Zum Konzept des „Heiligen" [Sacrum] in spätjustinianischer Zeit) das Augenmerk auf den Wandel, den das Christentum auslöste, indem er sich den Anfängen der Liturgisierung des Lebens Ostroms zuwendet, die er in die spätjustinianische Zeit datiert; als Ursache identifiziert er die Katastrophenerfahrungen der vierziger Jahre des 6. Jahrhunderts, aufgrund deren das Heilige in der spätantik-frühbyzantinischen Gesellschaft entpersonalisiert wurde. Da es indes mit seiner Stabilität eine Alternative zu dem als ungeordnet erfahrenen Alltag bildete, begann es in vielen Bereichen Profanes zu transzendieren. Beiträge aus theologischer Feder zu diesen Fragen, die hier von Historikern erläutert werden, sind für den nächsten Band vorgesehen.

Der christlichen Literatur und ihrer Entwicklung wenden sich als Klassische Philologen KARLA POLLMANN und DAVID LAMBERT zu (After Augustine. A Survey of His Reception from 430 to 2000). Sie informieren über ein breit angelegtes Forschungsprojekt zur Rezeption Augustins, das eine möglichst große Zahl von Disziplinen berührt und sich nicht allein auf die westliche Welt beschränkt. Konkrete Ergebnisse werden für die Rezeption Augustins in Gallien zwischen 427 und 529 vorgestellt, wobei auch die engen Zusammenhänge mit der kirchengeschichtlichen Entwicklung sichtbar werden.

Daß auch methodische Ansätze, die allzu leicht als konventionell abgetan werden, zu wichtigen Resultaten führen können, zeigt das Wiederaufleben der Quellenforschung in den letzten Jahren, wie sie in zwei Beiträgen dokumentiert wird. BRUNO BLECKMANN (Konstantin in der Kirchengeschichte Philostorgs) macht Ergebnisse byzantinistischer Forschung für seine Disziplin, die Alte Geschichte, fruchtbar, indem er sich einem Autor zuwendet, der besondere Schwierigkeiten aufwirft: Philostorg. Dessen Werk, das nicht den Linien orthodoxer Kirchengeschichtsschreibung folgt, ist nur in Fragmenten erhalten und muß weitgehend aus byzantinischen Exzerpten rekonstruiert werden. Bleckmann analysiert die Fragmente von den Darstellungsabsichten der Exzerptoren her und kann durch eine quellenkritische Analyse die konstantinsfreundliche Tendenz Philostorgs, die die Exzerptoren verfälschten, klar herausarbeiten. ALBRECHT BERGER (Georgios Kedrenos, Konstantinos von Rhodos und die Sieben Weltwunder) erörtert die literarische Tradition zu den Sieben Weltwundern in Byzanz, mit denen sich eine Reminiszenz an die Klassische Antike verband, die aber gleichzeitig christlich überformt und mit lokalen Traditionen verbunden werden. Hier kommen Quellenforschung und Geistesgeschichte zusammen.

Thomas Pratsch (Alexandros, Metropolites von Nikaia und Professor für Rhetorik [10. Jh.] – biographische Präzisierungen) rekonstruiert auf breiter Grundlage den Lebensweg eines bedeutenden Gelehrten der Zeit der Makedonischen Dynastie, der auch ein Vermittler antiker Paideia war, sie allerdings in einen christlichen Kontext einbettete. Alexandros war zugleich als Inhaber eines bedeutenden Bischofsamtes in die religiösen Auseinandersetzungen der Zeit verwickelt. Besondere Aufmerksamkeit schenkt Pratsch der Frage seiner Absetzung und Verbannung 944 sowie seiner Rückberufung im darauf folgenden Jahr, deren ereignisgeschichtliche Rekonstruktion bislang ein Desiderat war.

Die Behandlung prosopographischer Frage, wie sie Pratschs Beitrag unternimmt, liegt auch dem Beitrag des Althistorikers Altay Coşkun zugrunde (Die *Praefecti praesent[al]es* und die Regionalisierung der Praetorianerpraefecturen im vierten Jahrhundert). Er erweist ihre Bedeutung für die Analyse verwaltungsgeschichtlicher Entwicklungen, indem er zeigt, daß im 4. Jahrhundert nicht mit einem rigiden System der Sprengeleinteilung zu rechnen ist, sondern mit flexiblen und dynamischen Verhältnissen, die sich erst unter Theodosius I. und seinen Söhnen verfestigten. Dadurch werden zahlreiche für die Spezialforschung wichtige Daten gewonnen und zugleich das Gesamtbild der Verwaltung des spätantiken Reiches differenziert.

Der Frage, inwieweit bestimmte Regionen Besonderheiten aufweisen, genießt in der modernen Forschung zum Ersten Jahrtausend wachsende Aufmerksamkeit: Ein Beispiel dafür ist die Abhandlung des Byzantinisten Salvatore Consentino (Byzantine Sardinia between West and East. Features of a Regional Culture). Er wendet sich gegen die Auffassung, daß die Insel Sardinien vor dem 11. Jahrhundert isoliert und verarmt gewesen und erst dank dem Pisaner und Genoveser Einfluß in dieser Zeit zu einer neuen Blüte gelangt sei. Dagegen verweist er darauf, daß in zahlreichen früheren Quellen zuvor enge Verbindungen zwischen Sardinien und anderen Regionen des Mittelmeerraums belegt sind und daß auch die islamische Expansion die Insel berührt hat. Gerade die lokale Elite war von byzantinischen Normen geprägt, so daß die Entwicklung Sardiniens insgesamt nicht anders zu beurteilen ist als z. B. jene Kretas.

In die Byzantinische Kunstgeschichte führt der Beitrag von Neslİhan Asutay-Effenberger und Arne Effenberger (Die „columna virginea" und ihre Wiederverwendung in der Süleymaniye Camii). Die Autoren verorten ein Kunstwerk in der schwer faßbaren Topographie des byzantinischen Konstantinopels: die im Reisebericht des Gyllius erwähnte *columna virginea*. Sie wird als Säule Justins II. (565–578) gedeutet, ihre Höhe erschlossen und die Frage der Identifizierung mit anderweitig bezeugten Säulenmonumenten erörtert. Wenn man bedenkt, daß die Säule schließlich in einer Moschee Wiederverwendung fand, so wird die Kontinuität, die durch die Neuverwendung alten Materials in der sich ständig wandelnden Stadt hergestellt wird, plastisch sichtbar.

Die Millennium Jahrbücher gewähren auch Einblick in laufende Forschungen: Franz Alto Bauer und Holger A. Klein (Die Hagia Sophia in Vize. Forschungsgeschichte – Restaurierungen – Neue Ergebnisse) schildern ihre Arbeit an einem Kirchenbau in dem nicht weit von Konstantinopel entfernten Vize (Bizye), dessen Datierung umstritten ist, aber für die byzantinische Architekturgeschichte, die Entwicklung der Kreuzkuppelbasilika, von zentraler Bedeutung sein könnte.

So endet das Editorial mit Ausblicken auf künftige Untersuchungen. Ihnen wollen das Jahrbuch und die Studien Millennium einen Platz für die Diskussion bieten, in der Hoffnung, daß auch die folgenden Bände die Breite und Internationalität der Forschung zum Ersten Jahrtausend reflektieren.

Wolfram Brandes Alexander Demandt Helmut Krasser
Hartmut Leppin Peter von Möllendorff

Editorial

The delineation of Antiquity and Middle Ages is central to the modern view of history. It superseded a view which was determined by a Christian temporal order and which saw the Incarnation and Return of Christ as the crucial dates. Once the secular division into epochs had established itself in the Early Modern Age, the process of professionalisation and specialisation of the humanities in the 19th and 20th centuries led to these disciplines on the whole dividing themselves according to this scheme.

However, discomfort with this threefold division of history was expressed at an early stage, and kept re-appearing. If the construction of the First Millennium as a magic age by Oswald Spengler (1880–1936) appeared more as a makeshift solution, Alfons Dopsch (1868–1953) opened up a lively debate which still continues today with his researches into the economic continuity between Antiquity and Middle Ages. Some shifted the temporal boundaries between Middle Ages and Antiquity, others underlined the fact that different regions did not develop in a synchronous manner, and others again crossed over the boundary between the epochs without further ado.

In actual research practice, attempts such as these are complicated by disciplinary boundaries, which have historical roots, and which are partly jealously guarded for reasons of immediate academic politics; these exist on the one hand between those subjects which are reckoned to belong to Ancient Studies, and those categorised as Medieval Studies, and on the other between historians, literary scholars, art historians, theologians and philosophers, to name but a few of those disciplines concerned with the first millennium A.D. It is often difficult just to follow research developments in other subject areas, let alone to enter into a dialogue with them.

It is this exchange that the editors of Millennium wish to promote. Millennium pursues a cross-epochal transdisciplinary internationally oriented approach to research into the First Millennium AD in the Mediterranean world and in Europe. The editorial board and the advisory board cover a broad spectrum of disciplines – questions from literary and art studies are given their due attention as are historical, theological and philosophical topics from Latin and Greek culture and those from the oriental world. The wide range of articles is intended to stimulate dialogue between different academic disciplines and between different national research cultures.

The approach taken by Millennium is not based on a comprehensive Grand Theory or a Grand Narrative of the history of the First Millennium. The editorial board does not represent a particular school of thought, but stands for a methodical connection between research which is primarily theoretically oriented and that with a primarily empirical orientation. The common factor, which prevents the plurality of methods from becoming arbitrary, lies in the objective of transcending thematic and chronological boundaries.

This transdisciplinary approach is not intended to ignore the specific questions and achievements of the individual disciplines. Thus, to quote one example, literary studies are regarded as part of the formation of cultural discourses, but at the same time the specific qualities and achievements are stressed of literature *per se* – literature should be seen in both its cultural and its aesthetic dimensions, the significance of literature as a medium be seen alongside its discursive functionality. Other disciplines are treated in an analogous fashion.

Millennium is divided into the "Millennium Yearbooks" and the "Millennium Studies". The "Studies" will publish both congress proceedings and thematically relevant monographs. It opens with the proceedings of the Diocletian Symposium in Split in 2003 and those of the Paideia Conference of the same year in Heidelberg. Further collected volumes and monographs are scheduled for publication in quick succession. The Yearbooks, on the other hand, offer an opening for individual papers, but will also provide a chance for publishing longer articles – a desideratum in the present journal market. On the whole, reviews will not be published, but review articles or critical literature reviews can be. Papers can be submitted to the editors or the advisory board members. Papers should be written in a way that also caters for scholars from other disciplines (e.g. abbreviations should be avoided as far as possible).

It is not the intention to aim for something like quotas for the thematic spread of contributions, but each annual volume should on the one hand illustrate the thematic richness of research into the First Millennium, while on the other showing the links between individual contributions. This is done in the Editorial, which will replace article abstracts and point to connections between the articles without compromising the authors' autonomy. This approach is designed directly to encourage interdisciplinary dialogue.

*

In the present volume, certain thematic clusters have formed which reflect contemporary debates. For a good twenty years now, the Second Sophistic has been attracting increasing attention and has stimulated advanced interdisciplinary research which has also enriched the debates in cultural studies about the concept of performance in Antiquity. Two articles revolve around the best-known representative of the Second Sophistic: with his 'Puzzling Beauty. Zur ästhetischen Konstruktion von *Paideia* in Lukians „Bilder"-Dialogen', PETER VON MÖLLENDORFF turns his attention as a classicist to the construction of *Paideia* in Lucian's pair of dialogues *Eikones* and *Hyper Eikonon*. He makes it clear that education cannot be reduced to a fixed epideictic virtuosity, but is constantly being reconstructed in the communicative process, while at the same time representing a psychological phenomenon connected with emotions such as fear, shame and desire. At the same time it is apparent that the Paideia project in these two texts cannot be completely translated into an historical cultural description of contemporary realities, but that an autonomous aesthetic universe is generated, within which disparate meanings can be established.

BARBARA BORG, as classical archaeologist (Bilder zum Hören – Bilder zum Sehen: Lukians Ekphrasis und die Rekonstruktion antiker Kunstwerke [*Pictures for hearing – pictures for seeing: Lucian's ecphrasis and the reconstruction of works of art from antiquity*]) doubts whether Lucian's ecphrasis can be used, as it often still is, to gain an idea of lost pictures. However, she is not content with establishing the losses, but opens literary descriptions as sources for the contemporary way of perceiving works of art. In this way, the texts gain a new dignity which goes beyond the simple question of whether or not the descriptions actually referred to pictures which existed at some time. Both Möllendorf and Borg are concerned with formations from the inside of a pagan concept of paideia which established itself in an autonomous space.

In Late Antiquity, this concept is drawn into the current of disputes between heathens and Christians, and its meaning is renegotiated. The changing relationship of the religious and the political domains in the First Millennium AD is discussed in a number of papers by ancient historians who take up the constructivist approaches which have gained major significance in cultural studies. HARTMUT LEPPIN (Zum Wandel des spätantiken Heidentums – [*On changes in paganism in late antiquity*]) attempts to show how the construction of paganism in late antiquity changes under pressure from Christianity. The parlous situation of heathens in the 4th/5th centuries led leading representatives of paganism to concern themselves with all those ways of expressing religiosity which the Christians saw as pagan. In this way, the pagans' perception of themselves drew closer to the image held by the others. To this extent, the disputes between the religions led paradoxically to a strengthening of their commonalities.

GABRIELE MARASCO (La magia e la guerra [magic and war]) discusses the way that magical practices were deployed in wars, either with offensive or defensive intent, throughout the First Millennium. In particular it becomes clear that magical practices continued in the Christian context, although they were often condemned as being pagan. It is shown that it is by no means the case that magic can be qualified as a phenomenon of popular religion, but rather that it was accepted up to the highest echelons and among the educated, and that its effectiveness was in no way questioned by church historians.

Whereas Leppin and Marasco draw out the common features of Christian and pagan discourse, albeit with different accents, and acknowledge the role of the elites as agents of continuity, MISCHA MEIER (Sind wir nicht alle heilig? Zum Konzept des „Heiligen“ [Sacrum] in spätjustinianischer Zeit [*Are we not all holy? On the concept of “holiness” [Sacrum] in the late Justinian age*]) draws attention to the changes effected by Christianity by turning to the beginnings of the liturgisation of life in the Eastern Roman Empire which he locates in the Late Justinian Period; he identifies the causes in the experience of catastrophe in the 540s, on the basis of which the sacred was depersonalised in society in Late Antiquity and Early Byzantium. As the stability of the sacred presented an alternative to what was perceived as the disorder of everyday life, it began to transcend the profane in many areas of life. Contributions by theologians to this topic, which is discussed here by historians, are planned for the next volume.

The classicists KARLA POLLMANN und DAVID LAMBERT (After Augustine. A Survey of His Reception from 430 to 2000) address Christian literature and its development. They report on a broadly-based research project on the reception of Augustine, which touches on as large a number of disciplines as possible and does not restrict itself to the Western world. Concrete results are presented for the reception of Augustine in Gaul between 427 and 529 which draw out the close connections with historical developments in the Church.

Methodical approaches which are too easily dismissed can also produce important results. This is shown by the resurrection of *Quellenforschung*, as demonstrated by two contributors. BRUNO BLECKMANN (Konstantin in der Kirchengeschichte Philostorgs [*Constantine in Philostorg's Church History*]) utilises the fruits of research into Byzantine Studies for his own discipline, Ancient History, by turning to Philostorg, an author who presents particular difficulties. His work, which does not follow orthodox lines of Church historiography, is only preserved in fragments, and has to be largely reconstructed from Byzantine excerpts. Bleckmann analyses the fragments from the viewpoint of the intentions of those producing the excerpts, and by undertaking a critical analysis of the sources clearly shows that Philostorg tended towards a positive view of Constantine which was misrepresented by those producing the excerpts. ALBRECHT BERGER (Georgios Kedrenos, Konstantinos von Rhodos und die Sieben Weltwunder [*Georgios Kedrenos, Constantine of Rhodes and the Seven Wonders of the World*]) examines the literary tradition of the Seven Wonders of the World in Byzantium, which are linked with a memory from Classical Antiquity, but which at the same time is given a Christian veneer and connected with local traditions. Here, *Quellenforschung* and the history of ideas come together.

THOMAS PRATSCH (Alexandros, Metropolites von Nikaia und Professor für Rhetorik [10. Jh.] – biographische Präzisierungen [*Alexandros, Metropolitan of Nicea and Professor of Rhetoric [10th cent.] – precising the biography]*) undertakes a broad-based reconstruction of the life's journey of an important scholar from the age of the Macedonian Dynasty who was also a mediator of antique paideia, embedding it however in a Christian context. As holder of an important episcopal office, Alexandros was also embroiled in the religious disputes of his time. Pratsch fills an important gap in our knowledge of events by paying particular attention to his dismissal and banishment in 944, together with his re-appointment in the following year.

The treatment of questions of prosopography as examined by Pratsch is also at the basis of the paper by the ancient historian ALTAY COŞKUN (Die *Praefecti praesent[al]es* und die Regionalisierung der Praetorianerpraefecturen im vierten Jahrhundert [*The* praefecti praesent(al)es *and the regionalisation of the Praetorian prefectures in the 4th century*]). He demonstrates their significance for the analysis of developments in administrative history by showing that in the 4th century there was not a rigid system of division into administrative dioceses, but that conditions were flexible and dynamic, only becoming fixed under Theodosius I and his sons. Here, important data are gained for specialist research, and at the same time a more differentiated overall picture is built up of the administration of the Empire in Late Antiquity.

In modern research, growing attention is being paid to the question of the extent to which particular regions display special features. An example of this is given in the study by the Byzantinist SALVATORE CONSENTINO (Byzantine Sardinia between West and East. Features of a Regional Culture). He argues against the view that the island of Sardinia was isolated and impoverished before the 11th century and only flourished anew at this time thanks to the influence of Genoa and Pisa. Consentino points out that numerous earlier sources document close connections between Sardinia and other Mediterranean regions, and that the expansion of Islam also affected the island. The local elite was influenced by Byzantine norms and standards, so that in all the development of Sardinia should not be assessed differently from that of Crete, for example.

NESLİHAN ASUTAY-EFFENBERGER and ARNE EFFENBERGER lead us into the field of Byzantine art history with their paper (Die „columna virginea“ und ihre Wiederverwendung in der Süleymaniye Camii [*The "columna virginea" and its re-use in the Süleymaniye Camii*]). The authors locate a work of art in the difficult topography of Byzantine Constantinople, the *columna virginea* mentioned in Gyllius' travelogue. It is identified as a column of Justin II (565–578), its height is deduced and the question discussed of its identification with monumental columns attested elsewhere. That the column was finally re-used in a mosque provides a vivid illustration of the continuity established by re-using old material in the constantly changing city.

The Millennium Yearbooks also provide an insight into current research: FRANZ ALTO BAUER und HOLGER A. KLEIN (Die Hagia Sophia in Vize. Forschungsgeschichte – Restaurierungen – Neue Ergebnisse [*The Hagia Sophia in Vize. History of research – restorations – new results*]) describe their work on a church in Vize (Bizye), not far from Constantinople; the dating of the church is disputed, but it could be of central importance for the history of Byzantine architecture, the development of the cruciform domed basilica.

Thus the editorial closes with a preview of future research. The Millennium Yearbook and the Studies wish to offer a space for discussion in the hope that subsequent volumes will also reflect the breadth and the international character of research into the First Millennium.

Wolfram Brandes   Alexander Demandt   Helmut Krasser
Hartmut Leppin   Peter von Möllendorff

Puzzling Beauty

Zur ästhetischen Konstruktion von *Paideia* in Lukians 'Bilder'-Dialogen[1]

Peter von Moellendorff

Lukians Εἰκόνες[2] (*Bilder* [*Im.*]) beginnen damit, daß Lykinos seinem Freund Polystratos von seiner Begegnung mit einer wunderbaren Frau berichtet. Ihre Schönheit hat ihn wie der Anblick der Medusa beinahe versteinert, so daß er sie weder ansprechen noch auch nur ihren Namen in Erfahrung bringen konnte. Polystratos bittet ihn daher, ihm ihr Aussehen näher zu beschreiben. Lykinos kommt dieser Bitte nach, indem er sie als eine Zusammenfügung aus Teilen klassischer Skulpturen beschreibt – der knidischen Aphrodite des Praxiteles, der 'Aphrodite in den Gärten' des Alkamenes, der Sosandra des Kalamis sowie der Lemnischen Athena und der Amazone des Phidias –, für ihre Haare und ihre Hautfarbe aber die klassischen Maler Polygnot, Euphranor und Apelles anführt. Die Vereinigung dieser Reminiszenzen zu *einem* Bild soll, so meint Lykinos, der *Lógos*, die Sprache, leisten:

> Nun will ich dir aus allen diesen so gut es geht ein einziges Bild zusammenfügen und vorführen, das von jeder dieser Statuen das Beste enthält. *Pol.* Und wie sollte das

---

1 Dieser Beitrag basiert auf Vorträgen an der Universität Halle und in jeweils erweiterter und veränderter Form an den Universitäten Heidelberg und Erfurt. Ich danke den engagierten Diskussionsteilnehmern, namentlich Manuel Baumbach, Barbara Borg, Ulrike Egelhaaf-Gaiser, Andrej Petrovic, Jörg Rüpke und Katharina Waldner. Den Teilnehmern meines Kolloquiums an der Universität Gießen im Sommer 2003 – Frank Bäcker, Yvonne Nowak, Ivana Petrovic und Kai Rupprecht – bin ich für ihre intensiven Nachfragen, Ideen und Gespräche sehr dankbar.

2 Die Literatur zu dem Schriftenpaar *Imagines / Pro Imaginibus* ist nicht zahlreich. Zu nennen wären, neben Erwähnungen in den gängigen Lukian-Monographien, vor allem: M. Croiset, *Observations sur deux dialogues de Lucien, les portraits et la défense des portraits*, Annuaire de l'association pour l'encouragement des études grecques en France, 1879, 107–120; Ivo Bruns, *Lucians Bilder*, Festschrift R. Kekulé, 1890, 51–57 [Nachdruck in: ders., Kleine Schriften, München 1905, 281–290]; P. Gabrieli, *L'encomio di una favorita imperiale in due opuscoli Lucianei*, Rendiconti della reale Accademia die Lincei, 1934, 29–101; ders., *Studi su due opuscoli Luciani, „Imagines" e „Pro Imaginibus"*, ebd. 1935, 302–340. Besonders wichtig sind Kazimierz Korus, *The Motif of Panthea in Lucian's Encomium*, Eos 69, 1981, 47–56; Gerlinde Bretzigheimer, *Lukians Dialoge* ΕΙΚΟΝΕΣ – ΥΠΕΡ ΤΩΝ ΕΙΚΟΝΩΝ. *Ein Beitrag zur Literaturtheorie und Homerkritik*, Rheinisches Museum für Philologie 135, 1992, 161–187.

gehen? *Lyk.* Das ist nicht schwierig, Polystratos, wenn wir von nun an die Bilder der Sprache überantworten und sie beauftragen, sie nach Kräften harmonisch und passend zu ordnen, zusammenzustellen und aneinander zu fügen, wobei sie jene Einheit und zugleich die Vielfalt wahren soll (*Im.* 5).

Polystratos identifiziert die schöne Unbekannte am Ende dieser Beschreibung als die kaiserliche Geliebte Panthea und fügt Lykinos' Enkomion ein weiteres hinzu, das auf das Lob ihrer Bildung und ihrer seelischen Qualitäten abzielt; hierzu bemüht er, wie zuvor Lykinos die Bildhauer und Maler, nun die Philosophen und Dichter. Dabei steigert er Lykinos' enthusiastisches Darstellungsverfahren noch, indem er jedes zu lobende Detail nicht mit *einem* idealischen Vergleich verbindet, sondern gleich mit mehreren, ohne allerdings darauf zu achten, ob denn die jeweiligen *comparata* auch zueinander passen. So stört es ihn beispielsweise nicht, Pantheas herrliche Stimme gleichzeitig mit der honigsüßen Beredsamkeit des Homerischen Nestor, dem Organ eines Knaben kurz vor dem Stimmbruch, dem Gesang der Eisvögel, der Heuschrecken und der Schwäne zu vergleichen, obendrauf noch das neidvolle Verstummen der mythischen Sänger Orpheus und Amphion zu setzen und das Ganze schließlich durch den Vergleich mit den undifferenziert aneinandergereihten Musen Terpsichore, Melpomene und Kalliope zu krönen (*Im.* 13f.). Beide Enkomien sollen schließlich qua gemeinsamer Publikation in *ein* Bild integriert werden und stellen am Ende zusammen die eben gelesenen Εἰκόνες dar.

Auch Panthea, so erfahren wir zu Beginn des folgenden Dialogs Ὑπὲρ τῶν εἰκόνων (*Verteidigung der Bilder* [*Pr.Im.*]), hat die Publikation zur Kenntnis genommen und Polystratos ihr Urteil darüber mitgeteilt, der es Lykinos in einer längeren Rede referiert. Sie ist zwar über das Lob erfreut, kritisiert aber als gebildete Frau die Übertreibung: daß Lykinos sie mit Götterbildern verglichen habe, sei nichts weiter als Schmeichelei, die *sie*, wenn sie sie hinnehme, als charakterlos brandmarken und die mit ihr verglichenen *Göttinnen* auf Menschenmaß herabsetzen werde. Lykinos verteidigt sich gegen diese Vorwürfe in einer weiteren Rede, die Polystratos wiederum Panthea zu Gehör bringen will; mit seinem Abgang schließt der Text.

Ich möchte als Ausgangspunkt meiner Überlegungen das auffällige Einleitungsmotiv des ersten Dialogs wählen. Lykinos vergleicht die Wirkung Pantheas auf ihn mit dem Erblicken des Gorgonenhauptes, mit dem in Blickkontakt zu treten die sofortige Versteinerung nach sich zieht. Die literarische und die ikonographische Tradition kennen Gorgo sowohl als häßliches Scheusal wie auch als schönes Mädchen[3]; die versteinernde Wirkung geht gleichwohl von ersterem

3 Vgl. Apollod. *Bibl.* 2,4,3: λέγεται δὲ ὑπ' ἐνίων ὅτι δι' 'Αθηνᾶν ἡ Μέδουσα ἐκαρατομήθη· φασὶ δὲ ὅτι καὶ περὶ κάλλους ἠθέλησεν ἡ Γοργὼ αὐτῇ συγκριθῆναι. Es scheint dies eine Variante des Marsyas/Apollon-Mythos zu sein. Vgl. Paus. 2,21,5 zur

aus.[4] Eine auch für das Verständnis der Lukianischen Konstruktion interessante Verknüpfung der beiden Motivstränge bietet Ovid, *Met.* 4,772–803, auf die ich noch zu sprechen kommen werde. Zunächst ist hier aber zu fragen, ob erstens diese so pointierte Erwähnung des Gorgonenhauptes nur einen rhetorischen Einstiegseffekt darstellt oder weitere Spuren im Text hinterlassen hat, und zweitens, warum Lykinos diesen für eine schöne Frau zumindest partiell frostigen Vergleich gewählt hat.

In der Tat verstehen wir einige Details des Textes besser, wenn wir in ihnen implizite Weiterführungen des Gorgo-Motivs erkennen. Explizit formuliert Lykinos zu Beginn, daß er zwar selbst Panthea gesehen, sie ihn jedoch nicht angeschaut habe, wodurch das Schlimmste verhütet wurde. Des weiteren sind mit Gorgo in der älteren literarischen Tradition neben dem versteinernden Blick die Submotive zum einen des gellenden Schreis, der einem das Blut in den Adern gefrieren läßt, zum anderen des grauenerregenden, wütenden Zähneknirschens bezeugt.[5] Auf beides mag Lykinos Bezug nehmen, wenn er sich in *Im.* 9 in eine Beschreibung gerade des Mundes und der Zähne vertieft, jedoch hinzufügt, Pantheas Stimme habe er nicht hören können, sondern nur ihren beim Sprechen geöffneten und lächelnden Mund gesehen: reduzierte Reminiszenzen an das grinsende, knirschende und kreischende Maul der mythischen Gorgo, wobei erneut, diesmal durch Pantheas *Unhörbarkeit*, das Schlimmste verhindert wird: gerade der Stimme wird dann, wie bereits erwähnt, von Polystratos besondere Aufmerksamkeit gewidmet (*Im.* 13f.), der seine Ausführungen entsprechend mit der Bemerkung schließt, wenn Lykinos Panthea singen höre, werde er nicht mehr nur wie bei ihrem gorgonischen Anblick versteinern, sondern auch wie Odysseus beim Gesang der Sirenen Vaterland und Familie vergessen.[6] Hinzu kommen zwei weitere Details. Erstens beschränkt sich Lykinos ausdrücklich und beinahe aus-

---

Tradition, Gorgo sei eine libysche Königin gewesen, deren Land Perseus erobert habe: bei dieser Gelegenheit tötete er sie und schnitt ihr dann, von ihrer Schönheit verzaubert, den Kopf ab, um ihn in Griechenland zu zeigen.

4 Die Medusa-Ikonographie enthält daneben diverse weitere topische Elemente, wie die aufgerissenen Augen, den weit geöffneten Mund mit der herausgestreckten Zunge etc. Vgl. hierzu Lexicon Iconographicum Mythologiae Classicae s. v. sowie J.-P. Vernant, *Death in the Eyes: Gorgo, Figure of the Other*, in: ders., Mortals and Immortals. Collected Essays, hg. v. F. I. Zeitlin, Princeton 1991, 111–138, hier 112–119.

5 Vgl. Vernant (Anm. 4) 117f. und Pind. *Pyth.* 12,6ff., *Ol.* 6,37, außerdem Ps.-Hes. *Asp.* 164 u. 235.

6 ὥστε ἤν ποτε … καὶ ᾀδούσης ἀκούσης αὐτῆς, οὐκέτι τὸ τῶν Γοργόνων ἐκεῖνο ἔσῃ μόνον πεπονθώς, λίθος ἐξ ἀνθρώπου γενόμενος, ἀλλὰ καὶ τὸ τῶν Σειρήνων εἴσῃ ὁποῖόν τι ἦν· παρεστήξῃ γὰρ εὖ οἶδα κεκηλημένος, πατρίδος καὶ οἰκείων ἐπιλαθόμενος … (*Im.* 14).

schließlich auf die Beschreibung des Kopfes der schönen Frau:[7] ebenso fokussieren Mythos und Ikonographie der Gorgo auf ihr Haupt. Zweitens beschließt Polystratos die gemeinsamen Anstrengungen in (23) mit dem triumphalen Hinweis, man wolle das sich aus den einzelnen Beschreibungen ergebende Gesamtbild in ein Buch niederlegen und es als ewigen Kulturbesitz den heutigen und den zukünftigen Menschen zur Bewunderung überantworten.[8] Damit maßt er sich geradezu, wie mir scheint, den Gestus eines epischen Sängers an, rückt die vorangegangene enkomiastische Arbeit also auf das Niveau einer mythischen Heroentat. Für eine solche Interpretation spricht erstens der 'heroische' Name Polystratos, der auf diese Weise der schieren Zufälligkeit der Setzung entzogen wird, wie das ja auch für den Namen 'Lykinos' gilt, der, wie man in der jüngeren Forschung erkannt hat, über die Vermittlung einer etwas versteckten Anspielung auf Aristophanes' *Acharner* als Chiffre für 'Sokrates' gelten darf. Zweitens legt Polystratos in *Im.* 2, 11 und 15 dar, daß er, Panthea und Homer alle drei aus dem ionischen Smyrna stammen, und bringt sich damit in eine homoethnische Beziehung zum Epiker *par excellence*. Zuletzt werden die Bilder in ein Buch niedergelegt zu dem Zweck, bei zukünftigen Lesern immer wieder neues Staunen zu provozieren, und das heißt doch wohl: sie immer wieder neu vor Staunen starr werden zu lassen, wie es Lykinos beim ersten Anblick der Gorgo Panthea geschehen war. Dieses prägnant gesetzte Motiv könnte meines Erachtens daran erinnern sollen, wie Perseus das abgeschnittene Haupt der Medusa in eine Jagdtasche, die Kibisis, versenkt, aus der er es nach Bedarf gegen seine Gegner hervorholen kann, um sie zu versteinern.

Akzeptieren wir derartige motivische Analogien als quasi-mythische Substruktur des Textes, so hat dies für die weitere Deutung maßgebliche Konsequenzen. Denn zwischen dem Erblicken der Medusa und dem Versenken ihres Kopfes in der Kibisis liegt ja im mythischen Prätext die eigentliche heroische Tat des Perseus: ein Spiegel oder sein blankpolierter Schild ermöglicht es ihm, die Medusa wahrzunehmen, ohne ihr direkt in die Augen sehen zu müssen, und auf diese Weise in der Lage zu sein, sie mit einem gezielten Sichelschlag zu enthaupten. Dies müßte dann folgerichtig Lykinos' und Polystratos' Versuchen entsprechen, die körperliche und dann die geistige und seelische Schönheit Pantheas mithilfe des Lógos adäquat zu erfassen. Was auf den ersten Blick als fulminantes Enkomion

7 Vgl. *Im.* 6: ... τῆς ἐκ Κνίδου ἠκούσης μόνον τὴν κεφαλὴν λαβών· οὐδὲν γὰρ τοῦ ἄλλου σώματος γυμνοῦ ὄντος δεήσεται. De facto kommt er in (6) nur in einem Halbsatz auf Hände und Finger sowie auf das Gewand, in (7) summarisch auf τὸ ἄλλο σῶμα zu sprechen und weist Panthea in (9) ebenso lakonisch die Homerischen Attribute λευκώλενος und ῥοδοδάκτυλος zu.

8 ... τὰς εἰκόνας ... μίαν ἐξ ἁπασῶν συνθέντες ἐς βιβλίον καταθέμενοι παρέχωμεν ἅπασι θαυμάζειν τοῖς τε νῦν οὖσι καὶ τοῖς ἐν ὑστέρῳ ἐσομένοις ... (*Im.* 23).

angelegt zu sein scheint, würde sich über die Vermittlung des mythischen Prätexts als heroische Gewalttat gegen ein bedrohliches Monstrum erweisen. Erneut ergeben sich hier zwei Fragen. Erstens ist zu untersuchen, ob und inwiefern die Einzelheiten der enkomiastischen Beschreibung den Leser zu einer solchen Interpretation des Textes als eines gewalttätigen Zugriffs auf Pantheas Schönheit berechtigen. Zweitens werden wir natürlich überlegen müssen, zu welchem Zweck Lukian seinem Text ein solches assoziatives System unterlegt haben könnte.

Man muß nicht weit suchen, um in den *Imagines* ein Analogon zum mythischen Motiv des Spiegelbildes zu finden. Lykinos und Polystratos erschaffen 'Bilder' der Panthea, die selbst weder in diesem Text noch in der *Verteidigung der Bilder* jemals direkt auftritt. Die eigentliche *aktive* Hinwendung der beiden Männer zu Panthea, der Versuch, sich ihrer Schönheit zu 'bemächtigen', den umwerfenden Eindruck dieser Schönheit zu 'bewältigen', geht also nur mittelbar vonstatten, indem sie sich eines doppelten Spiegelungsverfahrens der Imitation bedienen: beide rufen Kunstwerke sowie einzelne Vorstellungen, Bilder und Motive des klassischen Kanons des Bildungswissens auf, um einander ihre Eindrücke von Pantheas äußerer und innerer Schönheit sagbar zu machen und weiterzugeben, und zumindest die Statuenfragmente werden noch ein zweitesmal durch den Logos gespiegelt.[9] An das enkomiastische Gelingen oder Mißlingen knüpft sich nun m. E. die Bewertung dieser Vorgehensweise insgesamt: gelingt es Lykinos und Polystratos, die Schönheit Pantheas in ihrer natürlichen Lebendigkeit zu bewahren, oder geht der von ihnen entworfenen Gestalt eben diese Unmittelbarkeit, der Eindruck einer Wirklichkeit ab? Im zweiten Fall dürfte man wohl ohne Übertreibung sagen, daß die beiden Verehrer Panthea in einen Schemen verwandelt, zu einem schwachen Abglanz ihrer selbst gemacht, in ihrer Idealität beschädigt, kurz und übertragen gesprochen: getötet hätten. Und in der Tat geschieht genau dies, was sich verdeutlichen läßt, wenn man zum Vergleich die bekannte, bei Cicero zu Beginn des 2. Buches von *De inventione* überlieferte Anekdote heranzieht, auf die Lykinos hier augenscheinlich Bezug nimmt. Zeuxis sollte für die Krotoniaten ein Gemälde von Helena malen und suchte zu diesem Zweck die fünf schönsten Mädchen des Ortes aus. Das Schönheitsurteil, basierend auf Zeuxis' *iudicium*, bezog sich auf jeweils einzelne vollendete Körperteile, die Zeuxis dann mithilfe seiner *ars* im Gemälde kombinierte: das so entstandene Kunstwerk war

9 Das Verfahren, Panthea nur *qua* Spiegelbild sichtbar werden zu lassen, wird in *Pr.Im.* 16 wiederholt: hier imaginiert Lykinos die körperliche Anwesenheit Pantheas und gerät in eine Ekstase des Schreckens, womit m. E. das Gorgo-Motiv des ersten Dialogs aufgegriffen wird: der hier nur noch vorgestellte Anblick der schönen Frau provoziert den Lógos: καίτοι … οὐκ οἶδα ὅπως φοβερώτερόν μοι τὸ πρᾶγμα πεποίηκας, καὶ ὡς ὁρᾷς ἱδρῶ τε ἤδη καὶ δέδοικα καὶ μονονουχὶ καὶ ὁρᾶν αὐτὴν οἴομαι καὶ τὸ πρᾶγμα πολλήν μοι τὴν παραχὴν ἐμπεποίηκεν.

nun in allen Stücken perfekt und besaß obendrein den durch die kombinierte *imitatio naturae* hervorgerufenen Vorzug der *veritas*, also authentischer Natürlichkeit.[10] Lykinos' Problem setzt genau da an, wo Zeuxis' Problem gelöst ist: Panthea ist eine Frau, die *qua natura* nicht nur *veritas*, sondern auch Vollendung in jeder Hinsicht besitzt. Ein *genaues* gemaltes Bild besäße daher *per se* ebenfalls diese Qualitäten, ohne auf Zeuxis' Verfahren zurückgreifen zu müssen. Für Lykinos liegt die Schwierigkeit vielmehr, wie er selbst in *Im.* 3 sagt, in der ἀσθένεια τῆς τέχνης, in den unzureichenden Möglichkeiten seiner *ars*: es liegt nicht im Bereich der sprachlichen Möglichkeiten, so ein bewunderswertes Bild zu gestalten.[11] Dieses präliminarische Verdikt entwertet im Grunde bereits die folgende Beschreibung: zwar vermag auch Lykinos, mit Hilfe seines *iudicium* die schönsten Einzelzüge der jeweiligen Statue auszuwählen, jedoch ist sein Lógos nicht fähig, sie wirklich miteinander zu kombinieren. Die sprachlich zu verwirklichende Einheit vermag Lykinos nur zu beschwören.[12] Der Grund dafür ist, daß seine verbale Beschreibung sich zum Diener eines Bilddiskurses macht: er kombiniert stilistisch

---

10 Vgl. Cic. *inv.* II 1 ff., außerdem zu weiteren Erwähnungen vergleichbarer Verfahren in der antiken Literatur, Bretzigheimer (Anm. 2) 170f. Lykinos wählt, wie Zeuxis fünf Mädchen, fünf Statuen aus, ein arithmetisches Detail, das möglicherweise für eine direkte Bezugnahme spricht. Anders als sie vermag ich Lykinos' Vorgehensweise jedoch nicht als ultimative Steigerung einer Idealisierungsstrategie zu lesen: dort soll ja die Vereinigung der partialisierten, für sich genommen unvollkommenen Modelle gerade die noch fehlende Idealisierung erst leisten, sie ist gewissermaßen nur dem Künstler möglich, während hier diese vorgängige Vereinigung im idealen Kunstwerk wieder zerschlagen wird: die Totalisierung zu neuer Idealität müßte Lykinos als *novus artifex* leisten, womit er zugleich die doch von ihm ideologisch in Anspruch genommene Idealität der klassischen Kunstwerke leugnet. Ist also „die Sichtung und Prüfung verschiedener Modelle, die Selektion ihrer jeweils vorzüglichsten Merkmale und deren Kombination zur Konstituierung einer Kunstgestalt ... in der empirisch ausgerichteten Kunsttheorie der Modus idealisierender Malerei schlechthin" (Bretzigheimer 170), so wird sie hier eher parodiert als gesteigert. Selbst wenn man grundsätzlich vergleichbare Verfahrensweisen bei Homer (Beschreibung Agamemnons) und Hesiod (Erschaffung der Pandora) danebenstellt, übertreibt Lykinos das Procedere der Fragmentierung doch gewaltig. Und genau diese Übertreibung – die er selbst Homer ironisch zu unterstellen scheint: ἐπὶ μέν γε τοῦ 'Αγαμέμνονος ὅρα ὅσην αὐτὸς φειδὼ ἐποιήσατο τῶν θεῶν καὶ ὡς ἐταμιεύσατο τὰς εἰκόνας ἐς τὸ σύμμετρον· ὡς ὄμματα μέν φησι καὶ κεφαλὴν ἴκελον αὐτὸν εἶναι τῷ Διί, τῷ Ἄρεϊ δὲ τὴν ζώνην, στέρνον δὲ τῷ Ποσειδῶνι, διαιρῶν τὸν ἄνθρωπον κατὰ μέλη πρὸς τοσούτων θεῶν εἰκόνας ... (*Pr.Im.* 25) – führt dazu, daß seine Beschreibung eigentlich dem Verdikt der *psychrótes* unterliegen müßte.

11 ... οὐ κατὰ λόγων δύναμιν ... ἐμφανίσαι θαυμασίαν οὕτως εἰκόνα ... (*Im.* 3).

12 ... παραδόντες τὰς εἰκόνας τῷ λόγῳ ἐπιτρεψαιμεν αὐτῷ μετακοσμεῖν καὶ συντιθέναι καὶ ἁρμόζειν ὡς ἂν εὐρυθμότατα δύναιτο φυλάττων ἅμα τὸ συμμιγὲς ἐκεῖνο καὶ ποικίλον (*Im.* 5; vgl. 23).

heterogene Elemente, indem er sie bloß aneinanderreiht, ohne zu einer Harmonisierung zu gelangen, die nur der *visuellen* Vorstellungskraft seines Gesprächspartners und des Lesers überlassen bleibt, *sprachlich* aber nicht geleistet wird. Dabei existieren solche Verfahren auch in der Sprache durchaus: die Verwendung anschaulicher Symbole und Metaphern, von Figuren, die einem Text auch räumliche Symmetrie verleihen, außerdem all die Verfahren, die in der rhetorischen Theorie mit der Erzeugung von *evidentia* / ἐνάργεια (ἀκρίβεια) befaßt sind und der Erzielung des Eindrucks von Präsenz und Gleichzeitigkeit verschiedener Elemente dienen.[13] Gerade das, die Präsentation der *gesamten* Person und damit den Eindruck von Authentizität – *veritas*[14] – bringen Lykinos und Polystratos nicht zustande, weil die stilistische Heterogenität, die gänzliche Verschiedenheit der Statuen und Vorbilder, auf die sie sich beziehen, die Aufmerksamkeit auf sich selbst und weg von dem einen zu beschreibenden Gegenstand lenken. Statt dessen reihen die beiden in bunter, unsystematischer Folge und in auch syntaktischer Eintönigkeit[15] ein kostbares Detail ans andere, und der Gipfelpunkt seiner Beschreibung bedeutet zugleich ihren Absturz in die Banalität der tautologischen Vergleichs: „... und überhaupt wirst Du sie mit viel größerem Recht mit der goldenen Aphrodite vergleichen als die Tochter des Briseus."[16] Die mit dem Rückgriff auf artifizielle Frauenkörper arbeitende Deskription mündet in die Apostrophe des Inbegriffs der Schönheit selbst, dessen Epitheton 'golden' erneut eine Statue assoziieren läßt: zu guter Letzt muß in einem neuerlichen Gestus der Beschwörung der Nimbus des unhinterfragbaren, divinen Meisterwerks bemüht werden, um die unabschließbare und unbefriedigende Reihung immer neuer Details zu Ende zu bringen.[17] Aber der Vergleich, so endgültig er sich gibt, ließe sich ins Unend-

13 Vgl. hierzu H. Lausberg, *Handbuch der literarischen Rhetorik*, München 1960, § 810.

14 Hierbei handelt es sich um eine Spezialform der *evidentia*, den χαρακτηρισμός; vgl. Lausberg (Anm. 13) § 818.

15 Vgl. bspw. *Im.* 6: τὰ μὲν ... τε, καὶ ... ἅμα τῷ ...· τὰ δὲ ... καὶ ..., καὶ...· καὶ ...· τῆς δὲ ...; vergleichbar parataktisch strukturiert ist das Syntagma in *Im.* 7, wo es um die Farbkombinationen geht.

16 ... καὶ ὅλως τῇ χρυσῇ 'Αφροδίτῃ εἰκάσει πολὺ δικαιότερον ἢ τὴν τοῦ Βρισέως (*Im.* 8).

17 Das Adjektiv χρύσειος wird in der *Ilias* an drei Stellen der Aphrodite beigelegt (*Il.* 3,64; 9,389; 19,282 (hier auch der zitierte Vergleich mit Achills Sklavin Briseis)). Von anderen Göttern wird es nicht ausgesagt, sehr häufig jedoch von kostbaren Gegenständen sowohl in Menschen- als auch in Götterbesitz. Statuen wird es, soweit ich sehe, bei Homer nur in *Od.* 7,100 zugesprochen (χρύσειοι κοῦροι als Fackelhalter im Palast des Alkinoos). Im Homer. *Hymnos auf Aphrodite* 170–175, v. a. 175, wird Aphrodites Aussehen in der Epiphanie explizit mit dem ihres Kultbildes auf Kythera verglichen; vgl. B. Gladigow, *Epiphanie, Statuette, Kultbild. Griechische Gottesvorstellungen im Wechsel von Kontext und Medium*, Visible Religion 7, 1990, 98–121, hier 99. Das Motiv – mit der Attribution 'golden' für Aphrodite sei an das Material einer Statue

liche und schließlich Zirkuläre fortschreiben: 'Wie schön ist eigentlich die goldene Aphrodite?' – so schön wie Panthea? Nicht ohne Grund schließt Lykinos daher selbst sogleich die eigentliche Frage an: „Was aber auf all dem erblüht, die Cháris, ja mehr noch: alle Chariten, die es gibt, und alle im Chor tanzenden Eroten zugleich, wer könnte die nachahmen?“ (*Im.* 9).[18] Er hat sich redlich bemüht, aber seinem Gesprächspartner Polystratos und uns doch keinen Eindruck von unmittelbarer anmutiger Lebendigkeit, *cháris*, vermittelt, sondern statt dessen, um eine Formulierung von Roland Barthes zu verwenden, eine Liste idealisierter „Partialobjekte“[19] geliefert, eine Art 'Wörterbuch des Schönen'.

Aber auch eine nur fiktive Totalisierung verweigert Lukian seinem Lykinos. Denn er läßt ihn nach der Beschwörung der 'goldenen Aphrodite' zum Abschluß seiner Beschreibung wieder auf ein Detail rekurrieren. Polystratos hatte ihn nämlich gefragt, bei welcher Tätigkeit er Panthea beobachtet habe, und hier wäre vielleicht die Möglichkeit, die Einheit des Lebendigen zu stiften, gegeben gewesen. Sie hielt, berichtet Lykinos, eine Buchrolle in den Händen, halb entrollt, als ob sie gerade beim Lesen war, und unterhielt sich lächelnd mit einem Begleiter. Lykinos jedoch vermag diesem potentiell totalisierenden Aspekt nicht weiter nachzugehen: vielmehr rückt er ihn, wie bereits erwähnt, außer Hörweite und läßt ihn sich statt dessen in bewunderndem Staunen über Pantheas Mund und Zähne ergehen:

> Als sie lächelte, Polystratos, zeigte sie ihre Zähne, Zähne – wie soll ich dir sagen, wie weiß sie waren, wie gleich und wie regelmäßig? Wenn du schon einmal eine wunderschöne Kette aus den strahlendsten und gleichmäßigsten Perlen gesehen hast: gerade so waren sie in einer Reihe gewachsen. Vor allem schmückte sie die Röte der Lippen. Sie schimmerten leicht, genau wie es bei Homer heißt, gesägtem Elfenbein gleich, nicht die einen breiter, die anderen vorstehend oder mit Lücken, wie es bei den meisten Frauen der Fall ist, sondern sie standen sozusagen in völliger Gleichberechtigung, gleicher Färbung, gleicher Größe und gleicher Ausrichtung, und insgesamt boten sie einen gewaltigen wundersamen Anblick, der die ganze menschliche Wohlgestalt noch übertraf. (*Im.* 9)[20]

---

gedacht und überhaupt lasse sich die Hierarchie göttlicher Mächte an der Wertigkeit des Materials ihrer Statuen und deren künstlerischem Vollendungsgrad festmachen – elaboriert Lukian intensiv in *J. Tr.* 7–12, v. a. 10.

18 ὃ δὲ πᾶσιν ἐπανθεῖ τούτοις, ἡ Χάρις, μᾶλλον δὲ πᾶσαι ἅμα ὁπόσαι Χάριτες καὶ ὁπόσοι Ἔρωτες περιχορεύοντες, τίς ἂν μιμήσασθαι δύναιτο;

19 Vgl. R. Barthes, *S/Z*, Paris 1970, dt. Frankfurt ³1998, 38, 59; die zitierten Termini ebd. 114–118.

20 πλὴν μειδιάσασά γε, ὦ Πολύστρατε, ὀδόντας ἐξέφηνε πῶς ἂν εἴποιμί σοι ὅπως μὲν λευκούς, ὅπως δὲ συμμέτρους καὶ πρὸς ἀλλήλους συνηρμοσνένους; εἴ που κάλλιστον ὅρμον εἶδες ἐκ τῶν στιλπνοτάτων καὶ ἰσομεγεθῶν μαργαριτῶν, οὕτως ἐπὶ στίχου ἐπεφύκεσαν· ἐκοσμοῦντο δὲ μάλιστα τῷ τῶν χειλῶν

Das ästhetische Detail übertrifft, ὑπερπαίει, die Gesamtheit der Wohlgestalt, πᾶσαν τὴν ἀνθρωπίνην εὐμορφίαν: das 'Wörterbuch' wird also am Ende gewissermaßen um ein weiteres Lemma bereichert, aber nicht in eine totalisierende Vision überführt, und zwar auch deshalb nicht, weil Lykinos hier nicht auf Vorbilder in der Skulptur zurückgreifen konnte[21] und daher einerseits vage auf Homer, direkt aber auf den Vergleich mit den 'normalen' Frauen rekurriert: mithin kein Höhepunkt der Beschreibung, jedenfalls nicht aus der Sicht des zugrundegelegten ästhetischen Konzepts der Totalisierung, sondern ein antiklimaktischer Absturz, der in komischer Weise mit der gleichzeitigen triumphalen Apostrophe aneinanderstößt.

Dem Wortkünstler gelingt es hier also nicht, die Linearität als elementaren Modus von Sprache zu überschreiten, und ich denke, das zu Beginn gegebene Beispiel aus den folgenden Ausführungen des Polystratos – die Beschreibung von Pantheas Stimme durch eine Akkumulation heterogener stimmlicher Meisterparadigmata – genügt, um zu zeigen, daß er nur das Gegenstück zu der Skizze seines Freundes Lykinos liefert. Der Fragmentarisierung des weiblichen Kopfes, wie sie Lykinos praktizierte, tritt nämlich nun eine Überdeterminierung einzelner, an sich autarker geistiger und seelischer Qualitäten zur Seite: auch hier bleiben die jeweiligen Determinanten aber unverbunden nebeneinander stehen. Bedeutsam ist dabei, daß dieses hier so abundant praktizierte Verfahren der Parataxe den andernorts nicht nur praktizierten, sondern auch explizierten ästhetischen Vorstellungen Lukians eklatant widerspricht. In seinen Schriften zur ästhetischen Theorie – insbesondere *De domo*, *Prometheus es in Verbis*, *Zeuxis* – ist klar formuliert, daß sein künstlerisches Ideal gerade nicht darin besteht, für sich genommen schöne Einzelstücke, καλά, in einen Topf zu werfen, sondern daß ihre Harmonie und Maß berücksichtigende Mischung das Ziel sein muß, ἡ μῖξις ἐναρμόνιος καὶ κατὰ τὸ σύμμετρον, wie es in *Prom.Es* 5 formuliert wird.[22] Warum läßt er also die beiden gebildeten Wortjongleure Lykinos und Polystratos in ihrem ehrlichen Bemühen, die Schönheit Pantheas sprachlich zu fassen, scheitern und ihre lebendige Anmut zu seelenlosen Bildern[23] zerschlagen? Warum, anders gefragt, läßt er

---

ἐρυθήματι. ὑπερφαίνοντο γοῦν, αὐτὸ δὴ τὸ τοῦ 'Ομήρου, ἐλέφαντι τῷ πριστῷ ὅμοιοι, οὐχ οἱ μὲν πλατύτεροι αὐτῶν, οἱ δὲ προέχοντες ἢ διεστηκότες οἷοι ταῖς πλείσταις, ἀλλά τις πάντων ἰσοτιμίσ καὶ ὁμόχροια καὶ μέγεθος ἓν καὶ προσεχεῖς ὁμοίως, καὶ ὅλως μέγα τι θαῦμα καὶ θέασμα πᾶσαν τὴν ἀνθρωπὶνην εὐμορφίαν ὑπερπεπαικός.

21 Vgl. Bretzigheimer (Anm. 2) 172.

22 Vgl. hierzu eingehender Verf., *Camels, Celts, and Centaurs* (im Erscheinen).

23 Daß es, entgegen Polystratos' triumphaler Schlußbehauptung, eben doch nicht zur Erschaffung *eines* Bildes kommt, zeigen in möglicherweise beißender Ironie auch die pluralischen Titel beider Dialoge. Die *imitatio auctorum*, die, worauf Bretzigheimer (s. Anm. 2) 174 zu Recht hinweist, auch im Bereich der Skulptur so geläufig war, daß

die beiden πεπαιδευμένοι als Pseudo-Heroen auftreten, die sich an der gorgonenhaften Schönheit Pantheas in monströser Weise vergehen?

Eine Möglichkeit der Antwort liegt darin, Lykinos und Polystratos' Tun, wenn schon nicht gerade als Lustmord, so doch als erotisch motiviert zu verstehen. Denn das 'Wörterbuch der Schönheit' kann ja, um noch einmal Barthes zu zitieren, nicht zuletzt auch ein „Wörterbuch von Fetisch-Objekten“[24] sein. Lykinos und Polystratos versuchen, durch immer neue Detailnachbildungen, Teilungen, Fragmentarisierungen, durch das rücksichtlose und unbekümmerte sprachliche Zugreifen, sich des Faszinosums der Schönheit zu bemächtigen, es sich als Besitz auf immer zu eigen zu machen. Diese Aneignungsverfahren sind zwar vergeblich, denn das Wesen des Schönen, das Moment seiner Totalisierung entzieht sich ihnen mit jeder Annäherung immer weiter; gleichwohl erregen sie Lustgefühle. Die idealischen Körperteile der Frauenstatuen, verbunden mit Remi-

---

die heutige archäologische Kunstgeschichte Formtypologien und Nachahmungstraditionen konstituieren kann, darf nicht hinter den eigentlichen künstlerischen Akt, der harmonischen Zusammenfügung der Imitate, zurücktreten.

24 Vgl. Barthes (Anm. 19) 115; vgl. die Lexien 228–244 seiner Lektüre von Balzacs *Sarrasine*: „Diese unerhoffte Schöpfung barg Liebe, die alle Männer entzücken konnte, und so viel Schönheit, daß sie einen Kritiker zufriedenstellen mußte. Sarrasine verschlang mit dem Blick die Statue des Pygmalion, die für ihn von ihrem Sockel hinabgestiegen war. Als die Zambinella sang, ergriff ein Delirieren den Saal. Der Künstler erschauerte. Dann spürte er in den Tiefen seines Innern ... plötzlich ein Prickeln. Er klatschte nicht Beifall, er sagte nichts, er empfand einen Anflug von Wahnsinn, eine Art Raserei ... Sarrasine wollte sich auf die Bühne stürzen und sich dieser Frau bemächtigen: seine Kraft, verhundertfacht durch einen kaum zu erklärenden seelischen Druck ..., strebte danach, mit schmerzvoller Gewalt nach außen zu treten. ... Er war so vollkommen trunken, daß er weder den Saal noch die Zuschauer noch die Schauspieler wahrnahm und auch die Musik nicht mehr hörte. Mehr noch, zwischen ihm und der Zambinella war keine Entfernung mehr, sie gehörte ihm, die Augen, die er auf sie heftete, nahmen sie ganz in Besitz. Eine fast diabolische Macht ließ ihn den Lufthauch ihrer Stimme spüren, das wohlduftende Puder einatmen, das ihre Haare in sich aufgenommen hatten, die Abstufungen ihres Gesichts sehen und die blauen Adern darin zählen, die ihre seidige Haut schattierten. Endlich diese bewegliche, frische, von silbernem Klang erfüllte Stimme, geschmeidig wie ein Faden, dem der leiseste Lufthauch Gestalt gibt, den er rollt und entrollt, entfaltet und wieder auflöst, diese Stimme drang so lebhaft in seine Seele ein, daß er mehrmals unwillkürliche Schreie ausstieß, wie durch konvulsivisches Entzücken entrissen ...“ Im Grunde lesen wir hier die Konsequenzen der Begegnung mit dem Schönen, denen Lykinos gerade noch entkommen ist: der Enthusiasmus, der eventuell nur die Kehrseite der von Gorgo hervorgerufenen Versteinerung ist, wie Balzacs zitierte Formulierung „Er war so vollkommen trunken, daß er weder den Saal noch die Zuschauer noch die Schauspieler wahrnahm und auch die Musik nicht mehr hörte“ deutlich macht. Gerade diese unmittelbare Wirkung bleibt Lykinos und Polystratos durch die vielfachen Brechungen ihrer Begegnung mit dem Schönen aber versagt.

niszenzen an ebenso ideale geistig-seelische Wertsetzungen suggerieren als klassizistische Fetische die (sich *de facto* entziehende) Anwesenheit des totalen Schönen, das sie zum Gegenstand eines unerfüllten (und auch unerfüllbaren) quasisexuellen Begehrens machen. So begrüßt schon in den ersten Sätzen des Dialogs Polystratos seinen verwirrten Freund mit einer Zote: wie habe es einer *Frau* gelingen können, den mit Leib und Seele päderastisch orientierten Lykinos so ins Mark zu treffen?[25] Die Unerfüllbarkeit, zugleich aber die Intensität der erotischen Empfindung bringt Lykinos dann selbst in der Einleitung seines 'Methodenkapitels' zum Ausdruck, in dem es um das für die Beschreibung Pantheas anzuwendende Verfahren des Statuenpuzzles geht. Denn die erste und wichtigste Frauenstatue ist für Lykinos diejenige der knidischen Aphrodite des Praxiteles:

> *Lyk.* Hast du schon einmal eine Reise zur Insel der Knidier gemacht, Polystratos? *Pol.* Allerdings. *Lyk.* Da hast du sicher auch ihre Aphrodite gesehen? *Pol.* Gewiß, beim Zeus, das schönste unter allen Werken des Praxiteles. *Lyk.* Aber du hast bestimmt auch die Geschichte gehört, die die Einheimischen über sie erzählen, daß sich einer in die Statue verliebte und, nachdem er sich heimlich im Heiligtum hatte einschließen lassen, mit ihr schlief, so gut das mit einer Statue geht. Aber das soll an anderer Stelle erzählt werden (*Im.* 4).[26]

Wir erfahren nicht ausdrücklich, warum Lykinos hier gerade an eine Vergewaltigungsszene, die tragische Variante des Pygmalionmythos, denkt. Aber daß es nicht mehr nur um die ästhetische Inbesitznahme der schönen Panthea geht, sondern daß hier ein kaum sublimiertes sexuelles Begehren zum Ausdruck kommt, kann kaum bezweifelt werden. Zugleich ist dies der Hintergrund, vor dem die folgende Fragmentarisierung, Zerfetzung des Bildes der Frau zu idealisierten ästhetischen Fetischen stattfindet und gelesen werden muß. In *Im.* 6 u. 7 gleiten versteckte begehrliche Blicke an Pantheas (nur hier erwähntem) Körper entlang: „... von der Statue aus Knidos nimmt mein Lógos nur den Kopf – den übrigen Körper wird er nicht benötigen, weil der ja nackt ist"[27] und: „Polygnot soll auch ihr Gewand machen, ausgearbeitet bis ins feinste Detail, so daß es an den richtigen Stellen eng anliegt, zum größten Teil aber im Wind flattert."[28] In *Im.* 9

---

25 Ἡράκλεις, ὑπερφυές τι τὸ θέαμα φῂς καὶ δεινῶς βίαιον, εἴ γε καὶ Λυκῖνον ἐξέπληξε γυνή τις οὖσα· σὺ γὰρ ὑπὸ μὲν τῶν μειρακίων καὶ πάνυ ῥᾳδίως αὐτὸ πάσχεις ... (*Im.* 1).

26 Ἀλλὰ καὶ τὸν μῦθον ἤκουσας, ὃν λέγουσιν οἱ ἐπιχώριοι περὶ αὐτῆς, ὡς ἐρασθείη τις τοῦ ἀγάλματος καὶ λαθὼν ὑπολειφθεὶς ἐν ἱερῷ συγγένοιτο, ὡς δυνατὸν ἀγάλματι. τοῦτο μέντοι ἄλλως ἱστορείσθω. Die vollständige Geschichte bei [Ps.-] Lukian *Am.* 16.

27 ... τῆς ἐκ Κνίδου ἥκούσης μόνον τὴν κεφαλὴν λαβών· οὐδὲν γὰρ τοῦ ἄλλου σώματος γυμνοῦ ὄντος δεήσεται ... (*Im.* 6).

28 καὶ ἐσθῆτα δὲ οὗτος [sc. ὁ Πολύγνωτος] ποιησάτω ἐς τὸ λεπτότατον ἐξειργασμένην, ὡς συνεστάλθαι μὲν ὅσα χρή, διηνεμῶσθαι δὲ τὰ πολλά ... (*Im.* 7).

bemüht Lykinos schließlich sogar ausdrücklich die um Panthea im Reigen tanzenden Eroten. Mir persönlich – aber das ist ein subjektiver Eindruck – scheint zuletzt auch die Faszination, die der Anblick von Mund, Lippen und Zähnen (*Im.* 9) bei gewissermaßen 'abgeschaltetem Ton' auf Lykinos ausüben, ein recht starkes erotisches Moment zu enthalten, nicht zuletzt deshalb, weil Lykinos so ausführlich auf sie zu sprechen kommt, obwohl sie, wie gesagt, durch seinen ästhetischen Ansatz der klassizistischen Spiegelung nicht abgedeckt sind: hier wird der Beschreibende Opfer seines Begehrens, das ihn sich an seine Phantasien verlieren läßt. Die geradezu rauschhafte Beschreibung, die dann später Polystratos der Stimme der Panthea zukommen läßt, die er mit dem Gesang der ebenfalls erotisch besetzten Sirenen[29] vergleicht, gehört auch in diese Reihe.[30] Unter der Textoberfläche der ästhetischen Analyse also die Enthauptung der Medusa und die lustvolle Vergewaltigung und Sezierung der schönsten aller Frauen, wenigstens im Blick des Voyeurs? Statt ästhetischer Totalisierung erotische Fetischisierung? Wenn die Erfahrung der vollkommenen Schönheit sprachlich nicht adäquat kommuniziert wird, verschafft ihre mittelbare Aneignung im Spiegel der fragmentarisierenden Mimesis dann eine lustvolle Ersatzbefriedigung?

In seiner Version des Medusa-Mythos verbindet Ovid[31] die heterogenen Traditionen miteinander: bei ihm ist Medusa eine schöne Frau, die von Poseidon beim Tempel der Athena vergewaltigt wird. Athena, um ihre Keuschheit zu wahren, hält sich schamhaft die Aigis vor die Augen und verwandelt, um solches in Zukunft zu verhindern, Medusas Haare in Schlangen. Deren Anblick läßt jeden versteinern:[32] nur Perseus gelingt es, mithilfe seines als Spiegel gebrauchten Schildes Medusa gefahrlos zu sehen und zu enthaupten. Über das Doppelmotiv des Schildes, der in beiden Fällen eine unmittelbare Wahrnehmung verhindert, sind die von Athena passiv geduldete Vergewaltigung der schönen und die von Perseus aktiv durchgeführte Enthauptung der schrecklichen Medusa miteinander parallelisiert: Beihilfe zur Vergewaltigung und aktive Ermordung der Frau sind zwei Facetten derselben Münze, die Schöne und das Biest sind eine Person, und damit sind indirekt auch die Erregung des männlichen Begehrens, das zur Ver-

29 Vgl. hierzu H. Schrader, *Die Sirenen nach ihrer Bedeutung und künstlerischen Darstellung im Alterthum*, Berlin 1868, 72f.

30 Vgl. das höchste Lustgefühl Sarrasines beim Hören des Gesanges der Zambinella (oben Anm. 24).

31 Ovid *Met.* 4,772–803.

32 Ein kleines, aber m. E. signifikantes Detail macht es wahrscheinlich, daß Lukian bei seiner Gorgo-Anspielung direkt auf Ovid rekurriert: Perseus, so *Met.* 4,779f., trifft überall *per agros perque vias* auf versteinerte Menschensimulacra: ebenso begegnet Lykinos seiner Medusa Panthea auf der Straße, während in der übrigen Tradition von einem solchen Umhergehen der Gorgo nirgends die Rede ist.

gewaltigung, und die Versteinerung der Gaffer, die zur Ermordung führt, am Ende zwei Seiten einer Emotion. Lukian koppelt in vergleichbarer Weise mithilfe des Medusa-Motivs Lykinos' Ergriffenheit vom Anblick Pantheas mit seinem latenten Vergewaltigungswunsch: denn die Positionierung der Anekdote von der vergewaltigten Aphroditestatue am Anfang der Beschreibung legt ja nahe, den knidischen Vergewaltiger mit Lykinos zu assoziieren. Ovids Fassung ermöglicht es uns aber auch, die Bedeutung der Abbildung im Spiegel der Mimesis besser einzuschätzen. Denn bei Ovid ist der spiegelnde Schild nicht mehr einfach nur geschickt genutztes Werkzeug der heroischen Befreiungstat, dient nicht mehr einfach nur dazu, den unmöglichen direkten Blick zu ersetzen, sondern wird auch dazu mißbraucht, der Möglichkeit und der Notwendigkeit des direkten Blicks auszuweichen: vor der Vergewaltigung der Medusa durch Poseidon verschließt Athene ihre Augen. Eine solche Ambivalenz unterliegt, wie ich meine, auch der Lukianischen Verwendung des Motivs der klassizistischen Mimesis. Das wird klar, wenn man der kenntnisreichen Interpretation von Bretzigheimer (1992) folgt, die Panthea in erster Linie nicht historisierend als Geliebte des Kaisers Lucius Verus, sondern als Allegorie der „vollkommenen Frau“, als „Idealbild … körperlicher und seelischer Schönheit“ auffaßt.[33] Das Besondere an dieser Allegorie ist dabei die Integration der *paideía*, der Bildung, als gleichberechtigte Größe im Kanon der Kardinaltugenden, wo sie die (spezifisch männliche) Tugend der *andreía*, Tapferkeit, ersetzt. Mit *paideía* ist hier zunächst nichts anderes gemeint als das klassizistische Bildungswissen. Es liegt aber nahe, noch einen Schritt weiterzugehen und diese ideale Frauengestalt von vollendeter Kalokagathia als Allegorie der für die Eigenwahrnehmung der kaiserzeitlichen Kultur so bedeutsamen Paideia im emphatischen Sinne zu lesen.[34] Die Transposition hoher Wertpositionen in weibliche allegorische Gestalten – Lukian selbst läßt in seinem *Traum* Paideía und Téchne, im *Fischer* die Philosophía, im *Bis Accusatus* die Rhetoriké als Personifikationen auftreten – wäre in der griechischen Literatur nichts Neues: denken wir an diverse Figuren der Aristophanischen Komödie – ‘Eirene’ im *Frieden* etwa oder die ‘Diallage’ der *Lysistrate* –, an Kakía und Areté im Herakles-Mythos des Prodikos oder gar an Platons Diotíma als Priesterin des idealen Eros.[35] Die ‘All-Göttin’ Panthea verdankt ihre Idealität ja im letzten dem

33 Bretzigheimer (s. Anm. 2) 167.

34 Für ein solches Verständnis Pantheas spricht nicht zuletzt auch, daß sie mit einer geöffneten Buchrolle, in der folgenden *Verteidigung der Bilder* dann in einer Epideixis, wenn auch nur im Bericht des Polystratos, präsentiert wird, sich also zum einen der primären kaiserzeitlichen Bildungsreferenz – des Buches – zum anderen der zentralen Präsentationsform jener Zeit – des Vortrags – bedient.

35 In diesen Zusammenhang gehört auch das umgekehrte Verfahren, traditionelle mythische Gestalten göttlichen oder halbgöttlichen Zuschnitts als Allegorien irdischer Werte aufzufassen, wie wir es etwas aus dem Euhemerismus kennen.

Eindruck, daß sie eine vollendete Wiedergeburt der kompletten klassischen Kultur ist: damit verkörpert sie das Wunschbild jedes kaiserzeitlichen Gebildeten, jedes *pepaideuménos*, was wiederum ihre Deutung als Allegorisierung dieses klassizistischen Kulturwollens plausibel macht.

Es leuchtet unmittelbar ein, daß sich Lukian diesem Ideal und seiner Beschreibung, wenn es nicht nur um die Aufstellung von bloßen Kanones gehen sollte, zunächst nur emphatisch und das heißt: enkomiastisch nähern konnte. Da die klassizistische Bildungskultur auf der *imitatio maiorum auctorum* beruhte, dürfte auch die Wahl des mimetischen Beschreibungsmodus von vornherein festgestanden haben. Der ausgiebige Rekurs auf den Medusa-Mythos, das eklatante ästhetische Scheitern der Protagonisten und schließlich die Überblendung des Enkomions durch kaum verhüllte Evokationen eines sexuellen Begehrens leisten aber für die Darstellung und Bewertung dieses kulturellen Kernwertes noch mehr als seine bloße triumphale Affirmation. Ich denke, es läßt sich ein Weg des Verständnisses beschreiten, der zu einer soziokulturellen Deutung führt: In den beschriebenen Dissonanzen kommt der hohe emotionale Druck zum Ausbruch, den das Streben nach persönlicher Aneignung dieser Paideia für jeden ambitionierten Angehörigen der Oberschicht bedeutet haben muß, der sich darauf vorbereitete, gegen seine Konkurrenten in den Ring um die öffentliche Präsentation und Anerkennung seiner Bildungsleistung zu steigen: Faszination ist hier gepaart mit Versagensangst, die Unterwerfung unter das Bildungsdiktat und die kaschierte Aggression, der Wunsch, ein vollendeter Jünger der Paideia zu sein, und das heimliche Verlangen, sie zerschlagen am Boden zu sehen, das drängende Verlangen, sie zu besitzen, und das lähmende Gefühl, sie nie vollkommen zu beherrschen, gehen hier Hand in Hand; oder, wie Dieter Wellershoff eingängig formuliert hat: „Alle Menschen sind Feinde der Kultur.“[36] In Lukians Enkomion auf die schöne Paideia ist auch für diese ihre dunkleren Seiten Platz, ja sie sind hier untrennbar mit dem ebenso ehrlichen Bildungsenthusiasmus verwoben.

Lukian läßt nun Lykinos seine verbale Konfrontation mit Panthea fortsetzen, bis zum Ende der *Verteidigung der Bilder*. Und es lohnt sich ein Blick darauf, auf welche Weise dieser zweite Dialog die Themen von angstvoller Scheu und lustvollem Begehren, wie ich sie bisher dargestellt habe, weiterentwickelt. Lykinos entsendet Polystratos mit seiner Verteidigungsrede zu Panthea:

> Deine Aufgabe, Polystratos, wird es sein, diese Rolle [nämlich die des Apologeten] möglichst gut zu spielen. Da ich dir nun einmal mein Drama anvertraut habe, will ich für jetzt beiseite treten. Sobald man aber das Abstimmungsergebnis der Juroren verkündet, will ich auch höchstpersönlich anwesend sein, um zu sehen [ὀψόμενος], welches Ende der Wettbewerb nehmen wird (*Pr.Im.* 29).

36 Dieter Wellershoff, *Literatur und Lustprinzip*, Köln 1973, 67.

Lykinos imaginiert also am Ende des Dialoges nichts anderes als einen erneuten Blickkontakt mit Panthea: er will nicht etwa selbst in ein Gespräch mit Panthea eintreten – jedenfalls sagt er nichts davon –, sondern 'nur' ihre folgende Reaktion beobachten. Den Text des Dialogpaares zu verlassen heißt also, sich in Richtung seines Beginns zurückzubewegen, sind doch die beiden 'außertextlichen' Situationen miteinander vergleichbar: wie Lykinos vor dem Beginn von *Imagines* Panthea im Gespräch mit einem Begleiter bei der Lektüre eines Buches observiert hatte (vgl. Lykinos' Schilderung in *Im.* 9), so will er jetzt Pantheas Reaktion auf Polystratos' Vortrag seiner Apologie beobachten, und auch die zu imaginierende Situation zwischen den beiden Dialogen fügt sich hier exakt ein: in *Pr.Im.* 12 beschreibt Polystratos seinem Freund, wie Panthea ihm, ihrem Landsmann, gegenüber auf die Lektüre des mit dem Abschluß von *Imagines* konstituierten Buches reagierte. Das Enkomion generiert also immer wieder analoge Rezeptionssituationen, die, so dürfen wir folgern, daher auch immer wieder analoge, nicht identische, respondierende Texte erzeugen könnten:[37] quasi eine aufsteigende Spirale von Texten zunehmender Komplexität (eine im übrigen typisch 'sokratische' Manier der Gesprächsgestaltung, was gut dazu paßt, daß die Figur des Lykinos – wie vorhin bereits erklärt – am Sokrates der frühen platonischen Dialoge orientiert ist).

Lassen wir uns also von der Bewegung des Textes leiten und werfen wir einen erneuten Blick auf den Beginn der *Imagines*. Wir sehen jetzt, daß Lykinos sein erstes Bild von Panthea, die schrecklich blickende Gorgo, durch ein zweites Bild überschreibt:

> Jedenfalls mußt du dir darüber klar sein, daß sie, wenn du sie auch nur verstohlen anschaust, dich verstummen und noch starrer als eine Statue dastehen lassen wird, und doch ist es vielleicht noch harmloser und die Wunde ist ungefährlicher, wenn *du sie* anschaust; wenn aber auch *sie dich* anblickte, mit Hilfe welcher Mittel willst du dich dann noch von ihr lösen? Denn dann wird sie dich fesseln und dich fortziehen, wohin sie will, genau wie es auch der Herakleische Stein mit Eisen macht (*Im.* 1).

Jenen Magneten mit der Anziehungskraft eines Herakles kennen wir aus Platons *Ion*, wo ihn Lykinos' Vorbild Sokrates für eine Erklärung der eminenten Wirkung heranzieht, die von den Rezitationen des Rhapsoden auf sein Publikum ausgeht:

---

37 So entsprechen einander ja auch die Gliederungen der beiden Dialoge: *Im.* 1–3 (Einleitendes Gespräch zwischen Lykinos und Polystratos) – *Im.* 4–9 (1. Rede [Lykinos preist Pantheas Schönheit]) – *Im.* 10–11 (Zwischenspiel [Polystratos enthüllt Pantheas Identität]) – *Im.* 12–21 (2. Rede [Polystratos preist Pantheas Charakter, Bildung und Verstand]) vs. *Pr.Im.* 1–14 (3. Rede [Polystratos referiert Pantheas Kritik]) – *Pr.Im.* 15–16 (Zwischenspiel [Lykinos wägt ab zwischen Hinnahme, Widerruf und Apologie]) – *Pr.Im.* 17–28 (4. Rede [Verteidigung des Lykinos]) – *Pr.Im.* 29 (Finale [Polystratos übernimmt Botendienst; Vertagung des Urteils]).

> ... Es ist eine göttliche Kraft, die dich bewegt, so wie sie in dem Stein liegt, den Euripides den Magneten genannt hat, während man ihn allgemein den Herakleischen nennt. Denn auch dieser Stein zieht nicht nur die Eisenringe selbst an, sondern er verleiht den Ringen auch Kraft, so daß sie ihrerseits dasselbe zu bewirken vermögen wie der Stein, nämlich andere Ringe anzuziehen, so daß bisweilen eine ganz lange Kette von Eisenringen aneinander geheftet ist; diesen allen aber haftet von jenem Stein her die Kraft an. So bewirkt aber auch die Muse eine göttliche Ergriffenheit teils unmittelbar, teils heftet sich, indem an diesen göttlich Ergriffenen sich andere begeistern, eine ganze Kette an. ... Weißt du denn, daß so ein Zuschauer der letzte von jenen Ringen ist, die, wie ich sagte, durch den Herakleischen Stein voneinander ihre Kraft empfangen? Der mittlere bist du, der Rhapsode und Schauspieler, der erste der Dichter selbst. Der Gott aber zieht durch alle diese Glieder hindurch die Seele der Menschen, wohin er immer will, indem er ihre Kraft fortlaufend aneinander bindet ... (Plat. *Ion* 533d2–e6. 535e7–536a4; Übers. H. Flashar).

Sokrates beschreibt hier einen linearen Kraftvektor der Inspiration, der seinen Ausgang von der inspirierenden Gottheit nimmt und, vermittelt durch Dichter und Rhapsoden oder Schauspieler, in den Tränenfluß und die Begeisterung des ergriffenen Rezipienten mündet. Ein vergleichbares Schema der Wirkung scheint Lukians Dialogpaar zu organisieren: Pantheas Epiphanie zieht Lykinos an, dessen von diesem Anblick inspiriertes Enkomion seinerseits Polystratos zu seiner Lobrede animiert, die wiederum Panthea zu einer rhetorisch ebenso brillanten Replik anspornt, die dann, vermittelt durch den Homeriden Polystratos, Lykinos zu einer eleganten Apologie anstößt, die wiederum in Polystratos einen Schauspieler vor der Zuschauerin Panthea finden wird: den Anblick ihrer Reaktion wird dann Lykinos sehen, und es ist nicht anzunehmen, daß Panthea die Worte des Lykinos nur freundlich lächelnd oder zu Tränen gerührt zur Kenntnis nehmen wird: vielmehr dürfen wir füglich mit einer erneuten 'gebildeten' Antwort rechnen. Damit ist aber zugleich ein signifikanter konzeptioneller Unterschied zwischen Platon und Lukian benannt: während Platons herakleischer Kraftstrom Anfang und Ende besitzt, ist die Magnetkraft, die von jener Allegorie der Paideia ausgeht, zyklischer Natur, konstituiert – *sit venia verbo* – eine Art ringförmigen Teilchenbeschleuniger, in dem die Bewegung nie zu einem endgültigen Abschluß gelangt: auch jene erste Wirkung der Panthea ist ja in ihrer scheinbaren Einmaligkeit nicht wiederzugewinnen, sondern auch sie gerät in den Kreislauf des Austausches gebildeter Redebeiträge. Der Rezipient, derjenige, der mit Paideia konfrontiert wird, kann im Rahmen dieser Bildungskultur nicht mehr einfach passiv enthusiasmiert reagieren, sondern muß 'antworten': nun zeigt sich erst recht, wie wenig adäquat bzw. wie gewalttätig Lykinos' Zugriff war, der Panthea-Paideia zu Stein zu machen versuchte, ihr also gerade jene konstitutive 'Bildungs*aktivität*' zu rauben drohte. Den Bildungsdiskurs zu verlassen, wenn man sich einmal in jenen Zyklus begeben hat, bedeutet, sich der Bewegungslosigkeit, ja der Artikulationslosigkeit zu überlassen: es gibt kein Sprechen außerhalb dieses Diskurses, der damit seine universelle Geltung behauptet.

Entsprechend negiert Lukians Text die Vorstellung, es könnte außerhalb des in ihm konstituierten Universums ein von ihm unkontrolliertes Gespräch über ihn geben; das bedeutet nicht, daß es solche Gespräche *realiter* nicht gebe, sondern daß ein Leser, um ein solches Gespräch führen zu können, sich der narrativen Lenkung seines Lektüreverhaltens durch den Text dezidiert entziehen muß. Eine solche Deutung erklärt zum einen, warum Panthea nie selbst zu Wort kommt, sondern nur in der verbalen Mediation durch einen der den Dialog konstituierenden Sprecher, zuerst Lykinos, der ihr Aussehen, später Polystratos, der ihre Reden vermittelt. Zum anderen läßt sich so die Merkwürdigkeit, ja das Paradox verstehen, daß in der Beschreibung dessen, was Panthea gerade tat, als Lykinos sie erblickte, eine Situation evoziert zu werden scheint, die nach der binnenfiktionalen Logik des Plots erst später eintritt. Er sah sie nämlich mitten in der Lektüre eines Buches innehalten und mit einem Begleiter über das Gelesene sprechen, konnte das Gesprochene jedoch nicht verstehen (*Im.* 9): sollen wir bei einem zweiten Rezeptionsdurchgang an dieser Stelle nicht gerade an den später in *Pr.Im.* rekonstruierten Vorgang *zwischen den beiden Dialogen* denken, wo Panthea sich mit Polystratos über das Buch *Imagines* unterhält, man sie selbst aber nicht hören kann (sondern erst später in der Wiedergabe durch Polystratos)? Oder dürfen wir sogar noch weitergehen und in der Tatsache, daß Panthea gerade *mitten in einer Lektüre* war, eine Bezugnahme auf das Ensemble der beiden Dialoge *Imagines* und *Pro Imaginibus* sehen, in deren Mitte, also zwischen denen, Panthea als lesend und reagierend vorzustellen ist, eine Situation, die erst nach der Abfassung von *Pro Imaginibus* eintreten könnte und mithin gerade die oben postulierte zyklische Bewegung der Rezeption voraussetzen würde? Wäre dem so, dann würde unser Dialogpaar in einer, mit Gérard Genette zu sprechen, narrativen Metalepse den Außenraum des Textes als einen bloß scheinbaren behaupten:[38] Bildungsaktivität findet dann – jedenfalls in Lukians Konzeption, die natürlich nicht mehr als eine unter mehreren in der Kaiserzeit ist; und es wäre sogar noch zu fragen, ob sich die in diesen beiden Texten entwickelte Vorstellung auch nur für Lukian in einer solchen Weise verallgemeinern läßt – nur *in und zwischen* den Texten statt, besitzt aber keinen eigenen Raum *außerhalb* von Texten.

Der Text erzwingt mithin eine bestimmte hermeneutische Bewegung, nämlich die wiederholte Rückkehr an den Anfang und die Suche nach einer immer neuen Ebene der Lektüre, ausgelöst durch im weitesten Sinne hypertextuelle Signale, die auf andere 'Geschichten' verweisen, deren narrativer Zuschnitt dann diese wiederholte Lektüre strukturiert und steuert. Folgen wir diesem Impuls also erneut! Ein

38 Vgl. G. Genette, *Die Erzählung*, München ^{2}1998, 167–169.

weiteres solches Signal stellt der Hinweis auf die Tantalostochter Niobe dar, mit deren Versteinerung im Schmerz Polystratos Lykinos' Erstarren im Staunen vergleicht:

> Beim Herakles, von einem monströsen und überwältigenden Anblick sprichst du, wenn sie denn sogar den Lykinos erschreckt hat, als Frau! Denn das passiert dir sonst bei Knaben, und zwar ziemlich leicht, so daß man wohl schneller den ganzen Sipylos umsetzen würde als daß man dich davon abbrächte, die Schönen mit offenem Mund zu begaffen und häufig sogar mit Tränen in den Augen dazustehen, wie jene bekannte Tochter des Tantalos (*Im.* 1).

Niobe hatte gegenüber Leto mit ihrem Kinderreichtum geprahlt, während die Göttin nur Artemis und Apollon zur Welt gebracht habe. Die Geschwister rächten die Beleidigung ihrer Mutter, indem sie Niobes Kinder mit ihren Pfeilen töteten. Niobe kehrte in ihre Heimat Lydien zum Berg Sipylos zurück und wurde dort von Zeus in einen Felsen verwandelt, der dauernd Tränen vergießt. Lesen wir die Handlung unserer beiden Dialoge vor dem Hintergrund *dieses* Mythos, so ergibt sich daraus eine Verallgemeinerung meiner vorhin vorgetragenen Deutung, hier werde das Bildungswollen in die ambivalente Metapher sexuellen Begehrens gekleidet. Denn nun legt sich Lykinos' begehrlicher Blick auf die Schönen, zu denen Panthea gezählt wird, als durchsichtiger Hypertext über die mythischen Schmähungen, also den verbalen Frevel, der Niobe. Mit dem Attribut 'durchsichtig' meine ich dabei, daß das Motiv des aktuellen, anspielenden Textes nicht einfach an die Stelle des Vorgängermotives des Prätextes tritt, sondern daß diese beiden Motive beide präsent sind und sich gegenseitig beleuchten. Lykinos' erotisch inspirierte, zugleich explizit ins Medium des Wortes umgesetzte Beschreibung der Panthea steht dann im Licht des älteren Motivs der verbalen Hybris gegenüber einer Gottheit. Panthea übernimmt in dieser Übertragung, ihrem sprechenden Namen 'All-Göttin' getreu, zwei Rollen, zuerst die der geschmähten Göttin Leto (in den *Imagines*), dann im zweiten Dialog diejenige der strafenden Göttin Artemis – immerhin hatte Lykinos sie ja mit der *Amazonen*statue des Phidias verglichen –, die die Kinder der Niobe mit ihren Pfeilen niederschießt, sekundiert von ihrem Bruder Apollon, dessen Rolle in *Pro Imaginibus* von Polystratos gespielt wird.[39] Die Kritik, die Polystratos und Panthea in *Pro Imaginibus*

39 Lykinos und Polystratos wählen zur Bezeichnung ihrer Bilder von Panthea stets den Begriff εἰκών, der meistens für Bilder von Menschen reserviert ist, während ἄγαλμα konsequent für Götterbilder verwendet wird; vgl. zum Wortgebrauch bei dem zeitnahen Pausanias A. Schubart, *Die wörter* ἄγαλμα, εἰκών, ξόανον, ἀνδριάς *und verwandte, in ihren verschiedenen beziehungen. Nach Pausanias*, Philologus 24, 1866, 561–587, hier 561–567. Nichtsdestoweniger erinnert Pantheas 'Umzug' – sie wird (*Im.* 2. 9f.) von Eunuchen, Soldaten, Dienerinnen und anderen begleitet, ihr Weg scheint von Zuschauern gesäumt zu sein (*Im.* 2: θεαταί) – an Kultbildprozessionen:

an Lykinos üben und die auf den ersten Blick durchaus nicht unkokett wirkt, erhält durch die Einbeziehung dieser mythischen Konnotationen einen erheblich ernsteren Charakter. Dabei funktioniert diese Übertragung unproblematischer, als man zunächst denken würde: denn der griechischen Sprache ist die Metapher von den Wörtern als Kindern ebenso geläufig wie diejenige, in der Wörter als Pfeile bzw. Geschosse verbildlicht werden. Allerdings läßt sich diese Anspielung nur mit einer Art von Phasenverschiebung komplett durchführen: denn die Versteinerung der Niobe stellt ja das *Ende* der mythischen Geschehenskette dar, während sie hier am *Anfang* des Dialogs steht, so daß nicht klar ist, ob Lykinos' frostige Verbalisierung der klassischen Statuenfragmente, wie oben behauptet, Niobes Frevel gegenüber der Gottheit oder gar nur den Endzustand ihrer Bestrafung, die Versteinerung, abbildet: Lykinos' unziemliches Begehren wäre dann als Hybris bereits damit bestraft, daß er zu einem gelingenden Enkomion nicht mehr fähig ist, ja es ihm ganz im Gegenteil geradezu zu einem *psógos* gerät. Denkbar ist, daß beide Verständnisweisen zutreffen; warum sollten wir uns für eine entscheiden, wenn der Text uns ohnehin zu immer neuen Lektüredurchgängen nötigt, die uns Gelegenheit zu wechselnden und einander in interessanter Weise beleuchtenden Auffassungen und Interpretationen bieten?

Die Einbeziehung der Anspielung auf den Niobe-Mythos macht jedenfalls klar, daß Lykinos' (und zunächst auch einmal Polystratos') Versuch, Pantheas Schönheit in Worte zu kleiden, nicht einfach positiv enkomiastisch gelesen werden dürfen, sondern viel stärker noch, als es beim ersten Durchgang durch den Text den Anschein hatte, einer negativierenden Perspektive eingeschrieben werden. Das läßt sich noch einmal unterstreichen, wenn man auf ein kleines Anspielungsdetail achtet, das sich ebenfalls in der nun schon mehrfach zitierten zentralen Passage in *Im.* 9 findet. Hier wird das weiß-rote Farbensemble von Pantheas Zähnen und Lippen ja mit einem homerischen Gleichnis in Beziehung gesetzt: „Vor allem schmückte sie [sc. die Zähne] die Röte der Lippen. Sie schimmerten leicht, genau wie es bei Homer heißt, gesägtem Elfenbein gleich, ...“ Dies greift zurück auf den Eidbruch des Pandaros in der *Ilias*: sein Pfeil, aus der Menge

---

der Anblick des Kultbildes ist vor allem für Unbefugte gefährlich, kann Schaden verursachen, wie ja auch Lykinos von dem Anblick Pantheas ein Risiko für sich befürchtete (*Im.* 1); vgl. B. Gladigow, *Präsenz der Bilder – Präsenz der Götter. Kultbilder und Bilder der Götter in der griechischen Religion*, Visible Religion IV/V, 1985/86, 114–133. Hierin liegt vielleicht allererst Lykinos Idee begründet, Panthea mithilfe eines Kultbildpuzzles zu beschreiben. Eine Epiphanie mag angedeutet sein; das Buch hätte dann den Status eines „traditionellen Attributs“, während die Göttlichkeit (die spätestens mit dem [quasi in frommer Scheu nicht genannten] Namen 'Panthea' ja assoziiert werden darf) darüber hinaus nicht eigens angedeutet wird und auch nicht angedeutet werden muß; vgl. Gladigow (Anm. 17) 101.

heraus geschossen, trifft den zweikampfbereiten Menelaos in den Oberschenkel, das Blut quillt aus der Wunde und überströmt die weiße Haut (*Il.* 4,139–152); Homer vergleicht diesen Vorgang mit der kunstvollen und technisch versierten Applikatur von Purpur auf Elfenbein. Erneut also das Motiv der Hybris – der Bruch des zwischen den Kriegsgegnern eidlich vereinbarten Waffenstillstandes durch den Bogenschützen –, hier in einer weit gespannten Junktur von gefährlicher Verletzung und technisch-ästhetisch gekonnter Kunstfertigkeit: Lykinos' begehrlicher Blick aus den Reihen der Passanten und, daraus hervorgehend, sein rhetorisch versierter Zugriff erweisen sich vor diesem Anspielungshintergrund noch einmal als schwerwiegende und zugleich faszinierende Übertretung. Daß tatsächlich das auf den ersten Blick harmlose Begehren einer Perspektive der gewalttätigen Übertretung von göttlichem und menschlichem Recht eingeschrieben wird, liegt nicht nur nahe, sondern wird explizit auch dadurch, daß sowohl die Befleckung der Aphroditestatue von Knidos[40] als auch die Verwundung des Menelaos durch Pandaros ihre Spuren jeweils auf dem Oberschenkel zurücklassen.[41]

Diese Lektürewiederholungen lassen sich weitertreiben. Sehr weit führt beispielsweise auch die intertextuelle Ausdeutung des Namens der schönen Frau: Panthea, so sagt Polystratos in *Im.* 10 ausdrücklich, trage den gleichen Namen wie die assyrische Heroine in Xenophons *Kyrupädie* 4–7, die nach dem Sieg der Perser über die Assyrer zu Kyros' Beute gehört und Opfer sexueller Belästigung durch den von ihr faszinierten Perser Araspas wird. Tatsächlich lassen sich sowohl die figuralen Konstellationen als auch nicht wenige narrative Details dieses tragischen Plots auf das Geschehen in *Imagines* übertragen; im geringsten Fall unterstützt auch diese Anspielung die oben vorgetragene Deutung, daß die spezifische Form der rhetorischen Annäherung des Lykinos an Panthea, der personifizierten Paideia, *auch* unter dem Aspekt des sexuell motivierten Übergriffs betrachtet werden sollte. Ich will an dieser Stelle gleichwohl als besondere Leistung der Xenophon-Anspielung nur zweierlei hervorheben. Erstens bindet sie vermittels der Gestalt des Kyros, des Großkönigs der Perser, auch den in *Im.* 10 kurz erwähnten römischen Kaiser – dessen in der Forschung debattierte Identität uns hier nicht beschäftigen soll – in das Figurenensemble ein. Da Panthea seine Favoritin ist, also wie ihre assyrische Namensvetterin den institutionellen Schutz des Herrschers genießt, ohne deshalb institutionell an ihn gebunden zu sein, ließe sich abgebildet denken, wie die Bildung zwar einerseits ein diskursives Herrschaftsinstrument ist, andererseits nicht unauflöslich mit der legitimen und etablierten Herrschaft verknüpft ist, sondern ein aggressives Potential der Selbstbestimmung

---

40 *Im.* 4; s. oben S. 11.

41 Vgl. [Ps.-] Luk. *Am.* 15 und Hom. *Il.* 4,146.

bewahrt: Xenophons Panthea gerät mit dem von ihr nicht unverschuldeten Tod ihres Mannes in vorwurfsvolle Distanz zu Kyros und entzieht sich seiner Verfügungsgewalt über sie schließlich durch Selbstmord.[42] Zweitens erhält die Figur des Polystratos, der ansonsten ja leicht als bloßes Double des eigentlichen Protagonisten Lykinos bzw. als der typisch unbedarfte Dialogpartner eines sokratischen Gesprächsführers angesehen werden könnte, Kontur und Tiefe. Während nämlich in der Auflösung des Anspielungsrätsels Lykinos dem sexuellen Belästiger Araspas entspricht – was sich gut in das oben offengelegte Allusionsgeflecht einbinden läßt –, bleibt für Polystratos die Analogisierung mit dem Ehemann der Panthea, Abradatas. Er spielt in der *Kyrupädie* die Rolle des liebevollen und zartfühlenden Gatten, der am Ende sein Leben opfert, um seine Gemahlin vor den Übergriffen des anderen zu beschützen: gegenseitige Zuneigung und treue Liebe bis in den Tod bestimmen Pantheas und sein Verhältnis zueinander. Es paßt dazu sehr gut, daß Polystratos Landsmann der Panthea ist und freien Zugang zu ihr hat; seine Bewunderung richtet sich in weniger stark erotisierter Form nicht, wie die des Lykinos, auf Pantheas körperliche Schönheit, sondern auf ihre geistigen und seelischen Vorzüge. Seiner Enkomiastik fehlt daher das Moment der illegitimen Übertretung weitgehend. Sein pseudoheroischer Name[43] gemahnt ebenfalls an Abradatas.[44] Wie jener für seine Frau kämpft, so macht er sich zu Pantheas Fürsprecher. Aus alldem ergeben sich interessante Fragen für die allegorische Konstruktion von Paideia: Steht Polystratos für einen gemäßigteren, respektvolleren, aber auch weniger spektakulären Umgang mit der Bildung? Und wie ließ sich Abradatas' heroischer Tod in unsere Dialoghandlung einbeziehen?

Man könnte die Fäden von hier aus weiter ziehen. Denn offensichtlich lehnt sich Xenophons Gestaltung an das Homerische Vorbild des Zusammenseins von Hektor und Andromache an[45] – weitere Möglichkeiten der Differenzierung des Umgangs mit Bildung zeichnen sich mithin ab, die intertextuellen Vernetzungen sind potentiell schier unendlich. So betrifft eine weitere großflächige Anspielung die Geschichte von Marsyas und Apollo als Folgeerzählung des Gorgo-Mythos sowie den Mythos von Pandora[46]; ebenso haben Polystratos' zahlreiche Vergleiche oft mehr als nur jeweils *ein* tertium comparationis zu bieten.

Ich möchte zum Abschluß versuchen, einige interpretatorische Konsequenzen dieser Beobachtungen zu formulieren. Wenn ich oben sagte, daß Lykinos' Enkomion auf Panthea mißlingt, weil er die Statuenfragmente nur nebeneinander zu stellen, nicht aber zu natürlicher Lebendigkeit, *cháris*, miteinander zu verbin-

42 Xen. *Cyr.* 7,3,4 und 7,3,14.

43 S. oben S. 4.

44 Vgl. v. a. Xen. *Cyr.* 7,1,29–32.

45 Vgl. Hom. *Il.* 6 und Xen. *Cyr.* 6,1,46–52. 4,2–11.

46 Vgl. hierzu v. a. Korus (s. Anm. 2).

den vermag, obwohl das von ihm gewählte Medium des Lógos hierfür technische Möglichkeiten durchaus bereitstellen würde, so ist demgegenüber festzuhalten, daß der Text als Ganzes, welcher auktorialen Instanz (Lukian, Lykinos, Polystratos?) auch immer wir ihn zuschreiben wollen, diesem Anspruch ganz im Gegenteil mehr als genügt. Denn seine beschriebene intertextuelle Stratifizierung bewirkt ja, in Verbindung mit seiner narrativen Struktur, die den Leser zu wiederholten und immer komplexeren Lektüren nötigt, den Eindruck von Dynamik, von lebendiger Beweglichkeit. Nehmen wir an, daß auch dann, wenn die einzelnen Beiträge der Gesprächsteilnehmer schwerwiegende Defizite aufweisen, doch das Dialogpaar als Ganzes, aus dieser Perspektive betrachtet, ein adäquates Enkomion auf die Paideia darstellt, so gewinnt deren Konzeptualisierung durch Lukian vermittels der enkomiastischen Prozeduren des Textes Kontur: Paideia selbst ist dann eben nicht einfach entweder eine mehr oder weniger kanonische Enzyklopädie eines Bildungswissens oder der Grad der persönlichen Reife eines kaiserzeitlichen Individuums, sondern stellt einen besonderen Modus von Kommunikation dar. Dessen Kennzeichen sind:

1. Nicht die einzelnen Gebildeten, πεπαιδευμένοι, verfügen über ideale Bildung, sondern sie entfaltet sich zwischen ihnen in kommunikativer Interaktion.[47]
2. Diese gebildete Kommunikation wird als permanent gedacht. Demonstration von Bildung ist keine Aufgabe, derer man sich durch punktuelle Höchstleistungssprechakte – wie beispielsweise durch den Vortrag eines gelungenen Enkomions – entledigen kann, sondern Bestandteil einer die gesamte Persönlichkeit erfassenden und sich selbst reflektierenden Identitätsstiftung.
3. Die Dichte, Kompaktheit und damit Intensität der Bildung, der Grad der Bildungs'tiefe', erhöht sich mit der Frequenz der einzelnen kommunikativen Akte.
4. Der Umgang mit Paideia ist gerade deshalb Gegenstand von Angst und Begehren, weil sie sich nur im öffentlichen Raum erwerben und zeigen läßt. Diese Emotionen sind allen an der Kommunikation beteiligten Instanzen gemeinsam: auch die Rezipienten können sich blamieren, nicht nur die Vortragenden. Niemand verfügt in einem solchen Maße über Paideia, daß er außerhalb dieser Dynamik stünde.

47 Eine vergleichbar dynamische Konzeption vertritt für die „gebildete Sprache“ Sextus Empiricus in *Adv. Math.*; vgl. hierzu Cathérine Dalimier, *Sextus Empiricus contre les grammairiens: ce que parler grec veut dire*, in: S. Saïd (Hg.), 'Ελληνισμός. Quelques jalons pour une histoire de l'identité grecque, Leiden u. a. 1991, 17–32. Der „griechische“ Zuschnitt der Sprache erweist sich in ihrem erfolgreichen Einsatz im gebildeten Gespräch, im öffentlichen Raum, er entsteht in der geschickten Bewegung zwischen Analogie und Anomalie, deren jeweiligen extremistischen Festschreibungen hingegen lächerlich sind.

Lukians Dialogpaar *Imagines* und *Pro Imaginibus* leistet mithin nicht mehr und nicht weniger, als uns ein Bild von der kaiserzeitlichen Paideia als eines Diskurses im Foucaultschen Sinne des Wortes zu zeichnen. Dabei unterliegt diese Präsentation selbst entsprechenden diskursiven Regeln, steht 'im Diskurs'. Wenn wir heutzutage über die sozialen, politischen, intellektuellen und psychologischen Aspekte dieses Diskurses sowie über seine lokalen und funktionalen Auffächerungen reflektieren, vergessen wir häufig, oder es erscheint uns banal und daher nicht mitteilenswert, daß dieser Diskurs, wie vielleicht alle Diskurse, auch einen ästhetischen Aspekt besitzt. Hieran erinnert uns Lukian, indem er Paideia als eminent schöne Frau darstellt und in der Diskussion, wie sie in *Pro Imaginibus* geführt wird, darüber hinaus deutlich macht, daß der beinahe religiöse Status dieses Diskurses, seine Verehrungswürdigkeit als Quasi-Divinum, nicht zuletzt gerade an seiner Schönheit hängt. Auch diese Schönheit soll sich jedoch nicht auf eine statische Qualität, eine sterile Artifizialität beschränken, sondern sie entfaltet sich als *cháris* erst in der spezifischen, rhetorisch kunstvollen Dynamik der Kommunikation zwischen den πεπαιδευμένοι.

Mit einer solchen soziokulturellen Deutungsfestschreibung zu schließen abstrahiert jedoch von der ästhetischen Verfaßtheit des Dialogpaares und stellt daher eine unzulässige Verkürzung seines Kraftpotentials dar. Gewiß: man vermag aus der Lektüre konstruktive Rückschlüsse auf eine Konzeption oder zumindest eine Kommentierung von Paideia zu ziehen, die sich in einen kulturwissenschaftlichen Diskurs übersetzen lassen. Aber dies setzt voraus, daß der Leser das vom Text erschaffene Universum entschieden verläßt, was zwar jeder Leser *realiter* tut und immer irgendwann tun muß, was jedoch in diesem Fall zugleich einen klaren Verstoß gegen die vom Text etablierte narrative Gesetzlichkeit bedeutet, deren Subjekt auch der Leser ist. Die oben (S. 15) beschriebenen Erzählstrategien verfolgen ja das Ziel, zum einen den Leser am Ende von *Pro Imaginibus* in einer Schleife wieder zu der Ausgangssituation von *Imagines* zurückzubringen, zum anderen in einer metaleptischen Bewegung die Situation, in der der Text rezipiert wird, in seine Welt zu integrieren: das Dialogpaar geriert sich also als eine Art 'Möbius-Band', dessen Bahn man nur so verlassen kann, wie man sie betreten hat: durch einen Sprung über die Grenzen hinweg, die der Text sich setzt. Dieses Phänomen – der universalistische Selbstentwurf eines Textes – artikuliert ausdrücklich sein Streben nach Eigenständigkeit, in dem Sinne der seit Kant gültigen Erkenntnis, daß Kunst nicht vollständig in einen anderen, schon gar nicht in einen wissenschaftlichen Diskurs umgeschrieben werden kann,[48] betont also nachdrücklich seinen Charakter als 'autopoietisches' System, das zwar auf Reize von außen reagiert, sich gleichzeitig jedoch als operativ geschlossen und autonom erweist. Die-

48 I. Kant, *Kritik der Urteilkraft* § 2.

ser Anspruch auf Dynamik und Lebendigkeit ist unvereinbar mit dem Versuch einer vollständigen Übertragung des textlichen Entwurfs auf die Um- und Zustände seines Kontexts. Und in der Tat führt eine Bedeutungszuweisung, wie ich sie oben in vier Punkten vorgenommen habe, zu einer Reduktion der hier vor allem durch intertextuelle Verfahren generierten Vielschichtigkeit, die der Leser in immer neuen Lektüredurchgängen, gleichwohl nie endgültig, erschließt. Für seinen alltäglichen Umgang mit Paideia kann der Pepaideuménos sie nicht gleichzeitig als Göttin, als Gorgo, als Sirene, als vollständiges Musenheiligtum, als verwundeten Menelaos, als sexuell bedrohte assyrische Schönheit, als kaiserliche Geliebte, als hybride Niobe, als Statuenpuzzle etc. auffassen; gleiches gilt für die beiden Dialogpartner. Sie sind jedem lebensweltlichen Gebildeten gegenüber hypertroph und irreduzibel komplex.[49] Ihre Figurationen sind polymorph, sie können 'in der Wirklichkeit' nicht gleichzeitig nebeneinander stehen und gültig sein: das gelingt nur in dem eigengesetzlichen Universum des Textes. Einer Deutung ist dieser nur insofern zugänglich, als sich zum einen die verschiedenen diskursiven Reize und seine Reaktionen darauf analysieren, zum anderen ihre spezifische Kombination zu einem 'lebendigen Bild' (nicht: Abbild) in dichter Weise beschreiben lassen.

Die präzise Deskription eines solchen ästhetischen Organismus könnte dann wiederum als Beitrag zu einem Verständnis seiner jeweiligen Enstehungs- und Hervorbringungskultur verstanden werden. Das Problem der Art und Weise der kulturwissenschaftlichen Integration eines solchen Beitrags, die auf die Aufhebung jenes künstlerischen Autonomiewollens gleichwohl verzichtet, scheint mir daher eine große Herausforderung an die aktuelle Literaturwissenschaft der klassischen Sprachen darzustellen.

49 Vgl. hierzu gut W. Struck, *Soziale Funktion und kultureller Status literarischer Texte oder: Autonomie als Heteronomie*, in: M. Pechlivanos u. a. (Hgg.), Einführung in die Literaturwissenschaft, Stuttgart 1995, 182–199, v. a. 189–191.

Bilder zum Hören – Bilder zum Sehen: Lukians Ekphraseis und die Rekonstruktion antiker Kunstwerke

Barbara E. Borg

Unsere Kenntnis der Vergangenheit ist fragmentarisch. Diese Feststellung ist an Banalität wohl kaum zu überbieten, und doch stellt sie nicht nur das notorische Lamento aller Altertumsforscher sondern zugleich ihre größte Herausforderung und eine Quelle der Faszination ihres Gegenstandes dar. Im Falle der Klassischen Archäologie wird durch die antiken literarischen Nachrichten über großartige, jedoch für immer verlorene Kunstwerke diese Fragmenthaftigkeit um so schmerzlicher, während zugleich ihre rekonstruierende Überwindung in greifbare Nähe zu rücken scheint.

So lesen wir etwa wieder dankbar Pausanias, nachdem wir erkannt haben, dass die auffällige Lückenhaftigkeit seiner *Beschreibung Griechenlands* offenbar nicht auf Unkenntnis, mangelnde Autopsie oder schlicht Schlamperei eines verhinderten Baedekerautors zurückzuführen ist, sondern dass Pausanias Vollständigkeit offenbar gar nicht anstrebte. Vielmehr scheint es, wie zuerst Jas Elsner gezeigt hat, dass er eine Art Topographie griechischer Identität verfassen wollte, in der *panta ta hellenika* nur das bezeichnet, was die – überwiegend vergangene! – griechische Größe ausmachte.[1] Zum Leidwesen der Archäologen gehörten jedoch die ästhetischen Qualitäten von Bildwerken für Pausanias nicht unbedingt dazu und so klingen seine Beschreibungen der Kunstwerke selbst denn auch eher lapidar.[2]

Als zuverlässiger Zeuge antiker Denkmäler gilt auch Plinius, der vor allem im 34. und 35. Buch seiner *Naturalis Historia* eine Fülle von heute zumeist verlorenen Kunstwerken samt den Namen ihrer Schöpfer erwähnt. Seine Angaben zu Malweisen und Erfindungen einzelner Künstler sind zweifellos von großem Wert und verraten über das technische Interesse hinaus durchaus einen gewissen Sinn

---

1 J. Elsner, Pausanias: A Greek Pilgrim in the Roman World, *Past and Present* 135, 1992, 3–29; ders., From the pyramids to Pausanias and Biglet: monuments, travel and writing, in: S. Goldhill – R. Osborne (Hgg.), *Art and text in ancient Greek culture* (Cambridge 1994), 224–254; ders., *Art and the Roman Viewer* (Cambridge u. a. 1995) 125–155; für verwandte Interpretationsansätze s. auch S. Alcock (Hg.), *Pausanias: Travel and Memory in Roman Greece* (Oxford u. a. 2001).

2 Dies wurde in älteren Arbeiten auch mit Missbilligung hervorgehoben, s. z. B. T. Birth, *Laienurteil über die bildende Kunst bei den Alten*, Marburger Akademische Reden 7 (Marburg 1902); H. Blümner, *Archäologische Studien zu Lukian* (Breslau 1867) 2.

für Ästhetik. Doch so überschwänglich sein Lob einzelner Künstler und Werke gelegentlich ist, so fallen die Beschreibungen bei ihm oft sogar noch knapper aus als bei Pausanias, wenn er sich nicht ganz auf reine Aufzählungen beschränkt. So liegt es offensichtlich auch nicht in seiner Absicht, dem Leser die Kunstwerke durch eine entsprechend anschauliche Schilderung vor sein geistiges Auge zu stellen.

Genau dies tut nun allerdings ein Autor in so meisterhafter Weise, dass man seine schillernde Persönlichkeit und sein irritierendes Spiel mit Worten und Wahrheiten nur zu gern zu vergessen bereit ist. „Mit Recht werden Lukians Nachrichten und Urteile über Werke der bildenden Kunst sehr hoch geschätzt – verdanken wir doch diesem Schriftsteller einige Ecksteine zum Aufbau der griechischen Kunstgeschichte", so etwa Friedrich Koepp, „... es bleibt eine Tatsache, dass diese Zeugnisse zum Wertvollsten gehören, was uns von antiker Kunstbetrachtung erhalten ist." [3] Dass diese Ansicht über den Satiriker des 2. Jhs. n. Chr. im Prinzip auch heute noch geteilt, wenn auch weniger emphatisch vorgetragen wird, lehrt der Blick in die archäologische Literatur wie in neuere philologische Kommentare.[4]

Lukians vielleicht berühmtestes Gemälde ist die *Diabole*, die *Verleumdung*, des Malers Apelles, die in Archäologie und Kunstgeschichte bis heute als Prototyp und ältestes Beispiel einer echten Allegorie gilt, und damit wahrhaftig ein Eckstein nicht nur der griechischen, sondern der europäischen Kunstgeschichte insgesamt wäre (vgl. Abb. 1).

> Rechter Hand sitzt ein Mann, der so ansehnliche Ohren hat, dass ihnen wenig zu Midasohren fehlt, und schon von ferne der auf ihn zukommenden Verleumdung (διαβολή) die Hand entgegenreicht. Zu beiden Seiten stehen zwei Frauenspersonen neben ihm, die mir die Unwissenheit (ἄγνοια) und das Misstrauen (ὑπόληψις) vorzustellen scheinen. Diesem nähert sich von der anderen Seite die Verleumdung in Gestalt eines wunderschönen, aber etwas erhitzten Mädchens (γύναιον εἰς ὑπερβολὴν πάγκαλον, ὑπόθερμον δὲ καὶ παρακεκινημένον), deren Gesichtszüge Groll und Ingrimm verraten; sie trägt in der linken Hand eine brennende Fackel und schleppt mit der Rechten einen jungen Menschen bei den Haaren herbei, der die Hände gen Himmel streckt und

3 F. Koepp, Ogmios. Bemerkungen zur gallischen Kunst, *Bonner Jahrbücher* 125, 1919, 38–73, hier 38; Bei anderen wird Lukian geradezu zum Kunstkenner schlechthin, z. B. Blümner (s. Anm. 2) passim; V. Andò, *Luciano critico d'arte* (Palermo 1975).

4 S. z. B. H. A. Shapiro, The Origins of Allegory in Greek Art, *Boreas* 9, 1986, 4–23, der die Diabole als „earliest and best known example" einer echten Allegorie bezeichnet (S. 4); I. Scheibler, *Griechische Malerei der Antike* (München 1994) mit ihren Rekonstruktionsversuchen S. 43–45; J. Bompaire, *Lucien écrivain. Imitation et création* (Paris 1958) 713–718; ders., *Lucien. Œuvres.* Tome I (Paris 1993) 56 (zum *Herakles-Ogmios*); Tome II (Paris 1998) 137 (zur *Diabole*); St. Altekamp, Zu den Statuenbeschreibungen des Kallistratos, *Boreas* 11, 1988, 110f.

Abb. 1: Gemälde Botticellis nach Lukians Beschreibung der *Diabole* 'des Apelles'.

die Götter zu Zeugen seiner Unschuld anruft. Vor ihr geht ein hässlicher, bleichsüchtiger Mann (ἀνὴρ ὠχρός καὶ ἄμορφος) mit stechendem Blick (ὀξὺ δεδορκὼς), der so aussieht, als ob er von einer langwierigen Krankheit ausgezehrt wäre und den man ohne Mühe als den Neid (φθόνος) erkennt. Hinter der Verleumdung gehen zwei andere Weibspersonen, die sie aufzuhetzen, zu unterstützen und sie herauszuputzen scheinen, und deren eine (wie mir der Ausleger des Gemäldes sagte) die Arglist (ἐπιβουλή) und die andere die Täuschung (ἀπάτη) vorstellt. Noch weiter hinter ihnen folgt in einem schwarzen und zerrissenen Traueraufzug (πενθικῶς τις ἐσκευασμένη, μελανείμων καὶ κατεσπαραγμένη) die Reue (μετάνοια): sie weint und wendet das Gesicht beschämt vor der Wahrheit, die sich ihr nähert, ab, als ob sie sich scheute, ihr in die Augen zu sehen. (Übersetzung Wieland)

Die Beschreibung ist detailreich und anschaulich, so dass sich niemand wundern wird, dass Maler und Zeichner der Renaissance die Ekphraseis des Lukian und nicht die des Plinius oder Pausanias als Vorlage für ihre Bilder wählten.[5]

Und doch sind Lukians Bilder und insbesondere seine *Diabole* alles andere als unproblematisch. Letztere ist im Text gewissermaßen doppelt gerahmt. Den äußeren Rahmen bildet die eigentliche Lehr- und Mahnrede des Lukian über die Gefahren von Neid, Verleumdung und Leichtgläubigkeit. Darin findet sich als Exempel die Geschichte des Malers Apelles, der von einem neidischen Kollegen bei dem leichtgläubigen Pharao Ptolemaios der Beteiligung an einer Verschwörung beschuldigt worden sei, zuletzt aber seine Unschuld beweisen konnte und daraufhin das oben zitierte Gemälde geschaffen habe. Die Geschichte ist fast zu schön um wahr zu sein und enthält in jedem Fall einen krassen Anachronismus. Der Aufstand des Theodotos, von dem Lukian spricht, fand tatsächlich statt, und zwar im Jahr 219 v. Chr. Die Schaffenszeit des Apelles liegt dagegen nach übereinstimmenden Zeugnissen ein Jahrhundert früher.[6] Auch war Apelles Hof-

5 Albertis Empfehlung in seinem *Traktat über Malerei*, erstmals lateinisch publiziert 1435 und ein Jahr später in italienischer Übersetzung, markiert den Begin einer reichen kreativen Rezeption. Zur neuzeitlichen Rezeption der Bilder Lukians s. D. Cast, *Lucianic and Pseudo-Lucianic themes in the Renaissance: A Study in Renaissance Humanism* (New York 1970); D. Rosand, Ekphrasis and the Generation of Images, *Arion* 1, 1990, 61–105; speziell zur *Diabole* s. D. Cast, *The Calumny of Apelles. A Study in the Humanist Tradition* (New Haven/London 1981); J. M. Massing, *Du texte à l'image. „La Calomnie" d'Apelle et son iconographie* (Strasbourg 1990); zum Herakles-Ogmios F. R. Varwig, Raffaels Herakles 'Ogmios' – Ein Paradeigma zur Ikonologie des sprachlichen Wohlklangs, in: F. R. Varwig (Hg.), AINIΓMA. *Festschrift für Helmut Rahn* (Heidelberg 1987) 35–75.

6 *Der Neue Pauly* 12/1 (2002) s. v. Theodotos Nr. 3 (W. Ameling). Der Anachronismus erstmals bemerkt von J. Toll in: *Lucianus Samosatensis de Calumnia cum notis Jacobi Tollii* (Leiden 1677) 10 Anm. 1, und diskutiert von P. Bayle, *Dictionnaire historique et critique I* (Rotterdam 1697) 300–301; vgl. Massing (s. Anm. 5) 16.

maler Alexanders des Großen. Plinius (*NH* 35, 89) berichtet zwar, Apelles sei durch einen Sturm nach Alexandria verschlagen worden, wo ihm durch einen Nebenbuhler ein Streich gespielt wurde. Doch bestand dieser bei Plinius in dem vergleichsweise harmlosen Scherz, den Maler ohne Wissen des Ptolemaios an dessen Tafel zu laden. Apelles klärt das Missverständnis auf, indem er das Porträt des Spaßvogels mit einem Stück Kohle auf die Wand skizziert, woraufhin Ptolemaios den Urheber des Affronts sofort identifiziert. Hier dient die Anekdote letztlich dazu, die Ähnlichkeit der von Apelles gemalten Porträts mit den Dargestellten hervorzuheben.[7] Von einem längeren Aufenthalt des Apelles am Hof des Ptolemaios oder irgendwelchen Bildern, die er dort gemalt hätte berichtet Plinius jedoch ebenso wenig wie irgendein anderer Autor, obgleich doch an Apelles und zumal an seinem Leben lebhaftes Interesse bestand.[8] Zumeist hat man diese Ungereimtheiten damit erklärt, Lukian habe bewusst oder aus Unkenntnis falsche Angaben gemacht. Nach Auffassung einiger ist die Anekdote mitsamt dem Bild glaubhaft, nicht aber die Zuschreibung an Apelles. Die Mehrheit streicht jedoch die Verleumdung bei Ptolemaios, wodurch das Bild nicht nur der europäischen Kunstgeschichte, sondern auch dem Apelles erhalten bliebe, dem eine solch außergewöhnliche Bilderfindung eher zugetraut wird als einem unbekannten Maler.[9]

---

7 Entsprechend berichtet Plin. *NH* 7, 125; 35, 85, Alexander habe jedem anderen außer Apelles verboten, ihn zu malen.

8 Die *testimonia* bei Overbeck belaufen sich auf die stattliche Zahl von 80 (J. Overbeck, *Die antiken Schriftquellen zur Geschichte der bildenden Künste bei den Griechen* [Leipzig 1868] Nr. 1827–1906). Von diesen berichtet einzig noch Tzetzes *Chiliades* 8, 394 = Overbeck Nr. 1838 von einem Aufenthalt des Apelles am ptolemäischen Hof, doch beruft er sich hierfür ausdrücklich auf Lukian. Ein längerer Aufenthalt am Ptolemäerhof wird dennoch oft mit großer Zuversicht voraus gesetzt, s. z. B. J. J. Pollitt, *The Art of Ancient Greece: Sources and Documents* (Cambridge, MA, u. a. 1965) 163; *Der Neue Pauly* 1 (1996) 829f. s. v. Apelles Nr. 4 (N. Hoesch); s. auch die folgende Anm. Eine Bearbeitung der Künstleranekdoten und -biographien in der antiken Überlieferung, welche auch den literarischen Charakter, die Interessenlage der Autoren und die Topik dieser 'Textgenres' einbeziehen würde, ist ein dringendes Desiderat.

9 Die wenigen Zweifler, welche auch die Existenz des Bildes bestritten, sind weitgehend ohne Einfluss geblieben, s. Massing (s. Anm. 5) 17 mit Anm. 11–12. Scheibler (s. Anm. 4) 44 streicht nur den historischen Zusammenhang mit dem Theodotos-Aufstand; J. Onians, *Art and Thought in the Hellenistic Age. The Greek World View 350-50 BC* (London 1979) 97f. verlegt mit dem Bild auch die Anekdote an den Hof Ptolemaios' I.; s. die Übersicht über weitere ältere Erklärungsversuche bei Scheibler (s. Anm. 5) 16f. Massing (s. Anm. 5) 20–22 schlussfolgert, dass die Zuschreibungsfrage allein aufgrund der Schriftquellen kaum abschließend zu beantworten sei, ist jedoch von der Existenz des Bildes vor allem aufgrund zahlreicher literarischer Belege für die betreffenden (und verwandte) Personifikationen überzeugt; ähnlich Shapiro (s. Anm. 4) 5 Anm. 6. Zu die-

Nun ist diese Lösung keineswegs undenkbar, aber ist sie damit schon plausibel oder gar wahrscheinlich? Zum Vergleich hat man für die Gestalt der Diabole auf die Ikonographie der Erinnyen in der unteritalischen Vasenmalerei verwiesen, für die Komposition auf die Audienzszene auf der sog. Perservase (Abb. 2) und, als Beispiel einer aufgelockerteren Darstellungsweise und des Themas auf den Fries in Raum C der Villa Farnesina, der Gerichtsszenen zeigt und vielfach auf eine hellenistische Vorlage zurückgeführt wird.[10] Unabhängig davon, ob man an die Existenz einer solchen bildlichen Vorlage glaubt oder nicht, besteht das Ungewöhnliche der Bilderfindung der *Diabole* jedoch nicht in der Art der Komposition oder der Wahl des Themas, sondern in der Art der Figuren, ihrer bildlicher Charakterisierung und ihrer Einbindung in einen narrativen Zusammenhang. Die Besonderheit des Bildes hat man immer bemerkt, doch nie genauer analysiert, und so wurde übersehen, dass dieses Bild nicht nur ungewöhnlich, sondern völlig singulär wäre – sowohl im 4. Jh. v. Chr. als auch in der gesamten griechisch-römischen Kunst.

Zunächst fällt bei der Wahl der Personifikationen auf, dass die Mehrzahl im Bestand der antiken Bildüberlieferung überhaupt nicht nachzuweisen ist: nämlich Aletheia, Diabole, Epiboule, Hypolepsis und Metanoia.[11] Agnoia, Apate und Phthonos sind zwar vereinzelt belegt, ihre Ikonographie entspricht jedoch in keinem Fall genau jener der lukianischen Beschreibung. Während für Agnoia offenbar überhaupt keine eigene Ikonographie entwickelt wurde, erscheint Apate einmal in einer erinnyenähnlichen Aufmachung (Abb. 2) und einmal ohne spezifi-

---

sem Argument s. u. Anm. 48, zu den von ihr angeführten Bildern s. im Folgenden. Anders erging es bezeichnenderweise Seneca, der in seinen *Controversiae* (10, 5) behauptet, der Maler Parrhasios sei angeklagt gewesen, einen von Philip V. erworbenen alten Olynther gefoltert zu haben, um eine möglichst realistische Vorlage für ein Bild des Prometheus zu erhalten. Der Fall ist insofern ähnlich gelagert, als auch diese Anekdote nur einmal überliefert ist und einen Anachronismus enthält (Parrhasios war bei der Eroberung Olynths 348 wohl bereits ca. 30 Jahre tot). In diesem Fall reichten die Gründe jedoch aus, Geschichte und Bild allgemein für fiktiv zu halten – vermutlich wegen ihres abstoßenden Charakters.

10 Massing (s. Anm. 5) 22 f.; Scheibler (s. Anm. 4) 44. Zur Perservase s. H. Gabelmann, *Antike Audienz- und Tribunalszenen* (Darmstadt 1984) 76–80; zu den Farnesina-Fresken s. I. Bragantini – M. de Vos, *Museo Nazionale Romano. Le Pitture II 1. Le decorazioni della Villa romana della Farnesina* (Rom 1982) Taf. 134–161; Gabelmann (wie oben) 151 f.; Scheibler (s. Anm. 4) 44.

11 Vgl. *Lexicon Iconographicum Mythologiae Classicae* (= *LIMC*) I (1981) 486 f. s. v. Aletheia (S. Settis); *LIMC* III (1986) 386 s. v. Diabole (J.-R. Gisler); *LIMC* III (1986) 803 s. v. Epiboule (J.-R. Gisler); *LIMC* V (1990) 609 s. v. Hypolepsis (J.-R. Gisler); *LIMC* VI (1992) 561 f. s. v. Metanoia (E. Polito). Mit Metanoia wurden vorschlagsweise zwei Reliefdarstellungen identifiziert (*LIMC* ebd. Nr. 2 und 3), in keinem Fall ist jedoch eine Beischrift erhalten, welche die Benennung sichern könnte.

Abb. 2: Unteritalischer Krater mit Darstellungen, die sich auf die Perserkriege gegen Dareios beziehen (sog. Perservase oder Dareios-Krater), 4. Jh. v. Chr. Unter den Personen des oberen Registers befinden sich (von links) Asia, Apate, Athena und Hellas.

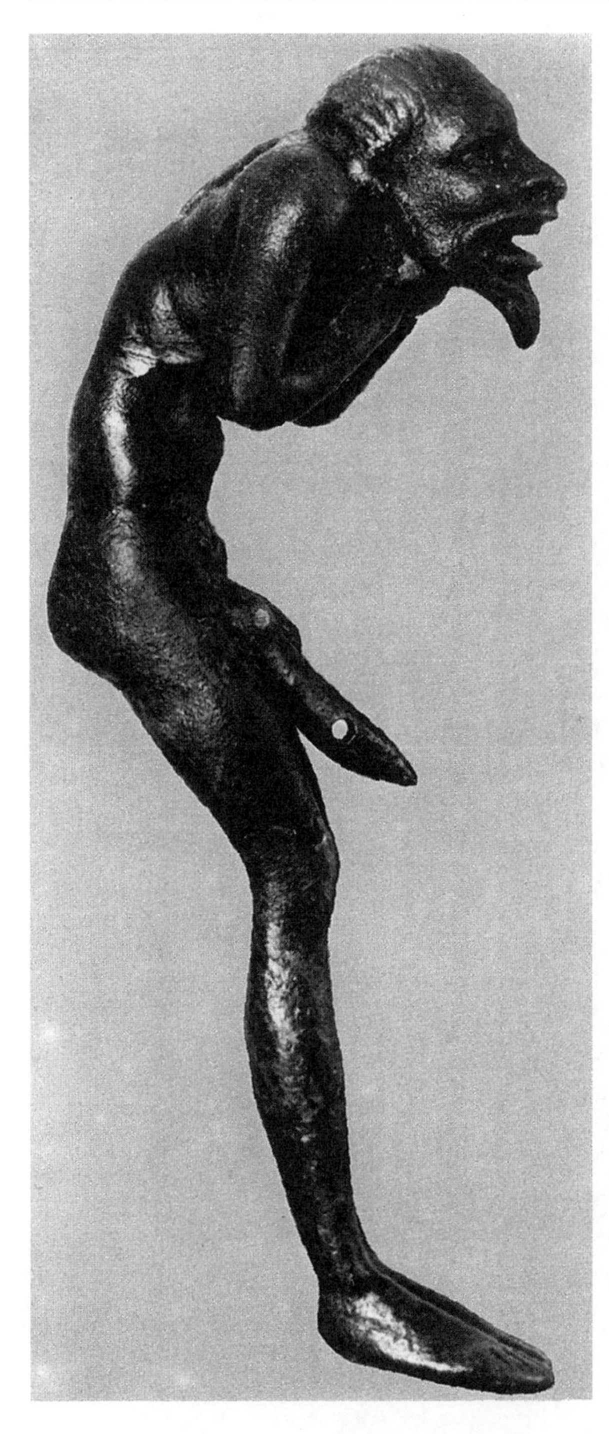

Abb. 3: Bronzestatuette des Phthonos (Neid), kaiserzeitlich.

sche Merkmale;[12] Phthonos wird als nackter Mann dargestellt, der sich selbst mit beiden Händen stranguliert (Abb. 3–4).[13]

Wichtiger noch als diese Beobachtungen ist die einzigartige Konstellation der Personifikationen in einem vielfigurigen narrativen Zusammenhang. Selten werden in der griechischen Kunst überhaupt mehr als ein oder zwei Personifikationen gemeinsam dargestellt und fast nie sind sie unter sich. In der Regel besitzen sie eine kommentierende Funktion innerhalb mythischer oder historischer Darstellungen. So etwa auf einem von Plinius (*NH* 35, 138) erwähnten Gemälde des Aristophon, das offenbar jene Episode aus dem Trojanischen Krieg wiedergab, in der sich Odysseus als Bettler verkleidet nach Troja einschlich. Neben Priamos, Helena, Odysseus und Deiphobos waren auch Credulitas (die Leichtgläubigkeit) und Dolus (die List) dargestellt, welche sich auf die das Geschehen leitenden Motivationen und Charakterzüge bezogen. Dieselbe Funktion haben Apate auf der sog. Perservase (Abb. 2), wo sie sich wohl auf die Verblendung bezieht, welche die Perser zu ihrem Kriegszug verführt hat,[14] dieselbe Personifikation auf einem

12 Zu Agnoia: *LIMC* I (1981) 302f. s.v. Agnoia (F. Canciani); die ebenda aufgezählten Darstellungen mit zweifelhafter Benennung wurden von K. Lehmann, Ignorance and Search in the Villa of the Mysteries, *Journal of Roman Studies* 52, 1962, 62–68, in die Diskussion eingeführt, stammen aber anders als die inschriftlich gesicherten Darstellungen alle aus dem dionysischen Bereich. Sie stimmen weder untereinander noch mit den sicheren Darstellungen ikonographisch genau überein. Die Gestalten scheinen eher ein allgemeines Darstellungsschema je nach Kontext zu variieren. Die dionysischen Bilder sollten daher aus der Diskussion ausgeschlossen werden.
Zu Apate: *LIMC* I (1981) 875f. s.v. Apate (G.G. Belloni) mit zwei inschriftlich gesicherten Darstellungen auf apulischen Vasen (der aber das lukianische Gemälde nicht einmal unter den Schriftquellen erwähnt).

13 *LIMC* VIII (1997) 992–996 s.v. Phthonos (J.-R. Gisler) und grundlegend K.M.C. Dunbabin – M.W. Dickie, Invidia rumpantur pectora. The Iconography of Phthonos/Invidia in Graeco-Roman Art, *Jahrbuch für Antike und Christentum* 26, 1983, 7–37. Die einzige sicher vorkaiserzeitliche Darstellung auf einem apulischen Volutenkrater (*LIMC* [wie oben] Nr. 26) zeigt Phthonos im Erostypus als Begleiter der Aphrodite beim Tod des Meleager und entspricht der Darstellung in der *Diabole* ebenso wenig. Die übrigen Darstellungen sind mehrheitlich erst kaiserzeitlich, lediglich eine Gruppe von Terrakotten aus der Werkstatt von Smyrna kann nur grob in das 2.Jh. v.Chr. – 2.Jh. n.Chr. datiert werden. Sie könnte daher bereits hellenistisch sein, ebenso gut jedoch wie die anderen erst kaiserzeitlich. Einen einigermaßen sicheren *terminus ante quem* gibt eine Bronze in Berlin, wenn die Angabe des Fundortes, Pompeji, denn zutrifft (Dunbabin – Dickie [wie oben] 22f.). Alle diese Darstellungen zeigen einen nackten, ausgemergelten Mann, der sich selbst mit beiden Händen stranguliert. Die Benennung ist durch ein Mosaik aus dem Anfang des 3.Jhs. n.Chr. gesichert (*LIMC* [wie oben] Nr. 16; ausführlich Dunbabin – Dickie [wie oben]).

14 *LIMC* I (1981) 875f. s.v. Apate Nr. 1 (G.G. Belloni); M. Schmidt, Asia und Apate, in: L. Beschi (Hg.), ΑΠΑΡΧΑΙ. *Nuove ricerche e studi sulla Magna Grecia e la Sicilia*

Abb. 4: Bronzestatuette des Phthonos (Neid), kaiserzeitlich.

ebenfalls apulischen Gefäß mit dem Mythos um Tereus, Prokne und Philomela,[15] der lässig gegen Aphrodite gelehnte Phthonos auf dem genannten apulischen Krater mit dem Tod Meleagers[16] oder Agnoia in einem Gemälde aus einem Grab in Hermoupolis, das schon der hohen oder sogar späten Kaiserzeit angehört, wo sie die Ermordung des Laios durch den eigenen Sohn Oidipous kommentiert.[17] Wenn sich Athenaios (12.534D) und Plutarch (*Alcibiades* 16) zufolge der athenische Politiker Alkibiades auf einem Gemälde darstellen ließ, wie er von Olympia und Pythia bekränzen wird, den Personifikationen der Orte seiner größten sportlichen Siege, so sind die Personifikationen zwar formal in der Überzahl, ihre Funktion ist jedoch wiederum die eines Kommentars zu Alkibiades und seinen Leistungen. Die Gruppe der Eirene mit dem Plutosknaben, die spätestens nach dem Frieden von 371 v. Chr. in einem neu gegründeten Heiligtum auf der Athener Agora aufgestellt wurde und den Zusammenhang von Frieden und Wohlstand symbolisiert, ist eine seltene Ausnahme, indem sie ausschließlich Personifikationen zeigt.[18] Doch setzt sie trotz ihres symbolträchtigen Charakters nur eine Ausdrucksform um, die spätestens seit den Genealogien Hesiods geläufig war und durchaus nicht notwendigerweise allegorisch aufgefasst werden musste. Äußerlich ist sie ebenso wenig wie der Knabe als Personifikation erkennbar und sogar das Füllhorn lässt sich als konkretes, wenn auch bedeutungsvolles Attribut verstehen.[19]

Nach Anzahl der Personifikationen und dem allegorischen Charakter des Inhalts stehen der Diabole unter den erhaltenen oder sicher überlieferten Darstellungen einige Vasenbilder des späten 5. Jhs. v. Chr. am nächsten, die in unterschiedlicher Zusammenstellung meist weibliche Personifikationen und Eroten gemeinsam mit Aphrodite zeigen.[20] So finden sich auf einer Londoner Pyxis (Abb. 5) von links beginnend die sitzende Eunomia, die gute Ordnung, welcher

---

antica in onore di Paolo Enrico Arias II (Pisa 1982) 505–520; Ch. Aellen, *A la recherche de l'ordre cosmique. Forme et fonction des personnifications dans la céramique italiote* (Kilchberg/Zürich 1994) 109–117 Taf. 5–7.

15 *LIMC* I ebd. Nr. 2; Schmidt (s. Anm. 14) 518–520; Aellen (s. Anm. 14) 54 f. 85 Taf. 8–9.

16 Hier Anm. 13 und Aellen (s. Anm. 14) 160–162. 174. 180. 191 Taf. 142–143.

17 *LIMC* I (1981) 302 f. s. v. Agnoia Nr. 2 (F. Canciani); S. Gabra – E. Drioton, *Peinures à fresque et scènes peintes à Hermoupolis-Ouest, Touna El-Gebel* (Kairo 1954) Taf. 15.

18 Zur Münchner Kopie und den historischen Hintergründen vgl. B. Vierneisel-Schlörb, *Klassische Skulpturen des 5. und 4. Jahrhunderts v. Chr.* (München 1979) 255–274 Abb. 119–127.

19 Zum Problem Verf., *Der Logos des Mythos. Allegorien und Personifikationen in der frühen griechischen Kunst* (München 2001), bes. 82–95.

20 Verf. (s. Anm. 19) 190–208; dies., *Eunomia oder: Vom Eros der Hellenen*, in: R. von den Hoff – St. Schmidt (Hgg.), *Konstruktionen von Wirklichkeit. Bilder im Griechenland des 5. und 4. Jahrhunderts v. Chr.* (Stuttgart 2001) 299–314.

Abb. 5: Umzeichnung der Darstellungen zahlreicher Personifikationen auf einer Pyxis aus dem Umkreis des Meidiasmalers, 5. Jh. v. Chr.

Paidia, das Spiel, eine Kette überreicht; daneben Eudaimonia, das Glück, zusammen mit Himeros, dem Verlangen; es folgt die wiederum sitzende Harmonia, dann eine Frau mit dem sprechenden Namen Kale, die Schöne, vor ihr Aphrodite, welche gerade einen Wagen besteigt, der von Pothos, der Begierde, und Hedylogos, den süßen Reden, gezogen wird, und schließlich Hygieia, die Gesundheit. Wie bei anderer Gelegenheit ausführlich gezeigt, lassen sich diese Bilder als Allegorien auf das Ideal maßvoller Liebe und sinnlicher Lust lesen, das als ebenso erstrebenswertes wie schwer erreichbares Lebensziel in so vielen Textgenres verhandelt wird.[21] Doch so aufregend die Entdeckung komplexerer allegorischer Bilder in dieser Epoche ist, so eklatant ist auch der Unterschied zur *Diabole*. Während die Gestalten dort durch Physiognomie, Gesichtsausdruck, Handlung und Kleidung ausführlich charakterisiert sind, sind die Figuren auf der Pyxis und verwandten Gefäßen äußerlich ebenso wenig von einander zu unterscheiden, wie von anonymen Figuren und Göttern, und der narrative Gehalt der Darstellung ist denkbar gering. Es wird keine eigene Ikonographie mit spezifischer Bedeutung entwickelt, auch führen die Personifikationen keine sie in besonderer Weise charakterisierenden Handlungen durch, sondern bekannte Bildschemata werden allein durch Beischriften umgedeutet.[22]

Dasselbe gilt für das sog. Archelaos-Relief aus dem mittleren 2. Jh. v. Chr., das am Fuße eines Musenberges die Verehrung Homers durch die Personifikationen der Literaturgattungen im Beisein von Ilias und Odyssee, Arete, der Tugend, Mneme, der Erinnerung, Pistis, der Treue, und weiteren zeigt (Abb. 6).[23] Ikonographisch unterscheidet sich die Darstellung wiederum kaum von zahlreichen Weihereliefs mit anonymen Adoranten.[24] Sie verwendet dieselben Darstellungsschemata und die meisten Figuren sind äußerlich von menschlichen Adoranten nicht zu unterscheiden. Tragodia und Komodia tragen die Masken ihrer Genres

---

21 Ebd. u. a. zur Pyxis in London, British Museum E 775.

22 Im Bild des Aphroditewagens ist immerhin das Verhältnis der Göttin zu den Personifikationen allegorisch visualisiert, das Wesen der Gestalten ergibt sich jedoch allein aus ihren Namen. Entsprechend zieht Shapiro (s. Anm. 4) dieses Bild auch nicht zum Vergleich für die *Diabole* heran und stellt für verwandte Vasenbilder mit Recht nur ein allgemeines Interesse an allegorischer Ausdrucksform, nicht aber eine echte Entsprechung zur *Diabole* fest. Etwas anders beurteilt er die Darstellung auf einem Epinetron des Eretria Malers in Athen, NM 1629, weil sie einen gewissen narrativen Gehalt besitze. Doch ist dieser auch hier denkbar gering und die Ikonographie der Personifikationen ist wiederum völlig unspezifisch; s. Verf., *Logos des Mythos* (s. Anm. 19) 76–79.

23 D. Pinkwart, Das Relief des Archelaos von Priene, *Antike Plastik* 4, 1965, 55–65.

24 S. z. B. die Zusammenstellungen in U. Hausmann, *Griechische Weihereliefs* (Berlin 1960); G. Güntner, *Göttervereine und Götterversammlungen auf attischen Weihreliefs* (Würzburg 1988).

Abb. 6: Weiherelief des Archelaos von Priene mit Darstellung des Musenberges und der Verehrung Homers, 2. Hälfte 2. Jh. v. Chr.

und sind dadurch auch visuell individualisiert. Doch handelt es sich hier nicht einmal um allegorische Attribute, sondern die beiden Personifikationen sind lediglich der Schauspielerikonographie angeglichen.

Hinsichtlich der Häufung metaphorischer ikonographischer Elemente und der Komplexität der ins Bild gesetzten abstrakten Aussage ist vielleicht der berühmte *Kairos* des Lysipp, die statuarische Darstellung des *Günstigen Augenblicks* oder der *Gelegenheit*, die nächste Parallele zum Bild der *Diabole*. Doch ist andererseits gerade die Überlieferung dieser Figur kaum geeignet, das Vertrauen in die Zuverlässigkeit literarischer Ekphraseis zu stärken. Keine der insgesamt sieben literarischen Beschreibungen entspricht auch nur einer anderen genau, so dass man seit jeher über das ursprüngliche Aussehen des lysippischen Originals streitet.[25] In diesem Falle ist die Lösung m. E. ebenso einfach wie ernüchternd – und liegt in der bildlichen, nicht in der schriftlichen Überlieferung: Drei Reliefs bzw. Relieffragmente (Abb. 7)[26] zeigen einen Knaben im Ephebenalter mit großen Rückenflügeln, dessen Haar vorne lang, hinten aber geschoren ist. Er bewegt sich mit geflügelten Füßen voran, wobei er in der Rechten auf einem Schermesser eine Balkenwaage balanciert. Aus antiken Redewendungen und den literarischen Quellen ergibt sich die metaphorische Bedeutung der seltsamen Ikonographie. Am langen Haar kann man die Gelegenheit beim Schopfe fassen, wenn sie sich nähert, der kahle Hinterkopf vereitelt jedoch den Zugriff, wenn sie einmal vorübergeeilt ist. Die Flügel verdeutlichen die Geschwindigkeit, mit der dies geschieht, während die Waage wohl den Wechsel des Schicksals symbolisiert und das Schermesser den bereits seit Homer bekannten Ausdruck 'auf Messers Schneide' ins Bild setzt. Die drei Reliefs stehen untereinander im Replikenverhältnis, obwohl sie verschiedener Zeitstellung und an weit voneinander entfernten Orten gefunden sind, und müssen daher auf dasselbe Original zurückgehen. Will man nicht annehmen, eine spätere Variante der lysippischen Statue sei öfter kopiert worden als ihr berühmtes Vorbild, so können die Reliefs nur diese lysippische Figur wiedergeben. Die Ikonographien der literarischen Ekphraseis weichen jedoch alle von der tatsächlichen Ikonographie der Figur ab und stimmen auch untereinander nicht überein. Sie

25 A. F. Stewart, Lysippian Studies 1. The Only Creator of Beauty, *American Journal of Archaeology* 82, 1978, 163–171; S. P. Kershaw, *Personification in the Hellenistic World* (British Thesis 1986) 3/1–3/63; P. Moreno, *Testimonianze per la teoria artistic di Lisippo* (Rom 1973) 73–79; 177–184; ders., *Vita e Arte di Lisippo* (Mailand 1987) 265–270; K. Moser von Filseck, *Der Apoxyomenos des Lysipp und das Phänomen von Zeit und Raum in der Plastik des 5. und 4. Jhs. v. Chr.* (Bonn 1988) 167f.; dies., *Kairos und Eros* (Bonn 1990) passim; *LIMC* V (1990) 920–926 s.v. Kairos (P. Moreno); Altekamp (s. Anm. 4) 138–141; Verf., *Logos des Mythos* (s. Anm. 19) 85–88.

26 Turin, Mus. Arch. o. Inv.; Trogir, Monastero delle Benedettine o. Inv.; Athen, Akropolismus. 2799: *LIMC* V (1990) 922 s. v. Kairos Nr. 2–4 (P. Moreno); Verf. (s. Anm. 19) 85–88 mit Abb. 9–11.

Abb. 7: Reliefdarstellung des Kairos des Lysipp, kaiserzeitlich.

stellen daher offensichtlich eine kreative und eminent literarische Auseinandersetzung mit diesem anregenden Bildentwurf dar. Dies gilt bereits für die älteste und der Skulptur zeitlich am nächsten stehende Beschreibung des Kairos durch Poseidipp, einen Dichter des 3. Jhs. v. Chr. Er wählte für sein Epigramm (*Anthologia Palatina* 16, 275) die Form eines Zwiegespräches zwischen der Statue, welche sich selbst erklärt, und ihrem Betrachter, welcher die Fragen stellt, aus denen wir das Aussehen der Skulptur erfahren:

> Wo ist der Künstler zu Haus? – In Sikyon wohnt er. – Sein Name? – Ist Lysippos. – Du bist? – Gott des allmächtgen Moments. – Sag, warum gehst du auf Zehen? – Ich laufe beständig. – Weswegen hast du Flügel am Fuß? – Weil ich so flink bin wie Wind. – Und du hältst in der Rechten ein Messer? – Es kündet den Menschen: nichts in der Weite der Welt schneidet so scharf wir ich selbst. – Und das Haar an der Stirn? Beim Zeus, der Begegnende soll mich schnellstens erhaschen. – Warum bist Du denn hinten so kahl? – Bin ich mit fliegendem Fuß erst einmal vorübergeglitten, hält mich, so sehr

man es wünscht, keiner von hinten mehr fest. – Und warum schuf dich der Künstler? – Für euch! Und zu eurer Belehrung stellt er, Wandrer, mich auch hier in der Vorhalle auf. (Übersetzung H. Beckby)

Abweichend von den Reliefdarstellungen hält der Kairos hier jedoch das Messer in der rechten Hand. Die darauf balancierte Balkenwaage der Reliefs fehlt bei Poseidipp ebenso wie die Rückenflügel, den Reliefs dagegen fehlt der Zehenspitzenlauf.

Die ausführlichste Beschreibung findet sich bei Kallistratos, der, wohl im (späten) 4. oder frühen 5. Jh. n. Chr., eine Reihe von Ekphraseis antiker Kunstwerke verfasste.[27] Auf den ersten Blick scheint er tatsächlich Beschreibungen zu liefern, wie das Herz des Kunsthistorikers sie begehrt. So erfahren wir gleich zu Beginn der sechsten Ekphrasis, dass Kallistratos den *Kairos* des Lysipp beschreiben wird, den der Künstler für die Sikyonier aufgestellt habe. Es folgt die Angabe des Materials, Bronze, und dann die eigentliche Beschreibung eines nackten Knaben in der Blüte seiner Jugend mit langem, wehendem Stirnhaar, am Hinterkopf aber nur Stoppeln, der mit geflügelten Füßen auf Zehenspitzen auf einer Kugel steht. Ausführlich wird seine Schönheit gerühmt und die Lebendigkeit der Darstellung, welche den Eindruck vermittelt, man sähe das Leuchten seiner Wangen und er könnte im nächsten Augenblick davonfliegen. Schließlich erscheint ein Erklärer, der den staunenden Betrachtern die Figur deutet als Lehre über die Blüte der Jugend selbst, welche jener niemals wiederkehrende günstige Augenblick sei, den es zu nutzen gälte.

Kallistratos hat sein Ziel wahrlich mehr als erreicht. Während er die Mehrzahl der Forscher überzeugt hat, der lysippische *Kairos* – oder jedenfalls eine Replik desselben – habe tatsächlich vor Lysipps Haus in Sikyon gestanden, schließen einige aus diesem Umstand sogar, der Kairos sei das künstlerische Manifest des Bildhauers gewesen – und zwar mit einem Tenor, der Lessing alle Ehre gemacht hätte: Lysipp habe jenen fruchtbaren Augenblick gemeint, den ein bildender Künstler finden muss, um trotz der Grenzen seines Genres, welches ja immer nur einen Moment, aber niemals ein in der Zeit sich entwickelndes Geschehen festhalten kann, dennoch ein solches Geschehen im Geiste des Betrachters heraufzubeschwören.[28] Ein Autor meint gar, in der Beschreibung des Kallistratos den künstlerischen Stil des fortgeschrittenen 4. Jhs. v. Chr. und insbesondere des Lysipp wiederzuerkennen.[29] Er übersieht dabei nicht nur den topischen Charakter,

27 Zu Werk und Datierung s. Altekamp (s. Anm. 4) 77–154 mit der älteren Lit.

28 J. Dörig, The Late Classical Period 400–323 B. C., in: J. Boardman et al., *The Art and Architecture of Ancient Greece* (London 1967) 447; Stewart (s. Anm. 25); Moreno, *Vita e Arte* (s. Anm. 25) 265–270; Moser von Filseck, *Apoxyomenos* (s. Anm. 25) 167 f.; dies., *Kairos und Eros* (s. Anm. 25) passim. Kritisch Altekamp (s. Anm. 4) 147 f.

29 Kershaw (s. Anm. 25) 3/48, obwohl er andererseits bezweifelt, dass Kallistratos das lysippische Original kannte.

den der Preis der Lebensnähe von Kunstwerken seit Homer besitzt und den die hellenistischen Dichter, welche Kallistratos offenbar sorgfältig studiert hat, auf immer neue Weise variieren, sondern er bemerkt auch nicht die enge Übereinstimmung der vermeintlichen stilistischen Beschreibung des Kairos mit vielen der übrigen Ekphraseis des Autors.[30] Die offensichtlichen Unterschiede zwischen der Ikonographie des kallistrateischen Kairos und den Reliefs – um von den übrigen literarischen Zeugnissen zu schweigen – werden bei all diesen Deutungen völlig ignoriert. Dabei gibt es bei Kallistratos kein Messer, keine Waage, keine Rückenflügel, stattdessen aber eine Kugel, auf der die Figur steht. Angesichts der genannten ikonographischen Abweichungen dürfte zudem eine gesunde Skepsis auch hinsichtlich der Angabe des Aufstellungsortes – und damit der aus diesem gefolgerten Bedeutung des Werkes – angebracht sein, denn welcher Ort wäre bei einem sikyonischen Künstler im Zweifelsfalle naheliegender gewesen als Sikyon?[31]

Dass es sich bei diesen Ekphraseis um ein innerliterarisches Spiel handelt, das bestenfalls *anlässlich* einer berühmten Figur betrieben wird, mag am deutlichsten das 33. Epigramm des Ausonius zeigen, eines lateinischen Rhetors aus dem 4. Jh. n. Chr. Wie Poseidipp wählt er die Form des Dialogs, bildet seine Statue der Occasio nun aber konsequenterweise weiblich. Mit Paenitentia, der Reue, die auf die verpasste Gelegenheit folgt, wird sie zu einer Gruppe erweitert, die er dem Phidias zuschreibt – als drittes Meisterwerk neben dessen Athena Parthenos und

30 Zum Topos der Lebensnähe in der hellenistischen ekphrastischen Dichtung s. Verf., Literarische Ekphrasis und künstlerischer Realismus, in: M. Büchsel – P. Schmidt (Hgg.), *Realität und Projektion. Wirklichkeitsnahe Darstellung in Antike und Mittelalter, Kolloquium Frankfurt 8.–10. November 2002* (im Druck); zu diesem Topos bei Kallistratos s. Altekamp (s. Anm. 4) bes. 86–89. 104–106.

31 Die Angabe ließe sich auch auf das Epigramm des Poseidipp zurückführen, in dem nämlich zu Anfang Sikyon als Heimatort Lysipps genannt wird und am Ende als Aufstellungsort der Skulptur ἐν προθύροις. Bei Poseidipp, der ja ein Zwiegespräch mit der Statue selbst und daher am Aufstellungsort imaginiert, kann allerdings eine Aufstellung im Haus des Lysipp kaum gemeint sein, denn dann wäre die erste Frage mit ihrer Antwort unverständlich. Anders Altekamp (s. Anm. 4) 90, der außerdem meint, Kallistratos habe die sikyonische Figur an ihrem späteren Aufstellungsort in Konstantinopel selbst gesehen (ebd. 96. 141). Die Argumentation wird hier jedoch zirkulär, denn die Abweichungen der Beschreibung von der tatsächlichen Ikonographie der Skulptur werden durch den Hinweis auf mögliche Beschädigungen im Verlauf der Jahrhundert und eine neue Aufstellung in Konstantinopel hinwegdiskutiert, um dann wiederum Kallistratos als wichtigsten Zeugen des Aussehens der Skulptur zu behaupten. Tatsächlich ist jedoch weder Kallistratos' Aufenthalt in Konstantinopel wirklich gesichert, noch eine Aufstellung des lysippischen Kairos ebenda. Die einzige Nachricht, auf die sich die Annahme stützen kann, Kedrenos, *Synopsis historion* 322c, stammt aus dem 11. Jh. und ist wenig verlässlich (dazu s. Ch. Blinkenberg, *Knidia* [Kopenhagen 1933] 32–35).

Zeus von Olympia. Die Ikonographie wird leicht verändert und teilweise umgedeutet. Nach einer Selbsterklärung der Paenitentia, für die bezeichnenderweise keine eigene Ikonographie erfunden wird, schließt das Epigramm mit einer ironischen Wendung, indem Occasio bemerkt, der Betrachter jedenfalls habe während der ganzen Fragerei die günstige Gelegenheit verpasst. Auch wenn, soweit ich sehe, niemand sich dazu verstiegen hat, das Œuvre des Phidias um diese Gruppe zu erweitern,[32] so scheint mir doch auch die übliche Schlussfolgerung, Ausonius habe eine römische Umbildung der lysippischen Skulptur beschrieben, mehr als fraglich.[33] Das Epigramm reagiert offensichtlich auf literarische Vorbilder, die es zu übertreffen sucht, nicht zuletzt durch die Zuschreibung an einen Künstler, der unbestritten als der größte der klassischen Antike galt.

Der Exkurs zur Überlieferung des lysippischen *Kairos* lehrt, dass der Umgang mit Bildern in literarischen Werken offenbar selbst dann sehr frei und eigengesetzlich war, wenn diese Bilder tatsächlich existierten. Müsste dies aber nicht zu umso größerer Vorsicht mahnen, wenn ein Werk nur ein einziges Mal überliefert ist, wie die *Diabole* des Apelles?

Kommen wir auf diese und auf die Suche nach verwandten Darstellungen noch einmal zurück. Zumindest die drei Reliefrepliken des *Kairos* geben Zeugnis von der tatsächlichen Existenz einer komplexeren antiken Figur allegorischen Charakters. Und doch steht diese den Tychen mit ihren Steuerrudern oder den Eroten mit ihren Bogen, von denen sie sich hauptsächlich durch die Anzahl der Attribute unterscheidet, näher als der vielfigurigen, ausführlich erzählenden Allegorie des Lukian, deren Personal durch je eigene, seine Wesensart spiegelnde Ikonographien und Handlungen charakterisiert ist. Theoretisch könnte man den Bestand an erhaltenen oder sicher überlieferten antiken Bildern in dieser Weise weiter durchgehen und würde doch kein einziges Bild finden, das der Diabole entspräche. Entscheidend ist dabei, dass sich diese Entsprechung bzw. deren Fehlen nicht auf den Inhalt der Darstellung, das Thema – in diesem Falle Verleumdung –, und auch nicht auf die generelle Komposition bezieht, sondern auf strukturelle Eigenheiten der Visualisierung, auf die Art der Bildsprache, auf die Strategie der Vermittlung des Inhalts.

---

32 S. aber die erstaunlich vorsichtige Formulierung in *LIMC* VI (1992) 561f. s.v. Metanoia (E. Polito): „*probabilmente* un errore di Ausonio o della sua fonte" (meine Hervorhebung).

33 Die Existenz der Gruppe ohne weiteren Kommentar akzeptiert: Massing (s. Anm. 5) 21; *LIMC* VI (1992) 561f. s.v. Metanoia (E. Polito); S. Settis, Immagini della meditazione, dell'incertezza e del pentimento nell'arte antica, *Prospettiva* 2, 1975, 4–18, bes. 14 mit Abb. 39, der eine Reliefdarstellung in der Kathedrale von Torcello für einen Reflex der originalen Skulptur, nicht des Ausonius-Epigramms zu halten scheint. Zur Überlieferung des Kairos bereitet Verf. einen eigenen Beitrag vor.

Tatsächlich findet sich dasjenige antike Bild, das in dieser Hinsicht vielleicht als beste Parallele zur *Diabole* gelten kann, ebenfalls bei Lukian – und wieder nur bei diesem:[34] das Bild eines Herakles-Ogmios (vgl. Abb. 8–9). In seiner Prolalia *Hercules* behauptet Lukian, einst in Gallien ein Bild gesehen zu haben, das einen Greis mit den Attributen des Herakles zeigte. Ihm folgte freudig eine Schar von Leuten, deren Ohren durch zarte, goldene und bernsteinene Ketten mit der Zungenspitze des Greises verbunden waren. Ich übergehe hier verschiedene Versuche, in der gallischen Bildkunst einen Herakles-Ogmios nachzuweisen, die heute, übrigens nach übereinstimmender Meinung, alle als gescheitert angesehen werden können. Dem Glauben an Lukians Bild hat dies jedoch keinen Abbruch getan. Vielmehr gilt es im größten Teilen der französischen Forschung und darüber hinaus als gesichert, dass das Bild existierte, und dass es weitreichende Schlüsse über das Wesen eines gallischen Gottes erlaube,[35] dessen Name Ogmios sonst allerdings ausschließlich in zwei Fluchtäfelchen aus Gräbern in Bregenz nachgewiesen bzw. ergänzt ist.[36] Dort soll er den magischen Bann über Körper und Vermögen der verfluchten Person bewirken. Weder ist hier jedoch eine Verbindung mit Herakles erkennbar, noch scheint Herakles in Gallien, wo er sich tatsächlich großer Beliebtheit erfreute, oder sonst irgendwo im römischen Reich je mit Eigenschaften ausgestattet worden zu sein, die denen des Ogmios der Fluchtäfelchen oder auch des lukianschen Bildes entsprächen. Als bester Beweis der Existenz des Bildes gilt daher vielen Lukians Geständnis seiner anfänglichen Verwirrung angesichts des Bildes: er habe sich die Befestigung der Ketten an der Zungenspitze des Ogmios zunächst damit erklärt, dass dieser keine Hand mehr frei gehabt habe; erst ein gallischer, glücklicherweise griechisch gebildeter Weiser, so beteuert er, habe ihm die Darstellung als Allegorie über die Macht der Rede im hohen Alter deuten können.

---

34 Darauf wies bereits Koepp (s. Anm. 3) 72f. hin, freilich mit anderen Schlussfolgerungen.

35 Ausführlich R. Egger, Aus der Unterwelt der Festlandkelten, *Wiener Studien* 35, 1943, 99–121; F. Le Roux, Le dieu celtiqe au liens. De l'Ogmios de Lucien à l'Ogmios de Dürer, *Ogam* 12, 1960, 209–234, bes. 213–215; J. Loic, Ogmios-Varuna et l'organisation de la fonction de souveraineté dans le panthéon celtique, in: *Orientalia J. Duchesne-Guillemin emerito oblata. Acta iranica. Hommages et opera minora 9* (Leiden 1984) 341–382; als keltisches Bild eines gallischen Herakles-Ogmios noch akzeptiert in *LIMC* V (1990) 256 Nr. 27; 261f. s.v. Herakles/Hercules (in peripheria occidentali) (L. J. Balmaseda); F. Bader, Héraklès, Ogmios et les Sirènes, in: C. Jordain-Annequin – C. Bonnet (Hgg.), *Héraclès, les femmes et le féminin, II*[e] *rencontre héracléenne, Actes du Colloque de Grenoble, 22–23 octobre 1992* (Brüssel/Rom 1996) 145–185. Zu den wenigen Skeptikern gehören Blümner (s. Anm. 2) 82 Anm. 1 und Varwig (s. Anm. 5) 44.

36 Egger (s. Anm. 35), bes. 103–108; mein herzlicher Dank gilt Andrea Scheithauer für wichtige Hinweise zu den Texten der Fluchtäfelchen.

Abb. 8: Zeichnung Albrecht Dürers nach Lukians Beschreibung eines angeblich gallischen Bildes des Herakles-Ogmios.

Abb. 9: Zeichnung Raffaels nach Lukians Beschreibung eines angeblich gallischen Bildes des Herakles-Ogmios.

Dass Lukians Naivität gespielt ist und seinen Zuhörern die Existenz des exotischen Bildes plausibler machen sollte, hat immerhin Jean Loicq in der besonnensten Behandlung der Ogmios-Problematik vermutet, da Lukian dieselbe Metapher der an den Ohren geführten Zuhörer auch in seinem *Juppiter tragoedus* verwendet.[37] Und dennoch will auch Loicq nicht endgültig von dem Bild lassen, und hält es für möglich, dass es sich um eine von Lukian missverstandene oder umgedeutete Darstellung der magischen Bindekraft des Ogmios handelte. Theo-

37 Lucianus *Juppiter tragoedus* 45. Vgl. Loic (s. Anm. 35) 344, ähnlich G. Hafner, Herakles, Geras, Ogmios, *Jahrbuch des Römisch-Germanischen Zentralmuseums Mainz* 5 (1958) 139–153, hier 148.

retisch wäre dies wohl nicht auszuschließen, aber wo wären dafür – abgesehen von der vollmundigen Behauptung Lukians – noch irgendwelche Anhaltspunkte? Die Einführung eines Erklärers ist durchaus topisch und verfolgt hier, indem dieser erklärt, was der Zuhörer ohnehin schon bemerkt hat oder zumindest ahnt, vor allem noch ein weiteres Ziel: Lukians Publikum einen intellektuellen Erfolg und das momentane Gefühl geistiger Überlegenheit zu gönnen. Es handelt sich um eine Grundstrategie der Prolaliai, der Einleitungsreden, zu denen auch der *Hercules* gehört, welche eine freundliche Atmosphäre der Solidarität zwischen dem Redner und seinem Auditorium schaffen sollen.[38] *De electro* zeigt dies besonders schön. Hier erzählt Lukian u.a., wie er einst voller Naivität an den Mythos über Phaeton und die Heliaden glaubte, welche, in Pappeln verwandelt, Tränen aus Bernstein vergössen. Um diesen Bernstein zu sammeln und schnell zu Reichtum zu gelangen, sei er zum Po, der mit dem mythischen Fluß Eridanos gleichgesetzt wurde, gereist, wo seine Hoffnungen jedoch von seinen Ruderleuten zunichte gemacht wurden: Diese waren zwar schlichte Gesellen ohne Bildung, erwiesen sich am Ende aber als ihrem Kunden an Schläue und Realitätssinn deutlich überlegen. Diese Strategie der Etablierung einer ironischen Komplizenschaft zwischen Rhetor und Publikum, bei der es auf die Faktizität der erzählten Geschichte offenbar nicht ankam, ist allerdings im Falle des *Hercules* bei den modernen Lesern so gründlich fehlgeschlagen, dass sie selbst in jüngeren Untersuchungen nicht bemerkt wird.

Wie im Falle der *Diabole*, so sucht man auch im Falle des *Herakles-Ogmios* vergeblich nach vergleichbaren Darstellungen – und in diesem Fall gilt dies sogar für die Komposition und für Grundelemente der Ikonographie.[39] Dagegen fehlt jede Parallele für ein vielfiguriges Bild, in dem sowohl die zentrale Handlung als auch nahezu jedes ikonographische Detail metaphorisch zu deuten ist. Herakles-Ogmios ist alt, weil es Lukian um die Redekunst des Alters (seines eigenen Lebensabschnitts) geht. Er ist ein Herakles, weil Herakles der Inbegriff der Stärke und des überlegenen Helden ist. Dessen eigentlich physische Kraft wird umgedeutet und auf die Redekunst übertragen, wo sie jedoch ebenso bezwingend ist wie üblicherweise seine Körperkraft:[40] dies verdeutlichen die Ketten, welche die

38 H.G. Nesselrath, Lucian's Introductions, in: D.R. Russell (Hg.), *Antonine Literature* (Oxford 1990) 111–140.

39 Dies bereits anerkannt von Koepp (s. Anm. 3), s. auch Hafner (s. Anm. 37) 144–150.

40 Diesen Punkt übersieht Hafner (s. Anm. 37) 149–153, wenn er in der Ikonographie komische Züge erkennt und die Darstellung auf eine angeblich seit dem 5. Jh. v. Chr. bekannte burleske Geschichte um Herakles und Geras bezieht, aus der Geras nach Hafner zwar als Sieger hervorgeht, aber dennoch eine lächerliche Figur bleibt, wie die Ikonographie der übrigen von Hafner mit der Geschichte verbundenen Darstellungen belegt. Dies würde jedoch der rhetorischen Absicht Lukians entgegenstehen. Zu Hafners These s. auch Verf., *Logos des Mythos* (s. Anm. 19) 88–94.

Anhänger des Herakles binden. Da sie von der Zunge des Helden zu ihren Ohren verlaufen, sind aber auch sie nicht konkret zu verstehen, sondern als Bild für die Bindekraft der Rede, welche aus dem Mund des Herakles die Ohren seiner Zuhörer erreicht. Aus diesem Grund sind sie auch nicht aus reißfestem Material, sondern kostbar und zart, aus Gold und Bernstein, und die so Gefesselten folgen freudig. Dabei geben sich einige der allegorischen Motive als direkte bildliche Umsetzungen literarischer metaphorischer Ausdrucksweisen zu erkennen, wie die durchbohrte Zunge[41] und die Pfeile des Herakles als Sinnbild der 'geflügelten Worte' Homers.[42] Wollte man aus diesem komplexen allegorischen Bild mit denjenigen, die aus Lukians Beschreibung das 'wahre' Originalbild herauslösen möchten, die allegorischen Elemente auf ein Maß reduzieren, welches tatsächlich Parallelen in der antiken Kunst besitzt, so bliebe von Lukians Beschreibung kaum etwas übrig. Und was wäre diese dann für einen Archäologen noch wert?

Alle diese Überlegungen sind zweifellos nicht geeignet, die Existenz des *Herakles-Ogmios* oder der *Diabole* zwingend zu widerlegen – dies liegt in der Natur der Problematik. Doch sind sie durchaus geeignet, erhebliche Zweifel zu wecken. Kein einziges erhaltenes oder sicher überliefertes antikes Bild bedient sich derselben komplexen allegorischen Rhetorik wie diese beiden Gemälde, besitzt dieselben strukturellen Eigenheiten der Vermittlung ihres Sinns. Der einzige Meister, dessen Stil die Bilder tatsächlich entsprechen, ist Lukian selbst, durch dessen gesamtes Werk sich zwei Motive ziehen: seine außergewöhnliche Vorliebe für Personifikationen und Personifikationsallegorien und der Wettstreit der Künste.

Der erste Punkt ergibt sich leicht durch einen Blick in die Gesamtausgabe seiner Werke. In vielen Dialogen stellen Personifikationen einen Teil, gelegentlich den überwiegenden Teil des Personals: etwa Wahrheit, Tugend, Syllogismus oder die Überführung im *Piscator*, oder Gerechtigkeit, Akademie, Stoa, Tugend, Üppigkeit, Rhetorik und der Dialog im *Bis accusatus*.

Der Wettstreit der Künste ist das Grundthema der Beschreibung des *Schönen Saals* in *De domo*, und der *Panthea* in *Imagines*.[43] In *De domo* behauptet die

41 Kock, *Comicorum Atticorum Fragmenta*, adesp. 398 = *Poetae Comici Graeci* VIII 457, Hafner (s. Anm. 37) 144.

42 Der allegorische Charakter der Ikonographie bereits anerkannt von Koepp (s. Anm. 3), bes. 69–73, der jedoch die *Diabole* als Beweis für die Existenz solcher Bilder in der Antike nimmt.

43 S. aber auch *Herodot oder Aëtion*, wo die Erfolge des Historikers (und seiner Schrift) denen des Malers gegenüber gestellt werden. In der Regel wird, besonders mit Hinweis auf seine (angeblich) autobiographische Erzählung in *Somnium*, Lukians besondere Kenntnis und Wertschätzung der bildenden Kunst betont. Das ist zweifellos richtig, unterschätzt jedoch den Aspekt des Wettstreits, der mir hier zentral zu sein scheint.

Personifikation des Logos explizit, Worte könnten niemals so wirkungsvoll sein wie der Anblick eines schönen Gegenstandes, in diesem Falle des gepriesenen Saales – weshalb Logos seinen Gegner im Rededuell konsequenterweise durch eine Beschreibung des Saals und somit durch die Steigerung der visuellen Eindrücke besiegt, anstatt wie dieser sein Lob in mehr oder weniger gelehrte Anekdoten und Vergleiche zu kleiden. Man darf sich durchaus fragen, ob Lukian seine Rede tatsächlich in dem beschriebenen Saal gehalten hat, wie oft vermutet wurde,[44] oder ob er nicht in einer ironischen Volte die Bescheidenheit seiner Rede indirekt dadurch widerlegte, dass er den Zuhörern allein kraft dieser Rede einen Saal vor Augen stellte, der in Wahrheit nicht existierte. In jedem Fall stellt sich dieser Effekt für den Leser seiner Rede ein.

Imagines ist ein Panegyricus auf Panthea, die Geliebte des Kaisers Lucius Verus. Deren unvergleichliche Schönheit wird evoziert durch die Beschreibung und rhetorische Verbindung der schönsten Teile der schönsten antiken Skulpturen, der Athena Lemnia des Phidias, Alkamenes' Aphrodite in den Gärten, Praxiteles' Aphrodite von Knidos und der Sosandra des Kalamis, sowie der Farben der berühmtesten Maler, Euphranor, Polygnot, Apelles und Aëtion. Lukian imitiert und invertiert damit ein Verfahren, das der Maler Zeuxis der bekannten Anekdote zufolge anwandte, als er das Bild der Helena durch ein eklektisches Porträt der jeweils schönsten Körperteile der schönsten krotoniatischen Jungfrauen schuf.[45] Lukian vergleicht sich demnach mit diesem vielgerühmten Künstler: Indem er sich aus dem Formenrepertoire der schönsten Skulpturen der antiken Welt bedient, beweist er seine Kennerschaft; darüber hinaus behauptet er aber nicht nur, Panthea und ihre Schönheit überträfen jede einzelne dieser Figuren, sondern er behauptet dasselbe implizit auch von seinem eigenen Werk: Er übertrifft mit seinen rhetorischen Künsten all die berühmten Maler und Bildhauer, die diese Kunstwerke geschaffen haben, und die implizit als in Bezug auf die Schönheit defizient entlarvt werden.

Andere Texte Lukians verbinden beide Motive, die Allegorie und den Wettstreit der Künste. In seinem *Rhetorum praeceptor* nimmt er sich ausdrücklich die, übrigens noch ein zweites mal erwähnte, *Tabula Cebetis*, ein fiktives Bild, das in einer Art Miniaturausgabe der *Divina Comedia* mit Dutzenden von Personifikationen den Lebensweg des Menschen darstellt, zum Vorbild seines eigenen allegorischen Bildes. Sein Gemälde stellt den Weg zum Erlernen der Rhetorik dar und

44 Z. B. Bompaire, *Lucien écrivain* (s. Anm. 4).

45 Plin. *NH* 35, 64; Cicero, *De inventione* 2, 1, 1–3; Dionysius Halicarnassensis, *De imitatione* fr. 6, 417. Anders K. Korus, The motif of Panthea in Lucian's encomium, *Eos* 69, 1981, 47–56, der die Vorgehensweise nicht auf die Zeuxis-Anekdote selbst, sondern auf die Aufforderung zu eklektischem Vorgehen durch Rhetoriklehrer wie Dionysios von Halikarnass beziehen möchte.

löst sich später elegant in echte Handlung und Erzählung, die Wanderung des Rhetorikschülers und seines Lehrers, auf.[46]

Im *Traum* (*Somnium sive Vita Luciani*) schließlich wird der junge, nach einer geeigneten Beschäftigung suchende Lukian von den Personifikationen der Bildhauerkunst und der Paideia, der Bildung, umworben, für welche er sich am Ende entscheidet. Der Text ist Prodikos' *Herakles am Scheideweg* nachgebildet und vereint die beiden Motive der Personifikationsallegorie und des Wettstreits der Künste in einer Art 'Gründungslegende' zu Lukians eigener Tätigkeit und Lebensaufgabe.

Kommen wir noch einmal auf die *Diabole* und den *Herakles-Ogmios* zurück: Ihr Erscheinen in den Reden Lukians entspricht nicht nur dessen Vorliebe für bestimmte Themen und Vermittlungsstrategien – diese könnte grundsätzlich auch eine entsprechende Auswahl aus dem Fundus existierender Bilder begründen. Entscheidend ist vielmehr, dass die Darstellungen zugleich hinsichtlich ihrer semantischen Struktur ohne Parallele im Bestand der erhaltenen oder sicher überlieferten Bilder sind, dagegen aber recht genau literarischen bzw. rhetorischen Verfahren entsprechen. Die ältesten Allegorien und Allegoresen finden wir bereits bei Homer – also lange vor den ersten allegorischen Bildern –, der im Übrigen in der Rede des Phoinix, welcher Achill wieder zur Teilnahme am Kampf um Troja überreden will, dieselben drei rhetorischen Strategien verbindet, die wir auch in Lukians *Calumnia* finden: eine allgemein gefasste Wahrheit (hier, dass man berechtigten Bitten gehorchen soll, dort die Gefahren von Neid und Verleumdung), die durch ein Beispiel (hier den Meleagermythos, dort u. a. die Erzählung der Verleumdung des Apelles bei Ptolemaios) und durch eine Allegorie (hier die Allegorie der Litai, dort das Gemälde der Diabole) belegt werden soll.[47] Wir sind offensichtlich mit der befremdlichen Situation konfrontiert, dass eine Ausdrucks- und Vermittlungsform, welche ihre Kraft und Eindrücklichkeit gerade aus der Imagination eines Bildes zieht, nämlich die komplexere Allegorie, ausgerechnet in Sprache entwickelt wird und in die reale Bildkunst erst ganz allmählich Eingang findet.[48]

---

46 Massing (s. Anm. 5) 19 mit Anm. 29; ähnlich geht er in *De Mercede conductis potentium familiaribus* 42 vor, wo die Beschreibung eines Gemäldes „in der Art des Kebes" (ὥσπερ ὁ Κέβης) die lange Rede über die Karriere des Timokles zusammenfasst, wobei das Vorgehen hier damit erklärt wird, dass ein Apelles, Parrhasios, Aëtion oder Euphranor nicht mehr zur Verfügung stünden, um ein solches Gemälde zu malen.

47 Vgl. hierzu Verf., *Logos des Mythos* (s. Anm. 19) passim, bes. 42–48 zu Homer und der Bittrede des Phoinix in *Il.* 9, 434ff.

48 Tatsächlich scheinen die vereinzelten Ausnahmen komplexerer Personifikationsallegorien durch literarische Vorlagen angeregt zu sein. Zwei Vasendarstellungen zeigen Dike (Recht/Gerechtigkeit), welche die mit Tätowierungen bzw. Körperbemalung versehene, hässliche Adikia (Unrecht/Ungerechtigkeit) stranguliert und mit einer Doppel-

Aus den vorgetragenen Überlegungen dürfte ausreichend deutlich geworden sein, dass die Rekonstruktion antiker Kunstwerke aus literarischen Ekphraseis – übrigens nicht nur des Lukian – eine mehr als heikle Angelegenheit ist. Es ließe sich ausführlicher zeigen – und wurde auch bereits vielfach gezeigt –, dass diese Ekphraseis zwar gelegentlich real existierende Kunstwerke zum Anlass nehmen, ihren Ehrgeiz aber nicht in eine möglichst exakte Beschreibung derselben legen, sondern in ein oftmals äußerst raffiniertes Spiel mit Sehen und Gesehenwerden, mit Sehen und Hören und nicht zuletzt mit der Realität bildlicher Darstellung und der Kunst rhetorischer *enargeia*, der Macht der Sprache, visuelle Bilder zu schaffen, den Zuhörer zum Zuschauer zu machen.[49] Diesen Eindruck scheint nicht zuletzt der sechste Iambus des Kallimachos zu belegen, der für einen Freund des Dichters, welcher eine Reise nach Elis beabsichtigt, die Statue des phidiasischen Zeus beschreibt: Der Iambus ist leider nur fragmentarisch erhalten, doch scheint die Beschreibung mit keinem Wort auf die Darstellung selbst oder auf die Gesamtwirkung des Werkes einzugehen, also auf jene Aspekte, die sonst im Zentrum hellenistischer ekphrastischer Epigramme stehen. Sie scheint vielmehr ausschließlich aus technischen Angaben bestanden zu haben, über das Material, die Maße, das Gewicht, die Kosten usw. Zuletzt hat Arndt Kerkhecker ausführlich die Ironie der ganzen Beschreibung herausgearbeitet und den Iambus als Auseinandersetzung mit der für Ekphraseis geforderten *enargeia* gedeutet, deren Regeln der Iambus diametral entgegen steht.[50]

axt bedroht. Die außergewöhnlichen Bilder kopieren offenbar eine Szene auf der Kypseloslade, welche auch sonst zahlreiche ungewöhnliche Darstellungen aufwies, die sich nur durch eine enge Anlehnung an literarische Vorlagen bzw. literarische Verfahren erklären lassen; für eine ausführliche Argumentation s. Verf., *Logos des Mythos* (s. Anm. 19) 119–122; 135–141; 161–164. Die zweite Ausnahme ist ein verschollenes, von Gi. A. Dosio und G. Clovio gezeichnetes Relieffragment, das seiner Inschrift zufolge ΟΙ ΕΙϹ ΤΟΝ ΒΙΟΝ ΕΙϹΠΟΡΕΥΟΜΕΝΟΙ (die in das Leben hineingeführt werden) zeigte. Inschriftlich benannt sind Bios und Apate, eine weitere Figur dürfte Tyche sein. Bei dem Relief scheint es sich jedoch um eine – im Detail leicht abweichende und inhaltlich reduzierte – Illustration der *Tabula Cebetis* in der Art der Tabulae Iliacae zu handeln: K. K. Müller, Relieffragment mit Darstellungen aus dem ΠΙΝΑΞ des Kebes, *Archäologische Zeitschrift* 42, 1884, 115–127; C. Robert ebd. 127f.; R. Schleier, *Tabula Cebetis* (Berlin 1973) 85f. Abb. 31–32. Im Falle der *Diabole* des Apelles und des *Herakles-Ogmios* soll es sich dagegen um originale Bildentwürfe handeln.

49 F. Graf, Ekphrasis: Die Entstehung der Gattung in der Antike, in: G. Boehm – H. Pfotenhauer (Hgg.), *Beschreibungskunst – Kunstbeschreibung. Ekphrasis von der Antike bis zur Gegenwart* (München 1995) 113–155.

50 A. Kerkhecker, *Callimachus' Book of* Iambi (Oxford 1999) 147–181; ders., Wieland und der Zeus des Phidias, in: J. P. Schwindt (Hg.), *Tradition und Innovation. Poetische Verfahren im Spannungsfeld Klassischer und Neuerer Literatur und Literaturwissenschaft* (München/Leipzig 2000) 135–162.

Doch was bedeutet all dies für den Archäologen? Soll er – oder sie – frustriert das Feld räumen und die literarischen Ekphraseis wieder ganz den Philologen überlassen? Wenn die Faktizität des Behaupteten so offensichtlich Gegenstand eines Spiels, bestenfalls aber zweit- oder drittrangig ist, muss dann nicht die Rekonstruktion antiker Kunstwerke auf ihrer Grundlage aufgegeben werden? Vielleicht ist dies so, aber ohne Zweifel lassen sich die hier an einzelnen Beispielen gewonnenen Ergebnisse nicht bedenkenlos generalisieren – nicht einmal in Bezug auf Lukian.[51] Vielleicht genügt es auch, mehr Vorsicht und Skepsis bei ihrer Auswertung walten zu lassen, wobei, wie deutlich geworden sein sollte, literatur- und kunstkritische Ansätze miteinander zu verbinden wären. In einer Hinsicht können viele antike Ekphraseis jedoch durchaus der Rekonstruktion antiker Kunst dienen, wenn wir darunter nämlich nicht mehr allein deren physische Rekonstruktion verstehen, sondern deren Rekonstruktion im Wahrnehmen und Denken der antiken Betrachter von Bildern; nicht ihren musealen, statischen Charakter im Auge haben, sondern die verschiedenen Weisen, in denen sie rezipiert und weitergedacht werden konnten[52] – ich erinnere an die Auseinandersetzung mit dem lysippischen *Kairos* und gebe noch ein weiteres Beispiel, mit dem wir wieder stärker in die Nähe Lukians rücken. Ein Dialog mit dem Titel *Erotes*, der unter dem Namen Lukians überliefert ist, diesem aber in der Forschung heute abgesprochen wird,[53] ist ein philosophisches Gespräch über die jeweiligen Vorzüge homo- bzw. heterosexueller Liebe. Lykinos erzählt darin von einem Besuch im Aphrodite-Heiligtum von Knidos, den er einst zusammen mit dem Athener Kallikratides und dem Korinther Charikles machte. Als sie zu dem berühmten Tempel der Göttin mit der nicht minder berühmten Statue des Praxiteles (Abb. 10) kommen und Aphrodite gegenüber treten, bewundert Charikles ihre Schönheit und erotische Ausstrahlung über die Maßen. Um die Göttin auch von hinten betrachten zu können, gehen sie anschließend um den Tempel herum, wo ihnen von einer Schlüsselbewahrerin eine extra zu diesem Zweck eingerichtete weitere Tür geöffnet wird. Nun ist es an Kallikratides in Bewunderung über Aphrodites nicht minder erotische Rückseite auszubrechen, welche so schön sei wie die der

51 Ich verzichte hier auf eine ausführlichere Besprechung der übrigen von Lukian mehr oder weniger ausführlich beschriebenen Kunstwerke, da diese sich überwiegend erheblich besser in das bekannte Spektrum antiker Kunst fügen und sich daher durchaus auf reale Werke beziehen können, oder sogar nachweislich existiert haben; vgl. die Zusammenstellungen bei Blümner und Andò (s. Anm. 3) passim.

52 Elsner, *Art and the Roman Viewer* (s. Anm. 1) 21–48 mit einem solchen Versuch zur *Tabula Cebetis* und den *Imagines* des Philostrat.

53 C.P. Jones, Tarsos in the Amores ascribed to Lucian, *Greek, Roman and Byzantine Studies* 25, 1984, 177–181, mit Datierungsvorschlag in das späte 2. oder die erste Hälfte des 3. Jhs. n. Chr.

Abb. 10: Aphrodite von Knidos, römische Kopie im sog. Typus Colonna.

schönsten Knaben und selbst des Ganymed. Wie die Priesterin erklärt, ist er jedoch nicht der erste, der von diesem Anblick entzückt ist: Ein Fleck auf dem Marmor sei das Relikt des amourösen Übergriffs eines verzweifelten Verliebten, der sich eines Nachts in den Tempel habe einschließen lassen und sich nach der Schändung der Statue von den Klippen gestürzt habe. Der Darstellung Pseudo-Lukians zufolge stand die Aphrodite demnach in einem Tempel mit zwei einander gegenüberliegenden Türen, und eine geschlossene Cella verlangt auch die Anekdote mit dem Liebeskranken, der sich im Tempel einschließen lässt.[54] Die literarische Schilderung war offenbar so überzeugend, dass Archäologen die erheblich lapidarer formulierte Angabe des Plinius bezweifelt haben, die knidische Aphrodite habe in einem rundum offenen (oder zu öffnenden) Gebäude gestanden – also einem Monopteros(?)[55] – und stattdessen eine völlig singuläre, höchst merkwürdige Aufstellung in einem kleinen, engen Naiskos mit zwei gegenüber liegenden

---

54 Dieses Detail des Einschließens fehlt in den übrigen Erwähnungen der Episode (Plin. *NH* 7, 127 und 36, 21; Philostratos, *Vita Apollonii* 6, 40; Tzetzes, *Chiliades* 8. 375–387), weshalb sie auch nicht als Beweis für einen geschlossenen Tempelbau auf Knidos herhalten kann. Das es sich bei der Geschichte zudem um eine beliebte 'Wanderanekdote' handelt, die auch über andere Bildwerke erzählt wurde, hat Blikenberg (s. Anm. 31) 212–216 herausgearbeitet.

55 Plin. *NH* 36.20: „Aedicula eius tota aperitur, ut conspici possit undique effigies deae, fevente ipsa, ut creditur, facta. Nec minor est ex quacumque parte admiratio est". Die Angabe in *AP* 16, 160: πάντῃ δ' ἀθρήσασα περισκέπτῳ ἐνὶ χώρῳ ist nicht eindeutig, da περισκέπτῳ sowohl von σκέπτομαι als auch von σκεπάω abgeleitet werden kann (vgl. A. Borbein, Die griechische Statue des 4. Jahrhunderts v. Chr., *Jahrbuch des Deutschen Archäologischen Instituts* 88, 1973, 43–212, bes. Anm. 633). Die zweite Möglichkeit der Ableitung von περισκέπτῳ ἐνὶ χώρῳ (und damit die Übersetzung „von allen Seiten geschützt") liegt m. E. für die beiden Homerstellen, aus denen der Ausdruck genommen ist, näher als die übliche Übersetzung „von allen Seiten sichtbar" oder „weithin sichtbar", denn in *Od.* 1, 426 bezieht sie sich auf das Schlafgemach des Telemachos und in 10, 211 auf den Palast der Kirke, welcher von Bergen und gefährlichen wilden Tieren umgeben ist, also jeweils auf Orte, bei denen der Schutz wichtiger zu sein scheint als die Sicht(barkeit). Bezogen auf Knidos könnte die Formulierung demnach die Umhegung durch die Architektur, in der die Statue aufgestellt war, bezeichnen, wobei es sich hier jedoch nicht um eine geschlossene Cella handeln muss, sondern auch die Säulen eines Monopteros, eine niedrige Balustrade oder Schrankengitter gemeint sein könnten. Doch bleiben nicht nur die übliche Lesart in Übereinstimmung mit Plinius, sondern auch Borbeins Vorschlag, die Formulierung des Epigramms bezöge sich auf die Lage des gesamten Heiligtums oder gar der Stadt („weithin sichtbar") sowie eine gezielte Mehrdeutigkeit der Formulierung möglich. Die plinianische Formulierung jedoch auf „literarische[...] Topik [...], welche mit einem der berühmtesten Kunstwerke der Antike verbunden war", zurückzuführen (so Borbein ebd.), scheint mir jedoch schon deshalb schwierig, weil es sich nicht um einen Topos in Bezug auf die Statue handelt, sondern um eine – noch dazu mehrdeutige – Einzelangabe.

Türen postulierten.[56] Dabei wird die Rundansichtigkeit von Plinius ausdrücklich hervorgehoben und Monopteroi scheinen in hellenistischer Zeit beliebte Aufstellungsorte für Aphroditestatuen gewesen zu sein.[57] Auch erscheint eine offenere Aufstellung dem Motiv einer sich zum Bade entkleidenden oder nach dem Bade ankleidenden Göttin besser zu entsprechen, als eine kleine, enge Kammer.[58] Insofern darf man einer Darstellung der Knidia auf einer Münze des Kaisers Maximinus Thrax aus Tarsus (Abb. 11) eventuell doch einen gewissen Wert beimessen, welche die Statue unter einer baldachinartigen Architektur zeigt.[59]

---

56 Borbein (s. Anm. 55) 173f. 188–194 mit der älteren Lit., gefolgt von vielen jüngeren Arbeiten. Ein Naiskos wie ihn Borbein und seine Nachfolger in der Folge der Geschichte bei Ps.-Lukian postulieren, hätte so klein und eng sein müssen, dass ein Umschreiten der Statue unmöglich gewesen wäre. Ein solcher Bau ist jedoch nicht nur in Knidos nirgends nachgewiesen, sondern wäre für eine Statue von der Größe der Aphrodite auch äußerst ungewöhnlich. Völlig ohne Parallele wäre die nach Borbein nachträglich in diesen Naiskos eingefügte Hintertür, welche die Neugier der Heiligtumstouristen befriedigt hätte.

57 P. W. Lehmann, *Roman Wall Painting from Boscoreale in the Metropolitan Museum of Art* (Cambridge, Mass. 1953) 118–124. 157; R. A. Tybout, *Aedificiorum figurae. Untersuchungen zu den Architekturdarstellungen des frühen zweiten Stils* (Amsterdam 1989) 315–323; G. Ortolani, *Il padiglione di Afrodite Cnidia a Villa Adriana: Progetto e significato* (Rom 1998). Der Rundbau auf der oberen Tempelterrasse von Knidos scheint allerdings endgültig aus der Diskussion ausscheiden zu müssen, denn er war nach neueren Untersuchungen der Athena geweiht (s. H. Bankel, Knidos. Der hellenistische Rundtempel und sein Altar. Vorbericht, *Archäologischer Anzeiger* 1997, 51–71; W. Blümel, *Die Inschriften von Knidos 1* (1992) 114f. zu Nr. 178; Ortolani [wie Anm. 57] 107–109).

58 So scheint man sich zumindest in Griechenland das Bad von Göttinnen in der Regel in der freien Natur gedacht zu haben und man sollt überlegen, ob eine Aufstellung der Badenden in einem geschlossenen Raum (wie etwa in der Tholos der Villa Hadriana, s. Ortolani [wie Anm. 57] passim) nicht erst mit einer gewissen Distanzierung vom Darstellungsgegenstand und einer Hervorhebung des Kunstcharakters der Statue einher geht.

59 Ch. M. Havelock, *The Aphrodite of Knidos and Her Successors* (Ann Arbor 1995) 59 Abb. 4; Havelock erkennt in der Darstellung einen kaiserzeitlichen Bogen und verwirft die Darstellung daher als irrelevant. Eine Statue unter einem freistehende Bogen wäre jedoch höchst ungewöhnlich und ähnliche abgekürzte Darstellung einer baldachinartigen Architektur finden sich auf Münzen häufiger, vgl. etwa kaiserzeitliche Münzdarstellungen der Büste der Tyche von Laodikea und der Julia Domna (W. Wroth, *Catalogue of the Greek coins of Galatia, Cappadocia, and Syria (Catalogue of Greek coins in the British Museum, 20)* [Bologna 1964] Laodicea ad Mare Nr. 78 Taf. 30, 8; Nr. 81 Taf. 30, 9); der Nemesis von Nikopolis (ebd. Nicopolis Nr. 2 Taf. 31, 10); der Stadtgöttin von Caesarea Marittima (G. F. Hill, *Catalogue of the Greek coins of Palestine [Galilee, Samaria, and Judaea] [Catalogue of the Greek coins in the British Museum, 27]* [Bologna 1965] Caesarea Nr. 39 Taf. 3, 1; Nr. 41 Taf. 3, 2) oder der Stadtgöttin von Diospolis (ebd. Diospolis-Lydda Nr. 3–4 Taf. 5, 5–6).

Abb. 11: Bronzemünze aus Tharsus, 235–238 n. Chr.

Doch unabhängig davon, für wie glaubhaft man die Angabe des Plinius hält, so haben die Archäologen, beeindruckt von der lebhaften Beschreibung, völlig unterschätzt, dass die Beschreibung Pseudo-Lukians in allererster Linie eine ganz maßgebliche Funktion zur Verdeutlichung der Pointe der Geschichte besitzt, indem die Behauptung, die Statue sei nur von zwei Seiten zu sehen gewesen, der Betonung der Opposition der erotischen Präferenzen entspricht,[60] während Rundansichtigkeit den springenden Punkt der Geschichte erheblich verunklärt hätte. Für die Rekonstruktion des Heiligtums von Knidos eignet sich die Geschichte demnach nicht, doch wird sie dadurch für die Archäologie nicht unbedeutend. Sie gibt vielmehr Aufschluss über unterschiedliche Interessen und Wahrnehmungsweisen bei der Betrachtung antiker Skulptur.[61]

60 Dazu ausführlich S. Goldhill, *Fouault's Virginity. Ancient Erotic Fiction and the History of Sexuality* (Cambridge 1995) 102–111. Havelock (s. Anm. 59) 61f.

61 Z.B. R. Osborne, Looking on – Greek Style. Does the sculpted girl speak to women too? in: I. Morris (ed.), *Classical Greece: Ancient histories and modern archaeologies* (Cambridge 1994) 81–96; N. Spivey, *Understanding Greek Sculpture: Ancient Meanings, Modern Readings* (London 1996) 178–183. Ein weiteres instruktives Beispiel ist die Einleitung zu Euripides' *Ion*, in der die Dienerinnen der Kreousa die Bildwerke vor und an dem delphischen Apollontempel diskutieren. Auch hier weicht die

Und was sagen uns schließlich die gänzlich unrealistischen literarischen Bilder? Zum einen können sie uns helfen, die spezifischen Eigenheiten und Wirkungsfelder realer bildlicher Darstellungen der Antike und insbesondere ihre Grenzen besser zu erkennen. Aber erinnern nicht selbst die elaborierten und oft faszinierenden Versuche der Dichter und Redner, die bildende Kunst im Wort zu übertreffen, ein wenig an das laute Pfeifen im dunklen Wald? Vielleicht ist die größere Vorliebe für die Allegorie in der Wortkunst gerade als Reaktion auf die (vermeintlichen) Defizite ihres Genres zu verstehen. Jedenfalls scheint der Wettstreit der Künste weiterhin offen zu sein, wenn die beeindruckendsten Wortkunstwerke ein implizites Eingeständnis der Macht des Visuellen sind, über deren Wirken auf die antike Gesellschaft wir andererseits ohne sie nur wenig wüssten.

Abbildungsnachweise

Abb. 1: Florenz, Uffizien 1704, nach J. M. Massing, *Du texte à l'image. „La Calomnie" d'Apelle et son iconographie* (Strasbourg 1990) Taf. 4 A.

Abb. 2: Neapel, Museo Nazionale H 3253, nach: FR Taf. 88.

Abb. 3: Athen, Nationalmuseum 447, Slg. Demetriou, nach K. M. C. Dunbabin – M. W. Dickie, Invidia rumpantur pectora. The Iconography of Phthonos/Invidia in Graeco-Roman Art, *Jahrbuch für Antike und Christentum* 26, 1983, Taf. 4 a.

Abb. 4: Athen, Nationalmuseum 447, Slg. Demetriou, nach K. M. C. Dunbabin – M. W. Dickie, Invidia rumpantur pectora. The Iconography of Phthonos/Invidia in Graeco-Roman Art, *Jahrbuch für Antike und Christentum* 26, 1983, Taf. 4 b.

Abb. 5: London, British Museum E775, Trustees of the British Museum, London.

Abb. 6: London, British Museum 2191, nach: D. Pinkwart, Das Relief des Archelaos von Priene, *Anitke Plastik* 4, 1965, Taf. 28.

Abb. 7: Turin, Museo Archeologico, o. Inv., Inst. Neg. Rom 82.3453.

Abb. 8: Zeichnung Albrecht Dürers, nach F. Koepp, Ogmios. Bemerkungen zur gallischen Kunst, *Bonner Jahrbücher* 125, 1919, Taf. 4, 1.

Abb. 9: Oxford, Ashmolean Museum 573, nach F. Koepp, Ogmios. Bemerkungen zur gallischen Kunst, *Bonner Jahrbücher* 125, 1919, Taf. 4, 2.

Abb. 10: Rom, Vatikan 812, nach Inst. Neg. Rom 68.3650.

Abb. 11: ehem. Kunsthandel, nach Ch. M. Havelock, *The Aphrodite of Knidos and Her Successors* (Ann Arbor 1995) Abb. 4.

Beschreibung vom archäologischen Befund ab. Während dies sich jedoch durch die Funktion erklärt, welche die Beschreibungen für das Verständnis des Tragödiengeschehens haben, zeigt die Passage zugleich, dass die Versuche der Forschung, den Bildschmuck von Heiligtümern und anderen öffentlichen Orten im Sinne seines identitätsstiftenden Potentials zu deuten, antikem Denken völlig angemessen sind; vgl. F. Zeitlin, The artful eye: vision, ecphrasis and spectacle in Euripidean theatre, in: Goldhill – Osborne (s. Anm. 1) 147–156.

Zum Wandel des spätantiken Heidentums

Hartmut Leppin

Das 4. Jahrhundert unserer Zeitrechnung begann mit einer brutalen Christenverfolgung, es endete im Zeichen von Heidenverfolgungen. 303 hatte Diocletian (284–305) einen allgemeinen Opferzwang verhängt. 391 verkündete Theodosius der Große (379–395) ein Gesetz, das jegliche Möglichkeit, die alte Religion zu pflegen, mit Strafe belegte.

Auch im alltäglichen Leben waren Änderungen fühlbar: Die Zeit wurde jetzt durch die regelmäßig wiederkehrenden Sonntage rhythmisiert; viele der alten Feste waren verschwunden, andere lebten nur im christlichen Gewande fort. Allerorts erhoben sich jetzt Kirchen, während Tempel verwitterten oder zweckentfremdet wurden; Mönche hausten da, wo vordem ländliche Heiligtümer gestanden hatten; Bischöfe ergänzten und ersetzten die lokalen Eliten; die traditionellen Priesterämter, zuvor wichtige Stufen der Karriere lokaler Würdenträger, gerieten in Vergessenheit. Wie ein chancenloser Gegner nimmt sich in diesem Prozeß das Heidentum aus. Vollständiger scheint der Triumph des Christentums nicht denkbar zu sein.

Und triumphalistisch äußerte sich dann auch die christliche Geschichtsschreibung. Breit ausgemalte Berichte über Tempelzerstörungen bei den Kirchenhistorikern des 5. Jahrhunderts illustrieren die überlegene Macht der Vertreter des Christentums. Der unaufhaltsame Untergang des Heidentums gilt in dieser historiographischen Tradition als Erweis der göttlichen Vorsehung: Nichts vermochte ja die Macht des Christengottes so eindrucksvoll zu bestätigen wie der vollkommene Sieg seiner Religion.

Unter dem Eindruck der Aufklärung wuchsen die Sympathien für die vorgebliche Toleranz des Heidentums; selbst ein Theologe wie Heinrich Gottlieb Tzschirner (1778–1828) bemühte sich um Neutralität; vor allem schrieb er mit Respekt vor den späten Formen des Heidentums wie dem Neuplatonismus.[1] Einen neuen Akzent setzte Jacob Burckhardt (1818–1897) in der „Zeit Constantins des Großen", indem er die Entwicklung des Christentums und des Heidentums während der Kaiserzeit in einen übergreifenden Prozeß der Religionsgeschichte einordnete. Dieser habe einerseits den Aberglauben verstärkt, andererseits die Sittlichkeit erhöht und sei insgesamt Ausdruck der Alterung der antiken Welt.[2] Burck-

---

1 Der Fall des Heidenthums, hrsg. von M. C. W. Niedner, Leipzig 1829, 6; zum Neuplatonismus etwa 560ff.

2 Dazu H. Leppin, Jacob Burckhardt and Paganism in the Roman Empire, erscheint in: J. Drinkwater / B. Salway (Hg.), Lupi passus.

hardts Panorama der kaiserzeitlichen Religiosität ist bei aller Zeitgebundenheit der Wertungen im einzelnen nach wie vor unübertroffen.

In der Zeit um 1900 verstärkte sich das Interesse am Heidentum und man war eher bereit, dieser Zeit Verständnis entgegenzubringen, diente sie doch der eigenen Fin-de-siècle-Stimmung als Spiegel. Ausgehend von der Kunstgeschichte, die im Gefolge von Franz Wickhoff (1853–1909) und Alois Riegl (1858–1905) der Spätantike ein spezifisches Kunstwollen attestierte, verbreitete sich die Bereitschaft, in ihr eine Epoche eigenen Rechts zu sehen, auch in den Altertumswissenschaften. Für die Erforschung des spätantiken Heidentums bedeuteten die Arbeiten von Johannes Geffcken (1861–1935) einen Durchbruch. Sein Hauptwerk „Der Ausgang des griechisch-römischen Heidentums" erschien zuerst 1920. Mit reichem Material konnte Geffcken aufzeigen, wie vital das Heidentum in der Spätantike noch war, und schuf damit ein Werk, das bis heute grundlegend ist.

Ein neues Paradigma der Erforschung des Verhältnisses von Christentum und Heidentum in der Spätantike war entstanden. Es wurde nicht mehr eine ausgezehrte alte mit einer kraftvollen jungen Religion konfrontiert; vielmehr dachte man jetzt an einen Kampf, der zwischen Heiden und Christen als zwei gleichwertigen Gegnern ausgetragen worden sei. Es ist wohl kein Zufall, daß dieses Paradigma gerade in den beiden Nachkriegszeiten, im „Zeitalter der Ideologien" (K. D. Bracher), seine Blüte erlebte; das schlägt sich auch in der Begrifflichkeit nieder, wenn etwa gar vom „Widerstand" des Heidentums die Rede ist.[3] Dieses neue Interesse führte zu einer intensiven, ertragreichen Erforschung des Heidentums.

Man bemühte sich dabei mit beträchtlichem Erfolg, dem Weiterleben des Heidentums nachzuspüren. Seine Entwicklung wurde gerne als ein allmählicher,

---

3 S. dazu M. R. Salzman, On Roman Time. The Codex-Calendar of 354 and the Rhythms of Urban Life in Late Antiquity, Berkeley 1990, 193ff. Der wichtigste Exponent solcher Ansätze war A. Alföldi; zu ihm K. Christ, Andreas Alföldi, in: Ders., Neue Profile der Alten Geschichte, Darmstadt 1990, 8–62, 19ff; vgl. im übrigen etwa B. Kötting, Christentum und heidnische Opposition in Rom am Ende des 4. Jahrhunderts, Münster 1961; J. Wytzes, Der letzte Kampf des Heidentums in Rom (Etudes préliminaires aux religions orientales dans l'Empire Romain 56), Leiden 1977 sowie (auf einem niedrigeren Reflexionsniveau) P. Thrams, Christianisierung des Römerreiches und heidnischer Widerstand, Heidelberg 1992. Explizit wird eine Verbindung zwischen eigener Zeit und Spätantike gezogen etwa von H. Bloch, The Pagan Revival in the West at the End of the Fourth Century, in: A. Momigliano (Hg.), The Conflict between Paganism and Christianity in the Fourth Century, Oxford 1963, 193–218, 193. Die Kontorniaten, auf die Alföldi sich nachdrücklich bezog, werden heute nicht mehr im Lichte eines heidnisch-christlichen Gegensatzes interpretiert; vgl. P. F. Mittag, Alte Köpfe in neuen Händen. Urheber und Funktion der Kontorniaten (Antiquitas 3,38), Bonn 1999.

durch Phasen der Erneuerung unterbrochener Schrumpfungsprozeß gezeichnet. Dies bedeutete nicht, daß dem Heidentum seine Lebenskraft gänzlich bestritten worden wäre, im Gegenteil, für das ausgehende 4. Jahrhundert sprach man sogar von einer Renaissance des Heidentums. Zudem achtete man aufmerksamer auf diejenigen Bereiche, in denen das Heidentum das Christentum beeinflußt hatte, sei es in der Theologie oder der bildenden Kunst oder bei der Gestaltung religiöser Feste.[4] Dieses Bild des einflußreichen Heidentums wird etwa in der folgenden Bemerkung zusammengefaßt: „So ist das antike Heidentum zwar als System verschwunden, aber nicht in seinen Elementen".[5]

Eine solche Position scheint zunächst einleuchtend, wird aber der Komplexität des Problems nicht gerecht. Denn Kontinuitäten sind Scheinkontinuitäten, wenn sich der ganze Rahmen wandelt. Die Anwendung kulturanthropologischer Modelle auf die Erforschung des Heidentums vor allem im angelsächsischen Bereich hat sich deswegen als äußerst fruchtbar erwiesen, da von essentialistischen Vorstellungen der beiden Religionen abgegangen und statt dessen ein konstruktivistischer Ansatz verfolgt wurde.[6] Damit gelangte auch die Wandelbarkeit und Vielfalt der Erscheinungsformen des Heidentums stärker in den Blick.[7]

---

4 Die Stärke des Heidentums und sein Weiterleben in christlichem Gewande betont brillant, aber einseitig R. MacMullen, Christianity and Paganism in the Fourth to Eighth Centuries, New Haven / London 1997.

5 A. Demandt, Die Spätantike. Römische Geschichte von Diocletian bis Justinian 284–565 n. Chr. (Handbuch der Altertumswissenschaft 3,6), München 1989, 430.

6 Vgl. zur Fruchtbarkeit solcher Ansätze für die spätantike Religionsgeschichte K. von Stuckrad, „Christen" und „Nichtchristen" in der Antike. Von religiösen konstruierten Grenzen zur diskursorientierten Religionswissenschaft, in: M. Hurter / W. Klein / U. Vollmer (Hg.), Hairesis. Festschrift für Karl Hoheisel zum 65. Geburtstag (Jahrbuch für Antike und Christentum Ergänzungs-Band 34), Münster 2002, 184–202. In vielen Dingen vergleichbar ist die Entwicklung des Hinduismus, unter dessen Namen zunächst Mohammedaner und Christen einheimische indische Religionen zusammengefaßt hatten, der dann aber als verbindendes Element eine wesentliche Rolle bei der Entwicklung eines indischen Nationalgefühls spielte.

7 Vgl. etwa R. Lane Fox, Pagans and Christians in the Mediterranean World from the Second Century AD to the Conversion of Constantine, London 1986; R. MacMullen, Paganism in the Roman Empire, New Haven 1981; G. W. H. Bowersock, Hellenism in Late Antiquity (Jeromes Lectures 18), Cambridge 1990, der eindrucksvoll die regionale Verwurzelung des spätantiken Heidentums demonstriert; für die äußeren Daten P. Chuvin, Chronique des derniers païens. La disparation du paganisme dans l'Empire Romain, du règne de Constantin à celui de Justinien, Paris 1991². Auf einen Einzelnachweis der Forschungen vor allem von Peter Brown (insbes. The Making of Late Antiquity, Cambridge 1978) sowie von Av. Cameron (insbes. Christianity and the Rhetoric of Empire. The Development of Christian Discourse [Sather Classical Lectures 55], Berkeley etc. 1991), die solche Ansätze gefördert haben, kann ich hier verzichten.

In diese Forschungsrichtung ordnet sich der vorliegende Beitrag ein. Er versucht zu zeigen, wie bestimmte Gruppen des Heidentums sich unter dem Druck des Christentums neu formierten – und sich dabei unvermerkt immer mehr dem Bild annäherten, das die Christen seit jeher vom Heidentum gezeichnet hatten: Die Selbstdarstellung hätte sich demnach dem Fremdbild angeglichen.[8]

Um die Richtung meiner Argumentation zu verdeutlichen, muß ich zunächst einige Bemerkungen vorausschicken, die bekannte Züge des kaiserzeitlichen Heidentums in Erinnerung rufen; danach werde ich die Formen des Umgangs mit den Heiden im Prozeß der Christianisierung des Römischen Reichs skizzieren. Sodann komme ich auf die spätantiken Heiden selbst zu sprechen, zunächst auf diejenigen, die die Gemeinsamkeiten mit den Christen herausstrichen. Mein Hauptaugenmerk gilt indessen jenen Kreisen, die sich gegenüber der christlichen Umwelt in ihrer Eigenart zu behaupten versuchten. Hier werde ich zwei Phänomene exemplarisch behandeln, die sich in den Quellen besonders gut greifen lassen: Das ist erstens für den Osten die Verschwisterung zwischen Magie und Philosophie und zweitens das Vordringen 'orientalischer' Kulte in der stadtrömischen Senatorenschaft. Abschließend sollen die Entwicklungen im Osten und im Westen vor allem unter sozialgeschichtlichen Gesichtspunkten verglichen werden.[9] Dabei ist festzuhalten, daß es sich lediglich um einen Aspekt der Geschichte des spätantiken Heidentums handelt, keineswegs um ein Gesamtbild.

I

Das Heidentum ist eine Erfindung des Christentums, oder besser gesagt: der jüdisch-christlichen Tradition.[10] Die Vorstellung, daß die Vielfalt der anderen Religionen unter einem Namen zusammenzufassen sei, entstammt einer Welt, die

8 Einen vergleichbaren Prozeß beschreibt etwa C. Ando, Pagan Apologetics and Christian Intolerance in the Ages of Themistius and Augustine, Journal of Early Christian Studies 4 (1996), 171–207, der zeigt, wie die Heiden sich an die christliche Redeweise anpassen.

9 Das Wort „Heidentum" ist mißlich, da es einer Polemik entstammt; es ist aber bislang nicht ersetzt. Spräche man vom Polytheismus, würde man die monotheistischen Richtungen ignorieren (s. zu dem altbekannten Phänomen neuerdings den Sammelband P. Athanassiadi / M. Frede, Pagan Monotheism in Late Antiquity, Oxford 1999); spräche man von Altgläubigkeit, wäre wieder eine Wertung impliziert. Das Wort „Paganismus" wirft dieselben Schwierigkeiten wie „Heidentum" auf.

10 Vgl. K.L. Schmidt, s.v. ἔθνος, ἐθνικός, Theologisches Wörterbuch zum Neuen Testament 2 (1935), 362–370; J.C. Fredouille, Heiden, Reallexikon für Antike und Christentum 13 (1986), 1113–1149, 1116ff.; R. Rothaus, Christianization and Depaganization. The Late Antique Creation of a Conceptual Frontier, in: R.W. Mathisen / H.S. Sivan (Hg.), Shifting Frontiers in Late Antiquity, Aldershot u.a. 1996, 299–308;

mit einem exklusiven Gott rechnet. Heiden waren alle die, die den jüdisch-christlichen Gott nicht verehrten. Dahinter konnten sich sehr verschiedene Gruppen verbergen: etwa der römische Beamte, der seine Götter in altüberkommenen Riten ehrte und dabei Gebete murmelte, deren altertümliche Sprache er vielleicht gar nicht mehr verstand; der Ratsherr einer griechisch geprägten Stadt im Osten des Reiches, der mit den Opfern für die alten Götter die große Vergangenheit seiner Heimat zelebrierte; der Bauer, der die Götter darum anflehte, ihm Regen zu senden; der Anhänger der Magna Mater in der Stadt Rom, der einem staatlich anerkannten, doch in Teilen weiter mit dem Geruch des Fremden behafteten Kult frönte; der Jünger der Isis, der in dem Glauben an die ägyptische Göttin Befreiung von seinen irdischen Lasten suchte; der Eingeweihte des Mithraskultes, der über harte Prüfungen zu immer höheren Funktionen emporstieg; der ratsuchende Sklave, der an einer Orakelstätte erfragte, wie er wohl mit seinem neuen Herrn zurechtkommen werde; der philosophisch Gebildete, der die zahlreichen Götter nur als Ausdruck eines höheren Wesens betrachtete, der den Wunderglauben des Bauern und die Farbigkeit mancher Kulte verachtete. Zum Heidentum gehörten ganz zentral die oft prunkvoll durchgeführten, die gesamte Bürgerschaft einbeziehenden und repräsentierenden städtischen Kulte mit ihren aufwendig inszenierten Spielen. Selbstverständlich gehörte dazu auch der Kaiserkult, an dem sich fast alle beteiligten.

All jene mannigfachen, hier nur in einigen Beispielen vorgeführten Manifestationen von Religiosität wurden dem Heidentum zugeschlagen, und sehr leicht entsteht so der Eindruck, die so verstandene heidnische Religiosität wäre beliebig gewesen. Dies aber wäre eine Täuschung. Heiden, insbesondere Angehörige der Eliten, unterschieden sehr wohl zwischen den althergebrachten Kulten und neuen Erscheinungen. Zwar fiel es den Römern nicht schwer, sich durch die *interpretatio Romana* fremde Gottheiten anzuverwandeln, doch bis zur Einführung eines Kultes in Rom und zu seiner Anerkennung als Staatskult war es ein langer Weg. Kulte wie der des Äskulap oder der Magna Mater wurden in Krisenzeiten aufgenommen, andere wie der populäre Kult der Isis brauchten lange Zeit, um Akzeptanz zu gewinnen.[11] Die *sacra publica*, die auf öffentliche Kosten vollzogen wurden, waren weitaus weniger veränderlich als die *sacra privata*, für welche die Individuen einstanden.

---

zu den methodischen Problemen s. M. Vinzent, Das „heidnische" Ägypten im 5. Jahrhundert, in: J. van Oort / D. Wyrwa (Hg.), Heiden und Christen im 5. Jahrhundert (Studien der Patristischen Arbeitsgemeinschaft 5), Löwen 1998, 32–65, 34ff.

11 In der letzten Zeit ist eine größere Zahl von Handbüchern zur römischen Religion erschienen, die die anhaltende Vitalität und Wandlungsfähigkeit der Römischen Religion hervorheben. Bezeichnend ist der Titel M. Beard / J. North / S. Price, Religions of Rome, 2 Bde. Cambridge 1998.

Es waren besonders bestimmte religiöse Praktiken, die den Widerwillen traditionsbewußter Römer erregten: Rituale, bei denen man mit Blut übergossen wurde, verzückte Gesänge und ähnliche Manifestationen leidenschaftlicher Religiosität. Solche, gerne mit dem Orient in Verbindung gebrachte Kultäußerungen, waren zumal mit dem Habitus des römischen Senators nicht vereinbar.[12] Von der sozial legitimen *religio* wurden derartige Kultformen ebenso wie magische Praktiken abgesetzt und mit dem Begriff *superstitio* belegt, der gewöhnlich mit „Aberglauben" übersetzt wird.[13]

Diese ganz verschiedenartigen Kultformen wurden von den christlichen Polemikern über einen Kamm geschoren. Damit erhöhten sie die Durchschlagskraft ihrer Argumente, denn sämtliche nicht-christliche Religionen konnten in die Nähe des Aberglaubens und der Unsittlichkeit gerückt werden. Diese Polemik mochte Heiden zunächst mehr absonderlich denn gefährlich vorkommen, doch die Situation wandelte sich mit der Ausbreitung und Stärkung des Christentums. Als sich mit Constantin dem Großen (306–337) gar ein Kaiser dazu bekannte, daß ihm vom Christengott Unterstützung gewährt worden sei, wurde die Situation prekär. Denn natürlich geriet dieser Kaiser unter den Einfluß von Christen, denen daran gelegen sein mußte, die gotteslästerliche Präsenz des Heidentums zum Verschwinden zu bringen.

II

Doch – wie sollte man das Heidentum niederringen? Wie konnte man diese amorphe Gruppe überhaupt bekämpfen? Natürlich blieb das aus der Verfolgungszeit überkommene Mittel der friedlichen Mission. Unter ungleich besseren Bedingungen als zuvor konnten die Christen ausschwärmen und neue Gläubige gewinnen. Überall hin zogen Mönche und Priester; sie führten den Kirchen durch Worte und Wunder neue Gläubige zu. Im übrigen war es jetzt nicht nur ungefährlich, sondern opportun, sich dieser Religion zuzuwenden. Innerhalb weniger Jahrzehnte scheint die Mehrzahl der Reichsbeamten für das Christentum optiert

12 Beard u. a. 1998 schlagen vor, von 'neuen' statt von 'orientalischen' Kulten zu reden, da diese Kulte in Rom inkulturiert waren und dort wesentliche Veränderungen erfuhren, wenn nicht gar erst entstanden. So berechtigt diese Erwägungen sind, so erscheint mir doch der Begriff 'neu' etwas beliebig. Für die römische Wahrnehmung war der Eindruck, die Kulte kämen aus dem Osten mit all den positiven und negativen Evokationen entscheidend; daher verwende ich den Begriff, wenn auch in Anführungszeichen, weiter.

13 Vgl. zu dem Bedeutungsspektrum etwa D. Grodzynski, „Superstitio", Revue des Etudes Anciennes 76 (1974), 36–60.

zu haben. Die Kirchen füllten sich; die Zahl derer, die ihre Bereitschaft erklärten, die Taufe zu empfangen, wuchs.

Schwerwiegende Folgen für den alten Glauben hatte ferner die Zurückdrängung des Heidentums aus dem öffentlichen Leben, dessen Depaganisierung. Denn die heidnische Religion war in der Gestalt der fundamentalen Polis-Religion nicht vom Alltagsleben der Stadt und des Staates zu trennen. Opfer hatten bei den unterschiedlichsten Gelegenheiten stattgefunden, die Feste für die Götter hatten die Zeit rhythmisiert. Dieser Zusammenhang wurde gelöst, das öffentliche Leben seiner kultischen Elemente entkleidet – übrigens ohne daß das Christentum sofort eine vergleichbar prägende Wirkung auf das städtische Leben entfaltete; insofern führt die Christianisierung des Römischen Reiches zu einer zeitweiligen religiösen Neutralisierung einzelner Felder.[14] Bezeichnenderweise hielten sich lange religiös neutrale Räume in den Städten.[15] Überdies wurden die durch die Regierung finanzierten prunkvollen Spiele, die den Höhepunkt des städtischen Lebens bildeten, zu einem erheblichen Teil weitergeführt, auch wenn Gladiatorenkämpfe verstärkt auf Widerwillen stießen und die Theaterstücke mancherorts auf die anstößigsten Elemente verzichten mußten. Eingestellt wurden allerdings die kultischen Feiern, die Festzüge für die Götter und die Opferhandlungen, die zu den Spielen gehört hatten und ihre Herkunft aus der Religion dokumentierten. Die Spiele dienten nur noch der Unterhaltung, bis mehrere Jahrzehnte später führende Christen auch diese anstößigen Vergnügungen entschlossener bekämpften.

Indes verloren die Amtshandlungen, die stets von kleineren Opfern begleitet waren, diese Komponente. Die traditionellen Auspizien wurden durch Formen der Weissagung ersetzt, die mit dem Christentum besser kompatibel waren.[16] Überdies wurden die Möglichkeiten der Tempelpriesterschaften, durch prunkvolle Feste Publikum anzuziehen, radikal gemindert, indem die christlichen Kaiser seit Constantin ihnen zusehends ihren Besitz nahmen.[17] Zwar standen noch viele

---

14 R. A. Markus, The End of Ancient Christianity, Cambridge 1998, 107 ff.

15 R. R. Smith, Late Antique Portraits in Public Context. Honorific Statuary at Aphrodisias in Caria, A.D. 300–600, Journal of Roman Studies 89 (1999), 155–189; vgl. zu der eher langsamen Entwicklung eines christlichen Raums in Rom M. Salzman, The Christianization of Sacred Time and Sacred Space, in: W. V. Harris, The Transformations of VRBS ROMA in Late Antiquity (Journal of Roman Archeology. Supplementary Series 33), Portsmouth R. I. 1999, 109–134.

16 F. Heim, Les auspices publics de Constantin à Théodose, Ktèma 13 (1988), 41–53; vgl. hingegen Salvian, *De gubernatione Dei* 6,2,12 f., ein Text, der in seinem polemischen Ton sicherlich nicht wörtlich genommen werden darf, der aber doch verdeutlicht, daß Ausnahmen immer denkbar sind.

17 Vgl. etwa G. Bonamente, Sulla confisca dei beni mobili dei templi in epoca costantiniana, in: Ders. / F. Fusco (Hg.), Costantino il Grande dall'Antichità all'Umanesimo,

Statuen und Tempel aufrecht, doch die Gebäude erhielten zusehends andere Funktionen. Einige wurden als Unterrichtsräume genutzt, andere dienten als Verwaltungsgebäude, manche wandelten sich zu Kirchen; nicht wenige wurden zerstört oder verfielen einfach.[18] Die sakrale Topographie veränderte sich tiefgreifend, auch wenn die Verhältnisse von Ort zu Ort sehr unterschiedlich waren.[19]

Bestimmte Elemente des Heidentums wurden sogar kriminalisiert. Die spätantiken Gesetzessammlungen bewahren zahlreiche Edikte, die Manifestationen des Heidentums unter Strafe stellt. Anfangs, vielleicht schon unter Constantin dem Großen, waren die auch unter Heiden umstrittenen blutigen Opfer das Ziel.[20] Dann wurde der Strick immer enger gezogen: Besuche von Tempeln wurden untersagt, darauf das Umschreiten von Tempeln verboten, schließlich wollte man es sogar unterbinden, daß jemand ehrfürchtig zu einem Tempel emporschaute; jedwedes Tun, das als Verehrung heidnischer Götter gedeutet werden konnte, wurde mit Strafe belegt.[21]

Es ist bekannt, daß das Heidentum die antiheidnische Gesetzgebung um Jahrhunderte überlebte und etwa im Alltag nach wie vor eine gewisse Rolle spielte, auch wenn es oftmals einen klandestinen Charakter annahm. Zumal für die exponierten Angehörigen der Elite bedeuteten die Regelungen in jedem Fall eine Belastung, da sie Gefahr liefen, als Anhänger des alten Glaubens denunziert zu werden. Vielleicht gefährlicher noch war, daß das Heidentum zunehmend in den Geruch magischer Praktiken gebracht wurde.

---

2 Bde., Macerata 1992, 171–201; K. L. Noethlichs Heidenverfolgung, Reallexikon für Antike und Christentum 13 (1986), 1149–1190, 1153 ff. Die Modifikationen im einzelnen können hier unberücksichtigt bleiben.

18 Wichtig für eine differenzierende Analyse der Haltung von Christen gegenüber Heiligtümern, die eben nicht allein von Zerstörungswut gekennzeichnet war: J. Spieser, La christianisation des sanctuaires païens en Grèce, in: M. Jantzen (Hg.), Neue Forschungen in griechischen Heiligtümern, Tübingen 1976, 309–320; H. Saradi-Mendelovici, Christian Attitudes toward Pagan Monuments in Late Antiquity and their Legacy in Later Byzantine Centuries, Dumbarton Oaks Papers 44 (1990), 47–61; L. Foschia, La réutilisation des sanctuaires païens par les chrétiens en Grèce continentale (IVe au VIIe s.), Revue des Etudes Grecques 113 (2000), 413–434.

19 S. z. B. F. R. Trombley, Hellenic Religion and Christianization, c. 370–529 (Religions in the Graeco-Roman World 115), 2 Bde., Leiden 1993/4; D. Frankfurter, 'Things Unbefitting Christians'. Violence and Christianization in Fifth-Century Panopolis, Journal of Early Christian Studies 8 (2000), 273–295; U. Gotter, Thekla gegen Apoll. Überlegungen zur Transformation regionaler Sakraltopographie in der Spätantike, Klio 85 (2003), 189–212.

20 Vgl. etwa H. Leppin, Constantius II. und das Heidentum, Athenaeum 87 (1999), 457–480, 471 ff.

21 Nach wie vor grundlegend K. L. Noethlichs, Die gesetzgeberischen Maßnahmen der christlichen Kaiser des vierten Jahrhunderts gegen Häretiker, Heiden und Juden, Diss. Köln 1971; vgl. ferner ders., 1983.

Gesetzgebung gegen Magie war an sich nichts Neues. Auch die heidnischen römischen Kaiser hatten zumindest bestimmte magische Praktiken verboten: Die taktlosen Fragen nach der Zukunft des Kaisers etwa oder gar nach dessen Nachfolge galten als Hochverrat und wurden mit aller Härte bestraft; Schadenzauber unterlag gleichfalls schweren Sanktionen.[22] Die christlichen Kaiser schlossen an diese Gesetzgebung an, weiterhin trennte man die Legislation über Magie deutlich von der zu den übrigen Religionsfragen; noch in den großen Gesetzessammlungen des 5. und 6. Jahrhunderts, im *Codex Theodosianus* und im *Codex Iustinianus*, wird die Magie in einem anderen Buch behandelt als die religiösen Fragen und die Gesetze gegen die Heiden.

Insofern brauchte die Magiegesetzgebung der christlichen Kaiser die Heiden nicht zu stören. Doch die Definition derjenigen Praktiken, die als magisch verstanden werden sollten, verschob sich allmählich. Constantin der Große hatte die alten Regelungen anscheinend noch weitergeführt. Doch unter seinem Sohn Constantius II. wurde der Begriff der Magie weiter gefaßt. In einem Gesetz des Jahres 357 heißt es: „Niemand befrage einen Eingeweidebeschauer (*haruspex*) oder einen Astrologen (*mathematicus*), niemand einen Wahrsager (*hariolus*). Der verkehrte Beruf der Auguren und Seher verstumme. Die Chaldäer, die Zauberer (*magi*) und die anderen, die das Volk wegen der Größe ihrer Untaten Übeltäter nennt, dürfen sich in keiner Weise in diese Richtung betätigen. Auf ewig schweige die ganze Neugierde auf die Zukunftsschau".[23]

Hier werden die Zauberer, deren Tun jedem traditionsbewußten Römer anrüchig erschien, neben denjenigen Priestern genannt, deren Handeln zum Kernbereich der römischen Religion gehörten, den Auguren und den Haruspizes. Deren Urteil war im öffentlichen Leben seit Jahrhunderten erfragt worden, und sie fanden sich durch solche Gesetze unversehens in einem Verbrecherkatalog wieder.[24] So wurde der Spielraum für heidnische Kulte immer enger gefaßt; es

22 J. H. W. G. Liebeschuetz, Continuity and Change in Roman Religion, Oxford 1979, 133 ff.

23 *Codex Theodosianus* 9,16,4: *Nemo haruspicem consulat aut mathematicum, nemo hariolum. augurum et vatum prava confessio conticescat. chaldaei ac magi et ceteri, quos maleficos ob facinorum magnitudinem vulgus appellat, nec ad hanc partem aliquid moliantur. sileat omnibus perpetuo divinandi curiositas*; vgl. die Einschränkungen Valentinians I. in *Codex Theodosianus* 9,16,9, die ihrerseits 381 von Theodosius durch *Codex Theodosianus* 16,10,7 aufgehoben wurden.

24 Vgl. zu dem Prozeß die eindringliche Darstellung von M. T. Fögen, Die Enteignung der Wahrsager. Studien zum kaiserlichen Wissensmonopol in der Spätantike, Frankfurt / Main 1993, 20 ff. Allerdings erscheint mir der Begriff des kaiserlichen Wissensmonopols auf einer zu einseitigen Fixierung auf gesetzliche Verlautbarungen zu beruhen und angesichts des Einflusses der Kleriker äußerst fragwürdig. Die Frage, wer Wissen generieren und kommunizieren dürfe, wurde in der Spätantike fortwährend

wurde immer prekärer, sie zu praktizieren. Welche Sorgen diese in den Augen von Heiden willkürlichen Regelungen auslösten, dokumentieren Berichte über Magieprozesse, die in den heidnischen Quellen des 4. Jahrhunderts weitaus größeren Raum einnehmen als solche über Tempelzerstörungen oder Opferverbote.[25]

Mission, Depaganisierung des öffentlichen Lebens sowie Kriminalisierung heidnischer Praktiken trafen die Heiden hart. Denn das Zentrum ihrer Religion, der gemeinsame, öffentliche Kult des Staates und der Stadt, war weggebrochen. Selbst durch hohes Alter und lange Akzeptanz legitimierte Praktiken wurden jetzt mit Zauberei in eins gesetzt.

III

Die Reaktionsweisen der Heiden waren sehr unterschiedlich. Nicht jeder war zum Kämpfer geboren, für viele bedeutete der Verzicht auf Opfer wenig, entsprach vielmehr ihrer Vorstellung von einer philosophischen Religion. Mancher widmete sich ohne anti-christlichen Akzent aus kulturellen Interessen den großen literarischen Traditionen Roms.[26] Auch im Alltag bestanden viele religiöse Gemeinsamkeiten.[27] Eine strenge Lebensführung, wie Christen sie sich abverlangen sollten, war keineswegs allen römischen Aristokraten fremd, die sich mit den alten Kulten identifizierten.[28] Es gab viele Bereiche, in denen Christen und Heiden sich

---

verhandelt. S. ferner zu Einzelheiten der Gesetzgebung N. Zeddies, Religio et sacrilegium. Studien zur Inkriminierung von Magie, Häresie und Heidentum (4.–7. Jahrhundert), Frankfurt / Main 2003, 49ff., deren Arbeit auch die Weiterwirkung der Bestimmungen erörtert.

25 Vgl. etwa Ammianus Marcellinus 19,12; Libanius, *Oratio* 1,171–175; *Epistula* 37; Vgl. dazu R. von Haehling, Ammianus Marcellinus und der Prozeß von Skythopolis, Jahrbuch für Antike und Christentum 21 (1978), 74–101; F. J. Wiebe, Kaiser Valens und die heidnische Opposition (Antiquitas 1,44), Bonn 1995, 86ff.

26 Dieses Milieu ist von Al. Cameron in zahlreichen Studien erörtert worden, s. zusammenfassend The Latin Revival of the Fourth Century, in: W. Treadgold (Hg.), Renaissances before the Renaissance: Cultural Revivals of the Late Antiquity and the Middle Ages, Stanford 1984, 42–58; 182–184; Al. Cameron, 'The Last Pagans of Rome', in: W. V. Harris, The Transformations of VRBS ROMA in Late Antiquity (Journal of Roman Archeology. Supplementary Series 33) Portsmouth R.I. 1999, 109–121; während Cameron hervorhebt, daß die kulturellen Interessen nicht mit einer dezidiert heidnischen, gar antichristlichen Politik gleichgesetzt werden können, betont jetzt wieder stärker den politischen Charakter Charles W. Hedrick Jr., History and Silence: Purge and Rehabilitation of Memory in Late Antiquity. Austin 2000, 171ff.

27 Aufschlußreiche Beobachtungen bei T.E. Gregory, The Survival of Paganism in Christian Greece. A Critical Survey, American Journal of Philology 107 (1986) 229–242.

28 J. R. Curran, Pagan City and Christian Capital. Rome in the Fourth Century, Oxford

darauf einigen konnten, die Frage der religiösen Auseinandersetzungen auszuklammern, auch hier kann man von einer gewissen Neutralisierung sprechen. Zahlreiche gerade der gebildeten Heiden hatten keine Schwierigkeiten, Verbindendes zum Christentum zu finden, denn es gab ja tatsächlich viele Gemeinsamkeiten eben mit den gebildeten Christen, die sich ihrerseits nicht grundsätzlich scheuten, auch die heidnische Formensprache weiterzuführen.[29]

Heiden, die das Verbindende sahen, waren in der Zeit des Übergangs für öffentliche Funktionen gefragt. So konnte etwa der Heide Themistios unter den christlichen Kaisern des Ostens als höfischer Redner glänzen, indem er den Kaiser als Schützling eines Gottes pries, ohne einen Namen zu nennen, indem er ferner die Philanthropia, die Menschenliebe als Tugend hervorhob. Das war für den Heiden traditionelle Milde und für den Christen Nächstenliebe, in beiden Fällen positiv besetzt. Die Betonung solcher Gemeinsamkeiten war um so leichter, als ja auch viele Christen sich von der heidnischen Bildungswelt überhaupt nicht verabschiedet hatten.

Der profilierteste Repräsentant dieser Richtung ist der Konstantinopolitaner Redner und Philosoph Themistios, dem es gelang, vier verschiedenen christlichen Kaisern erfolgreich als Redner zu dienen, der aber bezeichnenderweise mit dem heidnischen Kaiser Julian nicht zurechtkam.[30] Themistios hielt vor einem religiös gemischten Publikum, das sich in der Regel aus Vertretern des Hofes und der Senate zusammensetzte, panegyrische Reden auf christliche Kaiser. Und hier lotete er den gemeinsamen Grund von Christen und Heiden aus: All die christlichen Herrscher zeichnete er als Persönlichkeiten, die das erfüllten, was Platon und Aristoteles vom guten König gefordert hätten. Selbst Valens, der der griechi-

2000, 266f. Als Vertreter einer solchen Haltung sei Praetextatus genannt (vgl. Ammianus Marcellinus 27,9,8–10; Symmachus, *Relatio* 12,2), dessen Religiosität unten noch zu erläutern ist.

29 Vgl. etwa G. Bonner, The Extinction of Paganism and the Church Historian, Journal of Ecclesiastical History 35 (1984), 339–357, 348ff., der von *paganised Christians* und *semi-Christians* spricht. Illustrieren läßt sich die Verbindung von Heidentum und Christentum mit der sog. Proiecta-Kiste, s. zu ihr etwa B. Kiilerich, Late Fourth Century Classicism in the Plastic Arts. Studies in the So-Called Theodosian Renaissance (Odense University Classical Studies 18), Odense 1993, 162ff.

30 Zu ihm J. Vanderspoel, Themistius and the Imperial court. Oratory, Civic Duty, and Paideia from Constantius to Theodosius, Ann Arbor 1995; H. Leppin, Einleitung, in: Themistios, Staatsreden. Übersetzung, Einführung und Erläuterungen (Bibliothek der Griechischen Literatur 46), Stuttgart 1998, 1–26; R. M. Errington, Themistius and His Emperors, Chiron 30 (2000), 861–904; T. Gerhardt, Philosophie und Herrschertum aus der Sicht des Themistios, in: A. Goltz / A. Luther / H. Schlange-Schöningen (Hg.), Gelehrte in der Antike. Alexander Demandt zum 65. Geburtstag, Köln / Weimar / Wien 2002, 187–218; zum kulturellen Kontext M. Whitby (Hg.), The Propaganda of Power. The Role of Panegyric in Late Antiquity, Leiden u. a. 1998.

schen Sprache kaum kundig war, wurde den Zeitgenossen als Philosophenkönig verkauft. Schützend stand über den Kaisern ein erhabener Gott. Das entsprach dem Monotheismus, der der Religiosität der gebildeten Heiden und dem Christentum gemein war. Indem Themistios den einen Gott nicht näher charakterisiert und ihm keinen Namen verleiht, kann er von ihm sprechen und weder bei Heiden noch bei Christen Anstoß erregen.

Themistios mußte sich nicht einmal auf den Monotheismus beschränken, um Gemeinsamkeiten zwischen Heiden und Christen aufzuzeigen. Der Redner nahm noch weitere Gedanken in den Blick, über die die beiden Gruppen sich gut verständigen konnten. Die zentrale Kaisertugend ist bei ihm die Philanthropia, wörtlich übersetzt: die Menschenliebe. Im heidnischen Diskurs war das die alte Kaisertugend der Milde, im christlichen die Nächstenliebe.[31] Die Forderung nach Philanthropia verlangt vom Kaiser, daß er um das Wohlergehen seiner Untertanen besorgt sei, namentlich, daß er als lebendiges Gesetz die harten Strafandrohungen der positiven Gesetze abschwäche. Doch nicht nur das: Themistios spricht dem Kaiser die Verantwortung für die gesamte Menschheit zu, auch die Barbaren soll er im Frieden dem römischen Reich zuführen; Blutvergießen in Kriegen soll vermieden werden. Es überrascht nicht, daß noch Theodosius der Große, der das Heidentum mit aller Härte bekämpfte, Themistios zum Erzieher seines Sohnes machte. Von einem solchen Heidentum ging keine Gefahr für das christianisierte Reich aus.

Allerdings – dieses Heidentum verlor seine Konturen. Denn wer so viele Gemeinsamkeiten mit dem Christentum sehen wollte, hatte keinen Anlaß, Differenzen herauszustreichen. Nicht sonderlich überraschend ist es daher, daß sich bei Gestalten wie Martianus Capella oder Macrobius, auch bei manchen anderen Gestalten des 4./5. Jahrhunderts keine Sicherheit darüber gewinnen läßt, ob sie Christen oder Heiden waren. Womöglich ist die Frage falsch gestellt, da ja das jeweilige Bekenntnis nicht systematisch erfaßt wurde. Wer dem Heidentum innerlich anhing, ohne sich vom Christentum abzugrenzen, brauchte nichts zu fürchten, denn auch viele bekennende Christen zögerten die Taufe gerne hinaus.[32] Es gab mithin eine Grauzone zwischen Christen und Heiden, die den Druck auf das Heidentum reduzierte. Man konnte sich nach außen hin anpassen und versuchen, für sich selbst das von der Tradition zu bewahren, was einem wertvoll erschien

31 Vgl. etwa L.J. Daly, Themistius' Concept of φιλανθρωπία, Byzantion 45 (1975), 22–40; O. Hiltbrunner, Philanthropie und Humanität, in: O. Brehm / S. Klie (Hg.), ΜΟΥΣΙΚΟΣ ΑΝΗΡ. Festschrift für M. Wegner (Antiquitas 3,32), Bonn 1992, 189–201.

32 Vgl. J.J. O'Donnell, The Demise of Paganism, Traditio 35 (1979), 45–88, der herausarbeitet, daß die nüchterne Einstellung von Heiden gegenüber der Religion in christlichem Gewand weiterlebte.

und was nicht nach außen sichtbar war. Doch nicht jeder wollte sich so kommod in der christlichen Welt einrichten und damit das Heidentum unkenntlich machen. Es gab auch die Heiden, die sich betont abgrenzten.

IV

Wer das Heidentum bewußt aufrecht erhalten wollte, dem mußte die Kultkontinuität am Herzen liegen. Diese aber ließ sich, nachdem die Bindung von Polis und Religion zerfallen war, in der traditionellen Gestalt nicht bewahren. Die Kultstätten verkamen, und die Priester konnten vielfach nicht mehr nach dem überkommenen Modus bestellt werden. Damit ergab sich eine große Schwierigkeit: Woher sollte man wissen, ob ein Kult korrekt ausgeübt wurde? Wie war jemand legitimiert, der beanspruchte, den Kult der Götter zu pflegen? Wem sollte man trauen? Wer war ein ernstzunehmender Priester, wer ein Scharlatan? In dieser Unsicherheit wird die Fähigkeit, tatsächlich etwas Übersinnliches zu bewirken, Wunder zu tun, zunehmend zum Kennzeichen des Priesters. Wie im Christentum, so begegnet auch im spätantiken Heidentum der Typus des Heiligen Mannes. Heilige Männer besaßen eine besondere Nähe zur göttlichen Welt. Sie konnten mit Autorität reden und Wunder wirken. Ihre religiöse Position wird also nicht traditional, sondern charismatisch legitimiert.[33]

Solche Gestalten traten unter den Heiden nicht erst in der Spätantike auf, schon zuvor hatte es umherziehende Wundertäter gegeben, doch blieben sie trotz ihres Ruhmes sehr umstritten.[34] Im vierten Jahrhundert hingegen nahmen die Heiligen Männer unter den Heiden des Ostens eine herausragende Stellung ein. Sie wurden zu Säulen des heidnischen Kultes. Mit aller Kraft und in oft anrührender Weise bemühen sie sich, die althergebrachten Formen der Götterverehrung am Leben zu halten.

Bezeichnend ist eine Anekdote, die Zosimus überliefert: Kurze Zeit nach dem Tode Kaiser Valentinians I. im Jahre 375 erschien Achill dem Athener Nestorios im Traum und verlangte, daß er mit öffentlichen Feiern geehrt werde (δημοσίαις τιμᾶσθαι τιμαῖς). Der alte Mann versuchte dafür die Unterstützung der städtischen Behörden zu mobilisieren, doch die taten sein Anliegen als Ausdruck seiner Senilität ab. So fertigte der Greis eine kleine Statue in einem Gehäuse, das er unter die Statue der Athena im Parthenon setzte. Die Göttin verehrte er in der üblichen

33 In der Unterscheidung lehne ich mich an M. Webers Typologie legitimer Herrschaft: Wirtschaft und Gesellschaft. Grundriß der vergleichenden Soziologie (Studienausgabe), Tübingen 1980^5, 124.

34 Klassisch: L. Bieler, ΘΕΙΟΣ ΑΝΗΡ. Das Bild des „göttlichen Menschen“ in Spätantike und Frühchristentum, Wien 1935/6 (ND Darmstadt 1967).

Weise, so daß Achill in die öffentlichen Kulte einbezogen wurde. Und siehe da: Ganz Griechenland wurde von einem Erdbeben erschüttert, nur Athen und Attika blieben verschont.[35]

Statt der zahlreich besuchten städtischen Feiern genügte jetzt das Engagement des Einen, um die Götter geneigt zu stimmen, und mit einer List konnte er sein persönliches Opfer sogar als öffentliches ausgeben. Doch was Nestorios tat, war nur noch ein Abklatsch des alten, gemeinschaftsstiftenden Kultes.

Es leuchtet unmittelbar ein, daß ein Mann vom Schlage des Nestorios auch als Wundertäter gelten konnte. Was die Zahl ihrer Wunder angeht, so vermochten diese heidnischen Heiligen Männer den Mönchen durchaus Konkurrenz zu machen. Die heidnischen Wunder wurden zum Teil durch Gebete erwirkt, doch waren magische, die überirdischen Mächte zwingende Praktiken, über die man sich aus alten Texten informieren zu können glaubte, verbreiteter als unter den christlichen Heiligen. Altangesehener Götterkult und Magie kamen hier also zusammen, wobei man allerdings die magischen Praktiken in einem breiteren religiös-philosophischen Kontext verortete und für sie die respektablere Bezeichnung Theurgie, Götterwerk, gebrauchte.[36]

Noch ein Weiteres trat hinzu. Die alte Weisheit, die den Heiligen Männern ihre Kraft verlieh, fand man namentlich in den Schriften Platons; Magie und neuplatonische Philosophie verschwisterten sich. Dies war durchaus nicht selbstverständlich. Plotin hatte die Magie noch ignoriert und sogar den Besuch von Heiligtümern für unwichtig erklärt,[37] sein Schüler Porphyrios bedachte die Magie

35 Zosimus 4,18,2–4; vgl. T. M. Banchich, Nestorius ἱεροφαντεῖν τεταγμένος, Historia 47 (1998), 360–374, der deutlich macht, daß es nicht möglich ist, Nestorius eine bestimmte religiöse Funktion sicher zuzuweisen.

36 Damit setzte man sich von den γόητες ab. Zu Theurgie als positivem Begriff s. polemisch Augustinus, *De Civitate Dei* 10,9,1; er spricht von der Zauberkunst, *quam vel magian vel detestabiliore nomine goetian vel honorabiliore theurgian vocant*. Die positive Konnotation von Theurgie ist meines Erachtens der Grund dafür, daß sie in den Gesetzen nicht ausdrücklich verboten wird, worauf J. B. Clerc, Theurgica legibus prohibita. A propos de l'interdiction de la théurgie (Augustin, La Cité de Dieu 10,9,1. 16,2; Code Théodosien 9,16,4), Revue des Etudes Augustiniennes 42 (1996), 57–64 hinweist. Zur Bedeutung von Theurgie, die eben nicht mit Magie gleichzusetzen ist, s. T. Stäcker, Die Stellung der Theurgie in der Lehre Jamblichs (Studien zur klassischen Philologie 92), Frankfurt / Main 1995; G. Shaw, Theurgy and the Soul. The Neoplatonism of Iamblichus, Pennsylvania 1995, 45ff.; C. van Liefferinge, La théurgie des Oracles Chaldaïques à Proclus (Kernos Suppl. 9), Lüttich 1999; J. Bussanich, Philosophy, Theology, and Magic. Gods and Forms in Iamblichus, in: M. Erler / T. Kobusch (Hg.), Metaphysik und Religion. Zur Signatur des spätantiken Denkens (Beiträge zur Altertumskunde 160), München etc. 2002, 39–61. Man kann dieses Phänomen nicht mehr als Niedergangserscheinung abtun.

37 Zur Entwicklung zwischen Plotin und Jamblich G. Fowden, The Pagan Holy Man in Late Antique Society, Journal of Hellenic Studies 102 (1982), 33,59, 1982, 52f.; zur

schon mit mehr Aufmerksamkeit. Er gestattet seinen Anhängern ausdrücklich magische Praktiken. Einen Schritt weiter ging Jamblich, der um 300 wirkende Neuplatoniker, der in der Theurgie einen noch unentdeckten Schatz tiefer Weisheit erblickte, den es zu bergen gelte. Sein Denken ist in einem starken Maße auf theurgische Praktiken bezogen. Diese Richtung des Heidentums sollte für kurze Zeit einen erheblichen Einfluß auf die große Politik erlangen, als es einem Enkelschüler Jamblichs, Maximus, gelang, einen kaiserlichen Prinzen, Julian, in seinen Bann zu ziehen, der als Kaiser 361–363 vergebens eine Erneuerung des Heidentums aus diesem Geist heraus versuchte und natürlich bei denjenigen Heiden auf wenig Resonanz stieß, die die Gemeinsamkeiten mit den Christen suchten.[38]

Jamblich war kein Einzelfall. Der Glaube an übersinnliche Phänomene griff im Heidentum um sich,[39] zahlreiche heidnische Philosophen sowohl in Alexandria als auch in Athen waren zugleich praktizierende Theurgen. Das heißt natürlich nicht, daß die bedeutenden Philosophenschulen als solche zu Zentren der Theurgie wurden; denn es wirkten dort nicht nur Heiden unterschiedlicher Richtung, sondern auch christliche Philosophen. Doch man konnte hier und im Umfeld jener Schulen stets Philosophen mit theurgischen Interessen finden: Diese Denker lasen Texte der klassischen Philosophie, interpretierten sie mit größter Akribie und ließen sich zugleich auf Praktiken ein, die die meisten ihrer Vorgänger als Aberglauben abgetan hätten. Die einst anrüchige Magie wurde in Gestalt der Theurgie von einem einflußreichen Teil der intellektuellen Elite der Heiden akzeptiert und fortgeführt.

Dahinter stand unter anderem sicherlich das Bemühen darum, den Kontakt zum Volk zu halten. Die gerne aufgestellte Behauptung, die gebildeten östlichen Heiden hätten sich von der gewöhnlichen Bevölkerung abgeschottet, ist nicht haltbar.[40] Im unruhigen Alexandria traten Philosophen bei heidnischen Revolten sogar als Aufwiegler hervor; bei einer Revolte unter Theodosius dem Großen war es ein Philosoph, der den in einem Heiligtum verschanzten Heiden Mut zusprach.[41] Der Scholarch Plutarch trat in Athen zu Anfang des 5. Jahrhunderts

---

Theurgie bei Iamblich und ihren Kontext Stäcker 1995; Shaw 1995. Ein Teil der Wirkung Jamblichs scheint auf seinem Mißverständnis zu beruhen, s. P. Athanassiadi, Dreams, Theurgy and Freelance Divination.The Testimony of Iamblichus, Journal of Roman Studies 83 (1993), 115–130.

38 Geringer wertet R. B. E. Smith, Julian's Gods. Religion and Philosophy in the Thought and Action of Julian the Apostate, London 1995, den Einfluß der Philosophie.

39 Vgl. MacMullen 1997, 74 ff., der hier keinen Einfluß des Christentums erkennt.

40 Anders Fowden 1982, 54 ff., insbes. 59, der glaubt, daß die Heiligen Männer sich nicht mit den gewöhnlichen Menschen verbunden gefühlt hätten. Ein Potential, weitere Gruppen zu erreichen, sieht im Denken Jamblichs Shaw 1995, 237 f.

41 Sozomenus 7,15,6. Dagegen, daß das östliche Heidentum politisch passiv gewesen sei, s. R. v. Haehling, Damascius und die heidnische Opposition im 5. Jahrhundert n. Chr.

anscheinend mehrfach als Finanzier des Schiffes für den Panathenäenzug hervor.[42] Allerdings scheinen die Philosophen sich trotz ihrer Bemühungen dem Volk, das nun einmal vom Sog der Christianisierung erfaßt war, zunehmend entfremdet zu haben.[43]

Charakteristisch für die Verbindung von Philosophie und Magie ist eine Gestalt des 5. Jahrhunderts, Proklos, dessen Platonkommentare bis in die Neuzeit hinein wirkungsmächtig waren und der mit seinem Werk noch die Bewunderung Georg W. F. Hegels (1770–1831) erregte.[44] Sein Leben ist durch die anschauliche Biographie seines Schülers Marinos gut dokumentiert. Auch wenn die Glaubwürdigkeit der einzelnen Episoden gewiß nicht über jeden Zweifel erhaben ist, so gewinnt man aus diesem Text doch eine Vorstellung davon, wie diese Philosophen gesehen werden wollten und welche Ansprüche sie erhoben:[45]

Proklos erläuterte nicht nur Platon, sondern auch die wegen ihrer Hinweise für magische Handlungen geschätzten Chaldäischen Orakel.[46] Zudem war er ein praktizierender Theurg, der sein Wissen auch im Alltag einsetzte: Als Athen unter einer anhaltenden Trockenheit litt, setzte er eine ἴυγξ, ein Zauberrad, ein und zauberte den Regen herbei, nach dem Attika dürstete. Er legte auch Schutzmittel aus, die seine Wirkungsstätte vor Erdbeben bewahrten. Die Krankheit der Tochter eines Freundes heilte er durch ein Gebet an den zuständigen Gott.

Und noch in einem dritten Bereich war er tätig. Er bemühte sich um die Aufrechterhaltung aller Kulte der verschiedensten Völker, seien es die der Römer, der Syrer, der Araber oder der Ägypter. Die ägyptischen Fastentage hielt er sogar mit größerer Strenge ein als die Ägypter selbst. In dieser Funktion bezeichnete er sich

---

Betrachtungen zu einem Katalog heidnischer Widersacher in der Vita Isidori, Jahrbuch für Antike und Christentum 23 (1980), 82–95.

42 *Inscriptiones Graecae* II/III² 3818; vgl. dazu A. Frantz, Late Antiquity. A.D. 267–700 (The Athenian Agora 24), Princeton N.J. 1988, 63f. Sicher ist die Identifizierung nicht.

43 Zu den politischen Vorstellungen neuplatonischer Philosophen s. D.J. O'Meara, Platonopolis. Platonic Political Philosophy in Late Antiquity, Oxford 2003.

44 Zu ihm H. Leppin, Proklos. Der Philosoph als Theurg, in: A. Goltz / A. Luther / H. Schlange-Schöningen (Hg.), Gelehrte in der Antike. Alexander Demandt zum 65. Geburtstag, Köln / Weimar / Wien 2002, 251–260, dem die wichtige Ausgabe von H.D. Saffrey / A.P. Segonds / C. Luna (Hg.), Marinus: Proclus ou sur le bonheur, Paris 2001, leider noch nicht zugänglich war; vgl. S. Sambursky, Proklos, Präsident der platonischen Akademie, und sein Nachfolger, der Samaritaner Marinos (Sitzungsberichte der Heidelberger Akademie der Wissenschaften, Mathematisch-naturwissenschaftliche Klasse 1985,2), Berlin etc. 1985.

45 Grundlegend dazu die exzellente erläuterte Textausgabe: Saffrey etc. 2001 mit wichtigen Bemerkungen zur Gattungstradition XLIff.

46 Einen Einstieg in die verwickelte Problematik bietet P. Athanassiadi, The Chaldaean Oracles. Theology and Theurgy, in: Athanassiadi / Frede 1999, 149–183, zu Proklos 159ff.

etwas unbescheiden als Hohepriester des ganzen Kosmos, als τοῦ ὅλου κόσμου ἱεροφάντης (19). Wen wundert es da, daß Athena ihm mitteilte, sie wolle jetzt in seinem Haus wohnen, als ihr Standbild von der Akropolis entfernt wurde? Für die Vereinigung von Philosophie, Magie und traditionellem Kult ist Proklos somit ein herausragendes Beispiel.

Die Brisanz dieser Entwicklung wird deutlich, wenn wir uns die antimagische Gesetzgebung der christlichen Kaiser in Erinnerung rufen: Sie hatte zunehmend altüberkommene, angesehene Bereiche des Heidentums als magisch definiert. Jetzt hat sich gezeigt, wie für bestimmte Heiden selbst magische Praktiken immer weiter ins Zentrum rückten. Dieses Heidentum wurde durch die Rezeption der Magie dem immer ähnlicher, was die Christen in ihm sahen.

V

Wenden wir uns jetzt dem stadtrömischen Senat des 4. Jahrhunderts zu und damit einer dem Historiker eher vertrauten Welt.[47] Der Senat war Hüter der großen Traditionen Roms und wurde für die Nachwelt zum Inbegriff des späten Heidentums, zumal durch Symmachus' Auftritt beim berühmten, in der Sache eher marginalen Streit um den Victoria-Altar des Jahres 384. Der damalige Stadtpräfekt steht für eine Gruppe einflußreicher Senatoren, die alles tat, um die alten Staatskulte zu bewahren, und nicht ohne Erfolg. Wie es scheint, sahen antiheidnische Gesetze Ausnahmen für Rom und Umgebung vor;[48] auf jeden Fall wurden öffentliche Opfer hier länger geduldet als anderswo; ein Festkalender aus der Mitte des Jahrhunderts verzeichnet heidnische und christliche Feste im friedlichen Nebeneinander.[49] Noch Jahrzehnte, nachdem Constantin sich dem Christentum zugewandt hatte, unterstützten öffentliche Mittel Weiterführung der bedeutendsten stadtrömischen Kulte, nach wie vor war der römische Kaiser zugleich *pontifex maximus*, oberster Priester. Ein Einschnitt kam erst unter Gratian, der auf die Würde des obersten Priesters verzichtete, indem er das ihm dargebotene Gewand nicht anlegte, und der die Zahlungen für die stadtrömischen Kulte einstellte.[50]

47 Grundlegend dazu jetzt M. R. Salzman, The Making of a Christian Aristocracy. Social and Religious Change in the Western Roman Empire, Oxford 2002, die zu Recht davor warnt, die Selbständigkeit des westlichen Senats zu unterschätzen.

48 Leppin 1999, 470.

49 S. Salzman 1990, die reiches Material zur *accomodation* von Heiden und Christen bietet.

50 Vgl. nur G. Gottlieb, Gratianus, Reallexikon für Antike und Christentum 12 (1983), 718–732. Grundlegend sind Zosimus 4,36; *Codex Theodosianus* 16,10,20; Symmachus, *Relatio* 3.

Manch einer bemühte sich, mit privaten Mitteln diese Tradition weiterzuführen, und verkündete stolz seinen Einsatz.[51]

Schon zuvor hatte sich jedoch eine neue Entwicklung angebahnt, die sich nach dem Verlust der staatlichen Unterstützung verstärkte. Die Senatoren nannten auf bestimmten Inschriften in der Liste ihrer Priesterämter zunehmend auch Funktionen in Kultgemeinschaften, die nicht zu den traditionell-römischen Kulten zählten und deren Ursprung man im Osten suchte. Unter ihren Würden kamen jetzt Dinge zusammen, von denen die einen dem Senator seit jeher gut zu Gesicht gestanden hatten, die anderen ihm hingegen Schande gemacht hätten. Bezeichnend ist der Fall des Vettius Agorius Praetextatus, eines der angesehensten Senatoren seiner Zeit.[52]

Er bekleidete die üblichen, standesgemäßen Ämter: die Quästur, die Prätur, verschiedene Statthalterschaften; er war Stadtpräfekt in Rom, übernahm sieben Mal[53] Gesandtschaften für den Senat und wurde Prätorianerpräfekt.[54] Als er 384 starb, war er designierter Konsul. Eine großartige weltliche Karriere, ohne Zweifel; höher konnte man kaum kommen.

Die Priesterwürden[55] traditioneller Art entsprachen seiner glänzenden Laufbahn: Er war Augur, Priester der Vesta und des Sonnengottes – gemeint ist jener, den Aurelian (270–275) in den Staatskult hatte integrieren lassen –, *quindecimvir*,

51 S. etwa *Corpus Inscriptionum Latinarum* VI 754 = *Inscriptiones Latinae Selectae* 4269.

52 *Corpus Inscriptionum Latinarum* VI 1779 (*Inscriptiones Latinae Selectae* 1259); vgl. *Corpus Inscriptionum Latinarum* VI 1777 (*Inscriptiones Latinae Selectae* 1258), eine Inschrift aus einem anderen Kontext, in der die 'orientalischen' Kulte unerwähnt bleiben; 1778; vgl. *Corpus Inscriptionum Latinarum* VI 8,3, p. 4747–9 (auch zu 1779) Zu Praetextatus etwa M. Kahlos, Vettius Agorius Praetextatus. A Senatorial Life in Between (Acta Instituti Romani Finlandiae 26), Rom 2002; Hedrick 2000, 59ff.; s. zur Inschrift H. Niquet, Monumenta virtutum titulique. Senatorische Selbstdarstellung im spätantiken Rom im Spiegel der epigraphischen Denkmäler (Heidelberger Althistorische Beiträge und Epigraphische Studien 34), Stuttgart 2000, 178f.; 239ff. Strittig ist, ob sich ein späteres christliches Spottgedicht auf Praetextatus, *Carmen contra paganos (Anthologia Latina* I 1, 3 Sh.-B.) auf ihn bezieht; dafür C. Markschies, „Leben wir nicht alle unter dem selben Sternenzelt?“ Übersetzung und Bemerkungen zum Traktätchen 'Contra Paganos' (Cod. Paris. Lat. 8084, fol. 156r–158v = CPL 1431), in: R. Feldmeier / U. Heckel (Hg.), Die Heiden. Juden, Christen und das Problem des Fremden (Wissenschaftliche Untersuchungen zum Neuen Testament 70), Tübingen 1994, 325–377; Hedrick 2000, 60ff.; als eine Polemik gegen Virius Nicomachus Flavianus interpretiert es A. Coşkun, Virius Nicomachus Flavianus, der Praefectus und Consul des *Carmen contra paganos*, Vigiliae Christianae 58 (2004), 152–178.

53 So ausgeschrieben in *Corpus Inscriptionum Latinarum* VI 1777; die Angabe auf 1779 ist wohl irrtümlich.

54 Im einzelnen Kahlos 2002, 28ff.

55 Im einzelnen Kahlos 2002, 62ff.

zählte zum Priesterkollegium des Herkules. Praetextatus war zudem in verschiedene Mysterienkulte eingeweiht, was seine Frau in dem zum Grabmonument gehörenden Gedicht auf ihren Mann besonders hervorhebt. Daß ein vornehmer Römer sich in Mysterien einweihen ließ, war nicht eigentlich auffällig; dafür gab es viele Beispiele, Sulla[56] und Augustus[57] etwa hatten sich in die Eleusinischen Mysterien einführen lassen. Doch der Geruch des Nicht-Römischen blieb an den Mysterienkulten, die man dem Osten zuordnete, haften, und es war ungewöhnlich, diese Verbindung auf einer Inschrift zu erwähnen. Zudem wird auf der Praetextatus-Inschrift ein weiterer Kult angeführt, der weniger anerkannt war, nämlich jener des Liber (Dionysos).

Noch bedenklicher wurde es aus traditioneller Sicht in einem anderen Punkt: Praetextatus war *tauroboliatus*, er hatte sich dem *taurobolium* unterzogen. Dies bildete einen Teil des Magna-Mater-Kultes, der vielen Menschen der Antike abstoßend erschien: Prudentius beschrieb das Ritual drastisch.[58] Der Empfänger des *taurobolium* begab sich in eine Grube, über der ein Stier so geschlachtet wurde, daß sein Blut in großer Menge über den Empfänger floß; mit seinem blutverschmierten Gewand lief er dann umher. Hier ist gewiß manches übertrieben, doch die Verehrer müssen in irgendeiner Weise mit blutigen Teilen des Stieres in physischen Kontakt gekommen sein.[59] Entscheidend war, daß durch die Mitwirkung angesehener Priester der öffentliche und der private Charakter des *taurobolium* verschmolzen. Zwar wurde die aus Kleinasien stammende Magna Mater in Rom schon lange verehrt, aber das *taurobolium* gehörte nicht zur hergebrachten römischen Kultpraxis, Praetextatus unterzog sich ihm gleichwohl und erwarb damit eine größere Reinheit. Damit nicht genug: Praetextatus führte den Titel eines *pater patrum* und bekleidete damit einen sehr hohen Rang innerhalb des Gemeinde des Mithras. Und wenn er als *neocorus* bezeichnet wird, so spielt dies vermutlich auf eine Funktion im Isis- und Serapiskult an.

Bemerkenswert ist dabei nicht so sehr, daß Praetextatus Götter wie die Magna Mater oder Mithras persönlich verehrte, denn das war auch schon vorher unter seinen Standesgenossen vorgekommen, wenn auch selten. Auffällig ist vielmehr, daß er hohe Priesterämter in diesen Kulten bekleidete, und das auch noch in diesem Umfang. Traditionell-römische und andere Kulte wurden in einer Weise nebeneinander gestellt, die einst undenkbar gewesen war. Daß das keineswegs mit einer Abwendung von den Traditionen einherging, zeigt sich daran, daß Praetextatus auch lateinische und griechische Klassiker bearbeitete.

---

56 Plutarch, *Sulla* 26,1.

57 Cassius Dio 51,4,1; 54,9,10.

58 Prudentius, *Peristephanon* 10,1006–1050.

59 N. McLynn, The Fourth-Century Taurobolium, Phoenix 50 (1996), 312–330.

Praetextatus' Religiosität steht durchaus nicht isoliert.[60] Mehrere Inschriften – alle aus privaten Kontexten – bezeugen Senatoren, die an östlichen Kulten beteiligt waren;[61] zumal in einem nahe beim Vatikan gelegenen Bereich, der wohl als das Phrygianum anzusprechen ist, haben sich derartige senatorische Inschriften gefunden. Auch die Gattinnen dieser Senatoren beteiligten sich an den Mühen und übernahmen ihrerseits zahlreiche Priestertümer, unter anderem Paulina, die Gattin des Praetextatus.[62] Man rückte zusammen, Kulte, die einst verachtet waren, wurden gerade von den vornehmsten Senatoren praktiziert. Was hier geschah, war neu und ist nicht gleichzusetzen mit den synkretistischen Tendenzen anderer religiöser Gruppen. Denn die Kulte verschmolzen nicht, vielmehr wurden sie addiert und blieben in ihrer Eigenart gerade bestehen.[63]

Natürlich waren nicht alle Senatoren bereit, sich den 'orientalischen' Göttern gegenüber so weit zu öffnen. Symmachus etwa verhielt sich deutlich zurückhaltender. Doch kann nicht die Rede davon sein, daß die Gruppen sich voneinander abgegrenzt hätten.[64] Macrobius zeichnet in seinen Saturnalien Senatoren verschiedener Richtungen im vertrauten, respektvollen Gespräch. Symmachus und Praetextatus pflegten einen freundlichen Austausch von Briefen und nach dem Tode des Praetextatus setzte Symmachus sich dafür ein, ihn in ungewöhnlicher Form zu ehren.[65] Die Öffnung gegenüber den 'orientalischen' Kulten brachte somit keine Schande mit sich.

60 Vgl. zu dem Zusammenhang Bloch 1963, 202ff.

61 Das Material bei Niquet 2000, 181ff.

62 *Corpus Inscriptionum Latinarum* VI 1780 (*Inscriptiones Latinae Selectae* 1260); vgl. Niquet 2000, 195f.; zum Milieu R. Frei-Stolba, Coelia Concordia. La dernière grande vierge Vestale et la participation des femmes au discours politique du IVe s. apr. J.-C., in: Dies. / A. Bielman / O. Bianchi (Hg.), Les femmes antiques entre sphère privée et sphère publique (Echo 2), Bern 2003, 281–309.

63 Insofern scheint die Rede, die Macrobius Praetextatus in den Mund legt, durchaus dessen Vorstellungen nahezukommen, da hier streckenweise die einzelnen Religionen phänomenologisch durchgemustert werden, um Anspielungen auf den Sonnenkult festzustellen, s. dazu J. H. W. G. Liebeschuetz, The Significance of the Speech of Praetextatus, in: Frede / Athanassiadi 1999, 185–205, 192ff. Allerdings gibt es auch eine entscheidende Differenz: Der Praetextatus des Macrobius erwähnt nicht den Mithraskult (Liebeschuetz 1999, 195, Anm. 53).

64 So etwa Niquet 2000, 181f.

65 Zum Briefwechsel Symmachus, *Epistulae* 1,44–55, wobei 1,51 einen Austausch über religiöse Angelegenheiten dokumentiert. Nachdem Symmachus als Stadtpräfekt 384 dem Kaiser pflichtschuldig den Tod des Praetextatus angezeigt hat (*Relationes* 10f.), bemüht er sich nachdrücklich um eine statuarische Ehrung für ihn (*Relatio* 12). Das darf natürlich nicht umstandslos als Ausdruck persönlicher Sympathie gewertet werden, zeigt aber die Akzeptanz des Praetextatus in seinem Kreis. Umgekehrt ist die Ablehnung einer Ehrung für Praetextatus in Symmachus, *Epistula* 2,36,2f. nicht als Mißachtung des Toten zu verstehen, sondern Ausdruck der Treue gegenüber den

Auffällig ist die sozialgeschichtliche Entwicklung: Die 'orientalischen' Kulte gewannen eine neue Akzeptanz in den höchsten Kreisen. Mit dieser Aussage soll nicht noch einmal der Behauptung das Wort geredet werden, die 'orientalischen' Kulte Roms während der Kaiserzeit seien ein Phänomen der Unterschichten gewesen. Untersuchungen zu den einschlägigen Inschriften und zur Lage der Heiligtümer haben die These in dieser Einseitigkeit widerlegt.[66] Der zu den Staatskulten zählende Magna-Mater-Kult kennt sogar etliche senatorische Weihungen,[67] aber auch für andere Kulte fehlen sie nicht gänzlich. Entscheidend wandelte sich indes während der Spätantike die Zusammensetzung des Kultpersonals. Auch wenn ein Kult wie jener der Magna Mater seit jeher unter der Aufsicht der traditionell-römischen *quindecimviri* gestanden hatte, so waren die Priester anfangs durchweg fremder Herkunft gewesen; in der Kaiserzeit spielten Nicht-Römer weiterhin eine große Rolle. Es überwogen aber die Freigelassenen; auch die höheren Priester des Magna-Mater-Kultes, die von der lästigen Pflicht der Selbstkastration befreit waren, müssen zwar wohlhabend gewesen sein, doch Angehörige der beiden höchsten Stände finden sich unter ihnen, soweit ich sehe, noch nicht. Dies ist im 4. Jahrhundert anders; jetzt bekleideten Senatoren vergleichbare Priesterämter, wie sie schon lange die traditionellen Priesterämter bekleidet hatten.[68] Und sie nahmen dafür, wenn auch keine Kastration, so doch eine Reihe von Ritualen auf sich, vor denen es die Ahnen, auf die sie sich gerne beriefen, geschaudert hätte.

Die Senatoren, die ihre Tradition bewahren wollten, gaben somit einen Teil ihrer Tradition preis, indem sie 'orientalische' Kulte gleichwertig behandelten, und das in einer Zeit, da christliche Autoren wie der Bischof Ambrosius oder der Dichter Prudentius zunehmend die Traditionen Roms für das Christentum reklamierten. Christliche Senatoren konnten sich jetzt als die eigentlichen Fortsetzer der Vergangenheit der Stadt gerieren. Die heidnischen Senatoren hingegen waren nicht mehr allein die Bewahrer der althergebrachten Kulte Roms, sondern Beschützer all dessen, was als heidnisch galt und was ursprünglich die Christen so definiert hatten.

Die Entwicklung in Ost und West scheint also analog zu verlaufen: Das Heidentum wurde von Eliten gestützt, welche versuchten, die ganze Vielfalt nicht-christlicher Kulte zu fördern. Bezeichnenderweise ist für Praetextatus eine

traditionellen Religion. Daß keine Spaltung zwischen Anhängern 'orientalischer' und traditioneller Kulte bestand, zeigt etwa J. F. Matthews, Symmachus and the Oriental Cults, Journal of Roman Studies 63 (1973), 175–195.

66 F. Kolb, Rom. Die Geschichte der Stadt in der Antike, München 1995, 616ff. Zur sozialen Zusammensetzung der Weihenden.

67 Kolb 1995, 619; vgl. zusammenfassend Beard etc. 1998, 291ff.

68 Vgl. Beard etc. 1998, 383ff.

ähnliche Titulierung überliefert wie für Proklos: Dieser hatte sich ja als Hohepriester des ganzen Kosmos verstanden; Praetextatus firmiert bei Macrobius als *sacrorum omnium praesul*, als Vorsteher aller Kulte.[69]

VI

Um so auffälliger ist, was Ost und West unterscheidet: Die Eliten, die sich in beiden Reichsteilen einst verpönten Praktiken gegenüber öffneten, waren unterschiedlich konstituiert: Im Osten waren die führenden Gestalten Gebildete, die dank ihrer intellektuellen Kapazitäten zu den angesehenen Lehrstühlen der Philosophie aufgestiegen waren und die ihrer Herkunft nach, soweit sie bekannt ist, zumeist wohlhabenden lokalen Eliten zuzuordnen sind.[70] Im Westen nahmen Senatoren eine beherrschende Stellung ein, die natürlich auch hochgebildet waren, ihre herausragende soziale Position aber zunächst ihrer Herkunft verdankten. Daß die östlichen Senatoren keine vergleichbare Funktion auszuüben vermochten, ist leicht begreiflich: Der Senat von Konstantinopel war erst seit Constantin formiert worden. Er setzte sich zum überwiegenden Teil aus ehemaligen kaiserlichen Funktionären zusammen, die dazu neigten, ihre Loyalität mit dem Kaiserhaus durch ihr Bekenntnis zum Christentum zu unterstreichen. Eine stark vernetzte heidnische Gruppe wie im stadtrömischen Senat fehlte hier. Die Familientradition besaß geringere Bedeutung, um so wichtiger waren Verdienste um den Kaiser.

Umgekehrt erlangten im Westen, in Rom, die wundertätigen Heiligen Männer keine Bedeutung,[71] lediglich Apollonius von Tyana wurde große Verehrung bezeugt,[72] aber der war schon lange tot. Ansonsten hielt man es offenbar, den Verboten zum Trotz, mit den Leberbeschauern und Auguren. Vielleicht wollte die heidnische Elite ihre traditionelle religiöse Führungsposition nicht durch die charismatischen Gestalten in Frage stellen lassen. Auffälligerweise ist die Ablehnung der aus den Hierarchien ausscherenden Wundertäter keine Eigenart des

---

69 Macrobius, *Saturnalia* 1,17,1. Zur Figur des Praetextatus bei Macrobius J. Flamant, Macrobe et le néo-platonisme latin, à la fin du IVe siècle (Etudes préliminaires aux religions orientales dans l'Empire Romain 58), Leiden 1977, 26ff.

70 C. Haas, Alexandria in Late Antiquity. Topography and Social Conflict, Baltimore 1997, 152f. hält sie für Angehörige der *leisure class* mit einem exklusiven Charakter; vgl. indes 158f.

71 Es ist bezeichnend, daß es auf dem Feldzug Julians zu einem Konflikt zwischen Haruspices und Philosophen kam (Ammianus Marcellinus 23,5,10–14).

72 S. etwa W. Speyer, Zum Bild des Apollonios von Tyana bei Heiden und Christen, Jahrbuch für Antike und Christentum 17 (1974), 47–63, insbes. 53.

westlichen Heidentums: Denn in der Geschichte des Mönchtums läßt sich eine ähnliche Entwicklung beobachten: Während im Osten individuelle Wundertäter als Heilige einen herausragenden Einfluß hatten und eine hohe Autorität genossen, die nur mit Mühe durch Bischöfe in die Kirche eingebunden werden konnte, gelang es im Westen, den Kult der Heiligen auf deren Begräbnisstätten zu konzentrieren. Anscheinend korrespondiert die Geschichte des Heidentums der unterschiedlichen sozialgeschichtlichen Entwicklung des Ostens und des Westens des römischen Reiches.

Es hat sich gezeigt, daß im Osten und im Westen vergleichbare Entwicklungen stattgefunden haben, die zwar nicht alle Heiden erfaßten[73], wohl aber wesentliche Gruppen der Eliten: In bedeutenden Städten beider Reichsteile, im Osten und im Westen, kam es allem Anschein nach unabhängig voneinander zu einer Verbindung von Kulten, die vom Christentum dem Heidentum zugeschlagen worden waren, die aber zuvor wenig miteinander zu tun gehabt hatten. Man muß sich somit hüten, im Heidentum eine erstarrte Erscheinung zu sehen; es besaß vielmehr eine bemerkenswerte Entwicklungsfähigkeit.

Einzelne Vorläufer dieser Entwicklung reichen weit zurück; der eigentliche Beginn liegt in der Zeit um 300, als das Christentum noch nicht die kaiserliche Religion war, aber schon über einen beträchtlichen Einfluß verfügte. In dieser Zeit wirkt Jamblich, der die platonische Philosophie so eng mit der Magie verknüpft hatte, in diesen Jahren erlebte das Phrygianum einen gewaltigen Bedeutungszuwachs. Daß das Christentum die Unterstützung der Kaiser gewann, verstärkte diesen Prozeß, der aus der amorphen Masse von Religionen im Römischen Reich das Heidentum formte. Die christlichen Verfolger fanden in Menschen, die doch eigentlich an den hergebrachten Kulten festhalten wollten, jetzt endlich das Heidentum vor, das sie schon lange bekämpft hatten. Nicht nur in der Fähigkeit, die öffentliche Praxis des Heidentums zu unterbinden, erwies sich die Übermacht des Christentums, sondern auch darin, das Selbstverständnis von Heiden zu wandeln.

73 Vorbehalte gegenüber der Kumulation von Priesterwürden scheinen etwa in Eunapius, *Vitae Sophistarum* 7,3,2f., durch.

La magia e la gùerra*

GABRIELE MARASCO

Uno degli aspetti più interessanti della società nel primo millennio della nostra èra, rilevante su tutti i piani della vita dell'epoca e particolarmente illuminante circa la dialettica fra continuità ed evoluzione dalla Tarda Antichità all'Alto Medioevo, è costituito dallo sviluppo delle credenze, e dei timori, nel campo della magia. La diffusione di questo fenomeno, in particolare nel Basso Impero, allorché esso ebbe un grandissimo sviluppo, è stata oggetto di numerosi studi anche recenti, legati alla pubblicazione di nuovi documenti, soprattutto papirologici ed epigrafici, e all'approfondimento di testi letterari, soprattutto cristiani, spesso ignorati o scarsamente noti, approdati anche ad opere di sintesi,[1] mentre la vivacità del dibattito è confermata anche recentemente da convegni e raccolte di studi.[2] Il materiale assai ampio disponibile e la complessità dell'argomento, che abbraccia

---

* Alcune parti di questa ricerca sono state oggetto di conferenze da me tenute a Napoli, presso l'Associazione di Studi Tardoantichi, e a Roma, in un'indimenticabile serata presso Scevola Mariotti. Agli amici napoletani, in particolare a Ugo Criscuolo e ad Antonio Garzya, ed a quelli romani va la mia gratitudine per la cordialità della loro accoglienza e per le suggestioni nate dai dibattiti. Lo studio è dedicato alla memoria di Scevola Mariotti.

1 Cfr. ad es. A. A. Barb, *The Survival of Magic Arts*, in: A. Momigliano (ed.), *The Conflict between Paganism and Christianity in the Fourth Century*, Oxford 1963, 100–125; P. Brown, *Religion and Society in the Age of Saint Augustine*, London 1972, 119–46; D. Grodzinski, *Par la bouche de l'empereur*, in: AA.VV., *Divination et rationalité*, Paris 1974, 267–94; J.-B. Clerc, *Homines magici. Études sur la sorcellerie et la magie dans la société romaine impériale*, Bern 1995; inoltre, su aspetti particolari, Ch. A. Faraone, *Ancient Greek Love Magic*, Cambridge, Massachusetts 1999; D. Ogden, *Greek and Roman Necromancy*, Princeton, New Jersey 2001. Per il mondo bizantino cfr. in particolare, recentemente, H. Maguire (ed.), *Byzantine Magic*, Washington 1995 con bibliografia; Id., *Rhetoric, Nature and Magic in Byzantine Art*, Aldershot 1998. Sulla magia nel primo Medioevo occidentale cfr. F. King, *Magic: the Western Tradition*, London 1975; R. Kieckhefer, *Magic in the Middle Ages*, Cambridge/New York/Melbourne 1989; V. I. J. Flint, *The Rise of Magic in Early Medieval Europe*, Oxford 1993.

2 Cfr. ad es. Ch. A. Faraone and D. Obbink (eds.), *Magika Hiera: Ancient Greek Magic and Religion*, New York 1991; M. Meyer and P. Mirecki (eds.), *Ancient Magic and Ritual Power*, Leiden 1995; J. Peláez (ed.), *El Dios que hechiza y encanta: magia y astrología en el mundo clásico y helenístico. Actas del I Congreso Nacional*, Córdoba 1998; A. Pérez Jiménez/G. Cruz Andreotti (eds.), *Daimon Paredros: magos y practicas magicas en el mundo meditérraneo*, Malaga 2002; P. Mirecki and M. Meyer (eds.), *Magic and Ritual in the Ancient World*, Leiden/Boston/Köln 2002.

aspetti assai vari della vita religiosa, politica, sociale e culturale, offrono comunque ampio spazio a nuove ricerche, che possono non solo approfondire le nostre conoscenze in proposito, ma anche illustrare aspetti scarsamente noti della mentalità e della prassi dell'epoca.

In questa prospettiva, mi sembra interessante esaminare un aspetto che è stato generalmente trascurato: l'utilizzazione della magia in guerra, in funzione sia difensiva che offensiva. Le notizie, le accuse e le voci diffuse in proposito, infatti, da un lato mi sembrano assai indicative dello sviluppo di credenze assai comuni in tutto il primo millennio della nostra èra e che influirono profondamente anche sulle epoche successive, dall'altro rappresentano, a mio avviso, un aspetto assai interessante del contrasto ideologico e religioso fra paganesimo e cristianesimo. Esse valgono inoltre a confermare come la stessa società cristiana, nonostante la ferma condanna della magia espressa da apologeti e vescovi,[3] sanzionata dai concili[4] e messa in atto, con misure legislative e processi, dall'autorità imperiale,[5] fosse tutt'altro che aliena dalla fede nell'efficacia della magia e dal ricorso ad essa, anche nelle forme più paurose e condannate della magia nera. L'analisi dell'argomento può infine fornire, a mio avviso, importanti elementi per mettere in discussione l'opinione, generalmente sottesa alla maggior parte degli studi sull'argomento e non di rado espressa in maniera aperta,[6] che il ricorso alla magia

---

3 Ad es., per la condanna della magia come azione diabolica nel cristianesimo fin dalle sue origini, cfr. N. Brox, *Magie und Aberglauben an den Anfängen des Christentums,* Trierer theologische Zeitschrift 83, 1974, 158–66; F. C. R. Thee, *Julius Africanus and the Early Christian View of Magic,* Tübingen 1984, 316 ss.; D. E. Aune, *Magic in Early Christianity*, in: ANRW, II 23.2, 1980, 1507 ss., con documentazione e bibliografia. Sulla condanna nel IV secolo, con particolare riferimento ad Agostino e a Giovanni Crisostomo, Marasco, *I vescovi e il problema della magia in epoca teodosiana*, in: *Vescovi e pastori in epoca teodosiana. XXV Incontro di studiosi dell'antichità cristiana*, Roma 1997, 225–47. Per l'Alto Medioevo cfr. Flint (cfr. n. 1), 203 ss.

4 Si vedano in proposito soprattutto le decisioni adottate dai concili di Elvira, intorno al 306 (*Canon* 6, in: C. Hefele/Leclercq, *Histoire des Conciles d'après les documents originaux,* I 1, Paris 1907, 225), di Ancira nel 314 (*Canon* 24, in: Hefele/Leclercq I 1, 324) e di Laodicea (*Canon* 36, in: Hefele-Leclercq I 2, 1018). Inoltre, per i concili gallici nel VI secolo, M. Monaca, *Disposizioni dei concili gallici contro magia e divinazione: chierici, maghi ed indovini (sec. V–VI)*, in: *Vescovi e pastori …* (cfr. n. 3), 131 ss.

5 Cfr. ad es. J. Maurice, *La terreur de la magie au IV*^e^ siècle, Revue historique de Droit français et étranger, Sér. IV, 6, 1927, 109–20; F. Martroye, *La repression de la magie et le culte des gentils au IV*^e^ *siècle,* ibid., 9, 1930, 669–701; C. Pharr, *The Interdiction of Magic in Roman Law,* Transactions of the American Philological Association 63, 1932, 177 ss.; E. Massonneau, *Le crime de magie et le droit romain,* Paris 1933, 196–232; H. Funke, *Majestäts- und Magieprozesse bei Ammianus Marcellinus*, JbAC 10, 1967, 145–75; A. Di Mauro Todini, *Divinazione e magia nelle costituzioni imperiali del IV secolo,* Roma 1983 (non vidi).

6 Cfr. ad es., riguardo alla magia in ambito cristiano, Brox (cfr. n. 3), 157–80.

fosse essenzialmente espressione della religiosità popolare e diffuso fra gli strati più umili della società.

1. La magia difensiva

Giovanni Lido, discutendo sulla natura e sul ruolo del dio Giano, riferisce l'opinione in proposito di Pretestato, fornendoci incidentalmente una notizia preziosa: Pretestato avrebbe partecipato in qualità di hierophántes, insieme all'imperatore Costantino e al *telestés* Sopatro, alle cerimonie collegate con la fondazione di Costantinopoli.[7] Nonostante dubbi formulati sia sul ruolo di Pretestato, sia in generale, anche di recente, sull'attendibilità della testimonianza,[8] questa notizia appare fondata.[9] Pretestato dev'essere identificato con Vettio Agorio Pretestato, *pontifex*, esponente di grande importanza dell'aristocrazia pagana di Roma[10] e, a quanto traspare soprattutto dai *Saturnali* di Macrobio, in cui egli ha il ruolo di protagonista del dialogo, assai legato ai circoli neoplatonici.[11]

---

7 Lyd. *de mens.* 4, 2, p. 65, 20–66, 3 Wuensch.

8 Cfr. Alan Cameron, *The Foundation of Constantinople: Myths Ancient and Modern*, in: *Ninth Annual Byzantine Studies Conference. Abstracts of Papers*, Durham 1983, 33–34; Av. Cameron/J. Herrin, *Constantinople in the Eighth Century: the 'Parastaseis Syntomoi Chronikai'*, Leiden 1984, 36 e 243.

9 Cfr. in proposito soprattutto S. Mazzarino, *Il basso impero. Antico, tardoantico ed èra costantiniana*, I, Bari 1974, 122 ss.; L. Cracco Ruggini, *Il paganesimo romano tra religione e politica (384–394 d. C.): per una reinterpretazione del „Carmen contra paganos"*, Atti Accad. Lincei, Mem. Cl. di Sc. mor., stor. e filol., Ser. VIII, vol. 23, 1, 1979, 131–41; Ead., *Costantino e il Palladio*, in: *Aspetti storico-religiosi e giuridici dell'idea di Roma. Atti del I Seminario Internazionale di Studi storici. Da Roma alla terza Roma*, Napoli 1983, 241–51; E. Follieri, *La fondazione di Costantinopoli: riti pagani e cristiani*, ivi, 217–31; G. Dagron, *Costantinopoli: nascita di una capitale (330–451)*, trad. it., Torino 1991, 29–32. Contro le ipotesi di Alan Cameron cfr. soprattutto le obiezioni di E. La Rocca, *La fondazione di Costantinopoli*, in: *Costantino il Grande dall'Antichità all'Umanesimo. Colloquio sul Cristianesimo nel mondo antico (Macerata, 18–20 dicembre 1990)*, a cura di G. Bonamente e F. Fusco, II, Macerata 1992, 562–63.

10 Th. W. Nicolaas, *Praetextatus*, Nijwegen/Utrecht 1940; A. Chastagnol, *Les fastes de la préfecture de Rome au Bas-Empire*, Paris 1962, 172; *PLRE* I *Praetextatus* 1; M. Kahlos, *Vettius Agorius Praetextatus. A Senatorial Life in Between*, Acta Instituti Romani Finlandiae, 26 (2002). Per questa identificazione e per le conseguenze cronologiche che ne derivano cfr. soprattutto Cracco Ruggini, *Il paganesimo romano…* (cfr. n. 9), 132 ss.; Ead., *Vettio Agorio Pretestato e la fondazione sacra di Costantinopoli*, in: *Philias Charin. Miscellanea di studi classici in onore di E. Manni*, II, Roma 1980, 595–610, con ampia bibliografia.

11 Cfr. soprattutto Nicolaas (cfr. n. 10), passim; J. Flamant, *Macrobe et le néo-platonisme latin à la fin du IV*[e] *siècle*, Leiden 1977, 26–36.

La notizia relativa a Sopatro è stata invece generalmente accettata, ma il significato di essa è stato trascurato e ci si è limitati ad accennare genericamente al ruolo che egli avrebbe avuto nei riti divinatori che accompagnarono la fondazione di Costantinopoli in qualità di *telestés*, intendendo questo termine greco come la traduzione del latino *augur*.[12] Questa conclusione non mi sembra tuttavia attendibile, poiché da un lato un simile significato del termine *telestés* è del tutto privo di riscontri, dall'altro è noto che il latino *augur* veniva invece tradotto in greco con ben altri termini e, ancor più di frequente, veniva semplicemente traslitterato.[13] D'altra parte, l'ipotesi che Sopatro abbia svolto in quell'occasione il ruolo di *augur* mi sembra da respingere anche alla luce di quanto sappiamo della sua personalità e delle sue competenze; altre notizie relative ai riti che accompagnarono la fondazione di Costantinopoli permettono, a mio avviso, di delineare ben diversamente il ruolo che egli vi svolse.

Sopatro era infatti a quell'epoca il principale esponente della scuola neoplatonica, assai vicino a Costantino, del quale era uno dei più importanti ed ascoltati collaboratori.[14] Egli era stato discepolo di Giamblico, il principale artefice dell'introduzione nel neoplatonismo della teurgia, un indirizzo a quell'epoca prevalente in quella scuola, che aveva aspetti affini alla magia;[15] la sua adesione alla teurgia ed i sospetti che essa suscitava nel popolo sono chiaramente attestati dalla sua successiva condanna a morte, sotto l'accusa di stregoneria.[16] E' proprio sulla

12 Cfr. ad es. Cracco Ruggini, *Il paganesimo romano...* (cfr. n. 9), 131, 134 e 139; Ead., *Vettio Agorio Pretestato...* (cfr. n. 10), 595; Dagron, *Costantinopoli...* (cfr. n. 9), 40; S. Calderone, *Costantinopoli: la „seconda Roma“*, in: AA.VV., *Storia di Roma*. 3. *L'età tardoantica*, I. *Crisi e trasformazioni*, Torino 1993, 731.

13 Cf. in particolare H.J. Mason, *Greek Terms for Roman Institutions. A Lexicon and Analysis*, Toronto 1974, 116 e 177.

14 Cfr. O. Seeck, s.v. *Sopatros*, nr. 11, RE III A 1 (1927), 1006 s.; *PLRE* I *Sopater* 1; E. Zeller/R. Mondolfo, *La filosofia dei Greci nel suo sviluppo storico*, Parte III, vol. VI, *Giamblico e la Scuola di Atene*, a cura di G. Martano, Firenze 1961, 66; A. Baldini, *Il filosofo Sopatro e la versione pagana della conversione di Costantino*, in: *Simblos: scritti di storia antica*, Bologna 1995, 274–75; L. De Giovanni, *L'imperatore Costantino e il mondo pagano*, Napoli 2003, 183–84.

15 Cfr. ad es. S. Eitrem, *La théurgie chez les Néo-platoniciens et dans les papyrus magiques*, SO 22, 1942, 49–79; E.R. Dodds, *The Greeks and the Irrational*, Berkeley and Los Angeles 1951, 340 ss.; Zeller/Mondolfo (cfr. n. 14), P. III, vol. VI, 1 ss.; A. Smith, *Porphyry's Place in the Neoplatonic Tradition*, Gravenhage 1974, 81 ss.; A. Sheppard, *Proclus' Attitude to Theurgy*, CQ 32, 1982, 212; F. Pfeffer, *Studien zur Mantik in der Philosophie der Antike*, Meisenheim am Glan 1976, 113 ss. e 130; H.D. Saffrey, *La théurgie comme phénomène culturel chez les néoplatoniciens (IVe–VIe siècles)*, Koinonia 8, 1984, 161–71; I. Rodríguez Moreno, *Angeles, démones y héroes en el neoplatonismo griego*, Amsterdam 1998, 96 ss.

16 Eunap. *V. soph.* 6, 2, p. 18–20 Giangrande; cfr. in particolare Marasco, *Ablabio e Costantino*, Sileno 19, 1993, 151 ss.

base dell'adesione di Sopatro a queste dottrine che dobbiamo cercare, a mio avviso, una chiave per interpretare il suo ruolo nella fondazione di Costantinopoli.

Nella teurgia neoplatonica il termine *telestés* aveva, in effetti, un significato ben preciso, che non poteva certo essere ignoto a Giovanni Lido, allievo del neoplatonico Agapio, a sua volta discepolo di Proclo.[17] Un elemento essenziale della teurgia, mutuato da pratiche diffuse nella magia volgare, era infatti la *telestiké*, che comportava riti mediante i quali i teurgi consacravano statue degli dèi, infondendo in esse una potenza soprannaturale, per ottenerne sia responsi che protezione e per poterle animare.[18] Il *telestés* otteneva tale risultato inserendo nel cavo della statua dei *symbola*, costituiti da materia magica (erbe, pietre, piante, gemme, ecc.) noti a lui solo,[19] oppure scrivendo o pronunciando formule adatte, anch'esse segrete.[20]

Benché queste pratiche siano attestate ampiamente in ambito neoplatonico soprattutto a partire da Proclo, è difficile credere che esse non fossero diffuse anche al tempo di Sopatro: infatti già il fondatore della teurgia, Giuliano, vissuto all'epoca di Marco Aurelio,[21] era stato autore di un'opera dal titolo *Telestiká*, che sembra essere stata la fonte essenziale per la diffusione di queste pratiche nel neoplatonismo.[22] Giamblico, il maestro di Sopatro, sosteneva d'altra parte, nel suo scritto *Sulle statue*, che queste ultime sono divine e riempite dalla presenza della divinità, confermando quest'affermazione con numerosi racconti di fatti soprannaturali.[23] Nell'opera *Sui misteri d'Egitto*, inoltre, Giamblico afferma che la teurgia utilizza pietre, erbe, animali e aromi per fare in seguito di tutto ciò un ricettacolo integrale e puro per gli dèi.[24] Infine, un'ulteriore testimonianza circa la diffusione

---

17 Cfr. in particolare A. Klotz, s.v. *Lydos*, nr. 7, RE XIII 2 (1927), 2210. Sui rapporti di Lido con il neoplatonismo cfr. recentemente M. Maas, *John Lydus and the Roman Past. Antiquarianism and Politics in the Age of Justinian*, London and New York 1992, 97 ss.

18 Procl. *in Tim.* I, p. 51, 25–27; p. 330, 31–331, 3; III, p. 6, 8–15; p. 155, 18–22 Diels; *in Rem Publ.* II, p. 212, 21 ss. Kroll; *in Crat.*, p. 19, 12 Pasquali; *Theurg. plat.* I 29, p. 70 Portus (= Saffrey/Westerink I, p. 124–25); Herm. *in Phaedr.*, p. 87, 10 ss. Couvreur; Max. Tyr. 4, 5, p. 33 Trapp; Suda, s. v. *Heraiskos*, Adler IV, p. 579 (= Damasc. *Vita Isid.* fr. 174, p. 147, 1–8 Zintzen); cfr. in particolare Dodds (cfr. n. 15), 291–95; P. Boyancé, *Théurgie et télestique néo-platoniciennes*, RHR 147, 1955, 189–209; H. Lewy, *Chaldaean Oracles and Theurgy*, Le Caire 1956, 495–96.

19 Cfr. Procl. *in Tim.* I, p. 51, 25–27; Psell. *epist.* 187 (N. K. Sathas, *Bibliotheca Graeca Medii Aevi*, V, Venezia 1876, 474).

20 Procl. *in Tim.* I, p. 273, 11–13; II 247, 25–30; III, p. 6, 13–15; *in Cratil.* 31, 27.

21 Su di lui cfr. in partic. Dodds (cfr. n. 15), 283–85; Lewy (cfr. n. 18), 3 ss.

22 Suda, s. v. *Ioulianos*, Adler II, p. 642, 2; *Schol. Lucian. Philops.* 12, Jacobitz IV, p. 224; cfr. Dodds (cfr. n. 15), 284 e 292; Lewy (cfr. n. 18), 247.

23 Phot. *Bibl.* cod. 215, 173 b.

24 Iambl. *de myst.* 5, 23; cfr. in particolare B. Nosemann, *Theurgie und Philosophie in Jamblichs De mysteriis*, Stuttgart 1991, 277 ss. (e 13 ss. circa l'autenticità di quest'opera).

di questo genere di pratiche nel neoplatonismo del IV secolo è offerta da Eunapio, il quale racconta che Massimo di Efeso, l'esponente più noto del neoplatonismo successivo a Giamblico e maestro dell'imperatore Giuliano,[25] era capace, mediante riti e formule, di far ridere la statua di Ecate e di accendere le torce nelle sue mani.[26]

La grande fortuna di queste pratiche fu dovuta, del resto, al fatto che esse si ricollegavano a credenze estremamente diffuse nella magia e generalmente considerate efficaci. Non mi sembra un caso, ad esempio, che in un oroscopo relativo ad un anonimo alto funzionario della fine del V secolo l'arte del *telestés* sia espressamente accostata a quella dello stregone (γοής).[27] L'uso di statue magiche degli dèi era infatti ben noto nel mondo antico e basato sulla fede nel legame simpatico che lega l'immagine al suo originale; quest'uso è ben attestato nel mondo romano, a partire dal I secolo d.C.,[28] ed ebbe notevole sviluppo proprio a partire dal IV secolo. Istruzioni per la preparazione di simili statue ricorrono infatti nei papiri magici;[29] lo scritto ermetico *Asclepio*, composto prima degli inizi del IV secolo, parla d'altronde di queste statue, inventate dagli Egiziani, che venivano consacrate imprigionando in esse le anime di demoni o di angeli mediante erbe, gemme e profumi e servivano a predire l'avvenire e a provocare o guarire malattie.[30]

D'altra parte, se la fede in simili statue animate veniva a volte rafforzata dai sacerdoti pagani con espedienti fraudolenti, suscitando la condanna degli autori cristiani,[31] la diffusa e persistente credenza nella loro efficacia anche fra gli stessi cristiani è chiaramente dimostrata, ad esempio, da un lato dall'ampia tradizione che, sin dalla fine del IV secolo, attribuiva ad Apollonio di Tiana la fabbricazione appunto di *telesmata*, statue magiche atte a proteggere dalle calamità naturali, in particolare ad Antiochia e a Costantinopoli, dove questi *telesmata* sono attestati

25 Su di lui cfr. in particolare K. Praechter, s. v. *Maximus*, nr. 40, RE XIV 2 (1930), coll. 2563–70.

26 Eunap. *V. soph.* 7, 2, 9–10, p. 44 G.

27 *Catalogus Codicum Astrologorum Graecorum*, VIII 4, Bruxellis 1921, 211.

28 Cfr. Dodds (cfr. n. 15), 294, con bibliografia; più precisamente, sulla *telestiké* al di fuori del neoplatonismo, Boyancé (cfr. n. 18), passim.

29 Cfr. ad es. F. Preisigke, *Sammelbuch griechischer Urkunden aus Ägypten*, I, Strassburg 1915, p. 287, n° 4127; K. Preisendanz, *Papyri Graecae Magicae. Die griechischen Zauberpapyri*, I, Stuttgart 1973², P. IV 1841–50 (pp. 128–30); 2359–72 (p. 142); II, Stuttgart 1974, P. XII 318–19 (p. 79).

30 *Ascl.* 24 e 37–38 (A. D. Nock/A.-J. Festugière, *Corpus Hermeticum*, II, *Asclépius*, Paris 1945, 326 e 347–49; cfr. ivi, p. 259 sulla datazione di questo scritto).

31 Cfr. ad es. Rufin. *Hist. eccl.* 2, 23, p. 1027–28 Mommsen. Per le conferme archeologiche di questi espedienti cfr. F. Poulsen, *Talking, Weeping and Bleeding Sculptures. A Chapter of the History of Religious Fraud*, Acta Archaeologica 16, 1945, 178–95.

ancora fino al XII secolo,[32] dall'altro dalla grande importanza che le notizie su questi *telesmata*, proiettati anche nel passato, assumono in opere come quella di Giovanni Malala, contemporaneo di Giustiniano, che pure era cristiano.[33]

La *telestiké* dei teurgi neoplatonici si ricollegava dunque a credenze ampiamente diffuse e riconosciute, sia dai pagani che dai cristiani. In questa prospettiva, appunto, mi sembra che la qualifica di *telestés* attribuita da Giovanni Lido a Sopatro in relazione ai riti che accompagnarono la fondazione di Costantinopoli assuma un significato ben preciso: Sopatro dovette partecipare alle cerimonie utilizzando le sue competenze per mettere in atto *telesmata*, che garantissero, mediante la teurgia, la fortuna della nuova città. Il suo ruolo non era del resto affatto strano: Proclo, infatti, afferma che la *telestiké*, oppure misure legislative, possono consacrare una città al dio che l'ha ottenuta in base al sorteggio eterno,[34] ciò che conferma che l'intervento dei *telestai* nelle fondazioni di città era un fatto riconosciuto, diffuso e ben noto alla tradizione neoplatonica. Due circostanze mi sembrano confermare che tale fu appunto il ruolo di Sopatro nella fondazione di Costantinopoli e possono offrire anzi, a mio avviso, chiarimenti sulle cerimonie da lui compiute.

In primo luogo, è noto che Costantino, fondando la nuova città e costruendovi il Foro, fece restaurare la statua della Tyche di Bisanzio, alla quale attribuì il nome di *Anthousa*, traduzione greca di *Flora*, il nome segreto di quella di Roma;[35] un'ampia tradizione letteraria e documentaria conferma poi l'importanza che Costantino attribuì fin dall'inizio al culto della Tyche cittadina, costruendole templi e statue, indicendole feste e facendola raffigurare sulle monete.[36]

La misura di Costantino si ricollegava certo alla credenza diffusa nell'antichità, soprattutto a partire dall'epoca ellenistica, circa i poteri della statua della

---

32 In proposito cfr. W. L. Dulière, *Protection permanente contre des animaux invisibles assurée par Apollonius de Tyane dans Byzance et Antioche. Evolution de son mythe*, ByzZ 63, 1970, 247–77; W. Speyer, *Zum Bild des Apollonius von Tyana bei Heiden und Christen*, JbAC 17, 1974, 47–8 e 56–7; G. Dagron, *Le saint, le savant, l'astrologue*, dans: *Agiographie, cultures et sociétés, IVe–XIIe siècles. Actes du Colloque organisé à Nanterre et à Paris (2–5 mai 1979)*, Paris 1981, 148–50; M. Dzielska, *Apollonius of Tyana in Legend and History*, Roma 1986, 75–7, 107–17 e 125–26.

33 Cfr. ad es. A. Moffatt, in: *Studies in John Malalas*, ed. by E. Jeffreys, with B. Croke and R. Scott, Sydney 1990, 107–8; G. Marasco, *Giovanni Malala e la tradizione ellenistica*, MH 54, 1997, 40–42.

34 Procl. *in Tim.* I, p. 140, 15–18.

35 Malal., *chron.*, p. 320 Dindorf (= 246 Thurn); Lyd. *de mens.* IV 30, p. 89, 19–20; IV 75, p. 126, 16–17 Wuensch; *Chron. Pasch.* I, p. 529; Eustath. *in Dionys Per.* 803, *Geographi Graeci Minores* II, p. 357; cfr. ad es.. Dagron, *Costantinopoli* [cfr. n. 9] 38.

36 Cfr. in partic. J. Strzygowski, *Die Tyche von Konstantinopel*, in: *Analecta graeciensia*, Graz 1893, 151 ss.; Dagron, *Costantinopoli* (cfr. n. 9), 35 e 38–43.

Tyche della città per garantirne la fortuna e la prosperità.[37] Tuttavia, una vicenda più tarda, di cui dà notizia Zonara, mi sembra indicare che la statua della Tyche di Costantinopoli aveva anche un valore particolare, che può essere accostato appunto alle pratiche della *telestiké*. L'imperatore Anastasio I (491–518 d. C.) fece infatti nuovamente restaurare la statua di bronzo della Tyche, che era in rovina, con ogni probabilità la stessa già restaurata a suo tempo da Costantino.[38] La statua raffigurava una donna che posava un piede su una nave e pezzi di quest'ultima erano caduti o erano stati asportati; il popolo attribuiva a ciò le difficoltà degli approvvigionamenti, poiché le navi da trasporto venivano respinte dai venti e non riuscivano ad approdare alla città. La navigazione tornò normale dopo che i frammenti della nave su cui poggiava il piede della Tyche furono ricercati e rimessi al loro posto. Per avere la conferma della causa dell'impedimento, si provò a staccare ancora i frammenti e subito le navi che stavano approdando a Costantinopoli furono nuovamente respinte dai venti; avuta dunque la prova della causa del fenomeno, si provvide a restaurare la statua.[39]

Abbiamo qui una testimonianza di eccezionale importanza circa la fede diffusa nei poteri della statua della Tyche, ancora assai viva in un'epoca in cui pure Costantinopoli era profondamente cristianizzata; si trattava di una fede talmente forte da imporre il restauro della statua pagana ad un imperatore, Anastasio, che si segnalava per la sua fede cristiana, anche se inclinava verso il monofisitismo.[40]

---

37 Cfr. soprattutto G. Herzog-Hauser, s. v. *Tyche*, RE VII A 2 (1948), coll. 1677 ss.; P. Prottung, *Darstellungen der hellenistischen Stadttyche*, Münster 1995.

38 R. Janin (*Constantinople byzantine*, Paris 1964, 438), sulla base dello pseudo-Codino, ritiene che vi fossero a Costantinopoli quattro statue della Tyche. Dobbiamo tuttavia escludere la statua sulla volta d'ingresso del palazzo dell'imperatore, che era stata portata da Roma (ps.-Codin. III 131, in: *Originum Constantinopolitanarum Scriptores*, rec. Th. Preger, Lipsiae 1901, II, 257) e dunque differiva sia per la provenienza sia per l'iconografia (cfr. ad es. Dagron, *Costantinopoli* [cfr. n. 9] 41 con bibliografia) da quelle a cui si riferiscono Malala e, come vedremo, Zonara. La Tyche del Milion non era una statua, ma un'immagine al centro di una croce, che si riteneva consacrata per garantire per sempre la vittoria di Costantinopoli e preservarla da qualsiasi attacco dei nemici (ps.-Codin. II 29, in: Preger II, 166; cfr. *Parastaseis* 34, Preger I, 38 = Cameron/Herrin [cfr. n. 8] 94). Restano dunque la statua nello Strategion (ps.-Codin. II 61, in: Preger II, 184) e quella appunto nel Foro, a cui in seguito Michele Rangabe fece amputare una mano, perché le fazioni popolari non potessero tentare niente contro gli imperatori (ps.-Codin. II 101, in: Preger II, 205). Si noti che questa testimonianza, come quella relativa all'immagine consacrata sulla croce nel Milion, indica chiaramente la credenza in poteri magici delle immagini della Tyche di Costantinopoli.

39 Zonar. 14, 4, 12–19, p. 141–42 Büttner-Wobst.

40 Cfr. ad es. G. Ostrogorsky, *Storia dell'impero bizantino*, trad. it., Torino 1968, 57–58; C. Capizzi, *L'imperatore Anastasio I (491–518). Studio sulla sua vita, la sua opera e la sua personalità,* Roma 1969; P. Charanis, *Church and State in the Later Roman Empire: the Religious Policy of Anastasius the First, 491–518*, Thessalonike 1974.

L'episodio dimostra, d'altra parte, che la statua della Tyche di Costantinopoli aveva la funzione essenziale di proteggere e garantire il trasporto degli approvvigionamenti per mare, indispensabili per una città che per la sua sussistenza dipendeva essenzialmente dalle importazioni dalle province transmarine. Del resto, questa conografia e questa funzione della statua mi sembrano ben attestate anche dalle monete che, fin dall'epoca di Costantino, raffigurano appunto la Tyche della città che tiene in mano una cornucopia e poggia il piede su una nave.[41]

Queste testimonianze mi sembrano dunque indicare che la statua della Tyche cittadina aveva appunto una funzione di *telesma*, proteggendo l'approvvigionamento di Costantinopoli, in particolare mediante il controllo dei venti, necessario per garantire l'approdo delle navi. E' proprio in questa prospettiva, a mio avviso, che assumono particolare significato le circostanze della morte di Sopatro. Questi infatti, secondo il racconto di Eunapio, fu vittima dell'ostilità di alcuni cortigiani, che approfittarono delle difficoltà incontrate dalle navi da trasporto per approdare a Costantinopoli e della conseguente scarsità di grano per accusare Sopatro di aver incatenato i venti mediante le sue scienze magiche: essi sobillarono così il popolo e Costantino, timoroso di perderne il favore, condannò a morte il filosofo.[42]

Questi sospetti contro Sopatro, così abilmente sfruttati dai suoi avversari, mi sembrano facilmente spiegabili proprio se si ritiene che il filosofo avesse in precedenza utilizzato le sue competenze nel campo della *telestiké* per consacrare la statua della Tyche: se infatti Sopatro si era dimostrato così capace di controllare i venti mediante la statua per il bene della città, doveva risultare estremamente facile, in seguito, accusarlo d'aver utilizzato i suoi poteri per ottenere il risultato contrario, in un momento in cui proprio i venti ostacolavano l'approvvigionamento di Costantinopoli. Questa conclusione mi sembra del resto confermata dal racconto di Eunapio, secondo cui i cortigiani aizzarono Costantino dicendogli che Sopatro impediva l'arrivo delle navi proprio grazie a quella stessa scienza che l'imperatore lodava e in virtù della quale il filosofo sedeva presso il trono imperiale.[43]

---

41 J. Maurice, *Numismatique constantinienne*, II, Paris 1911, 488–89 e 491; J. M. C. Toynbee, *Roma and Constantinopolis in Late-Antique Art from 312 to 365*, JRS 37, 1947, 137 (che sottolinea il carattere puramente ellenistico di questa tipologia); P. V. Hill/ J. P. C. Kent, *Late Roman Bronze Coinage, A. D. 324–498*, London 1960, 23–25; M. R. Alföldi, *Die konstantinische Goldprägung*, Mainz 1963, 104–6; P. M. Bruun, in: C. H. V. Sutherland/R. A. G. Carson, *The Roman Imperial Coinage*, VII: *Constantine and Licinius A. D. 313–337*, London 1966, 578 e Plate 18, nr. 53. Si noti, d'altra parte, che la statua nel Foro raffigurava la Tyche con un moggio (ps.-Codin. II 101, in: Preger [cf. n. 38] II, 205).

42 Eunap. *V. soph.* 6, 2, p. 18–20 G.

43 Eunap. *V. soph.* 6, 2, 10, p. 20.

L'altra misura adottata all'epoca della fondazione della città è più chiara e, per molti versi, ancor più significativa. Narrando la costruzione della colonna di porfido nel Foro, sulla quale fu collocata una statua di Costantino con la testa radiata,[44] Giovanni Malala riferisce che, a quanto affermavano gli stessi Bizantini, Costantino fece nascondere sotto il basamento della colonna il Palladio, che aveva fatto portar via di nascosto da Roma.[45] Questa notizia, confermata dal contemporaneo Procopio e da fonti successive,[46] appare attendibile,[47] anche perché è indirettamente confermata da una ben diversa tradizione cristiana. Infatti, proprio per controbattere il valore pagano di questa traslazione del Palladio, nascosto sotto il simbolo più evidente dell'opera di Costantino quale fondatore della nuova città,[48] una tradizione cristiana, attestata fin dai primi decenni del V secolo, sostituì alla versione pagana una differente notizia, legata alla leggenda della scoperta della Croce di Cristo ad opera di Elena, madre di Costantino:[49] questa avrebbe infatti inviato al figlio un frammento della croce, che Costantino fece nascondere

44 Cfr. in particolare Janin (cfr. n. 38), 77–80; M. Karamouzi, *Das Forum und die Säule Constantini in Kostantinopel: Gegebenheiten und Probleme*, Balkan Studies 27, 1986, 220 ss.; Dagron, *Costantinopoli* (cfr. n. 9), 36–7; G. Fowden, *Constantine's Porphyry Column: the Earliest Literary Allusion*, JRS 81, 1991, 119–31.

45 Malal. *Chron.*, p. 320 Dindorf (= 246 Thurn). Non è privo di significato, se si tiene presente l'origine troiana del Palladio, ricordare qui che, secondo lo stesso Malala (cfr. anche *Chron. Pasch.* I, p. 528; Georg. Mon. *Chron.*, p. 500, 7–8; Zonar. 13, 3, 26, p. 18), la statua su cui fu posta la testa di Costantino sarebbe stata trasportata a Costantinopoli da Troia. Questa notizia, che potrebbe essere vera (cfr. Fowden [cfr. n. 44] 125 ss.), sembra indicativa di un desiderio di Costantino di comprendere, nel monumento che lo raffigurava, i simboli rimasti del passato mitico di Troia, trasferendoli nella nuova Roma.

46 Procop. *Bell. Goth.* 15, 14; *Chron. Pasch.* I, p. 528; ps.-Codin. II 45 (Preger II, 174); Zonar. 13, 3, 28, p. 18; cfr. inoltre *infra*, nota 52. Procopio, in particolare, riferisce che gli stessi Romani non sapevano dove si trovasse la statua, della quale conservavano solo una copia in marmo.

47 Cfr. in proposito soprattutto L. Cracco Ruggini, *Costantino e il Palladio...* (cfr. n. 9), passim; Marasco, *Giovanni Malala e il regno di Costantino*, in: AA.VV., *Il buonsenso o la ragione. Miscellanea di studi in onore di G. Crapulli*, Viterbo 1997, 65 ss., con discussione e bibliografia. Recentemente A. Fraschetti (*La conversione. Da Roma pagana a Roma cristiana*, Roma/Bari 1999, 44 ss.) ha ritenuto la notizia un'invenzione della tradizione locale costantinopolitana.

48 Su questa funzione simbolica cfr. in partic. Follieri (cfr. n. 9), 222; Dagron, *Costantinopoli* (cfr. n. 9), 36.

49 Sullo sviluppo di questa leggenda cfr. in particolare J. W. Drijvers, *Helena Augusta. The Mother of Constantine the Great and the Legend of her Finding of the True Cross*, Leiden 1992. Abbiamo qui un evidente anacronismo, perché anche la tradizione antica datava la scoperta della Croce dopo la fondazione di Costantinopoli (cfr. Cameron/Herrin [cfr. n. 8] 198).

sotto la sua statua.[50] Le fonti successive elaborarono questa versione, aggiungendo o sostituendo al frammento della croce i chiodi della crocefissione e varie reliquie di Cristo e dei patriarchi.[51] Nonostante lo sviluppo di questa versione, tuttavia, ancora verso il X secolo le credenze legate al Palladio erano ancora ben vive: l'anonimo autore di una biografia di Costantino scritta a quell'epoca riferisce, infatti, che sotto la colonna sarebbero stati nascosti non solo il frammento della croce e altre reliquie, ma anche il Palladio, che il senato di Costantinopoli aveva voluto traslare, in base alle proprie credenze superstiziose.[52]

La notizia della traslazione del Palladio ha avuto un'importanza notevole nel dibattito dei moderni circa il problema della fondazione pagana o cristiana di Costantinopoli,[53] ma ne sono stati generalmente trascurati alcuni elementi a mio avviso di estremo interesse.

In primo luogo, le circostanze stesse della collocazione del Palladio, che fu nascosto sotto la colonna o sotto la statua di Costantino, indicano, a mio avviso, che si trattava appunto di un *telesma*, consacrato in favore della città. Questa conclusione mi sembra del resto chiaramente confermata soprattutto dal racconto delle fonti bizantine circa l'origine del Palladio. Mentre infatti la tradizione epica e mitografica classica considerava il Palladio „caduto dal cielo“ per volere degli dei e non fabbricato da mani umane,[54] Malala, nella parte mitografica del suo racconto,

---

50 Socrat. *Hist. eccl.* 1, 17, 8, p. 56–57 Hansen.

51 *Parastaseis* 23 (Preger [cfr. n. 38] I, p. 33 = Cameron/Herrin [cfr. n. 8] 84); ps.-Codin. 2, 20 (Preger II, p. 161); Suda, s.v. Φόρος, Adler IV, p. 752; Georg. Mon. *Chron.*, p. 500, 13–18; Cedren. I, p. 518; Zonar. 13, 3, 26, p. 18; H. G. Opitz, *Die Vita Constantini des codex Angelicus 22*, Byzantion 9, 1934, p. 575 (cfr. Preger I, p. 17, in apparato, dove tuttavia la notizia, che diversi studiosi attribuiscono allo pseudo-Codino, mi sembra invece essere un'aggiunta del copista del *codex Angelicus* 22, sulla base del passo della *Vita Constantini*, contenuta nello stesso manoscritto); F. Halkin, *Une nouvelle Vie de Constantin dans un légendier de Patmos*, AB 77, 1959, 94–5; Niceph. Presb. *Vita S. Andreae Sali*, *PG* CXI 837 e 867 (cfr. L. Rydén, *The Andrea Salos Apocalypse*, DOP 28, 1974, 254–55); Niceph. Call. *Hist. eccl.* 7, 49, *PG* CXLV 1325; cfr. D. Lathoud, *La consécration et la dédicace de Constantinople*, Échos d'Orient 27, 1924, 299–301 e 304–5 (anche per le testimonianze tarde dei pellegrini russi); A. Frolow, *La dédicace de Constantinople dans la tradition byzantine*, RHR 127, 1944, 76–7.

52 Opitz (cfr. n. 51); cfr. Preger (cfr. n. 38), I, 17, in apparato. E' evidente in questa testimonianza l'intento, ben comprensibile in un biografo cristiano, di discolpare Costantino, attribuendo l'iniziativa pagana alla superstizione dei senatori. Per questa coesistenza del Palladio con reliquie cristiane cfr. anche ps.-Codin. II 45, in: Preger II, 174; Zonar. 13, 3, 26–28, p. 18.

53 Sull'argomento cfr. in partic. Mazzarino, *Il basso impero...*, I, 116 ss.; Cracco Ruggini, *Il paganesimo romano...* (cfr. n. 9), 131–41; Follieri (cfr. n. 9), 217–31; Dagron, *Costantinopoli...* (cfr. n. 9), 39–41; La Rocca, *art. cit*, 561 ss.

54 Cfr. ad es. J. G. Frazer, *Apollodorus. The Library*, II, London 1921, 38–41; L. Ziehen, s.v. *Palladion*, RE XVIII 3 (1949), 172–73 e 188–89.

narra che il Palladio sarebbe stato una statua di legno, consacrata per garantire la vittoria e rendere inespugnabile la città in cui era custodita: un tal Asio, „filosofo e *telestés*", l'aveva dato al re Troo, che stava per fondare Troia, e Troo l'aveva ringraziato dando il suo nome all'Asia.[55] Questo racconto, che diverge nettamente sia da tutte le tradizioni classiche sul Palladio, sia da quelle relative all'origine del nome dell'Asia,[56] ricorre in cronografi e scoliasti bizantini successivi a Malala,[57] sicché mi sembra logico supporre che si tratti non di una tradizione alternativa già diffusa in epoca classica,[58] ma appunto di un'invenzione di epoca bizantina.

Questa conclusione mi sembra del resto nettamente confermata dai termini utilizzati da Malala e dalle altre fonti per descrivere Asio, l'artefice della consacrazione del Palladio: egli sarebbe stato un filosofo e *telestés*. Questa terminologia non può risalire ad una fonte epica o mitografica; essa rispecchia invece la realtà e le credenze dell'epoca tardoantica, quando appunto la *telestiké* era diffusa negli ambienti filosofici neoplatonici ed, a seguito della nuova collocazione del Palladio a Costantinopoli, la statua fu considerata un *telesma*, con ogni probabilità consacrato a tale scopo con nuove cerimonie. E' ben comprensibile che questa nuova realtà del Palladio abbia oscurato, nelle fonti bizantine, la tradizione sulla sua origine divina e, del resto, la versione di Malala appare perfettamente in linea con la tendenza, diffusa in questo autore, a razionalizzare e ad attualizzare il mito in funzione di eventi a lui vicini.[59]

D'altra parte, se il mito di Asio rispecchia la consacrazione del Palladio in occasione della fondazione di Costantinopoli, mi sembra logico supporre che

55 Malal., *Chron.*, p. 109 Dindorf (= 81 Thurn).

56 Su cui cfr. ad es. S. Mazzarino, *Fra Oriente e Occidente*, Firenze 1947, 45 ss.

57 Joh. Ant. *fr.* 24, 7, *FHG*, IV, 551; Suda, s. v. *Palládion*, Adler IV, p. 229; Tzetz. *in Lycophr.* 355; Cedren. I, p. 229 (che considera il Palladio consacrato [τετελεσμένον] mediante il ricorso ai demoni ed accusa apertamente Asio di stregoneria); *Schol. Hom. Il.* 6, 311.

58 Come invece intende, ad es., Ch. Faraone (*Talismans and Trojan Horses. Guardian Statues in Ancient Greek Myth and Ritual*, New York/Oxford 1992, 7 e 117), secondo cui questa ed altre tradizioni attesterebbero l'esistenza di *telestaí* già in epoca classica; ma tutte le testimonianze che egli cita risalgono appunto all'epoca bizantina ed egli stesso ammette (p. 4) che la qualifica *tetelesmenos* attribuita a simili statue compare solo in autori tardi.

59 Cfr. in generale E. Hörling, *Mythos und Pistis. Zur Deutung heidnischen Mythen in der christlichen Weltchronik des Johannes Malalas*, Lund 1980; E. Jeffreys, *Malalas and Mythical History*, Byzantine Studies in Australia Newsletter 8, 1981, 5–11; S. Reinert, *Greek Myth in Johannes' Malalas Account of Ancient History before the Trojan War*, Ph. D. Thesis, University of California, Los Angeles 1981. In particolare, per la tendenza di Malala ad attualizzare i miti collegati alle fondazioni di città cfr., sulla base proprio dell'azione di Costantino, Marasco, *Giovanni Malala e la tradizione ellenistica*, 35–42.

l'Asio, „filosofo e *telestés*" della tradizione bizantina, accusato da Cedreno di stregoneria, non sia altro che la proiezione mitica di Sopatro, il filosofo e *telestés* che ebbe un ruolo fondamentale nella fondazione di Costantinopoli e che, come abbiamo visto, era ampiamente sospettato di poteri magici e di ricorso ai demoni. Ciò indica, quindi, che Sopatro svolse appunto, nella vicenda relativa al Palladio, una funzione essenziale, che è del resto ben comprensibile: se infatti la partecipazione del pontefice Pretestato era necessaria dal punto di vista religioso alla traslazione del Palladio, data la connessione fra i pontefici e il culto di quest'ultimo,[60] altrettanto importante era il ruolo di Sopatro, che, grazie alle sue competenze di *telestés*, doveva provvedere alle cerimonie adatte perché il Palladio potesse assolvere alla funzione che gli era assegnata nella nuova città.

Proprio questa funzione costituisce un elemento essenziale e generalmente trascurato. Noi sappiamo infatti da numerose fonti che il Palladio di Troia, poi portato a Roma da Enea, come altre statue analoghe custodite in altri centri greci,[61] aveva la funzione di proteggere la città in cui era custodito contro i nemici esterni, rendendola inespugnabile;[62] questa funzione esclusiva è confermata del resto, come abbiamo visto, anche da Malala e dalla tradizione bizantina successiva, che rispecchiano la realtà delle credenze sul Palladio a Costantinopoli. La conferma più netta in proposito è poi offerta, a mio avviso, proprio dalla tradizione cristiana, che sostituiva al Palladio un frammento della croce e altre reliquie cristiane: già Socrate, infatti, afferma che Costantino avrebbe fatto nascondere il frammento sotto la propria statua, „perché era convinto che la città dove esso veniva custodito sarebbe stata salva per sempre"[63]) e ancora nel X secolo Niceforo Presbitero ricordava che i chiodi della crocefissione erano stati posti sotto la colonna per garantire la difesa e la salvezza della città.[64] Proprio alla fede in questo suo potere il monumento doveva la sua presa sui cittadini.[65] Infatti, ancora dopo che ogni traccia pagana era stata cancellata e la statua di Costantino, abbattuta nel 1105 da

60 Cfr. soprattutto Cracco Ruggini, *Vettio Agorio Pretestato...* (cfr. n. 10), 607–8.

61 Cfr. ad es. J. G. Frazer, *Pausanias's Description of Greece*, IV, London 1898, 433–34; Ziehen (cfr. n. 54), 173 ss.; Faraone, *Talismans...* (cfr. n. 58), passim.

62 Cfr. ad es. Frazer, *Apollodorus...*, II, 38–39; Ziehen (cfr. n. 54), 172 ss.

63 Socrat. *Hist. eccl.* 1, 17, 8, p. 57.

64 *Vita S. Andreae Sali*, *PG* CXI 837. Sulla visione apocalittica in questo scritto cfr. in particolare P. J. Alexander, *The Byzantine Apocalyptic Tradition*, Berkeley/Los Angeles/London 1985, 123 ss.

65 Malgrado l'opinione contraria di Janin (cfr. n. 38, 78), secondo il quale „... ce n'est pas... à ces reliques que le Forum est redevable de la vénération particulière dont il jouissait auprès des Byzantins. C'était bien plutôt au souvenir de son fondateur, le Père de la Cité, dont la statue rayonnait au sommet de la colonne". Vedremo, del resto, che questa venerazione particolare è attestata anche in un'epoca in cui la statua di Costantino non era più in cima alla colonna.

una tempesta, era stata sostituita da una croce,[66] il monumento conservò, nella fede popolare, questo valore di difesa contro i nemici esterni, tanto che, all'epoca delle estreme lotte che precedettero la caduta di Costantinopoli, il popolo era convinto che, quando i Turchi fossero entrati nella città, un angelo sarebbe sceso dal cielo ed avrebbe consegnato una spada a uno sconosciuto proprio ai piedi della colonna di porfido, perché scacciasse i nemici. Questa fede era tanto forte che, quando i Turchi entrarono in città (29 maggio 1453), la popolazione si rifugiò in massa presso la colonna, nell'illusione di un'estrema salvezza.[67] La vicenda conferma ancora la credenza diffusa nella protezione che la colonna assicurava alla città contro ogni nemico esterno, una credenza tanto forte da valicare i secoli e restare immutata dalla fondazione della città alla sua catastrofe.

La vicenda del Palladio è a mio avviso fondamentale: essa dimostra, in primo luogo, che fin dall'epoca di Costantino la *telestiké* era riconosciuta efficace anche ai livelli più elevati ed ufficiali ed era utilizzata per garantire la difesa delle città contro nemici esterni, mediante la consacrazione di statue. Essa attesta, inoltre, la diffusione di questi metodi tra i filosofi neoplatonici, che erano considerati veri esperti in materia e, in virtù delle loro relazioni politiche, potevano mettere in pratica le loro competenze per realizzare *telesmata* atti a difendere contro i nemici. Infine, la vicenda dimostra da un lato la credenza del popolo, anche cristiano, nell'efficacia dei *telesmata* utilizzati a tali fini, dall'altro l'impegno della tradizione cristiana nel cercare di refutare queste credenze, contrapponendo ad esse una fede in analoghi poteri delle reliquie e riconducendo così la credenza nei *telesmata* nell'alveo della tradizione cristiana.

La pratica di confezionare *telesmata* in funzione di difesa delle città rimase del resto diffusa negli ambienti pagani legati al neoplatonismo. Così, Zosimo narra che nel 375 solo Atene e l'Attica furono salvate da un terremoto che colpì la Grecia, grazie allo ierofante Nestorio che, in seguito ad un sogno premonitore, malgrado il rifiuto dei notabili della città, aveva fabbricato un'immagine di Achille, l'aveva collocata ai piedi della statua di Atena nel Partenone e le aveva celebrato le cerimonie dovute. Zosimo cita in proposito la testimonianza di Siriano, nell'inno che questi aveva composto in onore di Achille.[68]

Nestorio, ierofante del culto di Eleusi, era assai legato agli ambienti neoplatonici e alla teurgia: non solo, infatti, egli sembra da identificare con l'anonimo ierofante che, secondo Eunapio, ebbe un ruolo importante presso l'imperatore Giuliano, compiendo per lui riti divinatori legati all'attesa della morte di Costanzo,[69]

---

66 Michael Glycas *Ann.*, p. 617 Bekker; cfr. Frolow (cfr. n. 51), 64–65.

67 Ducas, *Hist. byz.* 39, p. 289–90 Bekker (= *La caduta di Costantinopoli*, testi a cura di A. Pertusi, II, Milano 1976, 180–82).

68 Zosim. 4, 18, 2–4.

69 Eunap. *V. soph.* 7, 3, 7–8, p. 47 G.; cfr. in particolare F. Paschoud, *Zosime. Histoire*

ma anche suo figlio Plutarco fu in seguito scolarca della scuola neoplatonica[70] e sua nipote Asclepigenia insegnò a Proclo la teurgia „del grande Nestorio", di cui ella sola custodiva a quell'epoca la tradizione[71] e che dunque costituiva un patrimonio di famiglia. Del resto, la testimonianza stessa di Zosimo, che deriva dal neoplatonico Eunapio o da Siriano, scolarca della stessa scuola dopo Plutarco,[72] ci illustra chiaramente l'ambiente del paganesimo neoplatonico in cui queste pratiche erano adottate e credute.

La fede nei *telesmata* come mezzo di salvezza contro catastrofi naturali e sventure e come difesa delle città era dunque ben diffusa negli ambienti neoplatonici come nelle masse popolari. E' comprensibile che nei frangenti più pericolosi, quando le necessità della guerra si facevano più pressanti, si facesse appello proprio a questa fede per trovare aiuto contro i nemici. In effetti, la credenza nel Palladio come difesa contro i nemici non è affatto isolata: essa si ricollega, al contrario, ad altre testimonianze sulla fede nei *telesmata* per gli stessi fini da parte dei pagani in epoca tardoantica.

La prima testimonianza in proposito si riferisce alla vittoriosa campagna condotta nel 394 da Teodosio contro l'usurpatore Eugenio, che dominava l'Italia. Agostino riferisce che, dopo la vittoria, Teodosio fece abbattere alcune statue di Giove che erano state consacrate contro di lui con riti segreti e collocate sulle Alpi e ne donò i fulmini, che erano d'oro, agli inviati, che per scherzo dicevano di voler essere fulminati da essi.[73]

Queste statue di Giove erano con ogni evidenza dei *telesmata*, consacrati per impedire a Teodosio il passaggio delle Alpi. L'iniziativa dev'essere fatta risalire, con ogni probabilità, a Virio Nicomaco Flaviano, *praefectus Italiae* nel 394,[74] il

---

nouvelle, T. II, 2e Partie, *(Livre IV)*, Paris 1979, 367; R.J. Penella, *Greek Philosophers and Sophists in the Fourth Century A.D. Studies in Eunapius of Sardis*, Leeds 1990, 143, n. 61 con bibliografia.

70 Cfr. R. Beutler, s.v. *Ploutarchos*, nr. 3, RE XXI 1 (1951), 962; E. Évrard, *Le maître de Plutarque d'Athènes et les origines du néo-platonisme athénien*, L'Antiquité Classique 29, 1960, 108–33 e 391–402; Zeller/Mondolfo (cfr. n. 14), P. III, vol. VI, 90–94; *PLRE* I *Nestorius* 2; *Plutarchus* 3.

71 Marin. *Vita Procli* 28, 679–83, p. 84 Masullo; cfr. Évrard (cfr. n. 70), 120 ss.; *PLRE* II *Asclepigeneia* 1; H.D. Saffrey, s.v. *Asclépigéneia*, in: R. Goulet (éd.), *Dictionnaire des philosophes antiques*, I, Paris 1994, 625–26.

72 Cfr. in proposito Zeller/Mondolfo (cfr. n. 14), P. III, Vol. VI, 101–2; F. Paschoud, *Zosime. Histoire nouvelle*, t. II, 2e Partie *(Livre IV)*, Paris 1979, 368–69 con bibliografia.

73 Aug. *de civ. Dei* 5, 26, 1: *Victor autem, … Iovis simulacra, quae adversus eum fuerant nescio quibus ritibus velut, consecrata et in Alpibus constituta, deposuit, eorumque fulmina, quod aurea fuissent, iocantibus (quod illa laetitia permittebat) cursoribus et se ab eis fulminari velle dicentibus hilariter benigneque donavit.*

74 Su di lui cfr. *PLRE* I *Flavianus* 15; Cracco Ruggini, *Il paganesimo romano…* (cfr. n. 9),

quale aveva promosso un forte 'revival' dei culti pagani ed aveva garantito a Eugenio la vittoria in base all'interpretazione dei presagi; dopo la sconfitta subìta al Frigido, si uccise.[75] Flaviano era in effetti uno dei principali esponenti della cultura pagana, aspramente impegnato nella polemica contro i cristiani;[76] egli faceva inoltre parte, come Pretestato, di quell'ambiente pagano di Roma che era assai vicino alla filosofia neoplatonica.[77] Il ricorso alle statue di Giove come *telesmata* per difendere l'Italia contro l'invasione di Teodosio appare dunque ispirato ancora alla *telestiké* neoplatonica.

Degna di nota resta comunque la risposta di Teodosio a questo spostamento dello scontro sul piano soprannaturale. La tradizione cristiana, infatti, sottolinea il carattere provvidenziale della vittoria dell'imperatore, dovuta all'aiuto di Dio;[78] Rufino, in particolare, ricorda che, all'inizio della campagna, Teodosio si era prostrato dinanzi alle reliquie dei martiri e degli apostoli chiedendo la loro protezione.[79] Troviamo dunque anche in questo caso attestata la contrapposizione fra *telesmata* e reliquie cristiane, proprio come nel caso del Palladio di Costantinopoli.

55; R.M. Errington, *The Praetorian Prefectures of Virius Nicomachus Flavianus*, Historia 41, 1992, 441 ss.

75 Paulin. *Vita Ambr.* 31, 2–3; Rufin. *Hist. eccl.* 2, 33, p. 1037–38; Sozomen. *Hist. eccl.* 7, 22, 4–5, p. 335; cfr. Cracco Ruggini, *Il paganesimo...* (cfr. n. 9), 59 ss.; Flamant (cfr. n. 11), 49–53.

76 Cfr. ad es. H. Bloch, *A New Document of the Last Pagan Revival in the West 393–394 A. D.*, HThR 38, 1945, 232 ss.; Id., *The Pagan Revival in the West at the End of the Fourth Century*, in: A. Momigliano (ed.), *The Conflict between Paganism and Christianity in the Fourth Century*, Oxford 1963, 199–200 e 210–11; L. Cracco Ruggini, *Sulla cristianizzazione della cultura pagana: il mito greco e latino di Alessandro dall'età antonina al Medioevo*, Athenaeum, N.S. 43, 1965, 13; Ead., *Il paganesimo...* (cfr. n. 9), 9 ss. e 47 ss.; *PLRE*, *loc. cit.* (supra n. 74); Th. Grünewald, *Der letze Kampf des Heidentums in Rom? Zur postumen Rehabilitation des Virius Nicomachus Flavianus*, Historia 41, 1992, 471 ss.; H. Leppin, *Theodosius der Grosse,* Darmstadt 2003, 208 ss.

77 Cfr. ad es. Flamant (cfr. n. 11), 45–58.

78 Aug. *de civ. Dei* 5, 26, 1; Ambr. *expl. psalm.* 36, 25, *CCSL*, LXIV, p. 91, 4–19; Paulin. *Vita Ambr.* 31, 3; Oros. 7, 35, 12–19; Rufin. *Hist. eccl.* 2, 33, p. 1038–39; Socrat. *Hist. eccl.* 5, 25, 12–15, p. 308–9; Sozomen. *Hist. eccl.* 7, 24, 6–7, p. 337–38; Theodoret. *Hist. eccl.* 5, 24, 3–17, p. 324–27; *Chron. Gall.*, in: *MGH AA*, IX, *Chron. Min.* I, Berolini 1892, p. 650. La tradizione pagana presentava invece la vittoria di Teodosio come frutto di un attacco notturno a sorpresa (Zosim. 4, 58, 4–5). Per l'analisi delle fonti e la ricostruzione della battaglia cfr. in partic. F. Paschoud, *Zosime. Histoire nouvelle*, T. II, 2e Partie *(Livre IV)*, Paris 1979, 474–500, con bibliografia.

79 Rufin. *Hist. eccl.* 2, 33, p. 1037: *... circumibat cum sacerdotibus et populo omnia orationum loca, ante martyrum et apostolorum thecas iacebat cilicio prostratus et auxilia sibi fida sanctorum intercessione poscebat*. Su questa notizia e sugli accenni analoghi in altre fonti cristiane cfr. Marasco, *La preghiera e la guerra*, in: *La preghiera nel Tardo Antico. Dalle origini ad Agostino. XXVII Incontro di studiosi dell'antichità cristiana (Roma, 7–9 maggio 1998),* Roma 1999, 515–16.

Testimonianze di notevole interesse sono poi offerte da due frammenti di Olimpiodoro di Tebe, autore di un'opera sulla storia della parte occidentale dell'Impero dal 407 al 425.[80] Nel primo di questi frammenti, Olimpiodoro narra che Alarico intendeva passare da Reggio in Sicilia, ma ne fu impedito da una statua consacrata (*agalma tetelesménon*), che sbarrava il passaggio. Questa statua era stata consacrata dagli antichi per allontanare la lava dell'Etna e per impedire ai barbari di attraversare il mare: in uno dei suoi piedi bruciava una fiamma che non si spegneva mai, dall'altra sgorgava una sorgente inesauribile. La statua fu abbattuta in seguito da Asclepio, che amministrava i beni di Costanzo III e di Galla Placidia in Sicilia; allora l'isola subì danni ad opera sia della lava dell'Etna, sia dei barbari.[81]

La statua avrebbe dunque salvato la Sicilia dal tentativo compiuto da Alarico d'invaderla nell'estate del 410, poco dopo il sacco di Roma. La sua distruzione avvenne dopo il matrimonio di Costanzo III con Placidia nel 417 e prima della morte di Costanzo nel 421, con ogni probabilità a seguito di un ordine di Placidia, della quale è noto lo zelo religioso;[82] ciò avrebbe lasciato l'isola indifesa, alla mercé dei barbari, che vi passarono qualche tempo dopo.[83]

Il tentativo compiuto da Alarico di passare in Sicilia è ricordato anche da Orosio, in relazione alla pace conclusa nel 416 dal re dei Goti Vallia con l'imperatore Onorio. In quell'occasione, Vallia sarebbe stato atterrito dal giudizio di Dio, poiché l'anno prima una grave tempesta aveva annientato i Goti che cercavano di passare in Africa; egli era inoltre memore del disastro subìto sotto Alarico, quando i Goti, che cercavano di passare in Sicilia, erano stati travolti e annegati.[84]

---

80 Su di lui cfr. recentemente W. Liebeschuetz, *Pagan Historiography and the Decline of the Empire*, in: G. Marasco (ed.), *Greek and Roman Historiography in Late Antiquity. Fourth to Sixth Century A. D.*, Leiden/Boston 2003, 201–6 e 217–18 con bibliografia.

81 Olympiod. *fr.* 16, p. 176 Blockley (= Phot. *Bibl.* cod. 80, p. 171 Henry = *fr.* 18 Maisano [*Olimpiodoro Tebano. Frammenti storici*, a cura di R. Maisano, Napoli 1979, 38]).

82 Cfr. in particolare V. A. Sirago, *Galla Placidia e la trasformazione politica dell'Occidente*, Louvain, 1961, 205; S. I. Oost, *Galla Placidia Augusta. A Biographical Essay*, Chicago 1968, 102 e 144; Ph. Caffin, *Galla Placidia, le dernière impératrice de Rome*, Paris 1977, 175.

83 Si è pensato a saccheggi dei Goti mandati a difendere la Sicilia contro un attacco dall'Africa nel 423–24 (J. L. M. de Lepper, *De rebus gestis Bonifatii comitis Africae et magistri militum*, Tilburg-Breda 1941, 43–4) o a un episodio non altrimenti attestato nel 421 (Maisano [cfr. n. 81] 39); meno probabile sembra il riferimento a incursioni dei Vandali d'Africa dopo il 430, più precisamente nel 441 (V. A. Sirago, *Galla Placidia ...*, 205; Id., *Olimpiodoro di Tebe e la sua opera storica*, in: *Ricerche storiche ed economiche in memoria di C. Barbagallo*, II, Napoli 1970, 15; *contra* Maisano, *loc. cit.*), tanto più che la statua custodiva il passaggio dello stretto di Messina. Sulla credibilità della testimonianza e sulla statua, la cui esistenza parrebbe confermata da un'iscrizione (*CIL* X 6950 = *ILS* 23) cfr. Maisano, *loc. cit.*

84 Oros. 7, 43, 11–12.

Mi sembra da escludere che il passo mostri un'ambiguità dovuta al fatto che Orosio conosceva la versione di Olimpiodoro circa l'intervento miracoloso della statua consacrata;[85] al contrario, Orosio interpreta chiaramente il fallimento del tentativo di Alarico, dovuto alle condizioni sfavorevoli del mare,[86] come un giudizio di Dio, che avrebbe miracolosamente salvato la Sicilia. La stessa interpretazione è del resto chiaramente attestata da Giordane,[87] che ne conferma la diffusione in ambito cristiano. Questo contrasto fra la tradizione pagana e quella cristiana è del resto ben comprensibile, ove si consideri il contesto del tentativo di Alarico di passare in Sicilia, avvenuto poco dopo il sacco di Roma, che aveva suscitato un'impressione assai profonda ed era stato oggetto di aspre polemiche fra i cristiani, che tendevano a considerarlo una punizione divina per il paganesimo ancora diffuso a Roma, ed i pagani, che invece ne consideravano causa l'abbandono dei loro culti;[88] questa seconda interpretazione è sviluppata soprattutto nel racconto di Zosimo, che deriva appunto da Olimpiodoro.[89] In questa prospettiva, dunque, ben s'inquadrano l'insistenza del pagano Olimpiodoro sulla salvezza che la statua telesmatica avrebbe garantito alla Sicilia e la polemica contro la sua distruzione ad opera delle autorità cristiane. Il racconto conferma pertanto la credenza diffusa tra i pagani nell'efficacia di simili *telesmata*, attribuiti al passato più antico,[90] tanto forte che Olimpiodoro poteva equiparare la distruzione di un *telesma* all'abbandono dei culti tradizionali a Roma, che egli stesso considerava appunto causa della presa della città ad opera dei barbari.[91]

85 Così intende A. Lippold (*Orosio. Le storie contro i pagani*, II, Milano 1976, 534).

86 Cfr. ad es. O. Seeck, *Geschichte des Untergangs der antiken Welt*, V, Stuttgart 1921², 601; E. Stein/J.-R. Palanque, *Histoire du Bas-Empire*, I, Paris 1959, 262; Oost (cfr. n. 82), 101 s. L'affermazione di L. Musset (*Les invasions: les vagues germaniques*, Paris 1969², 85), secondo cui il passaggio dei Goti in Sicilia sarebbe stato impedito dalla mancanza di navi, è invece in contrasto con le testimonianze di Orosio e di Giordane.

87 Iordan. *Get.* 157 (*MGH AA*, V 1, Berolini 1882, p. 99): ... *quia non est liberum quodcumque homo sine notu dei disposuerit, fretus ille horribilis aliquantas naves submersit, plurimas conturbavit.*

88 Cfr. in particolare P. Courcelle, *Histoire littéraire des grandes invasions germaniques*, Paris 1964³, 50 ss.; A. Piganiol, *Le sac de Rome*, Paris 1964; F. Paschoud, *Roma Aeterna*, Rome 1967 (in particolare 239 ss.); L. C. Meijer, *De plundering van Rome door Alaric (410). Enige contemporaine getuitgenissen*, Lampas 12, 1979, 193–207; sulle reazioni in Oriente cfr. soprattutto W. E. Kaegi, *Byzantium and the Decline of Rome*, Princeton 1968, 10 ss.

89 Zosim. 5, 40–41. Per la derivazione da Olimpiodoro cfr. ad es. R. T. Ridley, *Zosimus the Historian*, ByzZ 65, 1972, 280; F. Paschoud, *Zosime. Histoire Nouvelle*, T. III, 1re partie, (*Livre V*), Paris 1986, 274 ss.

90 Il preciso accenno di Olimpiodoro al fatto che la statua era stata consacrata „dagli antichi“ rende in effetti poco credibile l'ipotesi del Dodds (cfr. n. 15, 295) circa il suo legame con la teurgia neoplatonica.

91 Cfr. Zosim. 5, 40–41 e, in particolare, 41, 6, dove lo storico insiste sul fatto che l'aspor-

Ancor più interessante in proposito è d'altronde l'altra testimonianza di Olimpiodoro. Lo storico afferma d'aver sentito egli stesso la testimonianza di un nobile romano, Valerio, riguardo a statue d'argento consacrate per fermare i barbari. Ai tempi dell'imperatore Costanzo, Valerio governava in effetti la Tracia e gli era stata annunciata la scoperta di un tesoro in una località fra l'Illirico e la Tracia. Recatosi colà, aveva appreso dagli abitanti che si trattava di un luogo sacro, dove si trovavano alcune statue consacrate secondo un rito antico; egli aveva scritto in proposito all'imperatore e ne aveva ricevuto l'ordine di requisirle. Compiuti gli scavi, erano state trovate tre statue d'argento massiccio, che rappresentavano dei barbari ed erano rivolte a nord, cioè verso i paesi barbari. Appena queste statue furono portate via, pochi giorni dopo tutto il popolo dei Goti aveva invaso tutta la Tracia. Poco dopo, inoltre, gli Unni ed i Sarmati invasero l'Illirico e la Tracia, poiché il luogo in cui erano state sepolte le statue si trovava al confine fra queste due regioni. Olimpiodoro conclude che le tre statue sembravano essere state consacrate contro tutti i popoli barbari.[92]

Questo racconto pone innanzi tutto problemi di cronologia, che non sono privi d'importanza anche per l'interpretazione del suo valore e del suo significato. La datazione al 421, durante il breve regno di Costanzo III,[93] sembrerebbe infatti in contrasto con il fatto che la Tracia, in seguito alla divisione dell'Impero, era sottoposta all'imperatore d'Oriente, che era a quell'epoca Teodosio II. Si è quindi proposto di datare la vicenda al 357, sotto Costanzo II, allorché un Valerio fu pure governatore di Tracia;[94] ma questa datazione appare troppo alta per l'invasione degli Unni e, soprattutto, imporrebbe di distinguere il Valerio che informò lo storico dall'omonimo che fu governatore di Tracia, il che appare in contrasto con la testimonianza di Olimpiodoro.[95] La stessa difficoltà parrebbe frapporsi

tazione dalle statue degli dèi di loro ornamenti aveva privato queste statue del potere, derivato dalla loro consacrazione, di garantire la felicità eterna della città. Sul valore magico attribuito alle statue in questo passo cfr. soprattutto F. Paschoud, *Zosime. Histoire nouvelle*, t. III, l^re Partie, *(Livre V)*, Paris 1986, 283–84.

92 Olympiod. *fr.* 27, p. 190–92 Blockley (= Phot. *Bibl.* cod. 80, p. 177 Henry = *fr.* 33–34 Maisano).

93 Cfr. W. Haedicke, s. v. *Olympiodoros*, nr. 11, RE XVIII 1 (1939), 202; E. A. Thompson, *Olympiodorus of Thebes*, CQ 38, 1944, 44; R. Henry, *Photius. Bibliothèque*, t. I, Paris 1959, 177, n. 1; Kaegi (cfr. n. 88), 87; *PLRE* II *Valerius* 4; B. Croke, *Evidence for the Hun Invasion of Thrace in A. D. 422*, GRBS 18, 1977, 358–65 (in particolare 358–60).

94 Cfr. W. Ensslin, s. v. *Valerius*, nr. 17, RE VII 2 (1948), 2298; Thompson, *Constantine, Constantius II and the Lower Danube Frontier*, Hermes 84, 1956, 379 e, dubitativamente, Cracco Ruggini, *Pubblicistica e storiografia bizantine di fronte alla crisi dell'impero romano*, Athenaeum, N.S. 51, 1973, 179–80; Maisano (cfr. n. 81), 45.

95 Cfr. R. C. Blockley, *The Fragmentary Classicising Historians of the Later Roman Empire*, I, Liverpool 1981, 164; si vedano inoltre le obiezioni di Croke (cfr. n. 93), 359.

all'ipotesi secondo cui il riferimento all'imperatore Costanzo sarebbe un errore e il sovrano in questione sarebbe Valente: la vicenda daterebbe quindi all'epoca delle campagne contro i Goti culminate nel disastro di Adrianopoli, fra il 376 e il 378, allorché pure un Valerio fu in carica in quell'area.[96] Questa ipotesi si scontra anche con una ben più grave difficoltà sul piano storico. Infatti, nel 376 i Goti entrarono in Tracia direttamente, attraversando il Danubio, e vi si stabilirono pacificamente, in virtù di un accordo con i Romani; solo all'inizio dell'anno seguente le relazioni si deteriorano e scoppiò la guerra che doveva culminare nella battaglia di Adrianopoli.[97] Mi sembra evidente che queste vicende non si accordano affatto con il racconto di Olimpiodoro, in cui non solo l'arrivo dei Goti in Tracia è presentato come un'invasione, ma anche sembra chiaro che i barbari vi giunsero attraverso l'Illirico.

In conclusione, la datazione al 421 dell'episodio appare la più convincente; quanto al riferimento al regno di Costanzo, si può pensare che Olimpiodoro abbia volutamente taciuto il ruolo di Teodosio II, che era l'imperatore al quale Valerio si era rivolto per chiedere ordini;[98] ma una spiegazione più convincente può essere proposta, a mio avviso, tenendo conto del contenuto dell'opera storica di Olimpiodoro. Questa, infatti, trattava esclusivamente delle vicende della parte occidentale dell'Impero; di conseguenza, la cronologia adottata dall'autore era basata sulla successione degli imperatori d'Occidente. Mi sembra pertanto comprensibile che Olimpiodoro, volendo esporre una vicenda relativa alla Tracia, che pure era compresa nella parte d'Oriente, abbia preferito la datazione in base all'imperatore allora in carica in Occidente, che era più immediatamente comprensibile ai suoi lettori, tanto più che questa datazione era la più esente da equivoci che si potesse immaginare: Costanzo III, infatti, era divenuto imperatore nel 421 ed era morto in quello stesso anno.

Chiarita la datazione della vicenda, conviene dunque esaminarne il contesto storico. Anch'essa s'inquadra nelle lotte combattute dall'Impero per sopravvivere, in un'atmosfera di disperazione che rendeva preziosa ogni possibilità di difesa contro i barbari e induceva pertanto a lamentare tutte le occasioni perdute. E' infatti evidente la riprovazione di Olimpiodoro per la decisione dell'imperatore cristiano, che, facendo portar via le statue, nelle cui virtù telesmatiche evidentemente non

---

96 Cfr. J.F. Matthews, *Olympiodorus of Thebes and the History of the West (A.D. 407–425)*, JRS 60, 1970, 90, n. 110; 96, n. 180 e, in alternativa all'ipotesi precedente, Blockley, *loc. cit.* (supra n. 95)

97 Cfr. ad es. A. Piganiol, *L'Empire chrétien (325–395)*, Paris 1972^2, 184–88; U. Wanke, *Die Gotenkriege des Valens*, Frankfurt am Main 1990; N. Lenski, *Failure of Empire. Valens and the Roman State in the Fourth Century A.D.*, Berkeley/Los Angeles/London 2002, 116 ss.

98 Cfr. Croke (cfr. n. 93), 361–62.

credeva, aveva privato la Tracia della sua difesa, aprendo così la strada all'invasione dei barbari. Le ripetute lamentele di Olimpiodoro per gli effetti disastrosi della distruzione di statue consacrate, che a suo avviso aveva aperto la strada alle invasioni barbariche, confermano dunque la fede radicata dei pagani, ed in particolare degli ambienti neoplatonici, in tali mezzi di difesa soprannaturali.

2. La risposta cristiana

Proprio la diffusione di queste credenze circa l'efficacia dei *telesmata* fra i pagani richiedeva un'adeguata risposta da parte cristiana, che non poteva che basarsi sul culto delle reliquie, con funzioni in sostanza analoghe.[99] Già abbiamo visto come la tradizione cristiana abbia sostituito al simbolo telesmatico del Palladio a Costantinopoli le reliquie di Cristo e dei patriarchi ed abbia esaltato, già all'indomani della vittoria di Teodosio, il ricorso di questi alle reliquie cristiane come mezzo efficace per sconfiggere i *telesmata* pagani dell'usurpatore Eugenio. Questi esempi non restano isolati: anche in seguito, infatti, la fede nell'efficacia delle reliquie, alle quali si ricorreva abitualmente, in particolare come difesa contro le malattie e le calamità naturali,[100] fu applicata frequentemente anche alla difesa contro nemici esterni, utilizzando le reliquie sia per difendere le città, sia anche per garantirsi la vittoria in battaglia.

Di notevole interesse è, a questo proposito, un episodio narrato nell'encomio copto di S. Mena, un soldato martire il cui sepolcro in Egitto fu la meta più frequentata di pellegrinaggi fra il V ed il VI secolo.[101] Si tratta qui della leggenda della traslazione delle reliquie del santo dalla Frigia all'Egitto.[102] Il comandante

---

99 Sullo sviluppo e sull'importanza del culto delle reliquie cfr. ad es. F. Pfister, *Der Reliquienkult im Altertum*, I–II, Giessen 1909–12; J. Braun, *Die Reliquiare des christlichen Kultes und ihre Entwicklung*, Freiburg im Breisgau 1940; A. Grabar, *Martyrium: recherches sur le culte des reliques et l'art chrétien antique*, I–III, Paris 1943–46; A. Angenendt, *Heilige und Reliquien: die Geschichte ihres Kultes vom frühen Christentum bis zur Gegenwart*, München 1997².

100 Cfr. ad es. A. Adnès/P. Canivet, *Guérisons miraculeuses et exorcismes dans l'„Histoire Philothée" de Théodoret de Cyr*, RHR 171, 1967, 149–79. Questa evoluzione fu coscientemente favorita dalle autorità cristiane: si veda, ad es., l'esortazione del vescovo Teodoreto a sostituire il culto dei martiri e delle loro reliquie all'errore dei demoni (Theodoret. *Ther.* 8, 68–70, SC 57, Paris 1958, 335).

101 Cfr. in partic. H. Delehaye, *Les légendes grecques des saints militaires*, Paris 1909, 2, 4 e 6; C. M. Kaufmann, *Die Menasstadt und das Nationalheiligtum der altchristlicher Aegypter*, I, 1910; De Lacy O' Leary, *The Saints of Egypt*, London/New York 1937, 194 ss.; J. Drescher, *Apa Mena. A Selection of Coptic Texts Relating to St. Menas*, Le Caire 1946.

102 Sul carattere d'invenzione di questa leggenda cfr. ad es. Drescher (cfr. n. 101), 16.

di un reparto inviato a difendere l'Egitto contro dei barbari, in accordo con i suoi soldati, asporta il corpo del santo dal suo sepolcro in Frigia per usarlo come garanzia di successo; egli riesce a trasferire in Egitto le reliquie, che durante il viaggio lo salvano dalla tempesta, ma in seguito non riesce più a muoverle dal luogo in cui Dio ha stabilito che il santo dovrà essere venerato. L'ufficiale, allora, dipinge l'immagine di Mena su una tavoletta di legno, che mette a contatto con le reliquie, in modo che il potere di queste resti anche nell'immagine. Così, egli può portare l'immagine con sé, per proteggersi nel viaggio e per utilizzarla come un'arma invisibile.[103] Il racconto costituisce una testimonianza fin troppo eloquente della fede nelle reliquie, talmente forte che l'ufficiale ritiene sufficiente perfino il semplice contatto con esse perché l'immagine ne assorba il potere e sia così in grado di espletare da sola la funzione richiesta. Questa credenza era del resto comunemente diffusa, poiché si pensava appunto che l'immagine, mediante la vicinanza o il contatto fisico con la persona santa che rappresentava, ne assorbisse i poteri.[104]

La sostituzione delle reliquie cristiane ai *telesmata* anche nella funzione di difesa delle città è attestata del resto già nel IV secolo: infatti Efrem affermava che le reliquie del suo maestro Giacomo, che era stato vescovo di Nisibi, assicuravano protezione a questa città ed esortava gli altri centri a munirsi anch'essi di reliquie cristiane come difesa.[105] La fede nella protezione del santo è confermata da Gennadio, secondo cui Giacomo di Nisibi, in base ad un consiglio dato a suo tempo da Costantino, fu seppellito entro le mura, ... *ob custodiam videlicet civitatis.* Il consiglio si dimostrò giusto allorché l'imperatore Giuliano fece portare le reliquie fuori della città: pochi mesi dopo, infatti, Gioviano cedette Nisibi ai Persiani, che la conservavano ancora ai tempi dell'autore.[106]

Un esempio ancor più chiaro è dato dalle vicende delle reliquie di Simeone Stilita, vissuto fra il 390 ed il 459;[107] la Vita siriaca, i cui manoscritti più antichi risal-

---

103 Drescher (cfr. n. 101), 140–42.

104 Cfr. in particolare E. von Dobschütz, *Christusbilder. Untersuchungen zur christlichen Legende*, TU, N.F. 3, Leipzig 1899, 269; P. Brown, *Society and the Holy in Late Antiquity*, London 1982, 262. Sul valore magico spesso attribuito alle immagini dei santi cfr., recentemente, Ch. Belting-Ihm, s.v. *Heiligenbild,* in: *RAC,* XIV, Stuttgart 1988, 89–96, con documentazione e bibliografia.

105 *Carm. Nis.* 13, 21 (*Sancti Ephraemi Syri carmina Nisibena*, ed. G. Bickell, Lipsiae 1866, 100 = *Des heiligen Ephraem des Syrers Carmina Nisibena*, I, hrsg. v. E. Beck, *CSCO SS*, T. 93, Louvain 1961, 43).

106 Gennad. *de vir. ill.* 1 (ed. E.C. Richardson, TU, XIV 1, Leipzig 1896, 61–62).

107 Su di lui e sull'ampia tradizione a lui relativa cfr. in particolare H. Delehaye, *Les Saints Stylites,* Bruxelles 1923, 1 ss.; M. Chaîne, *La vie et les miracles de saint Symeon Stylite l'Ancien,* Le Caire 1948; P. Peeters, *Orient et Byzance: le tréfonds oriental de l'hagiographie Byzantine*, Bruxelles 1950, 93–136; A.J. Festugière, *Antioche païenne et chré-*

gono alla fine del V secolo, narra che il *comes Orientis* Flavio Aspar Ardabur si recò con le proprie truppe al convento dove il santo era morto e ne mise al sicuro il corpo ad Antiochia, su richiesta degli abitanti, che volevano servirsene come mura per difendere la loro città. L'imperatore Leone chiese allora che il corpo gli fosse consegnato, ma gli Antiocheni gli inviarono una supplica, ricordando che la città non era più difesa da mura e chiedendo quindi che il corpo restasse presso di loro, in modo da fungere da mura e da difesa della città.[108] Evagrio, che aderisce alla versione della Vita siriaca anche nei particolari dell'appello degli Antiocheni a Leone, afferma che la maggior parte del corpo si era conservata fino ai suoi tempi e che egli stesso, insieme a molti vescovi, aveva visto la testa, che si manteneva miracolosamente intatta, allorché il generale Filippico, cognato dell'imperatore Maurizio inviato nel 584 a combattere i Persiani, aveva chiesto che le reliquie gli fossero inviate a protezione delle truppe impegnate sotto i suoi ordini.[109]

Il complesso di queste testimonianze dimostra dunque la popolarità e la persistenza della fede nelle virtù difensive delle reliquie di Simeone, tanto forte da suscitare rivalità per il loro possesso non solo fra le città della Siria, ma anche fra Antiochia e l'imperatore e da suggerire, ancora più di un secolo dopo la morte del santo, la traslazione delle reliquie, con una solenne cerimonia alla presenza dei vescovi locali, affinché servissero da difesa per l'esercito impegnato in una difficile ed importante guerra contro il nemico persiano. E' poi da ricordare, a conferma della particolare fede nella potenza delle reliquie che sembra aver contraddistinto le campagne di Filippico, la testimonianza di Teofilatto Simocatta, secondo cui nel 586 il generale bizantino utilizzò un'immagine di Cristo che si credeva non fabbricata da mani umane per instillare coraggio nelle sue truppe, impegnate nella guerra contro i Persiani.[110]

---

tienne: Libanius, Chrysostome et les moines de Syrie, Paris 1959, 347–51 e 493–506; P. Canivet, *Le monachisme syrien selon Théodoret de Cyr,* Paris 1977, 109 ss.; S. Ashbrook Harvey, *The Sense of a Stylite: Perspectives on Simeon the Elder,* VChr 42, 1988, 376–94; Id., *Oldfactory Knowing: Signs of Smell in the Vitae of Simeon Stylites,* in: G.J. Reinink and A.C. Klugkist. (eds.), *After Bardaisan: Studies on Continuity and Change in Syriac Christianity in Honour of Professor Han J.W. Drijvers*, Leuven 1999, 23–34.

108 *Vita Symeonis* 133–36 (H. Lietzmann, *Das Leben des Heiligen Symeon Stylites,* TU 32/4, Leipzig-Berlin 1908, pp. 177–79; si veda anche la traduzione inglese di R. Doran, *The Lives of Simeon Stylites,* Translated with an Introduction, Kalamazoo, Michigan 1992, pp. 192–94, §§ 125–28).

109 Euagr. *Hist. Eccl.* 1, 13, pp. 21–23 Bidez-Parmentier. Sulla cronologia e sullo svolgimento delle campagne di Filippico, cfr. in particolare, recentemente, M. Whitby, *The Emperor Maurice and his historian: Theophylact Simocatta on Persian and Balkan Warfare*, Oxford 1988, 278–89. La traslazione delle reliquie ad Antiochia ad opera di Aspar è narrata anche, più brevemente, da Malala (p. 369 Dindorf = Thurn).

110 Theophyl. Sim. *Hist.* 2, 3, 4–6, p. 73–74 de Boor. Su questa condotta di Filippico e sulla

Questa fede si ricollegava del resto ad una tendenza, diffusa e ben attestata, a sostituire la protezione dei santi a quella degli dèi pagani anche in questo ruolo. Gli esempi più ampi di questa tendenza ci sono offerti dai *Miracoli di Santa Tecla*, composti poco dopo il 470.[111] In quest'opera la santa è glorificata per le sue continue apparizioni e per i prodigi che salvano dagli attacchi degli Isauri e di altri briganti non solo Seleucia, presso cui si trovava il suo santuario, ma anche altre città della regione,[112] con interventi diretti che ricordano le epifanie in battaglia degli dèi pagani: così, ella accorre in aiuto d'Iconio, viene alle mani con i nemici, li uccide, li colpisce, getta polvere nei loro occhi, in modo che essi possono essere sterminati.[113] Il generale Saturnino, un uomo pio inviato dall'imperatore contro gli Isauri, ricorre al suo aiuto; Tecla gli assicura ogni volta la vittoria, rivelandogli in particolare un agguato, in modo che egli possa annientare i nemici.[114] Ella salva infine Selinonte dai briganti, ai quali un demone aveva mostrato un sentiero per raggiungere la città di nascosto: la santa prescrive di costruirle all'inizio di questo sentiero una chiesa, che serve da difesa e impedisce ogni sorpresa da parte dei briganti.[115] Il santuario di Tecla presso Seleucia non conservava reliquie della santa, ma sorgeva nel luogo in cui si credeva che ella fosse sprofondata viva, penetrando nella terra.[116] In tutti questi racconti, il santuario assume dunque la funzione di difesa che era propria delle reliquie: esso appare come il centro da cui s'irradia l'azione sovrannaturale della santa, mirante a difendere l'intera regione e i fedeli che la veneravano.

La fede nel potere delle reliquie e delle immagini sacre, considerate partecipi dello stesso potere, ed il loro uso in guerra raggiunsero il loro apice fin dall'inizio dell'epoca bizantina, come dimostrano numerosi esempi. Così, a proposito della campagna condotta dal re Cosroe in Siria nel 540, il contemporaneo Procopio e lo storico ecclesiastico Evagrio, che scrive dopo il 593 e della vicenda fu testimone oculare, narrano come Apamea fu salvata dalla distruzione grazie ad un frammento della croce di Cristo, che era stato portato lì da un siriano e conservato dagli antichi come protezione per se stessi e per la città. Il vescovo aveva portato in

---

concezione bizantina dei rapporti fra strategia e religione cfr. Whitby (cfr. n. 109), 281–82.

111 *Vies et miracles de Sainte Thècle*, Texte grec, trad. et comm. par G. Dagron, Subsidia Hagiographica 62, Bruxelles 1968 (pp. 13–19 circa la datazione).

112 *Mir.* 5, p. 296–98.

113 *Mir.* 6, p. 298.

114 *Mir.* 13, p. 322–24; l'episodio dev'essere datato prima del 378: cfr. Dagron, *Vies et miracles* (cfr. n. 111), 117–18.

115 *Mir.* 27, p. 358–60. Per il quadro storico di questi miracoli cfr. J. Rougé, *L'Histoire Auguste et l'Isaurie au IVe siècle*, REA 68, 1966, 282 ss.; Dagron, *Vies et miracles* (cfr. n. 111), 112–23; Marasco, *Alcuni tyranni dell'epoca di Gallieno,* Sileno 14, 1988, 216–26.

116 *Vita* 28, p. 280 Dagron.

processione la reliquia e una fiamma miracolosa si era accesa sulla sua testa, accompagnandolo nel suo cammino.[117] In questo episodio, la reliquia della croce assume un valore del tutto analogo all'altro frammento che, come abbiamo visto, secondo la tradizione cristiana sarebbe stato conservato a Costantinopoli sotto la colonna di porfido: anch'esso, infatti, appare consacrato fin dall'inizio a garantire la salvezza della città e ad esso si fà ricorso nel momento del pericolo dinanzi a nemici esterni.

Un racconto analogo è riferito ancora da Evagrio riguardo all'assedio di Edessa da parte dei Persiani nel 544: un'immagine non fabbricata da mani umane, che Cristo stesso aveva impressa ed inviata al re Agbar, avrebbe partecipato alla difesa e fu ritenuta artefice della vittoria.[118] La storia, che ebbe grande fortuna nella tradizione posteriore,[119] dovette comunque essere sviluppata solo qualche tempo dopo la vicenda: Procopio infatti, che scriveva prima del 551, dice che Cosroe e i Magi odiavano Dio e i cristiani, perché erano stati vinti da loro in un precedente tentativo di prendere Edessa,[120] ma ignora la storia dell'icona, con tutta probabilità perché essa non era ancora nota al suo tempo.[121]

Lo stesso Evagrio riferisce d'altronde che Cosroe I, assalendo Sergiopoli ormai priva di difensori, intendeva asportare le reliquie del martire Sergio, ma le sue truppe furono respinte da un'immensa armata comparsa all'improvviso.[122] Più tardi, suo nipote Cosroe II riconobbe il potere del santo, assolvendo un voto fatto in suo onore per ottenere il suo aiuto contro un usurpatore e restituendo una

---

117 Procop. *Bell. Pers.* 2, 11, 14–20; Euagr. *Hist. eccl.* 4, 26, p. 173; cfr. P. Allen, *Evagrius Scholasticus, the Church Historian*, Leuven 1981, 187–88; M. Meier, *Das andere Zeitalter Justinians. Kontingenzerfahrung und Kontingenzbewältigung im 6. Jahrhundert n. Chr.*, Göttingen 2003, 365–73.

118 Euagr. *Hist. eccl.* 4, 27, p. 175; cfr. Allen (cfr. n. 117), 188–89.

119 Cfr. in particolare Dobschütz (cfr. n. 104), 105 ss.; S. Runciman, *Some Remarks on the Image of Edessa*, Cambridge Historical Journal 3, 1931, 238–52; J. B. Segal, *Edessa, 'The Blessed City'*, Oxford 1970, 76 ss.; A. Cameron, *The History of the Image of Edessa: The Telling of a Story*, in: *Okeanos. Essays presentedto I. Ševčenko*, Harvard Ukrainian Studies 7, 1983, 80–94. In generale, sullo sviluppo della leggenda relativa ad Abgar cfr. soprattutto A. Desreumaux, *Histoire du roi Abgar et de Jésus*, Tournhout 1993; J. González-Nuñoz, *La leyenda del rey Abgar y Jesús*, Madrid 1995.

120 Procop. *Bell. Pers.* 2, 26, 2–3.

121 Cfr. Segal (cfr. n. 119), 77; A. Cameron, *Procopius and the Sixth Century*, London 1985, 116–17. Nella versione più antica della leggenda di Abgar, attestata in particolare da Egeria (*Peregr.* 19, SC 296, Paris 1982, 206–12), la funzione di difesa contro i Persiani era svolta invece da una lettera di Gesù, che garantiva l'inviolabilità di Edessa: ostendendola al nemico, Abgar ne avrebbe ottenuto la sconfitta. Circa gli sviluppi di questo tema nella tradizione fino ad Evagrio cfr. M. Amerise, *La scrittura e l'immagine nella cultura tardoantica: il caso di Abgar di Edessa*, OCP 67, 2001, 437–45.

122 Euagr. *Hist. eccl.* 4, 28, p. 176.

croce d'oro che era stata asportata da suo nonno.[123] Ma la fama di questo potere delle reliquie di san Sergio era destinata a perpetuarsi nel tempo e a dilatarsi nello spazio, fino a manifestarsi in paesi lontani ed in epoche ben posteriori.

Gregorio di Tours[124] narra infatti che un tale aveva narrato al re franco Gundebaldo che un re d'Oriente, avendo portato via un pollice di san Sergio, l'aveva innestato nel proprio braccio destro; quando doveva respingere i nemici, egli alzava il braccio destro e subito i nemici fuggivano. Il re fece quindi ricercare le reliquie e Bertrando, vescovo di Bordeaux, gli fece sapere che esse erano in possesso del mercante siriano Eufrone e che la loro efficacia era confermata dal fatto che, quando un incendio aveva arso la città, la casa di Eufrone, pur circondata dalle fiamme, si era salvata. Mammolo, l'inviato del re, s'impadronì della reliquia e colpì l'osso del pollice con un coltello, spezzandolo in tre parti. Ciò apparve un sacrilegio ad Eufrone, sicché tutti i presenti s'inginocchiarono in preghiera; quindi Mammolo se ne andò con un frammento della reliquia, ma non con la grazia del santo, come dimostrò il fatto che in seguito egli cadde in disgrazia e venne ucciso per ordine del re.[125]

La vicenda conferma ancora l'estrema diffusione di questo genere di credenze anche in località assai lontane da quella d'origine del santo ed in persone appartenenti ai più vari strati sociali, dal mercante al grande dignitario di corte, fino al re stesso. D'altra parte, mi sembra degno di nota lo sviluppo stesso della leggenda delle reliquie, che da una funzione passiva, di difesa della città, passano a svolgere un ruolo attivo, tanto da servire a volgere in fuga il nemico in battaglia: il particolare del re che mette in fuga i nemici con il gesto d'alzare il braccio in cui è inserita la reliquia mi sembra, d'altronde, chiaramente basata su esempi biblici, in particolare su quello di Mosé.

La fede in questo genere di protezione soprannaturale ebbe poi una fortuna notevole in tutta l'epoca bizantina ed accentuò la ricerca e la traslazione di nuove reliquie, come attestano in particolare le testimonianze relative a Costantinopoli,[126] dove soprattutto il culto della Vergine Theotokos e la traslazione delle sue reliquie

---

123 Euagr. *Hist. eccl.* 6, 21, p. 235. Sull'importanza del culto di san Sergio e sul suo ruolo nelle relazioni romano-persiane cfr. recentemente E. K. Fowden, *The Barbarian Plain: Saint Sergius between Rome and Iran*, Berkeley and London 1999.

124 *Hist. Franc.* 7, 31.

125 Cfr. Greg. Tur. *Hist. Franc.* 7, 39.

126 Cfr. ad es. N. H. Baynes, *The Supernatural Defenders of Constantinople*, AB 67, 1949, 165–77 (= Id., *Byzantine Studies and Other Essays*, London 1955, 248–60). Inoltre, per le testimonianze in parte analoghe relative alla Gallia, cfr. B. Beaujard, *Cités, évêques et martyrs en Gaule à la fin de l'époque romaine*, in: *Les fonctions des saints dans le monde occidental (IIIe–XIIIe siècle). Actes du Colloque organisé par l'Ecole française de Rome avec le concours de l'Université de Rome „La Sapienza" (Rome, 27–29 octobre 1988)*, Rome 1991, 178 ss.

assunsero appunto tale valore.[127] Il desiderio di sempre maggiore protezione induceva del resto a ricercare sempre nuove reliquie, il cui potere fosse garantito dalla tradizione e dai precedenti miracolosi: così nel 944 i Bizantini s'impadronirono dell'immagine di Cristo ad Edessa, che come abbiamo visto si pensava avesse salvato la città dai Persiani, e la portarono a Costantinopoli, nella convinzione che avrebbe custodito gli imperatori e garantito la sicurezza della città.[128]

Anche se invenzioni agiografiche dovettero essere comuni in questo campo, la stessa frequenza delle notizie sull'uso in funzione militare di reliquie e di immagini sacre, che come si è visto erano considerate partecipi dello stesso potere, conferma la realtà e la diffusione di questa fede. Così, l'imperatore Eraclio, secondo la testimonianza di un poeta suo contemporaneo, nel 610 pose un'immagine della Vergine alla testa della sua campagna navale contro Foca;[129] in seguito, nel 622, egli fece ricorso ad un'immagine miracolosa di Cristo come garanzia di vittoria nella campagna contro i Persiani.[130] Nel 626, il patriarca Sergio avrebbe salvato Costantinopoli assediata dagli Avari portando in processione un'icona e reliquie della Croce e della Vergine.[131] Nel 717, durante l'assedio di Costantinopoli da parte degli Arabi, un'icona della Vergine fu portata in processione intorno alle mura insieme alle reliquie della Croce, per garantire la salvezza della città.[132]

---

127 Cfr. Frolow (cfr. n. 51), 101 ss.; Averil Cameron, *The Cult of the Theotokos in Sixth Century Constantinople*, JThS, N.S. 29, 1978, 79–108; Ead., *The Virgin's Robe: an episode in the history of early seventh century Constantinople*, Byzantion 49, 1979, 42–56.

128 Dobschütz, *Christusbilder* (cfr. n. 104), 149 ss.

129 Georg. Pis. *Her.* 2, 14–16, p. 79 Bekker (= A. Pertusi, *Giorgio di Pisidia. Poemi*, I, *Panegirici epici*, Ettal 1960, 252); cfr. Theophan. *Chron.*, p. 298, 15–18 de Boor. Giorgio Monaco (*Chron.*, p. 655, 11–12 de Boor) fraintende Giorgio Piside, parlando di un'immagine di Cristo.

130 Georg. Pis. *Exp. Pers.* 1, 139–54, p. 9 Bekker (= p. 91 Pertusi [cfr. n. 129], con commento e bibliografia, pp. 142–43); 2, 86, p. 17 (= p. 101 Pertusi); *Her.* 1, 218, p. 77 (= p. 250 Pertusi); cfr. Theophan. *Chron.*, p. 303, 17–21.

131 Georg. Pis. *Bell. Avar.* 372–73, p. 62 Bekker (= p. 193 Pertusi); *In hymn. acath.*, *PG* XCII, 1349–52 e 1356–57; cfr. Frolow (cfr. n. 51), 95, n. 2; Pertusi (cfr. n. 129), 220; P. Speck, *Zufälliges zum Bellum Avaricum des Georgios Pisides*, München 1980, 48 ss. Su questo assedio cfr. in particolare F. Barisić, *Le siège de Constantinople par les Avares et les Slaves en 626*, Byzantion 24, 1954, 371–95; A.N. Stratos, *The Avar's Attack on Byzantium in the Year 626*, Byzantinische Forschungen 2, 1967, 370–76. Da parte sua, il patriarca Niceforo (*Brev.* 13, p. 58, 15–19 Mango) narra che „una potenza divina“ distrusse allora le torri d'assalto dei nemici e fece perire i combattenti che vi si trovavano.

132 *In hymn. acath.*, *PG* XCII 1352–53 e 1369–72. Per altre versioni circa l'intervento dell'icona della Vergine in occasione di quell'assedio cfr. soprattutto S. Gero, *Byzantine Iconoclasm during the Reign of Leo III, with Particular Attention to the Oriental Sources*, (CSCO 346, Subsidia, T. 41), Louvain 1973, 181–89.

Queste concezioni assunsero poi un valore del tutto particolare, nella tradizione e, con ogni evidenza, nella realtà storica, all'epoca delle crisi iconoclastica, in chiaro rapporto con la polemica sulla liceità e sull'efficacia delle immagini sacre e del culto ad esse rivolto. Così, il cronista iconofilo Teofane narra che nel 727, l'anno dopo che Leone III aveva dato inizio alla sua politica iconoclastica, Nicea, assediata dagli Arabi, si sarebbe salvata grazie alle preghiere degli abitanti e alle reliquie dei santi, che erano oggetto della più grande venerazione da parte della popolazione.[133] Teofane rincara poi la dose, narrando che Costantino, *strator* di uno dei principali dignitari dell'imperatore iconoclasta Leone III, vide un'icona della Theotokos, le lanciò contro una pietra, la gettò a terra e la calpestò; subito egli vide un'apparizione della Vergine, che gli preannunciò la punizione, e il giorno dopo venne ucciso in battaglia.[134]

L'atteggiamento di Teofane è, in questo caso, particolarmente importante nell'ottica del suo tempo, poiché all'epoca in cui egli scriveva, nell'814, la polemica contro il culto delle immagini era basata soprattutto sulla convinzione che esso avesse provocato contro il popolo cristiano l'ira di Dio e le conseguenti gravi sconfitte ad opera dei Bulgari; proprio questa convinzione fu alla base della politica iconoclastica nuovamente adottata l'anno seguente da Leone V.[135] Risultava quindi essenziale, per la tradizione iconofila, rovesciare quest'accusa e mostrare come invece proprio la fedeltà al culto delle immagini avesse garantito a Nicea la salvezza contro i nemici.

Nell'822, all'epoca dell'assedio di Costantinopoli da parte dell'usurpatore Tommaso, per volere dell'imperatore Michele II reliquie della Vergine e di Cristo furono portate in processione dal principe Teofilo e dal patriarca per proteggere la città.[136] Ancora nell'860, in occasione del primo attacco dei Russi contro Costantinopoli, la salvezza della città venne attribuita all'intervento della Theotokos.[137] In particolare, l'imperatore Michele III ed il patriarca Fozio si sarebbero

133 Theophan. *Chron.*, p. 405, 25–406, 5.

134 Theophan. *Chron.*, p. 406, 5–14.

135 Cfr. Theophan. *Chron.*, p. 501; Scriptor Incertus, *De Leone Bardae f.* (in: *Leonis Grammatici Chronographia*, ed. I. Bekker, Bonnae 1842, 349). Su questa situazione e sugli intenti della narrazione di Teofane della crisi iconoclastica cfr. Marasco, *Teofane e le origini dell'iconoclastia*, in: *Categorie linguistiche e concettuali della storiografia bizantina*, a cura di U. Criscuolo e R. Maisano, Napoli 2000, 105–23.

136 Theophan. Cont. *Chron.* 2, 14, p. 59 Bekker; Genes. *Reg.* 2, 5, p. 39 Lachmann (= p. 28 Lesmueller-Werner/Thurn); Cedren. II, p. 81. Sulle vicende storiche dell'usurpazione di Tommaso cfr. ad es. Ostrogorsky (cf. n. 40), 181–82. E' possibile che la notizia, nelle fonti iconofile, abbia anche un sapore polemico, dal momento che essa sottolinea la partecipazione alla processione di Teofilo, che sarebbe stato in seguito l'ultimo imperatore iconoclasta.

137 Su questo assedio e sulla tradizione relativa cfr. C. de Boor, *Der Angriff der Rhos auf*

recati al santuario delle Blacherne per placare la Vergine; poi, al canto di inni, la veste della Theotokos venne portata in processione fino alla spiaggia. Allora, nonostante il tempo fosse tranquillo, subito si alzò un forte vento, che distrusse la flotta nemica, sicché pochi dei Russi si salvarono.[138]

Queste testimonianze dimostrano chiaramente che le reliquie e le icone avevano ormai preso saldamente il posto dei *telesmata* per scopi militari, in conseguenza del declino del paganesimo; ciò fornisce, a mio avviso, un ulteriore e non trascurabile motivo del fenomeno, ben attestato nella tarda antichità e poi per tutto il Medioevo, dell'accanimento con cui le comunità cittadine ricercavano le reliquie dei santi e provvedevano alla loro traslazione, spesso affrontando sacrifici e spese non indifferenti[139] e non di rado, come abbiamo visto, entrando in concorrenza fra loro e con i sovrani. Del resto, è ben comprensibile che gli imperatori ed i generali cristiani, come pure le autorità di città ormai saldamente cristianizzate, non intendessero più ammettere il ricorso a simboli pagani. La fede nella protezione del santo, garantita dal suo intervento diretto, dalla sua intercessione presso Dio o dalla presenza delle sue reliquie, ebbe dunque un posto essenziale nelle credenze cristiane e si perpetuò, fino agli ultimi secoli del Medioevo, nella fede diffusa nell'intervento del santo patrono a difesa della città.[140]

I *telesmata*, pur esclusi ormai dall'utilizzazione ufficiale, non scomparvero comunque, nell'uso e nella diffusa credenza. Già abbiamo visto, ad esempio, come la fede nell'efficacia dei *telesmata* attribuiti ad Apollonio di Tiana sia restata viva nelle città dell'Oriente per tutta l'epoca bizantina; ma queste credenze non erano affatto ignote anche nell'Occidente.

Una testimonianza di note vole interesse è offerta, in particolare, da Gregorio di Tours il quale, narrando l'incendio di Parigi del 585, afferma che si diceva che la città fosse stata consacrata in tempi antichi perché non vi avvenissero incendi e non vi apparissero mai né serpenti né ghiri. In tempi recenti però, quando lo scarico del ponte era stato pulito e liberato dal fango, si erano trovati un serpente ed un ghiro di bronzo. Dopo che questi erano stati rimossi, erano apparsi numerosi ghiri e serpenti e la città era stata sconvolta dagli incendi.[141] Il vescovo Gregorio mostra, come si vede, una fiducia in simili rimedi del tutto simile a

---

Byzanz, ByzZ 4, 1895, 445 ss.; A. A. Vasiliev, *Byzance et les Arabes,* I: *La dynastie d'Armorium (820–876),* Bruxelles 1935, 241 ss.; Id., *The Russian Attack on Constantinople,* Cambridge, Massachusetts 1946; Ostrogorsky (cfr. n. 40), 208.

138 Leo Gramm. *Chron.*, p. 241.

139 In proposito cfr. ad es. P. Brown, *Society and the Holy in Late Antiquity,* London 1982, 222 ss.

140 Cfr. ad es. D. Webb, *Patrons and Defenders. The Saints in the Italian City-States*, London/New York 1996, 28 ss.

141 Greg. Tur. *Hist. Franc.* 8, 33.

quella di quanti facevano ricorso ai *telesmata* di Apollonio di Tiana, a testimonianza di credenze diffuse in tutto il mondo tardoantico.

Del resto, l'uso di simili statue si perpetuò non solo nell'impero bizantino, ma anche nell'Italia medievale, nella credenza nelle *statuae averruncae*, immagini magiche che si credeva fossero capaci di fornire protezione contro catastrofi e sconfitte militari.[142]

3. La magia offensiva: dallo stregone dell'imperatore all'imperatore stregone

La fede nei *telesmata* e la loro utilizzazione come difesa contro i nemici rientravano comunque, essenzialmente, nell'ambito della magia bianca; nonostante potessero suscitare avversione fra i cristiani per il loro carattere di ricorso ai demoni, esse non sembrano d'altronde aver offerto occasione per condonne o per azioni repressive. Ben diversa era la situazione riguardo ad altre pratiche, legate invece alla magia nera, il cui uso in guerra è pure attestato nelle fonti tardoantiche.

La credenza nell'efficacia della stregoneria in guerra aveva del resto illustri precedenti letterari, attestati in particolare nel *Romanzo di Alessandro*, un testo ampiamente noto e diffuso per tutta l'epoca tardoantica e che ebbe grande fortuna anche in età bizantina.[143] Già la recensione più antica, che è comunque precedente ai primi decenni del IV secolo a. C., allorché Giulio Valerio la tradusse in latino,[144] si apre in effetti con la descrizione dei poteri magici di Nectanebo, l'ultimo faraone d'Egitto, che deteneva la supremazia su tutti i popoli grazie alla magia: quando infatti doveva affrontare dei nemici, egli si procurava un catino, lo riempiva d'acqua e plasmava figure di cera di uomini e di navi, che metteva nel catino. Quindi, egli invocava i demoni con i suoi incantesimi e le figurine di cera si animavano; allora le faceva affondare nell'acqua e, nello stesso tempo, le navi nemiche affondavano nel mare.[145] Si tratta qui di magia simpatica, che agisce sull'oggetto da colpire creando un rapporto fra esso e la sua immagine di cera; ma

142 Cfr. O. Weinreich, *Antike Heilungswunder: Untersuchungen zur Wunderglauben der Griechen und Römer*, Religionsgeschichtliche Versuche und Vorarbeiten, Bd. 8, Heft 1, Giessen 1909, 162 ss.; Dodds (cfr. n. 15), 294.

143 In proposito cfr. soprattutto H. J. Gleixner, *Das Alexanderbild der Byzantiner*, diss. München 1961.

144 In proposito e circa i problemi della tradizione del *Romanzo di Alessandro* cfr. in particolare R. Merkelbach, *Die Quellen des griechischen Alexanderromans*, München 1977².

145 Ps.-Callisth. 1, 1 (*Historia Alexandri Magni [Pseudo-Callisthenes]*, I, *Recensio vetusta*, ed. G. Kroll, Berolini 1958²).

altre forme di magia erano ritenute altrettanto efficaci e le notizie sul ricorso ad esse non sono limitate ai testi letterari.

Consideriamo, in particolare, il „miracolo della pioggia", che nel 172 permise alle truppe di Marco Aurelio circondate dai barbari di sconfiggere i nemici, sconvolti da un improvviso temporale e dai fulmini che cadevano su di loro.[146] La tradizione cristiana lo presentò appunto come un miracolo, provocato dalle preghiere dei soldati cristiani della *Legio XII Fulminata*, ma una versione attestata già da Cassio Dione ne attribuiva ogni merito ad Arnouphis, un mago egiziano amico dell'imperatore, che avrebbe invocato con i suoi incantesimi varie divinità, in particolare Ermes Aerios.[147] Ancora un'altra versione, attestata da fonti tarde, attribuiva invece il temporale alle arti magiche di Giuliano,[148] il fondatore della teurgia, vissuto appunto sotto Marco Aurelio;[149] secondo Michele Psello, inoltre, Giuliano aveva creato una maschera umana d'argilla, che scatenò fulmini contro i nemici.[150]

La tradizione antica sul „miracolo della pioggia" mi sembra estremamente istruttiva circa le interpretazioni che si potevano dare di simili eventi sorprendenti avvenuti in guerra. Alla versione cristiana, che attribuiva la vittoria ad un miracolo ottenuto mediante la preghiera, si opponeva infatti una versione pagana, nata non molto tempo dopo i fatti, che riteneva invece il temporale opera di un mago egiziano, ricollegandosi evidentemente con la diffusa tendenza a sottolineare la perizia degli Egiziani nelle arti magiche.[151] Infine una terza versione, diffusasi in epoca più tarda, con ogni probabilità ad opera degli ambienti filosofici, attribuiva ogni merito all'iniziatore della teurgia, Giuliano. Vediamo qui dunque ben caratte-

146 Cf. in particolare J. Guey, *La date de la „pluie miraculeuse" (172 après J.-C.) et la Colonne Aurélienne*, MEFRA 60, 1948, 105–27; 61, 1949, 93–118; A. Birley, *Marcus Aurelius*, London 1966, 237–40.

147 Dio Cass. 71, 8, 4; cf. Suda, s.v. *Arnouphis*, Adler I, p. 365; s.v. *Ioulianos*, II, p. 642. Si noti che la storicità di Arnouphis e la sua presenza accanto a Marco Aurelio sono dimostrate dalla sua dedica di un altare a Iside ad Aquileia (*AE* 1934, 295; cfr. Guey, *Encore la „pluie miraculeuse": mage et dieu*, RPh 22, 1948, 16–62).

148 Suda, *locc. citt.* (supra n. 147); cfr. Lewy (cfr. n. 18), 4. La vittoria sui Marcomanni e la pace sono attribuite genericamente alle magie dei Caldei, ma senza menzione del miracolo della pioggia, in HA *Heliog.* 9, 1; Claudian. *de VI cons. Honor.* 348.

149 Su di lui e sulla sua fama cfr. ad es. Dodds (cfr. n. 15); Lewy (cfr. n. 18), 3 ss.

150 *Michaelis Pselli Scripta Minora*, I, edd. E. Kurtz/F. Drexl, Milano 1936, 446, 28–447, 4. Lewy ([cfr. n. 18] 5, n. 3 e 247) ritiene che questa notizia derivi da Proclo.

151 Si tratta, in questo caso, di un motivo topico estremamente diffuso nella tradizione antica (cfr. ad es. Origen. *C. Cels.* 1, 46, SC 132, Paris 1967, 194; Rufin. *Hist. Eccl.* 2, 26, p. 1032; Th. Hopfner, *Griechisch-ägyptischer Offenbarungszauber: seine Methoden*, Studien zur Palaeographie und Papyruskunde 23, Leipzig 1924, 38); anche nei testi demotici Menfi è considerata capitale dei maghi (cfr. G. Maspéro, *Les contes poulaires de l'Égypte ancienne*, Paris 1911[4], 425–26), a conferma di una fama radicata e diffusa.

rizzate fin dall'inizio sia le tre possibilità che si offrivano a chi volesse prevalere sul nemico con mezzi soprannaturali (Dio, il mago, il teurgo), sia la netta contrapposizione, nella mentalità comune e nella tradizione, fra miracolo cristiano, opera della fede, e magia pagana, frutto del ricorso ai demoni.

Questa contrapposizione, con le conseguenze che ne derivavano sul piano ideologico e propagandistico, fu ampiamente sviluppata, già all'epoca di Costantino, nell'opera di Eusebio di Cesarea e fu poi ripresa ed amplificata, sulla base di quest'ultimo, dalle fonti successive. L'accusa di magia è infatti sfruttata da Eusebio contro Massenzio, per sottolineare l'opposizione fra le sue pratiche pagane e la fede cristiana di Costantino. Massenzio avrebbe infatti compiuto riti magici, sventrando donne incinte, esplorando le viscere dei neonati, sgozzando leoni; egli invocava i demoni e faceva incantesimi per la guerra, confidando così di ottenere la vittoria. Ancora al momento dello scontro finale con Costantino, egli confidava più negli espedienti magici che nell'appoggio del popolo; ma Costantino, forte dell'aiuto di Dio, riuscì a prevalere sulle sue magie.[152] Eusebio, in realtà, non faceva che dare una veste cristiana ad accuse che furono effettivamente utilizzate dalla propaganda di Costantino all'epoca della guerra contro Massenzio: infatti, già l'anonimo autore pagano del panegirico pronunciato nel 313 per esaltare la vittoria di Costantino mette in contrasto l'obbedienza di quest'ultimo ai precetti divini con il ricorso di Massenzio alla stregoneria.[153]

Accuse ancor più circostanziate sono poi rivolte da Eusebio contro Massimino Daia. Questi avrebbe infatti dimostrato una malvagità del tutto analoga, accogliendo presso di sé i principali maghi, stregoni e indovini, per ottenere il loro aiuto nelle sue imprese; aveva inoltre restaurato i culti pagani ed aveva affidato posti di comando e privilegi a tutti gli stregoni.[154] Fra questi particolare rilievo ebbe Teotecno, *curator* ad Antiochia, che fu l'animatore della persecuzione anticristiana in quella città:[155] esperto nelle arti magiche, aveva eretto „con incantesimi e stregonerie" una statua di Zeus Philios, alla quale celebrava riti impuri e da cui ottenne in particolare un oracolo che prescriveva di cacciare i cristiani dalla città e che fu

152 Euseb. *Hist. eccl.* 8, 14, 5; 9, 9, 3; *Vita Const.* 1, 36–37; cfr. Zonar. 13, 1, 9–10, p. 3; Cedren. I, p. 473–74 (che accusa degli stessi crimini anche Massimiano e Severo); F. Halkin, *Une nouvelle Vie de Constantin dans un légendier de Patmos*, AB 77, 1959, 79–80.

153 *Paneg. Lat.* 9 (12) 4, 4: ... *te divina praecepta, illum superstitiosa maleficia* ... Cfr. A. Alföldi, *The Conversion of Constantine and Pagan Rome*, Oxford 1948, 83; J. Ziegler, *Zur religiösen Haltung der Gegenkaiser im 4. Jh. n. Chr.*, Kallmünz-Opladen 1970, 43 ss.

154 Euseb. *Hist. eccl.* 8, 14, 8–9.

155 Cfr. *PLRE* I *Theotecuns* 2; W. Ensslin, s. v. *Theoteknos*, nr. 1, RE V A 2 (1934), 2253; G. Downey, *A History of Antioch in Syria from Seleucus to the Arab Conquest*, Princeton, 1961, 333–34.

all'origine della nuova persecuzione.[156] La fiducia nell'aiuto determinante delle forze occulte sarebbe stata del resto alla base anche dell'audacia che spinse Massimino ad affrontare Licinio, che Eusebio considera allora imperatore legittimo e caro a Dio; sconfitto da Licinio, Massimino riunì i sacerdoti pagani, gli indovini e i maghi che l'avevano spinto ad intraprendere la guerra promettendogli la vittoria e li fece massacrare.[157] In seguito Licinio, giunto ad Antiochia, fece torturare Teotecno e i maghi che collaboravano con lui, perché confessassero il carattere ingannevole dei poteri della statua di Zeus Philios, quindi li fece giustiziare tutti.[158]

Eusebio attesta dunque accuse di magia che erano state diffuse già fra i contemporanei e sfruttate dalla propaganda ostile a Massenzio ed a Massimino. Nel caso del primo, i particolari circa i riti magici che egli avrebbe compiuti personalmente, con uccisioni di donne e bambini e invocazioni ai demoni, sono dovuti al paganesimo di Massenzio e mi sembrano ricollegarsi alle accuse formulate dai cristiani contro i delitti commessi nei culti pagani a scopi di magia;[159] essi mirano a suscitare l'orrore del pubblico e la riprovazione nei confronti dell'imperatore stregone, giustamente punito da Dio per i suoi delitti. Nel caso di Massimino, invece, l'accusa è più indiretta e mira a colpire tutto l'entourage che si raccoglieva intorno a lui, presentando la politica anticristiana di questo imperatore come effetto delle imposture dei maghi e della loro influenza su di lui. In entrambi i casi, comunque, il fine essenziale della narrazione è quello di condannare i persecutori come strumenti del demonio.[160] ed esaltare la vittoria dell'imperatore protetto da Dio come un trionfo della fede sui prodigi che i maghi pagani si vantavano di poter produrre in guerra, e pertanto la superiorità della fede sulla magia.

In questa prospettiva, è ben comprensibile che l'accusa di utilizzare la magia in guerra entrasse a far parte soprattutto del bagaglio della propaganda contro gli

---

156 Euseb. *Hist. eccl.* 9, 2–3; cf. Theophan. *Chron.*, p. 9, 30–33; Cedren. I 471 (che confonde Massimino con Galerio); *Passio S. Theodoti* 4, in: *Acta Sanctorum Maii*, 4, Parisiis et Romae 1866, 150. Downey (*A History…* [cfr. n. 155] 333) ritiene che Teotecno fosse un cristiano convertito al neoplatonismo; ciò potrebbe confortare l'ipotesi (Dodds [cfr. n. 15] 294–95) che la statua di Zeus fosse stata consacrata come *telesma* in base a riti teurgici.

157 Euseb. *Hist. eccl.* 9, 10, 6; cfr. Giovanni di Nikiu 78, 86–89 (*The Chronicle of John [c. 690 A. D.], Bishop of Nikiu*, transl. by R.H. Charles, London 1916, p. 67); Theophan. *Chron.*, p. 15, 7–1 (secondo cui Massimino aveva intrapreso la guerra perché convinto, come già Massenzio, „da presagi dei demoni e da incantesimi di stregoni"); Halkin, AB 1959, 81.

158 Euseb. *Hist. eccl.* 9, 11, 6; Theophan. *Chron.*, p. 16, 26–28.

159 Cfr. ad es. Rufin. *Hist. Eccl.* 2, 24, p. 1030–31; Socrat. *Hist. Eccl.* 3, 2, 4–6, p. 193; Theodoret. *Hist. Eccl.* 3, 26–27, p. 205–6.

160 Si noti che accuse del tutto analoghe erano state rivolte da Eusebio già contro Valeriano, presentando la sua persecuzione come effetto dell'influenza nefasta di uno stregone egiziano, che l'aveva indotto a riti orrendi di magia nera (*Hist. eccl.* 7, 10, 4).

usurpatori pagani. Così, Zonara afferma che Magnenzio, che regnò in Occidente dal 350 al 353, sarebbe ricorso alla stregoneria per sconfiggere Costanzo II: una maga gli prescrisse allora d'immolare una vergine e di dar da bere il suo sangue misto a vino ai soldati, mentre la maga stessa recitava incantesimi e chiedeva l'aiuto dei demoni.[161] Quest'accusa mirava a screditare il pagano Magnenzio, attribuendogli un rito magico e sanguinoso che suscitava orrore; in effetti, Zonara ha poi cura di contrapporvi la pietà di Costanzo che, dopo la vittoria, fece curare e seppellire i feriti e i morti nemici.[162] Ma l'accusa non è una tarda invenzione: già Atanasio infatti, nell'*Apologia a Costanzo* composta nel 357 per difendersi dalle accuse che gli erano state rivolte di collusione con l'usurpatore,[163] afferma che mai egli avrebbe potuto accordarsi con un uomo come Magnenzio, che aveva commesso un sacrilegio contro Dio, consultando stregoni e maghi, in violazione dei decreti divini.[164] L'accusa di magia contro Magnenzio era dunque diffusa, almeno in maniera generica, già fra i contemporanei, tanto che Atanasio poteva farvi riferimento, considerandola un atto d'empietà verso Dio e negando ogni coinvolgimento in quel genere di pratiche; mi sembra dunque perfettamente credibile che l'accusa particolare di essersi servito della magia nella guerra contro Costanzo fosse stata utilizzata anch'essa dalla propaganda per accentuare la condanna di Magnenzio ed esaltare la vittoria ottenuta su di lui da Costanzo con il favore di Dio. L'accusa di aver praticato la magia è infine attestata anche riguardo all'usurpatore Eugenio.[165]

Siamo qui ancora nel campo dell'utilizzazione propagandistica dell'accusa, nell'ambito delle lotte interne dell'Impero, ed è ben difficile distinguere se e fino a qual punto l'uso della divinazione, a cui certamente imperatori ed usurpatori pagani facevano ampio ricorso in guerra, lasciasse il posto anche a pratiche di magia nera. In epoche successive, tuttavia, la gravità della situazione e la diffusione delle credenze superstiziose fecero sì che il ricorso alla magia potesse apparire effettivamente, anche ad imperatori cristiani, una risorsa da prendere in considerazione per garantirsi la vittoria.

Una testimonianza essenziale in proposito è offerta ancora da un frammento di Olimpiodoro. Questi narra che, sotto il regno di Onorio e di Costanzo III,

---

161 Zonar. 13, 8, 12, p. 40–41.

162 Zonar. 13, 8, 18, p. 42.

163 Per la data dell'opera cfr. J. Quasten, *Patrology*, III, Utrecht/Antwerp 1960, 36; T. D. Barnes, *Athanasius and Constantius. Theology and Politics in the Constantinian Empire,* Cambridge, Massachusetts 1993, 196–97. Sulle accuse di magia rivolte contro Atanasio e sulle loro conseguenze cfr. Marasco, *Pagani e cristiani di fronte alle arti magiche nel IV secolo d.C.: il caso di Atanasio*, Quaderni catanesi di cultura classica e medievale, 1995, 121 ss.

164 Athan. *Apol. ad Const.* 7, 1, Opitz II 1, p. 283 = SC 56 bis, Paris 1958, 96.

165 Giovanni di Nikiu 83, 16, p. 86 Charles.

Libanio, un asiatico esperto nelle arti magiche, giunse a Ravenna e garantì di essere in grado di vincere i barbari grazie alla magia, senza bisogno di soldati. Egli diede prova dei suoi poteri, ma la voce giunse all'imperatrice Galla Placidia, che minacciò il marito Costanzo di rompere il matrimonio, se avesse lasciato vivere Libanio, mago e infedele, ed ottenne così che quest'ultimo fosse fatto uccidere.[166]

La vicenda dev'essere datata al 421, l'anno in cui Costanzo fu nominato Augusto in febbraio e morì in settembre, e s'inquadra nella situazione di estremo pericolo determinata allora dalla minaccia dei barbari. Proprio questa situazione spiega l'atteggiamento esitante del cristiano Costanzo, che aveva accolto a corte il mago Libanio e gli aveva permesso di dar prova dei suoi poteri, nella speranza che questi potessero offrire un aiuto determinante nella lotta contro i barbari. La situazione era evidentemente tanto grave da vincere gli scrupoli religiosi di Costanzo, che tuttavia doveva rendersi conto delle reazioni che la sua iniziativa avrebbe provocato fra i cristiani più convinti: la consultazione di Libanio avvenne infatti in segreto, come dimostra il fatto stesso che Placidia ne venne a conoscenza solo attraverso le voci di palazzo.[167]

E' comunque degno di nota soprattutto l'atteggiamento di Olimpiodoro, che con ogni evidenza rimpiangeva l'occasione perduta con l'esecuzione di Libanio:[168] la fede che lo storico mostra anche in questo caso nell'efficacia della magia è testimonianza eloquente di credenze diffuse e dà ragione delle esitazioni di Costanzo dinanzi alle profferte del mago. I dubbi sull'attendibilità del racconto di Olimpiodoro sembrano del resto fugati da una notizia di Procopio, il quale, narrando l'ascesa al trono nel 425 di Valentiniano III, figlio di Costanzo e di Placidia, accusa il nuovo imperatore di essere stato legato soprattutto a maghi e astrologhi.[169] L'analogia con la testimonianza del pagano Olimpiodoro conferma dunque il clima di quegli anni alla corte di Ravenna, dove anche la magia poteva apparire ormai come un mezzo accettabile dinanzi alla minaccia dei barbari e solo l'ascendente di Placidia valeva a impedire il ricorso ad essa.

La diffusione delle credenze attestate dall'episodio del mago Libanio appare del resto confermata da una vicenda per molti versi analoga, avvenuta all'epoca di

166 Olympiod. *fr.* 36 Blockley = *fr.* 51 Maisano = Phot. *Bibl. cod.* 80, 62a, 27–36.

167 Sulla minaccia di divorzio alla quale l'imperatrice fece allora ricorso cfr. in particolare Sirago, *Galla Placidia* ..., 203 s.; Oost (cfr. n. 82), 144.

168 Cfr. ad es. Blockley (cfr. n. 95), II, 219. E' probabile che l'episodio servisse allo storico per mettere in rilievo il fanatismo religioso di Placidia ed i suoi effetti dannosi, ma mi sembra dubbia la conclusione che esso presenti un sottofondo neoplatonizzante (Maisano [cfr. n. 81] 23): Libanio è presentato in effetti come stregone, non come teurgo.

169 Procop. *Bell. Vand.* 1, 3, 11. Per converso i dubbi su questa testimonianza (J. Gaudemet (*L'Église dans l'Empire romain [IVe–Ve siècles]*, Paris 1989², 644, n. 3) mi sembrano confutati appunto dalla notizia di Olimpiodoro.

Giustiniano. Giovanni di Nikiu, vescovo monofisita della fine del VII secolo,[170] riferisce infatti che, all'epoca delle prime campagne contro i Persiani, Giustiniano, che amava Dio con tutto il cuore e tutta la mente, fu tentato dalla magia. Vi era a Costantinopoli un mago, Maside, che aveva al suo servizio una banda di demoni, grazie ai quali faceva del male agli uomini. Tutti i fedeli, dunque, l'evitavano e non avevano rapporti con lui. Tuttavia, alcune persone che vivevano senza curare le proprie anime e perdevano il loro tempo nel teatro e nelle corse, in particolare alcuni nobili, come i patrizi Addeo ed Eterio, tenevano questo nemico di Dio in alto onore. Essi parlarono del mago all'imperatore e gli dissero che aveva causato la distruzione dei Persiani e che avrebbe dato la vittoria ai Romani; sarebbe stato inoltre di grande aiuto all'impero romano con le sue pratiche, avrebbe provveduto all'amministrazione dei popoli, ed avrebbe fatto in modo che le tasse fossero raccolte in maniera eccellente. Maside, inoltre, avrebbe mandato i demoni contro i Persiani, avrebbe reso deboli i loro guerrieri mediante molteplici e diverse malattie ed avrebbe reso i Romani vincitori senza una battaglia. Giustiniano, fermo nei suoi propositi, derise le parole di questi servi dei demoni, ma volle conoscere le loro pratiche impure; così, Maside eseguì i suoi incantesimi come i patrizi avevano detto. Quando l'imperatore ebbe assistito a queste pratiche, schernì i patrizi e disse loro che egli non desiderava la magia e la stregoneria che essi praticavano, pensando di beneficare lo Stato; egli era, in effetti, un imperatore cristiano e non poteva ottenere la vittoria con l'aiuto dei demoni, ma solo grazie alla protezione di Dio e di Cristo. Di conseguenza, scacciò il mago ed i suoi assistenti, perché la sua speranza era sempre riposta in Dio. Qualche tempo dopo, Giustiniano ricevette la vittoria da Dio e comandò che il mago fosse bruciato.[171]

Il ruolo attribuito in questa vicenda ai patrizi Addeo ed Eterio sembra confermare la storicità del racconto e della proposta respinta da Giustiniano. I due personaggi, infatti, appartenevano al senato di Costantinopoli, sono ampiamente noti per le alte cariche detenute sotto Giustiniano e Giustino II[172] ed erano politicamente legati, come attesta il fatto che avevano collaborato per ottenere la deposizione e l'esilio del patriarca Eutichio.[173] All'inizio del regno di Giustino II, poi, essi furono giustiziati sotto l'accusa di aver cospirato per avvelenare l'imperatore.[174] Al momento dell'esecuzione, Addeo dichiarò di essere innocente di

170 Su di lui cfr. A. Carile, *Giovanni di Nikius, cronista bizantino/copto del VII secolo*, FR, Ser. IV, 1–2, 1981, 103–55; J. Karayannopulos/G. Weiss, *Quellenkunde zur Geschichte von Byzanz (324–1453)*, II, Wiesbaden 1982, 306–7 con bibliografia.

171 Giovanni di Nikiu (90, 54–60, p. 139–40 Charles).

172 Cfr. *PLRE* III A, *Addaeus; Aetherius* 2.

173 Eustrat. *V. Eutych.* 76, *PG* LXXXVI 2, 2361.

174 Evagr. *Hist. eccl.* 5, 3, p. 197 Bidez-Parmentier; Eustrat., *loc. cit.* (supra n. 173); Joh. Bicl., *ad a. 568*, ed. Mommsen, *MGH AA*, XI 1, *Chron. Min.*, II, Berolini 1893, 207–20;

quell'accusa e vittima di una calunnia, ma ammise che la condanna che gli veniva inflitta era giusta, poiché aveva ucciso il prefetto del pretorio Teodoto mediante la magia.[175]

Addeo ed Eterio erano dunque circondati da una fama diffusa di ricorso alla magia, con ogni probabilità giustificata dalla loro condotta, e ciò conferma la fiducia nell'efficacia di simili mezzi magici. Del resto, né la condotta di Giustiniano né il racconto di Giovanni di Nikiu indicano il minimo dubbio sui reali poteri del mago Maside: la condanna di quest'ultimo e la riprovazione di Giovanni verso di lui sono provocate solo dal fatto che egli faceva ricorso ai demoni, ponendosi così in antitesi con la fede cristiana.

Il racconto mostra, d'altra parte, notevoli analogie con quello di Olimpiodoro relativo al mago Libanio, soprattutto per quel che riguarda la prova pratica che Maside aveva offerto dinanzi all'imperatore dei suoi poteri magici e la sua promessa di distruggere completamente i nemici senza alcun ricorso alle armi. La vicenda di Maside offre comunque maggiori particolari a questo proposito, poiché precisa che il mago intendeva avvalersi dei demoni sia per scaternarli direttamente contro i nemici, sia per fiaccare questi ultimi mediante molteplici e diverse malattie. La credenza che molte malattie fossero dovute all'azione dei demoni e che gli stregoni fossero capaci di utilizzare questi ultimi per provocarle era, in effetti, assai comune nell'antichità ed era diffusa sia fra i pagani che fra i cristiani, tanto che i vescovi stessi consigliavano spesso di ricorrere non al medico, ma all'esorcista.[176] Ben si comprende, dunque, la fede dei patrizi costantinopolitani nei poteri di Maside, che rientravano in sostanza in una tradizione ben consolidata ed affermata e potevano apparire preziosi in tempo di guerra.

Il rifiuto opposto da Giustiniano al ricorso alla magia è d'altra parte chiaramente elogiato da Giovanni di Nikiu come l'unica risposta che un vero cristiano poteva dare a simili proposte, appellandosi esclusivamente all'aiuto di Dio e celebrando poi la vittoria con l'esecuzione del mago.

Cedren. I 683; Niceph. Call. *Hist. eccl.* 17, 34, *PG* CXLVII 308. Per la datazione al 3 ottobre 567 cfr. in particolare Allen (cfr. n. 117), 211, n. 12.

175 Evagr., *loc. cit.* (supra n. 174); Niceph. Call., *loc. cit.* (supra n. 174). Su Teodoto cfr. *PLRE* III B, *Theodotus* 3; sulla sua morte, avvenuta nel 548, E. Stein/R. Palanque, *Histoire du Bas-Empire*, II, Paris 1949, 784–85.

176 Cfr. ad es. Origen. *in Matth.* 13, 5, 6 (ed. E. Klostermann, *Origenes Werke*, X 1, Leipzig 1935, 193–95). In generale A. Harnack, *Medicinisches aus der ältesten Kirchengeschichte*, Leipzig 1892, 95 ss.; F.J. Dölger, *Der Einfluss des Origenes auf die Beurteilung der Epilepsie und Mondsucht im christlichen Altertum*, Antike und Christentum 4, 1934, 95 ss.; H.J. Frings, *Medizin und Arzt bei den griechischen Kirchenvätern bis Chrysostomos*, Bonn 1959; J.H. Waszink, s.v. *Epilepsie*, in: *RAC*, V, Stuttgart 1962, 130–31.

Se tale era la reazione dell'imperatore cristiano, la credenza nell'efficacia della magia restava radicata nel popolo e poteva portare, in momenti di particolare disperazione, ad esiti ben diversi, naturalmente deprecati dalla tradizione cristiana. Il patriarca Niceforo e Teofane riferiscono che nel 717 Pergamo, assediata dagli Arabi, fu presa per volere di Dio, a seguito di operazioni diaboliche. Gli abitanti infatti, seguendo i consigli di un mago, avevano ucciso una giovane donna in procinto di partorire, l'avevano squartata ed avevano fatto bollire il feto in un calderone pieno d'acqua, in cui poi ciascuno dei soldati aveva immerso la mano prima di andare a combattere. Per questa ragione, essi furono vittime dell'ira divina: le loro mani divennero infatti incapaci di prendere le armi ed il nemico conquistò la città senza combattere.[177]

Questo racconto dimostra la credenza nella forza di simili superstizioni, diffusa ancora in un ambiente del tutto cristiano, tanto forte che la suggestione del mago avrebbe indotto i difensori ad una pratica abominevole; ma più interessante ancora è il giudizio del patriarca Niceforo e del monaco Teofane sulla vicenda. Essi insistono infatti sull'interpretazione secondo cui Pergamo era stata conquistata dagli Arabi proprio per effetto di quell'atto di stregoneria, che aveva tolto alla città l'aiuto di Dio, suscitandone anzi l'ira e la conseguente punizione. Quest'interpretazione è essenziale per capire i motivi delle esitazioni nel ricorso alla magia, che abbiamo viste già riflesse nelle notizie su Libanio e Maside: chi ricorreva infatti a simili stregoni rinunciava all'aiuto di Dio e si esponeva all'inevitabile conseguenza dell'ira divina.[178]

Un altro episodio, relativo all'imperatore Niceforo I, è narrato da Teofane, che lo data all'810/11. L'imperatore favoriva i Pauliciani, che il cronista identifica con i Manichei, e gli Atingani di Frigia e di Licaonia ed era dedito ai loro vaticini e alle loro superstizioni; fece quindi ricorso ad essi e alle loro magie per sconfiggere il patrizio Bardane, che si era ribellato.[179] Niceforo fece calare un toro in una fossa,

177 Niceph. *Brev.*, p. 52–53 de Boor (= chap. 53, *Nikephoros Patriarch of Constantinople. Short History*, Text, Transl. and Comm. by C. Mango, CFHB XIII, Washington 1990, 120–22); Theophan. *Chron.*, p. 390, 26–391, 2. Sull'episodio cfr. soprattutto l'accurate analisi di W. Brandes (Apokalyptisches in Pergamon, Byzantinoslavica 48, 1987, 1–11; cfr. id., Byzantinische Zeitschrift 91, 1998, 556–558), che respinge la storicitá dell'episodio e conclude che Teofane e Niceforo derivano da una fonte siriaca, ampiamente improntata ad una tradizione apocalittica.

178 L'episodio di Pergamo assume a questo proposito, a mio avviso, un valore paradigmatico, se confrontato con il racconto dello stesso Teofane circa la salvezza assicurata a Nicea dieci anni dopo, in circostanze analoghe, dalle preghiere degli iconofili e dal ricorso alle immagini sacre (cfr. *supra*, note 133–34).

179 Su questa ribellione cfr. in particolare I. Rochow, *Byzanz im 8. Jahrhundert in der Sicht des Theophanes. Quellenkritisch-historischer Kommentar zu den Jahren 715–813,* Berlin 1991, 279 ss., con fonti e bibliografia.

lo legò per le corna ad un palo di ferro, con la testa rivolta al suolo; quindi, mentre la vittima veniva sgozzata, egli stesso faceva girare in senso inverso in un mulino un abito di Bardane, recitando formule magiche. In tal modo, ottenne la vittoria.[180]

Il racconto s'inquadra chiaramente nell'aspra ostilità che anima il racconto di Teofane nei confronti di Niceforo, iconofilo, ma fieramente avversato dalla fazione più rigida dei monaci, della quale Teofane stesso faceva parte:[181] in questa prospettiva, l'accusa rivolta all'imperatore di essersi servito di pratiche della magia nera, per di più suggeritegli da maghi contrari alla vera religione cristiana, vale a dipingerlo con i colori più foschi. L'episodio è dunque da considerare con cautela; d'altra parte, mi sembra nettamente da respingere la tesi secondo cui esso testimonierebbe un 'revival' della magia avvenuto a quell'epoca per effetto delle novità apportate dagli Asiatici (in questo caso i Pauliciani) nel mondo bizantino.[182] I Pauliciani erano, in effetti, considerati Manichei[183] e l'abilità di questi ultimi nella magia era largamente riconosciuta da secoli e condannata aspramente dai cristiani.[184] Gli Atingani, da parte loro, costituivano una setta giudaizzante[185] ed è perfino inutile sottolineare quanto la magia sia stata diffusa negli ambienti giudaici tardoantichi e bizantini e quanto fosse radicata la convinzione che gli Ebrei fossero tra i principali inventori ed artefici della stregoneria.[186] Inoltre, la pratica

180 Theophan. *Chron.*, p. 488, 22–30; cf. anche l'accenno di Zonara (15, 15, 4–5, p. 308), che pure identifica i Pauliciani con i Manichei.

181 Cfr. ad es. Ostrogorsky (cfr. n. 40), 169 ss.

182 Così L. Brehier, *Un patriarche sorcier à Constantinople*, Revue de l'Orient Chrétien 9, 1904, 262.

183 Theophan. *loc. cit.* (*supra* n. 180); Zonar. *loc. cit.* (*supra* n. 180); cfr. anche Cedren. II, p. 39, 13–19, che condanna anch'egli la politica di Niceforo verso di essi, ma non riferisce l'episodio di magia. Circa la condanna dei Pauliciani e la loro identificazione con i Manichei si vedano inoltre, soprattutto, i testi editi in: AA.VV., *Les sources grecques pour l'histore des Pauliciens d'Asie Mineure,* Travaux et Mémoires 4, 1970, 1–226; cfr. inoltre P. Lemerle, *L'histoire des Pauliciens d'Asie Mineure d'après les sources grecques,* ibid., 5, 1973, 1–113; R.J. Hoffmann, *The Paulician Heresy: a Reappraisal,* Patristic and Byzantine Revue 2, 1983, 251–63. D'altra parte, circa i legami dei Pauliciani con gli iconoclasti cfr. Gero, *Byzantine Iconoclasm during the Reign of Leo III ...* (cfr. n. 132), 26 e n. 11; per quelli dei Manichei Id., *Notes on Bizantine Iconoclasm in the Eight Century,* Byzantion 44, 1974, 33–6.

184 Sulla magia manichea nell'impero bizantino cfr. ad es. L. Bréhier, *Le Monde Byzantin*, III, *La civilisation byzantine*, Paris 1950, 278–79; sulla polemica dei cristiani contro di essa cfr. recentemente S. N. C. Lieu, *Manichaeism in Mesopotamia and the Roman East*, Leiden 1994, 18 ss. e 165 ss.

185 Cfr. in particolare J. Starr, *An Eastern Christian Sect. The Athiganoi,* HThR 29, 1936, 93–106; I. Rochow, *Die Häresie der Athinganer im 8. und 9. Jahrhundert und die Frage ihres Fortlebens*, in: *Studien zum 8. und 9. Jahrhundert in Byzanz,* hrsg. v. H. Köpstein und F. Winkelmann, Berlin 1983, 163–78.

186 Per questa convinzione ancora in epoca bizantina cfr. ad es. J. Starr, *The Jews in the Bizantine Empire, 641–1204,* New York 1970, 69 ss.

magica adottata da Niceforo non presenta in realtà, a mio avviso, nessun carattere di particolare novità. Essa è basata, infatti, sullo sfruttamento del legame simpatico che si credeva legasse la persona da colpire ad un oggetto creato a sua immagine o, come in questo caso, ad uno che era stato in contatto costante con la sua persona; questa concezione non era affatto nuova, poiché il legame di *sympatheia* era elemento fondamentale, riconosciuto ed utilizzato già nel mondo classico, in particolare nella magia caldea e nella teurgia neoplatonica.[187]

Ciò che comunque più colpisce nella narrazione dell'episodio è il fatto che Teofane interpreti la tolleranza di Dio verso queste cerimonie magiche e la vittoria così conseguita da Niceforo come una punizione divina per gli innumerevoli peccati dei cristiani, che in particolare avevano tollerato il fiorire della setta dei Pauliciani.[188] Questa spiegazione rivela, con ogni evidenza, un certo imbarazzo provocato dal buon esito dell'azione magica, che aveva portato alla vittoria e all'eliminazione del ribelle Bardane, imbarazzo che Teofane e, con ogni probabilità, già la tradizione precedente, risolvevano con il ricorso ad una concezione assai diffusa, secondo cui il peccato poneva le vittime al di fuori dell'aiuto divino e le esponeva agli effetti della magia,[189] sicché la riuscita dell'operazione ed il conseguente ristabilirsi della piena autorità di Niceforo su tutto l'impero sono interpretate dal cronista come una punizione divina inflitta ai sudditi.

Niceforo comunque, nella realtà storica e nell'interpretazione provvidenzialistica di Teofane, ebbe ben poco da rallegrarsi della vittoria conseguita: qualche tempo dopo infatti, il 26 luglio 811, fu sconfitto ed ucciso in battaglia dai Bulgari e la sua testa, staccata dal corpo, fu usata come coppa dal loro khan Krum.[190] Questa conclusione, che il cronista bizantino interpreta ovviamente come punizione divina contro l'imperatore malvagio e dedito alla magia e come trionfo dell'ortodossia, valeva assai bene ad illustrare le conseguenze inevitabili della condotta di chi si affidava alla stregoneria anziché all'aiuto divino.

Un episodio di particolare interesse è infine riferito riguardo a Giovanni il Grammatico, esponente di primo piano dell'iconoclasmo nella cultura e nella vita religiosa e politica, che fu già attivo sotto Leone V e, nominato patriarca di Costantinopoli dal suo successore Teofilo, l'ultimo imperatore iconoclasta, rimase in carica fino all'843, svolgendo un ruolo fondamentale nella lotta contro gli icono-

---

187 Cfr.ad es. Lewy (cfr. n. 18), 132 ss.; Dodds (cfr. n. 15), 292–93.

188 Theophan. *Chron.*, p. 488, 30 ss.

189 Cfr. ad es. Marasco, *I vescovi e il problema della magia in epoca teodosiana* (cfr. n. 3), 245–46.

190 Theophan. *Chron.*, p. 490 de Boor; H. Grégoire, *Un nouveau fragment du „Scriptor Incertus de Leone Armenio"*, Byzantion 11, 1936, 417 ss.; cfr. Ostrogorsky (cfr. n. 40), 175; Rochow, *Byzanz im 8. Jahrhundert in der Sicht des Theophanes* (cfr. n. 179), 300–301 con fonti e bibliografia.

fili.[191] La figura di Giovanni era circondata da un'ampia fama di stregoneria, diffusa già fra i contemporanei ed ampiamente sfruttata dalla tradizione iconofila.[192] In particolare, secondo il continuatore di Teofane, Teofilo aveva nominato Giovanni patriarca per le sue predizioni, ottenute mediante la *lekanomanteia*, e per la sua competenza nella stregoneria. Infatti, dei briganti guidati da tre capi saccheggiavano la terra e Teofilo e i suoi sudditi ne erano grandemente rattristati. Giovanni, allora, li confortò e li invitò ad avere buone speranze, se solo erano disposti a seguire il suo consiglio. Teofilo accettò; allora Giovanni legò con una cerimonia (στοιχείωσις) ai tre capi dei briganti le tre teste di una statua di bronzo nel circo,[193] poi ordinò di affidare a tre uomini robusti tre grandi martelli, con cui, ad un'ora stabilita della notte, avrebbero dovuto, su suo ordine, colpire le teste delle statue e staccarle con un sol colpo. Teofilo ordinò di eseguire e Giovanni si presentò in abito laico, per non essere riconosciuto. Egli recitò alcune formule d'incantesimo e fece passare nelle statue la forza (δύναμις) dei capi dei briganti, o piuttosto, con le sue formule magiche, annientò quella che era nelle statue, poi ordinò a ciascuno dei tre incaricati di colpire con forza la testa della statua che gli era stata affidata. Due degli esecutori staccarono d'un sol colpo le teste, il terzo invece colpì più debolmente e piegò la testa, ma non riuscì a staccarla del tutto. Lo stesso avvenne ai capi dei briganti: scoppiata una contesa fra loro, due morirono decapitati, il terzo si salvò, ma non sano. I briganti, allora, fuggirono verso le loro sedi.[194]

---

191 Su Giovanni il Grammatico cfr. in particolare V. Grumel, *Jean Grammaticos et saint Théodore Studite,* Échos d'Orient 36, 1937, 181–89; H.-G. Beck, *Kirche und theologische Literatur im byzantinischen Reich,* München 1959, 499; P. Lemerle, *Le premier humanisme byzantin,* Paris 1971, 135–47; S. Gero, *John the Grammarian, the Last Iconoclastic Patriarch of Constantinople. The Man and the Legend,* Byzantina 3–4, 1974–1975, 25–35; S. Impellizzeri, *La letteratura bizantina,* Firenze 1975, 313–20; U. Criscuolo, *Iconoclasmo e letteratura,* in: AA.VV., *Il Concilio Niceno II (787) e il culto delle immagini,* Messina 1994, 212–14. Sulla datazione del suo patriarcato cfr. ad es. G. Fedalto, *Hierarchia Ecclesiastica Orientalis,* I. *Patriarchatus Constantinopolitanus,* Padova 1988, 6; J. Signes Codoñer, *El periodo del segundo iconoclasmo en Theophanes Continuatus. Análisis y commentario de los tres primeros libros de la Crónica,* Amsterdam 1995, 535–36 con bibliografia.

192 Cfr. Marasco, *Stregoneria ed eresia. Un aspetto della crisi iconoclastica,* Studi sull'-Oriente cristiano 7, 2, 2003, 76 ss.

193 Bréhier (*Un patriarche sorcier ...*, 267), basandosi sulla miniatura in un manoscritto del continuatore di Teofane, identificava questa statua con la colonna di Delfi, eretta dai Greci a commemorazione della vittoria di Platea; ma la miniatura mostra invece un corpo umano sormontato da tre teste (cfr. Lemerle [cfr. n. 191], 145, n. 153). Contro l'identificazione con la colonna delfica cfr. inoltre C. Mango, *L'Euripe de l'Hippodrome de Constantinople,* Revue des Études Byzantines 7, 1949, 186; Dagron, *Costantinopoli ...* (cfr. n. 9), 331.

194 Theophan. Cont. *Chron.* 4, 7, p. 155, 5–156, 16; cfr. anche Cedren., II, p. 145, 1–146, 3.

Anche in questo caso, la pratica magica utilizzata da Giovanni non costituisce, a mio avviso, una novità di origine orientale,[195] ma si ricollega alle credenze nella magia simpatica, già ampiamente note nel mondo classico. In particolare, il metodo usato da Giovanni ricorda da vicino la leggenda del faraone Nectanebo, anch'egli come abbiamo visto dedito alla *lekanomanteia*, il quale si serviva di immagini di cera legate mediante incantesimi alle navi e ai soldati nemici per operare magie contro gli avversari[196] La pratica utilizzata da Giovanni si ricollega quindi a credenze già diffuse nell'antichità, basate sulla credenza nella magia simpatica e nel legame che unisce il nemico da colpire alla sua immagine.

E' comunque degno di nota l'atteggiamento delle fonti riguardo a questo episodio: il continuatore di Teofane e le fonti successive, che condannano aspramente la *lekanomanteia* di Giovanni ed il suo ricorso ai demoni, con particolari atti a suscitare orrore nel pubblico,[197] non esprimono invece una particolare riprovazione per questo ricorso alla magia contro un nemico esterno, notandone anzi il successo e limitandosi a precisare che Giovanni si era presentato alla cerimonia in abito laico, il che testimonia la sua prudenza e sottolinea il carattere della vicenda, espressione della magia nera ed evidentemente del tutto contraria alle funzioni di un patriarca. Possiamo forse riscontrare in questo atteggiamento gli effetti di un'evoluzione, dovuta da un lato al progressivo diffondersi della superstizione, dall'altro all'insicurezza del mondo bizantino dinanzi ai nemici esterni, tanto più forte in quanto, durante la lotta iconoclastica, entrambe le parti si erano frequentemente appellate al pericolo che il prevalere della tendenza opposta togliesse a Bisanzio la protezione di Dio, provocando catastrofi naturali e sconfitte militari.[198] In ogni caso, converrà sottolineare che, se Costanzo III, pur in una situazione di estremo pericolo, aveva esitato riguardo al ricorso ad un mago e Giustiniano, fiducioso nell'aiuto di Dio e nella potenza del suo esercito, l'aveva respinto sdegnosamente, Teofilo si lascia convincere agevolmente e le stesse fonti iconofile non osano esprimere una particolare riprovazione per una magia che, in fondo, aveva liberato l'impero da nemici pericolosi.

195 Come intende invece Bréhier (*Un patriarche ...*, 262 ss.).

196 Ps.-Callisth. 1, 1.

197 Cfr. Marasco, *Stregoneria ed eresia ...* (cfr. n. 192), 76 ss.

198 Cfr. ad es. Ostrogorsky (cfr. n. 40), 148 ss.; Marasco, *Teofane e le origini dell'iconoclastia*, in: *Categorie concettuali e linguistiche nella storiografia bizantina*, a cura di U. Criscuolo e A. Maisano, Napoli 2000, 118 ss.

4. La risposta cristiana: epifanie e santi protettori

Anche in questo settore dell'utilizzazione diretta dei poteri soprannaturali contro i nemici in guerra ritroviamo, per quanto in misura assai minore rispetto alla vita di tutti i giorni, quell'ambiguità della distinzione fra il mago ed il santo che era caratteristica della tarda antichità.[199] Il santo infatti, grazie ai poteri che gli derivavano dalla fede e dalla protezione di Dio, era considerato in grado di compiere prodigi analoghi a quelli dei maghi, senza naturalmente fare ricorso ai servigi dei demoni, ma rivolgendosi invece a Dio con la preghiera ed ottenendone l'aiuto soprannaturale contro il nemico del popolo cristiano.

L'intervento del santo, tuttavia, poteva esplicarsi piuttosto in forme abbastanza pacifiche, più consone alla tradizione cristiana. Illuminante a questo proposito è il racconto dell'azione svolta, nella seconda metà del V secolo, da S. Severino in difesa delle comunità del Norico, esposte agli attacchi dei barbari. In un'occasione la città di Asture era stata attaccata da briganti barbari, che avevano portato via con sé molto bottino e prigionieri. Il tribuno, che disponeva di pochi soldati e di armamenti insufficenti, non osava impegnare lo scontro con i nemici, assai più numerosi, ma Severino lo confortò, dicendogli che i suoi soldati avrebbero trovato le armi presso i nemici, e gli assicurò la vittoria, grazie all'aiuto di Dio. Quando il tribuno trovò i barbari, alcuni di questi fuggirono, abbandonando le armi, gli altri furono presi prigionieri e portati in città. Severino li fece liberare, affinché dicessero ai loro complici che non compissero nessun tentativo in quella zona, perché la potenza soprannaturale di Dio proteggeva la città e i suoi dintorni, in modo che le frecce dei nemici non provocavano nessuna ferita ai difensori e divenivano piuttosto armi nelle loro mani.[200] In un'altra occasione, poi, Severino preannunciò ad alcuni villaggi del Norico un'invasione degli Alamanni, in modo che potessero fortificarsi con il digiuno e salvarsi, nonostante i barbari devastassero il resto del paese.[201]

Tuttavia, se questo genere d'interventi appare più consono all'etica cristiana, l'azione del santo a difesa dei suoi fedeli e delle comunità poste sotto il suo patro-

---

199 Cfr. ad es. J. F. Haldon, *Byzantium in the Seventh Century: the Transformation of a Culture*, Cambridge 1990, 333: „In Byzantine terms, the difference between magic and miracle is, quite simply, a functional one: the former serves, and is inspired by, the devil; the latter by God". Si veda ancora, ad esempio, per i connotati magici attribuiti nella tradizione a Martino di Tours, A. Giardina, *Banditi e santi: un aspetto del folklore gallico tra tarda antichità e Medioevo*, Athenaeum, N.S. 61, 1983, 376 ss. Inoltre, circa l'attività soprannaturale del sacerdote contrapposta a quella del mago nel pensiero dell'alto Medioevo, Flint, *The Rise of Magic* ... (cfr. n. 1), 355 ss.

200 Eugipp. *Vita S. Severin.* 4, 1–5, SC 374, Paris 1991, 184–86: ... *ut tela hostium non eis inferant vulnera, sed arma potius subministrent* ...

201 Eugipp. *Vita S. Severin.* 25, p. 244.

cinio poteva esplicarsi anche in forme ben diverse e più dirette. Fra i suoi poteri rientrava in particolare, nelle credenze cristiane, quello di paralizzare i peccatori e gli avversari,[202] che poteva essere usata anche per impedire attacchi contro i fedeli: così, ad esempio, la vergine Piamun, nel racconto di Palladio, impedisce agli abitanti di un villaggio egiziano di attaccare i loro vicini, inchiodandoli sul posto a tre miglia dal villaggio; saputo che il prodigio è opera delle preghiere di Piamun, gli assalitori mandano a chiedere la pace, riconoscendo la potenza della donna.[203] Ma i poteri del santo potevano essere anche indirizzati in maniera più aggressiva contro i nemici, in particolare sfruttando il controllo degli elementi, in ossequio alla tradizione dei patriarchi della Bibbia.

In effetti, la capacità di suscitare fenomeni naturali per disperdere i nemici rientrava fra i poteri riconosciuti al santo: così, Cirillo di Scitopoli narra come Saba avesse fatto sì che una tempesta e l'oscurità improvvisa facessero perdere la strada ai monaci origeniani che volevano distruggere un monastero ortodosso; essi errarono a lungo e solo l'indomani riuscirono a tornare al loro monastero.[204] Ancor più interessante a questo riguardo è la vicenda narrata da Teodoreto riguardo all'assedio di Nisibi ad opera dei Persiani, durante il regno di Costanzo II. Il popolo, disperando della situazione, aveva supplicato il vescovo Giacomo di mostrarsi sulle mura e scagliare le sue maledizioni contro i nemici. Giacomo pregò allora Dio d'inviare una nube di insetti, che misero in fuga l'esercito persiano.[205]

Una vicenda in parte analoga, anche se con una conclusione meno violenta, è riferita da Gregorio di Tours riguardo all'assedio subito da Baza, nel 414, ad opera dei Goti e degli Alani. Il vescovo della città guidava ogni notte una processione di fedeli, che procedevano vestiti di bianco e muniti di ceri lungo la cinta delle mura, cantando salmi. Il re barbaro si prendeva gioco di essi, ma una notte un globo di fuoco scese sulla città, senza appiccarvi alcun incendio; allora il re, comprendendo che si trattava di una manifestazione dell'aiuto di Dio, tolse l'assedio. Il vescovo fece celebrare l'evento con veglie e messe, nel corso delle quali il carattere provvi-

202 Cfr. in particolare Festugière, *Lieux communs littéraires et thèmes de folk-lore dans l'Agiographie primitive,* Wiener Studien 1960, 145–48; F. Thelamon, *Païens et chrétiens au IVe siècle. L'apport de l' „Histoire ecclésiastique" de Rufin d'Aquilée*, Paris 1981, 407 e n. 123.

203 Pallad. *Hist. laus.* 31.

204 *Vita Sab.* 84 (Ed. Schwartz, *Kyrillos von Skythopolis*, Leipzig 1939, 190); cfr. ad es. Festugière, Wiener Studien 73, 1960, 149–52.

205 Theodoret. *Hist. rel.* 1, 11, SC 234, Paris 1977, p. 184–88; *Hist. eccl.* 2, 30, p. 169–70. Sul carattere d'invenzione agiografica di questo racconto e sulle sue fonti cfr. soprattutto P. Peeters, *La légende de S. Jacques de Nisibe*, AB 38, 1920, 295 ss.; sul suo valore e sui richiami alla tradizione biblica Marasco, *La preghiera e la guerra,* in: *La preghiera nel Tardo Antico. Dalle origini ad Agostino. XXVII Incontro di studiosi dell'antichità cristiana (Roma, 7–9 maggio 1998),* Roma 1999, 510–12.

denziale della salvezza della città fu confermato da un ulteriore miracolo, che i fedeli interpretarono come una condanna divina dell'eresia ariana, ancora diffusa a quell'epoca.[206] Il racconto costituisce un'invenzione, come ben dimostra il contrasto con la narrazione di Paolino di Pella, contemporaneo e partecipe degli eventi: trovandosi a Baza, egli aveva sfruttato le proprie relazioni personali con il re degli Alani per convincerlo a ritirarsi, abbandonando i Goti, che quindi avevano desistito dall'assedio.[207] La narrazione di Gregorio resta tuttavia significativa della fede nel potere d'intercessione del santo o del vescovo, che con la preghiera potevano ottenere da Dio una difesa ben più efficace e risolutiva di quella garantita dalle forze umane.

L'intervento del santo poteva tuttavia essere, in alcuni casi, ben più diretto, giungendo fino alla partecipazione alla difesa e allo scontro. Questa credenza trova ovviamente un precedente nell'ampia tradizione classica circa le epifanie degli dèi pagani ed i loro interventi in battaglia a difesa delle città e degli eserciti dei loro fedeli, che era rimasta diffusa ancora nella tarda antichità. In particolare, Zosimo afferma, riguardo all'invasione della Grecia ad opera di Alarico, che Atene, grazie alla propria tradizione, ottenne l'intervento di una provvidenza divina che la salvò: quando infatti Alarico stava per assalirla, vide Atena Promachos percorrere le mura, armata e pronta ad opporsi agli attaccanti, come veniva rappresentata nelle effigi. Davanti alle mura stava inoltre Achille, adirato come Omero lo rappresenta quando combatté contro i Troiani per vendicare Patroclo. Alarico, intimorito da questa visione, si accordò con gli Ateniesi e risparmiò non solo la loro città, ma anche tutta l'Attica.[208]

Il racconto di Zosimo è frutto d'invenzione: la conquista ed il saccheggio di Atene da parte di Alarico sono infatti attestati non solo da fonti letterarie cristiane e pagane, ma anche dai dati archeologici.[209] E' dunque evidente che esso si ricollega alla polemica di questo autore contro la diffusione del cristianesimo e l'abbandono dei culti pagani, che egli considerava la causa delle sventure che avevano colpito l'Impero e delle sconfitte ad opera dei barbari.[210] Tuttavia, la versione relativa alla salvezza di Atene, che con ogni evidenza si ricollega alla notizia che abbiamo vista circa la devozione dei filosofi neoplatonici e il culto da essi reso alle statue degli

206 Greg. Tur. *In gloria martyr.* 12, *MGH SRM,* I 2, Berolini 1961, 46.

207 Paulin. *Eucharist.* 330–406, SC 209, Paris 1974, 80–84.

208 Zosim. 5, 5, 8–6, 3.

209 Hieron. *Epist.* 60, 16; Philostorg. *Hist. Eccl.* 12, 2, p. Bidez; Claudian. *In Rufin.* 2, 191 e, per le conferme archeologiche, F. Paschoud, *Zosime. Histoire nouvelle,* T. III, Ire Partie (*Livre V*), Paris 1986, 95, con bibliografia; cfr. P. Castren, *Post-Erulian Athens,* Helsinki 1994, 9.

210 Basti ricordare, in proposito, le osservazioni di Zosimo (5, 40, 4) circa il rimpianto dei Romani, durante l'assedio posto da Alarico nel 409, per l'abbandono dei riti tradizionali, che li aveva privati dell'aiuto divino.

dèi,[211] dimostra come la fede nell'intervento diretto di questi ultimi fosse ancora assai viva fra i pagani; non meraviglia che ad essa i cristiani abbiano contrapposto un'analoga fede nell'aiuto dei santi.

Abbiamo già visto come Tecla fosse accreditata di un intervento diretto in battaglia per sconfiggere i nemici. Il suo caso non è affatto isolato: testimonianze fondamentali sulle credenze diffuse in questo ambito sono fornite dalla tradizione relativa a san Demetrio, protettore di Tessalonica, attestata in particolare da una raccolta di miracoli composta dal locale vescovo Giovanni poco dopo i fatti e da un'altra anonima, di poco posteriore.[212] Queste vicende s'inquadrano nella grave situazione creata dalle invasioni degli Slavi e degli Avari in Grecia tra la fine del VI e gli inizi del VII secolo.[213]

Il vescovo Giovanni narra che il 26 ottobre 604,[214] festa del santo, nella notte il ciborio d'argento che conteneva le reliquie di Demetrio prese fuoco.[215] La folla accorse subito nella chiesa per impedire che l'incendio si diffondesse; a quel punto, un uomo, vedendo i fedeli in pericolo, per far evacuare la chiesa si mise a gridare che i barbari erano sotto le mura. Proprio allora, si verificò un attacco improvviso degli Sclaveni, che poté essere respinto; Tessalonica fu così salvata dal santo prima grazie all'incendio, che aveva svegliato ed attirato all'aperto la popolazione, poi grazie al grido dell'uomo, che aveva lanciato i difensori verso le porte, dove ottennero una grande vittoria.[216]

Più ampia è la narrazione che lo stesso Giovanni dedica al precedente assedio posto dagli Avari e dagli Sclaveni alla città spopolata dalla peste.[217] Il santo intervenne una prima volta ingannando nella notte i nemici, che si attardarono presso il santuario fortificato di santa Matrona, prendendolo per la città. All'alba poi, quando i barbari attaccarono le mura di Tessalonica, il santo si mostrò in tenuta da

211 Cfr. Zosim. 4, 18.

212 Si veda in particolare l'edizione con ampia introduzione e commento di P. Lemerle, *Les plus anciens recueils des Miracles de Saint Démétrius et la pénétration des Slaves dans les Balkans*, I, *Le texte*; II, *Commentaire*, Paris 1979–1981. Inoltre, sul complesso della tradizione relativa a san Demetrio, H. Delehaye, *Les recueils antiques des Miracles des Saints*, AB 43, 1925, 57–64; F. Halkin, *Bibliotheca Hagiographica Graeca*, I, Bruxelles 1957³, pp. 155 ss.

213 Per la situazione storica in cui esse s'inseriscono, per la quale proprio i miracoli di Demetrio costituiscono la fonte più dettagliata, basti qui rinviare ad Ostrogorsky (cfr. n. 40), 70 ss.

214 Sull'esatta datazione cfr. Lemerle (cfr. n. 212), II, 80.

215 L'incendio della chiesa è attestato pure da un'ìscrizione (J.-M. Spieser, *Inventare en vue d'un recueil des inscriptions historiques de Byzance*, I. *Les inscriptions de Thessalonique*, Travaux et Mémoires 5, 1973, 155, nr. 6).

216 *Mir.* XII 100–114, Lemerle (cfr. n. 212), I, pp. 124–29; cfr. II, 69–73.

217 Questo assedio è databile al settembre 586: cfr. Lemerle (cfr. n. 212), II, 80.

soldato sulle mura, colpì con la lancia il primo nemico che saliva con la scala e lo gettò all'esterno, dove quello fece cadere i compagni che lo seguivano. I nemici allora, presi dal panico, fuggirono. In seguito, quando l'assedio proseguì, san Demetrio intercedette presso Dio, che ispirò coraggio ai difensori e fece sì che i proiettili lanciati dai nemici fallissero il bersaglio. Infine, al settimo giorno, gli assedianti furono terrorizzati dalla visione di un grande esercito, capeggiato da san Demetrio, che usciva dalla città per attaccarli e fuggirono in disordine, abbandonando le armi.[218]

Nella raccolta anonima d'altra parte, in occasione di un attacco degli Sclaveni dal mare il santo, invocato dai Tessalonicesi, compare sulle mura, poi cammina sul mare e provoca il disordine tra le navi nemiche, che si urtano fra di loro e finiscono con l'incagliarsi sulla riva, dove i difensori, con il santo che combatte fra loro, li sconfiggono.[219] Queste tradizioni appaiono del resto ancor più rimarchevoli, ove si tenga presente che la presenza a Tessalonica delle reliquie di san Demetrio aveva un carattere leggendario e, già all'epoca di questi eventi, non sembra che si sapesse più dove esse si trovassero esattamente.[220]

Una tradizione analoga è da ricordare ancora a proposito dell'assedio di Bisanzio ad opera degli Arabi nel 717 ed è anzi riferita da una fonte contemporanea ed estremamente autorevole, perché partecipe dei fatti: in un'omelia del patriarca Germano, pronunciata per celebrare la vicenda, la salvezza della città è infatti interamente attribuita alla Theotokos, come abbiamo visto la protettrice della città, che, in quell'occasione e già nel precedente assedio degli Avari, sarebbe intervenuta direttamente per distruggere le flotte degli assedianti.[221]

Una funzione del tutto analoga era svolta a Patrasso dall'apostolo Andrea, com'è noto da una testimonianza che si riferisce all'attacco tentato contro questa città dagli Slavi nell'805[222] e alla sconfitta da essi subìta. Costantino Porfirogenito narra infatti che gli abitanti di Patrasso, intenzionati ad arrendersi, mandarono un esploratore a vedere se il governatore arrivava in loro aiuto; Dio, per l'intercessione di Andrea, fece sì che l'annuncio negativo dell'esploratore venisse frainteso, sicché gli assediati fecero una sortita. Allora Andrea si mise alla loro testa, rive-

---

218 *Mir.* XIII–XIV 116–65, Lemerle (cfr. n. 212), I, pp. 133–38 e 146–58.

219 *Mir.* I 187–91, Lemerle (cfr. n. 212), I, p. 177–78; cfr. II, 85 ss. A questa vicenda mi sembra debba essere ricollegata un'iscrizione di Tessalonica, che attesta la fede nel santo, il quale avrebbe scongiurato l'attacco delle navi dei barbari e salvato la città (Spieser [cfr. n. 215], 155–56, nr. 7).

220 In proposito cfr. soprattutto P. Lemerle, *Saint-Démétrius de Thessalonique et les problèmes du martyrium et du transept*, BCH 77, 1953, 660–94.

221 V. Grumel, *Homélie de Saint Germain sur la délivrance de Constantinople*, Revue des Études Byzantines 16, 1958, 183–205 (in particolare §§ 16 e 18, pp. 195–96).

222 Circa l'inquadramento storico dell'episodio e la politica allora adottata dall'imperatore Niceforo I contro gli Slavi cfr. in particolare Ostrogorsky (cfr. n. 40), 172–73.

landosi ai loro occhi, caricò i nemici e li mise in rotta.[223] L'eccezionalità della testimonianza, riferita da un imperatore regnante, dimostra che siamo qui davanti alla versione ufficiale dell'avvenimento e la cosa è tanto più rimarchevole in quanto la tradizione bizantina celebrò la vittoria di Patrasso come il momento della restaurazione del potere bizantino sul Peloponneso dopo due secoli di dominazione slava;[224] la sua attribuzione al diretto intervento del santo protettore della città assume quindi il valore di sanzione divina del buon diritto dei Bizantini al dominio sul Peloponneso e delle popolazioni locali alla loro sicurezza.

E' da notare che in tutti questi casi, da Tecla a Demetrio e ad Andrea, l'intervento del protettore della città si estrinseca in forme diverse e progressive: dapprima in quella classica dell'intercessione presso Dio, perché protegga la comunità in pericolo, poi attraverso interventi indiretti di avvertimento della minaccia imminente e di aiuto, perché i difensori siano pronti alla difesa ed eludano gli stratagemmi nemici, infine, quando tutto ciò non è sufficiente, nell'intervento diretto e risolutivo, per cui il santo stesso assume un ruolo determinante nello scontro, sconfiggendo il nemico con i suoi poteri superiori.

L'analisi delle testimonianze permette quindi, in primo luogo, di concludere che la fede nell'efficacia della magia rimase profondamente radicata per tutto il primo millennio della nostra èra: essa era condivisa in tutti gli strati sociali ed accettata dalla Chiesa e dalle autorità temporali, che cercavano in ogni modo di perseguirla, e l'azione magica adottava forme e metodi che rimasero sostanzialmente immutati, trasmettendosi dall'antichità al Medioevo. Ma ciò che più interessa è che l'opinione che vede nel ricorso alla magia un aspetto della superstizione popolare, diffuso solo negli strati più umili ed ignoranti, è nettamente smentita dai fatti: la credenza nella magia come arma efficace per la difesa e l'offesa in guerra appare infatti caratteristica non solo della massa del popolo, ma anche di re ed imperatori, di esponenti di rilievo della corte e delle classi più elevate, come dimostrano in particolare le vicende avvenute sotto Costanzo III e sotto Giustiniano, e di uomini di grande cultura, come la totalità dei filosofi neoplatonici, da Giamblico a Giovanni Lido, fino al tardo Michele Psello,[225] e gli storici, sia pagani che cristiani, che ci narrano questi eventi senza mai esprimere il benché minimo scetticismo.

---

223 Const. Porphyr. *De admin. imp.* 49, p. 228 Moravcsik-Jenkins.

224 Cfr. Ostrogorsky (cfr. n. 40), 173 e 193–94, n. 117 con fonti e bibliografia.

225 Sul neoplatonismo di Psello e sulla sua fede nelle pratiche teurgiche, ma anche sulla sua opposizione ad esse, cfr. ad es. Ch. Zervos, *Un philosophe néoplatonicien du XIe siècle: Michel Psellos. Sa vie. Son œuvre. Ses luttes philosophiques. Son influence*, Paris 1919, 205 ss.; P.P. Joannou, *Démonologie populaire – démonologie critique au XIe siècle*, Wiesbaden 1971; H. Hunger, *Die Hochsprachliche Profane Literatur der Byzantiner*, I, München 1978, 32–3 e 56–7 con bibliografia.

Il fenomeno della magia accomunava del resto, anche sotto l'aspetto del ricorso ad essa, pagani e cristiani, senza distinzione fra ortodossi ed eretici. La stessa tendenza dei cristiani a contrapporre all'azione magica il ricorso ai santi e alle loro reliquie, tendenza che, come abbiamo visto, fu apertamente incoraggiata e fatta propria da vescovi e patriarchi, conferma del resto la profonda fede diffusa nell'intervento del soprannaturale nelle vicende belliche, una fede profondamente radicata e che si manifestava in maniera tanto più esplicita e sentita, quanto più le tristi vicende del tempo, contraddistinte dalle invasioni barbariche, dalle devastazioni e dalle distruzioni di intere città, inducevano i fedeli, sia pagani che cristiani, a cercare aiuto in forze più potenti di quelle che si abbattevano su di loro.

AB	Analecta Bollandiana
AE	Année Épigraphique
ANRW	Aufstieg und Niedergang der römischen Welt
BCH	Bulletin de Correspondance Hellénique
ByzZ	Byzantinische Zeitschrift
CCSL	Corpus Christianorum. Series Latina
CFHB	Corpus Fontium Historiae Byzantinae
CIL	Corpus Inscriptionum Latinarum
CSCO	Corpus Scriptorum Christianorum Orientalium,
SS	Scriptores Syri
CQ	Classical Quarterly
DOP	Dumbarton Oaks Papers
FHG	Fragmenta Historicorum Graecorum, ed. C. Müller, Bde. I–V, Paris 1841–1870
FR	Felix Ravenna
GRBS	Greek, Roman and Byzantine Studies
HThR	Harvard Theological Review
ILS	Inscriptiones Latinae Selectae
JbAC	Jahrbuch für Antike und Christentum
JRS	Journal of Roman Studies
JThS	Journal of Theological Studies
MEFRA	Mélanges de l'École française de Rome. Antiquité
MGH	Monumenta Germaniae Historica,
AA	Auctores Antiquissimi
SRM	Scriptores Rerum Merovingicarum
MH	Museum Helveticum
OCP	Orientalia Christiana Periodica
PG	Patrologia Graeca
PLRE	A. H. M. Jones, J. R. Martindale, J. Morris, The Prosopography of the Later Roman Empire, I–III, Cambridge 1971–1992
RAC	Reallexikon für Antike und Christentum
RE	Paulys Realencyclopädie der classischen Altertumswissenschaft
RHR	Revue de l'Histoire des Religions
RPh	Revue de Philologie

REA	Revue des Études Anciennes
SC	Sources Chrétiennes
SO	Symbolae Osloenses
TU	Texte und Untersuchungen
VChr	Vigiliae Christianae

Sind wir nicht alle heilig?

Zum Konzept des 'Heiligen' (*sacrum*) in spätjustinianischer Zeit*

Mischa Meier

Vor mehr als zwei Jahrzehnten hat Averil Cameron auf ein Phänomen aufmerksam gemacht, das sie als 'Liturgisierung' ('liturgification') bezeichnet und das sich bei näherer Betrachtung als ein wesentliches Charakteristikum der Geschichte Ostroms in der 2. Hälfte des 6. Jahrhunderts erweist. Konkret handelt es sich dabei um die Durchdringung sämtlicher Ausdrucks- und Kommunikationsformen in der Gesellschaft des Oströmischen Reiches – soweit sie uns überhaupt greifbar sind – mit christlicher Symbolik und mit christlichen Inhalten, und zwar in einem Maße, das auch für spätantike Verhältnisse außergewöhnlich ist.[1] Die Liturgisie-

* Den folgenden Überlegungen liegt ein Vortrag zugrunde, der an den Universitäten Bochum und Münster gehalten wurde. Für nützliche Hinweise und hilfreiche Kritik danke ich den damaligen Diskussionsteilnehmern sowie vor allem Wolfram Brandes. Die Vortragsform wurde im wesentlichen beibehalten.

1 Die grundlegende Arbeit ist Av. Cameron, Images of Authority: Elites and Icons in Late Sixth-Century Byzantium, in: Past and Present 84 (1979), 3–35, ND in: Av. Cameron, Continuity and Change in Sixth-Century Byzantium, London 1981, XVIII; vgl. daneben auch die aufschlußreichen Bemerkungen bei Av. Cameron, The Theotokos in Sixth-Century Constantinople, in: Journal of Theological Studies 29 (1978), 79–108, bes. 80–82; 107f.; ND in: Cameron, Continuity and Change (s. o.), XVI. Hinsichtlich des Kaiserzeremoniells hatte erstmals O. Treitinger, Die oströmische Kaiser- und Reichsidee nach ihrer Gestaltung im höfischen Zeremoniell, Jena 1938, ND in: ders., Die oströmische Kaiser- und Reichsidee nach ihrer Gestaltung im höfischen Zeremoniell, Darmstadt ²1956, 27f., von einer „Liturgisierung“ gesprochen, diesen Begriff in den zitierten Arbeiten aber nicht weiter ausgefüllt. Vgl. darüber hinaus auch J. L. Nelson, Symbols in Context: Ruler's Inauguration Rituals in Byzantium and the West in the Early Middle Ages, in: D. Baker (Hg.), The Orthodox Churches and the West (= Studies in Church History 13), Oxford 1976, 97–119, bes. 101; 114f.; P. Magdalino, The History of the Future and its Uses: Prophecy, Policy and Propaganda, in: R. Beaton/Ch. Roueché (Hgg.), The Making of Byzantine History. Studies Dedicated to Donald M. Nicol, Aldershot 1993, 3–34, hier 13; M. Meier, Das andere Zeitalter Justinians. Kontingenzerfahrung und Kontingenzbewältigung im 6. Jahrhundert n. Chr., Göttingen 2003, 608–614. Auch W. Chr. Schneider, Der Kaiser im Geleit Gottes. Der große Einzug in der Hagia Sophia Justinians und die Stellung des christlichen Kaisers in der Spätantike, in: Castrum Peregrini 247–249 (2001), 5–39, behandelt mit der Einbindung kaiserlichen Zeremoniells in liturgische Kontexte einen Aspekt der Liturgisierung, ohne sich dessen allerdings bewußt zu sein. Vgl. daneben auch F. Winkelmann, Kirche und Gesellschaft in Byzanz vom Ende des 6. bis zum Beginn des 8. Jahrhunderts, in: Klio 59 (1977), 477–489, bes. 485f., ND in: W. Brandes/

rung läßt sich an verschiedenen Aspekten aufweisen. So durchläuft z. B. der Kaiser einen deutlichen Sakralisierungsschub;[2] in der Literatur werden klassizistische Tendenzen zugunsten einer zunehmenden religiösen Überformung zurückgedrängt.[3] Deutlich wird dies z. B. an der Entwicklung, die die Geschichtsschreibung von der Mitte des 6. bis zur 1. Hälfte des 7. Jahrhunderts nimmt (s. u.); aber auch an dem Umstand, daß zeremonielle Abläufe jetzt schriftlich kodifiziert werden (Petros Patrikios),[4] sowie an einem Werk wie der Beschreibung der Hagia Sophia des Paulos Silentiarios aus dem Jahr 562, ein Text, der formal an die traditionelle Gattung der Ekphrasis anknüpft, inhaltlich aber einen religiös überhöhten Panegyricus bietet, dessen ideeller Rahmen durch das harmonische Miteinander eines gottgleichen Kaisers einerseits sowie des Patriarchen andererseits abgesteckt wird und dessen Bezugspunkt der sakrale Raum der größten Kirche der damaligen Christenheit darstellte.[5] Die Literatur steht nicht für sich allein: Allgemein zeigt sich ca. ab Mitte des 6. Jahrhunderts eine zunehmende Abwendung von altrömischen Traditionen (die z. B. in der kaiserlichen Repräsentation der frühjustinianischen Zeit noch eine wichtige Rolle gespielt hatten)[6] zugunsten christ-

---

J. F. Haldon (Hgg.), Friedhelm Winkelmann: Studien zu Konstantin dem Grossen und zur byzantinischen Kirchengeschichte. Ausgewählte Aufsätze, Birmingham 1993, VI. Allgemein zu sakralen Komponenten innerhalb der kaiserlichen Repräsentation im byzantinischen Reich vgl. die materialreiche Studie von K. G. Pitsakis, Sainteté et empire. A propos de la sainteté impériale: formes de sainteté „d'office" et de sainteté collective dans l'Empire d'Orient?, in: Bizantinistica 3 (2001), 155–227.

2 Zur Sakralisierung des Kaisers s. Cameron, Images (s. Anm. 1), 6–18; Schneider, Kaiser (s. Anm. 1); Meier, Zeitalter (s. Anm. 1), 608–638, mit einer Rechtfertigung von Begriff und Konzept der 'Sakralität' (608, Anm. 190), die vor einiger Zeit als allzu offen und unscharf kritisiert worden sind (vgl. J. I. Engels, Das „Wesen" der Monarchie? Kritische Anmerkungen zum „Sakralkönigtum" in der Geschichtswissenschaft, in: Majestas 7 (1999), 3–39).

3 Cameron, Images (s. Anm. 1), 24ff.

4 Dazu vgl. Al. Cameron, Circus Factions. Blues and Greens at Rome and Byzantium, Oxford 1976, ND 1999, 249f.

5 Vgl. in diesem Sinne auch Cameron, Images (s. Anm. 1), 9: „The poem which Paul the Silentiary [...] composed in 563 to celebrate the rededication of St. Sophia [...] owes little to classical tradition, and sees the emperor's position in terms of his relationship with the patriarch". Zu Paulos' Ekphrasis und ihrer Sonderstellung zwischen antiker Tradition und religiöser Überformung s. auch R. Macrides/P. Magdalino, The Architecture of Ekphrasis: Construction and Context of Paul the Silentiary's Poem on Hagia Sophia, in: Byzantine and Modern Greek Studies 12 (1988), 47–82; ferner Ma. Whitby, The Occasion of Paul the Silentiary's *Ekphrasis* of S. Sophia, in: Classical Quarterly 35 (1985), 215–228.

6 Es sei an dieser Stelle nur auf die Diskussion über den Klassizismus bzw. Archaismus Justinians verwiesen, vgl. F. Pringsheim, Die archaistische Tendenz Justinians, in: ders., Gesammelte Abhandlungen, Bd. 2, Heidelberg 1961, 9–40; K.-H. Schindler, Justinians

licher Inhalte;[7] den vielleicht sinnfälligsten Ausdruck dieser Entwicklung stellt wahrscheinlich die Abschaffung des Konsulats im Jahr 542 dar.[8] Ein weiterer Punkt, an dem sich der Liturgisierungsprozeß aufweisen läßt, betrifft die sog. Zirkusparteien (Demen), die allmählich feste Funktionen innerhalb des Kaiserzeremoniells erhalten (s. u.). Auch von Seiten der Kunstgeschichte wurde auf signifikante Transformationsprozesse um die Mitte des 6. Jahrhunderts hingewiesen; dabei sei die für die frühjustinianische Phase charakteristische Verbindung klassizistischer und christlicher Ausdrucksformen von religiös überfrachteten, Transzendenz betonenden Werken abgelöst worden.[9]

Prinzipiell läßt sich für die 2. Hälfte des 6. Jahrhunderts eine Zunahme von Frömmigkeit konstatieren. Zwar stellt sich dabei das grundsätzliche Problem der quantitativen Meßbarkeit von Frömmigkeit, doch hat insbesondere die Frömmigkeitsforschung zur frühen Neuzeit ergeben, daß immerhin gewisse Parameter festlegbar sind, an denen sich Frömmigkeit messen läßt, sofern man diese nicht nur als individuelles Gefühl, sondern als praktisches und somit quantifizierbares religiöses Handeln faßt.[10] Hierzu gehört u. a. die Intensität von Prozessionen,[11] und diese erreicht im 6. Jahrhundert zumindest in Konstantinopel ganz offensichtlich einen vorläufigen Höhepunkt (s. u.). Aber auch aus anderen religiösen Praktiken, wie der Zunahme der Marienverehrung sowie der

---

Haltung zur Klassik. Versuch einer Darstellung an Hand seiner Kontroversen entscheidenden Konstitutionen, Köln/Graz 1966; T. Honoré, Tribonian, London 1978, 251 ff.; M. Maas, Roman History and Christian Ideology in Justinianic Reform Legislation, in: Dumbarton Oaks Papers 40 (1986), 17–31.

7 Vgl. im Hinblick auf den Kaiser die pointierte Zusammenfassung von Cameron, Images (s. Anm. 1), 15: „But now the emperor is seen more consistently as the slave of God, less often as the heir of Augustus".

8 Dazu s. im einzelnen M. Meier, Das Ende des Konsulats im Jahr 541/42 und seine Gründe. Kritische Anmerkungen zur Vorstellung eines 'Zeitalters Justinians', in: Zeitschrift für Papyrologie und Epigraphik 138 (2002), 277–299, bes. 290 ff.

9 E. Kitzinger, Christian Imagery: Growth and Impact, in: K. Weitzmann (Hg.), Age of Spirituality. A Symposium, New York 1980, 141–163; ders., Byzantinische Kunst im Werden. Stilentwicklungen in der Mittelmeerkunst vom 3. bis zum 7. Jahrhundert, Köln 1984, 202 ff.

10 In diesem Sinn vgl. auch H. Molitor, Frömmigkeit in Spätmittelalter und früher Neuzeit als historisch-methodisches Problem, in: H. Rabe/H. Molitor/H.-Chr. Rublack (Hgg.), Festgabe für Ernst Walter Zeeden zum 60. Geburtstag am 14. Mai 1976, Münster 1976, 1–20. Zur Problematik des Frömmigkeitsbegriffs und zu den daraus resultierenden methodischen Schwierigkeiten der Frömmigkeitsforschung s. bes. St. Fassbinder, Frömmigkeit. Entwicklung und Problemfelder eines Begriffs, in: Saeculum 47 (1996), 6–34.

11 Prozessionen werden v. a. in der Frühneuzeitforschung als Indikatoren für Frömmigkeit gewertet, vgl. etwa B. Moeller, Frömmigkeit in Deutschland um 1500, in: Archiv für Reformationsgeschichte 56 (1965), 5–31, bes. 9.

Entfaltung des Bilderkultes, der bezeichnenderweise neben bereits bestehende religiöse Ausdrucksformen tritt und nicht einzelne von diesen ablöst, läßt sich auf eine generelle Zunahme von Frömmigkeit im Oströmischen Reich des 6. Jahrhunderts schließen.[12]

Das Besondere an der Liturgisierung liegt nicht in dem Phänomen als solchem. Ein konstanter Christianisierungsprozeß, der immer auch mit der Emanzipation von Altrömischem in verschiedenen Bereichen gekoppelt ist, läßt sich schon seit dem 4. Jahrhundert verfolgen. Das neue an der Liturgisierung besteht darin, daß sich die Entwicklung im 6. Jahrhundert plötzlich schubweise vollzieht, daß wir es also jetzt mit einem beschleunigten Wandel zu tun haben. Wer etwa die Krönungszeremonien Justins I. (518) und Justins II. (565) miteinander vergleicht,[13] mag einen Eindruck von der rasanten Entwicklung bekommen, die sich in den dazwischenliegenden Jahren vollzogen haben muß. Da sowohl der Kaiser als auch die Bevölkerung Konstantinopels Anteil an der Liturgisierung hatten – für die übrigen Gebiete des Reiches sind die Quellen rar, deuten aber auf eine ähnliche Tendenz hin –, ist davon auszugehen, daß wir es mit einem Prozeß zu tun haben, der nicht gezielt von einer Seite aus gesteuert, sondern durch die Interaktion und Kommunikation von Kaiser und Volk befördert wurde. Und in der Tat gibt es Zeugnisse, die eine solche Interaktion klar belegen, etwa zur Marienfrömmigkeit Justinians, in deren Kontext der Kaiser mit gezielten Maßnahmen auf religiöse Orientierungen der Bevölkerung Konstantinopels reagierte (Bau von Marienkirchen, Demonstration der eigenen Marienfrömmigkeit).[14] All dies wirft natürlich die Frage nach den Ursachen des Liturgisierungsprozesses auf.

Averil Cameron hat die Liturgisierung als komplexen gesellschaftlichen Integrationsprozeß gedeutet, der unter der Herrschaft Justins II. (565–578) eingesetzt

---

12 Zur Marienverehrung: Cameron, Theotokos (s. Anm. 1); zum Bilderkult: E. Kitzinger, The Cult of Images in the Age before Iconoclasm, Dumbarton Oaks Papers 8 (1954), 83–150; vgl. zu beiden Phänomenen auch Meier, Zeitalter (s. Anm. 1), 502–560 (mit weiterer Literatur).

13 Justin I.: *De caerimoniis* 1,93 p. 426,1–430,21 (Constantini Porphyrogeniti Imperatoris De Caerimoniis Aulae Byzantinae Libri II, ed. J.J. Reiske, Vol. I, Bonn 1829) – Justin II.: Corippus, *In laudem Iustini Augusti minoris* I–IV (Flavius Cresconius Corippus, In laudem Iustini Augusti minoris Libri IV. Edited with Translation and Commentary by Av. Cameron, London 1976). Ein Vergleich beider Krönungszeremonien bei P. Speck, Kaiser Konstantin VI. Die Legitimation einer fremden und der Versuch einer eigenen Herrschaft. Quellenkritische Darstellung von 25 Jahren byzantinischer Geschichte nach dem ersten Ikonoklasmus, Bd. 1: Untersuchung, München 1978, 333 ff., bes. 339–346.

14 Ich habe dies andernorts im einzelnen diskutiert, vgl. M. Meier, Kaiserherrschaft und „Volksfrömmigkeit" im Konstantinopel des 6. Jahrhunderts n. Chr. Die Verlegung der Hypapante durch Justinian im Jahr 542, in: Historia 51 (2002), 89–111; Meier, Zeitalter (s. Anm. 1), 502 ff.

habe. Die Reichsbevölkerung – vor allem die Oberschicht Konstantinopels (für die uns die besten Quellen zur Verfügung stehen) – habe sich durch die Liturgisierung der öffentlichen Kommunikation gemeinsame Identifkationspole geschaffen und die Gesellschaft dadurch in einer Weise neu strukturiert, durch welche eine Anpassung an gewandelte äußere Rahmenbedingungen möglich gewesen sei. Damit seien gesellschaftliche Desintegrationsprozesse (wie sie unter Justinian in der Tat nachweisbar sind, z. B. im Verhältnis zwischen Kaiser und traditionellen Eliten, aber auch zwischen Konstantinopel und den übrigen Reichsgebieten) aufgehalten und ein möglicherweise drohender Kollaps verhindert worden.[15] Indem der Kaiser im Kontext seiner Sakralisierung eine neue Rolle als *imago Christi*[16] und als Vermittler zwischen den Menschen und Gott (im Sinne der Holy Men oder der Gottesmutter) angenommen habe, habe er einerseits seine eigene Autorität abgesichert, zum anderen aber auch zunehmenden Bedürfnissen in der Bevölkerung nach einem Mittler zu Gott entsprochen und damit „a strong impression of total social and religious unity" vermittelt.[17]

Ich habe bereits an anderer Stelle grundsätzliche Zustimmung zu dieser Hypothese sowie Kritik im Detail geäußert.[18] Meine Kritikpunkte betreffen zum einen die Datierung des Liturgisierungsprozesses. Es läßt sich m. E. sicher zeigen, daß dieses Phänomen nicht erst *nach*justinianisch, sondern bereits *spät*justinianisch ist.[19] Zunahme der Marienverehrung, Ausbreitung des Bilderkultes und Sakralisierung des Kaisers sind Entwicklungen der 40er und 50er Jahre des 6. Jahrhunderts, also der *spät*justinianischen Phase.[20] Zum anderen ist Camerons Erklärung der Liturgisierung als gesellschaftlicher Integrationsprozeß infolge schwieriger äußerer Rahmenbedingungen so lange problematisch, wie diese Rahmenbedingungen nicht konkret definiert werden. Cameron bleibt in diesem Punkt aber sehr vage.[21] Setzt man dagegen den Beginn des Liturgisierungsprozesses schon in den 40er Jahren an, so gewinnt man konkrete Anknüpfungspunkte, nämlich die katastrophalen Ereignisse der Jahre 540–542. Es handelt sich dabei um eine Reihe unmittelbar aufeinanderfolgender Katastrophen, die eine für Justinian und das Reich innen- wie außenpolitisch ausgesprochen erfolgreiche Phase ganz unvorhergesehen beendeten und an ihre Stelle Rückschläge setzten, die Kaiser

15 Cameron, Images (s. Anm. 1), 4; 14f.; 24; 35.

16 Corippus, *In laudem Iustini Augusti minoris* 2,428 (p. 60 Cameron): *ille est omnipotens, hic omnipotentis imago.*

17 Vgl. Cameron, Images (s. Anm. 1), 12.

18 Meier, Zeitalter (s. Anm. 1), 613.

19 Zur Datierung der Liturgisierung in nachjustinianische Zeit durch Cameron s. dies., Images (s. Anm. 1), 3f. und *passim*.

20 Meier, Zeitalter (s. Anm. 1), 502ff.

21 Vgl. etwa Cameron, Theotokos (s. Anm. 1), 107; dies., Images (s. Anm. 1), 30.

und Reichsbevölkerung offensichtlich für Jahrzehnte traumatisiert haben. Stichwortartig zusammengefaßt handelte es sich dabei um den erneuten Verlust großer Teile Italiens an die Ostgoten, nachdem der Gotenkrieg im Mai 540 bereits als siegreich abgeschlossen galt;[22] ferner um den verheerenden Persereinfall 540, der in der Vernichtung der Metropole Antiocheia gipfelte;[23] daneben um einen Kutrigureneinfall, bei dem einzelne Horden die Langen Mauern vor Konstantinopel überrannten, teilweise nach Kleinasien übersetzten und überdies Teile Griechenlands bis zum Isthmos verwüsteten;[24] sodann um eine Reihe von Erdbeben und weiteren Naturkatastrophen und -erscheinungen, die insbesondere die Bevölkerung Konstantinopels zunehmend zermürbten und latente Ängste vor einem unmittelbar drohenden Weltende aufleben ließen;[25] und schließlich um die erste Beulenpestepidemie, die seit 541 das gesamte Oströmische Reich erfaßte und dabei Opfer in einem Ausmaß forderte, wie man es zuvor nicht für denkbar gehalten hatte.[26]

---

22 H. Wolfram, Die Goten. Von den Anfängen bis zur Mitte des sechsten Jahrhunderts, München [3]1990, 349ff.; B. Rubin, Das Zeitalter Iustinians, Bd. 2. Aus dem Nachlaß hg. v. C. Capizzi, Berlin/New York 1995, 162ff.; Meier, Zeitalter (s. Anm. 1), 309–312.

23 Prokop, *Perserkriege* 2,5ff. p. 167ff. (Procopii Caesariensis Opera Omnia, ed. J. Haury, Vol. I: De Bellis Libri I–IV. Editio Stereotypa Correctior, Addenda et Corrigenda Adiecit G. Wirth, Leipzig 1962); G. Downey, A History of Antioch in Syria from Seleucus to the Arab Conquest, Princeton, N.J. 1961, ND 1974, 533ff.; B. Rubin, Das Zeitalter Iustinians, Bd. 1, Berlin 1960, 324ff.; Meier, Zeitalter (s. Anm. 1), 312–320.

24 Prokop, *Perserkriege* 2,4,4–11 p. 163–164; Johannes von Ephesos in der *Chronik von Zuqnîn* [Ps.-Dionys.] p. 82–83 (Pseudo-Dionysius of Tel-Mahre: Chronicle, Part III. Translated with Notes and Introduction by W. Witakowski, Liverpool 1996). Gegen die These E. Kislingers, Ein Angriff zu viel. Zur Verteidigung der Thermopylen in justinianischer Zeit, in: Byzantinische Zeitschrift 91 (1998), 49–58, wonach der bei Prokop erwähnte Vorstoß der Kutriguren bis zum Isthmos unhistorisch sei, vgl. meine Ausführungen in Meier, Zeitalter (s. Anm. 1), 662f., Anm. 56.

25 Prokop, *Perserkriege* 2,4,1–3 p. 162–163 (Komet); Johannes von Ephesos in der *Chronik von Zuqnîn* [Ps.-Dionys.] p. 59 Witakowski (Erdbeben); Theophanes a. m. 6037 p. 224,29–33 (Theophanis Chronographia, Vol. I, ed. C. de Boor, Leipzig 1883, ND Hildesheim 1963); Malalas p. 406,87–407,8 (Ioannis Malalae Chronographia, ed. I. Thurn, Berlin/New York 2000) (Flutwelle und Endzeiterwartungen).

26 Prokop, *Perserkriege* 2,22–23 p. 249–259; Johannes von Ephesos in der *Chronik von Zuqnîn* [Ps.-Dionys.] p. 74–98 Witakowski; Euagrios, *Historia Ecclesiastica* 4,29 p. 177–179 (The Ecclesiastical History of Evagrius with the Scholia. Edited by J. Bidez/L. Parmentier, London 1898, ND Amsterdam 1964). Zu dieser Pest vgl. J.-N. Biraben/J. Le Goff, La peste dans le Haut Moyen Age, in: Annales 24 (1969), 1484–1510; J.-N. Biraben, Les hommes et la peste en France et dans les pays européens et méditerranéens, Tome I: La peste dans l'histoire, Mouton/Paris/La Haye 1975, 25ff.; P. Allen, The „Justinianic“ Plague, in: Byzantion 49 (1979), 5–20; K.-H. Leven, Die

Diese Katastrophen hatten erhebliche mentalitätengeschichtliche Auswirkungen. Trotz ihrer Schwere und hohen Anzahl traf das erwartete Weltende nicht ein – daraus resultierte ein verbreiteter Verlust von Deutungsmustern für kontingentes Geschehen. Zudem war offenkundig, daß der Kaiser nicht in der Lage war, der gepeinigten Reichsbevölkerung zu helfen – Kaiserkritik und die verstärkte Hinwendung zu außerweltlichen Schutzmächten waren die Folge. Die Zunahme der Marienverehrung, die Ausbreitung des Bilderkultes und die Sakralisierung des Kaisers – letztere als Reaktion auf die aus den Katastrophen resultierende Kaiserkritik – lassen sich als äußere Indizien des Liturgisierungsprozesses unmittelbar mit den Ereignissen der frühen 40er Jahre in Beziehung setzen. Insofern stimme ich mit Cameron überein, die Liturgisierung als Folge erschwerter äußerer Rahmenbedingungen zu deuten, und habe dementsprechend andernorts in diesem Zusammenhang auch konkret auf die erwähnten Bedrückungen verwiesen.[27] Allerdings stellte sich mir danach zunehmend die Frage, ob die Verknüpfung von Katastrophen als exogenen, kontingenten Ereignissen und der Liturgisierung als einem innergesellschaftlichen Prozeß ohne weiteres möglich ist. Mittlerweile vertrete ich die These, daß dieser Konnex grundsätzlich zwar weiterhin plausibel ist, aber methodisch präzisiert werden muß. Dies kann m. E. dadurch geschehen, daß zwischen der postulierten Ursache und dem evidenten Ergebnis noch eine Zwischenebene als Verbindungsglied eingezogen werden muß. Diese Zwischenebene scheint mir das Heilige zu sein. Denn Liturgisierung bedeutet – zumindest dem sichtbaren Befund nach – zunächst einmal nichts anderes als eine Durchdringung ursprünglich profaner Bereiche mit Heiligem. Gleichzeitig bedingen Kontingenzerfahrungen prinzipiell Veränderungen des Verständnisses vom Heiligen, sofern man – wie ich es vorschlagen möchte – das Heilige mit Rudolf Otto und Roger Caillois als einen zentralen Bereich innerhalb der Religion (in ihrem umfassendsten Sinne) auffaßt[28] und Religion wiederum funktional als Kontin-

---

„Justinianische" Pest, in: Jahrbuch des Instituts für Geschichte der Medizin der Robert-Bosch-Stiftung 6 (1987), 137–161; L. I. Conrad, Die Pest und ihr soziales Umfeld im nahen Osten des frühen Mittelalters, in: Der Islam 73 (1996), 81–112; E. Kislinger/D. Stathakopoulos, Pest und Perserkriege bei Prokop. Chronologische Überlegungen zum Geschehen 540–545, in: Byzantion 69 (1999), 76–98; D. Stathakopoulos, The Justinianic Plague Revisited, in: Byzantine and Modern Greek Studies 24 (2000), 256–276; Meier, Zeitalter (s. Anm. 1), 321–340.

27 Meier, Zeitalter (s. Anm. 1), 613.

28 R. Otto, Das Heilige. Über das Irrationale in der Idee des Göttlichen und sein Verhältnis zum Rationalen, München [31–35]1963, 5–7, bes. 6: „Das wovon wir reden und was wir versuchen wollen einigermaßen anzugeben, nämlich zu Gefühl zu bringen, lebt in *allen* Religionen als ihr eigentlich innerstes und ohne es wären sie gar nicht Religion"; R. Caillois, Der Mensch und das Heilige, München/Wien 1988 (franz. Original Paris 1950), 20: „Die Religion ist die Verwaltung des Heiligen".

genzbewältigung deutet.[29] Ich möchte daher im folgenden die These vertreten, daß die skizzierten kontingenten Entwicklungen (die im übrigen lediglich den Höhepunkt einer schon länger andauernden Katastrophenserie darstellten) zu einer Neudefinition des Heiligen und des ihm zugewiesenen Raumes geführt haben und daß diese Neudefinition sich wiederum in dem manifestiert, was ich in Anlehnung an Cameron als Liturgisierung beschrieben habe.

Dies soll in drei Schritten geschehen. Ich möchte im folgenden (1.) zunächst aufzeigen, wie infolge zunehmend instabiler äußerer Verhältnisse Teilbereiche der Religion in ihrer Funktion als Mittel zur Kontingenzbewältigung versagten; dies hat offenbar zunächst zu religiösen Umorientierungen geführt, konkret zu einer Entpersonalisierung des Heiligen, wie sie sich am Einflußverlust der Holy Men im 6. Jahrhundert illustrieren läßt. (2.) In einem zweiten Schritt ist das Heilige als ein ordnender, strukturierender Bereich vorzustellen, d. h. als eine Alternative zum profanen Alltag, der von Zeitgenossen offenbar zunehmend als Zustand fehlender Ordnung und damit als immer weniger erklärbar wahrgenommen wurde. (3.) In einem letzten Schritt soll dieses theoretische Modell auf konkrete Beispiele übertragen werden, um dadurch den Prozeß der Liturgisierung schärfer zu erfassen.

I

Ich möchte beginnen mit zwei Episoden aus der spätantiken Hagiographie, die zunächst lediglich illustrieren sollen, daß sich zwischen dem 4. und dem 7. Jahrhundert im Verständnis des Heiligen, vor allem seiner Repräsentanten, etwas

29 Zur Theorie der Religion als Kontingenzbewältigung vgl. bes. H. Lübbe, Religion nach der Aufklärung, Graz/Wien/Köln 1986, 127 ff. (149: „Kultur des Verhaltens zum Unverfügbaren"). Gegen Lübbes funktionalistisch-reduktionistische Deutung von Religion wurde verschiedentlich Widerspruch erhoben, vgl. etwa E. Angehrn, Religion als Kontingenzbewältigung?, in: Philosophische Rundschau 34 (1987), 282–290; A. Müller, Überlegungen zum Verhältnis von Religion und Kontingenz, in: A. A. Bucher/K.-H. Reich (Hgg.), Entwicklung von Religiosität. Grundlagen, Theorieprobleme, praktische Anwendung, Freiburg (Schweiz) 1989, 35–50; A. A. Bucher, Religionspsychologie – Ein Forschungsüberblick, in: International Journal of Practical Theology 3 (1999), 94–126, hier 98 f. Lübbe hat seine Theorie allerdings gegen diese Kritiken souverän verteidigt, vgl. H. Lübbe, Kontingenzerfahrung und Kontingenzbewältigung, in: G. v. Graevenitz/O. Marquard (Hgg.), Kontingenz, München 1998, 35–47. Auch in der Soziologie wird in Kontingenzbewältigung (bzw. Konstituierung von Sinn) eine Hauptfunktion von Religion gesehen, vgl. N. Luhmann, Funktion der Religion, Frankfurt a. M. 1977, 182 ff.; ders., Die Religion der Gesellschaft, hg. v. A. Kieserling, Frankfurt a. M. 2000, ND Darmstadt 2002, 115–186, bes. 122; 127; 137 f.

geändert hat. Dazu habe ich zwei Texte ausgewählt, zum einen eine Passage aus der Mitte des 4. Jahrhunderts verfaßten *Vita Antonii* des Athanasios, zum anderen eine Begebenheit aus dem Anfang des 7. Jahrhunderts entstandenen *Pratum Spirituale* des Johannes Moschos.

Zunächst zur *Vita Antonii*. Athanasios berichtet im Kontext, daß in der ägyptischen Wüste eine Reihe von Klöstern entstand, in denen sich Asketen zusammenfanden, um ihre Lebensweise ähnlich wie Antonius zu gestalten und den großen Eremiten nachzuahmen. Über diese Asketen heißt es dann:[30]

> In den Bergen lagen die Klöster wie Zelte voll göttlicher Chöre, die Psalmen sangen, die Schrift auslegten, fasteten, beteten, die jauchzten ob der Hoffnung auf die Zukunft, die arbeiteten, um Barmherzigkeit zu üben, die Liebe und Eintracht untereinander pflegten. Und es war in Wahrheit anzusehen wie ein Platz für sich, voller Gottesfurcht und Gerechtigkeit. Denn dort gab es niemanden, der Unrecht tat oder erlitt, und es gab keinerlei Klage über Steuereintreiber; sondern es war eine Schar von Asketen, und einzig auf eines, auf die Tugend, war ihr Denken gerichtet.

Was wir hier greifen, sind Grundelemente mönchischer Askese, die in der gesamten Spätantike in hohem Ansehen standen und ihre Vertreter zu besonderen Personen machten. Asketen konnten zu höchstem Ansehen unter ihren Mitmenschen gelangen und, wenn sie das asketische Ideal in besonderer Weise repräsentierten und aus diesem Grunde ein besonders inniges Kommunikationsverhältnis zu Gott aufzubauen schienen, sogar als Holy Men verehrt werden. Daß aus mönchisch-asketischer Lebensweise ein Anspruch zumindest auf einen gewissen Grad an Heiligkeit resultierte, war seit dem 4. Jahrhundert jedenfalls selbstverständlich.[31]

In der ausgehenden Spätantike scheint sich dies geändert zu haben. Obwohl Johannes Moschos mit seinem *Pratum Spirituale* ein lebendiges Bild vom gottes-

---

30 Athanasios, *Vita Antonii* 44,2–4 p. 254 (Athanase d'Alexandrie. Vie d'Antoine. Introduction, texte critique, traduction, notes et index par G. J. M. Bartelink, Paris 1994 [Sources Chrétiennes 400]): ἦν οὖν ἐν τοῖς ὄρεσι τὰ μοναστήρια ὡς σκηναὶ πεπληρωμέναι θείων χορῶν, ψαλλόντων, φιλολογοῦντων, νηστευόντων, εὐχομένων, ἀγαλλιωμένων ἐπὶ τῇ τῶν μελλόντων ἐλπίσι καὶ ἐργαζομένων εἰς τὸ ποιεῖν ἐλεημοσύνας, ἀγάπην τε καὶ συμφωνίαν ἐχόντων εἰς ἀλλήλους. καὶ ἦν ἀληθῶς ἰδεῖν ὥσπερ χώραν τινὰ καθ' ἑαυτὴν οὖσαν θεοσεβείας, καὶ δικαιοσύνης. οὐκ ἦν γὰρ ἐκεῖ ὁ ἀδικῶν ἢ ἀδικοῦμενος οὐδὲ μέμψις φορολόγου, ἀλλὰ πλῆθος μὲν ἀσκητῶν, ἓν δὲ τῶν πάντων εἰς ἀρετὴν τὸ φρόνημα.

31 Die Differenzierung von 'einfachen' Asketen und Holy Men sowie die Beantwortung der Frage, ob Askese eine notwendige Voraussetzung für Heiligkeit ist, ist schwierig und in der Forschung noch nicht mit der nötigen Klarheit erfolgt. Einige Überlegungen dazu finden sich bei Av. Cameron, On Defining the Holy Man, in: J. Howard-Johnston/P. A. Hayward (Hgg.), The Cult of Saints in Late Antiquity and the Middle Ages. Essays on the Contribution of Peter Brown, Oxford 1999, 27–43.

fürchtigen, heiligmäßigen Leben und Wirken der Mönche und Asketen geben will, finden sich bei ihm doch auch Episoden wie die folgende:[32]

> Jemand erzählte folgendes: [Ein Mönch] war von einer Schlange gebissen worden und kam in eine Stadt, um versorgt zu werden. Es nahm ihn eine Frau auf, die fromm war und den Herrn fürchtete, und sie pflegte ihn. Als er ein wenig Linderung seiner Leiden erfuhr, begann der Teufel, ihm Gedanken ihr gegenüber einzusäen, und er begann, ihre Hand berühren zu wollen. Diese aber sprach zu ihm: „Nicht so, Vater, sollst du dich an Christus halten. Denke an das Leid und die Reue, die du empfinden wirst, wenn du wieder in deiner Mönchszelle sitzt; denke an deine Klagen und Tränen, die du vergießen wirst". Nachdem er dies und ähnliches von ihr zu hören bekommen hatte, entfloh der Kampf von ihm, und beschämt wollte er sich davon machen, da er ihr nicht mehr ins Gesicht sehen konnte. Sie aber sprach wiederum im Herzen Christi zu ihm: „Schäme dich nicht, du hast ein Bedürfnis, noch weiter versorgt zu werden. Es kam nicht von deiner reinen Seele, jenes im Sinn zu haben, sondern es war eine Eingebung des mißgünstigen Teufels". Und nachdem sie ihn so, ohne daß etwas Anzügliches passiert wäre, gepflegt hatte, ließ sie ihn mit Reiseproviant von dannen ziehen.

Die Heiligkeit des Asketen weist hier erhebliche Brüche auf, der Mönch stellt einer Frau sexuell nach. Natürlich ist dies nicht auf seine eigene Verworfenheit zurückzuführen, sondern eine Eingebung des Teufels, mithin wahrscheinlich Folge des Schlangenbisses – seit der *Genesis* (Gen 3) galt die Schlange bekanntlich als Verführerin und als Verkörperung des Teufels. Dies alles ist zunächst nicht besonders spektakulär. Vor allem seit den berühmten Kämpfen des Antonius gegen die teuflischen Dämonen in der Wüste hatten Asketen fortwährend ähnliche Prüfungen zu bestehen und sich gegen entsprechende Anwandlungen und Eingebungen zur Wehr zu setzen. Das besondere an unserer Erzählung liegt darin, daß es dem Mönch hier nicht gelingt, diesen Kampf zu bestehen. Wie Adam

32 Johannes Moschos, *Pratum Spirituale* 204 (Migne, Patrologia Graeca 87.3, 3093–3096): Ἔλεγέν τις, ὅτι ἐδάχθη τις ὑπὸ ὄφεως, καὶ εἰσῆλθεν εἰς τὴν πόλιν τινὰ περιοδευθῆναι. ὑπεδέξατο αὐτὸν δὲ γύνη εὐλαβὴς καὶ φοβουμένη τὸν Κύριον, καὶ ἐθεράπευσεν αὐτόν. ὃτε δὲ εἶχεν μικρὰν ἄνεσιν τῶν πόνων, ἤρξατο ὁ διάβολος σπείρειν αὐτῷ λογισμοὺς εἰς αὐτήν, καὶ ἤρξατο θέλειν ἅψασθαι τῆς χειρὸς αὐτῆς. ἡ δὲ ἔλεγεν αὐτῷ· μὴ οὕτως, Πάτερ, Χριστὸν ἔχῃς· μνήσθητι τῆς λύπης καὶ τῆς μετανοίας, ἧς μέλλεις μετανοεῖν καθήμενος ἐν τῷ κελλίῳ σου· μνήσθητι τῶν στεναγμῶν καὶ τῶν δακρύων, ὧν μέλλεις ποιεῖν. ἀκούσας δὲ ταῦτα παρ' αὐτῆς καὶ ἕτερα τοιαῦτα, ἔφυγεν ἀπ' αὐτοῦ ὁ πόλεμος, καὶ διατραπεὶς ἤθελεν φυγεῖν, μὴ δυνάμενος ἀτενίσαι εἰς αὐτήν. ἡ δὲ πάλιν ἐν σπλάγχνοις Χριστοῦ ἔλεγεν αὐτῷ· μηδὲν διατραπῇς, χρείαν ἔχεις ἔτι περιοδευθῆναι· οὐκ ἦν τῆς καθαρᾶς σου ψυχῆς διαλογίσασθαι ἐκεῖνα, ἀλλὰ τοῦ φθονεροῦ διαβόλου ἦν ἡ ὑποβολή. καὶ οὕτως ἀσκανδαλίστως θεραπεύσασα αὐτὸν ἀπέλυσεν μετὰ ἐφοδίων. – Eine ähnliche Geschichte findet sich auch im Anschluß Johannes Moschos, *Pratum Spirituale* 205 (Migne, Patrologia Graeca 87.3, 3096–3097).

und Eva droht er der Sünde zu verfallen, und es ist ausgerechnet eine zwar gottesfürchtige, ansonsten aber ganz normale Frau, die ihn vor dem Schlimmsten bewahrt. Askese und mönchische Lebensweise münden nun also nicht mehr zwangsläufig in Heiligkeit. Dafür ist es jetzt irgendeiner, nicht näher bestimmten Frau möglich, ihrerseits Anteil an dieser Heiligkeit zu erhalten. Denn die wahre Heldin dieser Begebenheit ist die Frau.

Natürlich ist es nicht so, daß in der Zeit eines Johannes Moschos kein Asket mehr die Kämpfe gegen seine Widersacher bestehen konnte. Weiterhin überwiegen die Erzählungen von strahlenden Siegen christlicher Streiter gegen die allgegenwärtigen Versuchungen des Bösen, und weiterhin erscheinen die Asketen zumeist als vortreffliche Tugendhelden und leuchtende Vorbilder. Und natürlich gab es auch schon früher Berichte von gefallenen Mönchen, aber sie waren nicht so prominent und erfüllten andere Funktionen.[33] Seit dem 6. Jahrhundert jedoch mischen sich eben auch zunehmend Episoden wie die zitierte unter die vielfältigen Berichte. Sie zeigen, daß sich augenscheinlich etwas geändert hat: Heiligkeit ist offenbar nicht mehr unbedingt an dieselben Voraussetzungen gebunden wie noch zu den Zeiten eines Athanasios, und dies spiegelt sich m. E. deutlich in den Berichten über Asketen bzw. Holy Men, d. h. an personalen Inseln des Heiligen innerhalb des Bereiches des Profanen.[34]

Um diese Entwicklung verstehen zu können, sind einige allgemeine Bemerkungen über die Funktion der christlichen[35] Holy Men in der Spätantike erforderlich. Ich lehne mich dazu im folgenden an die diesbezüglichen Überlegungen Jochen Martins und vor allem Peter Browns an.[36]

33 In der Regel dienten entsprechende Erzählungen als Warnung vor selbstgefälligem Gebaren.

34 Zum hier zugrundegelegten Verständnis von 'heilig' und 'profan' s. u.

35 Nicht behandelt werden sollen im folgenden die paganen Holy Men, die sich in Tradition, Selbstverständnis und Verhältnis zu den Gesellschaften, in die sie eingebunden waren, erheblich von den christlichen Holy Men unterschieden. Da es in diesem Beitrag um innerchristliche Entwicklungen geht, können die heidnischen Holy Men unberücksichtigt bleiben. Zu ihnen vgl. G. Fowden, The Pagan Holy Man in Late Antique Society, in: Journal of Hellenic Studies 102 (1982), 33–59.

36 J. Martin, Zum Selbstverständnis, zur Repräsentation und Macht des Kaisers in der Spätantike, in: Saeculum 35 (1984), 115–131. – P. Brown, The Rise and Function of the Holy Man in Late Antiquity, in: Journal of Roman Studies 61 (1971), 80–101; ders., Town, Village and Holy Man: The Case of Syria, in: P. Brown, Society and the Holy in Late Antiquity, Berkeley/Los Angeles 1982, 153–165; ders., The Saint as Exemplar in Late Antiquity, in: Representations 2 (1983), 1–25; ders., Authority and the Sacred. Aspects of the Christianisation of the Roman World, Cambridge 1995, 57–78; ders., Holy Men, in: Av. Cameron/B. Ward-Perkins/M. Whitby (Hgg.), The Cambridge Ancient History, Vol. XIV: Late Antiquity: Empire and Successors, A.D. 425–600, Cambridge 2000, 781–810. Brown hat seine Thesen vor einiger Zeit in einem rück-

Das Aufkommen der Holy Men ist ein Krisenphänomen, konkret gesagt: Eine Folge gravierender Verschiebungen äußerer Lebensverhältnisse, vor allem im 3. Jahrhundert. Ganz unabhängig davon, wie man sich in der Diskussion um das 3. Jahrhundert als „Age of anxiety" (E. R. Dodds) positioniert,[37] dürfte unumstritten sein, daß sich in dieser Phase bedeutsame Transformationsprozesse im religiösen Bereich vollzogen haben, um es mit den Worten Martins zu formulieren: „Die Phänomene, von denen Dodds ausgeht, werden auch von seinen Kritikern nicht bestritten: daß nämlich allenthalben – über Reliquien, Exorzisten, göttliche und halbgöttliche Schutzpatrone, Träume, Wundermänner, magische Praktiken – übernatürliche Schutzmöglichkeiten eingefordert werden".[38] Martin sieht in diesen Entwicklungen Indizien für Veränderungen der Handlungszusammenhänge, in die die Zeitgenossen eingebunden waren.

Faßt man seine Überlegungen – stark verkürzt – zusammen, so läßt sich festhalten, daß die politischen und sozialen Unsicherheiten im 3. Jahrhundert offenbar dazu geführt haben, daß Macht (als ein zentrales Konstituens von Gesellschaften) nicht mehr vorwiegend als innerweltliches, sondern zunehmend als außerweltliches Phänomen interpretiert worden ist. Damit ist gemeint, daß die Beziehung von Menschen zum Göttlichen (als zentraler Macht) im Vergleich zu zwischenmenschlichen Machtverhältnissen (z. B. Princeps – Volk) eine wachsende Bedeutung erlangte. Dies zeigt sich in besonders deutlicher Form darin, daß auch

---

blickenden Aufsatz noch einmal reflektiert, sie leicht modifiziert und ihnen die Emphase seiner älteren Arbeiten genommen; im Kern hat er sie jedoch weiterhin aufrecht erhalten, vgl. P. Brown, The Rise and Function of the Holy Man in Late Antiquity, 1971–1997, in: Journal of Early Christian Studies 6 (1998), 353–376. Zu Browns Konzept des Holy Man vgl. auch M. Vessey, The Demise of the Christian Writer and the Remaking of „Late Antiquity": From H.-I. Marrou's Saint Augustine (1938) to Peter Brown's Holy Man (1983), in: Journal of Early Christian Studies 6 (1998), 377–411, bes. 403 ff.; Cameron, Holy Man (s. Anm. 31), 34 ff. Browns Studien zu den Holy Men in der Spätantike sind nicht ohne Widerspruch geblieben, vgl. W. Treadgold, Taking Sources on Their Own Terms and on Ours: Peter Brown's Late Antiquity, in: Antiquité Tardive 2 (1994), 153–159; dagegen vgl. aber W. Brandes, Rez. W. Treadgold, A History of the Byzantine State and Society, Stanford 1997, in: Byzantinische Zeitschrift 95 (2002), 716–725, hier 719 f.

37 E. R. Dodds, Pagan and Christian in an Age of Anxiety. Some Aspects of Religious Experience from Marcus Aurelius to Constantine, Cambridge 1968. Dazu vgl. bes. R. C. Smith/J. Lounibos (Hgg.), Pagan and Christian Anxiety. A Response to E. R. Dodds, Lanham/New York/London 1984. Vgl. ferner K. Strobel, Das Imperium Romanum im '3. Jahrhundert'. Modell einer historischen Krise?, Stuttgart 1993; Chr. Witschel, Krise – Rezession – Stagnation? Der Westen des römischen Reiches im 3. Jahrhundert n. Chr., Frankfurt a. M. 1999.

38 Martin, Selbstverständnis (s. Anm. 36), 119; ähnlich P. Brown, Die letzten Heiden. Eine kleine Geschichte der Spätantike, Frankfurt a. M. 1995, bes. 80 ff.

die Kaiser nunmehr dazu übergehen, sich selbst und ihr Handeln durch göttliche Willensakte zu legitimieren und somit außerweltlich zu begründen. In der Tetrarchie sind derartige Handlungsbegründungen bereits wichtiger Bestandteil der kaiserlichen Repräsentation;[39] für die christlichen Kaiser stellt die göttliche Legitimation schließlich das zentrale Fundament der Herrschaft dar.[40] Die Kaiser reagierten damit aber nur auf entsprechende Tendenzen innerhalb der Reichsbevölkerung, wo das Bedürfnis nach neuen Patronen, die in einem besonderen Verhältnis zu Gott stehen und insofern zwischen ihm und den Menschen vermitteln können, zunahm.

Es ist nun besonders das Aufkommen der sog. Holy Men, in denen sich dieses vermehrte Bedürfnis nach Interzessoren ausdrückt. Vor allem Peter Brown hat seit seinem berühmten Aufsatz aus dem Jahr 1971 in mehreren Arbeiten wiederholt auf die fundamentale Bedeutung dieser Personengruppe aufmerksam gemacht und sich dabei besonders auf die Frage nach ihrer Funktion in der Gesellschaft konzentriert. Seinen Ergebnissen zufolge waren die Holy Men, deren Hauptverbreitungsgebiet zunächst den syrischen Raum umfaßte,[41] Nachfolger ländlicher Patrone; allmählich übernahmen sie deren Funktionen und konnten aufgrund ihrer Macht Schutz vor vielfältigen Gefahren und Bedrängnissen bieten.[42] Anders als bei ihren Vorgängern war ihre Macht jedoch nicht innerweltlich (etwa auf der Basis politischen Einflusses) begründet, sondern religiös definiert. Sie manifestierte sich in Wundern und beruhte letztlich auf dem Vertrauen der Menschen in die Wirkkräfte der Holy Men.[43] „To visit a holy man was to go

39 Vgl. Martin, Selbstverständnis (s. Anm. 36), 115–117 (mit einschlägigen Beispielen).

40 Zum ersten Mal werden entsprechende Gedanken in systematischer Form und als Bestandteil der kaiserlichen Repräsentation in der *Tricennalienrede* des Eusebios, die anläßlich des 30jährigen Regierungsjubiläums Konstantins vorgetragen wurde, dargelegt (I. A. Heikel [Ed.], Eusebius Werke, 1. Band: Über das Leben Constantins – Constantins Rede an die Heilige Versammlung – Tricennatsrede an Constantin, Leipzig 1902, p. 195–259). Zu diesem für das Selbstverständnis christlicher Kaiser fundamentalen Text s. H. A. Drake, In Praise of Constantine. A Historical Study and New Translation of Eusebius' Tricennial Orations, Berkeley/Los Angeles/London 1976; P. Maraval, Eusèbe de Césarée. La théologie politique de l'Empire chrétien: Louanges de Constantin (Triakontaétérikos), Paris 2001.

41 Brown, Rise and Function I (s. Anm. 36), 82ff.; ders., Town, Village and Holy Man (s. Anm. 36), *passim*.

42 Brown, Rise and Function I (s. Anm. 36), 85ff.; ders., Town, Village and Holy Man (s. Anm. 36), 157ff.; ders., Rise and Function II (s. Anm. 36), 357. Brown hat die Bedeutung der patronalen Funktionen der Holy Men später etwas relativiert und stärker ihre Funktion als Vermittler zwischen den Menschen und Gott hervorgehoben, vgl. dens., Authority and the Sacred (s. Anm. 36), 59ff., bes. 73.

43 Vgl. Brown, Authority and the Sacred (s. Anm. 36), 69: „They belonged to a category of persons who were assumed, by their supplicants, to have access to knowledge of the holy in all its manifestations".

where power was".[44] Damit sind die Holy Men nicht nur ein religiöses, sondern vor allem auch ein soziales Phänomen. Sie sonderten sich gezielt von der Gemeinschaft ab, um asketisch zu leben, aber auch, um ihrer besonderen Rolle als 'Fremde' innerhalb der Gesellschaften gerecht zu werden. Denn nur durch die auch äußerlich erfahrbare soziale und wirtschaftliche Unabhängigkeit sowie durch ihre Sonderstellung außerhalb kirchlicher Hierarchien konnten sie als exzeptionelle Gestalten wirken und glaubhaft das darstellen, was sie sein wollten: Repräsentanten des Heiligen.[45]

Brown geht in seinen frühen Thesen zu den Holy Men so weit, daß er in ihnen ein einzigartiges Charakteristikum der Spätantike erkennen will: „The predominance of the holy man, therefore, marked out late antiquity as a distinct phase of religious history".[46] In späteren Arbeiten hat er diese Emphase etwas zurückgenommen, die Holy Man (und nunmehr auch die Holy Women)[47] stärker in allgemeinere religiöse und soziale Zusammenhänge ihrer Zeit einzubinden versucht und dabei auch die spezifischen topographischen Voraussetzungen ihrer ursprünglichen Hauptverbreitungsgebiete miteinbezogen.[48] Daß es sich bei ihnen indes um herausragende Beispiele eines personalisierenden Verständnisses des Heiligen handelt, bleibt als wichtiges Ergebnis seiner älteren Arbeiten weiterhin bestehen. „For some centuries", so Brown, „the *locus* of the supernatural [d. h. des Heiligen] was thought of as resting on individual men".[49]

44 Brown, Rise and Function I (s. Anm. 36), 87.

45 Brown, Rise and Function I (s. Anm. 36), 91f.; ders., Rise and Function II (s. Anm. 36), 368; vgl. auch dens., Authority and the Sacred (s. Anm. 36), 60: „arbiter of the holy".

46 Brown, Rise and Function I (s. Anm. 36), 100.

47 Zu den Holy Women, die aufgrund noch stärkerer literarischer Stilisierung und Stereotypisierung in den durchaus zahlreichen Quellen nur sehr schwer greifbar sind, sind im letzten Jahrzehnt eine Reihe von Arbeiten entstanden (vgl. etwa S. Brock/ S. Ashbrook Harvey, Holy Women of the Syrian Orient, Berkeley u.a. [2]1998; T.M. Shaw, *Askesis* and the Appearance of Holiness, in: Journal of Early Christian Studies 6 (1998), 485–499; Cameron, Holy Man (s. Anm. 31), 40f., mit weiterer Lit.), die auch Browns Forschungen (insbesondere auch zu den „Holy males") beeinflußt haben (vgl. bes. P. Brown, The Body and Society. Men, Women and Sexual Renunciation in Early Christianity, New York 1988). Mittlerweile besteht Einigkeit darüber, daß Holy Men und Holy Women klassische Geschlechterrollen transzendieren (vgl. Brown., Rise and Function II [s. Anm. 36], 371: „[...] holy men were not 'men'. [...] By living a life that mirrored the angels [...] he had transcended the categories of gender as normally defined"); dies ändert aber nichts an der Tatsache, daß die in wesentlich höherem Maße konstruierten und traditionelle Rollenbilder reflektierenden Quellen zu den Holy Women die Interpreten weiterhin vor hohe methodische Schwierigkeiten stellen.

48 Letzteres in Anlehnung an S. A. M. Adshead/K. Adshead, Topography and Sanctity in the North Syrian Corridor, in: Oriens Christianus 75 (1991), 113–122.

49 Brown, Rise and Function I (s. Anm. 36), 100.

Wichtig ist in diesem Zusammenhang, daß Brown einen „Niedergang" („decline") der Holy Men im 6. Jahrhundert konstatiert. Dieser falle zusammen mit einem neuen Gefühl für die Erhabenheit der Gemeinschaft[50] bzw. sei ein Nebenprodukt der neugefundenen Stabilität des „Zeitalters Justinians".[51] Daß von dieser Stabilität aber keinesfalls gesprochen werden kann, hoffe ich andernorts hinreichend dargelegt zu haben.[52] Was Brown dagegen mit seinem blumigen Diktum vom neuen Gefühl für die Erhabenheit der Gemeinschaft meint, läßt er offen. Konfrontiert man dieses jedoch mit der angeführten Passage aus dem *Pratum Spirituale*, so kann sich dahinter eigentlich nur eines verbergen: Auch Brown kommt offenbar letztlich zu dem Ergebnis, daß im 6. Jahrhundert ein Prozeß der Verlagerung des Heiligen stattgefunden haben muß: Fort von den Holy Men als Individuen hin zu anderen, unauffälligeren Mitgliedern der Gesellschaft bzw. zur Gesellschaft insgesamt. Denn – wie Brown zu recht selbst mehrfach betont – „all Christians were potentially 'holy'".[53] Wir haben es also im Ergebnis mit einer Entpersonalisierung des Heiligen zu tun.

Tatsächlich mehren sich im 6. Jahrhundert die Zeugnisse dafür, daß einige Holy Men die in sie gesetzten Erwartungen nicht mehr erfüllen konnten. Wen wundert es, wurden doch in dieser Zeit sogar die großen Styliten im Zuge religiöser Auseinandersetzungen zwischen Chalkedoniern und Monophysiten oder feindlicher Übergriffe auf römisches Gebiet von ihren Säulen gezerrt, fortgeschleift und niedergemacht.[54] In solchen Situationen gaben sie in der Tat kein gutes Bild ab. Folgerichtig machte man sich nun mitunter über sie lustig oder beschimpfte sie. Mönche wurden sogar verdächtigt, das römische Amida an die Perser verraten zu haben,[55] und als 542 in Konstantinopel die Pest wütete, galten Mönche und Kleriker, d. h. die Vertreter des Heiligen in der Gesellschaft, als tod-

---

50 Brown, Rise and Function I (s. Anm. 36), 100.

51 Brown, Rise and Function II (s. Anm. 36), 363 f.

52 Vgl. Meier, Zeitalter (s. Anm. 1), *passim*.

53 Brown, Authority and the Sacred (s. Anm. 36), 60; ders., Holy Men (s. Anm. 36), 793.

54 Vgl. dazu S. Ashbrook Harvey, Asceticism and Society in Crisis. John of Ephesus and the *Lives of the Eastern Saints*, Berkeley/Los Angeles/London 1990.

55 Marcellinus Comes ad ann. 502 p. 96 (Chronica Minora Saec. IV. V. VI. VII., Vol. II, ed. Th. Mommsen, Berlin 1894, ND München 1981 [= Monumenta Germaniae Historica. Auctores Antiquissimi XI]) = B. Croke, The Chronicle of Marcellinus. Translation and Commentary, Sydney 1995, p. 33 (zu Marcellinus Comes s. jetzt auch B. Croke, Count Marcellinus and His Chronicle, Oxford 2001); Prokop, *Perserkriege* 1,7,22–24 p. 34; Ps.-Zacharias 7,4 p. 106–112 (Die sogenannte Kirchengeschichte des Zacharias Rhetor. In deutscher Übersetzung herausgegeben von K. Ahrens/G. Krüger, Leipzig 1899); Michael Syrus 9,7 p. 154–159 (Chronique de Michel le Syrien, Patriarche Jacobite d'Antioche (1166–1199). Éditée pour la première fois et traduite en français par J.-B. Chabot, Paris 1901, ND Brüssel 1963).

bringend; man mied sie und rief, wenn man ihnen dennoch begegnete, den Schutz Marias an.[56]

Späteren war dies alles sehr peinlich: Johannes Malalas zufolge soll der Heilige Symeon Stylites veranlaßt haben, daß Antiocheia, nachdem dort im Jahr 528 erst durch ein göttliches Wunder ein Erdbeben beendet werden konnte, in Theoupolis ('Gottesstadt') umbenannt wurde.[57] Wenigstens hier sollte der Heilige Mann noch einmal als hilfreicher Patron in den Vordergrund gerückt werden. Es läßt sich jedoch eindeutig nachweisen, daß der Malalas-Text erst nachträglich in diesem Sinne geändert worden ist. Der Befehl zur Umbenennung der Stadt kam von Justinian.[58]

Die schwindende Macht der Holy Men war im 6. Jahrhundert somit offensichtlich. Folgerichtig etablierten sich nun neue religiöse Praktiken, mit deren Hilfe die Ausfälle kompensiert werden sollten: In einzelnen Städten vertraute man nun immer weniger den Asketen oder auch den kaiserlichen Truppen; stattdessen traten wunderwirkende Ikonen (z. B. in Kamulianai, Edessa)[59] oder Reliquien (z. B. in Thessalonike, Sergioupolis)[60] immer mehr in den Vordergrund. Gleichzeitig avancierte die Gottesmutter zur zentralen Mittlerin zwischen den Menschen und Gott. Deutlich spiegelt sich dieser Autoritätsverlust der Holy Men in dem Umstand, daß es nun nicht mehr die Kaiser waren, die sie aufsuchten und um Rat fragten; jetzt mußten vielmehr die Asketen selbst zum Hof nach Konstantinopel reisen und dort ihre Anliegen gegenüber dem Kaiser vortragen.

Auch in diesem Punkt ist wieder einschränkend darauf hinzuweisen, daß wir es nicht mit einem abrupten Bruch zu tun haben, sondern mit einer schleichenden, dennoch sichtbaren Verlagerung der Akzente.

56 Johannes von Ephesos in der *Chronik von Zuqnîn* [Ps.-Dionys.] p. 97–98 Witakowski.

57 Malalas p. 443,16–17 (Ioannis Malalae Chronographia, ed. L. Dindorf, Bonn 1831).

58 J. B. Bury, Johannes Malalas: The Text of the Codex Baroccianus, in: Byzantinische Zeitschrift 6 (1897), 219–230, hier 229; E. K. Chrysos, Eine Konjektur zu Johannes Malalas, in: Jahrbuch der Österreichischen Byzantinistik 15 (1966), 147–152. In der neuen Malalas-Edition wurde die Stelle daher entsprechend emendiert, vgl. Malalas p. 371,96–97 Thurn.

59 E. von Dobschütz, Christusbilder. Untersuchungen zur christlichen Legende, Leipzig 1899, 40 ff.; 102 ff.; Av. Cameron, The History of the Image of Edessa: The Telling of a Story, in: C. Mango/O. Pritsak (Hgg.), Okeanos. Essays Presented to Ihor Ševcenko on His Sixtieth Birthday by His Colleagues and Students, Cambridge (Mass.) 1983, 80–94; Meier, Zeitalter (s. Anm. 1), 528 ff.

60 Thessalonike: P. Lemerle (Ed.), Les plus anciens recueils des miracles de Saint Démétrius et la pénétration des slaves dans les Balkans, 2 Vols., Paris 1979/81. Sergioupolis: E. Key Fowden, The Barbarian Plain. Saint Sergius between Rome and Iran, Berkeley/Los Angeles/London 1999.

II

Was aber ist nun das 'Heilige', als dessen Repräsentanten ich im Sinne Peter Browns die Holy Men vorgestellt habe? Blickt man dazu in das umfangreiche Schrifttum Browns selbst, so wird man keine konkrete Definition finden. Erst nach der Lektüre einer ganzen Reihe seiner Arbeiten formt sich beim Leser allmählich eine vage Vorstellung des Brownschen Heiligkeitsbegriffs – mehr jedoch nicht. Brown selbst brauchte in dieser Unbestimmtheit aber auch gar kein Problem zu sehen – und insofern kann man ihm hier auch keinen Vorwurf machen –, denn seine vorwiegend funktionalistisch ausgerichteten und exemplarisch durchgeführten Fragestellungen kommen ohne die Definition eines übergeordneten Heiligen aus.

Grundsätzlich kommen zwei Wege in Betracht, sich dem Heiligen zu nähern: Zum einen über Wortanalysen, d. h. eine Untersuchung derjenigen Begriffe in den antiken Quellen, die sich mit 'heilig' übersetzen lassen, und die Analyse der Art ihrer Verwendung. Zum anderen bietet es sich an, auf Konzepte zurückzugreifen, die vor allem in der Ethnosoziologie und in den Religionswissenschaften zur Bestimmung des Heiligen entwickelt wurden.

Der philologisch geschulte Althistoriker tendiert naturgemäß zunächst zur ersten Möglichkeit – um dabei allerdings rasch in eine Sackkasse zu geraten. Denn zwei gravierende methodische Probleme ergeben sich hier:[61] Zum einen bietet der antike Sprachgebrauch nicht nur eine Fülle von Begriffen, die wir mehr oder weniger reflektiert mit 'heilig' übersetzen können, sondern auch sehr große, mithin unübersichtliche Bedeutungsspektren dieser Vokabeln, die überdies ganz offenkundig Wandlungen unterworfen waren. Ein eindeutiges griechisches oder lateinisches Äquivalent für das deutsche Wort 'heilig' (und auch bei diesem ist ja die Bedeutung zunächst noch unscharf) gibt es jedenfalls nicht – der umfangreiche RAC-Artikel von Albrecht Dihle zum Stichwort 'Heilig' hat das in eindrucksvoller Weise demonstriert.[62] Damit hängt ein zweites Problem eng zusammen: Begriffe wie ἁγνός, ἅγιος, ἱερός, ὅσιος, *sacer*, *sanctus* oder auch das deutsche 'heilig' sind Setzungen, die unveränderlich bleiben, auch wenn die mit ihnen bezeichneten Phänomene sich verändern – und daß sie dies tun, sollte man zumindest in Erwägung ziehen. Es ist also gar nicht sicher, daß man auf der Suche nach

61 Zum folgenden vgl. auch C. Colpe, Heilig (sprachlich), in: H. Cancik/B. Gladigow/K.-H. Kohl (Hgg.), Handbuch religionswissenschaftlicher Grundbegriffe, Bd. 3, Stuttgart/Berlin/Köln 1993, 74–80.

62 A. Dihle, Reallexikon für Antike und Christentum 14 (1988), 1–63, s. v. Heilig. Schon zu Beginn seines Artikels stellt Dihle diesen Befund klar heraus: „Die mit dem dt. Wort 'h.' bezeichnete Vorstellung ist komplex, u. mannigfache ihm zugeordnete Assoziationen lassen es unmöglich erscheinen, seinen semantischen Gehalt als Begriff zu definieren" (1).

dem Heiligen durch die vermeintlich entsprechenden Begriffe wirklich an sein Ziel geführt wird.[63] Und noch komplizierter wird die Angelegenheit, wenn man sich vergegenwärtigt, daß es offenbar im Indoeuropäischen überhaupt kein Wort für 'heilig' gegeben hat; stattdessen haben sich in einigen indoeuropäischen Sprachen sekundär Wortpaare entwickelt, die zwei unterschiedliche Dinge bezeichneten, möglicherweise – aber eben nicht sicher – zwei Seiten eines Konzepts des Heiligen (griech. ἱερός-ἅγιος; lat. *sacer-sanctus*).[64] Dieses Konzept aus den überlieferten Wortpaaren ableiten zu wollen, ist methodisch zumindest heikel.[65] Die antiken Begrifflichkeiten lassen sich also nur dann heranziehen, wenn es um Selbstdefinitionen in ganz spezifischen historischen Kontexten geht. Diese aber führen nur zu temporären und regional unterschiedlichen Vorstellungen vom Heiligen.

Fruchtbarer erscheint daher eine Auseinandersetzung mit älteren und neueren wissenschaftlichen Konzepten vom Heiligen. Sie verbinden sich vor allem mit den Namen Rudolf Otto,[66] Roger Caillois (und damit indirekt E. Durkheim),[67] Mircea Eliade[68] sowie – in neuerer Zeit – Carsten Colpe.[69] Ich möchte an dieser Stelle nicht in allen Einzelheiten, ja nicht einmal im Groben auf die vielfältigen Probleme eingehen, die unter Religionswissenschaftlern mittlerweile in der Debatte um das Heilige diskutiert werden. Sie drehen sich in der Hauptsache weiterhin um die Frage nach dem methodischen Zugang zum Objekt, ferner nach der Valenz des Ottoschen Konzeptes vom Heiligen als eines religiösen Apriori und seiner gefühlshaften Erlebbarkeit, sodann nach der Möglichkeit einer Historisierung des

---

63 Vgl. C. Colpe, Über das Heilige. Versuch, seiner Verkennung kritisch vorzubeugen, Frankfurt a. M. 1990, 16f., sowie 24: „Der merkwürdige Tatbestand [...], daß eine in den neuzeitlichen Wissenschaftssprachen stabil gewordene Heiligkeitsterminologie unhinterfragt Gegebenheiten interpretiert, in denen die Dinge entweder objektsprachlich viel komplizierter liegen oder überhaupt nur vorbegrifflich interessierten, wird erst neuerdings einigermaßen deutlich".

64 E. Beneviste, Indoeuropäische Institutionen. Wortschatz, Geschichte, Funktionen, Frankfurt a. M./New York/Paris 1993, 433–459.

65 Vgl. C. Colpe, Das Heilige, in: H. Cancik/B. Gladigow/K.-H. Kohl (Hgg.), Handbuch religionswissenschaftlicher Grundbegriffe, Bd. 3, Stuttgart/Berlin/Köln 1993, 80–99, hier 88 mit Anm. 16.

66 Otto, Das Heilige (s. Anm. 28). Dazu vgl. die Aufsätze von R. Otto, J. Geyer, W. Baetke, F. K. Feigel und W. Schilling, in: C. Colpe (Hg.), Die Diskussion um das „Heilige", Darmstadt 1977 (WdF 305), 257–301; 302–336; 337–379; 380–405; 406–427, sowie G. Löhr, Rudolf Otto und das Heilige, in: Zeitschrift für Religions- und Geistesgeschichte 45 (1993), 113–135.

67 Caillois, Der Mensch und das Heilige (s. Anm. 28).

68 M. Eliade, Das Heilige und das Profane. Vom Wesen des Religiösen, Hamburg 1957.

69 Colpe, Diskussion (s. Anm. 66); ders., Über das Heilige (s. Anm. 63); ders., Das Heilige (s. Anm. 65).

Heiligen, nach dem Verhältnis von Heiligkeit und Religion und schließlich nach der Phänomenologie des Heiligen.[70]

All die genannten Autoren gehen von ganz unterschiedlichen erkenntnistheoretischen Prämissen aus und entwickeln insofern recht verschiedene Konzepte des Heiligen. Für unsere Zwecke genügt es, die wenigen Aspekte hervorzuheben, in denen trotz der ansonsten mitunter gravierenden Unterschiede offenbar Übereinstimmung herrscht. Grundlegend erscheint mir dabei zunächst die Definition des Heiligen: Soweit ich die Forschung überblicke, herrscht weitgehender Konsens darüber, daß die Existenz des Heiligen ein un-heiliges Gegenteil voraussetzt und ohne dieses nicht denkbar ist. Das Heilige ist daher zunächst einmal schlicht das Gegenteil vom Profanen.[71] Damit wird ein Durkheimsches Gegensatzpaar aufgegriffen – *sacré*: *profane* –[72] das allerdings seinerseits ein methodisches Problem beinhaltet: Denn Durkheim hat dieses Paar und auch das dahinterstehende Konzept aus der römischen Religion gewonnen, dann auf Dualismen in australischen totemistischen Stammesgesellschaften übertragen und damit Dinge vermischt, die nicht zusammengehören und sich auch nicht so einfach zusammenbringen lassen.[73] Dies bedeutet nicht, daß man grundsätzlich nicht an dem Konzept der Unterscheidung von heilig und profan festhalten darf; doch muß man sich der Herkunft dieser Begriffe bewußt sein und darf bei ihrer Anwendung auf spezifische Gesellschaften nicht Assoziationen mitschleppen, die als unwillkürliche Begriffskonnotationen möglicherweise in die falsche Richtung führen können.

Die momentan gängigen Konzepte des Heiligen (insbesondere die Forschungen von C. Colpe) suchen den Weg zur Eingrenzung des Gegenstandes vor allem über dessen Phänomenologie[74] und folgen in diesem Punkt den älteren materialreichen Arbeiten der französischen Ethnosoziologie und Religionswissenschaft. „Auf das 'Phänomen des Heiligen' stößt man überhaupt nur, wenn man sich irgendwie phänomenologisch einstellt. [...] Auf die Phänomene werden wir geführt durch die Differenz zwischen Selbst- und Fremddefinition und den semantischen Abstand beider von ihren Gegenständen. Die Selbstdefinition haben wir in den Wörtern der fremden alten Sprachen oder in dort sinnentsprechenden Zusammenhängen; der Fremddefinition befleißigen wir uns in diesem Essay".[75]

---

70 Einen Überblick dazu bietet Colpe, Das Heilige (s. Anm. 65).

71 Vgl. Caillois, Der Mensch und das Heilige (s. Anm. 28), 19; Eliade, Das Heilige und das Profane (s. Anm. 68), 8; Colpe, Über das Heilige (s. Anm. 63), 59; ders., Das Heilige (s. Anm. 65), 92.

72 E. Durkheim, Les formes élémentaires de la vie religieuse. Le système totémique en Australie, Paris [7]1985, 50.

73 Vgl. Colpe, Über das Heilige (s. Anm. 63), 33; ders., Das Heilige (s. Anm. 65), 92f.

74 Vgl. Colpe, Über das Heilige (s. Anm. 63), 54ff.; ders., Das Heilige (s. Anm. 65), 93f.; 97f.

75 Colpe, Über das Heilige (s. Anm. 63), 78f.; vgl. dens., Das Heilige (s. Anm. 65), 94.

Die Phänomene, in denen sich das Heilige manifestiert, lassen sich freilich wiederum in verschiedener Weise definieren. Rudolf Otto sah in ihnen individuelle, erregende Momente, d.h. psychische Erfahrungen, die sich natürlich nur schwer objektivieren lassen.[76] Leichter läßt sich hingegen mit den sog. Hierophanien Eliades arbeiten. Der Autor versteht unter diesem Phänomen Manifestationen des Heiligen in der Welt des Profanen.[77] Im weitesten Sinne lassen sich wohl auch die Holy Men als solche Hierophanien deuten. Sowohl die Hierophanien als auch die praktischen, in religiöses Handeln umgesetzten und somit meßbaren Folgen eines numinosen Erlebnisses im Sinne Ottos lassen sich leicht unter den Oberbegriff der rituellen Handlung subsumieren,[78] so daß schließlich rituelle (d.h. festgelegte symbolische) Handlungen bzw. Rituale als Phänomene des Heiligen faß- und erklärbar gemacht werden können.

Untersuchungen zahlreicher solcher Rituale haben deutlich gemacht, daß dem Heiligen offenbar eine die Welt des profanen Alltags strukturierende, sie ordnende und damit erhaltende Wirkung zugeschrieben wird. Mit anderen Worten: Das Heilige vermittelt Ordnung und Struktur in einer grundsätzlich ungeordneten, kontingenten Welt. Insbesondere Roger Caillois, aber auch Eliade und Colpe sowie indirekt Max Weber haben auf diese wichtige Funktion des Heiligen hingewiesen,[79] und sogar die individualistisch-psychologische Vorstellung vom Heiligen bei Rudolf Otto läßt sich in dem Sinne deuten, „daß religiöse Erfahrung Mittel des Einzelnen zur Kontingenzbewältigung seiner welthaften Existenz ist".[80]

Es ist insbesondere diese Grundfunktion des Heiligen, auf die es mir im folgenden ankommt und in der mir der Schlüssel zur Erklärung des Liturgisierungsprozesses im 6. Jahrhundert zu liegen scheint. In diesem Sinne läßt sich die Liturgisierung als umfassender Prozeß einer Transzendierung von Profanem zu Heiligem lesen,[81] wobei das Heilige dabei sogar – wie Walter Burkert gezeigt hat – Wege weisen kann, ganz akute Krisensituationen im Bereich des Profanen (sog.

76 Vgl. Otto, Das Heilige (s. Anm. 28), *passim*.

77 Eliade, Das Heilige und das Profane (s. Anm. 68), 8.

78 Vgl. auch Colpe, Über das Heilige (s. Anm. 63), 17.

79 Vgl. Caillois, Der Mensch und das Heilige (s. Anm. 28), *passim*; P. Geble, Nachwort, ebd., 245; Eliade, Das Heilige und das Profane (s. Anm. 68), 13; Colpe, Über das Heilige (s. Anm. 63), 9; M. Weber, Wirtschaft und Gesellschaft. Grundriß der verstehenden Soziologie, Tübingen [5]1972, ND 1980, 249: „Die erste und grundlegende Einwirkung 'religiöser' Vorstellungskreise auf die Lebensführung und die Wirtschaft ist also generell stereotypisierend. Jede Aenderung eines Brauchs, der irgendwie unter dem Schutz übersinnlicher Mächte sich vollzieht, kann die Interessen von Geistern und Göttern berühren. Zu den natürlichen Unsicherheiten und Gehemmtheiten jedes Neuerers fügt so die Religion mächtige Hemmungen hinzu: das Heilige ist das spezifisch Unveränderliche".

80 Löhr, Rudolf Otto und das Heilige (s. Anm. 66), 133.

81 Dazu vgl. Colpe, Über das Heilige (s. Anm. 63), 65f.

'Ernstfälle') zu überwinden, indem seine Rituale ganz gezielt eingesetzt werden, um im Falle eines Verlustes von Ordnung diese wiederherzustellen. „Wenn 'der Ernstfall' eintritt, so weiß man: die Situation ist gefährlich, eigentlich angstauslösend, doch wird sie bewältigt mit energischen Massnahmen [d. h. durch Rituale, M. M.], ja in aggressivem Hochgefühl: die Wertordnungen schlagen um, vieles, was bisher im Vordergrund stand, wird unwichtig [...]. Wir haben also im 'Ernstfall' eine bezeichnende Kombination von *tremendum*, *fascinans* und *augustum* [d. h. der Charakteristika des Erlebens des Heiligen nach Otto, M. M.]; nicht umsonst wird im Krieg, dem Ernstfall κατ' ἐξοχήν, das Vaterland 'heilig'. Umgekehrt ist das Heilige ernst, ja 'das Ernsteste', wie schon Platon beobachtete (*Leg.* 887d). Im religiösen Ritual wird [...] ein Ernstfall geschaffen und durchgespielt; umgekehrt kann dann bei einem äusserlich gegebenen 'Ernstfall', bei schweren Krisen – im Vordergrund stehen Krieg, Hungersnot und Krankheit – auf das religiöse Ritual zurückgegriffen werden".[82]

Zusammenfassend läßt sich also festhalten: Das Heilige ist ein vom profanen Alltag abgeschiedener Bereich; es steht für Stabilität, denn es ist das „spezifisch Unveränderliche" (Weber).[83] Es ist nur insofern dynamisch, als es ausdehnbar (durch Transzendierung von Profanem) und reduzierbar (durch Säkularisation) ist. Es ist faßbar in rituellen Handlungen, die sich u. a. an Personen manifestieren (Priester, aber auch Holy Men[84]) sowie an bestimmten Dingen (z. B. Kultgeräte), Räumen (z. B. Tempel, Kirchen) und Zeiten (Festtermine).[85] Eine seiner wichtigsten Funktionen besteht darin, das Profane zu strukturieren und Ordnung zu schaffen, insbesondere in akuten Krisensituationen. „Es verschafft Zutritt zu einer streng geordneten Welt."[86]

III

In einem letzten Schritt möchte ich einige ausgewählte konkrete Beispiele aufzeigen, anhand derer man m. E. die Liturgisierung als besondere Spielart der Transzendierung von Profanem, d. h. der 'Ausbreitung des Heiligen' im skizzierten Sinne erfassen kann.

1.) Die Einbindung der sog. Zirkusparteien in zeremonielle Kontexte. Ich kann mich in diesem Punkt kurz fassen, denn das Phänomen ist bereits vor einiger

82 W. Burkert, Glaube und Verhalten: Zeichengehalt und Wirkungsmacht von Opferritualen, in: J. Rudhardt/O. Reverdin (Hgg.), Le sacrifice dans l'antiquité, Genf 1981, 91–125, hier 103f.

83 Weber, Wirtschaft und Gesellschaft (s. Anm. 79), 249.

84 Vgl. Colpe, Über das Heilige (s. Anm. 63), 71.

85 Caillois, Der Mensch und das Heilige (s. Anm. 28), 20.

86 Caillois, Der Mensch und das Heilige (s. Anm. 28), 177.

Zeit von Alan Cameron beschrieben worden.[87] Als besonders markant für die Neudefinition der Rolle der bis dahin ausgesprochen unberechenbaren Zirkusparteien läßt sich eine Episode im Geschichtswerk des Theophylakt Simokates (1. Hälfte d. 7. Jh.) heranziehen:[88] Nach der Machtübernahme des Phokas (602–610) wurde auch dessen Frau Leontia gekrönt. Anläßlich dieses Ereignisses fand ein feierlicher Umzug in Konstantinopel statt, den Theophylakt als Triumph (θριαμβεύειν) bezeichnet.[89] Offenbar besaßen bei diesem Vorgang die Zirkusgruppen bereits eine genau definierte Funktion innerhalb des triumphalen Zeremoniells, indem sie nämlich entlang der Prozessionsroute bestimmte Stationen besetzten.[90] Allerdings war umstritten, welche Partei welchen dieser Plätze für sich beanspruchen durfte (ἦν γὰρ αὐτοῖς ἡ περὶ τῶν τόπων θέσις ἐπίμαχος).[91] Die Szene gibt also zum einen einen klaren Hinweis auf einen zeremoniellen Kontext der Aktivitäten der Zirkusgruppen während der Krönung einer Kaiserin, weist aber andererseits auch darauf hin, daß diese Einbindung offenbar noch nicht sonderlich alt war; denn über die exakte Platzverteilung herrschte – wie gesagt – noch Uneinigkeit. Es kam daraufhin zu gewaltsamen Auseinandersetzungen zwischen den beiden Gruppen, in die ein Gefolgsmann des Phokas eingriff, wobei er den Demarchen der Blauen verletzte.[92] Diese reagierten mit einem gegen Phokas gerichteten Sprechgesang:[93]

ὕπαγε, μάθε τὴν κατάστασιν·
ὁ Μαυρίκιος οὐκ ἀπέθανεν.

Diese beiden Verse, in denen darauf angespielt wird, daß der von Phokas gestürzte Maurikios (582–602) immerhin noch am Leben sei, wurden zumeist als klare Drohung der Blauen gegen Phokas verstanden und entsprechend übersetzt: „Geh', erkundige dich nach der Lage. Maurikios ist noch nicht tot." [94]

87 Zum folgenden vgl. Cameron, Circus Factions (s. Anm. 4), 249ff. Zu den Zirkusparteien s. zuletzt auch W. Liebeschuetz, The Circus Factions, in: Convegno per Santo Mazzarino: Roma 9–11 maggio 1991 (= Saggi di storia antica 13), Rom 1998, 163–185, der gegen Cameron den politischen Charakter vieler von den Demen entfachter Unruhen wieder hervorhebt.

88 Theophylaktos Simokates 8,10,9–13 p. 303–304 (Theophylacti Simocattae Historiae ed. C. de Boor. Editionem correctiorem curavit P. Wirth, Stuttgart 1972).

89 Theophylaktos Simokates 8,10,9 p. 303 de Boor/Wirth.

90 Theophylaktos Simokates 8,10,10 p. 303f. de Boor/Wirth.

91 Theophylaktos Simokates 8,10,10 p. 303f. de Boor/Wirth.

92 Theophylaktos Simokates 8,10,11–12 p. 304 de Boor/Wirth.

93 Theophylaktos Simokates 8,10,13 p. 304 de Boor/Wirth. Vgl. dazu auch H.-G. Beck, Geschichte der byzantinischen Volksliteratur, München 1971, 26.

94 Theophylaktos Simokates, Geschichte. Übersetzt und erläutert von P. Schreiner, Stuttgart 1985, 216.

Alan Cameron hat aber zu recht darauf hingewiesen, daß diese Übersetzung unsinnig ist: Phokas soll sich nach der Lage erkundigen, die dadurch gekennzeichnet sei, daß der gestürzte Maurikios noch lebe – wer hätte dies denn besser wissen sollen als Phokas selbst? Κατάστασις kann jedoch auch noch eine andere, in Byzanz ebenfalls geläufige Bedeutung haben, die hier wesentlich wahrscheinlicher ist: 'Zeremoniell'.[95] Dann bedeutete der Vers nichts anderes als „Geh', erkundige dich nach dem Zeremoniell". Offenbar stießen sich die Blauen schlichtweg daran, daß der ehemalige einfache Soldat Phokas[96] nicht über ihre Rolle innerhalb des Zeremoniells orientiert war und rieten ihm hämisch, doch einfach seinen Vorgänger zu fragen, wie er sich denn zu verhalten habe.[97]

Die Blauen pochten also auf eine ihnen zustehende Position innerhalb des Zeremoniells, und auch der Kaiser hatte sich diesem Anspruch zu beugen. Der Ablauf des Zeremoniells war in diesem Punkt für ihn kaum noch steuerbar. Ähnliche Begebenheiten, die klar auf feste zeremonielle Funktionen der Zirkusparteien verweisen, ereigneten sich unter Phokas und Herakleios (610–641) noch häufiger,[98] und bereits zu Beginn der Herrschaft des Maurikios (582) gibt es entsprechende Indizien.[99] Cameron folgert daraus, daß die Einbindung der Zirkusparteien in zeremonielle Kontexte im späten 6. oder frühen 7. Jahrhundert erfolgt sei.[100] Man kann aber noch weiter zurückgehen, nämlich bis zur Kaiserkrönung

95 Cameron, Circus Factions (s. Anm. 4), 252, unter Bezugnahme auf F. Dölger, in: Byzantinische Zeitschrift 37 (1937), 543; 38 (1938), 527. Die Frage der korrekten Wiedergabe von κατάστασις an dieser Stelle bleibt allerdings umstritten: Mi. Whitby/Ma. Whitby, The History of Theophylact Simocatta. An English Translation with Introduction and Notes, Oxford 1986, ND 1997, 226 (mit Anm. 60) ziehen „the less specific 'position'" vor. C. Mango/R. Scott, The Chronicle of Theophanes Confessor. Byzantine and Near Eastern History AD 284–813. Translated with Introduction and Commentary, Oxford 1997, 414 sowie 418, Anm. 54, übersetzen die auf Theophylakt basierende entsprechende Theophanes-Passage (Theophanes a. m. 6094 p. 289,29–30 de Boor) mit 'protocol'. In späterer Überlieferung erscheint der Sprechgesang in abgewandelter Form, vgl. C. de Boor (Ed.), Excerpta de insidiis, Berlin 1905, p. 149,7 (aus Johannes Antiochenus: Μαυρίκιος οὐκ ἀπέθανεν, μάθε τὴν ἀλήθειαν); Georgii Monachi Chronicon, ed. C. de Boor, ed. corr. cur. P. Wirth, Vol. II, Stuttgart 1978, p. 662,15–16 (ὁ Μαυρίκιος οὐκ ἀπέθανεν, ἀλλὰ καλῶς ἔχει). Vgl. auch Kedrenos 706 p. 773A (Migne, Patrologia Graeca 121).

96 Zu Herkunft und Karriere des Phokas s. J. R. Martindale, The Prosopography of the Later Roman Empire, Vol. III: A. D. 527–641 [Vol. IIIB: Kâlâdji-Zudius], Cambridge 1992, 1030–1032 (Phocas 7).

97 Cameron, Circus Factions (s. Anm. 4), 252f. Phokas reagierte darauf mit der Ermordung des Maurikios und seiner Familie, Theophylaktos Simokates 8,11 p. 304–306 de Boor/Wirth.

98 Im einzelnen vgl. dazu Cameron, Circus Factions (s. Anm. 4), 253ff.

99 Cameron, Circus Factions (s. Anm. 4), 254.

100 Cameron, Circus Factions (s. Anm. 4), 258.

Justins II., und gelangt damit in die spätjustinianische Zeit als Beginn einer Entwicklung, die dann unter Justin II. schon zu ersten sichtbaren Veränderungen geführt hat:[101] Coripp schildert in seinem Panegyricus auf Justin II. auch das Erscheinen des neuen Kaisers im Hippodrom, wo er von den Zirkusgruppen empfangen wird, die ganz offensichtlich in einem streng formalisierten, d.h. zeremoniellen Rahmen Sprechchöre, Gesänge und Tänze aufführten[102] – und dies, obwohl Justin noch kurz zuvor (im Jahr 562) als Kuropalates gegen revoltierende Mitglieder der Zirkusgruppen streng vorgegangen war.[103] Für die früheren Kaiser des 6. Jahrhunderts, deren Krönungsprotokolle überliefert sind, ist eine solche zeremonielle Rolle der Demen jedenfalls nicht belegt.[104]

Trotz ihrer Einbindung in zeremonielle und damit ritualisierte Kontexte blieben die Zirkusgruppen weiterhin ein permanenter Unruheherd. Es ging also nicht – zumindest nicht nur – um Herstellung von Ordnung an der Oberfläche. Stattdessen haben wir es mit einer partiellen sozialen Aufwertung der sonst vor allem durch unberechenbares Marodieren hervortretenden Personengruppen zu tun,[105] d.h. mit einem gesellschaftlichen Integrationsprozeß,[106] bei dem innergesellschaftliche Kontingenzen, die aus der Fragwürdigkeit der Position der Demen resultierten, aufgefangen wurden. Dieser Integrationsprozeß erfolgte auf dem Wege der Transzendierung der Rolle der Demen durch ihre Aufnahme in das sakral überhöhte Kaiserzeremoniell. Das Heilige fungiert in diesem Punkt somit als stabilisierender Faktor innerhalb eines gesellschaftlichen Transformationsprozesses.

2.) Besonders anschaulich läßt sich die Liturgisierung als Ausbreitung von Heiligem in den Bereich des Profanen beschreiben, und zwar zum einen räumlich und zum anderen zeitlich.

Der *räumliche* Aspekt: Hier ist insbesondere noch einmal auf das Prozessionswesen zurückzukommen, das wiederum für Konstantinopel am besten dokumen-

101 Vgl. in diesem Sinne Cameron, Images (s. Anm. 1), 14: „There are no Blues or Greens at the entry of Justinian in 559, nor in the parts of the Book of Ceremonies drawn from Justinian's minister Peter the Patrician. But they are there at Justin II's inauguration, at the marriage of Maurice in 582 and the crowning of Leontia in 602".

102 Corippus, *In laudem Iustini Augusti minoris* 2,278ff., bes. 310–330 (p. 56–57 Cameron). Dazu vgl. den Kommentar von Av. Cameron, Flavius Cresconius Corippus (s. Anm. 13), 171–174.

103 Malalas p. 423,81–424,98 Thurn.

104 Anastasios: *De caerimoniis* 1,92 p. 417,15–425,21 Reiske; Justin I.: *De caerimoniis* 1,93 p. 426,1–430,21 Reiske; Justinian: *De caerimoniis* 1,95 p. 432,21–433,9 Reiske. Vgl. Cameron, Images (s. Anm. 1), 12f.

105 Bemerkenswert ist, daß in dieser Phase auch allmählich feste Hierarchien innerhalb der Zirkusgruppen erkennbar werden, vgl. Cameron, Circus Factions (s. Anm. 4), 258ff.

106 So auch Cameron, Images (s. Anm. 1), 14f.

tiert ist – wobei in diesem Fall gleich zwei grundlegende Einschränkungen zu machen sind: Zum einen stammen die Hauptquellen, der liturgische Kalender der Hagia Sophia (*Typikon*) und das *Zeremonienbuch*, erst aus dem 10. Jahrhundert und müssen mit dem ungleich geringeren Material aus früheren Phasen in Beziehung gesetzt werden. Ich will auf die damit verbundenen Detailprobleme an dieser Stelle nicht eingehen – sie sind in allen Einzelheiten von John F. Baldovin abgehandelt worden;[107] mir geht es lediglich um die in unserem Kontext relevanten Aspekte. Zum anderen stellt das Prozessionswesen in Konstantinopel einen Sonderfall innerhalb der Prozessionen in oströmischen Städten dar: Denn Konstantinopel war seit dem Ende des 4. Jahrhunderts, also dem Zeitpunkt, mit dem sich auch das dortige Prozessionswesen allmählich zu entwickeln begann, zugleich auch permanente Kaiserresidenz, was zur Folge hatte, daß Kaiser bei Prozessionen anwesend waren und vielfach auch an ihnen teilnahmen. Damit entwickelten sich religiöse Prozessionen in Konstantinopel zu Bestandteilen des Kaiserzeremoniells und der herrscherlichen Repräsentation.[108]

Für unseren Zusammenhang sind folgende Beobachtungen von Bedeutung: In religiösen Prozessionen erfuhr sich das Volk – im besonderen Fall Konstantinopels zumeist unter Einschluß des Kaisers – als spezifische Kultgemeinschaft, und zwar ganz im Sinne des alten Verständnisses einer Polis nicht nur als einer politischen, sondern eben auch als einer kultischen Einheit. Dies wirkte identitätsstiftend bzw. -erhaltend und damit insbesondere in Krisenzeiten stabilisierend. Nicht umsonst gehörten spontane Bitt- und Bußprozessionen vor allem im 6. Jahrhundert zu den wichtigsten Mechanismen kollektiver Katastrophenbewältigung.[109]

Die Stadt, in der eine Prozession stattfand, wurde dabei auf festen Routen durchmessen und damit als sakraler Raum definiert und vergegenwärtigt. Der Kirchenhistoriker Sokrates hat dies um die Mitte des 5. Jahrhunderts treffend in Worte gefaßt, als er anmerkte, während einer Prozession verwandle sich die gesamte Stadt in eine Kirche.[110] Baldovins Untersuchungen über die Entwicklung

107 J. F. Baldovin, The Urban Character of Christian Worship. The Origins, Development, and Meaning of Stational Liturgy, Rom 1987, 167 ff.

108 Zu diesen Zusammenhängen und den Auswirkungen auf das hauptstädtische Kaisertum sowie auf das Verhältnis von Kaiser und Volk in Konstantinopel vgl. St. Diefenbach, Frömmigkeit und Kaiserakzeptanz im frühen Byzanz, in: Saeculum 47 (1996), 35–66; ders., Zwischen Liturgie und civilitas. Konstantinopel im 5. Jahrhundert und die Etablierung eines städtischen Kaisertums, in: R. Warland (Hg.), Bildlichkeit und Bildort von Liturgie, Wiesbaden 2002, 21–47.

109 Vgl. Meier, Zeitalter (s. Anm. 1), 493 ff.

110 Sokrates, *Historia Ecclesiastica* 7,22,17 p. 370; 7,23,12 p. 372 (Sokrates. Kirchengeschichte, hg. von G. Chr. Hansen, Berlin 1995): καὶ ὅλη μὲν ἡ πόλις μία ἐκκλησία ἐγένετο.

des Prozessionswesens in Konstantinopel haben ergeben, daß dieses im 5. und 6. Jahrhundert auf seinem Höhepunkt gestanden haben muß.[111] Dies ist vor allem Folge des Ausbaus der Sakraltopographie in der Hauptstadt seit der 1. Hälfte des 5. Jahrhunderts, eine Entwicklung, die unter Justinian noch einmal erheblich an Schubkraft gewann.[112] In Konstantinopel und seinen Vororten wurden im 6. Jahrhundert mindestens 33 Kirchen errichtet.[113] Dadurch verdichtete sich das Netz von Bezugspunkten zum Heiligen innerhalb der Stadt erheblich, das Heilige wurde nunmehr allgegenwärtig. Dies trug mit bei zu der Vorstellung, daß die Stadt insgesamt ein heiliger Raum war. Letzteres wiederum manifestiert sich in dem Glauben, daß derart heilige Räume auch unter besonderem außerweltlichen Schutz stehen.

Wie erwähnt, erleben seit der 2. Hälfte des 6. Jahrhunderts die 'übernatürlichen' Stadtbeschützer als Konkurrenten, z. T. auch als Ersatz für innerweltliche Schutzmechanismen (z. B. Garnisonen) einen erheblichen Aufschwung. Städte werden jetzt zunehmend von Ikonen, Reliquien, Bischöfen und Heiligen beschirmt. Die pagan-antike Selbstdefinition von Städten als singulären Kultgemeinschaften erfuhr nunmehr innerhalb eines christlichen Kontextes wieder eine neue Bedeutung, und der Kaiser hatte sich auf diesen Wandel einzustellen (u. a. durch Selbstsakralisierung [s. o.] und eine umfangreiche Bischofsgesetzgebung).[114] Konstantinopel selbst avancierte allmählich zur Stadt, ja zum 'Wohnort' der Gottesmutter, die man folgerichtig schon im Jahr 626 auf den Mauern 'ihrer' Blachernenkirche stehen und eigenhändig gegen die feindlichen Avaren kämpfen sehen konnte.[115] Eine Stadt konnte somit insgesamt zum heiligen Ort, eben zu einer Kirche werden. Dies versprach Schutz vor den Bedrängnisses aus der Welt des Profanen, d. h. vor feindlichen Übergriffen und Naturkatastrophen. Und im übertragenen Sinne konnte dieser Anspruch sogar für das *Imperium Romanum* insgesamt geltend gemacht werden, wie Coripp anmerkt:[116] *Res Romana Dei est, terrenis non eget armis* („Das Römische Reich ist in Gottes Hand, es bedarf keiner irdischen Waffen") – mit anderen Worten: Das gesamte *Imperium Romanum* war ein heiliger und damit besonders geschützter Raum.

Der *zeitliche* Aspekt: Es ist unübersehbar, daß in der Ausbildung des byzantinischen (vor allem konstantinopolitanischen) liturgischen Jahres das 6. Jahr-

111 Baldovin, Urban Character (s. Anm. 107), 212–214.

112 Baldovin, Urban Character (s. Anm. 107), 174; 178.

113 Th. F. Mathews, The Early Churches of Constantinople: Architecture and Liturgy, University Park/London 1971, 7.

114 Zur justinianischen Bischofsgesetzgebung vgl. die Ausführungen von K. L. Noethlichs, Reallexikon für Antike und Christentum 19 (1999), 668–763, s. v. Iustinianus (Kaiser), hier 733 ff., der die wichtigsten Punkte zusammenfaßt.

115 Vgl. Meier, Zeitalter (s. Anm. 1), 510, mit Anm. 434 (Quellen).

116 Corippus, *In laudem Iustini Augusti minoris* 3,333 (p. 71 Cameron).

hundert, und hier insbesondere die Zeit Justinians, eine zentrale Rolle gespielt haben. Eine Reihe von Fest- bzw. religiösen Kommemorationsterminen wurde im 6. Jahrhundert neu geschaffen und führte damit zu einem immer engmaschigeren Netz zeitlicher Bezugspunkte zum Heiligen. Zu nennen wären in diesem Zusammenhang vor allem jährliche Erinnerungsprozessionen und -gottesdienste, die an exzeptionelle Unglücksfälle gemahnen sollten, von denen es im 6. Jahrhundert wahrlich genug gab.[117] Hinzukommen überdies vor allem einige Marienfeste, die nunmehr fest institutionalisiert wurden: Die Hypapante („Darstellung des Herrn") am 2. Februar wurde von Justinian im Jahr 542 ganz gezielt als Marienfest ausgestaltet und festgelegt – damals mit dem konkreten Ziel, die aktuelle Pestkatastrophe durch eine kollektive Bittprozession von Kaiser und Volk zu Ehren der Gottesmutter zu bewältigen und dabei zu demonstrieren, daß auch Justinian selbst Maria ebenso verehrte wie die gepeinigte Bevölkerung.[118] In dieselbe Phase fällt die Einführung des Euangelismos („Mariä Verkündigung") am 25. März, der zwischen 530 und 550 institutionalisiert worden sein muß. Maurikios fügte dieser Reihe dann mit der Koimesis („Mariä Entschlafung") am 15. August einen weiteren Termin hinzu.[119] Es blieb jedoch nicht bei den Marienfesten: Auch andere Termine erhielten im 6. Jahrhundert feste Gestalt; möglicherweise geht selbst die religiös konnotierte Feier des Beginns des byzantinischen Jahres am 1. September auf das 6. Jahrhundert zurück, auch wenn sich dies nicht sicher belegen läßt, da die frühesten Zeugnisse für die Feierlichkeiten späteren Datums sind.[120]

---

117 So z. B. die Kommemorationsprozession am 16. August anläßlich eines Erdbebens im Jahr 542 (H. Delehaye [Ed.], Synaxarium Ecclesiae Constantinopolitanae, Brüssel 1902, p. 904,28–32; J. Mateos [Ed.], Le Typicon de la Grande Église. Ms. Sainte-Croix n° 40, Xe siècle, Tome I, Rom 1962, p. 372,13–15), diejenige am 7. Oktober, ebenfalls anläßlich eines Erdbebens, das sich im Jahr 525 ereignete (*Typicon* p. 62,10 Mateos; *Synaxarium Ecclesiae Constantinopolitanae* p. 116,45–46; 117,1–3 Delehaye) oder diejenige am 14. Dezember wegen eines Erdbebens im Jahr 557 (*Typicon* p. 130,13–14 Mateos; *Synaxarium Ecclesiae Constantinopolitanae* 308,29–32 Delehaye). Zu den Kommemorationsprozessionen vgl. auch R. Janin, Les processions religieuses à Byzance, in: Revue des Études Byzantines 24 (1966), 69–88; Meier, Zeitalter (s. Anm. 1), 493 f. (mit den Einzelbelegen).

118 Im einzelnen s. dazu Meier, Kaiserherrschaft und „Volksfrömmigkeit" (s. Anm. 14); ders., Zeitalter (s. Anm. 1), 570 ff.

119 H.-G. Beck, Kirche und theologische Literatur im byzantinischen Reich, München ²1977, 260 f.; J. Beaucamp/R. C. Bondoux/J. Lefort/M.-F. Rouan-Auzépy/I. Sorlin, La *Chronique Pascale*: le temps approprié, in: Le temps chrétien de la fin de l'antiquité au moyen âge IIIe–XIIIe siècles, Paris 1984, 451–468.

120 *Synaxarium Ecclesiae Constantinopolitanae* p. 1,4–2,7 Delehaye; *Typicon* p. 2,7 Mateos. Vgl. A. E. Kopasis, 'Η τελετὴ τῆς ἰνδικτιῶνος εἰς τὸ Πορφυροῦν Κιόνιον ἐπὶ Βυζαντινῶν, in: Nea Sion 5 (1907), 353–360; Y. E. Meimaris, Chronological

Es ist evident, daß zumindest einige dieser neuen fixen Termine Folgen der kontingenten Ereignisse im 6. Jahrhundert sind und daß insofern auf einen Zustand zunehmender Unordnung mit einer Ausweitung des Heiligen, d. h. mit schärferer Strukturierung und Ordnung zeitlicher Abläufe geantwortet wurde. Im Falle der jährlichen Kommemorationsprozessionen nach schweren Unglücksfällen ist dies evident, im Fall der Hypapante-Reform, die in den Kontext der Pestkatastrophe von 542 gehört, ebenfalls. Doch auch die übrigen Marienfeste lassen sich in diese Zusammenhänge einbinden. Denn sie sind Manifestationen einer allgemein stark zunehmenden Marienverehrung im 6. Jahrhundert, und diese wiederum läßt sich als Folge der Katastrophen dieser Zeit interpretieren.

3.) Die Transzendierung von Profanem läßt sich seit Mitte des 6. Jahrhunderts jedoch auch auf einem ganz anderen Sektor beobachten, den ich eingangs schon kurz erwähnt hatte: Der Literatur, insbesondere in dem Bereich der griechischen Geschichtsschreibung.[121]

Tendenziell läßt sich beobachten, daß sich die klassizistisch orientierte Profanhistorie zwischen Prokop (Mitte 6. Jh.) und Theophylakt Simokates (1. Hälfte 7. Jh.) selbst aufgibt und in der Kirchengeschichte aufgeht. Deutlich wird der Beginn dieser Entwicklung bereits bei Prokop. Dieser Autor hat sich bekanntlich unmißverständlich in die klassizistische Tradition eingeordnet und damit als Fortsetzer eines Herodot, Thukydides oder Polybios betrachtet. Dieser Anspruch hatte für Prokop und die anderen Vertreter der klassizistischen Historiographie in der Spätantike zwei Konsequenzen: Zum einen versuchten sie sich sprachlich und stilistisch möglichst eng an ihre alten Vorbilder anzulehnen; sie schrieben daher in einer klassizistischen Kunstsprache, die mit dem gesprochenen Griechisch ihrer Zeit nicht mehr viel gemein hatte und nur für wenige gebildete Zeitgenossen noch verständlich war. Zum anderen verstanden sie sich nicht nur als Geschichtsschreiber, sondern auch als 'Geschichtsdeuter', d. h. sie erhoben den Anspruch, historisches Geschehen nicht nur beschreiben, sondern auch durch die Darlegung von Kausalzusammenhängen erklären zu können.[122] Dies ist der Anspruch, der

---

Systems in Roman-Byzantine Palestine and Arabia. The Evidence of the Dated Greek Inscriptions, Athen 1992, 33.

121 Zum folgenden vgl. ausführlich M. Meier, Prokop, Agathias, die Pest und das 'Ende' der antiken Historiographie. Naturkatastrophen und Geschichtsschreibung in der ausgehenden Spätantike, in: Historische Zeitschrift 278 (2004), 281–310.

122 Vgl. Alan u. Averil Cameron, Christianity and Tradition in the Historiography of the Late Empire, in: Classical Quarterly 14 (1964), 316–328; B. Croke/A. M. Emmett, Historiography in Late Antiquity: An Overview, in: B. Croke/A. M. Emmett (Hgg.), History and Historians in Late Antiquity, Sydney u. a. 1983, 1–12, hier 4 f.; R. Dostálová, Zur frühbyzantinischen Historiographie (von Eunapios zu Theophylaktos Simokattes), in: Klio 69 (1987), 163–180; dies., Frühbyzantinische Profanhistoriker, in: F. Winkelmann/W. Brandes (Hrsgg.), Quellen zur Geschichte des frühen Byzanz

sich bereits hinter Thukydides' berühmtem Diktum vom Geschichtswerk als Handreichung für Spätere, als κτῆμα ἐς αἰεί, verbirgt.[123]

Die Katastrophen des 6. Jahrhunderts haben aber offenbar dazu geführt, daß die Historiker dieses an sich selbst gerichtete Postulat nicht mehr erfüllen konnten und daher in letzter Konsequenz die klassizistische Profanhistorie aufgaben. Prokop, der sich mit einer erstaunlichen Penetranz um die Aufrechterhaltung eines thukydideischen Gesichtes bemüht, zeigt das in aller Deutlichkeit: Ausgerechnet in seiner Pestschilderung, die wie kaum eine andere Passage in seinem Geschichtswerk an Thukydides angelehnt ist,[124] findet sich das ernüchternde Eingeständnis der eigenen Hilflosigkeit: Während Thukydides gleich zu Beginn seiner Pestkapitel die Götter als mögliche Verursacher des Unheils ganz aus seiner Darstellung verbannt hatte,[125] beginnt Prokop mit der dezidierten Feststellung, daß man für das Grauen überhaupt keine andere Erklärung finden könne außer Gott.[126] Damit jedoch gesteht er klar ein, daß er seinen eigenen Anspruch, historisches Geschehen mittels empirisch erfahrbarer Kausalketten erklären zu können, nicht mehr einlösen kann, und greift statt dessen auf ein Deutungsmuster zurück, das in der Kirchengeschichtsschreibung seinen klassischen Ort hat.[127]

Von nun an schreitet die Auflösung der klassizistischen Profanhistorie, deren überkommene Erklärungsinstrumente das allgegenwärtige Unheil nicht mehr zu deuten vermochten, in Richtung der Kirchengeschichte, die weiterhin plausible

---

(4.–9. Jahrhundert). Bestand und Probleme, Berlin 1990, 156–179. Überblick über die griechische Historiographie zwischen Prokop und Theophylakt Simokates: M. Whitby, Greek Historical Writing after Procopius: Variety and Vitality, in: Av. Cameron/ L. I. Conrad (Hrg.), The Byzantine and Early Islamic Near East I: Problems in the Literary Source Material. Princeton (N. J.) 1992, 25–80. Speziell zu Prokop: Av. Cameron, The „Scepticism" of Procopius, in: Historia 15 (1966), 466–482; dies., Procopius and the Sixth Century. London 1985.

123 Thukydides 1,22,4 p. 14 (Thucydidis Historiae ed. H. St. Jones, Vol. I, Oxford [13]1991).

124 Dazu im einzelnen M. Meier, Beobachtungen zu den sog. Pestschilderungen bei Thukydides II 47–54 und bei Prokop, *Bell. Pers.* II 22–23, in: Tyche 14 (1999), 177–210.

125 Thukydides 2,47,4 p. 118.

126 Prokop, *Perserkriege* 2,22,2 p. 249.

127 Zur Kirchengeschichtsschreibung s. D. Timpe, Was ist Kirchengeschichte? Zum Gattungscharakter der Historia Ecclesiastica des Eusebius, in: W. Dahlheim/W. Schuler/J. von Ungern-Sternberg (Hgg.), Festschrift Robert Werner zu seinem 65. Geburtstag dargebracht von Freunden, Kollegen und Schülern, Konstanz 1989, 171–204; H. Leppin, Von Constantin dem Großen zu Theodosius II. Das christliche Kaisertum bei den Kirchenhistorikern Socrates, Sozomenus und Theodoret, Göttingen 1996. Einen Überblick über die Vertreter dieser Gattung gibt F. Winkelmann, Die Kirchengeschichtswerke im oströmischen Reich, in: Byzantinoslavica 37 (1976), 1–10; 172–190, ND in: Brandes/Haldon, Studien (s. Anm. 1), X.

Deutungsangebote bereitstellte, unaufhörlich voran. Ihren Endpunkt erreicht sie mit Theophylakt Simokates, der formal weiterhin der klassizistischen Richtung nacheifert, inhaltlich und hinsichtlich seiner Erklärungsmuster jedoch über weite Strecken der Kirchengeschichte verhaftet ist.[128] Bei Theophylakt ist alles der Gerechtigkeit Gottes anheimgestellt und einzig durch sie zu erklären, selbst die Ermordung des von ihm so geliebten Kaisers Maurikios, den er im Angesicht seiner Mörder ausrufen läßt: „Gerecht bist du Herr, und gerecht ist dein Urteil".[129]

Der Rückgriff auf Gott als einzigen Ausweg auf die quälenden Fragen nach dem Warum des furchtbaren Unheils seit dem 6. Jahrhundert läßt sich leicht und m. E. plausibel als Bezugnahme auf das Heilige interpretieren. Gott als transzendente, überall wirkende und planvoll handelnde Ordnungsmacht stellt die letzte Instanz dar, mittels derer das allgegenwärtige Unglück, d. h. letztlich der Verlust von Ordnung, überhaupt noch erklärbar erschien.

4.) Die Entwicklung der seit dem 11. Jahrhundert als Nomokanones bezeichneten Kompilationen weltlichen (νόμοι) und kirchlichen (κανόνες) Rechts seit der 2. Hälfte des 6. Jahrhunderts. Diese Sammlungen schufen auch auf der Ebene des Rechts eine enge Verbindung weltlicher und sakraler Elemente.[130] Wichtig für ihre Entwicklung war insbesondere Justinians bis dahin ungewöhnlich deutliche Einbeziehung religiöser und kirchlicher Fragen in die Kaisergesetzgebung[131] sowie seine Verfügung, wonach den Beschlüssen der vier ökumenischen Konzilien von Nikaia (325), Konstantinopel (381), Ephesos (431) und Chalkedon (451) Gesetzeskraft (im Sinne weltlicher Kaisergesetzgebung: τάξις νόμων) zukommen sollte.[132]

5.) Die Entpersonalisierung des Heiligen. Mit diesem letzten Punkt komme ich zurück auf den offenbaren Einflußverlust der Holy Men und den Transfer ihrer Heiligkeit auf andere Träger, von dem ich ausgegangen war. Nicht nur räum-

---

128 Grundlegend zu Theophylakt ist weiterhin die Monographie von M. Whitby, The Emperor Maurice and His Historian: Theophylact Simocatta on Persian and Balkan Warfare, Oxford 1988; vgl. daneben auch Schreiner, Theophylaktos Simokates (s. Anm. 94), 1–25; Whitby/Whitby, History of Theophylact Simocatta (s. Anm. 95), XIII ff.; Whitby, Greek Historical Writing (s. Anm. 122), 45 ff.; H. Hunger, Die hochsprachliche profane Literatur der Byzantiner, Bd. 1. München 1978, 313–319.

129 Theophylaktos Simokates 8,11,3 p. 305 de Boor/Wirth: δίκαιος εἶ, κύριε, καὶ δικαία ἡ κρίσις σου. Vgl. Tobias 3,2.

130 Zu den Nomokanones vgl. J. Gaudemet, in: Paulys Realencyclopädie der classischen Altertumswissenschaft. Supplement-Band 10 (1965), 417–429, s. v. Nomokanon; A. Schminck, The Oxford Dictionary of Byzantium 3 (1991), 1490 f., s. v. Nomokanones.

131 Vgl. den programmatischen Auftakt des *Codex Iustinianus* (1,1), dazu Noethlichs, Iustinianus (s. Anm. 114), 733.

132 *Novelle* 131,1 (a. 545) p. 654 (Corpus Iuris Civilis, Vol. III: Novellae, edd. R. Schoell/ W. Kroll, Berlin ²1899).

lich, zeitlich, in der Sphäre des Rechts und im Hinblick auf die Deutung historischen Geschehens zeigt sich m. E. eine Ausweitung des Bereichs des Heiligen, sondern auch im Hinblick auf die dieses repräsentierenden Personen. Ich hatte bereits Peter Browns Bemerkung zitiert, wonach alle Christen potentiell 'heilig' seien, und glaube, daß diese Potentialität seit spätjustinianischer Zeit zunehmend als Realität empfunden wurde.

„Ihr sollt heilig sein, denn ich bin heilig, der Herr, euer Gott". Dies hatte Gott einst Moses und den Israeliten auf den Weg gegeben.[133] Seit Mitte des 6. Jahrhunderts hat dieser Spruch offenbar eine neue Aktualität gewonnen.

Theophylakt scheint gerade dies in seinem Bericht über die Schlacht von Kanzakon im Spätsommer 591 zu implizieren.[134] Damals standen sich die Römer und der entthronte Perserkönig Chosroes II. auf der einen Seite sowie der persische Usurpator Bahram auf der anderen Seite gegenüber. Theophylakt zufolge kämpften die Römer unter dem Schutz Gottes; ihre Parole war der Name der Gottesmutter.[135] Um aber Verwechslungen der mit ihnen und gegen sie kämpfenden Perser zu vermeiden, sollten auch ihre Verbündeten diese Parole erhalten. „Und da", so fährt Theophylakt fort, „ereignete sich etwas Sonderbares: Denn auch für die Chaldäer [d. h. für die mit den Römern alliierten Perser, M. M.] wurde der Name Marias zur Rettung".[136]

Was war hier geschehen? Die Römer waren – zumindest in der Retrospektive nach dem erfolgreichen Ausgang der Schlacht – siegreich, weil sie unter christlichen Vorzeichen kämpften. Doch sie waren sogar – und dies ist das Besondere – in der Lage, ihre Heiligkeit als christliche Kämpfer auf die mit ihnen verbündeten Perser auszudehnen. Alle Römer also sind nunmehr heilig, und wer sich ihnen anschließt, wird es auch.

Ähnliche Gedanken finden sich schon früher, im 6. Jahrhundert. Innerhalb der umfangreichen antiken Diskussion über die Identifikation der vier Weltreiche aus der alttestamentlichen Prophetie Daniels[137] nimmt der alexandrinische Kaufmann

133 *Leviticus* 19,2. Dazu s. jetzt K. Grünwaldt, Das Heiligkeitsgesetz Leviticus 17–26. Ursprüngliche Gestalt, Tradition und Theologie, Berlin/New York 1999, bes. 39 ff.; 223 ff.; 251 ff.; 390 ff.

134 Theophylaktos Simokates 5,10 p. 206–208 de Boor/Wirth. Zum Geschehen vgl. Whitby, Emperor Maurice (s. Anm. 128), 297–304.

135 Theophylaktos Simokates 5,10,4 p. 206 de Boor/Wirth ([...] τὴν τῆς θεομήτορος καὶ παρθένου προσηγορίαν [...]).

136 Theophylaktos Simokates 5,10,5 p. 206 de Boor/Wirth: καὶ παράδοξόν τι χρῆμα συνέβαινεν· ἐγίνετο γὰρ καὶ Χαλδαίοις τὸ τῆς Μαρίας σωτήριον ὄνομα.

137 *Daniel* 2 u. 7. H. H. Rowley, Darius the Mede and the Four World Empires in the Book of Daniel. A Historical Study of Contemporary Theories, Cardiff 1964, bes. 184 f.; G. Podskalsky, Byzantinische Reichseschatologie. Die Periodisierung der Weltgeschichte in den vier Großreichen (Daniel 2 und 7) und dem tausendjährigen Friedensreiche (Apok. 20), München 1972.

Kosmas Indikopleustes, Verfasser einer *Christlichen Topographie* in 12 Büchern (um 550), eine besondere Stellung ein: Denn er vertrat die Ansicht, das Reich Christi sei bereits angebrochen, da er das letzte der vier Weltreiche nicht mit dem römischen, sondern mit dem makedonischen identifizierte. Danach sei dann die Herrschaft Christi gefolgt, die mit seiner Inkarnation in römischer Zeit eingesetzt habe.[138] Das römische und das messianische Reich der Heiligen verschmelzen hier zu einer Einheit. *Alle Römer* sind damit heilig, die *res Romana*, die Coripp zufolge keiner irdischen Waffen mehr bedürfe (s. o.), ist in Wahrheit eine *res Christiana*.

Nichts verdeutlicht anschaulicher den Wandel, der sich um die Mitte des 6. Jahrhunderts vollzogen hat: Aus dem christlichen Römerreich wurde ein römisches Christenreich, eine Gemeinschaft von Heiligen in einem heiligen Raum, in einer heiligen Zeit und beherrscht von einem Kaiser, der sich selbst mit Christus gleichsetzte.[139] Was Averil Cameron als Liturgisierung beschrieben hat, stellt sich damit als allumfassender Sakralisierungs- und Transzendierungsprozeß einer gesamten Gesellschaft dar, die auf diese Weise versucht hat, in einer Phase schwerer äußerer Krisen innere Stabilität, Schutz nach außen, sowie Struktur und Ordnung wiederzugewinnen.[140]

---

138 Kosmas Indikopleustes 2,66–76, bes. 66 und 74–75 p. 381–393 (Cosmas Indicopleustès. Topographie Chrétienne, Tome I [Livres I–IV]. Introduction, texte critique, illustration, traduction et notes par W. Wolska-Conus, Paris 1968 [Sources Chrétiennes 141]). Zu diesem Konzept vgl. Podskalsky, Byzantinische Reichseschatologie (s. Anm. 137), 16–19; M. Casey, The Fourth Kingdom in Cosmas Indicopleustes and the Syrian Tradition, in: Rivista di storia e letteratura religiosa 25 (1989), 385–403 sowie bes. S. MacCormack, Christ and Empire, Time and Ceremonial in Sixth Century Byzantium and Beyond, in: Byzantion 52 (1982), 287–309, bes. 293–295, die Kosmas' Theorie ausdrücklich als Aspekt des Liturgisierungsprozesses wertet.

139 Ich kann in diesem Zusammenhang auf diesen Aspekt des Sakralisierungsprozesses Justinians nicht eingehen; vgl. im einzelnen Meier, Zeitalter (s. Anm. 1), 546ff.

140 Insofern lassen sich Luhmanns Prämissen, wonach Religion *nicht* der gesellschaftlichen Integration dienen könne (vgl. Luhmann, Religion der Gesellschaft [s. Anm. 29], 120f.; 125), auf der empirischen Ebene *in toto* nicht aufrecht erhalten.
– Die vorangegangenen Ausführungen haben sich auf eine summarische Skizzierung des Phänomens sowie die Darlegung eines möglichen Erklärungsmodells beschränkt. Dieses müßte nun in weiteren Detailstudien anhand einzelner Beispiele weiter überprüft, modifiziert, erweitert oder widerlegt werden. Dabei müßten auch Fragen nach einer möglichen sozialen Differenzierung behandelt werden (was aufgrund der Quellenlage jedoch sehr schwierig werden dürfte), ferner wären lokale und regionale Unterschiede sowie zeitliche Verzögerungen und Beschleunigungen des beschriebenen Prozesses in verschiedenen Räumen zu untersuchen. Schließlich wäre auch auf die Sonderstellung Konstantinopels noch gesondert einzugehen.

After Augustine. A Survey of His Reception from 430 to 2000

An interdisciplinary and international five-year research project financed by the Leverhulme Trust

Karla Pollmann and David Lambert

In July 2003, Karla Pollmann was granted half a million British pounds by the Leverhulme Trust to direct as principal investigator an international and interdisciplinary five-year project, hosted at St Andrews University, on the reception of Augustine from the time of his death up to the present day. Her co-investigators are Willemien Otten (Theology, Utrecht) and Kurt Smolak (Classics and Later Latin, Vienna). Her two postdoctoral research fellows are David Lambert and Arnoud Visser. In due course, at least three doctoral students will be part of the research team, as well. The following pages intend to give an outline of the methodology and aims of the project (by Karla Pollmann) and to exemplify this with one concrete instance (by David Lambert). Comments and suggestions to the principal investigator are welcome; please write to kfp@st-and.ac.uk and compare http://www.st-and.ac.uk/classics/after-augustine (currently under construction).

1. General Outline of the Project

(Karla Pollmann)

1.1 Background

Augustine (354–430) is the most influential ecclesiastical writer in the Latin West. He was not only a bishop and a holy man, but was also a pre-eminent writer. His works far outran in sheer bulk those of any rival. His office, his sanctity, and his orthodoxy were all factors in establishing his place: but had he not written so much, and had his works not survived so extensively, he would never have become the figure of authority that he did. In many significant ways he established what were to become the principal outlines and foundations of Western theology. An example of the influence he had on the church is seen in the Catholic Catechism, where there are to be found more quotations from Augustine than from any other writer. Moreover, his impact can also be observed in secular disciplines such as political theory, philosophy of history, psychology, semiotics, epistemology, social ethics, and anthropology. It is also to be seen in the theory and practice of literary writing. Only recently, Therese Fuhrer emphasized the exemplary status of Augustine as a multidisciplinary author.[1] The multidisciplinary nature of Augustine's œuvre and of its reception are one of the reasons for the perceived timelessness of Augustine.[2]

Thus, as J. O'Donnell rightly observes,[3] Augustine came to the twentieth century not only as an authority to churchgoers. He has imperceptibly been granted a position of high eminence by scholars of every stripe. There are those who admire him without believing a word he says. Such admiration leads to a curious kind of ritual invocation, for Augustine has achieved a place in a kind of multicultural pantheon in which he can be instanced without being read, often in association with Plato. A critic like George Steiner[4] manages this with an easy dexterity that glibly masks the distortion and misrepresentation of Augustine that necessarily attends the ritual. And then there are those who do not admire him at all but, believing him to be a powerful influence, feel they must attack him precisely because he embodies all that is perceived to be wrong. But it is often very hard to tell, when Augustine is being attacked, just what his crimes really are, or why he matters so much. One thinks of the works of Elaine Pagels[5] and Margaret Miles[6], and the remarkable little book of Claude Lorin[7]. It is safe to say that Augustine is now more quoted, either to be attacked or to defend something he would never have defended, and read, when he is actually read, in ways that stray far from the original contexts and purposes of his works. This is not helped by numerous websites that offer quotations from Augustine (for instance www.creativequotations.com, www.memorablequotations.com, or his 'scary quotations' in www.positiveatheism.com), which, taken out of context, risk misunderstanding, and include a considerable amount of spurious material. It is one of the ambitions of this project to present a well-founded counter-documentation.

Increasingly, Augustine's significance gains recognition beyond the Western World. In April 2001, the president of Algeria hosted a conference on 'Saint

1 T. Fuhrer, "Augustin: Ein Autor im interdisziplinären Focus. Zur Rolle der Klassischen Philologie im Dialog mit Philosophie und Theologie," in: J. P. Schwindt (ed.), *Klassische Philologie inter disciplinas. Aktuelle Konzepte zu Gegenstand und Methode eines Grundlagenfachs* (Heidelberg 2002), 169–85.

2 For several concrete examples see, for instance, M. Vessey, K. Pollmann, and A. Fitzgerald (eds), *History, Apocalypse, and the Secular Imagination* (Bowling Green 1999), 237–326.

3 See J. J. O'Donnell, "The Authority of Augustine," *Augustinian Studies* 22 (1991), 7–35, which compare also for the rest of this paragraph.

4 See G. Steiner, *Real Presences* (Chicago 1989).

5 See E. Pagels, *Adam, Eve, and the Serpent* (New York 1988).

6 See M. Miles, *Augustine on the Body* (Missoula, MT 1979).

7 See C. Lorin, *Pour Saint Augustin* (Paris 1988).

Augustin, le philosophe algérien' in order to foster dialogue between civilisations.[8] Augustine was regarded as an ideal medium for bridging cultural gaps given that, coming from North African origins, he nevertheless influenced Western thought across a broad spectrum far beyond theology. Thus, Augustine, as a leading figure embodying Western Christian culture, became a focal point in an attempted reconciliation of present-day Islam with its pre-Islamic past.[9] Another relatively recent, heavily politicised and ideologised movement is the attempt to reclaim Augustine as an 'African' thinker, the so-called "Black Augustine."[10] Thus, despite the fact that Augustine can justifiably be called a "Father of Europe," this project wants, and indeed has to widen the perspective by including non-Western aspects of his reception and their specific nature. The instances just mentioned underline in an exemplary way how far reception is not merely an inheritance from the past, but a continuous reprocessing and restructuring of that inheritance. This core hypothesis will be tested throughout the duration of the project and in all of its areas.

So far, scholarly investigations of the history of Augustine's *nachleben* have mostly concentrated on a certain period, as in Åke Bergvall's excellent book[11], or they select highlights in the history of thought, as in Brian Stock's somewhat general book *After Augustine*,[12] whose title, incidentally, overlaps with the main heading of this project. Various works have investigated Augustine's influence on an individual thinker.[13] Moreover, there exist several collections of articles on the reception of ecclesiastical writers, including Augustine.[14] These are valuable

8 The proceedings of this conference, which include contributions on the reception of Augustine, have now been published, see P.-Y. Fux/J.-M. Roessli/O. Wermelinger (eds), *Augustinus Afer*. 2 vols (Fribourg 2003).

9 See K. Pollmann, *St Augustine the Algerian* (Göttingen 2003), 9–13.

10 As, e.g., in Y. Ben-Jochannan, *African Origins of Major "Western Religions"* (Baltimore, MD 1970), or M. Hyman, *Blacks before America* (Trenton, NJ 1994).

11 See Å. Bergvall, *Augustinian Perspectives in the Renaissance* (Uppsala 2001).

12 See B. Stock, *After Augustine: the Meditative Reader and the Text* (Philadelphia 2001).

13 Like F. A. James, *Peter Martyr Vermigli and Predestination: the Augustinian Inheritance of an Italian Reformer* (Oxford 1998), J. Orcibal, *Jansenius d'Ypres* (Paris 1989), and L. Kolakowski, *God Owes Us Nothing: a Brief Remark on Pascal's Religion and on the Spirit of Jansenism* (Chicago 1995).

14 Edited, e.g., by L. Grane et al., *Auctoritas patrum: Zur Rezeption der Kirchenväter im 15. und 16. Jh.* (Mainz 1993) and *Auctoritas patrum 2: Neue Beiträge zur Rezeption der Kirchenväter im 15. und 16. Jh.* (Mainz 1998), by A. Zumkeller and A. Krümmel, *Traditio Augustiniana. Studien über Augustinus und seine Rezeption* (Würzburg 1994), by I. Backus, *The Reception of the Church Fathers in the West: from the Carolingians to the Maurists*, 2 volumes (Leiden 1997), by D. de Courcelles, *Augustinus in der Neuzeit* (Turnhout 1998), and by G. B. Matthews, *The Augustinian Tradition* (Berkeley 1999), and two chapters in E. Stump and N. Kretzmann (eds), *The Cambridge Companion to Augustine* (Cambridge 2001).

secondary sources to be taken into account by the project. They will be used in paying particular attention to the different forms of reception, like continuity and coherence as opposed to selectivity, manipulation and transformation.

1.2 Objectives

In various areas, especially theology and philosophy, there exist good individual attempts to tackle special aspects of Augustine' impact on later thinkers. Nevertheless, the history of the reception of Augustine has still to be written. In order to map this area and provide relevant material in an accessible and structured way, this project will attempt to collect data from as wide a disciplinary spectrum as possible, covering the time from his death up to the end of the 20th century. The material, chronologically arranged, will be disseminated both in print (A.) and in a structured website (B.). Additionally, selected strands of reception will be evaluated in separate publications, based on some of the material collected (C.). More specifically this means:

A. The core-aim of the project is the production of four survey volumes called *Clavis Augustiniana I-IV*, with alphabetically arranged entries that examine thinkers, theological questions (e.g. original sin, free will) and perennial social-ethical issues (e.g. abortion, sexuality, war). Each entry will present the relevant instances and modes of reception (paradoxes, selectivity, discontinuity, manipulation etc.) with reference to primary and secondary sources and with a bibliography, partly modelled on the relevant articles in Fitzgerald's encyclopaedia.[15] International experts in the field will be invited to contribute articles in the area of their expertise.

The volumes, edited by the research team, will cover the following periods:
a) *Clavis Augustiniana I*: 430–800 (Carolingian Renaissance),
b) *Clavis Augustiniana II*: 800–1200 (Renaissance of the 12th century),
c) *Clavis Augustiniana III*: 1200–1600 (Counter-Reformation),
d) *Clavis Augustiniana IV*: 1600–2000.

---

15 Cf. A. Fitzgerald (ed.), *Augustine Through the Ages* (Grand Rapids 1999). Out of the roughly 400 articles around 60 deal with issues of reception, mainly by focussing on single later authors or periods; articles covering thematic issues very occasionally include aspects of reception, viz. in "Cult of St Augustine's body", "Cyberspace, Augustine in", "Political Thought, Contemporary (=20th c.) Influence of Augustine's", "Political Augustinianism", "Roman Laws/Roman Legal System", and "Theology, Modern". The articles in Fitzgerald that deal with individual works of Augustine do not consider their *nachleben*.

B. In a structured website the ongoing collection of data will be made accessible to a wider public from the very start of the project.[16] Up to final publication, input from other scholars will be possible via this medium, exploiting its flexible nature. Eventually, the website will allow users to make thematic and statistical searches, for instance, for the importance of individual works by Augustine in different epochs or in different disciplinary contexts. It is intended to keep this website after the end of this project, both to serve as a research tool complementary to the printed *Claves*, and also to allow ongoing discussion of topics and issues the project will not have exhausted.

C. Some of the collected material will be evaluated in order further to highlight certain characteristic patterns of the reception of Augustine: clashes, unresolved contradictions and open issues. The choice of topics will derive from the special interests of the research team, particularly hermeneutics, literary criticism, political theory and ideological appropriation. This will result in the publication of monographs or articles.

While every attempt will be made to combine precision and attention to detail with comprehensiveness, this project does not aim, and cannot hope, to exhaust this field completely. However, several sub-topics will be linked with this project in order to cover some hitherto neglected ground more extensively. Notably, it is one of the remarkable gaps in our scholarly literature that we have no satisfactory treatment of the question of the spread of Augustine's influence. It is often assumed that the early Middle Ages was a period profoundly influenced by Augustine, but in just what way this influence was exercised, what its limits were, and how it came to be, are questions that still deserve fuller attention. Medieval history alone is rich and varied and of great interest; as in so many other areas, the insular, then Carolingian phases seem essential to the shaping of the reputation that emerged. The importance of the Visigothic, and particularly, the Isidoran contribution should not be forgotten. Isidore's Augustine remains a fertile subject for investigation. Here again, there have been too few detailed studies and certainly no serious attempt at synthesis.[17] This area demands the full concentration of a scholarly mind and will therefore provide a topic for one of the doctoral dissertations.

Vienna has various collections of partly digitalized data: a continuously updated bibliography on Augustine and on relevant wider primary and secondary literature up to the Baroque, and a catalogued list of Neo-Latin writings on Augustine

16 See http://www.st-and.ac.uk/classics/after-augustine (currently under construction).

17 A good example of the kind of meticulous study required is H. A. Oberman and F. A. James III (eds), *Via Augustini: Augustine in the Later Middle Ages, Renaissance, and Reformation: Essays in Honor of Damasus Trapp, O.S.A.* (Leiden 1991), especially Trapp's own "Hitalinger's Augustinian Quotations" reprinted in that volume at 189–220.

(poems, Jesuit School Dramas etc.) which are not yet accessible in modern editions. Because a good deal of primary research is necessary here, this area will form the dissertation topic for the second doctoral student, who will do work on some of this and/or related material. A third dissertation topic will address a more unusual aspect of Augustine's influence, that is, how he was used in the colonies to promulgate Christian beliefs and ethics. This is an area that is practically untouched and will involve archival work, especially in theological colleges, to unearth relevant material like letters and diaries of missionaries from the 17th to 20th centuries. The aim is to start with the French Jesuits in Canada, where Professor Haijo Westra[18] (Calgary) and my former PhD student Dr Benjamin Garstad (currently New York) have already offered advice and structural support, and the Caribbean, where my colleague Dr Emily Greenwood (St Andrews) has helped me to establish contact with Dr John Campbell at the University of the West Indies (Department of History at the UWI Mona Campus in Jamaica).

1.3 Significance

The reception of Augustine through the ages has been both vigorous and controversial. On occasions, differing groups have claimed him as theirs, and, not least, both Catholics and Protestants. It is also the case that different strands of Augustine's thought have been perceived differently in the same period, depending on social context or literary genre. While scholars have given close attention to his reception as regards the Scholastic tradition and the Reformation, other areas of influence, such as early Christian poetry or Racine's tragedies, have been neglected. In particular the 17th to the 20th centuries have remained particularly under-researched, and it is hard to find answers to questions such as how Augustine's authority was used in missionary contexts, for instance, as already indicated above, by Jesuits in 17th century Canada, in colonial Africa or the Caribbean. Another issue that deserves investigation is to see how much of Augustine is known and used by post-modern thinkers like Foucault, who called Augustine a "founder of discourse", or by recent movements like the Cambridge School of "Radical Orthodoxy",[19] or which ideologies used Augustine to justify themselves

---

18 Who himself has an interest in the reception of secular classical authors in the writings of Canadian Jesuits, see H. Westra/M. Nikolic, "Das durch die europäische Bildung vermittelte Bild Kanadas im 17. Jahrhundert," in: M. Gosman/V. Honemann (eds), *Medieval to Early Modern Culture/Kultureller Wandel vom Mittelalter zur frühen Neuzeit*. Vol. 6 (Fankfurt/M.; forthcoming).

19 See M. J. Hollerich, "John Milbank, Augustine, and the 'Secular'," in: M. Vessey, K. Pollmann, and A. Fitzgerald (eds), *History, Apocalypse, and the Secular Imagination. New Essays on Augustine's City of God* (Bowling Green 1999), 311–26.

and how. Some inroad has been made regarding Derrida.[20] It is noteworthy that Derrida has, for instance, a hermeneutical attitude to texts that is similar to that of Augustine as regards the complete separation of words, language, and text from their referential objects, and the emphasis on the text itself as a *signifiant* that is open to different interpretations. But Augustine presupposes as the basis for this assumption the existence of the *logos* as a metaphysical entity, whereas Derrida in his theory precisely denies its existence. One way of coming to a better understanding of this paradox may be by investigating how much and what Derrida has actually read of Augustine.

Examples like this emphasize the timeliness of the project. Its significance lies in its impact on a broad spectrum of disciplines in the humanities and social sciences and more broadly literature, culture and mentality. For instance, Augustine's description of the first certitude of epistemology (*Soliloquia* 2.1; *De libero arbitrio* 2.3.7; *De trinitate* 15.12.21) anticipated Descartes. His discoveries in the field of the philosophy of time were to be recognized by Bertrand Russell and Edmund Husserl. The latter had to confess in his *Vorlesungen zur Phänomenologie des inneren Zeitbewußtseins*: "Our modern age, proud as it is of all its knowledge, was not brilliantly successful in these matters and certainly not much more successful than this great thinker who struggled so earnestly."[21] Augustine was the first in the Western world to write a monograph on labour (*De opere monachorum*), which indirectly prepared the way for our modern high esteem of labour. The political theorist J. B. Elshtain[22] makes a convincing case for Augustine as a saint for our times by reminding her readers that for Augustine the limits of human reason and the defects of human will translate into limits on politics. Late-twentieth-century thinkers are rediscovering Augustine's idea that knowing begins with the self as a basic datum. But the project will also highlight "negative instances" of the reception of Augustinian thought. Despite his vast influence and the assiduous effort of scholars, some aspects of Augustine's thought are not yet fully appreciated, such as his contribution to the theory of labour, his pioneering work in semiotics, and his interpretation of creation, which allows a role for biological evolution.

Reception studies is an area in Classics that has only recently begun to grow, and Augustine and Late Antiquity in general are still neglected. The originality and timeliness of the proposed project lie in the opening up of a new area of

20 See especially R. Dodaro, "Loose Canons: Augustine and Derrida on Their Selves," in: J. D. Caputo/M. J. Scanlon (eds), *God, the Gift and Post-modernism* (Bloomingham/Indianapolis 1999), 79–111, where Derrida's 'response' is also published.

21 Ed. by M. Heidegger (Halle/Saale 1928), 2 = *Jahrbuch für Philosophie und phänomenologische Forschung* 9 (1928), 368.

22 In her *Augustine and the Limits of Politics* (Notre Dame 1995).

Reception Studies and in its unusually wide scope, including non-Western aspects of the reception of Augustine, its interdisciplinary and international nature, its emphasis on the training and development of younger scholars in a dedicated research environment, and in the combination of historical rigour and the consequent use of various media of dissemination, addressing both experts and, to a lesser degree, a wider public.

1.4 Method

No attempt has ever been made to pursue the reception of Augustine as a continuum across all affected disciplines. The proposed project does not intend to concentrate solely on what is often called 'Augustinism' or 'Augustinianism' in a narrow dogmatic sense. Instead, the term 'reception' is chosen to indicate a much wider spectrum and to emphasize the crucial role of the reader in shaping the *nachleben* of an author by using texts and intellectual concepts of a previous author in a way that is always bound by time and historical determinants. Augustine himself acknowledges this, to a lesser degree with regard to his own writings but especially with regard to the reading of the Bible, when he acknowledges that later generations may have a better insight into the meaning of some passages of the Scriptures, as for instance at *De genesi ad litteram* 2.13.38. All possible modes of reception will be taken into account, including methods of rewriting Augustine and of attempting to discover his intended meaning. Moreover, it is not possible to confine the concept of reception used for the purpose of this project to the definition of a single modern theorist or school: the breadth of the field, with its varying amount of source material regarding both the conditions of reception and historical context, demands as a heuristic framework a wide concept of reception. To put it succinctly, the guiding concern of this project is to understand how later thinkers used Augustine's thought in their own intellectual or ideological projects.[23] The approach will therefore concentrate on tracing influences and not on offering comparisons of similar trains of thought per se.[24]

Another aspect to be considered is what the limits of this approach are: that is to say, when can we be sure that Augustine is indeed the actual influence, and not another transmitter or a more general awareness of certain issues in a kind of intellectual common ground. In some cases the balance of these factors may be difficult to determine. Authors lacking direct knowledge of Augustine will not be

23 As has been done vis à vis Descartes in S. Menn, *Descartes and Augustine* (Cambridge 1998).

24 As, e.g., in G. B. Matthews, *Thought's Ego in Augustine and Descartes* (Ithaca 1992).

included, and where the reception may be mixed, this will be made explicit. Critical awareness is necessary to negotiate constantly throughout the project between the two extremes of how much Augustine can we possibly find in an author, and how little can we show to derive from Augustine. This may seem easy enough when his name is explicitly mentioned, but even this may be an unreliable indicator. In either case, the result of this will be twofold, as the various ways of reception will tell us something, first, about the repercussions of Augustine or individual works of his, and in particular and secondly, to a stronger degree, about the people who received him. It will be a challenge for the project to test the possibility of establishing a hitherto nonexistent framework for talking about the reception of Augustine that will find acceptance.

To some extent, the collection of material will be sourced by existing bibliographies and databases, such as *Gnomon*, *Année Philologique*, *Revue des Etudes Augustiniennes*, *Augustinian Studies*, *The Augustinian Tradition*, *Augustinus-Lexikon*, *Corpus Augustinianum Gissense*, H.-J. Frede, *Kirchenschriftsteller und Sigel* (Freiburg 1995), E. Dekkers, *Clavis Patrum Latinorum* (Turnhout 1995), and the collection of secondary literature on the reception of Augustine presented by http://www.theol.uni-freiburg.de/forsch/lohr/lohr-ch4.htm. Other valuable sources are, for instance, Z. Janowski, *Cartesian Theodicy. Descartes' Quest for Certitude* (Dordrecht 2000) and his *Index Augustino-Cartésien: Textes et Commentaire* (Paris 2000). The tradition of Augustine's iconography will not be taken into account, nor the history of the manuscript transmission of his works (a separate project at the Österreichische Akademie der Wissenschaften in Vienna), or the history of the religious orders that follow the so-called 'Rule of St Augustine' (a separate project at the Augustinus-Institut in Würzburg). However, individual Augustinian monks who developed his thought further will be considered. The treacherous area of Pseudo-Augustinian writing, though in itself a telling indicator of Augustine's authority in later ages, will be omitted, as this would have to be a separate project.

It is impossible to confine such a project to one place or to one scholar. The main axis of collaboration will be built up between St Andrews, the base of the project, and Vienna, represented by the *Kirchenväterkommission* of the Austrian Academy of Sciences and the Department of Classics at the University of Vienna. The co-applicant Professor Smolak is the director of both these institutions and will grant full access to the whole academic infrastructure both at the Academy and at the University to all those involved in this project. Moreover, the project will benefit from the expertise of a whole range of scholars in Vienna with whom I have collaborated for the last decade and who, among others, will take part in the conferences. Some of the research assistants and the main applicant will stay there, as in other places, for extended periods to do archival and editorial work. The second co-applicant, Professor Otten, with whom I have collaborated for the last nine years, will participate in academic supervision and editorial work. Some of her doctoral students will be linked with the project. Moreover, she has direct contact with the Augustinian Institute in Eindhoven, thus providing the project with access to its specialist library.

In addition a conference and several workshops are planned, the proceedings of which will be published. The invited speakers, both from within the project and outside, will deal with various aspects concerning the reception of Augustine, making ongoing results also accessible to a wider audience in a public lecture. Moreover, this should give the members of the project the opportunity to exchange and discuss their own research. The results of this conference will directly support the project by providing reliable material and evaluations for some of the entries of the *Claves*. To the same end, two scholars from outside working in this field will be invited to come to St Andrews as Visiting Fellows and present research results relevant to the project in seminars and lectures.

2. A Concrete Example: the Reception of Augustine in Gaul, 427–529

(David Lambert)

One of the key early instances of the reception of Augustine is the reaction in Gaul to his late works on grace and predestination. The traditional picture of Augustine's reputation in Gaul from the 420s onwards is that the Gallic church was torn by a dispute over the role of grace and personal effort in salvation as this was described in the works written by Augustine in the last decade of his life, and that the dispute continued until 529, when it was resolved by the formal adoption of key Augustinian ideas in a church council held at Orange in Provence.[25] Those who dissented from Augustine's ideas on grace and predestination have in modern historiography traditionally been denoted by the epithet 'semi-Pelagians'. This term is now generally regarded as unsatisfactory for a number of reasons, the most important being that it is a modern coinage, not one that was used by contem-

25 For a short and extremely clear account of the controversy, see C. Leyser, "Semi-Pelagianism," in Fitzgerald (cf. fn. 15), 761–6. The best account of changing reactions to Augustine in Gaul in this period is R. A. Markus, "The Legacy of Pelagius: Orthodoxy, Heresy and Conciliation," R. Williams (ed.), *The Making of Orthodoxy: Essays in Honour of Henry Chadwick* (Cambridge 1989), 214–34. For a full-length account of the points at issue, see R. H. Weaver, *Divine Grace and Human Agency: A Study of the Semi-Pelagian Controversy* (Macon GA 1996). R. W. Mathisen, *Ecclesiastical Factionalism and Religious Controversy in Fifth-Century Gaul* (Washington DC 1989) integrates the controversy into a narrative of Gallic ecclesiastical history in the fifth century.

poraries.[26] It is also tendentious, in that it implicitly endorses the claims of their opponents that those so described were affiliated with Pelagius and his followers, while in fact all condemned Pelagianism, often vigorously, whatever their reluctance to adopt every idea put forward by Augustine.[27]

The problematic reception of Augustine in Gaul was, nonetheless, a by-product of the Pelagian controversy,[28] not in the sense that his critics were supporters of Pelagius, but that they were reacting to the polemical works which Augustine wrote arguing against the Pelagians (who believed that it was possible to live without sin through the unaided human will), in which he stressed the absolute powerlessness of human beings to achieve salvation unless assisted by grace granted by God. Individuals are saved through God's decision to bestow grace, and cannot be saved if God does not bestow it. Thus, their salvation or damnation is predestined, and Augustine argued that the number of those who would be saved had been fixed by God unalterably.[29] Augustine had been writing about these issues since the 390s, but had done so with particular intensity and increasing intransigence during the period of the Pelagian controversy (from about 412 onwards).

The fact that circles within the Gallic church were disturbed by these ideas was brought to Augustine's attention in about 427, when he was sent letters by Prosper of Aquitaine, a layman then resident in Marseille, who was a strong supporter of Augustine's position, and another local follower named Hilary.[30] Pros-

26 It was first used during disputes in the Catholic Church in the late sixteenth century, and applied to writers of the fifth century retrospectively. On the origins of the term see Leyser (cf. fn. 25), 761.

27 There is little evidence of Pelagianism proper in Gaul, though a law of 425 commissioned the bishop of Arles to seek out Pelagian bishops and expel them if they proved recalcitrant (*Constitutiones Sirmondianae* 6, in *Codex Theodosianus*, ed. T. Mommsen, P. Meyer and P. Krüger, vol. 2 (Berlin 1905); English translation: *The Theodosian Code and Novels and the Sirmondian Constitutions*, tr. C. Pharr (Princeton 1952). No such expulsions are known to have taken place. On the lack of evidence for Pelagianism in Gaul and the role of ritualised denunciations of it as a gesture of unity in the Gallic church, see Mathisen (cf. fn. 25), 40–1.

28 When the controversy over Augustine's works began in Gaul, the Pelagian controversy proper was still continuing, with Augustine engaged in his long-standing disputation with the Italian Pelagian Julian of Eclanum. It has been suggested that this may have made Augustine and his followers particularly inclined to see difference from their own views as evidence of Pelagianism (Leyser [cf. fn. 25], 762).

29 See, for example, Augustine, *De correptione et gratia,* especially IX.20–23, XIII.39 (Corpus Scriptorum Ecclesiasticorum Latinorum 92; English translation, Fathers of the Church 2). For further discussion and references, see J. Patout Burns, "Grace," in: Fitzgerald (cf. fn. 15), 391–8; M. Lamberigts, "Predestination," ibid., 677–9; Weaver (cf. fn. 25), 4–35, 50–69.

30 Augustine, *Epp.* 225–6 (Corpus Scriptorum Ecclesiasticorum Latinorum 57; English translation: Fathers of the Church 30). For discussion of the issues raised by Prosper's

per reported on the doubts held by 'many of the servants of Christ who live in the city of Marseille' about the ideas which Augustine had put forward in his writings against the Pelagians, and which had not been settled by his recent work *De correptione et gratia* (*On correction and grace*), written to address the similar worries of a group of monks at Hadrumetum in North Africa. Augustine responded to Prosper with two books (regarded by Augustine as a single work in two parts) *De praedestinatione sanctorum* and *De dono perseverantiae* (*On the Predestination of the Saints* and *On the Gift of Perseverance*). These works reiterated Augustine's views on predestination and the absolute incapacity of the human will to turn towards God unless grace is first given by God, or to persevere in a Christian life unless grace continues to be granted, while also attempting to answer certain specific points passed on by Prosper, such as the suggestion that if salvation was predestined then preaching was pointless.[31]

These works did not allay Gallic doubts, which seem to have been concentrated among the increasingly confident ascetic and monastic movement of southern Gaul, whose members were particularly sensitive to the way in which Augustine's arguments appeared to undermine the ideal of individual striving which was at the heart of the ascetic enterprise. In the years immediately before and after Augustine's death in 430, Prosper himself wrote a series of works asserting the Augustinian position (or his interpretation of it), and attacking the views of this group, which he identified as crypto-Pelagian, as well as compiling a number of collections of quotations from Augustine's works.[32] Intended to demonstrate Augustine's theological soundness, these must have had a considerable, though imponderable, influence on the subsequent reception of Augustine in Gaul, with some, perhaps many, readers absorbing his thought through them rather than Augustine's original works. Much of the information about the views of Augustine's Gallic critics in the 420s and 430s comes via Prosper, and may well be distorted. Traditionally, the key figure in the opposition to Augustine's views has been identified as John Cassian. Cassian was a monk and theorist of monasticism (and, like Prosper, resident in Marseille). His chief work, the *Conferences*, written in the 420s,[33] outlined in the thirteenth *Conference* a theory of grace that gives a considerably

correspondence with Augustine, see M. Vessey, "*Opus Imperfectum:* Augustine and his Readers, 426–435 A. D.," *Vigiliae Christianae* 52 (1998), 264–85 (at 272–77).

31 *De praedestinatione sanctorum* (Patrologia Latina 44); *De dono perseverantiae* (Patrologia Latina 45), both translated in Fathers of the Church 86.

32 Prosper's works are in Patrologia Latina 51; a selection is translated by P. De Letter, *Defense of Saint Augustine* (Ancient Christian Writers 32).

33 John Cassian, *Collationes* (Corpus Scriptorum Ecclesiasticorum Latinorum 13; English translation: *John Cassian: The Conferences*, tr. B. Ramsey, Ancient Christian Writers 57).

greater role to the human will than Augustine's.[34] The identification of *Conference* XIII as a response to Augustine goes back to Prosper himself, and has only been challenged in recent work.[35] In addition, the *Commonitorium* of Vincentius of Lérins, a treatise written in 434 on the methods by which orthodoxy should be distinguished from heresy,[36] contains a passage attacking predestinarian ideas (*Commonitorium* 26), which has traditionally been seen as an attack on Augustine (an idea supported by the fact that Prosper wrote a work refuting another, now lost, attack on Augustine's ideas by an author called Vincentius).

After the mid-430s there is no surviving controversial literature on the issues of grace and predestination for some forty years (though isolated remarks about Augustine occur). The next outbreak of controversy on the issue occurred in the 470s, when a Gallic priest named Lucidus put forward predestinarian views which caused him to be brought before a synod at Arles, which condemned him, and in relation to which Faustus of Riez, a senior bishop and the most prominent Gallic theologian of the time, wrote a book *De gratia* (*On grace*), putting forward his own view of the issue.[37] This differed from Augustine in key respects, notably by distinguishing between divine foreknowledge and strict predestination, and in a refusal to accept the total incapacity of the unassisted human will. The reaction to Lucidus, and the esteem in which Faustus and his works continued to be held in the Gallic church strongly suggested that his view represented the consensus in the later fifth century.

No further controversy on the subject is known until well into the sixth century, when *De gratia* became known to a group of monks from Scythia (the lower Danube area), who perceived its differences from Augustine, of whom they were keen followers. They drew it to the attention of North African bishops, including

34 C. Stewart, *Cassian the Monk* (New York 1998), 76–81; Weaver (cf. fn. 25), 106–14.

35 Prosper, *De gratia dei et libero arbitrio liber contra collatorem* (*On Grace and Free Will Against the Collator*, i.e. the author of the *Collationes*), Patrologia Latina 51, 215–76; English translation: P. De Letter (n. 32). The identification was first challenged by R. A. Markus, *The End of Ancient Christianity* (Cambridge 1990), 177–9, followed by E. Rebillard, "*Quasi funambuli:* Cassien et la controverse pélagienne sur la perfection," *Revue des Études Augustiniennes* 40 (1994), 197–210; Leyser (cf. fn. 25), and id., *Authority and Asceticism from Augustine to Gregory the Great* (Oxford 2000), 40–1.

36 Corpus Christianorum, Series Latina 64; translation, Nicene and Post-Nicene Fathers, 2nd. Series, 11, 121–59. A *commonitorium* was a memo or note of advice.

37 Faustus, *De gratia* and *Epp.* 1–2 (Corpus Scriptorum Ecclesiasticorum Latinorum 21). There is a recent full-length study of Faustus: Th. A. Smith, *De Gratia: Faustus of Riez's Treatise on Grace and Its Place in the History of Theology* (Notre Dame 1990); see especially 180–4. See also C. Tibiletti, "Libero arbitrio e grazia in Fausto di Riez," *Augustinianum* 19 (1979), 259–85, "Fausto di Riez nel giudizi della critica," *Augustinianum* 21 (1981), 567–87.

the prominent theologian Fulgentius of Ruspe. Augustine was the dominant influence on the theological positions of the African church,[38] and Faustus's views angered the African bishops. Fulgentius composed a work directed against Faustus (which has not survived), and a further work defending Augustine's conception of grace, which has.[39] The latter work does not mention Faustus by name, but a contemporary biography of Fulgentius attacks Faustus directly.[40] The tone is similar to that of Prosper, with Faustus being denounced as a crypto-Pelagian.

Shortly afterwards, though apparently without any direct connection between the events, a church council was convened in Gaul which brought controversy over Augustine to an end. The Council of Orange in 529 took place under the auspices of Caesarius, the bishop of Arles, whose own substantial literary works are often deeply dependent on Augustine. The council endorsed a number of Augustinian ideas, in particular the incapacity of the human will to achieve good unassisted by grace, without, however, adopting Augustine's later views in their full rigour.[41]

Though the general outline of events is not in doubt, the most important recent work on the controversy has emphasised the ways in which the traditional account represents an oversimplification. At a basic level it has been pointed out that to speak of a 'controversy' lasting a century is an exaggeration of the situation suggested by the evidence.[42] More importantly, the question has been raised as to how far those subsequently bracketed as 'semi-Pelagians' saw themselves as engaging in controversy with Augustine at all. This has been particularly far-reaching as regards Cassian. It has been pointed out that the thirteenth *Conference* cannot be closely dated, and that, while it puts forward a view of grace which is divergent from that of Augustine, there is nothing in the text to suggest that it was

38 Churches of different regions in the Roman and post-Roman world tended to develop their own doctrinal traditions, a process which resulted from the practice of bishops from each region meeting together frequently with their colleagues, together with the difficulty of communicating further afield, and from the authority which could accrue to particularly influential local figures. The role in this process of a sense of self-conscious regionalism can be overstressed, as it is, in my view, by Mathisen (cf. fn. 25) and "For Specialists Only" (cf. below fn. 51).

39 *De vera praedestinationis and gratia dei* (*On the Truth of the Predestination and Grace of God*), Corpus Christianorum, Series Latina 91A, 458–548.

40 *Vita Fulgentii* 25 (*Ferrand, Diacre de Carthage, Vie de Saint Fulgence de Ruspe*, ed. G. Lapeyre (Paris 1929); English translation, Fathers of the Church 95.

41 Markus (cf. fn. 25), 222–7.

42 'The burst of treatises around 430, the work of Faustus some forty years later, and the reopening of the question nearly sixty years later do not constitute a unified "controversy"' (Leyser [cf. fn. 25], 762).

directed *against* Augustine. It may well predate the controversy. To regard it as anti-Augustinian is therefore to adopt the perspective of Cassian's hostile critics, such as Prosper, without this necessarily being justified by the evidence.[43]

In the case of Vincentius, objections to the identification of the author of the *Commonitorium* with the author of the objections to Augustine attacked by Prosper, go back to the establishment by modern scholarship that Vincentius himself produced a florilegium of extracts from Augustine on Christological issues, showing his direct endorsement of significant areas of Augustine's thought.[44] It has been argued that the caricatured nature of his account of predestination in the *Commonitorium* (in which he asserts the existence of a sect who believe that predestination has given them salvation without effort and immunity from sin) is a deliberate strategy on Vincentius's part to avoid engaging in controversy over Augustine's ideas.[45] Recent work on Faustus has pointed out the extent to which his *De gratia* was directed against Pelagianism, as much as against any Augustinian ideas, and also his considerable debt to Augustine's writings.[46] In many ways, Faustus can reasonably be seen as appropriating Augustine.

However, it is possible to go too far in stressing the consensual aspects of the debate. Or, to put it another way, the consensus that ruled in Gaul itself from the 430s onwards, was one which was open to some of Augustine's ideas, but in which others were silently, and sometimes not so silently, dismissed. The writers discussed here clearly did differ from Augustine on key points about his later theology, in ways which those of their contemporaries who identified themselves as the supporters and defenders of Augustine's legacy regarded as illegitimate. To them the attempt to find a middle-way between Pelagianism and predestination, which is most overt in Faustus but seems to have represented the general Gallic consensus, amounted simply to the abandonment of correct doctrine, and it would be hard to refute their claim to represent Augustine's views as these were expressed in his own contributions to the debate, *De praedestinatione sanctorum* and *De dono perseverantiae*. Furthermore, Vincentius and Faustus, at least, can hardly have been unaware of this. Their demonstrated knowledge of Augustine's works is difficult to reconcile with any idea that they were unconscious of their divergences from Augustine's views.[47] (The case for removing Cassian from the controversy is

43 Markus (cf. fn. 35), 177–9.

44 *Excerpta Vincentii Lirinensis* (Corpus Christianorum, Series Latina 64, 199–231). E. Griffe, "Pro Vincentio Lerinensi," *Bulletin de literature ecclésiastique* 62 (1961), 26–31; W. O'Connor, "Saint Vincent of Lérins and Saint Augustine," *Doctor Communis* 16 (1963), 123–257.

45 *Commonitorium* 26. Markus (cf. fn. 25), 220; Leyser (cf. fn. 25), 763.

46 Tibiletti, "Libero arbitrio e grazia" (cf. fn. 37); Smith (cf. fn. 37), 126–40.

47 It is worth noting that though the works in question by the two men were separated by

stronger, given the possibility which has been demonstrated that the thirteenth *Conference* was written before the controversy began and without criticism of Augustine as its intention.) To treat the wide-ranging doctrinal concerns of the *Commonitorium* as merely a cover for an attack on Augustine (as was once common) is grossly reductive, but a strong impression of distrust for the doctrinal innovations of the late Augustine is left by much of the work, which must be explained away by those who wish to deny that Vincentius had Augustine in mind as a target at all.[48] The *Commonitorium* outlines as its primary criterion for orthodoxy the agreement of any new doctrine with the consensus of recognised orthodox authorities of the past. Vincentius's denunciation of novelty in doctrine as inherently tending towards heresy gains significance when viewed against the accusation reported by Prosper that Augustine's ideas were 'contrary to the opinion of the fathers'.[49] The use by Vincentius of Augustine as an authority on areas of doctrine where his views were unchallenged and his hostility to Augustine's innovatory views on predestination appear contradictory only from a perspective in which Augustine is viewed as an unchallengeable authority. This clearly was not the case in fifth-century Gaul.[50]

Two issues not always discussed in treatments of the controversy are relevant here. One is the scattering of critical or even hostile remarks about Augustine that can be found in fifth-century Gallic literature;[51] the other is the prevalence in wider Gallic religious literature of ideas which are incompatible with Augustine's. Hostile comments invariably concentrate on the late works on predestination. In some cases, the authors of these criticisms, following a strategy that probably originated with Vincentius, attack not Augustine, but a group of supposed predestinationist heretics, sometimes explicitly dissociating Augustine from their views. Thus the *Praedestinatus*, a work attacking predestination which is contemporary with the early Gallic controversy but probably originated in Italy, describes predestination as '[The] heresy which is falsely called after Bishop Augus-

more than a generation, Faustus as a young man had been a contemporary of Vincentius in the monastery of Lérins, and the two must have known each other.

48 On the anxiety about Augustine's innovations implied by the *Commonitorium*, see Vessey (cf. fn. 30), 277–84.

49 *Ep.* 225.2. Vessey (cf. fn. 30), 278, has noted that Vincentius's ideal of doctrinal authority is very close to Cassian's.

50 The representation of predestinarian doctrine at *Commonitorium* 26 is indeed a caricature, but it is a caricature that exaggerates the implications of ideas actually stated by Augustine (see, for example, *De correptione et gratia* XII.34–5).

51 The most accessible collection of these is in R. W. Mathisen, "For Specialists Only: The Reception of Augustine and His Teachings in Fifth-Century Gaul," in: J. T. Lienhard, E. C. Muller and R. J. Teske (eds), *Augustine: Presbyter Factus Sum* (New York 1993), 29–41.

tine'.[52] More ambiguously, an anonymous Gallic chronicle dating from the 450s, has under the year 418 the entry, 'The heresy of the *Praedestinati*, arisen at this time, which is said to have received its beginning from Augustine, insinuates itself'.[53] The account these sources give of the beliefs of the *Praedestinati* is – taken as a summary of Augustine's ideas – a caricature on the pattern of that in the *Commonitorium*.[54]

What the authors of these works believed they were talking about when they referred to the predestinationist heresy is an issue worth investigating. (There is no evidence of any actual group holding such ideas.) In older scholarship it was usually assumed that their references to a predestinationist heresy separate from Augustine were merely disingenuous. However, it is not impossible that once the idea of such a heretical group had been put into circulation, possibly by Vincentius's *Commonitorium*, it acquired a life of its own. Additionally, one should bear in mind that for some of those making hostile references to Augustine, their actual acquaintance with Augustine's works may have been limited or even non-existent. Their ideas about Augustine would then be decisively shaped by views about him put into circulation by others, even if these were erroneous, or consisted of hostile exaggerations and distortions.

More striking still are hostile comments directed at him by name. In the *De viris illustribus* (*On illustrious men*) of Gennadius, a work listing the works, and giving brief biographies, of Christian writers, which dates from the 460s or 470s, the entry on Augustine concludes (at least in some manuscripts), 'the Holy Spirit said through Solomon, "In much speaking you will not escape sin" ... this error contracted by him with excess of speech, enlarged by the attack of his enemies, is not yet free of the question of heresy'.[55] Faustus himself refers in a letter to the 'suspect' doctrines of Augustine on certain issues.[56] The most hostile comment of all comes from the Gallic-born bishop of Pavia, Ennodius, in a letter of 503, which refers to the doctrine of predestination, in an allusion to Augustine's African origin, as a 'Libyan plague'.[57] Given the generally accepted authority of Augustine in

52 *Praedestinatus* 1.90 (Patrologia Latina 53, 587–672).

53 *Gallic Chronicle of 452*, c. 81 (Monumenta Germaniae Historica, Auctores Antiquissimi 9, 615-62); English translation: A. C. Murray, *From Roman to Merovingian Gaul: a Reader* (Peterborough, Ontario 2000), 76–85.

54 'The *Praedestinatiani* are those who say that God did not create all so that all should be saved, but so that the world should be adorned with a multitude of people', Gennadius, *Adversus omnes haereses* 52 (Patrologia Latina 81, 644).

55 Gennadius, *De viris illustribus* (ed. E. C. Richardson, *Texte und Untersuchungen* 14 [1896], 57–97). These words are relegated by Richardson to the *apparatus criticus*, but even if not by Gennadius, they can hardly date from later than this period.

56 Faustus, *Ep.* 7 (Corpus Scriptorum Ecclesiasticorum Latinorum 21, 207).

57 Ennodius, *Ep.* 2.19.16 (Monumenta Germaniae Historica, Auctores Antiquissimi 7).

the wider fifth-century Christian world, such openly hostile comments take on a significance out of proportion to their number.

Something of the general prevalence of non-Augustinian ideas can be seen in a work not usually associated with the controversy, Salvian's *De gubernatione dei* (*The Government of God*),[58] written in the early 440s, after the first period of controversy appears to have ended. Salvian's work, an attempt to provide a religious explanation for the conquest of the Roman Empire by barbarians, overlaps thematically with the *City of God* and other works of Augustine. Salvian never refers to Augustine directly, but his work implicitly rejects many of Augustine's ideas, in particular by arguing, in contradiction to the *City of God*, that events such as the barbarian invasions are intended by God to have a clear significance and to send an unambiguous message; also in an emphasis on the individual's free choice to respond or not to respond to God's commandments which a self-conscious Augustinian such as Prosper would certainly have seen as quasi-Pelagian.[59] When Salvian discusses ideas resembling Augustine's they are almost always caricatured rather than answered with serious arguments (which his works otherwise show him to have been quite capable of producing). It is unlikely that Salvian was simply ignorant of Augustine. The literary milieu in which he is known to have operated, and contemporary testimonials to his learning, make it inconceivable that he was not familiar with Augustine's ideas in a general sense, even if we cannot be sure that he had read specific works. In the current context what is significant is what his attitude implies about the audience which he saw himself as addressing. Salvian's rhetorical strategy would have been counter-productive if addressed to an audience knowledgeable about Augustine and receptive to his ideas. His treatment implies that he saw himself as addressing an audience which either had no knowledge of Augustine's alternative arguments, or was inclined to agree with his dismissive view of them.

Other writers in the south-Gallic monastic tradition associated with the monastery of Lérins put forward views of human capacity for good (specifically that of the monk) which are in direct contradiction to Augustine's ideas, though they do so without criticising him directly, and indeed cite works by Augustine, chiefly the *Confessions*, as a call to conversion to their own form of asceticism (one

---

On the letter, see S. A. H. Kennell, *Magnus Felix Ennodius: a Gentleman of the Church* (Ann Arbor 2000) 171–2.

58 Latin text in *Salvien, Œuvres*, vol. 2 (Sources Chrétiennes 220; Paris 1975); English translation in Fathers of the Church 3.

59 See especially on the former theme *De gubernatione dei*, books 6 and 7, and on the latter, book 3. For discussion, D. Lambert, "The Uses of Decay: History in Salvian's *De Gubernatione Dei*," in: Vessey/Pollmann/Fitzgerald (cf. fn. 19), 115–30.

over which Augustine in fact had considerable reservations).[60] While positive references to Augustine are scattered through the works of writers less directly concerned with theology, such as Sidonius Apollinaris, these are usually formulaic references to Augustine as a generic great man of the church.[61]

These factors all suggest an environment in which detailed knowledge of Augustine's ideas was patchily held even by those within the church, and in which, at least after the departure of Prosper from Gaul, there were few if any individuals (or individuals capable of making their voices heard), for whom adherence to Augustine was a priority. In the most obvious sense this means that criticism of Augustine would have been more acceptable than in other parts of the Roman world, such as Africa, or other periods. But it would also have meant that those who wished to use Augustine's ideas for their own purposes could do so with considerable freedom, while having little to fear from critical scrutiny by those who considered themselves more consistent disciples, such as the unrepresentative Gaul Prosper, or outsiders like the Scythian monks and Fulgentius. This phenomenon can in fact be seen in the use made of Augustine's ideas by writers such as Vincentius, Faustus, and even Caesarius of Arles.

The negative image of Augustine and predestination which became established in Gaul in the 420s evidently caused the reception of his works to proceed there in a particular, characteristic fashion, even apart from the direct use of his works in the controversy over grace and predestination. Hostile argument, exaggeration, and even outright misunderstanding and misrepresentation are all part of the process of reception, and all operated in Gaul with respect to some of Augustine's work. There can be little doubt that they limited his influence there throughout the fifth century. But the failure of his ideas to gain immediate authoritative status *en bloc* in Gaul also had effects which were more complex, and which, in the case of the reception of Augustine by individual writers, were not always necessarily negative.

60 This is especially clear in the *De laude eremi* (Praise of the Desert) by Eucherius (ed. S. Pricoco, Catania 1965; translation in T. Vivian, K. Vivian and J. Burton Russell, *The Lives of the Jura Fathers* [Kalamazoo 1999], 197–215), in which Eucherius asserts that monks, simply by moving from the secular world to the desert, are freed from both the will and the ability to sin (*De laude eremi* 31). On the more general issue of Lerinian knowledge of Augustine's works, see P. Courcelle, "Nouveaux aspects de la culture lérinienne," *Revue des etudes latines* 46 (1968), 379–409.

61 Sidonius Apollinaris, *Epp.* 2.9.4; 4.3.7; 9.2.2 (ed. and tr. W. B. Anderson, Loeb Classical Library).

Konstantin in der Kirchengeschichte Philostorgs

Bruno Bleckmann

I. Einleitung: Philostorg, ein Kritiker Konstantins?

Unter den bekannten griechischen Kirchenhistorikern des 5. Jahrhunderts nimmt Philostorg eine Sonderstellung ein, weil er nicht vom triumphierenden orthodoxen Standpunkt aus geschrieben hat, sondern die Geschichtssicht einer unterlegenen dogmatischen Richtung, nämlich die der radikalen Arianer (Neo-Arianer bzw. Eunomianer), dokumentiert. Diese Richtung formulierte bekanntlich in ungleich entschiedenerer Weise als Arius selbst die These von der Wesensunähnlichkeit von Gottvater und Gottsohn aus und sorgte dadurch seit den 50er Jahren des vierten Jahrhunderts für eine Intensivierung der theologischen Diskussion.[1] Zu keinem Zeitpunkt in der Kirchengeschichte des vierten Jahrhunderts hatte sie dabei die Chance, zur Mehrheitsmeinung zu werden. Vielmehr waren die Eunomianer in der Epoche des Theodosius definitiv zur verbotenen Sekte degeneriert.[2]

Um so beachtlicher bleibt, daß das Zeugnis Philostorgs, dessen Werk um 430 redigiert sein dürfte,[3] zumindest in signifikanten Resten erhalten geblieben ist, in der Hauptsache durch ein ausführliches Exzerpt des Patriarchen Photios,[4] ferner u. a. durch Zitate in der Suda, aber auch durch Stücke der hagiographischen Literatur (z. B. der Artemii Passio Bibliotheca Hagiographica Graeca [= BHG] 170 oder der anonymen Konstantinsvita BHG 365). In meisterhafter Form sind diese Reste in der Ausgabe von Joseph Bidez zusammengestellt worden. Trotz des durch Bidez bequem zugänglich gewordenen Textes und trotz der eminenten Bedeutung, die Philostorg nicht nur wegen seines heterodoxen Standpunkts zukommt, son-

1 Für eine erste Orientierung vgl. etwa K. S. Frank, Lehrbuch der Geschichte der Alten Kirche. Mitarbeit: Dr. E. Grünbeck, Paderborn u. a. 1996, 252f.

2 H. Leppin, Theodosius der Große. Auf dem Weg zum christlichen Imperium, Darmstadt 2003, 76.

3 J. Bidez, Philostorgius. Kirchengeschichte. Mit dem Leben des Lucian von Antiochien und den Fragmenten eines arianischen Historiographen. 3. Auflage bearbeitet von F. Winkelmann, Berlin 1982, CXXXII.

4 Zu der außerhalb der Bibliothek des Photios überlieferten großen Epitome vgl. Bidez, Philostorgius (s. Anm. 3), XII–XXXIII. Eine kurze Inhaltsübersicht findet sich in der Bibliothek Cod. 40. Epitome-Dubletten bei Philostorg sind nicht selten, vgl. Bidez, Philostorgius (s. Anm. 3), XII: „Ein singulärer Fall liegt bei Philostorgius tatsächlich nur deshalb vor, weil die Reihe der Excerpte sich nicht in der Bibliotheca selbst befindet, sondern uns getrennt davon unter einem besonderen Titel erhalten ist." Die Photios-Ausgabe von Henry enthält die große Epitome nicht.

dern auch wegen seiner umfangreichen Berücksichtigung der Profangeschichte, gehört er selbst für die Spezialisten der Spätantike eher zu den unbekannten Autoren. Erst in jüngster Zeit ist ein verstärktes Interesse für diesen Autor zu beobachten, der wiederholt in allgemeiner Form charakterisiert worden ist.[5] An kritischen eingehenden Untersuchungen der einzelnen, von Philostorg gebotenen Themenkomplexe fehlt es dagegen weitgehend.[6] Die hier vorgelegte Untersuchung zur Darstellung der Regierung Konstantins in der Kirchengeschichte Philostorgs soll dazu beitragen, diesem Mangel abzuhelfen.

Philostorg hat zwei Bücher seiner Kirchengeschichte der Darstellung der Regierungszeit Konstantins des Großen gewidmet. In der Gesamtökonomie ist Konstantin damit sicher nicht der wichtigste in der Serie der Kaiser, die im Geschichtswerk vorgestellt werden. Allein vier Bücher gelten der Regierungszeit des Constantius II., eine Gewichtung, die angesichts der Bedeutung dieses Kaisers für

5 G. Zecchini, Filostorgio, in: A. Garzya (Hrsg.), Metodologia della ricerca sulla Tarda Antichità. Atti del Primo Convegno dell'Associazione di Studi Tardoantichi, Neapel 1989, 579–598. Vgl. ferner A. Emmett Nobbs, Philostorgius' View of the Past, in: G. Clarke (Hrsg.), Reading the Past in Late Antiquity, Rushcutters Bay 1990, 251–263; E. Arbor, Giving the Heretic a Voice: Philostorgius of Borissus and Greek Ecclesiastical Historiography, Athenaeum 89, 2001, 497–524; H. Leppin, Heretical Historiography: Philostorgius, in: Papers presented at the Thirteenth International Conference on Patristic Studies held in Oxford 1999. I Historica, Studia Patristica 34, 2001, 111–124; G. Marasco, The Church Historians (II): Philostorgius and Gelasius of Cyzicus, in: G. Marasco (Hrsg.), Greek and Roman Historiography in Late Antiquity. Fourth to Sixth Century A. D., Leiden 2003, 257–288. Zu Philostorg im Kontext der Geschichtsschreibung des 5. nachchristlichen Jahrhunderts vgl. F. Winkelmann, Die Kirchengeschichtswerke im oströmischen Reich, Byzantinoslavica 37, 1976, 1–10 und 172–190 = W. Brandes – J. Haldon (Hrsg.), Friedhelm Winkelmann. Ausgewählte Aufsätze. Studien zu Konstantin dem Grossen und zur byzantinischen Kirchengeschichte, Birmingham 1993, X, bes. 180–181; J. H. W. G. Liebeschütz, Ecclesiastical Historians on their own Times, Studia Patristica 24, 1993, 151–163, hier 155.

6 Zum korrekten Verständnis der Passage um die Mitwirkung des Euseb von Nikomedeia bei der Aufbewahrung des Testaments Konstantins vgl. I. Tantillo, Filostorgio e la tradizione sul testamento di Costantino, Athenaeum 88, 2000, 559–563. Vgl. ferner zum Problem der Überführung der Gebeine des Andreas und Lukas durch Constantius, die bei Philostorg bezeugt ist, D. Woods, The Date of the Translation of the Relics of S. Luke and Andrew to Constantinople, Vigiliae Christianae 45, 1991, 286–393 und R. W. Burgess, The Passio S. Artemii, Philostorgius, and the Dates of the Invention and Translations of the Relics of Sts Andrew and Luke, Analecta Bollandiana 121, 2003, 5–36. Auf die Bedeutung des Berichts, den Philostorg für eine wichtige Episode der Regierung des Constantius II., nämlich die Usurpation des Vetranio (350), die Erhebung (351) und die Beseitigung des Constantius Gallus (354), bietet, verweist B. Bleckmann, Constantina, Vetranio und Gallus Caesar, Chiron 24, 1994, 29–68. Zum antibarbarischen Affekt Philostorgs G. Marasco, Filostorgio e i Barbari, in: ΠΟΙΚΙΛΜΑ. Studi in Onore di Michele R. Cataudella in occasione del 60o compleanno, La Spezia 2002, Vol. II, 721–735.

die Geschichte des Aetius und die Anfänge der Eunomianer ohne weiteres verständlich ist. Erstaunlich ist der Platz, der Konstantin eingeräumt wird, dennoch. Philostorg verstand sich nämlich als Fortsetzer des historischen Œuvres Eusebs, zu dem er auch die bis zum Tode des Kaisers reichende Vita Constantini zählte.[7] Daß trotzdem zwei Bücher der bereits von Euseb behandelten Regierungszeit Konstantins gewidmet waren, erklärt sich damit, daß Philostorg wie andere Historiker einen organischen Anschluß an das Vorgängerwerk suchte und aus diesem Grund im Interesse der Gesamtdisposition seines Geschichtswerks nicht einfach mit dem Jahre 337 einsetzte.[8] Wenn man mit dem hellenistischen methodischen Vokabular sprechen will, von dem die Kirchengeschichtsschreibung stark beeinflußt ist,[9] könnte man die ersten beiden Bücher Philostorgs als *prokataskeue* auffassen, also als eine orientierende Einführung, wie sie Polybios in seinen ersten beiden Büchern unternommen hat, um damit die erst im dritten Buch einsetzende eigentliche Geschichtserzählung vorzubereiten.[10]

In der *prokataskeue* Philostorgs, die aus den Fragmenten rekonstruiert werden muß, wurden zum einen die durch Arius geschaffenen innerkirchlichen und dogmatischen Voraussetzungen – bezeichnenderweise setzt das Werk des Philo-

7 Dazu ausführlicher S. 190–192.

8 In der profangeschichtlichen Literatur der Spätantike finden sich zahlreiche Werke, deren erste Bücher summarischen und einleitenden Charakter haben. Das gilt z. B. für Zosimos (=*Zosime. Histoire nouvelle.* Tome I. Livres I–II. Texte établi et traduit par F. Paschoud. Nouvelle édition, Paris 2000; das erste Buch umfaßt die Zeit von Augustus bis Diokletian, die folgenden dann von Diokletian bis Honorius), von Ammian (die ersten dreizehn Bücher umfaßten die Zeit von Nerva bis Constantius), von Nikostratos von Trapezunt, von Malchos (T 1 und 2 Blockley: Das Werk setzte mit der Regierung Konstantins ein, wurde aber erst ab der Regierungszeit Leos ausführlicher). Auch der Fortsetzer Dexipps Eunap setzte anscheinend zunächst gar nicht mit dem Ende der Chronika Dexipps ein, sondern behandelte kursorisch die Zeit von Augustus bis Claudius Gothicus, vgl. A. Baldini, Storie perdute (III secolo d. C.), Bologna 2000, 207–240.

9 Vgl. M. Wallraff, Der Kirchenhistoriker Sokrates: Untersuchungen zu Geschichtsdarstellung, Methode und Person, Göttingen 1997, 97, 175 und 178, ferner Th. Hidber, Eine Geschichte von Aufruhr und Streit: Sokrates' Kirchengeschichte und die Tradition der Zeitgeschichtsschreibung, in: B. Bäbler – H.-G. Nesselrath (Hrsg.), Die Welt des Sokrates von Konstantinopel. Studien zu Politik, Religion und Kultur im späten 4. und frühen 5. Jh. n. Chr. zu Ehren von C. Schäublin, München – Leipzig 2001, 44–59, hier 54. R. Mortley, The Hellenistic Foundation of Ecclesiastical Historiography, in: G. Clarke (ed.), Reading the Past in Late Antiquity, Sydney – Oxford 1990, 225–250 geht nicht auf das methodische Vokabular ein, sondern beschreibt die Beeinflussung der Kirchengeschichtsschreibung durch die hellenistischen Modelle der Universalgeschichte und der an der Diskussion von *ethos* und *praxeis* orientierten ethisch-moralischen Geschichte.

10 Vgl. zur *prokataskeue*, die dem Hauptteil, der *pragmateia*, vorangeht Pol. 1,13,6–8. Dazu (mit Vergleich zu Timaios) K. Sacks, Polybius on the Writing of History, Berkeley – Los Angeles – London 1981, 176–178.

storg keineswegs direkt mit der Biographie Konstantins, sondern mit den Anfängen des Arianerstreits ein[11] – entwickelt, d. h. also die Voraussetzungen, von denen in der Generation des Constantius II. die Begründer der radikalarianischen Glaubensrichtung Aetios und Eunomios ausgehen konnten. Auf der anderen Seite wurde die konstantinische Wende und die Kirchenpolitik Konstantins als Voraussetzung der Tätigkeit der späteren christlichen Kaiser skizziert.

Diese Werkökonomie hat möglicherweise für die übrigen Kirchenhistoriker beispielhaft gewirkt, die in gleicher Weise wie Philostorg die Regierung Konstantins des Großen in ihrem Geschichtswerk behandelt haben.[12] Der Ähnlichkeit in der Werkökonomie entspricht nun – um die Darstellung dieser These soll es im folgenden gehen – die mit den übrigen Kirchenhistorikern vergleichbare, insgesamt positive Darstellung des Wirkens Konstantins durch Philostorg. Gewiß ging Bidez in der Einleitung seiner bereits erwähnten Ausgabe (1. Auflage 1913) noch davon aus, der radikal-arianische Kirchenhistoriker habe, völlig von der übrigen Kirchengeschichtsschreibung abweichend, ein äußerst düsteres Bild vom ersten christlichen Kaiser geboten, und zwar vor allem wegen seiner Rolle in Nikaia, die einem Arianer mißfallen mußte.[13] Aber diese Sicht ist erheblich zu relativieren.

---

11 Philostorg (= Philostorgius. Kirchengeschichte. Mit dem Leben des Lucian von Antiochien und den Fragmenten eines arianischen Historiographen herausgegeben von J. Bidez. 3., bearbeitete Auflage von F. Winkelmann, Berlin 1982), 1,3–4. Die Darstellung der Anfänge Konstantins (1,5 ff.) folgt erst der Darstellung der Anfänge des Arianerstreits, anders Sokr. 1,1,4, der seine Darstellung mit der Bekehrung Konstantins als Ausgangspunkt beginnt. Theodoret 1,2,1 und Rufin 10,1 setzen ähnlich wie Philostorg mit einer zurückblendenden Darstellung der Anfänge des Arianerstreits ein. Eine vollständige Kirchengeschichte mußte die Darstellung dieser Anfänge enthalten. Daß die Darstellung der Anfänge des Arianerstreits nur partiell behandelt worden ist, wird von Sokr. 1,1,2 dem Euseb von Caesarea explizit vorgeworfen.

12 Eine echte, allerdings nicht mehr erhaltene *prokataskeue* hat Sozomenos (= Sozomenos. Kirchengeschichte. Herausgegeben von J. Bidez. 2. Auflage von G. Chr. Hansen, Berlin 1995; Sozomène. Histoire ecclésiastique. Livres I–II. Texte grec de l'édition J. Bidez. Introduction par B. Grillet et G. Sabbah. Traduction par A.-J. Festugière, o. p. Annotation par G. Sabbah, Paris 1983) verfaßt, der die von Euseb behandelte Geschichte von Christi Himmelfahrt bis zum Ende des Licinius in zwei Büchern behandelt (vgl. die Anspielung auf dieses Geschichtswerk bei Sozom. 1,1,12), also in ähnlicher Weise wie Polybios das Werk seines Vorgängers im Rahmen der *historia perpetua* fortsetzt, aber gleichzeitig zur Orientierung den davor liegenden Zeitraum erneut behandelt. Zur Beeinflussung der Kirchenhistoriker durch die profangeschichtliche Tradition der Fortsetzung prominenter Vorgänger vgl. Wallraff (s. Anm. 7), 141–144.

13 Bidez, Philostorgius (s. Anm. 3), CXXV f.: „Nach dem eunomianischen Historiker war unter dem Einfluß der Zeit die Reinheit des Dogmas und der kirchlichen Gebräuche gleichsam verloren gegangen (...). In Nicäa brachte Constantin den wahren Glauben dadurch vollends in Gefahr, daß er seine Allmacht den Anhängern der Homousie

Dazu muß man den argumentativen Kontext der nur einzelne Aspekte herausgreifenden Photios-Exzerpte wiederherstellen, und zwar indem man die zusätzlichen Philostorgfragmente in vollem Umfang berücksichtigt, die es nunmehr für die Regierung Konstantins gibt.

Die Entdeckung neuer Fragmente Philostorgs hat bereits Bidez zwanzig Jahre nach dem Erscheinen seiner Philostorgausgabe veranlaßt, die früheren Äußerungen in seinem Vorwort zu korrigieren und die positiven Seiten im Konstantinbild Philostorgs neu hervorzuheben: „Il ne faudrait pas se figurer que, dans un panégyrique de Constantin, la part de Philostorge doive être faite parcimonieusement.“ [14] Auf den Spuren dieser, wenn auch nur partiellen,[15] retractatio von Bidez soll es im folgenden darum gehen, in differenzierender Weise einige Elemente dieses positiven Geschichtsbilds zu analysieren.

---

zur Verfügung stellte. Von nun an wich von ihm der Segen Gottes, dessen Auserwählter er bis dahin in so wunderbarer Weise gewesen war, und er verfiel den schlimmsten Instincten einer mangelhaft erzogenen Natur (...). Trotz seines Widerrufes (...) war sein ganzes Tun bis zu seiner – erst kurz vor seinem Tod erfolgten – Taufe eigentlich nichts anderes als eine Reihe der schrecklichsten Verbrechen, und die Ermordung seiner Brüder, die auf die Eröffnung seines Testamentes hin vollzogen wurde, sowie die seiner Statue erwiesenen götzendienerischen Ehren (...) setzten dem sündhaften Treiben seiner letzten Jahre die Krone auf.“ Vgl. E. Gerland, Konstantin der Große in Geschichte und Sage, Athen 1937, 39, Anm. 8; F. Winkelmann, Heiden und Christen in den Werken der oströmischen Historiker des 5. Jahrhunderts, in: J. van Oort – D. Wyrwa (Hrsg.), Heiden und Christen im 5. Jahrhundert, Leiden 1998, 123–159, hier: 148: „Konstantin I. war für ihn (nämlich Philostorg, Anm. d. Verf.) nicht der Heilige, sondern ein ganz sündhafter, lasterhafter Mensch.“

14 J. Bidez (Hrsg.), Fragments nouveaux de Philostorge sur la Vie de Constantin, Byzantion 5, 1935, 403–437, hier 411.

15 J. Bidez, Fragments nouveaux (siehe Anm. 14), 411, bleibt bei der Annahme von einer vorübergehenden Wende der Regierung Konstantins zum Schlechten. Nach dem Konzil von Nikaia kommt es zu den Verwandtenmorden und damit zu den „folies sanguinaires de Néron“. Daß Philostorg in seiner Beurteilung Konstantins von den orthodoxen Autoren nicht weit entfernt ist, nimmt zu Recht Leppin, Heretical Historiography (s. Anm. 5) 111–124, an. Dabei ist zu beachten, daß Sokrates, Sozomenos und Theodoret ihrerseits kein einheitlich erbauliches Bild des Kaisers bieten, vgl. H. Leppin, Von Constantin dem Großen zu Theodosius II. Das christliche Kaisertum bei den Kirchenhistorikern Socrates, Sozomenos und Theodoret, Göttingen 1996, 40–59.

II. Philostorg und die Vita Constantini Eusebs: Das programmatische Prooemium Philostorgs

Photios hat einige Stücke aus dem langen Prooemium des Geschichtswerks Philostorgs exzerpiert, zusätzlich ist ein Zitat aus der Suda, s. v. Phlegon hinzuzuziehen.[16] Das Prooemium scheint in der Disposition demjenigen der Kirchengeschichte des Sozomenos ähnlich gewesen zu sein. Philostorg ging zunächst wie Sozomenos im Rahmen der Heilsgeschichte polemisch auf die Geschichte der Juden ein und diskutierte in diesem Zusammenhang dabei die Darstellung historiographischer Vorläufer der Kirchengeschichte wie Josephus Flavius und die verschiedenen Autoren der Makkabäerbücher.[17]

In einem zweiten Gedankenabschnitt ging es um das Verhältnis zu den historiographischen Vorgängern, die die Geschichte des Gottesvolks nach der Menschwerdung Christi behandelt haben. Unmittelbares Modell und unmittelbarer Anknüpfungspunkt stellte für Philostorg Euseb von Cäsarea dar, über den er sich (nach Photios) folgendermaßen geäußert haben soll:

> Philostorg lobt den Euseb Pamphilou für das übrige und für alles, was sich auf die Art und Weise der Geschichtsschreibung ersteckt. Hinsichtlich des Glaubens aber, so sagt er, irre Euseb. Und der Gottlose beschreibt diese Verfehlung dahingehend, daß Euseb die Gottheit für nicht erkennbar und unfaßbar halte. Und er mache auch andere Fehler dieser Art, behauptet Philostorg. Er bezeugt mit anderen, daß Euseb seine eigenen

16 Philostorg (s. Anm. 11) 1,1 p. 5 und 1,1 a p. 5 Bidez, Philostorgius (s. Anm. 3).

17 Philostorg (s. Anm. 11) 1,1 handelt über die Autoren und über die Authentizität der Makkabäerbücher, wobei Josephus Flavius angeblich Autor des vierten Buchs der Makkabäer gewesen sein soll. Bei Philostorg (s. Anm. 11) 1,1 a (Suda, s. v. Phlegon) wird die Darstellung des Schicksals der Juden bei Phlegon und Cassius Dio einerseits, bei Josephus Flavius andererseits gegenübergestellt. Ähnliche Probleme zur Geschichte und Geschichtschreibung der Juden behandelt Sozom. 1,1,1–8 (Verstocktheit der Juden), der 1,1,5 auf Josephus Flavius und die Christen eingeht (vgl. zum testimonium Flavianum Eus. h. e. 1,11,7). Wenig überzeugend die von Arbov, Giving the Heretic a Voice (s. Anm. 5) 510, gebotene Hypothese, die die Erwähnung der Makkabäer erklären soll. Da Philostorg in seinen letzten beiden Büchern stark eschatologisch-apokalyptisch orientiert sei, habe er seinen Bericht mit dem Verweis auf die „saga" der Makkabäer begonnen, die apokalyptische Topoi enthalte. Das Interesse an den Makkabäern erklärt sich eher vor dem Hintergrund des christlichen, in Konkurrenz zu den Juden aufgebauten lokalantiochenischen Makkabäerkults im vierten Jahrhundert, vgl. M. Schatkin, The Maccabean Martyrs, Vigiliae Christianae 28, 1974, 97–113; C. Tiersch, Johannes Chrysostomus in Konstantinopel (398–404). Weltsicht und Wirken eines Bischofs in der Hauptstadt des Oströmischen Reiches, Tübingen 2002, 77 mit Anm. 154.

historischen Aufzeichnungen mit der Regierungsübernahme der Kinder Konstantins des Großen beendet.[18]

Aus diesen gewiß sehr knappen und unzusammenhängenden Ausführungen des Photios geht m. E. immer noch deutlich hervor, daß Philostorg eine andere und insgesamt positivere Auffassung zur Gesamtheit des Geschichtswerks Eusebs hatte als Sokrates und Sozomenos.[19]

Sokrates und Sozomenos knüpften an die Kirchengeschichte Eusebs an, nicht aber an die Vita Constantini. Sozomenos erwähnt die Vita Constantini erst gar nicht, sondern betont deutlich, daß er mit dem Ende der Kirchengeschichte Eusebs, also mit dem Sieg Konstantins über Licinius, einsetzt.[20] Sokrates übt sogar explizite Kritik an der Vita Constantini. Sie sei kein genaues historiographisches Werk, sondern ein Enkomion.[21] Er beginnt aus diesem Grund sein Geschichtswerk ab dem Punkt, an dem die Kirchengeschichte Eusebs aufhört, nämlich mit der erst durch den Sieg Konstantins im Osten gesicherten Beendigung der Christenverfolgung.[22] Und er distanziert sich für den ersten, sich zeitlich mit der Vita

18 Bidez, Philostorgius (s. Anm. 3) 1,2, p. 6.

19 Unklar ist dagegen das Verhältnis zu Gelasios-Rufinus. Daß Philostorg die Darstellung des Rufinus kannte (bzw. Gelasios von Caesarea, der je nach quellenkritischer Beurteilung vielleicht die Vorlage des Rufinus war oder Rufinus ins Griechische übersetzte), liegt anhand bestimmter hier beobachteter Übereinstimmungen nahe, vgl. u. Anm. 77, weniger deutlich dagegen die von Bidez, Fragments nouveaux (s. Anm. 14), 441 f. hervorgehobenen Kriterien. Die Hypothese von Trompf, daß die Kirchengeschichte des Philostorgs als „antidote to the post-Eusebian additions of Rufinus" konzipiert war, ist in diesem Licht durchaus erwägenswert (G. W. Trompf, Church History as Non-Conformism: Retributive and Eschatological Elements in Athanasius and Philostorgius, Byzantinische Forschungen 24, 1997, 11–33, hier 30).

20 Sozom. prooem. 19; 1,1,12–13. Ähnlich Theodoret 1,1,4, der den Schluß der Kirchengeschichte zum Ausgangspunkt seiner Darstellung macht. Zur Verehrung des Sozomenos für die Praeparatio Evangelica Eusebs vgl. F. Winkelmann, Euseb von Kaisareia. Der Vater der Kirchengeschichte, Berlin 1991, 13 f.

21 Der Gegensatz von wirklicher Geschichtsschreibung und (demgegenüber abwertend beurteiltem) bloßem Enkomion ist auch Philostorg aus einer allgemein geführten methodischen Diskussion wohl vertraut, vgl. Philostorg (s. Anm. 11) 1,1 zum vierten Makkabäerbuch, das eher einen Panegyrikos als ein Geschichtswerk darstelle.

22 Sokr. 1,1,1–3. Die Kritik an der Vita Constantini in 1,1,2: Vernachlässigung der genauen Beschreibung des Arianerstreits infolge der panegyrischen Einfärbung des Berichts: γράφων δὲ ὁ αὐτὸς εἰς τὸν βίον Κωνσταντίνου τῶν κατ' Ἄρειον μερικῶς μνήμην πεποίηται, τῶν ἐπαίνων τοῦ βασιλέως καὶ τῆς πανηγυρικῆς ὑψηγορίας τῶν λόγων μᾶλλον ὡς ἐν ἐγκωμίῳ φροντίσας ἤπερ τοῦ ἀκριβῶς περιλαβεῖν τὰ γενόμενα. Wallraff, 138, A. 13 versucht das „Moment kritischer Abgrenzung" zu relativieren. Genauigkeit ist aber auch in der Spätantike eines der zentralen Kriterien wissenschaftlicher Geschichtsschreibung, vgl. Amm. 15,1,1 zur genauen Darstellung der Einzelheiten als Voraussetzung der *cognitio gestorum.* Mangelnde ἀκρίβεια wird

Constantini überschneidenden Abschnitt seines Geschichtswerks auch im Verlauf seiner Darstellung explizit von der panegyrisch überhöhten Erzählung seines illustren Vorgängers.[23]

Die Kritik Philostorgs an Euseb gilt dagegen allein dem dogmatischen Standpunkt Eusebs im Arianerstreit. Die Aussage Eusebs, daß das Wesen Gottes für philosophische Spekulationen letztlich nicht völlig erfaßbar sei, ist für einen Anhänger der eunomianischen Glaubensrichtung mit ihrem optimistischen Rationalismus nicht akzeptabel.[24] Was den Euseb als Historiker betrifft, so wird ihm das uneingeschränkte Lob Philostorgs zuteil, und zwar für alle Bereiche dessen historischer Tätigkeit, einschließlich der Vita Constantini.[25] Der Schlußsatz in den zitierten Ausführungen des Photios läßt deutlich erkennen, daß in den Augen Philostorgs Euseb bis zum Tode Konstantins, d. h. auch für den ausschließlich von der Vita Constantini behandelten Zeitraum, echte ἱστορία bot. Wenn gerade die Vita Constantini für Philostorg Modellcharakter hatte, muß dies auch für das in dieser Vita skizzierte Idealbild des Kaisers gegolten haben.

Euseb (wegen seiner Ausführungen in h. e. 7,31) auch bei Sokr. 1,22,2f. vorgeworfen. Hinweis auf Lücken und Auslassungen im Bericht der Vita Constantini bei Sokr. 1,10,4.

23 Vgl. zu Sokr. 1,10,4 und 1,16,4 Hidber, Geschichte von Aufruhr (s. Anm. 9), 48. Allerdings ist die Vita Constantini dennoch wichtige und immer wieder benutzte Quelle, vgl. Hansen in der Einleitung seiner Sokrates-Ausgabe, XLVIIIf. (Sokrates. Kirchengeschichte. Herausgegeben von G. Chr. Hansen. Mit Beiträgen von Manja Širinjan, Berlin 1995).

24 Dagegen ist Sokrates umgekehrt darum bemüht, die theologischen Ansichten Eusebs zu verteidigen, vgl. Wallraff, 224–226. Das hängt mit der bedingungslosen Verehrung des Origenes durch Sokrates zusammen, vgl. B. Neuschäfer, Zur Bewertung des Origenes bei Sokrates, in: H. G. Nesselrath – B. Bäbler (Hrsg.), Die Welt des Sokrates von Konstantinopel. Studien zu Politik, Religion und Kultur im späten 4. und frühen 5. Jh. n. Chr. zu Ehren von C. Schäublin, Leipzig 2001, 71–95, besonders 73, Anm. 16 (in Auseinandersetzung mit Wallraff): „Sokrates schätzt Euseb, weil dieser Origenes bewundert!" Zur Origenes-Verehrung Eusebs vgl. M. Fédou, L'historien Socrate et la controverse origéniste du IVe siècle, in: B. Pouderon – Y. M. Duval (Hrsg.), L'historiographie de l'Église des premiers siècles, Paris 2001, 271–280, besonders 277.

25 Vgl. auch P. Battifol, Quaestiones Philostorgianae, Paris 1891, 20.

III. Der Bericht Philostorgs über die Kämpfe Konstantins um die Alleinherrschaft: Imitatio und superatio der Darstellung Eusebs

1. Die Vita Constantini Eusebs als Grundgerüst für die Darstellung der Kämpfe Konstantins um die Alleinherrschaft

Wie wichtig der Einfluß der Vita Constantini für das Geschichtswerk Philostorgs gewesen sein muß, kann erst erkannt werden, seitdem man die Geschichte des Kampfes Konstantins um die Alleinherrschaft bei Philostorg rekonstruieren kann. Photios allein gibt nämlich für diesen Zeitabschnitt nicht viel her. Denn er greift nur den Bericht des Kirchenhistorikers über die Herrschaftsübergabe von Constantius I. an Konstantin und über die Vision von 312 heraus und geht dann sofort zum Konzil von Nicäa (325) über.[26] Wertvolle Ergänzungen bietet hier die aus dem 11. Jahrhundert stammende anonyme Konstantinsvita BHG 365, die aus zwei Handschriften bekannt ist, dem Angel. 22 und dem Sab. Gr. 366.[27] Es ist an anderer Stelle nachgewiesen worden, daß große Passagen dieser Vita, die die Kämpfe Konstantins gegen Licinius behandeln, mit Sicherheit Philostorg zuzuweisen und daher in die Rekonstruktion des Gesamtwerks einzubeziehen sind.[28]

Ein zusätzliches, im oben genannten Aufsatz nicht behandeltes Indiz für die Zuweisung der Erzählung des Kampfes zwischen Konstantin und Licinius der Vita BHG 365 an Philostorg ergibt sich aus den Verbindungen mit dem in der gleichen Vita vorhandenen Bericht über den Kampf zwischen Konstantin und Maxen-

26 Bidez, Philostorgius (s. Anm. 3) 1,6 und 7 p. 7–9.

27 H. G. Opitz (Hrsg.), Die Vita Constantini des Codex Angelicus 22, Byzantion 4, 1934, 535–593. Zu den Handschriften von BHG 365 vgl. F. Winkelmann, Die Textbezeugung der Vita Constantin des Eusebius von Caesarea, Berlin 1962, 100–102; ders., Ein Ordnungsversuch der griechischen hagiographischen Konstantinviten und ihrer Überlieferung, in: J. Irmscher – P. Nagel (Hrsg.), Studia Byzantina II, Berlin 1973, 267–284 = W. Brandes – J. Haldon (Hrsg.), Friedhelm Winkelmann. Studien zu Konstantin dem Großen und zur byzantinischen Kirchengeschichte. Ausgewählte Aufsätze, Birmingham 1993, XII, hier 270f.; Eusebius Werke. Erster Band. Erster Teil. Über das Leben des Kaisers Konstantin. Herausgegeben von Fr. Winkelmann. Zweite, durchgesehene Auflage, Berlin 1991, XXIV. Zum Kontext und zur byzantinischen Hagiographie über Konstantin den Großen vgl. zuletzt S. N. C. Lieu, From History to Legend and Legend to History: The Medieval and Byzantine Transformation of Constantine's Vita, in: S. N. C. Lieu – D. Montserrat (Hrsgg.), Constantine. History, Historiography and Legend, London – New York 1998, 136–176.

28 B. Bleckmann, Die Vita BHG 365 und die Rekonstruktion der verlorenen Kirchengeschichte Philostorgs: Der Kampf zwischen Konstantin und Licinius, Jahrbuch für Antike und Christentum 47, 2004, 8–16.

tius (aus dem Sabaiticus gr. 366). Dieser Bericht ist mit Sicherheit aus Philostorg entnommen worden, wie direkte Parallelen mit dem Photiosexzerpt beweisen.[29]

Nun zeigen der (sicher Philostorg zugewiesene) Bericht über den Kampf zwischen Konstantin und Maxentius (312) und derjenige über den Kampf zwischen Konstantin und Licinius (316 und 324) enge inhaltliche Berührungen und Verschränkungen. In beiden Berichten geht es etwa um die Kontrastierung der polytheistischen Religiösität der unterlegenen Kaiser Maxentius bzw. Licinius und des im Vertrauen auf das christliche Labarum siegreichen Kaisers. In einem Rückverweis auf die Niederlage des Maxentius, die den Licinius nicht zur Einsicht bringt, werden beide Episoden zusätzlich miteinander verschränkt.[30]

Am wichtigsten dürfte aber die Verbindung zwischen den beiden Fragmenten sein, die sich durch die gleichartige Form der Benutzung der Vita Constantini Eusebs ergibt. Die folgende Übersicht macht deutlich, wie die Erzählung der Vita Constantini in gleicher Art und Weise die Erzählung beider Fragmente aus BHG 365 strukturiert:

	Sab. Gr. 366	Eus. VC
Nachstellungen Diokletians und Maximians	421,5–422,16	1,20,1
Flucht Konstantins zu seinem Vater	422,16–25	1,20,2
Der sterbende Constantius übergibt die Regierung an seinen Sohn	422,26–423,6	1,21,1
Anwesenheit der Brüder Konstantins beim Tod des Vaters	423,5–10	1,21,2
Konstantins Mitregenten	423,10–24	1, 23
Morde und Schändungen des Maxentius	423,18–24	1,33–34[31]
Vision Konstantins	424,9–425,1	1,28–29
Beschreibung des Labarum. Seine Anfertigung	425,1–425,10	1,30–31,2
Garde von fünfzig Soldaten für Labarum, es bringt dem Heer den Sieg	425,10–425,26	1,31,3–32,1 (mit Vorverweis); 2,6,2–8
Maxentius fällt in die eigene Falle	425,32–426	1,38

29 Bidez, Fragments nouveaux (s. Anm. 14).

30 BHG 365 (Angel. 22) p. 553,17–19 Opitz: „Er (Licinius) plante gegen ihn (Konstantin) zu Felde zu ziehen, wobei er sich nichts von dem, was Maxentius widerfahren war, in Bewußtsein bringen wollte."

31 Bidez 1935, 431, Anm. 30 geht davon aus, daß die Ausführungen hier vom Kompilator von BHG 365 aus der Kirchengeschichte Eusebs (8,14,14–17) entnommen sind. Aber die gleiche Passage findet sich auch in der Vita Constantini. Bezeichnende Varianten zeigen, daß es sich gegen Bidez nicht einfach um eine wörtliche Übernahme zu handeln scheint. Die Geschichte von der christlichen Lukrezia, der Gemahlin eines Stadtpräfekten, deutet BHG 365 nur an, indem von Frauen die Rede ist, deren Männer μεγίστην μετ' αὐτὸν τὴν δύναμιν εἶχον. Das ist eine kenntnisreiche Umschreibung

	Angel. 22	Eus. VC
Verachtung des Licinius für den christlichen Glauben, setzt auf die heidnischen Götter	553,12–16[32]	2,5
Konsultation heidnischer Orakel	554,1–7	2,4
Wundersame Wirkung des Labarum im Krieg zwischen Konstantin und Licinius	554,26–555,10	2,6–10
Licinius sucht den Beistand neuer Götter	555,28–556,9	2,15
Wirkungen des Labarum in Schlacht	556,17–29	2,9 und 16
Hinrichtung des Licinius	556,12–17	2,18

Die hier vorgestellten Parallelen zwischen der Vita Constantini Eusebs und den Stücken aus BHG 365 erklären sich nicht daraus, daß der Autor der Vita selbst unmittelbar Eusebs Vita Constantini übernommen hat, sondern daraus, daß die Quelle der Vita, die Kirchengeschichte des Philostorg, offenkundig von der Vita Constantini ausgegangen ist, entsprechend der im Prooemium geäußerten Bewunderung für das gesamte historische Œuvre des Autors.[33]

Die Verarbeitung der Vita Constantini ist freilich in äußerst selbständiger Form geschehen. Philostorg hat, soweit es das Exzerpt erkennen läßt, an einigen Stellen bewußt gekürzt und sich mit Zusammenfassungen oder Anspielungen begnügt, in anderen Fällen ist umdisponiert worden, wenn etwa die von Euseb nur im Vorgriff angekündigten wundersamen Wirkungen des Labarum sofort an die Beschreibung des neuen Feldzeichens angefügt werden. In vielem lassen sich Erweiterungen und Modifikationen feststellen. Diese Erweiterungen bestehen zum einen in der Übernahme von profangeschichtlichem Material, zum anderen in Zügen, die zur Überhöhung der Gestalt Konstantins beitragen.

der Stadtpräfektur, auf die Euseb VC 1,34,1 mit dem technischen Ausdruck τις τῶν αὐτόθι συγκλητικῶν ἀνδρῶν τὴν ἐπάρχου (Manuskripte und Winkelmann ἔπαρχον) διεπόντων ἐξουσίαν hinweist.

32 Zitiert nach den Seiten der Edition von BHG 365 von Opitz.

33 Eine direkte Benutzung der Vita Constantini durch den Hagiographen ist so gut wie sicher auszuschließen, vgl. auch F. Winkelmann, Eusebius Werke. Erster Band. Erster Teil. Über das Leben des Kaisers Konstantin. Berlin 1991², XXIV. Das wird von Kazhdan ganz ignoriert (A. Kazhdan, Constantin imaginaire: Byzantine Legends of the Ninth Century about Constantinus the Great, Byzantion 57, 1987, 196–250). Nicht durch Philostorg erklären sich die Übernahmen von Stücken der Vita Constantini in Kapitel 8, 10, 26 und 50 von BHG 365 (Kapitelzählung nach Opitz). Hier ist Vermittlung durch Gelasios von Kaisareia zu vermuten, vgl. Winkelmann, XXIV.

2. Bereicherung durch Material aus der profanen Geschichtsschreibung im Dienste der Heidenapologetik

In welcher Weise Philostorg das von Euseb gebotene Grundgerüst mit Material aus der exakter berichtetenden profanen Geschichtsschreibung bereichert hat, sei exemplarisch anhand einiger Einzelfälle nachgewiesen:

2.1 Die Flucht Konstantins zu seinem Vater

In einer breiten antiken Tradition wurde berichtet, wie Konstantin mit dem *cursus publicus* die spektakuläre Flucht vom tetrarchischen Hof von Nikomedeia in den Reichsteil des Constantius Chlorus gelang. Diese Erzählung ist bei BHG 365 sehr viel ausführlicher als in der Vita Constantini Eusebs. Die Vita Constantini enthält insbesondere keine Details darüber, wie Konstantin die Flucht vor den Nachstellungen der Kaiser der zweiten Tetrarchie gelungen war (2,20,2-21,1). Dagegen wissen wir aus dem Panegyricus von 310 und der Darstellung des Laktanz, daß die Benutzung des *cursus publicus*, um den Nachstellungen des Severus zu entkommen, offenkundig schon in unmittelbar zeitgenössischen Darstellungen des Aufstiegs Konstantins behandelt worden ist.[34] Diese zeitgenössischen Berichte sind letztlich auch in die pagane Historiographie eingegangen. In ihr ist die von Konstantin benutzte List, seinen Verfolgern die Benutzung der Postpferde unmöglich zu machen, Ausdruck seiner bis zum Äußersten entschlossenen Machtgier, die er unmittelbar nach der Enttäuschung durch die ihn ausschließende Thronfolgeregelung Diokletians an den Tag gelegt haben soll.[35]

Die erhaltenen lateinischen Geschichtswerke begnügen sich dabei mit einer knappen Darstellung der List des ehrgeizigen Kaisersohns.[36] Einen viel ausführlicheren Bericht hat dagegen der Grieche Zosimos (2,8,3):

---

34 Lact. de mort. pers. 24,5–6; Pan. Lat. 6,7,5.

35 Aur. Vict. 40,2: *Quod tolerare nequiens* (sein Ausschluß aus der Nachfolgeregelung Diokletians) *Constantinus, cuius iam tum a puero ingens potensque animus ardore imperitandi agitabatur,* (...); Zos. 2, 8,2: Konstantin ἤδη μὲν ἔχων ἔννοιαν ἐν ἑαυτῷ βασιλείας, εἰς μείζονα δὲ καταστὰς ἐπιθυμίαν (seitdem er durch die Nachfolgeregelung Diokletians aus der Thronfolge ausgeschlossen ist). Vgl. dazu B. Bleckmann, Pagane Visionen Konstantins in der Chronik des Johannes Zonaras, in: G. Bonamente – F. Fusco, Costantino il Grande dall' antichità all'umanesimo I, Macerata 1992, 151–170, hier 164, Anm. 92; V. Neri, Medius Princeps. Storia e immagine di Costantino nella storiografia latina pagana, Bologna 1992, 9.

36 Anon. Val. 4: *qui ut Severum per Italiam transiens vitaret, summa festinatione veredis post se truncatis Alpes transgressus ad patrem Constantium venit apud Bononiam.* In der Übersetzung von I. König, Origo Constantini. Anonymus Valesianus Teil I. Text

> Da er nun befürchtete, irgendwann einmal in seiner Flucht aufgehalten zu werden – für viele war nämlich offenkundig, daß er von der Begierde nach der Kaiserherrschaft besessen war –, verstümmelte er, sobald er bei der Station ankam, die in den Poststationen bereitgehaltenen Pferde, die der Staatsschatz unterhielt, ließ sie unbrauchbar zurück und gebrauchte die zum Auswechseln bereiten Pferde. Und indem er dies in Serie tat, schnitt er den Verfolgern den weiteren Weg ab, er selbst aber näherte sich den Provinzen, in denen sein Vater sich aufhielt.

Seine Version stimmt, wie Bidez bemerkt hat, von allen erhaltenen Autoren am meisten mit der Darstellung der Vita BHG 365 überein. Wie bei Zosimos wird auch dort die wiederholte Verstümmelung der Pferde in den *mansiones* des *cursus publicus* ausführlich erläutert:

> Und er floh in den Westen und zum Vater, indem er den sich in der Mitte (zwischen dem Reichsteil Diokletians und demjenigen des Constantius) befindlichen sogenannten *cursus publicus* (δημόσιον δρόμον) durchtrennte, um nicht verfolgt werden zu können. Denn er suchte die herausragendsten von allen Pferden aus, die zum Gebrauch bestimmt waren, von den übrigen aber und von den Maultieren, die er vorfand, von diesen schnitt er die Sehnen durch und ließ sie auf diese Weise unbrauchbar zurück. Und diejenigen, die er gebraucht hatte, verstümmelte er in ähnlicher Weise, wenn er auf andere hinüberwechselte, bis er, indem er durch Geistesgegenwart und Kühnheit denen, die ihn verfolgen wollten, das Reisen völlig unmöglich und undurchführbar machte, selbst in nicht langer Zeit gerettet den Herrschaftsbereich des Vaters betrat.[37]

Trotz der offenkundigen Nähe zu Zosimos ist eine Abhängigkeit der anonymen Konstantin-Vita von diesem in mittelbyzantinischer Zeit ja durchaus bekannten und gelesenen Autor[38] zumindest für diese Passage mit Sicherheit auszuschließen, und zwar aus folgenden Gründen:

1. Bei seiner Darstellung des *cursus publicus* hat Zosimos versucht, den terminus technicus zu vermeiden und die Sache umständlich beschrieben, während in BHG 365 der terminus in direkter griechischer Übertragung genannt wird.[39]

---

und Kommentar, Trier 1987, 35 ist *truncare* zu eindeutig im Sinne von 'töten' aufgefaßt, so auch in der englischen Übersetzung von Jane Stevenson in S. N. C. Lieu – D. Montserrat, From Constantine to Julian: Pagan and Byzantine Views. A Source History, London-New York 1996, 43 vgl. dagegen zum Doppelsinn („töten, verstümmeln") Neri (s. Anm. 35), 10. Daß Konstantin die Pferde töten läßt, findet sich dagegen eindeutig in der Epit. Caes. 41,2 ausgesagt: *ad frustrandos insequentes publica iumenta, quaqua iter egerat, interfecit.* Vgl. auch Aur. Vict. 40,2.

37 BHG 365 (Sab. Gr. 366) p. 422,16–35 Bidez.

38 F. Paschoud, Zosime. Histoire Nouvelle I, Paris 2000², LXXXVII f. Präsent ist Zosimos (s. Anm. 8) etwa in der Synopsis Sathas, die Paschoud in der ersten Auflage seiner Zosimosausgabe noch nicht berücksichtigt hatte.

39 Zum terminus δημόσιος δρόμος vgl. A. Kolb, Transport und Nachrichtentransfer im Römischen Reich, Berlin 2000, 51. Zur Umschreibung des Zosimos vgl. Kolb, 139, Anm. 6.

2. Die Art und Weise der Verstümmelung ist genauer beschrieben als bei Zosimos, dessen Bericht ohnehin durch die Kürzung seiner Quellenvorlage an einer gewissen Unklarheit leidet.

3. Die Erwähnung von Maultieren im *cursus publicus* (neben den Pferden) ist ein zutreffendes Detail.[40]

4. Im Anschluß an die Geschichte von der listigen Benutzung des *cursus publicus* erweckt Zosimos den Eindruck, die Ankunft im Reichsteil des Constantius sei gleichbedeutend mit der Begegnung zwischen Konstantin und seinem sterbenden Vater in Britannien.[41] Dagegen ist der Verlauf in der anonymen Konstantin-Vita differenzierter. Konstantin gelangt in den Reichsteil seines Vaters, erfährt dort, daß der Vater erkrankt ist, und beeilt sich, nach Britannien hinüberzufahren. Hier trifft sich die Konstantinsvita mit der ältesten und besten Tradition, in der die Überfahrt Konstantins nach Britannien besonders herausgehoben war. Im Panegyrikus von 310 kommt Konstantin im letzten Augenblick an, um die gerade startklar gemachte Flotte des Vaters zu erreichen und mit dem Vater nach Britannien hinüberzufahren,[42] während der Anonymus Valesianus es offen läßt, ob Vater und Sohn wirklich gemeinsam in Gesoriacum einschiffen.[43] Die Version in der anonymen Konstantinsvita ist vielleicht mit der Version des Panegyricus zu vereinbaren, wenn Konstantin auf die Nachricht von der Überfahrt seines Vaters ein Schiff genommen haben sollte, um den Vater einzuholen. Wichtig ist jedenfalls, daß die anonyme Konstantinsvita zwischen der Ankunft Konstantins im Reichsteil des Vaters und dessen Ankunft in Britannien zutreffend unterschieden hat.[44]

Wir können davon ausgehen, daß der Autor der Vita BHG 365 in seiner Erzählung über die Flucht Konstantins zu Constantius nicht Zosimos benutzt hat. Vielmehr bietet er hier den Stoff einer älteren Quelle. Diesen Stoff hat er dem Phi-

40 Maultiere wurden im *cursus publicus* weit häufiger als Pferde verwendet, vgl. Kolb, 214. A. Kolb, Kaiser Julians Innenpolitik. Grundlegende Reformen oder traditionelle Verwaltung ? Das Beispiel des *cursus publicus*, Historia 47, 1998, 357.

41 Vgl. Zos. 2,8,3 und 9,1.

42 Pan. Lat. 6,7,5.

43 Anon. Val. 4.

44 Ein weiteres Indiz mag weniger sicher erscheinen: Aus den ältesten und besten Quellen wird deutlich, daß Konstantin bei seiner List vor allem der Verfolgung durch Severus entkommen wollte, vgl. Lact. de mort. pers. 24,5–8; Anon. Val. 4. Tatsächlich war dieser als Constantius untergeordneter Caesar und als fiktiver Sohn des Constantius am meisten durch das Zusammentreffen von Constantius mit seinem wirklichen Sohn bedroht. Bei Zosimos wird auf den Reichsteil des Severus explizit kein Bezug genommen, während in der Konstantinsvita bei der Wendung τὸν ἐν μέσῳ καλούμενον δημόσιον δρόμον ὑποτεμνόμενος m. E. konkret auf die Mitte zwischen Nikomedeia und den westlichen Reichsteilen des Constantius Bezug genommen wird: λαθὼν τὸν Διοκλητιανὸν ὑπεξῆλθε, καὶ τὴν ἐπὶ τὰς δυσμάς τε καὶ τὸν πατέρα φυγὴν ἐποιεῖτο, τὸν ἐν μέσῳ κτλ.

lostorg zu verdanken, der einen paganen Bericht benutzt hat, um über die wenig detaillierten Andeutungen, die Euseb zu diesem Vorfall enthält, hinauszukommen. Dabei hat er dieses Material so weit modifiziert, daß die Tendenz ganz derjenigen des Euseb entspricht, bei dem die Fluchtgeschichte nicht wie bei Zosimos die besondere Skrupellosigkeit und Machtgier des jungen Prätendenten beweist, sondern im Gegenteil illustriert, wie er durch seine Kühnheit und sein Geschick zu seinem Vater und damit zu dem ihm zustehenden Erbe findet.[45]

2.2 Profangeschichtliche Details zum Labarum

Die Schlachten zwischen Konstantin und seinen Rivalen sind bei Euseb und seinen Nachfolgern bekanntlich immer Auseinandersetzungen zwischen heidnischem Zauber und christlicher Wunderkraft. Historisch unrichtig verweist Euseb dabei schon im Zusammenhang mit der Schlacht gegen Maxentius auf die Erfindung des Labarum vor der Auseinandersetzung. Für die Schlacht von Chrysopolis beschreibt er dann die furchterregenden Auswirkungen des Labarum, dessen direkte Bekämpfung Licinius aufgrund seiner Erfahrungen verbietet. Gegen das eine heilbringende Zeichen, das Zeichen der „wahren Religion", ziehen Licinius und die Seinen aus, indem sie „Götzenbilder von ruhenden Toten in unbelebten Bildwerken" schützend vor sich halten.[46] Der religiöse Gegensatz zwischen Konstantin und Licinius tritt im Augenblick der Schlacht sinnfällig bei der Gegenüberstellung der Fülle paganer Feldzeichen und des einen heilbringenden Feldzeichens in Erscheinung. Philostorg hat die von Euseb gebotenen Elemente umgestellt und das Thema des Kontrasts zwischen den polytheistischen Feldzeichen und dem neuen Labarum für die Schlacht an der Milvischen Brücke mit bezeichnenden Varianten ausgeführt:[47]

45 Zu Eunap als Quelle Philostorgs findet sich das Richtige bei Bidez, Philostorgius (s. Anm. 3), CXXXVII–CXXXIX. Die Bedenken von Battifol (s. Anm. 25), 17–19 sind nicht überzeugend. Daß es eine Fülle spätantiker Profanhistoriker (vgl. Eunap frg. 73 Müller = 66,1 Blockley) gegeben hat, aus denen Philostorg hätte schöpfen können und daß ein gewisser Teil des profangeschichtlichen Materials bei Philostorg nicht aus Eunap stammen kann, ist zwar richtig, doch sind die teilweise wörtlichen Übereinstimmungen zwischen Fragmenten Eunaps und Philostorg ein starkes Indiz dafür, daß Eunap zu den Quellen Philostorgs zu zählen ist.

46 Eus. VC 2,16,2.

47 Für die Schlacht vom *campus Ardiensis* und von Chrysopolis berichtet Philostorg ebenfalls von der wundersamen Wirkung des Labarum, aber nicht von den heidnischen Feldzeichen, vgl. BHG 365 (Angel. 22) p. 554,26–19 und 556,17–29 Opitz. Vielmehr geht er für die erste Schlacht auf die verschiedenen von Licinius durchgeführten Riten zur Erforschung der Zukunft ein, für die zweite auf die Verehrung neuer, bisher nicht erprobter Götter.

> Es waren fünfzig von den stärksten im Heere, denen aufgetragen war, es (das Labarum) in der Feldschlacht zu tragen. Das war ein großes Zeichen des Glaubens bei einer so großen Überlegenheit der Vielgötterei und der Verehrung der Dämonen durch die Mehrzahl. Während einige Truppenteile selbst sogar nach den Dämonen benannt waren, wie zum Beispiel die sogenannten *Ioviani* und die *Herculiani*, was, um es in der Sprache der Griechen zu sagen, Diasiern und Herakleiern entspricht (Iovis ist nämlich bei den Italern Zeus, Herculius (sic!) Herakles) und während ferner alle auf den Feldzeichen, welche die Römer *signa* zu nennen gewohnt sind, verschiedene Götzenbilder trugen, hielt er (Konstantin) selbst mit dem Zeichen des Kreuzes und dem Sinnbild des Leidens die Hoffnungen auf den Sieg aufrecht.[48]

Bei Euseb ist von paganen Feldzeichen nur für die Gegenseite die Rede.[49] Bei Philostorg dagegen gebrauchen die Soldaten Konstantins selbst solche Feldzeichen, (für die Philostorg, Euseb übertrumpfend, den lateinischen Begriff *signa* erwähnt), ja einige von den Regimentern Konstantins haben sogar heidnische Namen. Mit seinem persönlichen christlichen Feldzeichen[50] ist Konstantin somit ein völlig einsamer Kämpfer, dessen Sieg die ausschließliche Leistung seines eigenen, von den Soldaten nicht geteilten Glaubens ist.

Die Spezialkenntnisse über die Elitetruppen Konstantins, der gallisch-germanischen *Herculiani* und *Ioviani*, dürfte Philostorg dabei wieder der paganen Geschichtsschreibung zu verdanken haben. Exkurse über dieses Eliteregiment finden sich nämlich auch in der Darstellung des Zosimos, d. h. letztlich Eunaps, und zwar zum einen im Zusammenhang mit dem Putsch des Magnentius, der diese beiden Einheiten kommandierte, zum anderen im Zusammenhang mit dem Perserfeldzug Julians, bei dem diese beiden Einheiten sich besonders auszeichneten:

> (...) Magnentius, dem das Kommando über die Ioviani und Herculiani anvertraut war – diese Einheiten waren (nach Diokletian und Maximian?) benannt.[51]

---

48 BHG 365 (Sab. Gr. 366) p. 425,10–26 Bidez.

49 Eine Andeutung auf pagane Feldzeichen bei Eus. VC 1,27,3, wo von der unwirksamen Hilfe der Götter die Rede ist, die in den Invasionsarmeen des Galerius und des Severus gegen Maxentius mitgeführt werden.

50 Philostorg sagt nicht, daß es sich um ein Labarum handelt, sondern begnügt sich mit dem allgemeinen Hinweis auf die Kreuzform. Möglicherweise dachte er an die frühbyzantinischen skeptra, vgl. A. Babuin, Standards and Insignia of Byzantium, Byzantion 71, 2001, 5–59, hier 11. Im 5. Jahrhundert mußte Sozomenos (s. Anm. 12) (9,4) bereits präzisieren, daß das Labarum eine Form (des in seiner Zeit gebräuchlichen) skeptron ist.

51 Der Text bei Zos. 2,42,2 muß vor ἐπώνυμα ergänzt werden: Μαγνεντίῳ τῷ τὴν ἀρχὴν ἐπιτετραμμένῳ τῶν Ἰοβιανῶν καὶ Ἑρκουλιανῶν (τάγματα δὲ ταῦτα < δαίμοσιν > ἐπώνυμα). Die Ergänzung δαίμοσιν wurde von Paschoud (nach Boissonade) wegen der Parallele zur Suda 1,403, s. v. Ἰόβειοι καὶ Ἑρκούλειοι (II, 639,22–24 Adler) vorgenommen. Mendelssohn hat dagegen in seiner Zosimos-Aus-

> Es waren aber dort die Ioviani und die Herculiani aufgestellt. Das waren die Namen dieser Einheiten, die ihnen von Diokletian und Maximian gegeben waren und deren Beinamen sie trugen. Der eine hatte nämlich seinen Beinamen von Jupiter, der andere von Herakles.[52]

Neben diesen beiden Passagen aus Zosimos wird ein Zitat aus der Suda über diese Truppenteile meist Eunap zugewiesen:[53] „Iovier und Herkulier: Namen von Einheiten. Einige Einheiten haben die Beinamen eines Dämonen. Iovis ist bei den Italern Zeus, Herculius (sic) aber Herakles."

Diese Zuweisung ist freilich durch die Entdeckung der völlig parallelen Ausführungen beim Sabaiticus gr. 366 obsolet geworden. Bei einer Zuweisung an Eunap läßt sich nur unter großen Schwierigkeiten eine Erklärung dafür finden, daß Iupiter und Herculius entsprechend dem christlichen Sprachgebrauch als Götzen (Dämonen) bezeichnet werden. Die Parallele zum Sabaiticus gr. 366 zeigt, daß die Suda hier wie in anderen Fällen nicht aus Eunap, sondern aus Philostorg geschöpft hat.[54]

Die Angaben bei Zosimos verraten damit sehr viel eindeutiger, was Eunap über die beiden Truppeneinheiten berichtet hat, als das angebliche Eunap-Fragment, das in Wirklichkeit Philostorg zuzuweisen ist. Eunap muß zutreffend hervorgehoben haben, daß die *Ioviani* und *Herculiani* ihren Beinamen nicht direkt Iupiter und Hercules zu verdanken haben, sondern den Tetrarchen Diokletian und Maximian, die ihrerseits nach den beiden Göttern ihre neuartigen Namen *Iovius* und *Herculius* führten.[55] Diese Darstellung hat auch dem allenthalben

gabe (Leipzig 1887) wegen der Parallele zu Zos. 3,30,2 Διοκλητιανοῦ καὶ Μαξιμιανοῦ ἐπώνυμα ergänzt.

52 Zos. 3,30,2.

53 Eunap frg. 6 Müller = Paschoud (s. Anm. 38), 292. Vgl. auch F. Paschoud, Les fragments de l'ouvrage historique d'Eunape correspondant au deux premiers livres de l' *Histoire nouvelle* de Zosime, in: De Tertullien aux Mozarabes (Mélanges J. Fontaine), Paris 1992, I, 613–623, besonders 618f., der zu Recht skeptisch ist, aber die Bezüge zu Philostorg nicht als Lösung des Problems in Augenschein genommen hat.

54 Bidez, Fragments nouveaux (s. Anm. 14), 434f., Anm. 39, vgl. R.C. Blockley, The Fragmentary Classicising Historians of the Later Roman Empire. Eunapius, Olympiodorus, Priscus and Malchus, Liverpool 1983, Bd. 2, 156. Dabei sind die Kautelen von Bidez unangebracht. Die gemeinsame Herkunft beider Passagen aus einer Quelle zeigt sich in dem gemeinsamen Bindefehler *Herculius* für *Hercules*.

55 R. Tomlin, Christianity and the Late Roman Army, in: Lieu – Montserrat, Constantine (s. Anm. 27), 49, Anm. 111 wundert sich darüber, daß nach der Darstellung der Schildzeichen die *Herculiani iuniores* und *seniores* „also have eagle shields (...), which looks like religious censorship." Es geht aber hier gar nicht um eine Zensur, der die Abbildung des Herkules zum Opfer gefallen wäre. Vielmehr erklärt sich das Schildzeichen eben damit, daß die Herculiani ihren Namen nicht Hercules, sondern Maximianus Herculius verdanken, dessen auctor imperii Diokletian *Iovius* ist. Ohnehin war der

Eunap benutzenden Philostorg vorgelegen. Philostorg ignoriert aber den tetrarchischen Kontext der Beinamen. Schließlich kommt es ihm bei der Erwähnung der Elitetruppen ausschließlich auf die Demonstration des Gegensatzes von Polytheismus und Monotheismus an, zumal er aufgrund aktueller Ereignisse der theodosianischen Epoche Jupiter und Hercules für die wichtigsten Götter im paganen Pantheon gehalten haben dürfte.[56] Obgleich er die Truppen *Ioviani* und *Herculiani* nennt und nicht etwa *Iovii* und *Herculii*, läßt er das Mittelglied in der Darstellung des Eunap weg und verkennt, daß die Truppen nach Diokletian Iovius und Maximian Herculius benannt wurden.[57] Die Elitetruppen sollen vielmehr einen direkt von den Göttern Jupiter und Herkules, nicht aber von den Kaisern Iovius und Herculius gebildeten Beinamen getragen haben, ein Beiname, der im Griechischen mit Διάσιοι und Ἡρακλεῖοι wiedergegeben wird. Allerdings ist dem offenkundig nicht über überragende Lateinkenntnisse verfügenden Philostorg keine fehlerfreie Manipulation seiner Eunap-Vorlage gelungen. So erklärt sich, daß er als lateinisches Pendant zu Herakles nicht *Hercules*, sondern *Herculius*, also den in seiner Quellenvorlage entdeckten Beinamen des Maximianus, vorstellt und damit einen Hinweis auf den Inhalt seiner Vorlage gibt.[58]

Gebrauch des Adlersymbols im spätrömischen Heer weiterhin allgemein verbreitet und begegnet noch in Byzanz, vgl. Babuin, Standards (s. Anm. 50), 15.

56 Jupiter und Hercules spielen in der zur christlich-heidnischen Schlacht stilisierten Begegnung am Frigidus (394 n. Chr.) auf der Seite des Eugenius und Arbogast eine entscheidende Rolle. Arbogast läßt am Birnbaumer Paß eine Statue des Jupiter mit goldenen Blitzen aufstellen, seine Soldaten tragen ein Standbild des Hercules, vgl. Augustin. De civ. dei 5,26; Theodoret. h. e. 5,24,4 und 17.

57 Die Form *Ioviani* und *Herculiani* findet sich jedenfalls in BHG 365 (Sab. Gr. 366). Dagegen ist in der Suda, die Philostorg exzerpiert hat, von *Iovii* und *Herculii* die Rede. Belegt sind für das Bewegungsheer nur die im Paar auftretenden *Ioviani* und *Herculiani*, vgl. zur Truppengeschichte D. Hoffmann, Das spätrömische Bewegungsheer und die Notitia Dignitatum, Bonn 1969, I, 312ff. Unter den Auxilia des Bewegungsheers gibt es *Iovii*, denen aber nicht *Herculii*, sondern *Victores* (wohl nach *Hercules Victor*) gegenübergestellt sind, vgl Hoffmann I, 201. Man kann vermuten, daß die *Iovii* und *Herculii* in der Suda nicht auf ein in dieser Form nicht existierendes Truppenpaar des Bewegungsheers zu beziehen sind, sondern daß hier ein Mißverständnis bei der Formulierung des Lemmas vorliegt. Wegen des bei Philostorg zu entdeckenden *Herculius* (für *Hercules*) vereinfachte der Redaktor zu *Iovii* und *Herculii*.

58 Dieser Fehler ist dadurch, daß er sich sowohl in der Suda als auch im Sab. Gr. 366 findet, mit Sicherheit dem Philostorg zuzuweisen. Auch beim Kirchenhistoriker Sozomenos (s. Anm. 12) (6,6) wird verkürzend behauptet, die *Ioviani* und *Herculiani* würden ihren Namen *Jupiter* und *Hercules* verdanken. Bei ihm ist jedoch im Unterschied zu Philostorg nicht zu erkennen, daß in seiner Vorlage das Mittelglied (Tetrarchen heißen nach Jupiter und Hercules und die Truppen nach den Tetrarchen) noch erwähnt wurde. Ohnehin begegnet die Sozomenos-Passage in einem ganz anderen Zusammenhang (Valentinian, Tribun der *Ioviani* und *Herculiani*). Die Bedeutung dieser Doppel-

Die beiden vorgestellten Beispiele zeigen deutlich, in welcher Form Philostorg die Darstellung der ausführlichen paganen Historiographie zur Geschichte Konstantins nutzte. Es ging bei der Benutzung einer Überlieferung, die zutiefst Konstantin feindlich gesonnen war, nicht darum, heimlich deren Urteil in die eigene Darstellung einfließen zu lassen. Vielmehr stand die Berücksichtigung der paganen Historiographie im Dienste des ideologischen Kampfes gegen das Heidentum, das eines der Hauptanliegen des Kirchenhistorikers war.[59] Durch diese Berücksichtigung sollte das von Euseb gebotene Bild nicht mehr durch den scheinbar überlegenen Informationsstand der heidnischen Historiographie angreifbar erscheinen. Insofern kann bereits die gewählte Übernahme paganer historiographischer Elemente als eine Verbesserung der von Euseb gebotenen Erzählung gelten.[60]

---

truppe in der Laufbahn Valentinians I. und damit in der kaiserlichen Propaganda der valentinianisch-theodosianischen Epoche erklärt, warum Eunap exakte Informationen zu ihren Beinamen bieten kann.

59 Zum Interesse Philostorgs für die Apologetik vgl. Philostorg 8,14 (Apollinarios gegen Porphyrios) und 10,10 (eigene Schriften Philostorgs gegen Porphyrios), vgl. dazu Winkelmann, Heiden und Christen (siehe Anm. 13), 144. Bereits dem von Philostorg als Urvater der eunomianischen Glaubensrichtung in Anspruch genommene Lukianos werden solche apologetische Bemühungen zugewiesen (bei der Bibelkritik Lukians ging es angeblich vor allem darum, von den Heiden eingearbeitete Verfälschungen wieder auszumerzen), vgl. Suda, s. v. Λουκιανός und G. Bardy, Recherches sur Saint Lucien d'Antioche et son école, Paris 1936, 43. Battifol (siehe Anm. 25), 7f. verweist auf die für die Apologetik nutzbar gemachte philosophische Bildung unseres Autors. Grundsätzlich richtig ist das Motiv der Auseinandersetzung Philostorgs mit den Details der Profangeschichte bei Bidez, Philostorgius (s. Anm. 3), CXXII dargestellt: „Der Anteil, den Philostorgius so an der Polemik gegen die Heiden nahm, ist weitaus beträchtlicher als derjenige der orthodoxen Kirchenhistoriker. Denn während bei Philostorgius diese Polemik noch eine hervorragende Stelle unter seinen Bestrebungen einnimmt, kommt sie bei jenen eigentlich nur noch als ein traditionelles Element der Gattung, d. i. der christlichen Historiographie, in Frage. Man bemerkt das schon, wenn man darauf achtet, welche Wichtigkeit hier und dort der Profangeschichte zugeschrieben wird. Philostorgius folgt ihren Peripetien bis ins Einzelne, weil er die Geschichtsinterpretation der heidnischen Schriftsteller widerlegen wollte, denen man die Berichte darüber verdankte." Vielleicht sollte man hinzufügen, daß auch bei den orthodoxen Historikern des V. Jahrhunderts die Bedeutung der Heidenapologetik größer ist, als landläufig angenommen, vgl. Fédou, L'historien Socrate (siehe Anm. 24), 276. Die sehr wichtige Einsicht zur Bedeutung der Heidenapologetik bei Philostorgs hat sich allerdings Bidez bei seiner Beurteilung des Konstantinbilds Philostorgs nicht zunutze gemacht. Zur Bedeutung der Heidenapologetik im 5. Jh. vgl. auch Winkelmann, Heiden und Christen (siehe Anm. 13), 144f. sowie G. Huber-Rebenich – M. Chronz, Cyrill von Alexandrien. Ein Forschungsvorhaben, in: J. van Oort – D. Wyrwa, Heiden und Christen im 5. Jahrhundert, Leuven 1998, 66–87.

60 Der von Bidez, Philostorgius (s. Anm. 3), CXXII festgestellte Widerspruch existiert also nicht: „Doch trotz dieser weitgehenden Berücksichtigung der Profangeschichte

3. Überhöhung der Erzählung Eusebs

Dem Ziel, das Vorbild Euseb zu übertreffen, dient aber nicht nur der Umgang mit Elementen der Profanhistorie. Vielleicht fallen auch inhaltliche Varianten gegenüber Euseb auf, durch die die Idealisierung des Kaisers weiter vorangetrieben wird. Nachweisbar ist dies, wie bereits gezeigt worden ist, für die Ausführungen über Labarum und Götzenbilder (auf Feldzeichen), in denen Philostorg den Konstantin als einen völlig einsam für den christlichen Kult kämpfenden Heroen darstellt, der auch gegenüber dem eigenen, mehrheitlich paganen Heer Zeugnis für seinen Glauben ablegt. Deutlich läßt sich dieser Zug zur Heroisierung aber auch in der Art und Weise zeigen, in der Philostorg das Thema der Bürgerkriegsverluste behandelt.

3.1 Die Verantwortung Konstantins in den Bürgerkriegen von 316 und 324

Bereits Euseb geht intensiv auf das Problem der Verantwortung für die Bürgerkriegsverluste ein, indem er für die Schlacht von Cibalae (316) betont, daß Licinius angreift und Konstantin nur den Gegenangriff vornimmt.[61] Vor der Schlacht von Chrysopolis (324) bemüht sich Konstantin eine Zeitlang um Zurückhaltung und Schonung der gegnerischen Truppen, „damit er wegen des Vertrages, den er abgeschlossen hatte, nicht der erste sei, der mit den Feindseligkeiten beginne“[62], entschließt sich aber dann, weil die Gegner weiter hartnäckig bleiben und „schon zu ihren Schwertern greifen“, dazu, sie in die Flucht zu schlagen.[63]

Philostorg hat für die Konflikte zwischen Konstantin und Licinius das Problem der Verantwortung für die Bürgerkriegsverluste eingehend und in komplizierter Weise behandelt. Zunächst wird beschrieben, wie Licinius voller Wahnsinn zum ersten Kampf gegen Konstantin rüstet:

> Und nachdem er dies gegen ihn in seinen Zechgelagen angedeutet hatte (Verachtung der von Konstantin privilegierten Religion), beschloß er, gegen ihn zu Felde zu ziehen, wobei er sich nichts vom Schicksal des Maxentius in den Sinn rufen lassen wollte. Denn das unvernünftige Verlangen nach fremdem Besitz bringt wahnsinnige Hoffnungen hervor und verschafft den Angreifern Vertrauen und führt so diejenigen, die von

---

gab Philostorgius wohl seine ἐκκλησιαστικὴ ἱστορία als Fortsetzung der Kirchengeschichte des Eusebius, die er an der Spitze seines eigenen Werks erwähnt hat.“

61 Eus. VC 2,6,2. Der Bezug auf die Schlacht von Cibalae ergibt sich daraus, daß bei Euseb für den ersten Konflikt zwischen Konstantin und Licinius nach dieser Schlacht dann von weiteren militärischen Handlungen die Rede ist, womit die zweite Schlacht beim Campus Ardiensis gemeint ist.

62 Eus. VC 2,16,2.

63 Eus. VC 2,17.

> der Leidenschaft beherrscht sind, blind und ganz und gar, ohne das vorauszusehen, was die Zukunft mit sich bringt, zu ihren Taten. Das geschah auch bei Licinius und veranlaßte ihn so, sich nach großen und offenkundigen Gefahren zu drängen.[64]

Licinius befragt, so fährt Philostorg dann fort, die Orakel und schickt sich an, durch die Alpen in die Gebiete Konstantins einzufallen.[65] Konstantin habe diesem Angriff wohl oder übel präventiv durch den Einfall in den Balkan (d. h. also durch die als *bellum Cibalense* bekannten Operationen) zuvorkommen müssen:

> Konstantin hatte dieses Unternehmen bereits vorher bemerkt, da es nicht möglich war eine Sache, die im ganzen Reich und nicht kurze Zeit betrieben worden war, geheim zu halten. Daher suchte er rasch, ihm in Illyricum zuvor zu kommen und eilte bis nach Makedonien, wobei er es für angemessen hielt, nicht als erster anzugreifen, damit es nicht so schien, als habe er das durch Eide begründete Treueverhältnis verletzt, indem er vorher bezeugte, daß er sich gegen einen Angreifer wehre.[66]

Daß Konstantin der Angreifer war, bestreitet Philostorg also letztlich nicht, erklärt aber den Angriff zum Präventivkrieg und geht davon aus, daß der Beschluß zur Eröffnung der Schlacht vom *campus Ardiensis* selbst allein von Licinius kommt.[67] Die Entscheidungsschlacht wird von Licinius eröffnet, nachdem zunächst beide Kaiser den Beginn der Kampfhandlungen verzögern, und zwar Licinius wegen der Durchführung heidnischer Kulte, Konstantin aber, „weil er nicht den Anfang mit den Kampfhandlungen machen wollte“[68]. Tatsächlich beginnt dann Licinius nach der Beendigung der Opferschau und anderer Riten als erster mit dem Kampf, während Konstantin seine Truppen nur in Gegenreaktion zum Kampfe ordnet.[69]

Für den zweiten Konflikt (324) berichtet Philostorg überhaupt nicht von Skrupeln Konstantins. Das hängt damit zusammen, daß die von Licinius in diesem Konflikt engagierten Truppen ausschließlich Barbaren sind,[70] deren massenweise

---

64 BHG 365 (Angel. gr. 22) p. 553,17–24 Opitz.
65 BHG 365 (Angel. gr. 22) p. 554,1–9 Opitz.
66 BHG 365 (Angel. gr. 22) p. 554,10–15 Opitz.
67 Mit dem Entgegentreten in Illyrikum wird auf die Schlacht von Cibalae angespielt. Konstantin rückt weiter vor.
68 BHG 365 (Angel. gr. 22) p. 554,16–17 Opitz.
69 BHG 365 (Angel. gr. 22) p. 554,24–27 Opitz: (...) ποιεῖται τὴν ἐπιχείρησιν. Ὁ δὲ Κωνσταντῖνος καὶ αὐτὸς ὡς διὰ ταχέων ἀντιπαραταξάμενος (...).
70 BHG 365 (Angel. gr. 22) p. 556,10–12 Opitz: Engagement barbarischer Söldner durch Licinius; p. 556, 19–22: Feinde und „besonders die Barbaren“ werfen Speere auf das Labarum (hier wird en passant zugegeben, daß es auch Nicht-Barbaren im Heere des Licinius gibt), p. 556,30–3: Konstantin dehnt die Schlachtreihe aus, umfaßt mit beiden Flügeln die Barbaren und schlägt sie nieder. Schließlich wird auf die Bedeutung des Triumphes über Licinius für das Barbarikum hingewiesen (557,7–9): „Den rund um das Imperium wohnenden Barbaren flößte er große und heftige Furcht ein, da die

Tötung dementsprechend als großer Gewinn für das römische Reich beschrieben wird.[71]

3.2 Der unblutige Bürgerkriegssieg von 312

Breiter ausgeführt hat Philostorg die Problematik der Menschenverluste im Bürgerkrieg in seiner Darstellung des Kampfes zwischen Konstantin und Maxentius. Euseb stellt gar nicht in Abrede, daß Konstantin der Angreifer ist, erklärt dies aber als Konsequenz seines großen Mitleids mit den vom Tyrannen unterdrückten Römern.[72] Im Kampf gegen Konstantin gehen zusammen mit Maxentius auch seine Truppen zugrunde.[73] Unblutig ist dieser Triumph nur insofern, als eigene Verluste Konstantins völlig ausbleiben, weil Maxentius und die Seinen auf der von ihnen selbst errichteten Schiffsbrücke kläglich zugrunde gehen.

Philostorg unterscheidet sich von Euseb schon darin, daß bei ihm Maxentius die ausschließliche Verantwortung für den Ausbruch des Kriegs trägt. Die Tyrannis des Maxentius, die in ähnlicher Weise wie bei Euseb beschrieben wird, veranlaßt Konstantin nicht, von sich aus den Krieg zu eröffnen. Vielmehr ist es, wie aus einem Philostorgstück der Vita BHG 365 hervorgeht,[74] Maxentius, der die Ab-

---

Kampfkräftigsten unter ihnen in höherem Maße, als es den Gesetzen des Krieges entspricht, umgekommen waren." Die Beziehungen zu den Barbaren an der Donaugrenze spielten für den Ausbruch des zweiten Krieges zwischen Konstantin und Licinius eine entscheidende Rolle. Auf die Aktivitäten gegen Rausimod an der unteren Donau spielt Philostorg = BHG 365 (Angel. 22) p. 557,6–7 Opitz mit seiner Angabe an, Konstantin sei bis nach Moesien und Thrakien gelangt. Diese Angabe ist vermutlich erst vom Autor der anonymen Konstantinsvita in einen mißverständlichen Kontext eingefügt worden. Philostorg verwies auf die doppelte Bedrohung der Barbaren durch Konstantin, nämlich zum einen durch seine Präsenz an dem bisher von Licinius verteidigten extrem kritischen Grenzabschnitt der unteren Donau, der *ripa Gothica*, zum anderen durch die Vernichtung der barbarischen Hilfstruppen des Licinius. Die Verknüpfung des Themas des Barbarensiegs mit demjenigen des Bürgerkriegssiegs über Licinius spielt im Zusammenhang mit der Gründung von Konstantinopel als Monument der Sieghaftigkeit Konstantins eine große Rolle, vgl. zu Sozom 2,3,2 B. Bleckmann, Constantin und die Donaubarbaren. Ideologische Auseinandersetzungen um die Sieghaftigkeit Constantins, Jahrbuch für Antike und Christentum 38, 1995, 38–66, hier 53–56.

71 In dieser Weise relativiert Oros. 7,35,19 die Bedeutung der Bürgerkriegsverluste im Kampf zwischen Theodosius und Eugenius: *quos utique perdidisse lucrum et vinci vincere fuit.*

72 Eus. VC 1,26 und 37,1.

73 Eus. VC 1,38,2–4.

74 Vgl. Bidez, Fragments nouveaux (s. Anm. 14), 431, Anm. 31. Die Ausführungen über die Familienverhältnisse Konstantins im Sab. Gr. 366 (423,5–23) scheinen nicht allein auf Philostorg zurückzugehen, bei dem Crispus nicht Sohn der Fausta ist, vgl. Bidez, Fragments nouveaux (s. Anm. 14), 431, Anm. 28. Aus Philostorg könnte dagegen die

sicht hat, den Konstantin seiner Herrschaft zu berauben.[75] Als Konstantin gegen Maxentius seine Truppen zum Kampf aufstellen muß – die Invasion Italiens und die der Schlacht bei der Milvischen Brücke vorangegangenen Operationen, die die Friedensliebe Konstantins in Frage stellen könnten, werden nicht erwähnt –, kommt ihm die Kreuzerscheinung zu Hilfe. Durch diese Kreuzerscheinung inspiriert, läßt er, obgleich sein Heer pagan ist, das Labarum herstellen, in der Hoffnung auf diese Weise den Sieg über Maxentius zu gewinnen. Die Vita fährt fort:

> Und er sollte nicht in die Irre gehen: Denn das ganze Heer des Maxentius ging, ohne daß Blut (ἀναιμωτί) vergossen wurde, zu ihm über, wobei alle sich bereitwillig ergaben und weder die Lanze noch die Hände gegen ihn erhoben.[76] Denn Maxentius hatte es bewerkstelligt, den größten Haß bei all seinen Untertanen auf sich zu ziehen, und machte zu diesem Zeitpunkt am meisten deutlich, ein wie großes Übel es für einen Herrscher ist, nicht durch Milde und Wohltaten, sondern durch Wahnsinn und Gewalt die Untertanen beherrschen zu wollen, indem er nicht verstand, ein wieviel größeres und sicheres Fundament der Herrschaft das Wohlwollen gegenüber der Furcht darstellt. Er ging nämlich sofort zugrunde, als er in den Tiber stürzte, auf die Art und Weise, die ich im folgenden darstellen werde.

Die Darstellung Eusebs über die Schlacht bei der Milvischen Brücke ist also dahingehend verändert worden, daß, möglicherweise durch Rufinus inspiriert,[77]

---

die Friedensliebe Konstantins ausmalende, aber in der Sache irrige Angabe über ein anfängliches, durch die Heirat von Konstantin und der Schwester der Fausta in Kraft gesetztes Einvernehmen zwischen Konstantin und Maxentius stammen.

75 Richtig Bidez, Fragments nouveaux (s. Anm. 14), 432, Anm. 32: „Tandis que la plupart (…) des sources se bornent à parler d'une expédition libératrice de Constantin, impatient d'enlever Rome à l'oppression de Maxence, notre compilateur impute à Maxence les provocations et les premiers préparatifs de guerre, comme Zosime II, 14,1 et Lactance, *De mort. Persecut.*, 43,4 (…).“

76 Der von Bidez nicht erklärte Text lautet: (…) πάντων ἀσμένως αὐτῷ ὑποκυψάντων καὶ τὴν αἰχμὴν μηδὲ χεῖρας ἀνταραμένων. Zieht man, was natürlich erscheint, καὶ τὴν αἰχμὴν nicht zu ὑποκυψάντων, sondern zu ἀνταραμένων, bietet sich folgende Erklärung an: Das Zeichen der Kapitulation bei der Römern war das Senken, nicht etwa das Heben der Lanze, vgl. die Mißverständnisse, die das Verhalten kapitulationswilliger, die Lanze hebender Makedonen bei der Schlacht von Kynoskephalai auf römischer Seite hervorrufen (Liv. 33,10,3–4) sowie die Anekdote bei Zon. 143,22–23 (Senken der Feldzeichen), ferner die unblutige Beendigung des Krieges gegen Gildo bei Oros. 7,36,9–10, nachdem der signifer das vexillum senkt. Im griechischen Raum war dagegen das Heben der Lanze Zeichen friedlicher Gesinnung, vgl. Plut Mor. 229 c und J. K. Anderson, Military Theory and practice in the Age of Xenophon, Berkeley 1970, 88–89. Von dieser Praxis geht Philostorg vielleicht aufgrund seiner Lektüre griechischer Historiker aus. Mir scheint aber wahrscheinlicher, daß im Text vor αἰχμὴ eine Negation ausgefallen ist.

77 Vgl. Rufinus (= Eusebius Werke, Zweiter Band, Die Kirchengeschichte. Teil 1–3, herausgegeben von E. Schwartz und Th. Mommsen, Leipzig 1903–1909, h. e. 9,9,4): *in*

hier ein besonders markantes Exemplum für das der theodosianischen Epoche wohlvertraute Thema des „unblutigen" Bürgerkriegssiegs geschaffen wird.[78] Als schlechter Herrscher kann Maxentius nicht auf Anhänglichkeit seiner Untertanen hoffen, die ihn angesichts des voller Siegeszuversicht heranrückenden Konstantin sämtlich in Stich lassen. Er allein kommt in den Fluten des Tiber ums Leben.

IV. Die Alleinherrschaft Konstantins in der Darstellung Philostorgs

Im Unterschied zum Photiosexzerpt erlauben die längeren und detailreicheren Philostorgpassagen zum Aufstieg Konstantins, die durch die Vita BHG 365 bekannt sind, präzisere Aussagen zum Umgang Philostorgs mit paganem profangeschichtlichem Material. Es hat sich gezeigt, daß dieser Umgang keineswegs dazu dienen soll, ein zwielichtiges Bild Konstantins zu zeigen. Vielmehr versucht Philostorg, durch die Übernahme dieses Materials mit der detaillierten Profangeschichte konkurrenzfähig zu bleiben und Euseb zu übertreffen. Die Berücksichtigung des profangeschichtlichen Materials erlaubt es Philostorg, wie man am Beispiel der Erzählung über die Flucht Konstantins von Nikomedien nach Britannien gesehen hat, die tendenziösen heidnischen Berichte in möglichst glaub-

---

profundum demersus totius belli futuras caedes unius nefandi capitis sui diremit interitu atque impollutam religiosi principis dexteram a civili cruore servavit. Die Gesamterzählung über die Vision und über das Ende des Maxentius weist bei Rufinus überhaupt große Ähnlichkeit mit derjenigen des Philostorg auf. Wie bei Philostorg hat Konstantin eine nächtliche Vision (h. e. 9,9,1): *videt per soporem ad orientis partem in caelo signum crucis igneo fulgore rutilare.* Die Beziehungen sind in der schwierigen Diskussion um das Verhältnis zwischen Rufinus und Gelasius von Caesarea mit zu berücksichtigen. Das Nacheinander eines unblutigen (Schlacht an der Milvischen Brücke) und eines blutigen Bürgerkriegssiegs (Kampf gegen Licinius) könnte durch die Analogie der Siege des Theodosius über Maximus und Eugenius inspiriert worden sein, vgl. nämlich Rufinus h. e. 11,32 (*Tum ille qui primam de Maximo ei victoriam praedixerat incruentam, etiam hanc, licet non absque plurima utriusque sanguinis inundatione, promittit*) und Theodoret 5,24,2 (Sieg gegen Maximus ἀναιμωτὶ, gegen Eugenius μετὰ πολὺν φόνον), vgl. zum unblutigen Sieg über Maximus auch F. A. Güldenpenning, Die Kirchengeschichte des Theodoret von Kyrrhos, Halle 1889, 35. Deutlich ist jedenfalls, daß das Thema des unblutigen Bürgerkriegssiegs nicht nur in der westlich-lateinischen (durch Ambrosius inspierten) Tradition beheimatet ist, sondern auch in der griechischen Kirchengeschichtsschreibung, anders G. Zecchini, S. Ambrogio e le origini del mito della vittoria incruenta, Rivista di Storia della Chiesa in Italia 38, 1984, 391–404.

78 Zu diesem Thema F. Heim, Le thème de la „victoire sans combat" chez Ambroise, in: Ambroise de Milan. XVIe centenaire de son élection épiscopale, Paris 1974, 267–281; Zecchini, Ambrogio (s. Anm. 77).

würdiger, weil durch zahlreiche Details belegte Argumentation eindringlich zu widerlegen. Die Benutzung der heidnischen Geschichte geschieht damit letztlich in apologetischer, gegen die Heiden gerichteter Absicht.

Die stark idealisierte Sicht des Weges Konstantins bis zum Jahre 324, wie sie erst aufgrund einer Analyse der Vita BHG 365 in vollem Umfang deutlich geworden ist, läßt es unwahrscheinlich erscheinen, daß Philostorg den vehement gegen die Anwürfe der paganen Historiographie verteidigten Kaiser nun plötzlich in Übereinstimmung mit dieser paganen Historiographie für die letzte Zeit seiner Alleinherrschaft als dekadenten, verweichlichten und vor allem blutrünstigen Tyrannen gezeichnet haben soll.[79] Vielmehr legt eine differenzierte Interpretation nahe, daß Konstantin auch als Alleinherrscher in den Augen Philostorgs ein idealer Herrscher bleibt, und zwar auch nach dem kurzfristig die Orthodoxie begünstigenden Nicaenum. Dazu sollen einige Elemente der von Philostorg gebotenen Darstellung der Alleinherrschaft Konstantins betrachtet werden.

1. Die Gründung Konstantinopels

Der Bericht Philostorgs über die Gründung Konstantinopels ist in der Zusammenfassung des Photios und in der anonymen Vita BHG 365 erhalten geblieben, wobei letztere zwar zusätzliches Material aus byzantinischer Tradition hinzugezogen, gleichzeitig aber auch Philostorg vollständiger ausgeschrieben hat. BHG 365 läßt auch hier zwei Züge, die den Bericht Philostorgs ausgezeichnet haben, deutlicher erkennen. Zum einen wurde durch die Benutzung profangeschichtlichen Materials ein wohlinformierter Bericht geboten, der mit den heidnischen Berichten in ebenbürtige Konkurrenz treten konnte, zum anderen wurde wieder die göttliche Mission Konstantins hervorgehoben.

Übereinstimmend setzen Photios und BHG 365 mit einer exakten Datierung des Gründungsakts im fünfundzwanzigsten (bzw. achtundzwanzigsten) Regierungsjahr des Kaisers ein.[80] Die darauf folgenden Ausführungen Philostorgs über

79 Zum Bild Konstantins in den paganen Quellen vgl. zuletzt F. Paschoud, Zosime et Constantin. Nouvelles controverses, Museum Helveticum 54, 1997, 9–28.

80 Philostorg 2,9 und 9a = BHG 365 (Angel. 22) p. 566,26–567,11 Opitz. Photios bietet den unsinnigen Text ὀκτὼ καὶ εἰκοστῷ ἔτει τῆς βασιλείας. Richtig setzt dagegen BHG 365 das fünfundzwanzigste Regierungsjahr Konstantins mit dem Jahr der Konsuln Gallicanus und Symmachus (330) gleich. Vgl. zu diesem Gründungsdatum von Konstantinopel auch Chron. Pasch. p. 529 Bonn. Daß die Zahlenangabe bei Photios durch das Parallelzeugnis zu korrigieren ist, wird bei C. Dagron, Naissance d'une capitale. Constantinople et ses institutions de 330 à 451, Paris 1984², 33 übersehen: „Philostorge, qui place la fondation de Constantinople dans la vingt-huitième année du règne (= 334), indiquerait ainsi (s'il ne s'agit pas d'une simple erreur) qu'alors seulement Constantinople 'remplaça' Rome.“

die Motive der Neugründung und über die Lage der Stadt hat Photios dann ausgespart, sie sind aber in BHG 365 erhalten geblieben:

> Er wollte eine große Stadt gründen, als Denkmal seiner eigenen Kaiserherrschaft und seines Ruhmes für die nachfolgenden Generationen. (...). Als Constantin aber verstanden hatte, daß Thrakien damals am blühendsten war, und er gelernt hatte, daß Byzanz am günstigsten zu Lande und zur See gelegen war, da wurde dort gebaut. Und indem er die Landenge abtrennnte – der Ort ist nämlich eine Halbinsel –, befestigte er sie durch eine Mauer von Meer zu Meer, nahm die Vorstädte und die nahgelegenen Hügel in die Stadtanlage hinein, so daß die alte Stadt wegen des Umfangs der Ummauerung nur noch ein kleiner Teil der Stadtgründung war. Dort nämlich, wo nun die porphyrne und große Säule steht, die sein Kolossalstandbild trägt, machte er den Anfang der neuen Gründung, wobei er das ganze übrige Werk, das sich zu beiden Meeren und zum Binnenland entfaltet, durch seine eigene Macht und Kraft vollendete.[81]

BHG 365 weist hier zahlreiche Paralellen mit dem Bericht des Zosimos (2,30,2–4) über die Gründung Konstantinopels auf: Konstantin wählt den Ort wegen seiner Bewunderung für die Lage. Die Stadtmauer durchschneidet den Isthmus und trennt ihn von Meer zu Meer ab.[82] Die neue Stadt umfaßt ein Vielfaches der Fläche der Alten und die Neugründung beginnt am Konstantinsforum.[83] Wörtliche

---

81 Philostorg (s. Anm. 11), 2,9,1 p. 20–21.

82 Zum Isthmus auf der Halbinsel, an dem Konstantin die Stadt durch eine von Meer zu Meer reichende Stadtmauer trennt, vgl. Zos. 2,30,2 und 30,4: τείχει περιέβαλε τὴν πόλιν ἀπολαμβάνοντι πάντα τὸν ἰσθμὸν ἀπὸ θαλάσσης εἰς θάλασσαν. BHG 365 (Angel. 22) p. 567,3–4 Opitz gebraucht den Ausdruck αὐχήν, was mit Isthmus gleichbedeutend ist: καὶ τὸν αὐχένα τῆς χερσονήσου διαλαβὼν (χερρόνησος γάρ ἐστί τὸ χωρίον), ἐτείχιζεν ἐκ θαλάττης εἰς θάλατταν (...). Paschoud (s. Anm. 38), 242 kritisiert Zosimos: „Le terme d'isthme n'est pas très heureux pour définir le site de Constantinople." Aber aus der Parallele mit Philostorg wird deutlich, daß bereits die Quelle des Zosimos von einem Isthmus gesprochen haben muß, was sich sachlich dadurch rechtfertigt, daß die heutige Küstenlinie erst durch Aufschüttungen zu erklären ist und es ursprünglich durchaus eine isthmusartige Verengung der Halbinsel gegeben haben muß, vgl. C. Mango, Le développement urbain de Constantinople (IV–VIIe siècles), Paris 1985, 16 f. mit Verweis auf Dionys. Byz. Anaplus Bospori 6 (p. 3 ed. R. Güngerich, Berlin 1927).

83 Zos. 2,30,4. Vgl. Theophanes p. 28 de Boor: κτίζων Κωνσταντῖνος ὁ εὐσεβὴς τὴν Κωνσταντινούπολιν 'Ρώμην νέαν χρηματίζειν (...) στήσας καὶ πορφυροῦν κίονα καὶ ἐπάνω αὐτοῦ ἀνδριάντα ἑαυτοῦ ἀπὸ τοῦ τόπου, οὗ ἤρξατο οἰκοδομεῖν τὴν πόλιν, ἐπὶ τὸ δυτικὸν μέρος τῆς ἐπὶ 'Ρώμην ἐξιούσης πύλης, κοσμήσας τὴν πόλιν (...). Die Übersetzung von C. Mango – R. Scott, The Chronicle of Theophanes Confessor, Byzantium and Near Eastern History, AD 284–813, Oxford 1997, 46 lautet: „He set up a porphyry column with a statue of himself on top of it at the place where he began to build the city in the Western part by the gate leading out towards Rome (...)". R. W. Burgess, Studies in Eusebian and Post-Eusebian Chronography,

Übereinstimmungen mit Zosimos sind freilich selten. Zusätzliche Informationen (etwa über die Vorstädte und Hügel, die mit in die Befestigung hineingenommen werden oder über die auf dem Konstantinforum stehende Porphyrsäule) schließen eine direkte Abhängigkeit der Vita BHG 365 von Zosimos aus.

Besonders deutlich zeigt sich die Unabhängigkeit von BHG 365 gegenüber Zosimos in den Angaben über die Motive Konstantins. Bei Zosimos erfolgt die Neugründung aus dem Schmachgefühl Konstantins, der den Tadel der Römer nicht erträgt.[84] In der Vita BHG 365 geht es dagegen darum, mit Konstantinopel ein Monument der eigenen Kaiserherrschaft und des eigenen Ruhms (δόξη) für zukünftige Generationen zu gründen. Die nichtchristliche, gleichwohl aber positive Deutung dieses Gründungsakts scheint mit dem, was über die ursprüngliche Gestaltung Konstantinopels als ausschließlich auf die Person Konstantins hin orientierte Monumentalanlage bekannt ist, völlig übereinzustimmen. BHG 365 bietet damit ein meist übersehenes Zeugnis zu den von Konstantin mit der Gründung Konstantinopels verbundenen Absichten und tritt so ergänzend neben Anon. Val. 30: *Constantinus autem ex se Byzantium Constantinopolim nuncupavit ob insigne victoriae*.[85]

Es ist also nachweisbar, daß Philostorg gerade für die Gründung Konstantinopels aus einem reichen und zuverlässigen Material schöpfen konnte. Daß aber im großen und ganzen die Disposition des Gründungsberichts demjenigen des Zosimos ähnlich ist, zeigt, daß es ihm in der Hauptsache auf die Auseinandersetzung mit der Quelle des Zosimos, nämlich Eunap, ankam. Das gilt auch für die Ausführungen über die außergewöhnlichen Dimensionen der neuen Stadt und über die schon durch die Dimensionen gegebene Konkurrenz mit Rom. Der wenig gestraffte, durch zahlreiche Digressionen unterbrochene Bericht des Zosimos läßt

Stuttgart 1999, 208 nimmt dagegen an, daß diese Passage anders zu verstehen ist. Konstantin soll die Stadt von dem Ort, wo er begonnen hatte, die Stadt zu gründen, bis zum westlichen Teil des nach Rom hinausführenden Tores, ausgeschmückt haben. Diese Deutung ist ohne Zweifel irrig. Gemeint ist bei Theophanes, daß die Neustadt Konstantins im Westen der alten Stadtmauer des Severus und damit auch an der Westseite des vom alten Byzanz aus nach Rom führenden Tors begann und daß Konstantin an diesem Punkt sein Säulenmonument errichten ließ, vgl. Zos. 2,30,4, der ausdrücklich auf die Lage des Forums am Tor, d. h. am Haupttor zur via Egnatia, hinweist.

84 Zos. 2,30,1.

85 Zur hier vorgeschlagenen Textgestalt, die den älteren Editionen (vor Mommsen) folgt, vgl. Excerpta Valesiana. J. Moreau recensuit. Editionem correctiorem curavit Velizar Velkov, Leipzig 1968, S. 8 (Apparat), mit Bleckmann, Constantin und die Donaubarbaren (s. Anm. 70), 54 und Anm. 98. Vgl. zu Konstantinopel als Monument der Sieghaftigkeit Konstantins ferner die ebenfalls häufig übersehene Passage Praxagoras 7 mit B. Bleckmann, Zwischen Panegyrik und Geschichtsschreibung. Praxagoras und seine Vorgänger, in: M. Zimmermann (Hrsg.) Geschichtsschreibung und politischer Wandel im 3. Jh. n. Chr., Stuttgart 1999, 203–228, hier 228.

trotz seiner Unzulänglichkeiten erkennen, daß dessen Quelle die Dimensionen der neuen Stadt, die nur durch zahlreich hastig ausgeführte und einsturzgefährdete Neubauten ausgefüllt werden konnte und die später eine viel zu große Menschenmasse beherbergen sollte, ebenso mißbilligte wie alle verschwenderischen Maßnahmen, die aus dieser Stadt eine Konkurrentin zu Rom machten.[86]

Die ausgedehnten und außergewöhnlichen Dimensionen der Stadt sind dagegen in den Augen des Philostorg Ausdruck der Billigung des Gründungsprojekts durch Gott. Das bereits in der konstantinischen Propaganda angelegte Motiv der Beteiligung des göttlichen Willens an der Stadtgründung wird bei den orthodoxen Kirchenhistorikern in den Erzählungen über die sukzessiven Gründungsversuche in Ilion und anderswo angedeutet, bei denen schließlich Gott durch entsprechende Zeichen auf die Wahl des richtigen Gründungsorts Einfluß nimmt.[87] Bei Philostorg geht es dagegen nicht um das Finden des richtigen Gründungsorts, sondern der richtigen Dimensionen der Neugründung, über die Konstantin während der Gründungszeremonie durch einen ihm voranschreitenden Engel belehrt wird. Die Vorgabe der Maße der Stadt durch den göttlichen Willen macht aus Konstantinopel in gleicher Weise wie Jerusalem eine heilige Stadt.[88] Eine solche Stadt muß zum Gegenstück Roms werden, und Konstantin verdeutlicht dies, indem er der neuen Stadt den Namen *Alma Roma* gibt, sie mit einem Senat versieht, den Einwohnern eine reichliche Getreideversorgung zukommen läßt und auch für die übrige Ausstattung und Infrastruktur keine Kosten scheut.[89]

2. Die Gründung von Helenopolis

Gegenüber der Umbenennung und Neugründung von Byzanz-Konstantinopel ist die Umbenennung von Drepana-Helenopolis zweifelsohne ein sehr nachrangiges Ereignis. Philostorg hat diesem Akt gleichwohl sehr viel Aufmerksamkeit zukommen lassen, wofür sich ideologisch-theologische Gründe ausmachen lassen.

Drepana am Golf von Nikomedeia war Zentrum eines von Euseb von Nikomedien organisierten Kults des Märtyrers Lukian.[90] Philostorg betont, die beson-

86 Zos. 2,35,1–2. Vgl. zu ähnlichen Ausführungen über die Bevölkerungsmassen in der übergroßen Stadt Eunap. Vit. Soph. p. 462.

87 Besonders deutlich bei Sozom. 2,2,3, bei dem Gott Konstantin während der Bauarbeiten in Ilion durch eine Traumerscheinung auf den richtigen Platz hinweist. Vgl. zur Stelle G. Weber, Kaiser, Träume und Visionen in Prinzipat und Spätantike, Stuttgart 2000, 396f.

88 Philostorg (s. Anm. 11), 2,9 a p. 21: οὐκ ἔλαττον ἢ τὸ πάλαι τῆς Ἱερουσαλήμ.

89 Philostorg (s. Anm. 11), 2,9 und 9a p. 22.

90 H. C. Brennecke, Lukian von Antiochien in der Geschichte des Arianischen Streites,

dere Verehrung dieses Märtyrers durch Helena habe Konstantin zur Umbenennung in Helenopolis veranlaßt.[91] Die sehr dezidierte Feststellung Philostorgs, daß die Umbenennung ausschließlich in der Verehrung für den Märtyrer zu erklären ist, ist nur dann verständlich, wenn sich Philostorg mit Versionen auseinandersetzte, die erst für das VI. Jahrhundert belegt sind,[92] aber älteren Datums sein müssen und in denen die Umbenennung mit der angeblichen Herkunft der Helena aus Drepana erklärt wurde.[93]

Im Zusammenhang mit der Bedeutung der Lukian-Verehrung hat Philostorg zu einem seiner vielen Exkurse ausgeholt, in denen Leben und Sterben des Märtyrers erläutert wurden. In den Andeutungen des Photios sind von diesem Exkurs nur einige besonders charakteristische Details erhalten geblieben, etwa daß ein Delphin den toten Lukian von Nikomedeia nach Drepana brachte,[94] ferner daß Lukian seine letzte Eucharistie gefesselt und auf der Brust liegend in Gefangenschaft feierte,[95] daß seine Schüler zum Heidentum abfielen, dann aber wieder zum Glauben zurückkehrten.[96]

---

in: H. C. Brennecke – E. L. Grasmück – C. Markschies, Logos. Festschrift für Luise Abramowski zum 8. Juli 1993, Berlin – New York 1993, 170–192, hier 185.

91 Korrekter als Photios (Philostorg (s. Anm. 11) 2,12), bei dem Helena selbst Helenopolis gründet, unterstreicht BHG 365 (Angel. 22) p. 579,6–8 Opitz, daß die Gründung von Konstantin selbst zur Ehrung seiner Mutter unternommen wird (anders dann freilich BHG 365, p. 585, 1–10). Daß Helenopolis von Konstantin gegründet wird, bezeugen nämlich auch die vom anonymen homöischen Historiographen abhängigen Zeugnisse bei Bidez, Philostorgius (s. Anm. 3), 205 und Sokr. 1,17,1; Sozom. 2,2,5, vgl. ferner J. W. Drijvers, Helena Augusta. The Mother of Constantine the Great and the Legend of Her Finding of the True Cross, Leiden u. a. 1992, 9f. Bidez, Philostorgius (s. Anm. 3), XCV zieht m. E. zu Unrecht hier die Version des Photios vor, richtig dagegen Gerland, Konstantin der Große (siehe Anm. 13), 56, Anm. 105. Zu Drepana vgl. C. Mango, The Empress Helena, Helenopolis, Pylae, Travaux et Mémoires 12, 1994, 143–158, hier 146–150; S. Mitchell, The Cities of Asia Minor in the Age of Constantine, in: Lieu – Montserrat, Constantine (s. Anm. 27), 52–73, hier 52.

92 Procop. de aed. 5,2,1. Als ältester Beleg bei Mango, Empress Helena (s. Anm. 91), 147 angesehen. Die Philostorgpassage deutet Mango richtig dahingehend, daß „in the eyes of Philostorgius Helena had not been born there". Die Möglichkeit, daß Philostorg hier polemisch auf eine andere Version zurückgreift, diskutiert Mango nicht.

93 Richtig D. Stiernon, Hélénopolis, Dictionnaire d'Histoire et de Géographie Ecclésiastiques 23, 1990, 877: „Les sources hagiographiques (...) en critiquant indirectement cette tradition, en consacrent d'une certaine manière l'antiquité".

94 Philostorg (s. Anm. 11) 2,12. Vgl. zu dem bei Philostorg nur angedeuteten Motiv die Erklärungen von Bardy, Recherches (s. Anm. 59), 73–76, der davon ausgeht, das Delphinsymbol sei auf dem Grabmonument des Lukian abgebildet gewesen. Weiterführend Brennecke, Lukian (s. Anm. 90), 184.

95 Philostorg (s. Anm. 11) 2,13.

96 Philostorg (s. Anm. 11) 2,14.

Die Anspielungen in der verknappenden Inhaltsangabe des Photios werden durch die Angaben in Parallelquellen teilweise erst verständlich. So findet sich etwa in der Vita Luciani des Symeon Metaphrastes eine genaue Erklärung zur Folterung Lukians.[97] Lukian wird in die Podokake eingespannt, ein Folterinstrument, das bis zum vierten Loch also bis zum Maximum ausgedehnt wird, „was das Schwerere dieser Folter ist, da die Gesäßhälften ihm gewaltsam von beiden Seiten aus den Gelenken gerissen wurden.“ Zusätzlich werden ihm spitze Tonscherben in den Rücken gebohrt und die Hände an einem Gestell über den Kopf gefesselt.[98] Diese Details lassen verständlich erscheinen, warum Lukian in der Darstellung des Photios wegen seiner Wunden und Fesseln bei seiner letzten Eucharistie völlig bewegungsunfähig ist und warum er auf der Brust liegen muß.

Die Beziehungen zwischen diesen Parallelquellen und der Darstellung Philostorgs, von der Photios nur einen dürftigen Ausschnitt bietet, sind nicht völlig geklärt. Parallelen zum Inhalt des Exkurses zu Lukian (Philostorg. 2,12-15) finden sich im einzelnen in der Vita BHG 365, in der bereits erwähnten (und in großen Teilen für Lukian mit BHG 365 identischen) Vita Luciani des Symeon Metaphrastes, ferner im Synaxarium von Konstantinopel[99] sowie in der Suda.[100] Man hat die Annahme geäußert, daß schon im Verlauf des vierten Jahrhunderts parallel zu anderen hagiographischen Produkten eine Vita des Märtyrers Lukian entstanden sein soll, die dann unabhängig voneinander von Philostorg und den übrigen

97 Im Anhang VI der Philostorgausgabe von Bidez (s. Anm. 3) p. 194,8–16.

98 Dem Urteil von Bardy, Recherches (s. Anm. 59), 67, daß diese Details erst in einer späteren Zeit ausgesponnen worden sind, kann ich mich nicht anschließen. Er begründet dies damit, daß es im vierten Jahrhundert noch nicht notwendig gewesen wäre zu erklären, wie die Podokake funktionierte. Detaillierte Darstellungen von Qualen und Todesarten finden gerade das manierierte Interesse Philostorgs, vgl. etwa die medizinisch exakte Beschreibung des Todes der Fausta (Philostorg (s. Anm. 11) 2, 4a p. 16, 23–25 Bidez), der tödlichen Verletzung Julians (Philostorg (s. Anm. 11) 7,15 p. 101, 4–7 Bidez) oder des Todes Jovians (Philostorg (s. Anm. 11). 8,9 p. 108, 1–8 Bidez). Vermutlich ist auch die Vergiftung Konstantins durch seine Halbbrüder dramatisierend dargestellt worden, vgl. Philostorg (s. Anm. 11). 2.16 und 16a p. 26 Bidez. Beschreibungen grausamer Hinrichtungen gehören seit Ktesias zum Bestand einer bestimmten Richtung der griechischen Historiographie, der man auch Philostorg zuweisen kann. Daß grausame Körperstrafen in der byzantinischen Epoche (Sp. Troianos, Die Strafen im byzantinischen Recht. Eine Übersicht, Jahrbuch der Österreichischen Byzantinistik 42, 1992, 55–74, besonders 67–68) begegnen, reicht m. E. nicht für die Annahme aus, diese Details seien erst in der byzantinischen Epoche erfunden worden.

99 H. Delehaye, Synaxarium ecclesiae Constantinopolitanae, Brüssel 1902, LV.

100 Suda, s. v. Λουκιανός. Spuren der Vita Lucians auch in einem Hiob-Kommentar, vgl. R. Draguet, Un commentaire grec arien sur Job, Revue d’Histoire ecclésiastique 20, 1924, 38–65. Bardy, Recherches (s. Anm. 59), 18f. erwägt, daß der Kommentar hier letztlich aus mündlicher, nicht mit der Vita verwandten Tradition schöpft.

gerade genannten Quellen benutzt worden sein soll.[101] In diesem Fall müsste man allerdings annehmen, daß BHG 365 sowohl diese Vita als auch Philostorg benutzt haben muß. Die gegenteilige Annahme wurde bereits von Pio Franchi de'Cavalieri geäußert, demzufolge Philostorg selbst die Quelle der Ausführungen in BHG 365 und bei Symeon Metaphrastes war. Sie scheint mir den Vorteil größerer Ökonomie zu haben. Zugunsten dieser Annahme läßt sich der Befund anführen, daß schließlich auch im Falle der Passio Artemii und der Konstantinsvita BHG 364 der Stoff des Kirchenhistorikers in eine hagiographische Darstellung eingegangen ist und daß das Gleiche dann auch für die Vita Luciani gelten kann.[102] Davon daß Bidez „victorieusement" die Annahme von Franchi de'Cavalieri zurückgewiesen haben soll, kann jedenfalls keine Rede sein.[103]

Ob Philostorg bereits auf eine fertig redigierte Erzählung zum Leben Lukians zurückgreifen konnte oder ob er diese Erzählung selbst geformt hat, macht letztlich wenig aus. Deutlich ist auf jeden Fall, welch einen großen Raum die mit der Lukianlegende eng verbundene Gründung von Helenopolis in seinem Bericht über die Alleinherrschaft Konstantins eingenommen hat. Die Erklärung hierfür findet sich in den Ausführungen, die Philostorg in seinem Exkurs zur Lukianlegende den Schülern Lukians gewidmet hat und die durch die Bemerkungen des Photios rekonstruiert werden können:

> Er schreibt, daß es viele verschiedene Schüler dieses Martyrers gegeben hat, zu denen er den Euseb von Nikomedeia, den Maris von Chalkis und den Theognis von Nikaia rechnet, ferner den Leontios, den späteren Bischof von Antiocheia und den Antonios, den Bischof von Tarsos in Kilikien, sowie den Menophantos, den Noumenios und den Eudoxios, darüberhinaus den Alexander und Asterios von Kappadokien. Über letztere schreibt er, daß sie aufgrund des Zwangs der Tyrannen heidnisch wurden, dann aber ihre Niederlage widerriefen, als der Lehrer ihnen bei der Reue beistand.
> Von den oben erwähnten behielten Antonios und Leontios ihren Irrglauben in unveränderter Weise. Euseb, Maris und Theognis ließen sich beim Konzil von Nikaia verlei-

101 Vgl. zuletzt H. C. Brennecke, Lucian von Antiochien, Theologische Realenzyklopädie 21, 1991, 474–479, hier 474. Brennecke ordnet diese Vita dem homöischen Milieu zu, und zwar vor allem deshalb, weil die prominenten homöischen Bischöfe des vierten Jahrhunderts als Schüler des Lukian erscheinen, vgl. Brennecke, Lukian (s. Anm. 90), 186.

102 Vgl. dagegen die ausführlicheren Reste dieser Erzählung bei BHG 365 (Angel. 22), p. 579–585 Opitz und den Anhang VI in der Philostorgausgabe von Bidez (Martyrium Lukians bei Symeon Metaphrastes). Das Martyrium Lukians bei Symeon Metaphrastes ist letztlich von Philostorg abhängig, vgl. den Nachweis bei P. Franchi de'Cavalieri, Di un frammento di una vita di Costantino nel codice greco 22 della Biblioteca Angelica, Studi e documenti di storia e diritto 18, 1897, 89–131, hier 104f.

103 So Bardy, Recherches (s. Anm. 59), 14, Anm. 32: „Cette hypothèse, qui introduit une complication inutile, a été victorieusement refutée par Bidez (...)." Bidez, CXLVIII bietet keine Widerlegung, sondern äußert nur eine dezidierte Meinung.

ten, kehrten aber dann um. Maris aber, der von dort entkommen war, verfiel wieder in einen Irrglauben. Und auch Theognis, der glaubte, daß Gott auch vor der Zeugung des Sohnes Vater gewesen ist, da er ja die Fähigkeit des Zeugens habe. Aber auch Asterios soll seine Gesinnung geändert haben, indem er in seinen Reden und Schriften bezeugte, daß der Sohn ein unverändertes Abbild des Wesens des Vaters sei.[104]

Von all den Schülern Lukians bewahren – Photios formuliert dies natürlich wegen seiner Orthodoxie negativ um – demnach nur Antonios[105] und Leontios[106] den reinen Glauben des Lehrers, während für die übrigen, die sich schon während der Verfolgung nicht immer mustergültig verhalten, Abweichungen vom richtigen Dogma festgestellt werden.[107]

Beide wegen ihrer besonderen Glaubenstreue hervorgehobene Schüler Lukians, nämlich der spätere Bischof von Tarsos und derjenige von Antiocheia, sind nun ausgerechnet besonders aktive Förderer des Aetius gewesen und können aus diesem Grund von Philostorg als Gründungsväter der radikal-arianischen Glaubensrichtung in Anspruch genommen werden.[108] Philostorg hatte somit keinen Zweifel daran, daß bereits Lukian ein entschiedener Vertreter des Heteroousion war.[109] Wenn nun Konstantin und Helena angeblich gerade diesen Märtyrer besonders verehrten und Konstantin ihm zu Ehren Helenopolis errichten ließ, werden beide vom Kirchenhistoriker in eine enge Beziehung zum Neoarianismus gebracht. Die Darstellung der Gründung von Helenopolis als Gegenstück der Gründung von Konstantinopolis erlaubt es somit Philostorg, Konstantin und Helena in anachro-

104 Philostorg (s. Anm. 11) 2,14 p. 25 Bidez. Es handelt sich um die älteste bekannte Liste der Schüler Lukians, vgl. dazu Bardy, Recherches (s. Anm. 59), 193. Photios kann sie nicht komplett zitiert haben, vgl. nämlich die nachträgliche Erwähnung des Lukianschülers Athanasius von Anazarbos bei Philostorg (s. Anm. 11). 3,15 p. 46,1–3.

105 Zu Antonios als Lieblingsschüler Lukians vgl. Bidez (s. Anm. 3), Anhang VI (Vita Luciani) p. 192 und 195.

106 Zu Leontios als wichtigster Gefolgsmann des Lukian (neben Eusebios) vgl. auch Epiphan. pan. haer. 69,5 Vol. 3 p. 156 Holl. Eustolion, die Freundin des Leontios (Athan. Apol. de fuga 26 p. 240 Szymusiak), ist vielleicht mit Eustolia, eine der Begleiterinnen Lukians, identisch, vgl. Bidez (s. Anm. 3), Anhang VI (Vita Luciani) p. 192.

107 Zum Abfall des Asterius ὁ ϑύσας vgl. Athanas. De decret. Nicaen. Syn. 8, Contr. Ar. 2,24; De Synod. 18.

108 Vgl. zur Ableitung der Eunomianer von Lukian auch Battifol (s. Anm. 25), 9.

109 M. E. zu zurückhaltend, aber im Prinzip richtig Bardy, Recherches (s. Anm. 59), 195: „Peut-être s'imagine-t-il que Lucien est le véritable ancêtre doctrinal d'Eunomius: en tout cas ce n'est pas selon la doctrine historiquement enseignée par Lucien, mais selon l'idée qu'il se fait de l'orthodoxie." Vgl. zur Beanspruchung des Lukian für die eunomianische Richtung auch Brennecke, Lucian (s. Anm. 101), 476 und Lukian (s. Anm. 90), 191. Die homöischen Reichsbischöfe vertreten gerade nicht konsequent die Meinung Lukians. Daher scheint mir die Annahme einer homöischen Vita als Vorlage für Philostorg nicht zwingend.

nistischer Weise für seine eigene Glaubensrichtung in Anspruch zu nehmen.[110] Ob Philostorg neben der Gründung von Helenopolis weitere Gründungs- und Bauaktivitäten Konstantins und Helenas in den Provinzen beschrieben hat, bleibt offen, da ein sehr an die Darstellung Eusebs angelehnter Abschnitt der Vita BHG 365 über Bauten im Heiligen Land kaum Philostorg zugewiesen werden kann.[111]

3. Konstantin und der Arianerstreit

3.1 Die Kirchenpolitik Konstantins in der Darstellung Philostorgs und ihre Interpretation durch J. Bidez

Philostorg hat Konstantin nicht allein im Zusammenhang mit der Gründung von Helenopolis für das Heteroousion in Anspruch genommen. Um eine solche Parteinahme geht es bereits in der Darstellung des Konzils von Nikaia und seiner Nachgeschichte von Nikaia. In seiner bereits erwähnten ersten Skizze des historiographischen Plans Philostorgs glaubt Bidez, daß Philostorg das religionspolitische Versagen Konstantins im Nicaenum geißelte und daß er die Verwandtenmorde als Konsequenz dieses Versagens hinstellte: „In Nicäa brachte Constantin den wahren Glauben dadurch vollends in Gefahr, daß er seine Allmacht den Anhängern der Homousie zur Verfügung stellte. Von nun an wich von ihm der Segen Gottes (...) und er verfiel den schlimmsten Instincten einer mangelhaft erzogenen Natur.“ [112] Auch in der revidierten Skizze, die Bidez zwanzig Jahre später vorgeschlagen hat, weicht Konstantin vom rechten Weg ab und beschließt erst nach den Verwandtenmorden und einem mahnenden Erdbeben, die Dekrete des Nicaenum zu annulieren.[113]

Die Zusammenfassung der Darstellung Philostorgs bei Photios und den Parallelquellen (vor allem der bereits hinreichend vorgestellten anonymen Vita BHG 365, aber auch der Panoplia Dogmatike des Niketas Choniates[114]) mag auf dem

110 Daß Konstantinopel später für die Eunomianer eine wichtige Rolle spielt, hat für die Darstellung der Gründung Konstantinopels selbst dagegen m. E. keine Bedeutung, anders Bidez 1935, 412: „Puis, donnant son nom à la Nouvelle Rome, il inaugura une capitale destinée à servir un jour d'asile et de prytanée – comme le dit Philostorge – aux confesseurs du *credo* d'Eunome, c'est-à-dire de la vrai foi.“ Auf die Bedeutung der Gründung von Helenopolis geht Bidez dagegen nicht ein.

111 BHG 365 (Angel. 22) p. 576–578,5 Opitz.

112 Bidez CXVI. Vgl. oben S. 188, Anm. 13.

113 Bidez, Fragments nouveaux (s. Anm. 14), 411–412.

114 Zitiert nach den Ausschnitten in der Philostorg-Ausgabe von Bidez. Zur Überlieferung vgl. J.-L. van Dieten, Zur Überlieferung der Panoplia Dogmatike des Niketas Choniates. Codex Parisiensis graecus 1234, in: P. Wirth (Hrsg.), Polychronia. Festschrift Franz Dölger zum 75. Geburtstag, Heidelberg 1966, 166–180; Ders., Zur Über-

ersten Blick zu verworren erscheinen, um eine zuverlässige Rekonstruktion zu erlauben, zumal es hier um Aussagen geht, die die Orthodoxie Konstantins in ein schiefes Licht stellen mußte und daher von den späten Byzantinern nicht unvoreingenommen betrachtet werden konnte. Einige Grundelemente lassen sich jedoch auch jetzt noch mit Sicherheit feststellen, die darauf hinweisen, daß Philostorg die Religionspolitik Konstantins im Gegensatz zu der Annahme von Bidez durchwegs positiv charakterisierte und Schwankungen ausschließlich auf die Irreführung durch prominente Bischöfe zurückführte.

3.2 Das Konzil von Nikaia und die Verbannung des Euseb von Nikomedeia und seiner Freunde

Bereits bei der Einberufung und bei den Verhandlungen von Nikaia (325) zeigt sich, so Philostorg, Konstantin durchgehend von ehrenhafter Gesinnung und als treuer Sohn der Kirche. Er ruft nach Ausbruch des Streites um Arius unter den Bischöfen ein allgemeines Konzil zusammen und wartet als neutraler Schiedsrichter ab, was die Gesamtheit der Synode beschließen möge. In dieser Synode kommt freilich eine Mehrheit für das Homoousios zustande. Das liegt an intriganten Vorabsprachen, die Alexander von Alexandreia und Ossius von Cordoba unmittelbar vor dem Konzil treffen und die zur Redaktion einer bereits ausgearbeiteten Beschlußvorlage führen.[115]

Daß Konstantin dann die Entscheidung des Konzils glaubt durchsetzten zu müssen und sein *magister officiorum* Philoumenos[116] Arius und seine Genossen vor die Wahl stellt, entweder das Glaubensbekenntnis zu unterschreiben oder in

---

lieferung und Veröffentlichung der Panoplia Dogmatike des Niketas Choniates, Amsterdam 1970. Eine Niketas-Ausgabe ist von van Dieten († 26.12.2003) niemals vorgelegt worden (freundliche Auskunft von W. Brandes).

115 Philostorg (s. Anm. 11) 1,7 p. 8–9 Bidez und 1,7a p. 8, 13–17 = BHG 365 (Angel. 22) p. 560, 24–26 Opitz.

116 Philostorg (s. Anm. 11) 1,9a p. 10 Bidez. Zu Philoumenos, dessen Rolle beim Nicaenum nur bei Philostorg erwähnt wird, vgl. F. Martroye, Bull. Soc. des Antiquaires de France, 1914, 217–220; A. Martin, Athanase d'Alexandrie et l'Eglise d'Egypte au IVe siècle (328–373), Rom 1996, 349, Anm. 26. Die Transkription μάγιστρος ohne Zusatz bedeutet bei Philostorg *magister officiorum,* vgl. M. Clauss, Der magister officiorum in der Spätantike (4.–6. Jahrhundert). Das Amt und sein Einfluß auf die kaiserliche Politik, München 1980, 183, der auf die Parallele zu Olympius hinweist. Nicht behandelt hat Clauss den Fall des zivilen Usurpators Eugenius, der nach Philostorg (s. Anm. 11) 11,2 p. 133 Bidez unmittelbar vor der Erhebung μάγιστρος gewesen sein soll, womit *magister memoriae* gemeint sein muß, vgl. O. Seeck, Geschichte des Untergangs der antiken Welt V, Stuttgart 1920, 538.

die Verbannung zu gehen, liegt am tiefen Respekt, den der Kaiser gegenüber den Bischöfen und ihrem Mehrheitsvotum hat und der in seiner Entscheidung, „daß alle die nicht dem gemeinsamen Entschluß der Bischöfe zustimmen, sei es, daß sie Presbyter sind, sei es daß sie Diakone, sei es daß sie andere Ämter im Klerus innehaben, durch die Verbannung bestraft werden“ seinen Ausdruck findet.[117] Konstantin setzt also das Nicaenum in den Augen Philostorgs deshalb mit seiner Autorität durch, weil er, korrekt in hierarchischen Kategorien denkend, eine Mehrheitsentscheidung der Bischöfe gegenüber einem angeblich hauptsächlich von Presbytern und Diakonen vertretenen Glaubenssatz für richtig hält. (Der gleiche Respekt gegenüber den kirchlichen Hierarchien erklärt bei Philostorg übrigens auch die Haltung eines anderen angeblich vorbildlichen Kaisers, nämlich Gallus, der anfangs nicht zur richtigen Einstellung gegenüber Aetius findet, weil er zunächst den Aetius verleumdenden Bischöfen wegen ihrer hierarchischen Position sein Vertrauen schenkt.[118])

Diese Mehrheit der Bischöfe für das Homoousion stand freilich, so Philostorg, auf völlig schwankender Grundlage. Der Kirchenhistoriker zählte eine bemerkenswerte Serie von Bischöfen auf, die gegen das Homoousion eingestellt sind. Niketas Choniates hat aus dieser Serie eine nach Provinzen gegliederte Liste von zweiundzwanzig Bischöfen überliefert,[119] während Photios hier sehr viel knapper berichtet und aus dieser Liste nur Basileus von Amaseia und Meletios von Sebastoupolis hervorhebt.[120] Diese Bischöfe standen, so wird aus dem, was von der Erzählung Philostorgs erhalten geblieben ist, deutlich, großenteils unter der geistigen Führung des Eusebs von Nikomedien.[121] Um Frieden und einen Kompromiß bemüht, fassen sie, als sie die fertige Vorlage mit dem Glaubensbekenntnis vorfinden, das Homoousion als Homoiusion auf, schwenken aber erst dann völlig auf die Linie des Konzils ein, als ihnen die Schwester Konstantins (nicht Konstantin selbst) dazu den Rat gibt.[122]

Bereits kurze Zeit nach dem Konzil fällt Konstantin der richtige Sachverhalt auf, und zwar, weil Euseb von Nikomedien so ehrlich ist, seinen Irrtum einzugestehen. Wie die „Palinodia“ Eusebs (Photios zu Philost. 2,1) in der Darstellung Philostorgs ablief, läßt sich aus der Kombination von BHG 365 und Niketas Choniates rekonstruieren:[123] Euseb ist bald innerlich wieder zum Heteroousion abge-

---

117 Philostorg (s. Anm. 11) 1,9a p. 10 Bidez = BHG 365 (Angel. 22) p. 560,20–24 Opitz.

118 Philostorg (s. Anm. 11) 3,27 p. 52 Bidez.

119 Philostorg (s. Anm. 11) 1,8a p. 9 Bidez.

120 Philostorg (s. Anm. 11) 1, a p. 9 Bidez.

121 Philostorg (s. Anm. 11) 1,9c p. 10–11 Bidez.

122 Philostorg (s. Anm. 11) 1,9 p. 11,1–3 Bidez: „(...), wobei Constantina (für Constantia), die Schwester des Kaisers, ihnen den Ratschlag zu einem solchen Verhalten gab.“

123 Philostorg (s. Anm. 11). 2,1a = BHG 365 (Angel. 22) p. 564,13–22 Opitz und Philostorg (s. Anm. 11) 2,1b.

schwenkt und beschließt in Chalkedon mit Theognis zusammenzutreffen, um über das weitere Vorgehen zu beratschlagen. Wenig später kommt auch Maris. Sie setzen sich in die Säulenhalle der Kirche und beratschlagen, wobei es zum Streit kommt. Durch ein plötzliches Erdbeben – die stets übernatürliche Ursache von Erdbeben hat Philostorg in einem seiner Exkurse behandelt[124] – und durch eine plötzliche Finsternis zeigt der Himmel seinen Unwillen über diese Querelen an.[125] Die Bischöfe beschließen alle, sich wieder zum wahren Glauben, d.h. zum Heteroousion, zu bekennen, gehen zu Konstantin und bekennen: „Wir haben gottlos gehandelt, indem wir unter die Gottlosigkeit unsere Unterschrift gesetzt haben, aus Angst vor Dir."[126]

Konstantin ist über diese Eröffnung deshalb erzürnt, weil durch das vorübergehende Einschwenken Eusebs und seiner Gefährten im Konzil eine Einmütigkeit hergestellt worden ist, die keine feste Grundlage hat. Sobald er den wahren Sachverhalt erkannt hat, verbannt er die unehrlichen Bischöfe, die selbst ihren Irrtum reuig erkennen.[127] Die Position des Heterousion wird nun glanzvoll von Konstantin rehabilitiert. Secundus und seine Anhänger werden zurückgerufen.[128] Überall werden Briefe verschickt, die das Homousion für ungültig erklären und das Heteroousion bestärken.[129] Diesen Briefen stimmt selbst Alexander von Alexandrien zu, der vorübergehend den Arius in seine Kirche wieder aufnimmt.[130] Die reichsweite Durchsetzung dieser Positionen durch Konstantin erfolgt lange vor der Affäre um Crispus und Fausta, die somit bei Philostorg auf keinen Fall mit der falschen Entscheidung des nicaenischen Konzils in irgendeiner Verbindung gestanden haben kann.

---

124 Philostorg (s. Anm. 11) 12,9 p. 147 Bidez. Ähnlich gegen die naturwissenschaftliche Deutung von Erdbeben (nach Aristoteles) Agath. 5,6,1 mit Mischa Meier, Das andere Zeitalter Justinians Kontingenzerfahrung und Kontingenzbewältigung im 6. Jahrhundert n. Chr., Göttingen 2003, 84–86.

125 Es kann also gegen Bidez, 370 nicht davon die Rede sein, daß Konstantin selbst „voyant la terre trembler et les églises crouler devant lui, (...) revint de son aveuglement". Eine analoge Situation skizziert Philostorg (s. Anm. 11) 4,10 für die Vorversammlung von Nikomedeia, die parallel zu dem Konzil von Ariminum stattfindet. Sie neigte sich mehrheitlich dem (von Philostorg für ketzerisch gehaltenen) Homoousion zu, als ein Erdbeben Nikomedeia zerstörte, vgl. Trompf (s. Anm. 19), 28.

126 Philostorg (s. Anm. 11) 2,1b p. 12,24–25 Bidez (aus Niketas Choniates).

127 Philostorg (s. Anm. 11) 2,1b p. 12,25–27 Bidez (aus Niketas Choniates).

128 Philostorg (s. Anm. 11) 2,1 p. 12, 4–6 Bidez.

129 Philostorg (s. Anm. 11) 2,1 p. 12,6–13,1 Bidez.

130 Philostorg (s. Anm. 11) 2,1 p. 13,1–2 Bidez. Dazu G. Bardy, Sur la réitération du concile de Nicée (327), Recherches de Science religieuse 23, 1933, 430–450, hier 430, Anm. 2.

3.3 Das Konzil von Nikomedeia (328) und der Triumph des Heteroousion

In seiner weiteren Regierungszeit bleibt Konstantin bis zum Schluß treu dem Heteroousion verbunden und greift dementsprechend kirchenpolitisch ein. Neue Auseinandersetzungen ergeben sich, nachdem Alexander von Alexandreia die anfänglich gegebene Zustimmung zum Heteroousion wieder zurückzieht und Arius erneut aus der alexandrinischen Kirche gestoßen wird.[131] Die nach drei Jahren begnadigten Bischöfe Euseb, Maris und Theognis können, so Philostorg, schließlich zurückkehren und verurteilen Alexander von Alexandreia wegen seiner erneuten Abfalls vom Heteroousion, und zwar wohl während eines großen Konzils, das in Nikomedeia einberufen wird und das die Ergebnisse von Nikaia korrigieren soll.

Die Historizität eines zweiten, die Ergebnisse von Nikaia „korrigierenden" Konzils (das in Nikaia oder in Nikomedeia stattfand) ist bekanntlich sehr umstritten, und auf die in diesem Zusammenhang diskutierten komplexen kirchengeschichtlichen Probleme kann hier nicht eingegangen werden.[132] Philostorg entstellt freilich die geschichtliche Realität eher durch Anachronismen, durch tendenziöse Interpretation und durch Auslassungen (soweit diese bei einem fragmentarischen Autor überhaupt nachweisbar sind) als durch völlig freie Erfindungen. Angesichts der bewußt lückenhaften Darstellung der orthodoxen Kirchenhistoriker, die mit guten Gründen die im Einvernehmen mit Euseb von Nikomedeia gesteuerte Kirchenpolitik Konstantins nur unzureichend dokumentieren,[133] und angesichts der

131 Philostorg (s. Anm. 11) 2,1 p. 13, 3–5 Bidez.

132 Bardy, Sur la réitération (siehe Anm. 130); R. Lorenz, Das Problem der Nachsynode von Nicäa (327), Zeitschrift für Kirchengeschichte 90, 1979, 22–40; B. Bleckmann, Ein Kaiser als Prediger: Zur Datierung der konstantinischen Rede an die Versammlung der Heiligen, Hermes 125, 1997, 183–202. Die umstrittene These von der Revision des Nicaenum in einer Nachsynode (in Nikaia) geht auf O. Seeck, Untersuchungen zur Geschichte des nicänischen Konzils, Zeitschrift für Kirchengeschichte 17, 1897, 1–71 und 319–362 zurück, hier 69–71 und 358–362. Vgl. ferner die Modifikationen (Nikomedeia statt Nikaia) H. G. Opitz, Die Zeitfolge des arianischen Streites von den Anfängen bis zum Jahre 328, Zeitschrift für die Neutestamentliche Wissenschaft und die Kunde der älteren Kirche 33, 1934, 131–159, hier 154–159. Die Tatsache, daß das zweite Konzil kaum Spuren in der Historiographie hinterlassen hat, ist nicht von vornherein ein Argument gegen dessen Historizität. Für andere bedeutende Versammlungen dieser Zeit, insbesondere zur wichtigen, vor Eduard Schwartz unbekannten Synode von Antiocheia, die unmittelbar vor dem Konzil von Nikaia stattfand, verhält es sich nicht anders, richtig Bardy, Sur la réitération (siehe Anm. 130), 431.

133 Die bewußt unklare Haltung der in einer schwierigen Situation lavierenden und gegeneinander polemisierenden Bischöfe trug ebenfalls dazu bei, den Nachvollzug der kirchenpolitischen Auseinandersetzungen aufs äußerste zu erschweren. Sokrates (s. Anm. 23), 1,22,6 vergleicht diese Auseinandersetzungen mit einer Nyktomachie. Vgl.

tendenziösen und ebenfalls nur sehr fragmentarischen Erzählungen des Athanasius besteht keine Veranlassung, das wichtige Zeugnis Philostorgs als angeblich „ziemlich verworrene Notiz" in den Hintergrund zu stellen.[134]

Die Erzählung über das Konzil von Nikomedeia und seine Vorgeschichte ist nicht nur im Exzerpt des Photios erhalten geblieben, sondern auch in der Panoplia Dogmatike des Niketas Choniates (Philostorg 2,7 bzw. 7a):

> Nach drei ganzen Jahren, so sagt er, erlangten Eusebios, Maris und Theognis durch die Entscheidung des Kaisers die Erlaubnis zur Rückkehr. Sie legten ein Bekenntnis ihres Irrglaubens vor und verschickten es überallhin, um die Synode von Nikaia zu zerstören. Und sie setzten Alexander von Alexandreia ab und exkommunizierten ihn dafür, daß er erneut zum Homousion zurückgekehrt war. Aber sie klagten auch den Eustathios von Antiocheia an, wegen der Verbindung mit einer Hure und wegen des Genusses schimpflicher Lust. Ihm bemaß der Kaiser als Strafe das Exil, indem er ihn in den Westen verbannte. Er (Philostorg) behauptet, daß die Teilnehmerzahl dieses widergesetzlichen Konzils zweihundertfünfzig betrug und daß ihnen Nikomedeia als Werkstatt widergesetzlicher Handlungen diente.

> Nach drei ganzen Jahren beschloß er (Konstantin) auch für Euseb und seine Leute die Rückkehr. Und als sie nun aus den gallischen Provinzen zurückgekehrt waren, machten sie in Nikomedeia eine Synode von zweihundert Bischöfen und verbannten Alexander und alle, die das Homoousion verkündeten.

Viele Andeutungen in den Parallelquellen scheinen gewisse Züge der Erzählung Philostorgs zu bestätigen.[135]

1. Die präzise Aussage, Euseb, Theognis und Maris seien nach Gallien verbannt worden, wird durch ein Schreiben Konstantins selbst bestätigt.[136]

2. Die Einberufung einer zweiten Synode erwähnt auch Euseb (VC 3,23) und bringt sie, wie Philostorg, mit Konflikten innerhalb der ägyptischen Kirche in

---

dazu Bardy, Sur la réitération (s. Anm. 130), 430, in dessen Diskussion um das zweite Konzil man allerdings eine Auseinandersetzung mit der einschlägigen Notiz Philostorgs vermißt.

134 Lorenz, Nachsynode (s. Anm. 132), 24.

135 Mit der wegen der von Philostorg explizit erwähnten „drei ganzen Jahren" 328 abgehaltenen Synode von Nikomedeia ist m. E. die Rede Konstantins an die Versammlung der Heiligen in Verbindung zu bringen, vgl. Bleckmann, Ein Kaiser als Prediger (siehe Anm. 132). Nach T. D. Barnes, Constantine's Speech to the Assembly of the Saints: Place and Date of Delivery, Journal of Theological Studies 52, 2001, 26–36 soll in meiner Argumentation ein Mißverständnis im späten Griechisch vorliegen. Philostorg meine nur „ungefähr drei Jahre". Die von Barnes angeführten Parallelen greifen aber nur, wenn im Text μετὰ ὅλους τρεῖς ἐνιαυτούς zu lesen wäre.

136 Urkunde Nr. 27 p. 62 Opitz (= H. G. Opitz [Hrsg.], Athanasius Werke III, 1. Urkunden zur Geschichte des Arianischen Streites 318–328, Berlin–Leipzig 1934–1935). Vgl. Bardy, Sur la réitération (s. Anm. 130), 436–439 und Lorenz, Nachsynode (s. Anm. 132), 34.

Verbindung. Die Vermutung, daß Euseb in dieser Erzählung nicht die Frage der Rückkehr des Arius, sondern ausschließlich Konflikte wegen der Melitianer meint, ist nicht beweisbar.

3. Die von Euseb und seinen Freunden überall verschickten Bekenntnisse kann man mit dem „Reuebrief" in Verbindung bringen, den Euseb und Theognis verschickt haben sollen und der bei Sokrates und Sozomenos überliefert worden ist.[137] Man geht gewöhnlich davon aus, dieser Brief sei erst nach dem Zusammentritt der zweiten Synode verfaßt worden, während er nach Philostorg vor der Synode ausgeschickt wird und deren Einberufung die Folge des Briefes ist. Die verschraubten diplomatischen Formulierungen erschweren freilich eine eindeutige Interpretation des Briefes. Gerichtet ist der Brief an eine Gemeinschaft von Bischöfen. Wenn damit die ideale Gemeinschaft derjenigen Bischöfe gemeint sein sollte, die am Konzil von 325 teilgenommen haben,[138] läßt sich dies durchaus mit der Angabe Philostorgs verbinden, die drei Verbannten hätten überallhin (πανταχόσε) ihr Schreiben versandt.[139] Der Hinweis auf eine Rehabilitation des Arius beweist nicht, daß zum Zeitpunkt der Briefentsendung Arius bereits von einer Synode rehabilitiert worden ist, sondern erklärt sich auch, wenn die Rehabilitation vom Kaiser in Gemeinschaft mit einigen bischöflichen Ratgebern erfolgte.

Insgesamt würde sich damit die Argumentation Eusebs und seiner Gefährten folgendermaßen rekonstruieren lassen: Sie beteuern zunächst ihre Rechtgläubigkeit und erklären ihre Unterlassung der Verurteilung des Arius damit, dieser habe überhaupt nicht die häretische Gesinnung, die ihm zugeschrieben werde. Angesichts der Geschlossenheit des Konzils von Nikaia seien sie im Interesse der Herstellung der Kircheneinheit aber nunmehr zur Unterschrift der Beschlüsse von Nikaia bereit. Diese Unterschrift sei ohnehin mit Leichtigkeit möglich, nachdem Arius seine Verteidigung vor dem Kaiser präsentiert habe. Der Brief dient also der Gesichtswahrung aller Parteien, auch wenn in der Sache Euseb und seine Gefährten in nichts nachgegeben haben, sondern vielmehr nun die Kircheneinheit unter formeller Wahrung der Beschlüsse des Konzils von Nikaia in ihrem Sinne gestalten wollen.

---

137 Sokr. 1,14,2–7; Sozom. 2,16,3–7. Identisch der als Gelasios von Kyzikos bekannte Anonymus (Gelas. Kyz. 13,1–5). Vgl. Urkunde Nr. 31 p. 65–66 Opitz (H. G. Opitz [Hrsg.], Athanasius Werke III, 1. [s. Anm. 136]).

138 Hingewiesen wird auf eine Verurteilung durch die Adressaten (Sokr. 1,14,2 und Sozom. 2,16,3), womit nur die Exkommunikation derer gemeint sein kann, die sich auf dem Nicaenum der Exkommunikation des Arius widersetzten.

139 Ein σύμβολον enthält das Schreiben des Euseb und des Theognis bei den orthodoxen Kirchenhistorikern zwar im Gegensatz zu Philostorg (s. Anm. 11) 2,7 nicht, aber nichts weist darauf hin, daß der Brief komplett zitiert worden ist. Philostorg fügt zu Euseb und Theognis Maris von Chalkedon als dritten Bischof hinzu, offenkundig aufgrund vollständigerer Informationen.

4. Für konfus hält Lorenz die Angaben Philostorgs über das Konzil von Nikomedeia anscheinend vor allem deshalb, weil die Verurteilung des Eustathius von Antiochien nach diesem Historiker irrigerweise während dieses Konzils stattgefunden haben soll.[140] Philostorg ist aber hier möglicherweise vom verkürzenden Exzerptor unzutreffend wiedergegeben worden und hat ursprünglich nur einen sachlich-chronologischen Zusammenhang zwischen der Synode von Nikomedeia und der Absetzung des Eustathios in Antiocheia hergestellt. Konzil von Nikomedeia und Verurteilung des Eustathius wären beide als Ergebnis der von Euseb gesteuerten Revisionspolitik zu betrachten.[141]

3.4 Konstantin und Athanasius

Die Geschichte der Auseinandersetzungen zwischen „Arianern" und „Orthodoxen" wird bekanntlich für die Epoche ab der Spätzeit der Regierung Konstantins mit der Geschichte des Athanasius identifiziert. Der 328 unter turbulenten Umständen zum Bischof von Alexandria erhobene Athanasius verstand es, in der Auseinandersetzung um die Legitimität seiner Einsetzung und seiner Amtsführung seine Gegner in grundsätzlicher Form als Häretiker hinzustellen. Die Reduktion der Kirchengeschichte der 30er und 40er Jahre des vierten Jahrhunderts auf eine Auseinandersetzung zwischen Athanasius als dem unerschrockenen Protagonisten der Orthodoxie und seiner arianischen Gegner ist in hohem Maße der von Athanasius selbst gebotenen Geschichtsperspektive verpflichtet. Sie findet sich nicht nur bei den orthodoxen Kirchenhistorikern, sondern zumindest für die Kirchenpolitik der letzten Regierungsjahre Konstantins auch bei Philostorg. Die relativ detaillierte Wiedergabe der Philostorg-Erzählung über Athanasios bei Photios erklärt sich allerdings auch damit, daß Photios ein besonderes Interesse an der Person des streitbaren Bischofs hatte.[142]

---

140 Lorenz, Nachsynode (s. Anm. 132), 25, Anm. 20: „Philostorgius wirft hier seine Synode von Nikomedien mit der antiochenischen gegen Eustathius zusammen." Vgl. bereits Bardy, Recherches (s. Anm. 59), 312, Anm. 49.

141 Niketas Choniates (Philostorg (s. Anm. 11) 2,7b p 19 Bidez) hebt Philostorg von den übrigen Kirchenhistorikern in der Frage der Bischofssukzession in Antiocheia ab. Philostorg läßt den Paulinos unmittelbar auf Eustathios folgen, während die übrigen Kirchenhistoriker als Nachfolger Euphronios und Eulalios erwähnen. Die Chronologie des Prozesses gegen Eustathios ist hochumstritten, vgl. zum status quaestionis Martin (s. Anm. 116), 341, Anm. 2. Aufgrund einer (von Philostorgstellen ganz unabhängigen Argumentation) erscheint 327 als Datum wahrscheinlich, vgl. R. Lorenz, Eustathius von Antichien, Theologische Realenzyklopädie 10, 1982, 543–546, hier 544. Damit kommt man genau zu der von Philostorg (s. Anm. 11) 2,7 und 7b nahegelegten Simultanität der Synode von Nikomedeia und der (durch die Synode von Nikomedeia vielleicht im nachhinein bestätigten) Einsetzung des Paulinos als Nachfolger des Eustathios.

142 Phot. Cod. 258.

Es ist evident, daß Philostorg für die Person des Athanasios in der Tendenz von den orthodoxen Kirchenhistoriker völlig abweichend berichtete.[143] Philostorg scheint es, wenn man, von der Zusammenfassung des Photios ausgehend, weitreichendere Schlüsse ziehen darf, vor allem darum gegangen zu sein, aufzuzeigen, daß die Schwankungen, die das Verhältnis zwischen Athanasios und Konstantin charakterisieren, nicht mit der Beeinflußbarkeit und Wankelmütigkeit des Kaisers zu erklären sind, sondern sich aus der konsequenten Rechtlichkeit des Kaisers zum einen und der extremen Verworfenheit des Athanasios zum anderen ergeben.

Die Wahl des Athanasios ist – hier konnte Philostorg mit Leichtigkeit die Vorwürfe der Melitianer aufgreifen – natürlich irregulär und nur das Ergebnis von Intrigen und Gewalt. Die Vorwürfe der Melitianer werden dabei grob überspitzt. Nach deren Anklagedossier waren immerhin sieben ägyptische Bischöfe (von über vierzig!) an der Wahl und Erhebung beteiligt. Bei Philostorg schließt sich Athanasios dagegen, nachdem die Wahlen schon länger dauern und zu keinem Ergebnis führen, mit nur zwei Bischöfen in der sogenannten Dionysios-Kirche ein und zwingt sie, ihn zum Bischof zu weihen.

Daß die brutal durchgesetzte, völlig unkanonische Wahl trotz der Proteste der übrigen Bischöfe zunächst von Konstantin anerkannt wird, liegt nur am Täuschungsmanöver des Athanasios, der nicht in eigenem Namen an Konstantin schreibt, sondern diesem einen Brief übersendet, der als Brief des alexandrinischen Gemeinwesens ausgegeben wird.[144] Im Glauben, daß die Alexandriner hier im Konsens den Athanasios erhoben haben, schickt Konstantin ihnen ein Schreiben, das das Psephisma der Alexandriner bestätigt. Dieses Schreiben, das in der Darstellung Philostorgs nur zur Illustrierung der arglistigen Täuschungsmanöver des Athanasius eingefügt worden ist, ist vom orthodoxen Autor der Vita BHG 365 als für Athanasius ruhmreiches Dokument mißverstanden und daher wörtlich zitiert worden:

> Ich habe das von euch geschickte Psephisma bezüglich der Bischofserhebung zur Kenntnis genommen und erfahren, daß die Angelegenheit für euch einen wunschgemäßen Ausgang genommen hat und daß der Mann so sehr von euch allen übereinstimmend geliebt wird. Und so freue auch ich mich (wie könnte ich es nämlich nicht?)

143 Zu einer relativ hohen Einschätzung des Quellenwerts Philostorgs gelangt W. G. Rusch, A la recherche de l'Athanase historique, in: C. Kannengiesser, Politique et Théologie chez Athanase d'Alexandrie, Paris 1974, 161–177.

144 Philostorg (s. Anm. 11) 2,11 p. 23 Bidez: Athanasios schreibt ὡς ἀπὸ τοῦ κοινοῦ τῆς πόλεως. Konstantin glaubt, es handle sich um κοινῆς βουλῆς (...) τὸ γράμμα. Vgl. Philostorg (s. Anm. 11) 2,11a p. 23 Bidez = BHG 365 (Angel. 22) p. 576, 13f. Opitz: τὸ τῆς πόλεως ψήφισμα. Der orthodoxe Autor von BHG 365 gibt natürlich nicht wieder, daß es sich in seiner Vorlage nur um ein fingiertes „Psephisma“ handelt.

und ich meine, daß das gültig und fest bleibt, was ihr selbst gemeinsam durch Abstimmung gewählt habt.[145]

Konstantin hat sich also, so die Darstellung Philostorgs, nicht durch Schwäche oder gar aufgrund eigener Sympathien zur anfänglichen Bestätigung des Athanasios bewegen lassen, sondern aufgrund seiner strikten Beachtung der innerhalb der Kirche gültigen Normen, in ähnlicher Weise, wie seine Unterstützung des Nicaenums ausschließlich auf der Beachtung der hierarchischen Unterschiede zwischen Diakonen und Bischöfen gegründet gewesen sein soll.

V. Die Darstellung der dynastischen Morde Konstantins: Ihre Funktion im Geschichtswerk Philostorgs

Angesichts dieser rundum positiven Darstellung der Alleinherrschaft Konstantins und besonders seiner Kirchenpolitik kann Philostorg die Verwandtenmorde weder als göttliche Rache für die falschen Beschlüsse von Nikaia beschrieben haben (denn die Umkehr Konstantins zum Heteroousion findet schon vor den Verwandtenmorden statt) noch als Auftakt für eine Entwicklung zum Schlimmeren (die mit göttlicher Hilfe zustande gebrachte Gründung von Konstantinopel findet nach den Verwandtenmorden statt). Wenn Philostorg die Verwandtenmorde erwähnt hat, dann tat er es nicht, um Zwielicht in sein Konstantinporträt zu bringen und den heiligmäßigen Kaiser anzuschwärzen. Daß die Erwähnung der Familienmorde als solche bereits Ausdruck der häretischen und frevlerischen Gesinnung gewesen sein soll, kann der Autor der Konstantins-Vita BHG 365 nur deshalb annehmen, weil er den argumentativen Diskurs, in dem Philostorg im 5. Jahrhundert eingebunden war, völlig verkennt.[146] Da Philostorg die Details der paganen Historiographie in seine Darstellung übernimmt, um sich auf der Höhe der historischen Diskussion um das œuvre Konstantins zu halten, kam eine völlige Ignorierung dieser für das pagane Konstantinbild so zentralen Morde nicht in Frage.[147] Für die Widerlegung

145 Philostorg (s. Anm. 11) 2,11a p. 23,32–39 Bidez = BHG 365 (Angel. 22) p. 576,16–21 Opitz. Die Stelle verdient bei der Diskussion, ob die Kirchengeschichte Philostorgs auch darin dem Modell Eusebs verpflichtet war, daß in ihr Dokumente eingelegt waren, Beachtung.

146 Philostorg (s. Anm. 11) 2,4a (aus BHG 365,4–6 p. 15 Bidez): „Die aber, die voller Häresie und Gottlosigkeit sind, sagen, daß er das Ende seines Lebens durch den Vater gefunden hat. Es wäre in Wirklichkeit angebracht, deren Worte, weil sie ja allzu lügnerisch sind, zu überspringen.“ Im weiteren geht der Autor von BHG 365 dann doch auf die Version Philostorgs ein.

147 Vgl. Zos. 2,29,1–4; Epit. Caes. 41,11–12; Julian. Imp. Caes. 336 ab. Vgl. i. e. F. Paschoud, Zosime 2,29 et la conversion de Constantin, Historia 20, 1971, 334–353; Drijvers, Helena Augusta (s. Anm. 91), 60–62.

der Aussagen der paganen Historiographie mußten diese Aussagen zunächst einmal zumindest partiell dargestellt werden.

Ein solches Verfahren findet sich etwa auch in der Kirchengeschichte des Sozomenos, der die pagane Version von den Verwandtenmorden und der damit verbundenen Bekehrung des Kaisers zumindest in einem ersten Schritt kurz erwähnt, um sie anschließend in einem zweiten Schritt zu widerlegen.[148] Bei dieser Widerlegung ist Sozomenos dann auf die Faktizität der Verwandtenmorde nicht weiter eingegangen. Er bekämpft die pagane Bekehrungsversion unter anderem mit einem chronologisch-juristischem Argument, nämlich daß der christliche Charakter der sicher datierten Gesetzgebung Konstantins und seines Caesars schon lange vor der dynastischen Katastrophe des Jahres 326 feststeht und daß damit die Bekehrung Konstantins unmöglich Folge der Verwandtenmorde gewesen sein kann.[149] Die Behauptung, Konstantin habe bei den Heiden keine Möglichkeit gefunden, für sein Verbrechen Verzeihung zu erlangen, bekämpft Sozomenos weiterhin mit seinen mythologischen Spezialkenntnissen, durch die er nachweist, daß die Sühnung schwerster Freveltaten auch den Heiden durchaus bekannt ist.[150]

Die Argumentation Philostorgs folgt einer anderen, freilich im Prinzip mit derjenigen des Sozomenos vergleichbaren Verteidigungsstrategie. Die Faktizität der Verwandtenmorde wird nicht bestritten, aber es wird durch die ausführlich und scheinbar wohlinformierte Erzählung, die sich der Informationen Eunaps bedient, versucht, die Verantwortung Konstantins zu relativieren. Dabei wird detailliert auf die pagane Version von den Verwandtenmorden eingegangen.

Das läßt sich deutlich erkennen, wenn man die Version Philostorgs mit der ausführlichsten Darstellung der paganen Version, nämlich derjenigen bei Zosimos 2,29,2, vergleicht:

> Denn seinen Sohn Crispus, der wie von mir oben gesagt worden ist, mit dem Rang eines Caesars geehrt wurde, verdächtigte er, sich mit seiner Stiefmutter Fausta verbunden zu haben, und ließ ihn umbringen, ohne auf das Gesetz der Natur Rücksicht zu nehmen. Als die Mutter Konstantins Helena sich über eine solche Gewalttat beschwerte und kaum die Ermordung des jungen Mannes ertrug, da versuchte Konstantin, gleichsam als ob er sie trösten wollte, das Übel durch ein größeres Übel zu heilen. Er befahl nämlich ein Bad über Gebühr zu beheizen und ließ in dieses Bad Fausta einschließen und erst tot wieder herausführen.

---

148 Sozom. 1,5,1: Darstellung der Erzählung der „Hellenen". Sozom. 1,5,2–5: Widerlegung.

149 Sozom. 1,5,3.

150 Sozom. 1,5,4: Herakles wird in den Demetermysterien nach dem Mord an seinen Kindern und an seinen Gastfreund Iphitos gereinigt. Sozom. 1,1,11 demonstriert seine mythologische Bildung, indem er auf den kalydonischen Eber und den Stier von Marathon verweist. Euseb von Caesarea wird von Sozom. 1,11,12 unter anderem auch wegen seiner Kenntnis der griechischen Dichter (und damit der Mythologie) gerühmt.

Die Version, der Zosimos folgte, warf Konstantin also vor, aufgrund eigener Verdächtigungen gegen das Naturgesetz die Hinrichtung des Crispus verfügt zu haben („ohne auf das Gesetz der Natur Rücksicht zu nehmen"), und bestritt die Rechtmäßigkeit der anschließenden Hinrichtung der Fausta, durch die nur ein Übel durch ein größeres geheilt wurde. Genau an diesen Punkten scheint nun die gegen die heidnische Version gerichtete Erzählung des Philostorg angesetzt zu haben, soweit diese Erzählung aus dem Photios-Exzerpt, der Konstantinsvita BHG 365 und der Artemii Passio rekonstruiert werden kann. Philostorg demonstrierte in ähnlicher Weise wie Sozomenos gegenüber den letzten Heiden Konstantinopels seine Bildung, indem er zur Erklärung der Affäre der Familienmorde die Parallele mit dem Mythos von Phädra und Hippolytos bemühte.[151] Wie Phädra die Stiefmutter des Hippolytos war – Philostorg glänzte hier mit genealogischen Spezialkenntnissen zur Abstammung des Hippolytos von der Amazone Hippolyte –, ist Fausta die Stiefmutter des Crispus, den sie wie ihr mythologisches Vorbild zu verführen sucht, um ihn dann zu verleumden. In dieser Konstellation muß sich Konstantin wie Theseus, d. h. wie eine von den Heiden als Heros verehrte Gestalt verhalten und aufgrund der Verleumdungen der Phädra-Fausta – nicht wie bei Zosimos aufgrund eigener Verdächtigungen – den Hippolytos-Crispus töten lassen. Daß dieser Tötungsbefehl, wie von Zosimos und der heidnischen Tradition behauptet, gegen die Naturgesetze verstieß, dürfte Philostorg entschieden in Abrede gestellt haben. In der Artemii Passio wird im Gegenteil hervorgehoben, daß ein Vater in diesem Fall zum Schutz seiner Ehe nicht anders hätte handeln können und daß Konstantin den ehebrecherischen Sohn κατὰ τοὺς τῆς φύσεως νόμους hinrichten lassen mußte.[152] Die Passage der Artemii Passio stammt aus der Rede, die Artemius zur Verteidigung Konstantins gegen Julian hält, und hat möglicherweise die apologetische Argumentation Philostorgs um einiges überspitzt. Aber die Darstellung der Vita Constantini BHG 365, die für die Episode um Fausta und Crispus sich ausdrücklich auf Philostorg beruft,[153] ist

151 Zur mythologischen Bildung des Sozomenos s. die vorangehende Anmerkung. Eine noch positivere Einstellung zum paganen mythologischen Bildungsstoff zeigt Sokrates im Zusammenhang mit seiner Erörterung des Schulgesetzes Julians und der Kritik der Dichtungen der Apollinarioi, vgl. zu Sokr. 3,16,1–26 Wallraff, Kirchenhistoriker Sokrates (s. Anm. 9), 91 mit Anm. 303. Sokrates war von den heidnischen Grammatikern Ammonius und Helladius unterrichtet worden, vgl. zu Sokr. h. e. 5,16,9 Winkelmann, Heiden und Christen (s. Anm. 13), 143; R. A. Kaster, Guardians of Language. The Grammarian and Society in Late Antiquity, Berkeley – Los Angeles – London 1988, 241 und 289.

152 Philostorg (s. Anm. 11) 2,4 b p. 16 Bidez = Artemii Passio 45.

153 Philostorg (s. Anm. 11) 2,4 a p. 17 Bidez = BHG 365 (Angel. 22) p. 566, 18–20 Opitz: „Ich weiß nicht, ob Philostorg, der größte Lügenfreund, dies (nämlich die vorausgehenden Ausführungen) über Konstantin, den Siegreichen und Frommen, wahrheitsgemäß berichtet hat."

nicht völlig verschieden. Ihrzufolge löste die Ungeheuerlichkeit des von Fausta erhobenen Vorwurfs bei Konstantin völlig verständliche Reaktionen aus, die wie bei Theseus und Hippolytos eine rationale Beurteilung des Falls und die Bewahrung eines kühlen Kopfes verhinderten.[154]

Die Hinrichtung der Fausta erscheint in der Darstellung des Philostorg – auch dies ist ganz bewußt gegen die bei Zosimos zu greifenden pagane Darstellung gerichtet – nicht als der Versuch, ein Übel durch ein größeres Übel auszulöschen, sondern als ein Akt, in dem die allein für die Tragödie verantwortliche Kaiserin ihrer völlig gerechtfertigten Strafe zugeführt wird. Besonders deutlich wird dies wieder in der Rede, die Artemius in der Artemii Passio gegen Julian hält und für die der Autor der Passio aus Philostorg geschöpft hat: „Später aber, als er die Wahrheit erfuhr, ließ er nun auch sie töten, indem er gegen sie das gerechteste aller Gerichtsurteile verhängte (δίκην ἐπ' αὐτῇ δικάσας πασῶν δικαιοτάτην)."[155]

Die anonyme Konstantinsvita BHG 365 läßt eine etwas kompliziertere Ereignisverkettung erahnen. Fausta wird in flagranti beim Ehebruch mit einem *cursor* ertappt, und auf Befehl des Kaisers hingerichtet. Möglicherweise kann dies mit der Version der Artemii Passio insofern vereint werden, als es erst der Ehebruch mit einem *cursor* war, der dem Kaiser den wahren Sachverhalt eröffnete, was die angebliche Schuld des Crispus betraf. Die Hinrichtung infolge des Ehebruchs erscheint auch in der anonymen Konstantinsvita jedenfalls als die gerechte Rache für die Verleumdung des Crispus-Hippolytos. Es wird sogar mit einem gewissen sadistischen Vergnügen auf Details der als Badeunfall fingierten Tötung eingegangen, die notwendig ist, „damit das Werk der Rache ausgeführt werde und damit die Art und Weise (der Tötung) die aufgrund der Schuld hervorgebrachte Schmach auslösche."[156]

Die Verwandtenmorde wurden damit, so viel lassen die erhaltenen Fragmente auf jeden Fall erkennen, im Geschichtswerk Philostorgs nicht deshalb ausführlich dargestellt, um Konstantin zu kritisieren, sondern vielmehr in der Absicht, den Kaiser gegenüber den Anwürfen der paganen Historiographie in Schutz zu nehmen. Offenkundig ist dies von Photios nicht richtig verstanden worden, wenn er verkürzend die Ermordung Konstantins durch seine Brüder als göttliche Vergeltung für die Ermordung des Crispus interpretiert:

> Er (Philostorg) behauptet, daß Konstantin seinen eigenen Sohn Priscus (sic) tötete, weil er sich von den Verleumdungen der Stiefmutter mitreißen ließ. Und er habe wie-

154 Philostorg (s. Anm. 11) 2,4a p. 16 Bidez = BHG (Angel. 22) p. 566, 3–5 Opitz.

155 Philostorg (s. Anm. 11) 2,4b p. 17, 36–37 Bidez.

156 Philostorg (s. Anm. 11) 2,4a p. 16–17 Bidez = BHG 365 (Angel. 22) p. 566, 16–17 Opitz: Ἵνα τό τε ἔργον ἐκπραχθείη τῆς τιμωρίας καὶ τὴν ἐπὶ τῇ αἰτίᾳ δύσκλειαν ἀφανίσειεν ὁ τρόπος.

> derum befohlen jene, als sie beim Ehebruch mit einem der *cursores* ertappt wurde, in der Hitze des Bades zu ersticken. Die Ermordung seines Sohnes habe Konstantin nicht viel später gebüßt, indem er, als er sich in Nikomedeia aufhielt, von den Brüdern mit Gift getötet worden sei.[157]

Die Behauptung, Konstantin sei „nicht viel später" nach der Ermordung des Crispus getötet worden, wird durch die Darstellung des Photios selbst relativiert, aus der durchaus deutlich wird, daß die Ermordung des Crispus schon lange vor der Gründung Konstantinopels im Jahre 328 lag und daß Konstantin erst im Jahre 337 starb. Im Zusammenhang mit dem Tode Konstantins kommt Photios erneut auf die Übeltat seiner Brüder zu sprechen, ohne den Zusammenhang mit der Ermordung des Crispus festzustellen. Das gleiche gilt für den Parallelbericht der Artemii Passio über die ἐπιβουλή der Brüder Konstantins. Bei der Geschichte der ἐπιβουλή der Brüder ging es Philostorg nicht darum, Konstantin in ein Zwielicht zu stellen, sondern ihn vielmehr als unschuldiges Opfer der Heimtücke seiner Brüder zu charakterisieren.

Photios hat demnach Bemerkungen Philostorgs zu Konstantin im orthodoxen Eifer als Kritik mißverstanden, ohne den Argumentationszusammenhang des Kirchenhistorikers zu würdigen. Das gilt auch für die von Photios als höchst verleumderisch ausgelegte Erzählung, das Bild Konstantins des Großen sei in sakralen Formen als wundertätig verehrt worden.[158] In der mittelbyzantinischen Epoche mußten diese Formen des Kaiserkults als anstößig erscheinen[159]. Aber Prozessionen mit der Konstantinsstatue in Konstantinopel sind noch für das sechste Jahrhundert belegt,[160] in dem auch in der Provinz die Wundertätigkeit eines Konstantinbilds verehrt wurde.[161] Mit seinem Hinweis auf die (im Rahmen spätantiken Kaiserkults nachvollziehbare) Verehrung Konstantins durch die Bevölkerung versucht Philostorg wieder sein Modell Euseb zu übertreffen, der ebenfalls Konstan-

157 Philostorg (s. Anm. 11) 2,4 p. 15–17 Bidez. Im Sinne des Photios interpretiert bei Trompf (s. Anm.19), 23f.: „While he concedes (scil. Philostorgius) that Constantine was converted to Christianity by a heavenly sign of the cross before his battle against Maxentius (...), he claims that the emperor was poisoned by his brothers as the 'atonement' or 'justice' (*dike*) required for putting his son Crispus to death (ii,4)."

158 Philostorg (s. Anm. 11) 2,17 p. 28 Bidez. In der Regel wird davon ausgegangen, Philostorg selbst habe heftige Kritik an diesen Formen von Verehrung geübt, vgl. z. B. Leppin, Von Constantin dem Großen zu Theodosius II (s. Anm. 15), 58 mit weiterer Literatur.

159 Vgl. dagegen die zur Kultpraxis gebotenen Informationen in Cod. Theod. 15,4,1 (aus dem Jahre 425).

160 Malalas p. 322,5–16 Bonn = p. 247,20–29 Thurn.

161 A. Luther, Die syrische Chronik des Josua Stylites, Berlin–New York 1997, 49.

tin zu einem von den Untertanen demütig verehrten Halbgott stilisiert hat.[162] Auf die in seiner Gegenwart praktizierte Heiligenverehrung Konstantins im Mausoleum und an der Statue weist auch Theodoret ohne jede Kritik hin.[163]

VI. Zusammenfassung

Die ersten beiden Bücher Philostorgs behandelten die Regierungszeit Konstantins des Großen. Bekannt sind sie allein durch die Exzerpte byzantinischer Autoren (Photios, die Artemii Passio und die anonyme Konstantinsvita BHG 365). In den Augen dieser Autoren der mittelbyzantinischen Epoche war Konstantin der Begründer der Orthodoxie, von dem der häretische Kirchenhistoriker Philostorg notwendig ein zutiefst feindseliges Bild geben mußte. Als konstantinfeindlich wurden dabei vor allem die Passagen aufgefaßt, in denen Philostorg heidnisches profangeschichtliches Material benutzte. Die Argumentationsrichtung Philostorgs wurde dabei völlig verkannt. Philostorg benutzte dieses Material nicht, um Konstantin herabzusetzen, sondern im Gegenteil, um ihn gegen die Angriffe des intellektuellen heidnischen Milieus Konstantinopels besser verteidigen zu können. Die Energie, die Philostorg für diese apologetische Arbeit aufbrachte, erklärt sich damit, daß der Idealkaiser Konstantin für die eigene Glaubensrichtung vereinnahmt und in anachronistischer Weise zum Vorkämpfer des Heteroousion gemacht wurde.

162 Vgl. dazu zuletzt M. Meier, Göttlicher Kaiser und christlicher Herrscher? Die christlichen Kaiser der Spätantike und ihre Stellung zu Gott, Das Altertum 48, 2003, 129–160, hier 138f.

163 Theodoret h. e. 1,34,3.

Georgios Kedrenos, Konstantinos von Rhodos und die Sieben Weltwunder

Albrecht Berger

Zur Erinnerung an Paul Speck

Listen der Sieben Weltwunder, die teils in Prosa, teils in Versform gehalten sind, werden von der hellenistischen Zeit an in der griechischen und lateinischen Literatur überliefert, und diese literarische Tradition lebt später noch durch das ganze Mittelalter hindurch fort. Die Auswahl der Wunderwerke ändert sich dabei im Lauf der Zeit, und es werden immer wieder andere, zuletzt auch christliche Objekte genannt.[1]

Mit einem späten Beispiel einer solchen Liste[2] sollen sich die folgenden Ausführungen befassen. Es handelt sich hierbei um ein Gedicht in byzantinischen Zwölfsilbern, das in der um 1100 verfaßten Chronik des Georgios Kedrenos,[3] gelegentlich aber auch einzeln überliefert ist.[4] In der Fassung des Kedrenos lautet es wie folgt:

Ὅτι τὰ λεγόμενα ἑπτὰ θεάματα ἐστὶ ταῦτα·
Κενὸν φρύαγμα τῶν πάλαι πυραμίδες,
Αἴγυπτος ἅσπερ εἶχε κόμπον ἢ πλάνος

1 Dazu vgl. u. a. J. Łanowski, Weltwunder, *RE Supplement* X (1965), 1020–1030, und K. Brodersen, Die Sieben Weltwunder. Legendäre Kunst- und Bauwerke der Antike, München 1996 (⁵2001). – Die ältesten Listen der Sieben Wunder finden sich in einem Papyrusfragment des 2. Jh. v. Chr. aus Ägypten und im Gedicht des Antipatros von Sidon Anthologia graeca IX 58.

2 J. Łanowski 1023; Brodersen 107–108 mit Übersetzung.

3 Georgios Kedrenos, Historiarum compendium, ed. I. Bekker, I, Bonn 1838, 299, 6–19. Eine Neuausgabe des Kedrenos wird von R. Maisano vorbereitet. An neuerer Literatur ist zu nennen: R. Maisano, Sulla tradizione manoscritta di Giorgio Cedreno, *Rivista di Studi Bizantini e Neoellenici* 14–16 (1977–79) 179–201; ders., Note su Giorgio Cedreno e la tradizione storiografica bizantina, *Rivista di Studi Bizantini e Slavi* 3 (1983) 237–254.

4 Hinweis von W. Brandes. Die Liste steht u. a. in den Handschriften Athos Iviron 286, 161ᵛ, vgl. L. Burgmann et al., Repertorium der Handschriften des byzantinischen Rechts I (*Forschungen zur byzantinischen Rechtsgeschichte 20*), Frankfurt 1995, 35; Vat. gr. 889, 160ᵛ, vgl. P. Schreiner, Codices vaticani graeci. Codices 867–932, Vatikan 1988, 56; Vind. phil. gr. 108, 353ʳ, vgl. H. Hunger, Katalog der griechischen Handschriften der Österreichischen Nationalbibliothek (*Museion*, N. F. Reihe 4, Bd. 1), Wien 1961, 216. – Die Textform weicht dabei häufig von Kedrenos ab, u. a. wird das erste Wort meistens als καινὸν statt als κενὸν gegeben (‘neu’ statt ‘leer’).

καὶ πύργος ἄστροις ἐξισούμενος Φάρου·
μέγας κολοσσὸς ὁ θρυλούμενος Ῥόδου·
καὶ τύμβος ἐξακουστὸς ὁ τοῦ Μαυσώλου·
καὶ Κυζίκου φέριστος ἀρραγὴς δόμος·
τῆς Ἀρτέμιδος τῆς Ἐφεσίας δόμος,
τὸν ὄνπερ ἐξήγειρεν Ἀρτεμισία
ἡ Μαυσώλου τάλαινα σύζυγος πάλαι·
καὶ τὸ θέατρον Λυκίας τῆς τῶν Μύρων,
ὅπερ κατεσπάραξεν Ἰσμαὴλ γόνος·
καὶ Ῥουφίνιον ἄλσος ἐν τῷ Περγάμῳ,
οὗπερ τὸ κάλλος πᾶσαν ἔδραμε χθόνα.

Übersetzung
Dies sind die sogenannten Sieben Wunder: Ein eitler Stolz der Alten waren die Pyramiden, mit denen sich das betrügerische Ägypten brüstete; der Turm des Pharos, der bis zu den Sternen reicht; der berühmte große Koloß von Rhodos; das berühmte Grab des Mausolos; der überaus starke und unzerstörbare Tempel von Kyzikos; der Tempel der Artemis von Ephesos, den einst Artemisia erbaute, die unglückliche Gemahlin des Mausolos; das Theater von Myra in Lykien, das die Nachkommen Ismaels zerstörten; und der Hain des Rufinus in Pergamon, dessen Schönheit die ganz Erde durchlief.

Ein kurzes Prosa-Exzerpt aus der Liste steht in der nach 1282 entstandenen Chronik des Theodoros Skutariotes, die teilweise auf Kedrenos beruht, hier aber außerhalb des durchlaufenden Textes:[5]

Αἱ ἐν Αἰγύπτῳ πυραμίδες· ὁ πύργος τοῦ Φάρου ὑψηλὸς ὢν λίαν· ὁ ἐν Ῥόδῳ κολοσσός· ὁ τοῦ Μαυσώλου τάφος ἐν Καρίᾳ· ὁ ἐν Κυζίκῳ ναός· τὸ θέατρον Λυκίας τῶν Μύρων· καὶ τὸ Ῥουφίνειον ἄλσος Περγάμῳ.

Übersetzung
Die Pyramiden in Ägypten; der Turm des Pharos, der sehr hoch ist; der Koloß von Rhodos; das Grab des Mausolos in Karien; der Tempel von Kyzikos; das Theater von Myra in Lykien; und der Hain des Rufinus in Pergamon.

Die Liste in der Chronik des Kedrenos weicht vom Standardrepertoire vor allem durch die letzten beiden Wunder ab: Das Theater in Myra erscheint in keiner anderen Zusammenstellung, und die Bemerkung über seine Zerstörung durch die „Nachkommen Ismaels", also die Araber, datiert die von Kedrenos verwendete

5 Im Marc. gr. 407, fol. 16v, eingeschoben vor der Regierungszeit Konstantins des Großen; vgl. Ἀνωνύμου σύνοψις χρονική, ed. K. Sathas, *Mesaionike Bibliotheke* 7 (1894), 43[1], und A. Heisenberg, Analecta. Mitteilungen aus italienischen Handschriften byzantinischer Chronographen, München 1901, 8. 13–14; vgl. auch E. Mioni, Bibliothecae Divi Marci Venetiarum Codices graeci manuscripti II, Rom 1985, 160 (ohne *incipit* und *desinit*).

Quelle eindeutig in die mittelbyzantinische Zeit.[6] Mit dem zuletzt genannten Hain des Rufinus in Pergamon wird überdies die Siebenzahl der Wunder überschritten.[7]

Die Liste der Sieben Wunder steht in der Chronik des Kedrenos in der Regierungszeit des Iulius Caesar, und zwar am Ende einer längeren Reihe von meist mit ὅτι eingeleiteten Exzerpten,[8] die überwiegend aus dem bekannten Traktat des Ioannes Lydos über den römischen Kalender stammen.[9] Eine alphabetische Ordnung ist nur am Anfang erkennbar, wo die Erläuterungen zu einigen Begriffen zusammenstehen, die in der griechischen Transkription oder Schreibung mit κ beginnen, nämlich Κυντίλιος, κάρμινα, καλάνδαι, κίβους und κέρδος.[10] Dabei wird Κυντίλιος (*Quintilis*) korrekt als der frühere Name des nach Iulius Caesar benannten Monats Juli erklärt, die καλάνδαι dienen als Anlaß zur Erläuterung der Zählung nach Kalenden, Iden und Nonen, und mit dem Wort κίβους (*cibus*) wird, assoziiert durch den Beinamen des Ianus Cibullius, eine Darstellung der römischen Gottheiten Ianus, Februa und Mars verbunden.[11]

Wie es scheint, ist die Erwähnung des Iulius Caesar im ersten Exzerpt der Grund, warum die Reihe als Ganzes an diese Stelle geraten ist. Ein ganz ähnlicher Fall ist übrigens eine unabhängig von Kedrenos überlieferte Reihe von Exzerpten zum Buchstaben α, die durch das letzte Lemma Περὶ Αὐγουστίωνος auf dem Weg über eine verlorene Zwischenstufe an den Anfang des zweiten Buchs der *Patria Konstantinupoleos* geraten sind.[12] Von diesen Exzerpten stammen einige,

---

6 Über eine Zerstörung durch die Araber wird in anderen Listen der mittelbyzantinischen Zeit nur im Zusammenhang mit dem Koloß von Rhodos berichtet, so etwa bei Kosmas von Jerusalem (s. unten Fußnote 32) 534 und 546. – Zum Schickal des Kolosses von Rhodos vgl. L. I. Conrad, The Arabs and the Colossus, *Journal of the Royal Asiatic Society*, 3rd series, 6 (1996) 165–187.

7 Die bewußte Einführung eines neuen Objekts als achtes Weltwunder liegt hier offenbar nicht vor; zu dieser Tradition vgl. Łanowski 1027–28. Die Siebenzahl wird vom Exzerpt bei Theodoros Skutariotes durch die Auslassung des Artemistempels von Ephesos wiederhergestellt. – Zum Hain des Rufinus s. Anm. 35.

8 Georgios Kedrenos 294, 8–299, 5.

9 Ioannes Laurentios Lydos, Liber de mensibus, ed. R. Wünsch, Leipzig 1898.

10 294, 8–10 s. v. Κυντίλιος und Σεξτίλιος Zusammenfassung nach Lydos 141, 13–143, 7 und 149, 19–151, 10; 294, 11–12 s. v. κάρμινα = Lydos 180, 20–21 (nur bei Kedrenos, Zuschreibung an Lydos von Wünsch), 294, 13–295, 6 s. v. καλάνδαι Zusammenfassung nach Lydos 44, 15–49, 20; 295, 7–296, 2 s. v. κίβους = Lydos 63, 10–11; 296, 3–6 s. v. κέρδος = Lydos 74, 5–11.

11 295, 7–14 Ἰανός = Lydos 63, 7–13 und 66, 12–17; 295, 15–20 Φεβρούα = Lydos 83, 1–12; 295, 21–296, 2 Μάρτεμ = Lydos 91, 25–92, 6.

12 Scriptores originum Constantinopolitanarum, ed. Th. Preger, Leipzig 1901–07, II 151, 3–158, 10 (§ II 1–15); vgl. dazu Th. Preger, Beiträge zur Textgeschichte der Patria Konstantinupoleos, Programm des kgl. Maximilians-Gymnasiums 1894/95, München

aber nicht alle ebenfalls aus Ioannes Lydos, und wie wir sehen werden, gibt es Anlaß zur Vermutung, daß auch Georgios Kedrenos für seine Exzerptenreihe nicht aus dessen Werken selbst, sondern aus einer älteren Sammlung geschöpft hat, vielleicht derselben, die auch von den *Patria* verwendet wurde.[13] Der Umstand, daß die Exzerpte in den Patria mit α, die bei Kedrenos mit κ beginnen, legt nahe, daß diese Sammlung in zwei Heften vorlag, von denen das erste die Lemmata von α bis ι, das zweite die von κ bis ω oder ψ enthielt.[14]

Klar ist allerdings auch, daß die folgende Liste der Weltwunder bei Georgios Kedrenos nicht zu diesen Exzerpten gehört und, wie schon die Versform zeigt, aus einer anderen Quelle entnommen ist.

Von allen Chronisten der byzantinischen Zeit hat Georgios Kedrenos seine Vorlagen am wenigsten überarbeitet, so daß sein Werk sprachlich und stilistisch streckenweise äußerst heterogen wirkt. Texte in Versform werden von ihm aber meist nicht wörtlich zitiert, sondern in Prosaform exzerpiert, wie sich z. B. an dem Abschnitt über die Bauwerke und Monumente von Konstantinopel beobachten läßt.[15] Dort sind aus dem Gedicht des Konstantinos von Rhodos auf die Sieben Wunder von Konstantinopel und die Apostelkirche[16] die Beschreibungen des Anemodulions, des Senats, der Theodosios- und der Arkadiossäule in dieser Weise übernommen worden.[17]

1896; A. Berger, Untersuchungen zu den Patria Konstantinupoleos (Ποικίλα βυζαντινά 8), Bonn 1988, 48.

13 S. Fußnote 27.

14 Letzteres, falls die bei manchen Lexika – wie der Suda, dem *Etymologicum magnum* und dem *Etymologicum Ambrosianum* – übliche antistoichische Ordnung des Alphabets verwendet wurde.

15 Georgios Kedrenos 563, 18–567, 6. – Die Beschreibung Konstantinopels ist ohne erkennbaren Grund beim zehnten Regierungsjahr Theodosios I. eingefügt, d. h. beim Jahr 389.

16 E. Legrand, Description des œuvres d'art et de l'église des Saints Apôtres de Constantinople. Poème en vers iambiques par Constantin le Rhodien, *Revue des Études grecques* 9 (1896) 32–65; Th. Reinach, Commentaire archéologique, ebd. 66–102 (zitiert nach dem Separatdruck 1–74). Vgl. auch O. Wulff, Die sieben Wunder von Byzanz und die Apostelkirche, *Byzantinische Zeitschrift* 7 (1898) 316–331. – Zu den Sieben Wundern von Konstantinopel vgl. A. Cameron – J. Herrin (ed.), Constantinople in the Early Eighth Century: The Parastaseis Syntomoi Chronikai (*Columbia Studies in the Classical Tradition* 10), Leiden 1984, 10, 96–120, 210–232; Berger, Untersuchungen 153–155; C. Mango, The Literary Evidence, in: C. Mango – M. Vickers – E. D. Francis, The Palace of Lausus at Constantinople and its Collection of ancient Statues, *Journal of the History of Collections* 4/1 (1992) 89–98, hier 89–92.

17 Vgl. Konstantinos von Rhodos, Legrand ebd., V. 52–162, 163–177, 178–201, 202–240 und 241–254 mit Georgios Kedrenos 565, 5–566, 9 und 567, 3–4. – Vgl. dazu Th. Preger, Rezension zu Legrand, *BZ* 6 (1897) 166–168, und Mango (s. Anm. 16).

Die erwähnte kurze Liste der sieben Weltwunder bei Theodoros Skutariotes ähnelt diesen Prosa-Exzerpten sehr. Es läßt sich nicht entscheiden, ob für sie die Chronik des Kedrenos oder das Gedicht des Konstantinos als Vorlage gedient hat. Ist Letzteres der Fall, könnte sie mit den übrigen Exzerpten zu den Bauten von Konstantinopel zusammen entstanden sein, also bereits auf Kedrenos selbst zurückgehen und nicht erst von Skutariotes aus dessen Chronik exzerpiert sein. Das würde aber voraussetzen, daß die Vorlage des Skutariotes keine fertige Reinschrift des Kedrenos war, sondern ein Arbeitsexemplar, in dem wörtlich übernommene Auszüge aus Konstantinos neben den zur Verwendung in der Chronik vorgesehenen Exzerpten standen.

Kedrenos überliefert bei den Objekten, deren Beschreibung auf Konstantinos beruht, mehrfach aber auch einige dort fehlende Details und Versbruchstücke. Über die Beziehung zwischen Konstantinos von Rhodos und Georgios Kedrenos sind deshalb von der Forschung verschiedene Hypothesen aufgestellt worden: Beide, Konstantinos und Kedrenos, könnten auf eine gemeinsame Quelle zurückgehen,[18] Kedrenos könnte das Gedicht durch die Vermittlung eines heute verlorenen Prosa-Exzerptes gekannt haben,[19] oder, was am wahrscheinlichsten ist, es lag ihm in einer ausführlicheren, ebenfalls verlorenen Fassung vor.[20]

Wie Cyril Mango vor einigen Jahren überzeugend dargetan hat, geht in der Beschreibung von Konstantinopel bei Georgios Kedrenos auch der Passus über den Lausos-Palast auf Konstantinos zurück, unter dessen Werken er heute nicht mehr überliefert ist.[21] Um die für die Liste der Wunder nötige Siebenzahl zu erreichen, hat also wohl Konstantinos selbst oder ein späterer Redaktor einen Auszug aus einem ursprünglich längeren Gedicht angefertigt – wir kommen auf dieses Problem später nochmals zurück.

Das Gedicht des Konstantinos von Rhodos[22] liegt in der einzigen Handschrift, dem Kodex Athos Laura 170, in einer nicht endgültig redigierten Fassung vor, denn der Text besteht offensichtlich aus mehreren unzureichend verbundenen Teilen, enthält Doubletten und nachträglich interpolierte Verse und bricht am Ende unvermittelt ab.

---

18 Wulff 317–318; vgl. dazu Downey 217–219; im folgenden vgl. Mango (s. Anm. 16).

19 Vgl. Reinach 42; Downey (s. Anm. 18).

20 Preger (s. Anm. 17); dagegen Reinach 69, 73.

21 Georgios Kedrenos 564, 5–19; der Passus enthält mehrere Bruchstücke von Versen in Zwölfsilbern, die dies vermuten lassen, so Mango (s. Anm. 16).

22 Zu Person und Werk G. Downey, Constantine the Rhodian: His Life and Writings, in: *Late Classical and Mediaeval Studies in Honor of A. M. Friend, Jr.*, Princeton 1955, 212–221; A. Cameron, The Greek Anthology from Meleagros to Planudes, Oxford 1993, 300–307; ders., Constantine the Rhodian and the Greek Anthology, *Byzantinische Forschungen* 20 (1994) 261–267.

Mit dem Gedicht des Konstantinos hat sich zuletzt Paul Speck ausführlich befaßt. Er kam in seiner Analyse zum Ergebnis, daß die Beschreibung der Sieben Wunder von Konstantinopel (Verse 19–254) und die der Apostelkirche (425–981) ursprünglich zwei ganz selbständige Texte waren.[23] Zur Beschreibung der Apostelkirche gehörten dabei das Prooimion (1–18) und der in der Überlieferung darauffolgende Titel. Da der Autor am Anfang der langen Überleitung von den Sieben Wundern zur Apostelkirche (255–422) bei der Rekapitulation des Vorangegangenen von den Säulen und den Wundern von Konstantinopel nacheinander spricht und außerdem das Strategion erwähnt, von dem zuvor nicht die Rede war (255–264), vermutete Speck, daß hier von zwei verlorenen, nicht mit der Beschreibung der Sieben Wunder identischen Stücken die Rede sei. Der kurzen Notiz über das Strategion bei Georgios Kedrenos[24] ist eine Herkunft aus einem Gedicht, das heißt möglicherweise aus Konstantinos von Rhodos, nicht mehr anzusehen.

Es fällt hier zwar auf, daß vier von den Sieben Wundern der Stadt Säulen sind, die Säulen und Wunder also teilweise miteinander identisch sein müssen. Doch ist der Text der Überleitung hier wohl nur etwas nachlässig formuliert. Das ursprüngliche Gedicht des Konstantinos von Rhodos dürfte deshalb eine Beschreibung nicht nur der Sieben Wunder von Konstantinopel, sondern auch einer ganzen Reihe von anderen Monumenten enthalten haben.

Daß die Beschreibung der Sieben Wunder nachträglich als Einleitung der Schilderung der Apostelkirche vorangestellt wurde, ist offensichtlich. Es ist aber nicht erkennbar, ob diese Anordnung auf Konstantinos selbst zurückgeht, oder ob die verschiedenen Teile getrennt vorlagen und erst nach seinem Tod, also länger nach 931, zu dem heute erhaltenen Gedicht vereinigt worden sind.[25] In diesem Fall läßt sich nicht einmal feststellen, ob es überhaupt Konstantinos selbst war, der aus dem vollständigen Gedicht die sieben Monumente für die heute erhaltene Liste der Wunder von Konstantinopel entnommen hat, oder ob das erst durch den Redaktor des überlieferten Textes geschehen ist.

Sicher ist nur, daß das geplante Werk einen Schlußteil mit der Beschreibung der Hagia Sophia enthalten sollte, da sie in der Überleitung zweimal erwähnt wird (Vers 272 und 282).[26] Ob dieser Teil in der erhaltenen Handschrift durch einen mechanischen Schaden verloren ist oder tatsächlich nie existiert hat, ist nicht mehr zu bestimmen.

23 P. Speck, Konstantinos von Rhodos. Zweck und Datum der Ekphrasis der Sieben Wunder von Konstantinopel und der Apostelkirche, *Varia* 3 (Ποικίλα βυζαντινά 11), Bonn 1991, 249–268, mit älterer Literatur.

24 Georgios Kedrenos 563, 20–21.

25 Speck ebd. 261–268.

26 So Reinach 37.

Was nun Georgios Kedrenos angeht, so standen die Texte über die Sieben Wunder der Welt und das Gedicht des Konstantinos von Rhodos über die Bauten von Konstantinopel in seiner direkten Vorlage offenbar zusammen, und zwar mit den erwähnten Exzerpten zu römischen Themen, denn ein einzelnes kurzes Exzerpt zum Buchstaben ϰ (eine Erläuterung der lateinischen Münzinschrift CONOB) ist in die Chronik unmittelbar vor die Beschreibung Konstantinopels geraten.[27] Wenn es, wie oben vermutet, derselben Sammlung entnommen ist, die dem Autor der *Patria* vorlag, kann es wie einige der Exzerpte zum Buchstaben α durchaus auch auf eine andere Quelle zurückgehen.

All das legt nahe, daß die Liste der Sieben Weltwunder ebenfalls ein Werk des Konstantinos von Rhodos ist und vielleicht mit dem Text über die Bauten von Konstantinopel zusammen konzipiert, aber dann nicht in das überlieferte Gedicht aufgenommen wurde. Georgios Kedrenos hatte, wie es scheint, bei seiner Arbeit an der Chronik also nicht die heute bekannte Fassung des Gedichts vor sich, sondern ein Dossier, das die Gedichte des Konstantinos über die Sieben Wunder der Welt und die Bauten von Konstantinopel, aber wohl nicht die über die Apostelkirche und die Hagia Sophia enthielt.

Da der Redaktor dieses Dossiers die Beschreibung der Bauten von Konstantinopel aus der Feder des Konstantinos von Rhodos aber noch in ihrer vollständigen Form kannte, entsprach der Siebenzahl der Weltwunder hier noch keine Siebenzahl der Wunder von Konstantinopel. Möglicherweise hat sich deshalb der Redaktor des heute unter dem Namen des Konstantinos überlieferten Gedichts für das Exzerpt der Sieben Wunder von Konstantinopel durch die im selben Dossier überlieferte Liste der Sieben Weltwunder inspirieren lassen.

Ein Hinweis darauf, daß Konstantinos von Rhodos der Verfasser der Liste von Weltwundern in der Chronik des Georgios Kedrenos sein könnte, ist auch die Erwähnung des Theaters von Myra. Dieses Gebäude erscheint in keiner älteren Aufzählung, könnte aber dafür Konstantinos persönlich von einer Reise ins von Rhodos aus nahegelegene Lykien bekannt gewesen sein. Es ersetzt wohl das Theater von Herakleia,[28] das in den lateinischen Listen der Sieben Weltwunder bei Gregorius von Tours und Pseudo-Beda genannt wird.[29]

Von den zahlreichen Städten namens Herakleia muß hier Herakleia am Latmos gemeint sein.[30] Die Vorstellung, daß das Theater dieser Stadt, ein durchaus

---

27 Georgios Kedrenos 563, 14–17. – Dieses Exzerpt stammt aus keinem bekannten Werk des Ioannes Lydos. Die darin gegebene Erklärung als *Civitates omnes nostri* (= *nostrae*?) *oboediant venerationi* ist sonst, soweit ich sehe, nirgends bezeugt. Mango (s. Anm. 16) 92 spricht von einer 'fanciful explanation'

28 Zum Phänomen des Austauschs eines Weltwunders durch ein anderes derselben Gattung vgl. Łanowski 1029.

29 Vgl. Brodersen (wie oben Fußnote 1) 101–106.

30 Vgl. A. Peschlow-Bindokat, Der Latmos, Mainz 1996, 22–42.

bescheidenes Bauwerk, in der späteren Überlieferung zum Weltwunder geworden ist, mutet etwas seltsam an, doch läßt sich immerhin nachvollziehen, auf welche Weise das geschehen ist: Im Kommentar des Kosmas von Jerusalem zu einem Gedicht des Gregorios von Nazianzos[31] heißt es, in Herakleia habe es in der Nähe des Theaters ein Gebäude mit der wunderbaren Eigenschaft gegeben, daß Worte, die am einen Ende der Mauer (τεῖχος) geflüstert wurden, am anderen Ende deutlich zu hören waren.[32] Reste eines größeren Gebäudes existieren im angegebenen Gebiet aber nicht, und wir können deshalb vermuten, daß Kosmas eine ältere Quelle mißverstanden hat und sich die Legende ursprünglich auf die hier verlaufende, ungewöhnlich eindrucksvolle Stadtmauer von Herakleia bezog.[33]

Die Erwähnung des Hains von Pergamon wiederum führt uns zu der in Buch IX der griechischen Anthologie überlieferten Bauinschrift für die Chalke, das monumentale Haupttor zum Kaiserpalast von Konstantinopel, das unter Anastasios I. (491–518) durch den Architekten Aitherios erbaut wurde,[34] und in dem es heißt:

Εἶξον ἀρειοτέροισι, χάρις Καπετώλιδος αὐλῆς,
εἰ καὶ χαλκείων ὀρόφων ἀμαρύγματα πέμπεις·
κρύψον ἀμετρήτων μεγάρων στεινούμενον αὐλαῖς,
Πέργαμε, φαιδρὸν ἄγαλμα τεόν, Ῥουφίνιον ἄλσος·
μηδὲ τανυπλεύροισιν ἀρηρότα, Κύζικε, πέτροις
Ἀδριανοῦ βασιλῆος ἀμεμφέα νεὸν ἀείσεις·

---

31 Anthologia Graeca VIII 177.

32 Cosma di Gerusalemme, Commentario ai carmi di Gregorio Nazianzeno, ed. G. Lozza, Napoli 2000, 226, 15–227, 19. – Die Zuschreibung an Kosmas wurde bestritten von A. Kazhdan, Kosmas of Jerusalem 3. The Exegesis of Gregory of Nazianzos, *Byzantion* 61 (1991) 396–412; vgl. aber C. Zuckerman, A Gothia in the Hellespont in the early eighth century, *Byzantine and Modern Greek Studies* 19 (1995) 234–241, und J. Haldon, Kosmas of Jerusalem and the Gotthograikoi, in: Στέφανος (Festschrift V. Vavřínek) = *Byzantinoslavica* 56 (1995) 45–54.

33 Zur Mauer vgl. Peschlow-Bindokat 30. Eine entsprechende Legende wird auch mit den Stadtmauern von Byzantion verbunden: Pseudo-Hesychios, in: Scriptores (s. Anm. 9) I 5–6 (§ 13); Patria Konstantinupoleos, ebd. II 231 (§ III 38); vgl. Berger, Untersuchungen 568–569. – Tatsächlich sind im Gedicht des Gregorios die Mauern von Babylon gemeint, wie aus einer weiteren Erwähnung der Sieben Weltwunder in seiner Grabrede auf Basileios [Clavis Patrum Graecorum 3010/43] hervorgeht: Grégoire de Nazianze, Discours 42–43, ed. J. Bernardi (*Sources chrétiennes* 384), Paris 1992, 262 (**43**, 63); dazu vgl. auch Cosma di Gerusalemme ebd. 226, 18–19.

34 Anthologia Graeca IX 656, hier zitiert Vers 11–18; abweichende, wegen des Zwangs zur metrischen Wiedergabe freiere Übersetzungen: Anthologia Graeca, Griechisch-Deutsch ed. H. Beckby, München 1957–58; Brodersen 100. – Zur Chalke vgl. C. Mango, The Brazen House, Kopenhagen 1959.

οὔ μοι Πυραμίδων ἰκέλη κρίσις οὐδὲ Κολοσσοῦ
οὐδὲ Φάρου· μεγάλην μοῦνος δ' ὑπερέδραμον αἴγλην.

Übersetzung
Weiche dem Besseren, du Zierde des Kapitolshofs, auch wenn du das Funkeln deiner ehernen Dächer aussendest. Verbirg, Pergamon, dein glänzendes Denkmal, den Hain des Rufinus, der doch schon durch die Höfe unzähliger Bauten beengt ist. Du, Kyzikos, rühme nicht mehr den vollkommenen (Tempel), den Kaiser Hadrian aus riesigen Steinen erbaut hat. Weder die Pyramiden sind ein passender Vergleich für mich, noch der Koloß, noch der Pharos, denn ich allein übertreffe ihren großen Glanz.

Da die hier angeführten Objekte in anderen Listen zu den Sieben Weltwundern gerechnet werden und mit der Chalke zusammen sieben an der Zahl sind, ist es klar, daß diese hier in rhetorischer Weise unter ihnen als größtes Wunder ausgegeben wird. Konstantinos von Rhodos, wenn er wirklich der Verfasser der bei Georgios Kedrenos überlieferten Liste der Sieben Weltwunder ist, hat das offenbar erkannt und die alte Inschrift der Chalke als Quelle benützt.[35] Daß seine Liste acht Wunder umfaßt, muß wohl mit dem Fehlen einer abschließenden Redaktion durch den Autor erklärt werden.

Auch die Chronik des Georgios Kedrenos enthält im übrigen eine kurze Notiz über die Chalke, die eindeutig auf der Bauinschrift beruht.[36] Da die Chalke selbst im erhaltenen Text des Konstantinos von Rhodos nicht erwähnt wird, muß Kedrenos hier auf einer selbständigen Überlieferung dieser Inschrift[37] oder, wie im Fall des Strategion und des Lausos-Palastes, auf einer verlorenen ausführlicheren Fassung des Gedichts beruhen. Dieses müßte dann die Bauinschrift zweimal verwendet haben, einmal für die Beschreibung der Chalke, zum anderen für die Liste der Sieben Weltwunder.

Der Koloß von Rhodos ist ein fester Bestandteil der Listen der Sieben Weltwunder seit ihrem Aufkommen in der hellenistischen Zeit. Man darf jedoch annehmen, daß der lokalpatriotisch gesonnene Konstantinos auf dieses Monument besonders stolz gewesen ist. Anders gesagt: Die Erinnerung an den längst verschwundenen Koloß von Rhodos ist vielleicht die Erklärung dafür, warum sich Konstantinos als Dichter überhaupt mit dem Thema der Sieben Weltwunder befaßt hat. Nicht zuletzt deshalb ist es im übrigen auch wahrscheinlich, daß die

35 Diese Abhängigkeit wird von Brodersen 107–108 nicht konstatiert. – Der Hain des Rufinus ist aus anderen Quellen nicht bekannt. Brodersen 101 identifiziert ihn mit dem Asklepieion von Pergamon, das vom Konsul des Jahres 142 Rufinus gegründet wurde.

36 Georgios Kedrenos 563, 22–23.

37 Die Chalke brannte 532 ab und wurde danach durch einen Neubau ersetzt, so daß die originale Inschrift am Bau seitdem nicht mehr existierte und nur noch literarisch überliefert wurde.

Inschrift auf der Basis des gemauerten Obelisken im Konstantinopler Hippodrom,[38] die den Koloß von Rhodos erwähnt, ebenfalls auf ihn zurückgeht, wie das schon vor längerem vermutet worden ist.[39]

Die Gedichte des Konstantinos von Rhodos dürften Georgios Kedrenos, wie oben ausgeführt, in Form eines Dossiers vorgelegen haben, das außerdem die erwähnten Exzerpte enthielt. Da für die Beschreibung von Konstantinopel die Liste der Sieben Weltwunder nicht zu verwenden war, kam sie mit den Exzerpten zum Buchstaben ϰ zusammen an den Platz, der durch die Verbindung mit Iulius Caesar vorgegeben war. Wie das einzelne Exzerpt aus dieser Reihe aber vor die Beschreibung von Konstantinopel geraten ist, wird sich anders als durch eine schlichte Nachlässigkeit nicht erklären lassen.

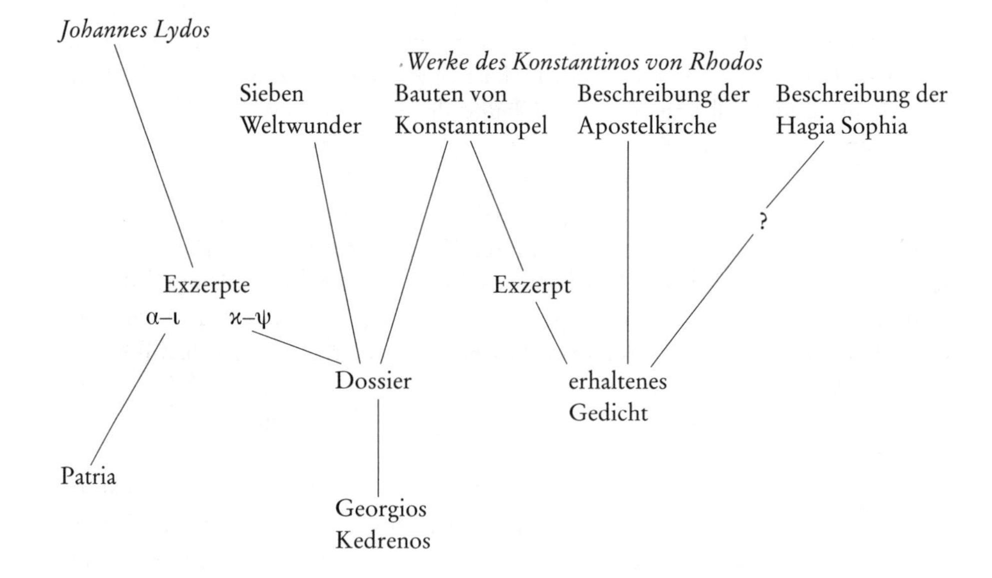

38 Zu diesem vgl. zuletzt C. Mango, The Columns of Justinian and his Successors, in: Studies on Constantinople, Aldershot 1993, X, hier 17–20.

39 So Wulff 321; bezweifelt von Downey 220–221. – Mango (wie oben Fußnote 16) a. O. führt das besondere Interesse des Konstantinos an der Lindischen Athene in der Beschreibung des Lausos-Palastes ebenfalls auf dessen rhodischen Lokalpatriotismus zurück; zum Lausos-Palast s. oben Fußnote 21.

Alexandros, Metropolites von Nikaia und Professor für Rhetorik (10. Jh.) – biographische Präzisierungen

Thomas Pratsch

Der folgende Aufsatz ist ein Parergon der inzwischen an der Berlin-Brandenburgischen Akademie der Wissenschaften in Angriff genommenen Materialsammlung zur „Prosopographie der mittelbyzantinischen Zeit, Abteilung II (867–1025)". „Abteilung I (641–867)" der PMBZ ist in den letzten Jahren erschienen: Prosopographie der mittelbyzantinischen Zeit. Erste Abteilung (641–867). Nach Vorarbeiten F. Winkelmanns erstellt von R.-J. Lilie, C. Ludwig, Th. Pratsch, I. Rochow, B. Zielke u. a., Prolegomena, Bände I–V, Abkürzungen, Addenda und Indices, de Gruyter, Berlin–New York 1998–2002.

Prosopographische Forschung (von griech. „prosopon" = „Antlitz, Person" und „graphein" = „schreiben", „Prosopographie" ist folglich die „Personenbeschreibung", ein „prosopographisches Lexikon" nichts anderes als ein „Personenlexikon") ist seit Theodor Mommsen eine der Hilfsdisziplinen der historischen Wissenschaften. Mommsen initiierte diese Form der Grundlagenforschung, indem er an der Berliner Akademie der Wissenschaften die „Prosopographia Imperii Romani" auf den Weg brachte, ein Personenlexikon vor allem der Führungsschicht des Römischen Reiches der Frühen und Hohen Kaiserzeit in den zeitlichen Grenzen zwischen der Schlacht von Aktium (31 v. Chr.) und der Herrschaft des Kaisers Diokletian (284–305). Nach diesem Vorbild, aber bisweilen in etwas modifizierter Form und Methode, wurden im Verlaufe des 20. Jahrhunderts zahlreiche prosopographische Projekte zu anderen Epochen und Regionen ins Werk gesetzt (Prosopography of the Later Roman Empire, Prosopographie chrétienne du Bas-Empire, Prosopographisches Lexikon der Palaiologenzeit, Prosopographia dell'Italia bizantina u. a. m.).

Grundlage der prosopographischen Forschung sind die überlieferten Quellen zu einer bestimmten Region und einem bestimmten Zeitabschnitt in ihrer ganzen Bandbreite. Dabei sind sowohl schriftliche Quellen (Chroniken, Annalen, Urkunden, Briefe, literarische Texte u. a.) als auch inschriftliche Quellen (Inschriften, Siegel und Münzen) zu berücksichtigen und auf die enthaltenen personenbezogenen Informationen hin zu überprüfen.[1] Diese personenbezogenen Daten werden

1 S. dazu PMBZ, Prolegomena passim, wo als größere Quellengruppen ausgewiesen sind: „Historiographie", „Epistolographie", „Konzilsakten", „Hagiographie", „Homiletik", „Fachschriften", „Sonstige Quellen", „Nichtgriechische Quellen" sowie „Sigillographie und Epigraphik".

zunächst aus den verschiedenartigen Quellen unter dem entsprechenden Personen-Lemma zusammengetragen und anschließend wird, unter sorgfältiger Abwägung und Diskussion etwa einander widersprechender Nachrichten, der wahrscheinliche Lebenslauf der Person – so weit er uns eben heute noch greifbar ist – rekonstruiert. Diese Zusammenschau der breiten Quellenbasis fördert häufig ganz neuartige Zusammenhänge und Erkenntnisse zutage, die bei der isolierten Betrachtung und Interpretation von Quellen, wie sie etwa in der universitären Forschung deutlich überwiegt, leicht übersehen werden konnten.

Die „Prosopographie der mittelbyzantinischen Zeit" ist ein solches Personenlexikon für die Region (dies umfaßt das Staatsgebiet, aber auch die kulturelle Einflußsphäre) des byzantinischen Reiches zwischen den Jahren 641 (Tod des Kaisers Herakleios) und 1025 (Tod des Kaisers Basileios II., des „Bulgarentöters"). Bisher wurde die I. Abteilung, das ist der Zeitraum 641 bis 867, der PMBZ erarbeitet und in Buchform veröffentlicht; ein Online-Index soll dabei bestimmte Suchfunktionen erleichtern: http://www.bbaw.de/forschung/pmbz/index.html. Die Arbeiten an der II. Abteilung, das ist der Zeitraum von 867 bis 1025, sind zur Zeit in vollem Gange.

*

Vor einigen Jahren hatte Athanasios Markopoulos im JÖB einen Aufsatz veröffentlicht,[2] in dem er sich intensiv mit Leben und Werk einer Person beschäftigte, die gemeinhin unter dem Namen „Alexandros von Nikaia" behandelt wird. Das wohl wichtigste Ergebnis von Markopoulos' Studie war die – in der Argumentation völlig überzeugende – Zuweisung dreier im Cod. Patm. 706 erhaltener Briefe an Symeon Magistros, die Jean Darrouzès unzutreffend als Epp. 18–20 des Alexandros von Nikaia ediert hatte.[3] Von Alexandros sind folglich nur 17 Briefe erhalten.[4] Weiterhin hatte Markopoulos im Rahmen seiner Studie – soweit die Quellen dies zulassen – eine schlüssige Rekonstruktion der Biographie des Alexandros vorgelegt.[5]

Dieses recht tragfähige biographische Gerüst läßt sich nun an einigen Stellen noch weiter ausbauen. Es lassen sich etwa einige Aspekte des familiären Hintergrunds des Alexandros ergänzen, aber auch sein Wirken als Metropolites von

2 Vgl. A. Markopoulos, Überlegungen zu Leben und Werk des Alexandros von Nikaia. JÖB 44 (1994) 313–326 (mit Diskussion und Berücksichtigung der älteren Arbeiten zu Alexandros, vor allem von P. Maas).

3 Vgl. Épistoliers byzantins du Xe siècle, édités par J. Darrouzès, Paris 1960 (Archives de l'Orient Chrétien 6) 96–98; zum Briefkorpus des Symeon Magistros s. ebendort 99–163.

4 Vgl. Darrouzès (s. Anm. 3) 67–96.

5 Vgl. Markopoulos (s. Anm. 2) 314–318.

Nikaia kann noch etwas genauer herausgearbeitet und datiert werden. Insbesondere aber läßt sich auf der Grundlage seiner erhaltenen Briefe die Streitfrage jener kanonischen Auseinandersetzung recht unzweifelhaft namhaft machen, die letztlich zu seiner Absetzung und Verbannung führte.

1. Herkunft und Familie

Als Ort der Geburt des Alexandros zog Markopoulos die Stadt Larissa in Thessalien in Erwägung und lieferte dafür auch zwei Anhaltspunkte, die sich jedoch nicht (auch nicht in Kombination miteinander) als völlig überzeugend erweisen.[6] Mit gleichem Recht könnte man etwa annehmen, Alexandros stamme aus Konstantinopel. Auch dafür lassen sich mehrere Anhaltspunkte finden: In einigen seiner Briefe erwähnt er ein Haus (οἰκία) in seinem Besitz, das sich nach Lage der Dinge in Konstantinopel befunden haben dürfte.[7] Man könnte daher annehmen, es handele sich um ererbten Besitz der Familie, die folglich aus der Hauptstadt stammen müßte. Auch spricht das, wie sich im folgenden noch zeigen wird, wohl nicht unbeträchtliche Vermögen der Familie für deren Präsenz in der Hauptstadt. Man könnte aber ebenso vermuten, er stamme aus Thessalonike. Auch darauf findet sich ein möglicher Hinweis: In einem seiner Briefe, der an den Archiepiskopos von Thessalonike, Gregorios, gerichtet ist, behauptet Alexandros möglicherweise, einst von ebenjenem Erzbischof unterrichtet worden zu sein.[8] Folglich könnte er aus Thessalonike stammen und am dortigen Erzbistum seine Ausbildung erhalten haben. Aber all dies bleiben Vermutungen. Methodisch am

6 Vgl. Markopoulos (s. Anm. 2) 315. Daß Alexandros die Stadt Larissa in einem Lukian-Scholion als „von vielen weisen Männern besungen" bezeichnet, ist eine rhetorische Floskel, die nichts über die Herkunft des Verfassers aussagt. Auch die Verbindung des Alexandros zu Niketas Magistros, der aus Larissa stammte, berechtigt nicht zu einer Aussage über die Herkunft des Metropoliten von Nikaia.

7 Vgl. Alexandros von Nikaia, Epp. 1,20; 2,12–16; 2,38f.; 3,18f.; 5,30f.; 9,7f.; 11,19; 12,16; 16,27. Besonders Ep. 1 macht deutlich, daß das fragliche Haus sich nicht am Bischofsitz des Alexandros in Nikaia in Bithynien, sondern wohl in Konstantinopel befunden haben muß: Einen Tag nachdem Alexandros in Konstantinopel im Patriarcheion inhaftiert worden war, ging eine Untersuchungskommission, bestehend wohl aus dem Patriarchatskleriker Photios und sechs Bischöfen, hinunter zu seinem Haus und führte eine gründliche Hausdurchsuchung durch. Ep. 9 macht deutlich, daß er mit „seinem Haus" nicht seinen Bischofssitz in Nikaia meint: Er möchte wenigstens in sein Haus zurück, wenn er schon nicht seinen Bischofssitz wieder übernehmen könne.

8 Vgl. Alexandros von Nikaia, Ep. 5,56: (sc. Alexandros) ὁ πάλαι μὲν τῆς σῆς ἀπολαύσας παιδείας. Wenn dies nicht nur heißen soll, daß er des Gregorios herausragende Bildung – etwa in Gestalt eines Gesprächs o. ä. – einst hatte genießen dürfen.

saubersten erscheint es daher, von einer Aussage über seinen Geburtsort vorerst gänzlich abzusehen.

Alexandros hatte einen Bruder namens Iakobos, der auch bereits in einem Brief des Patriarchen Nikolaos Mystikos an Alexandros, zwischen 921 und 925, erwähnt wird.[9] Genaueres über Iakobos erfahren wir aus den Scholien zu einem Lukian-Codex (Vaticanus gr. 90), die Alexandros gemeinsam mit seinem Bruder Iakobos unter Mithilfe eines Diakonos Theodoros und eines Ioannes angelegt hatte.[10] Diesem Zeugnis entnehmen wir, daß Iakobos Metropolites von Larissa in Thessalien war und sich nach einem Einfall der Bulgaren um den Wiederaufbau der Stadt sehr verdient gemacht hatte[11]. Wie Browning gezeigt hat, dürfte mit diesem Einfall der große Feldzug des bulgarischen Zaren Symeon bis nach Korinth gemeint sein,[12] der heute allgemein auf das Jahr 918 datiert wird.[13] In den Scholien läßt sich noch weitere Verwandtschaft des Alexandros greifen: Er hatte auch eine Schwester und war über diese Schwester mit jenem Ioannes verwandt, der ihm bei der Korrektur des Lukian-Codex geholfen hatte.[14] Es ist wohl am wahrscheinlichsten, daß jener Ἰωάννης ὁ ἐπὶ τῇ ἀδελφῇ κηδεστὴς der Schwager des Alexandros war.

In zwei Fällen von Restaurierungsmaßnahmen, die Alexandros vermutlich als Metropolites von Nikaia hatte durchführen lassen,[15] wird in auffälliger Weise die Aufwendung eigener Mittel durch Alexandros herausgestellt. Dies scheint eben keineswegs der Regelfall gewesen zu sein. Dabei gewinnt man im Falle der Renovierung der Ruphinianaikirche den Eindruck, Alexandros habe zumindest etwas aus eigenen Mitteln dazu beigesteuert, im Falle der Renovierung des Bades in Prainetos scheint er die Kosten sogar ganz allein getragen zu haben! In diesem Zusammenhang verdient die Tatsache besonderes Augenmerk, daß, dem bereits erwähnten Scholion zufolge, auch sein Bruder Iakobos beim Wiederaufbau Larissas auf eigene finanzielle Mittel zurückgriff:[16] ἰδίοις αὐτὴν (sc. die Stadt

9 Nicholas I, patriarch of Constantinople, Letters, Greek text and English translation by R. J. H. Jenkins and L. G. Westerink, Washington, D. C., 1973 (CFHB 6, Dumbarton Oaks Texts 2): Nikolaos Mystikos, Ep. 71.

10 Ed. H. Rabe, Scholia in Lucianum, Leipzig 1906, vgl. Markopoulos (s. Anm. 2) 315; 320–322.

11 Vgl. Scholia (Rabe) 21, 6–8; 25, 1–3; 119, 17f.; 154, 15–19; 247, 19–22 (zu Iakobos); 28, 7f.; 29, 4f. (zu Theodoros Diakonos); 155, 5–7 (zu Ioannes).

12 R. Browning, The Correspondence of a Byzantine Scholar. Byz 24 (1954) 426.

13 Vgl. Markopoulos (s. Anm. 2) 321 Anm. 48; ODB 3, 1984.

14 Vgl. Scholia (Rabe) 155, 5–7 (zu Ioannes, dem „über die Schwester angeheirateten Verwandten").

15 Zu diesen Restaurierungsmaßnahmen siehe im einzelnen noch unten den Abschnitt „2. Metropolites von Nikaia".

16 Vgl. Scholia (Rabe) 154, 15–19, bes. 18f.

Larissa) ἀναλώμασιν ἀναστήσαντος καὶ κόσμον αὐτῇ τε καὶ τοῖς κτήμασι δόντος πλείονα. Nehmen wir noch das bereits oben erwähnte Haus des Alexandros in Konstantinopel mit in den Blick, so verfestigt sich der Eindruck, daß Alexandros und Iakobos auch nach ihrer Einsetzung zum Metropolites noch über erhebliche finanzielle Mittel verfügen konnten. Dies legt die Annahme nahe, daß beide einer recht wohlhabenden Familie mit umfangreichem Familienbesitz entstammten.[17]

2. Metropolites von Nikaia

Die erste sichere und datierbare Erwähnung des Alexandros stammt aus der Feder des Patriarchen Nikolaos Mystikos (Patriarch von Konstantinopel 901–907 und 912–925). Nikolaos schrieb zwischen 921 und 925 einen Brief (Ep. 71) an Alexandros, in dem dieser bereits als Metropolites von Nikaia tituliert wird.[18] In einem zweiten Brief (Ep. 100) des Patriarchen an den Metropolites von Nikaia fehlt der Name in der Anrede, doch wahrscheinlich ist auch dieser Brief, der zwischen den 25. März 919 und den 9. Juli 920 zu datieren ist, an Alexandros gerichtet.[19] Aus dem Tenor beider Briefe ergibt sich, daß der Adressat ein Anhänger des Patriarchen Nikolaos Mystikos war. Alexandros war also wohl bereits in den Jahren 919/20 Metropolites von Nikaia. Nehmen wir das kanonische Mindestalter von 30 Jahren für die Priesterweihe zur Grundlage,[20] so läßt sich das Geburtsdatum des Alexandros einigermaßen zufriedenstellend eingrenzen: Er wurde in jedem Falle vor 889/90 geboren, am wahrscheinlichsten ist ein Zeitpunkt zwischen 880 und 890, vermutlich eher zu Beginn oder um die Mitte dieses Zeitraumes.[21]

---

17 Vgl. auch Markopoulos (s. Anm. 2) 324.

18 Nikolaos Mystikos, Ep. 71, s. dazu Jenkins–Westerink (s. Anm. 9) S. 555f.; vgl. V. Grumel, Les regestes des actes du patriarcat de Constantinople, Vol. I: Les actes des patriarches, Fasc. II et III: Les Regestes de 715 à 1206, 2e éd. revue et corr. par J. Darrouzès, Paris 1989 (Le Patriarcat byzantin, Sér. 1) Nr. 748.

19 Nikolaos Mystikos, Ep. 100, s. dazu Jenkins–Westerink (s. Anm. 9) 566; vgl. Grumel–Darrouzès, Regestes (s. Anm. 18) Nr. 702, vgl. auch Nr. 701: ein dritter, nicht im Wortlaut erhaltener, aber in Nikolaos Mystikos, Ep. 100 erwähnter Brief an Alexandros.

20 Vgl. Trullanum, Kanones 14, in: Discipline générale antique (IIe–IXe s.), I: Tome Ier, Iére partie: Les canons des conciles oecuméniques (IIe–IXe s.), édition critique du texte grec, version latine et traduction française par P.-P. Joannou, Grottaferrata 1962, 143,8–144,4 = Syntagma Kanonon, ed. G. A. Rhalles – M. Potles, I–VI, Athen 1852–59 (Ndr. Athen 1966), II, 337 (im folgenden Rhalles–Potles, Σύνταγμα), in beiden Editionen werden auch die älteren gleichlautenden Kanones angeführt.

21 Markopoulos (s. Anm. 2) 315 hatte die Geburt des Alexandros „um das Jahr 890" ansetzen wollen und dabei darauf verwiesen, daß Alexandros „bereits in jugendlichem

Es würde gut passen, in dem ebenfalls in den Scholien genannten Diakonos Theodoros einen Diakon der Metropolis von Nikaia und Unterstellten des Metropoliten Alexandros zu sehen. Dies würde die Annahme stützen, daß die Scholien zu einem Zeitpunkt abgefaßt wurden, da Alexandros als Metropolites von Nikaia amtierte, also zwischen etwa 920 und 944.[22] Aus dem relativ langen Zeitraum seines Wirkens als Metropolites von Nikaia ist einiges bekannt, wenngleich manches ein wenig schemenhaft bleibt: Einem seiner Briefe ist zu entnehmen, daß er wohl während seiner Amtszeit die Kirche von Ruphinianai in Chalkedon in Bithynien mit großem Aufwand und auch unter Einsatz eigener finanzieller Mittel hatte restaurieren lassen.[23]

Die Stiftertätigkeit des Alexandros läßt sich noch an anderer Stelle greifen. In der Anthologia Planudea ist ein Epigramm überliefert, das auf eine inzwischen verlorene, ehemalige Stifterinschrift an einem Bad in Prainetos in Bithynien zurückgeht.[24] Der Text dieses Epigramms eines unbekannten Verfassers lautet folgendermaßen:[25]

Εἰς λουτρὸν ἐν Πραινέτῳ
Οὐ βαλανεῖον ἔην προπάροιθε τὸ νῦν βαλανεῖον,
ἀλλὰ τόπος σκυβάλων, χῶρος ἀποκρίσιος·
νῦν δὲ τὰ τερπνὰ τὰ πᾶσι βοώμενα καὶ χαρίεντα
ἀγλαΐη προφέρει· καὶ γὰρ Ἀλέξανδρος,
Νικαέων ἱερεύς, σοφίης ἐρικυδέος ἀστήρ,
τεῦξέ μιν οἰκείοις χρήμασι καὶ δαπάναις.

Alter" Metroplit von Nikaia geworden sei. Dies hatte Darrouzès (s. Anm. 3) 27, noch auf der Grundlage angenommen, daß auch die Epp. 18–20 des Alexandros von Nikaia von diesem verfaßt worden seien. Da diese Briefe nach 981 zu datieren sind, mußte Darrouzès, wollte er nicht von einer unverhältnismäßig langen Lebenszeit des Alexandros ausgehen, zwangsläufig annehmen, daß dieser bereits recht jung Metropolit wurde. Diese Annahme wird jedoch durch die von Markopoulos vorgenommene Zuweisung der fraglichen Briefe an Symeon Magistros hinfällig. Alexandros kann also sehr wohl etwa 880 oder noch früher geboren sein; allerdings ist dabei zu bedenken, daß er 945 oder später noch zum Professor für Rhetorik in Konstantinopel ernannt wurde.

22 Zur Diskussion der Abfassungszeit der Scholien in der bisherigen Forschung vgl. Markopoulos (s. Anm. 2) 320f.

23 Alexandros von Nikaia, Ep. 12: φεισάμενοι μὲν μηδενός μήτε ἱεροῦ μήτε φίλων μήτε τῆς ἰδίας περιουσίας ἐν τῷ κοσμεῖν τὸν ναὸν τῆς Ῥουφιναοῦς. S. dazu schon oben S. 246. Zu der Namensform von Ruphinianai vgl. Darrouzès (s. Anm. 3) 88 Anm. 38.

24 Vgl. H. Beckby, Anthologia Graeca IV, ed. H. Beckby, München 1958, S. 556; P. Maas, Alexandros von Nikaia. BNJ 3 (1922) 334 (= P. Maas, Kleine Schriften, hrsg. von W. Buchwald, München 1973, Nr. 124, S. 470).

25 Anthologia Graeca IV, XVI, 281; vgl. Maas 333f. (= 469). Übers. Titelzeile: Verf., Epigramm: H. Beckby. S. auch schon oben S. 246.

Auf ein Bad in Prainetos
Früher war es kein Bad, was heute als Bad hier erstanden,
sondern ein Schuttplatz, ein Ort, wo man den Unrat gehäuft.
Jetzt aber zeigt er[26] die Reize, die jedermann rühmt, und die Schönheit,
die durch Schimmer entzückt. Denn Alexandros, der einst[27]
Priester Nikaias gewesen, der Weisheit ruhmvoll Gestirne,
hat es aus eigenem Geld seines Besitzes erbaut.

Fest steht der Titel des Metropolites von Nikaia (Νικαέων ἱερεύς).[28] Dieser hatte das Bad in Prainetos in Bithynien unter Aufwendung eigener Mittel restaurieren lassen. Die zusätzliche Bezeichnung des Alexandros als „der herrlichen Weisheit Stern“ (σοφίης ἐρικυδέος ἀστήρ) bezeichnet nach Maas „deutlich den Professor an der Reichsuniversität“.[29] Dies würde die Restaurierung des Bades und die Inschrift nach 945 datieren.[30] Es bleiben jedoch starke Zweifel, ob die Deutung von Maas tatsächlich zwingend ist, oder ob diese Bezeichnung nicht schlicht als ein Kompliment an den hochgebildeten Metropoliten verstanden werden sollte.[31] Der denkbare Einwand, daß die Restaurierung einer so profanen Institution wie der eines Bades eher zu einem weltlichen Amtsträger passen würde als zu einem Metropoliten, verfängt hier nicht, da der Bischofstitel des Alexandros ja unzweifelhaft genannt wird. Die Restaurierung des Bades in Prainetos in Bithynien könnte demnach entweder noch in die Amtszeit des Alexandros als Metropolites von Nikaia, also zwischen 920 und 944, fallen und somit in einem gewissen Zusammenhang mit der Erneuerung der Ruphinianaikirche in Chalkedon ebenfalls in Bithynien gesehen werden. Oder aber sie fand später statt, nämlich 945 oder später, als Alexandros in Konstantinopel Rhetorik lehrte, aber weiterhin den Titel des Metropolites von Nikaia führte.

Was das Epigramm auf das Bad in Prainetos angeht, so könnte Alexandros dort a priori als Verfasser wie auch als Auftraggeber in Frage kommen.[32] Allerdings ist letzteres angesichts des Epigrammtextes wohl wahrscheinlicher[33]

26 Wohl eher: „es“, nämlich das Bad.
27 Die in Beckbys Übersetzung an dieser Stelle begegnende Vorzeitigkeit scheint den Zwängen der Nachdichtung geschuldet, denn sie findet im griechischen Text keine Stütze.
28 Vgl. dazu Maas 333f. (= 469) Anm. 3.
29 Vgl. Maas 333f. (= 469).
30 S. dazu noch unten „6. Lehrer der Rhetorik“.
31 Vgl. Markopoulos (s. Anm. 2) 322; auch P. Speck, Die kaiserliche Universität von Konstantinopel, München 1974 (Byzantinisches Archiv 14), 22 Anm. 3.
32 Vgl. Alan Cameron, The Greek Anthology from Menander to Planudes, Oxford 1993, 317.
33 Bei aller bisweilen begegnenden Unbescheidenheit der Byzantiner ist eine Selbstbe-

und der Verfasser eher in der engeren Entourage des Alexandros zu vermuten.[34]

Gleichwohl hat er andere Epigramme verfaßt. Wie Alan Cameron in überzeugender Weise dargelegt hat, gehen zwei weitere Epigramme, die in der Anthologia Planudea überliefert sind, auf Alexandros zurück.[35] Bei dem ersten handelt es sich um ein Grabepigramm auf das Grab des Patriarchen Nikolaos Mystikos, bei dem zweiten um ein Epigramm auf ein Bildnis (εἰκών) eben dieses Patriarchen. Beide Epigramme waren mit hoher Wahrscheinlichkeit im Galakrenaikloster angebracht, in dem Nikolaos beigesetzt worden war.[36] Auch eine metrische Grabinschrift für das Grab eines Michael, der unter Patriarch Nikolaos Mystikos als Synkellos diente, dürfte auf Alexandros zurückgehen.[37] Diese Inschrift befindet sich auf einer Platte eines weißen Marmorsarkophags, der im Jahre 1943 in den Ruinen des Galakrenaiklosters gefunden wurde.[38] Für die Datierung der Aktivitäten des Alexandros ergeben sich daraus folgende Konsequenzen: Die beiden Epigramme dürften nicht lange nach dem Tod des Nikolaos Mystikos († 15. Mai 925) verfaßt und möglicherweise bereits zu dessen Beisetzung am Grab angebracht worden sein. Die Inschrift für das Grab des Michael wurde noch zu Lebzeiten des Patriarchen, also noch vor 925, verfaßt und angebracht. Stilistische Übereinstimmungen legen sogar nahe, alle vier Dichtungen in einem gewissen inhaltlichen und zeitlichen Zusammenhang zu sehen.[39] Dadurch gewinnt auch die Annahme, Alexandros habe die Restaurierung des Bades in Prainetos noch zu seiner Zeit als Metropolit von Nikaia durchführen lassen, an Wahrscheinlichkeit.

In jedem Fall in seine Zeit als Metropolites von Nikaia zu setzen ist folgende überlieferte Aktivität des Alexandros: In einer Notiz in der Hs H (= Cod. Vat. gr. 1167, fol. 8v–10v) der Notitia Episcopatuum 4 wird zu dem Bistum Maximianai (Kirchenprovinz Bithynia secunda, Suffraganbistum von Nikaia) vermerkt, daß die Stadt Maximianai unter dem Metropoliten (von Nikaia) Nikephoros (wohl im 9. Jh.[40]) zum Bistum erhoben worden sei, und daß dies auch von dem seligen

zeichnung des Alexandros als „Stern der herrlichen Weisheit" wohl eher nicht anzunehmen; viel besser paßt diese Ausdrucksweise zu einem Unterstellten, der seinen Herrn in der Stifterinschrift preisen will.

34 Möglicherweise kommen hier sein Bruder Iakobos, der Diakon Theodoros oder sein Schwager Ioannes in Betracht, die bereits bei der Anfertigung der oben erwähnten Scholien zu einem Lukian-Codex mitgewirkt hatten, s. dazu oben S. 246.

35 Anthologia Graeca IV, ed. H. Beckby, XVI, 21–22; vgl. Cameron, Anthology 318.

36 Vgl. Cameron, Anthology 319.

37 Vgl. I. Ševčenko, An Early Tenth-Century Inscription from Galakrenai with Echoes from Nonnos and the *Palatine Anthology*. DOP 41 (1987) 462.

38 Vgl. Ševčenko, Inscription 461–468; Cameron, Anthology 319.

39 Ševčenko, Inscription 462.

40 Vgl. G. Fedalto, Hierarchia Ecclesiastica Orientalis, I: Patriarchatus Constantinopoli-

(= damaligen, inzwischen verstorbenen) Alexandros, der auch selbst Metropolites derselben Stadt (also Nikaias) gewesen, (im 10. Jh.[41]) bestätigt worden sei (αἱ Μαξιμιαναὶ ὑπὸ Νικηφόρου μητροπολίτου ἐπινοηθεῖσαι καὶ παρὰ τοῦ ἀοιδίμου Ἀλεξάνδρου, καὶ αὐτοῦ γεγονότος τῆς αὐτῆς πόλεως μητροπολίτου, βεβαιωθεῖσαι).[42]

Alexandros pflegte wohl auch eine umfangreiche Korrespondenz, die nur noch in Bruchstücken erhalten ist. Abgesehen von den siebzehn Briefen aus seiner Feder, über die noch genauer zu sprechen sein wird, sind vereinzelt weitere Zeugnisse seines Briefwechsels überliefert: Zum einen ist ein Brief des sogenannten „anonymen Professors" an Alexandros erhalten.[43] Darin geht es um jugendliche Schüler des Professors, welche den Unterricht geschwänzt hatten und dabei von ihrem Vater ertappt worden waren. Diese Schüler waren daraufhin verschwunden und hatten sich, den Nachforschungen des Professors zufolge, entweder zu Alexandros von Nikaia oder auf den (bithynischen) Olymp begeben. Nach der Ausdrucksweise des Professors zu urteilen, bestand zwischen Alexandros und diesen Schülern ein – nicht genauer definiertes – geistliches Vaterschaftsverhältnis.[44] Die Schüler werden als (geistliche) Söhne des Alexandros bezeichnet,[45] und dieser wird gebeten, die „irregeleiteten Schafe" wie ein „guter Hirte" zu beurteilen.[46] Dieser Brief wurde während der Amtszeit des Alexandros als Metropolites von Nikaia, also zwischen ca. 920 und 944, geschrieben.

---

tanus, Padua 1988, 108f. Ein Siegel dieses Nikephoros ist erhalten, vgl. V. Laurent, Le Corpus des Sceaux de l'Empire Byzantin, Tome V,1: L'Église, première partie, 1: L'Église de Constantinople, A: La Hiérarchie, Paris 1963, Nr. 393.

41 Die Hs. H (Cod. Vatican. 1167) der Notitia 4 gehört zu einer Gruppe von Hss. (ACHJKL) deren älteste in das 11. Jh. zu datieren ist, scheint jedoch selbst auf eine Vorlage aus der zweiten Hälfte des 10. Jh.s zurückzugehen, vgl. Darrouzès, Notitiae (wie in der folgenden A.) 36.

42 Notitiae episcopatuum ecclesiae Constantinopolitanae, texte critique, introduction et notes par J. Darrouzès, Paris 1981 (Géographie ecclésiastique de l'empire byzantin 1), Notitia 4,199, p. 254, app. crit., und die Bemerkungen auf p. 36; vgl. auch V. Laurent, La „Notitia" de Basile l'Armenien. Traduction manuscrite et date de composition. Échos d'Orient 34 (1935) 439–472, bes. 467f.

43 Anonymi Professoris Epistulae, rec. A. Markopoulos, Berlin–New York 2000 (CFHB 37, Series Berolinensis), Ep. 69.

44 Anscheinend ist dieses geistliche Vaterschaftsverhältnis der Grund für die mögliche Flucht der Schüler zu Alexandros. Warum die Schüler möglicherweise auch auf den bithynischen Olymp geflohen waren, bleibt der Vermutung überlassen: Vielleicht lebte dort ein Verwandter von ihnen (ein Mönch?), von dem sie sich Unterstützung erhofften. Vgl. dazu auch Markopoulos (s. Anm. 2) 325.

45 Vgl. Ep. 69, 18: τὰ σὰ τέκνα.

46 Vgl. Ep. 69, 42f.: κρίνοις δέ πως ὡς ποιμὴν ἀγαθὸς τὰ περιπλανώμενα πρόβατα.

Etwas genauer, nämlich auf die Jahre 937/38, ist ein Brief des Niketas Magistros an Alexandros zu datieren.[47] In dem Brief bedankt sich Niketas bei Alexandros für die Zusendung einiger Kodizes mit Werken antiker und spätantiker Autoren und bittet diesen, wenn möglich, ihm noch weitere Kodizes zustellen zu lassen.[48] Dies zeigt, daß Alexandros wohl an seiner Metropolis in Nikaia über eine umfangreiche Bibliothek[49] und auch über die Möglichkeit des Kopierens von Hss. verfügte. Ob es sich dabei jedoch um seine „Privatbibliothek" handelte, wie Markopoulos annahm,[50] oder um die Bibliothek der bedeutsamen Metropolis von Nikaia, muß wohl offen bleiben.[51]

Ein dritter Brief an Alexandros findet sich in einer Neapolitaner Miszellanhandschrift (Cod. Neap. III A 6). Der Herausgeber Wolfram Hörandner identifizierte den Verfasser dieses Briefes, den Metropoliten Leon von Sardeis, in recht überzeugender Weise mit dem gleichnamigen Metropoliten von Sardeis, der auch Adressat eines Briefes (Ep. 1) des Alexandros war.[52] Insgesamt gesehen ist daher die Annahme von Hörandner recht wahrscheinlich, wenn auch nicht wirklich schlüssig zu beweisen, daß unser Alexandros der Adressat dieses Briefes des Leon von Sardeis war.[53] In dem Brief wird ein – nach Ansicht des Verfassers – unfair geführtes kanonisches Gerichtsverfahren geschildert, das anscheinend vor dem Konstantinopler patriarchalen Synodalgericht unter dem Vorsitz des Patriarchen

47 Nicétas Magistros. Lettres d'un exilé (928–946), introduction, édition, traduction et notes par L. G. Westerink, Paris 1973, Ep. 9, zur Datierung vgl. Ep. 9, 12f.: im zehnten Jahr seines Exils, Niketas war im Jahre 928 verbannt worden.

48 Zu diesen Werken im einzelnen vgl. Markopoulos (s. Anm. 2) 324; Westerink a. O. 74–78.

49 Die Bibliothek umfaßte auch τὰ ἔξω (γράμματα), also nichtchristliche (antike und spätantike) Autoren.

50 Vgl. Markopoulos (s. Anm. 2) 324.

51 Ob sich einige Autorenlemmata in Katenen-Handschriften auf ihn beziehen lassen, wie bei Markopoulos (s. Anm. 2) 323, zusammengestellt, bleibt eher fraglich. Besonders in dieser Frage danke ich O. Kresten für viele wertvolle Hinweise, die mich vor mancher ungeprüften Äußerung bewahrt haben.

52 W. Hörandner, Leon Metropolit von Sardes und die Briefsammlung im Neap. III A 6, in: Polychordia, Festschrift Franz Dölger zum 75. Geburtstag, hrsg. v. P. Wirth, II (= Byzantinische Forschungen 2 [1967]). Amsterdam 1967, 227–237, bes. 230, Edition des Briefes 232–234.

53 Eine Reihe von Rahmenbedingungen, etwa die generell engen Verbindungen zwischen den Briefschreibern des 10. Jh.s (wie sie von Darrouzès [s. Anm. 3] 27–64, aufgezeigt wurden) oder die inhaltliche Ähnlichkeit zwischen dem Brief des Alexandros an Leon (Ep. 1) und dem Brief Leons an Alexandros (beide Male wird eine aus der Sicht der Briefschreiber unfaire kirchliche Gerichtsverhandlung – allerdings nicht dieselbe! – erwähnt), machen diese Identifizierung wahrscheinlich, ein wirklich sicherer Hinweis darauf findet sich allerdings nicht.

Theophylaktos stattfand. Möglicherweise wollte Leon auf diese Weise seine Solidarität mit Alexandros zum Ausdruck bringen, der in seinem Brief an Leon ja ebenfalls von sich behauptete, Unrecht durch den Patriarchen erlitten zu haben, als er abgesetzt und erst im Anschluß und in Abwesenheit verurteilt wurde. Der Brief führt uns damit in das Jahr 944 und zu den Ereignissen um die Absetzung des Alexandros als Metropolites von Nikaia und seine synodale Verurteilung, die wohl ebenfalls durch das patriarchale Synodalgericht in Konstantinopel erfolgte.[54] Diese Ereignisse lassen sich am besten in den Briefen des Alexandros selbst greifen.

3. Absetzung und Verbannung

Alle 17 Briefe des Alexandros beschäftigen sich mit diesem Thema. Sie bieten bei näherer Betrachtung wertvolle Informationen sowohl zu den möglichen Gründen für seine Absetzung als auch zu dem Ort, der Dauer und den näheren Umständen seiner anschließenden Verbannung, die meines Erachtens bisher noch keine ausreichende Berücksichtigung erfahren haben.

Die Briefe sind fast durchweg an Metropoliten gerichtet,[55] lediglich ein Brief (Ep. 2) ist an einen möglicherweise höfischen Würdenträger adressiert,[56] ein

54 Laut kanonischem Recht konnte ein Metropolit nur durch 12 Metropoliten bzw. Archiepiskopoi abgesetzt werden.

55 Ep. 1: Metropolites von Sardeis, Ep. 3: von Euchaïta (und Synkellos), Epp. 4 und 16: Nikomedeia, Ep. 5: Thessalonike, Ep. 6: Philippoi, Ep. 7: Chonai, Ep. 8: Ankyra, Ep. 11: Kaisareia (in Kappadokien), Ep. 12: Pissinous, Epp. 13 und 14: Side, Ep. 15: Kotyaeion, Ep. 17: Hierapolis (in Phrygia Pakatiane).

56 Der Adressat Ioannes führt die seltene Titelkombination Patrikios, Mystikos und Oikonomos. Es bleibt bei dieser Kombination zunächst offen, ob er früher Patrikios war und später Kleriker und Oikonomos wurde, oder ob es sich um einen weltlichen Oikonomos handelte. Der Inhalt des Briefes legt jedoch nahe, daß es sich bei Ioannes um einen kaiserlichen Würdenträger mit großer Kaisernähe (Mystikos) handelte, der auch den Oikonomos-Titel führte. Vgl. auch P. Magdalino – A.-M. Talbot, in: ODB 3, 1517, s. v. „Oikonomos", ferner G. Zacos – J. W. Nesbitt, Byzantine Lead Seals II, Bern 1984, Nr. 1066: Konstantinos, Patrikios, Primikerios, basilikos Protospatharios, epi tu chrysotriklinu, Praipositos und Oikonomos der Neuen Kirche (erste Hälfte 10. Jh.). Wahrscheinlich war Ioannes Oikonomos der Hagia Sophia (οἰκονόμος τῆς Μεγάλης Ἐκκλησίας), der auch ein Laie sein konnte und für den die Patrikioswürde gesichert ist, vgl. Kleterologion des Philotheos, ed. N. Oikonomidès, Les listes de préséance byzantines des IXe et Xe siècles, Paris 1972, S. 145, Nr. 14, und S. 144 Anm. 112; vgl. auch Th. Pratsch, Theodoros Studites (759–826) – zwischen Dogma und Pragma, Frankfurt a. M. et al. 1998 (Berliner Byzantinistische Studien 4), 226 zu einem Thomas, Patrikios und apo Dishypaton, Logothetes und Skeuophylax (der Großen Kirche).

weiterer (Ep. 9) an den Patriarchen Theophylaktos und Romanos Saronites, einen Würdenträger und Verwandten des Kaiserhauses, und einer (Ep. 10) an eine Untersuchungskommission, die in Nikaia in Bithynien zusammengetreten war und die aus vier Metropoliten und vier weltlichen Würdenträgern bestand.[57] Alle Briefe des Alexandros sind aus der Verbannung geschrieben. In all diesen Briefen versucht er, seinen Standpunkt in der Auseinandersetzung darzulegen, die zu seiner Absetzung und Verbannung geführt hatte, und bittet die Adressaten, sich für seine Rehabilitierung und Freilassung einzusetzen. Aus Gründen der Argumentation werden dabei die vorangegangenen Ereignisse – die Auseinandersetzung mit dem Patriarchen, seine Verhaftung, Verurteilung und Verbannung – zum Teil noch einmal aufgegriffen und berichtet.[58]

Bereits die ungewöhnliche Überschrift, welche die kleine Briefsammlung des Alexandros trägt, verdient eine aufmerksame Lektüre: „Die Briefe des Alexandros, des Metropoliten von Nikaia, die nach dem Abzug seines Bewachers aus Monobaton geschrieben wurden" (Ἀλεξάνδρου τοῦ γεγονότος μητροπολίτου Νικαίας αἱ μετὰ τὴν ἀναχώρησιν τοῦ φυλάττοντος αὐτὸν γραφεῖσαι ἐπιστολαὶ ἀπὸ Μονοβάτων).[59]

Die Lage der in der Überschrift genannten Örtlichkeit Monobata – oder genauer des Klosters ton Monobaton[60] – galt bis heute als unbekannt oder hat zu Spekulationen Anlaß gegeben.[61] Alexandros hat jedoch in zwei seiner Briefe

57 Zur Zusammensetzung dieser Kommission s. noch unten „4. Die kanonische Auseinandersetzung".

58 Diese Darstellung erfolgt freilich nicht zusammenhängend und vollständig, sondern die entsprechenden Informationen finden sich oft scheinbar zusammenhanglos und verstreut in seinen Briefen. Alexandros mußte ja davon ausgehen, daß seine Adressaten, wenn auch in wohl unterschiedlichem Maße, über die Angelegenheit an sich bereits unterrichtet waren. Wollte er Wirkung erzielen, durfte er die Adressaten nicht durch Wiederholung von allzu viel Bekanntem langweilen, mußte aber doch den einen oder anderen für seine Argumentation wichtigen Sachverhalt anführen.

59 Bei der Schreibung τῶν Μονοβατῶν in Anonymi Professoris Ep. 60, ed. A. Markopoulos, Berlin–New York 2000 (CFHB 37, Series Berolinensis), dürfte es sich um einen Kopierfehler handeln. Die Bezeichnung der Örtlichkeit dürfte abgeleitet sein von Μονόβατα Μονόβατον (neutr.) oder Μονοβάται Μονοβάτης (masc.), s. auch Markopoulos, ebendort 54* Anm. 52, der sich bezüglich der korrekten Schreibung nicht sicher war. Die weiterhin dort vorgetragenen möglichen Ableitungen des Ortsnamens Monobaton von entfernt ähnlich klingenden kleinasiatischen Fluß- bzw. Flurnamen (türk. Manavgat, griech. Μάναυα bzw. Μοναβαί) scheinen mir angesichts der folgenden Ausführungen unhaltbar.

60 Vgl. Alexandros von Nikaia, Ep. 1,46.

61 Vgl. N. A. Bees, Basileios von Korinth und Theodoros von Nikaia. Mit einem Exkurs über Alexandros von Nikaia. BNJ 6 (1927/28) 381 Anm. 1; Browning, Correspondence 426 Anm. 2: „Its location is uncertain."; Darrouzès (s. Anm. 3) 67 Anm. 2: „L'emplace-

(Epp. 1 und 3) recht deutliche Hinweise auf die Lage des Klosters hinterlassen. In dem ersten Brief teilt er mit, er sei „an die Grenze des Reiches“ (ἐν τῷ πέρατι τῆς βασιλέως γῆς) deportiert worden.[62] In dem zweiten Brief schreibt er, man habe ihn „zu den Kimmeriern“ (πρὸς Κιμμερίους) geschickt.[63] Diese Mitteilungen lassen den recht sicheren Schluß zu, daß er an den kimmerischen Bosporos gebracht worden war.[64] Das Monobatonkloster lag also im byzantinischen Cherson auf der Krim, das den byzantinischen Kaisern recht häufig zur Unterbringung von Verbannten diente.[65]

---

ment exact de Monobata n'est pas connu.“; Grumel – Darrouzès, Regestes (s. Anm. 18) Nr. 789a: „site indéterminé“; Martin-Hisard, La vie de Jean et Euthyme. REB 49 (1991) 127 Anm. 241: „Le monastère de Monovat'i n'est pas localisé avec précision“; Markopoulos (s. Anm. 2) 315 Anm. 20: „Die genaue Lage des Klosters ... ist unbekannt.“

62 Vgl. Alexandros von Nikaia, Ep. 1,46.

63 Vgl. Alexandros von Nikaia, Ep. 3,10.

64 Darrouzès waren diese Stellen nicht entgangen, er deutete freilich den Ausdruck πρὸς Κιμμερίους anscheinend als „gegen die Kimmerier hin“ und gelangte so an einer Stelle zu einer vorsichtigen, aber ungenauen Lokalisierung von Monobaton „aux confins du Pont et de l'Armenie“, vgl. Darrouzès (s. Anm. 3) 74 Anm. 14. An anderer Stelle ließ er das Problem ganz beiseite, vgl. Darrouzès, Épistoliers 31. 67 Anm. 2; 69 Anm. 5. Mir scheint die Interpretation von πρὸς Κιμμερίους mit „zu den Kimmeriern“ nächstliegend und unproblematisch.

65 Unter anderem waren Papst Martin I. und Kaiser Justinian II. in Cherson in der Verbannung, vgl. ODB 1, 418f., s. v. „Cherson“. Vgl. auch die zahlreichen Beispiele in der PMBZ: Antonios (Nr. 547), Felix (Nr. 1894), Georgios (Nr. 2160), Ioannes Psichaïtes (Nr. 3053), Ioseph Hymnographos (Nr. 3454), Leon Balelades (Nr. 4410), Litoios bzw. Litoes (Nr. 4608), anonyme Kleriker (Nr. 10391), anonyme Bischöfe (Nr. 10475) und anonymer Mönch (Nr. 11320). Aus der georgischen Vita des Ioannes und Euthymios geht hervor, daß der Abt Georgios des Ivironklosters auf dem Athos im Jahre 1029 der Teilnahme an einer Verschwörung verdächtigt, angeklagt, nach Konstantinopel gebracht, schließlich verurteilt und ins Monobatonkloster verbannt wurde, wo er starb. Vgl. Vita Ioannis et Euthymii hiberica § 81, ed. I. Abuladze, Dzveli k'art'uli agiograp'iuli literaturis dzeglebi (Monumente der altgeorgischen hagiographischen Literatur), II, Tiflis 1967, 38–100; lat. Übers. von P. Peeters, Histoires monastiques géorgiennes, I. Vie des Ss. Jean et Euthyme. Analecta Bollandiana 36–37 (1917–1919) 8–68 (Text der *Vita beati patris nostri Iohannis atque Euthymii, et oratio de probatis eorum moribus, conscripta a pauperculo Georgio presbytero et monacho*: 13–68); franz. Übers. von B. Martin–Hisard, La vie de Jean et Euthyme et le statut du monastère des Ibéres de l'Athos. REB 49 (1991) 67–142 (Text: 84–134). – Zum Verbannungsort Cherson paßt auch, daß Alexandros in seinen Briefen immer wieder nachdrücklich seine Entlassung aus der Verbannung forderte, auch nachdem sein Bewacher bereits abgezogen worden war und er nun über relative Freiheiten verfügte. Von Cherson aus konnte er eben nicht einfach nach Hause gehen. Es bedurfte entweder finanzieller Mittel, über die er an seinem Verbannungsort nicht verfügte, oder einer kaiserlichen Order, um eine Schiffspassage über das Schwarze Meer zu erhalten.

Ferner fragt man sich, was es denn mit dem „Abzug seines Bewachers“ in der Überschrift zur Briefsammlung auf sich hat. Aber auch diese Frage läßt sich aus den Briefen beantworten. In seinem ersten Brief (Ep. 1) an Leon, Metropolites von Sardeis, schildert Alexandros sehr ausführlich die Umstände seiner Verbannung: Er wurde durch ein Schreiben des Patriarchen Theophylaktos, das ihm vom Metropoliten Theodoros von Amorion überbracht worden war,[66] in das Patriarcheion eingeladen und dort dann zu seiner Überraschung festgesetzt, anschließend mit Verbannung bestraft, dann als Metropolites abgesetzt und mit Konfiskation seines Eigentums belegt.[67] Im Zuge dieser Ereignisse sei er auch körperlich mißhandelt worden, wie wir aus anderen Briefen erfahren.[68] Er wurde dann zunächst in das Satyroskloster (Erzengel-Michael-Kloster am Bosporos in Bithynien[69]) gebracht, dann in das Monobatonkloster. Dort wurde er nach eigener Darstellung in eine Höhle geworfen und von einem Aufseher (ὁ δεσποτικὸς φρούραρχος)[70] bewacht, der sehr strenge Anweisungen hatte: Fünf Monate verbrachte Alexandros in dieser Höhle und durfte in dieser Zeit mit keinem Mönch reden,[71] nicht baden und bekam auch kein Fleisch zu essen. Ferner wurden ihm Pergament und Tinte verwehrt und die Besucher sehr genau kontrolliert, damit diese keine Briefe hinein- oder hinausschmuggeln konnten.[72] Alexandros erkrankte in der Gefangenschaft an Podagra, ferner sei ihm das Haupt- und Barthaar ausgefallen. Nach Ablauf der genannten fünf Monate war der Bewacher aber offenbar abgezogen worden. Alexandros befand sich nun zwar noch immer in Monobaton, er hatte aber jetzt die Möglichkeit zu schreiben,[73] die ihm vorher durch den Bewacher verwehrt worden war, und konnte so seine Briefe abfassen und bei

66 Vgl. Grumel–Darrouzès, Regestes (s. Anm. 18) Nr. 789a.

67 Vgl. Alexandros von Nikaia, Ep. 1,83–89.

68 Zu den Mißhandlungen vgl. Alexandros von Nikaia, Epp. 1,13–15; 6,6–8; 14,7; 14,25–31; 15,11–15.

69 Vgl. R. Janin, Les églises et les monastères des grands centres byzantins (Bithynie, Hellespont, Latros, Galèsios, Trébizonde, Athènes, Thessalonique), Paris 1975, 42f.

70 Der genaue Status des Bewachers wird nicht ganz klar: Alexandros verwendet δεσποτικὸς (bzw. δεσπότης) des öfteren bezogen auf den Patriarchen Theophylaktos in der Bedeutung „patriarchal, bischöflich“, vgl. z.B. Epp. 5,4–8 und bes. 5,72–84; 6,6, s. dazu Darrouzès (s. Anm. 3) 78 Anm. 22. Die üblichere Bedeutung „kaiserlich“ wäre hier jedoch ebenfalls denkbar und sogar wahrscheinlicher. Die „Höhle“ steht hier wohl als Metapher für „fensterlose Klosterzelle“ o.ä.

71 Er meint hier vermutlich die Kleriker bzw. Mönche des Monobatonklosters, denn nach eigener Aussage empfing er ja durchaus Besuch. Möglicherweise war ihm in den ersten fünf Monaten der Kontakt mit den Mönchen des Monobatonklosters untersagt.

72 Vgl. Alexandros von Nikaia, Epp. 1,45–54 und besonders 2,26f: ἐπισκοπεῖται καὶ ἡ κόπρος καὶ τὸ οὖρον μήπου τι γραμματεῖον ἔχουσι.

73 Vgl. aber Alexandros von Nikaia, Ep. 2,42f: τὰ κρύφα ταῦτα καὶ λαθραίως γραφέντα.

anderen Metropoliten um Unterstützung nachsuchen. Dies erklärt die ungewöhnliche Überschrift seiner Briefsammlung.

Es stellt sich nun die Frage, warum und wann der Bewacher abgezogen wurde, die uns unmittelbar zur Frage der Datierung der Verbannung und Haft des Alexandros hinführt. Der wahrscheinlichste Grund für eine Veränderung, insbesondere eine Lockerung, des Haftregimes eines Verbannten besteht wohl in einem Führungswechsel an der Spitze des Reiches, in erster Linie auf dem Kaiserthron.[74] Tatsächlich läßt sich in den Briefen des Alexandros ein solcher Führungswechsel greifen: In einem Brief an Gregorios, den Metropoliten von Thessalonike, berichtet Alexandros von seiner synodalen Verurteilung unter Vorsitz des Patriarchen Theophylaktos, der auch der Ankläger gewesen sei, und der Weihe seines Nachfolgers Lazaros als Metropolites von Nikaia.[75] In diesem Zusammenhang spricht er von dem „damaligen Kaiser" (τὸν τότε βασιλεύοντα).[76] Es hatte folglich zwischen seiner synodalen Verurteilung, die etwa mit dem Beginn seiner Verbannung zusammenfällt, und dem Zeitpunkt der Abfassung des Briefes einen Kaiserwechsel gegeben. Nach Lage der Dinge kann es sich dabei nur um die Übernahme der Alleinherrschaft durch Kaiser Konstantin VII. Porphyrogennetos und den Sturz der Lekapenen-Kaiser Stephanos und Konstantinos am 27. Januar 945 handeln.[77] Nimmt man diese Nachrichten zusammen, dürften die Briefe des Alexandros nach der Übernahme der Regierung durch Kaiser Konstantin VII. und der wohl damit verbundenen Lockerung seiner Haftbedingungen und dem Abzug seines Bewachers, also vermutlich in der ersten Hälfte des Jahres 945, geschrieben worden sein. Die fünfmonatige, strenge Haft des Alexandros kann folglich an das Ende der Regierung des Romanos I. Lekapenos, also in die zweite Hälfte des Jahres 944, datiert werden. Seine Absetzung und synodale Verurteilung kann folglich mit ausreichender Sicherheit etwa zwischen Mitte und Anfang der zweiten Hälfte des Jahres 944 datiert werden.[78]

---

74 Ein ähnliches Beispiel wäre etwa die Lockerung der Haftbedingungen der verbannten Anhänger der Ikonenverehrung anläßlich der Herrschaftsübernahme durch Kaiser Michael II. um die Jahreswende 820/21, s. dazu Pratsch, Theodoros (wie oben Anm. 56), 263–272.

75 Die Frage des Nachfolgers ist nicht ganz sicher. S. dazu noch unten „5. Untersuchung, Prozeß und Revision".

76 Alexandros von Nikaia, Ep. 5,24; vgl. dazu Darrouzès (s. Anm. 3) 77 Anm. 19.

77 Vgl. Markopoulos (s. Anm. 2) 316f.

78 Die bisherige Forschung hatte sich meist mit einem *terminus post quem a.* 938 begnügt, vgl. Markopoulos (s. Anm. 2) 317; vgl. aber Grumel–Darrouzès, Regestes (s. Anm. 18) Nr. 789a–b: „944, vers le milieu de l'année"; Hörandner (s. Anm. 52) 229: „(944/5)".

4. Die kanonische Auseinandersetzung

Was aber waren die Gründe für die Absetzung des Alexandros? Worum ging es bei der Auseinandersetzung zwischen dem Patriarchen von Konstantinopel und dem Metropolites von Nikaia? Diese Fragen blieben bisher weitgehend unbeantwortet,[79] obwohl sich auch dafür Anhaltspunkte in den Briefen finden lassen: In einigen Briefen werden wir jedoch zunächst von Alexandros selbst getäuscht, der, um seine Unschuld herauszustellen und die Ungerechtigkeit des Verfahrens anzuprangern, schlicht und einfach behauptet, überhaupt nicht zu wissen, was man ihm zur Last lege und weshalb er bestraft worden sei.[80] Dies entspricht natürlich nicht den Tatsachen, sondern ist eine von mehreren Verteidigungsstrategien des Metropoliten. Auch wenn Alexandros in einem Brief auf Neid als Ursache seines tiefen Falls verweist, legt er damit noch nicht die richtige Fährte. Er spricht dort von zwei Anführern seiner Gegnerschaft, bei denen es sich um die Metropoliten Anastasios von Herakleia und Theodoros von Kyzikos handeln dürfte, die in den Briefen mehrmals gemeinsam als führende Gegner des Alexandros erwähnt werden und die als Metropoliten auch dem folgenden Hesiod-Zitat des Alexandros entsprechen.[81] Über die Beweggründe seiner Gegner sagt Alexandros nämlich an einer Stelle:[82] „um nicht ihre ganz verborgenen Gründe zu nennen: ‚Der Bettler beneidet den Bettler, und der Sänger den Sänger.[83]'" In einem anderen Brief geht Alexandros etwas mehr ins Detail und schildert dort die Motive seiner beiden Hauptgegner unter den Metropoliten, die dort auch mit ihren Bischofssitzen genannt werden, wesentlich genauer:[84] „... von denen der eine (sc. Anastasios von

---

79 Bees (s. Anm. 61) 381, äußerte zumindest zwei Vermutungen: „Waren es Intrigen gegen den ökum. Patriarchen Theophylaktos? Steht etwa seine Berufung nach Konstantinopel zur Zeit des ökum. Patriarchen Nikolaos Mystikos in Zusammenhang mit seiner späteren Verbannung?". Diese gehen jedoch nicht in die richtige Richtung, wie sich zeigen wird.

80 Alexandros von Nikaia, Epp. 1,23, auch 1,93f.; 5,31; 9,13f. und 9,17.

81 Vgl. Alexandros von Nikaia, Epp. 5,74; 10,Titel; 16,16. Darrouzès (s. Anm. 3) 89 Anm. 39 vermutete, daß es sich bei den beiden führenden Gegnern um den Patriarchen Theophylaktos und den Metropoliten Anastasios von Herakleia in Thrakien handeln könnte. Aus dem folgenden dürfte klar werden, daß dies nicht zutrifft und mit den beiden „führenden Gegnern" des Alexandros in seinen Briefen stets die Metropoliten Anastasios von Herakleia und Theodoros von Kyzikos gemeint sind.

82 Alexandros von Nikaia, Ep. 13,20f.: ἵνα μὴ καὶ τὰς ἀπορρητοτέρας τούτων αἰτίας προστιθῶ ὅτι καὶ «πτωχὸς πτωχῷ φθονέει καὶ ἀοιδὸς ἀοιδῷ».

83 Hesiodus, Opera et dies 26. Alexandros will sagen: Der Metropolit beneidet den Metropoliten! Das Zitat ist übrigens nicht ganz glücklich gewählt, da es an der betreffenden Stelle bei Hesiod um die „positive Eris" und den produktiven Wettstreit unter Gleichen geht.

84 Alexandros von Nikaia, Ep. 5,74–79.

Herakleia) nun uns (sc. Alexandros) gegenüber feindlich gesonnen war wegen des unrechtmäßigen Krieges um die despotika Phrontisteria,[85] der Bischof von Kyzikos aber, weil wir ein kirchliches Urteil aussprachen, das von allen Teilnehmern der Synode, während es gänzlich gegen ihn gerichtet war, angenommen wurde. Daran habe ich jedoch keine Schuld, sondern der Patriarch, der diese Dinge insgeheim betrieben hatte." Neid und Mißgunst sowie persönliche Animositäten und Rivalitäten mögen bei der in Rede stehenden Auseinandersetzung tatsächlich eine Rolle gespielt haben, dennoch bedurfte es aber eines konkreten Vorwurfs und einer kanonischen Begründung zur Absetzung und Bestrafung eines Metropoliten. Dieser offizielle Vorwurf scheint sich in einem anderen Brief des Alexandros – wenn auch nicht gerade mit leichter Hand – greifen zu lassen:

Der Brief[86] ist an eine juristische Kommission adressiert, die aus den Metropoliten Basileios von Kaisareia in Kappadokien, Anastasios von Herakleia in Thrakien, Theodoros von Kyzikos in Hellespontos und Demetrios von Sebasteia in Armenia secunda sowie den Würdenträgern Theodoros Logothetes, Ioannes Polys, Theophylaktos Kalkatanes, dem Archon von Nikaia, und Petros Androsylites[87] zusammengesetzt war und in Nikaia in Bithynien eine Untersuchung – wohl bereits im Rahmen eines Revisionsverfahrens im Fall des Alexandros – aufnahm. Der Brief ist also eine Verteidigungsschrift des Alexandros. Dieser beschuldigt darin den Patriarchen von Konstantinopel, Theophylaktos, der ungerechtfertigten Einmischung in die Verwaltung der Diözese von Nikaia. Diese Einmischung betraf bestimmte Ländereien der Kirche von Nikaia und stand in Zusammenhang mit einem gewissen Eukleides.[88] Jean Darrouzès hatte die fragliche Passage[89] so ver-

85 Der Hintergrund dieser Streitfrage bleibt einigermaßen im Dunkeln. Man fragt sich, ob hier kaiserliche Klöster (grch. *monasteria autodespota, autexusia*) oder patriarchale Klöster (grch. *monasteria stauropegiaka, stauropegia*) gemeint sind, vgl. K. Onasch, Lexikon Liturgie und Kunst der Ostkirche unter Berücksichtigung der Alten Kirche, Berlin – München 1993, 217, s. v. „Kloster". Nach dem Sprachgebrauch des Alexandros dürfte es sich eher um Patriarchalklöster handeln, s. dazu bereits oben Anm. 70. In diesem Zusammenhang äußerte O. Kresten (in einer Mitteilung) die Vermutung, daß es sich bei dem „Krieg um die despotika phrontisteria" um eine Einmischung des Metropoliten von Nikaia in die Belange der stauropegialen Klöster im Bereich der Metropolis von Nikaia (Ernennung der Äbte? Erzwingen der eigenen liturgischen Kommemoration vor der des Patriarchen? Abkassieren des Kanonikon?) gehandelt haben könne, mit der sich Alexandros den Patriarchen Theophylaktos zum Feind gemacht habe.

86 Alexandros von Nikaia, Ep. 10.

87 Bei Ioannes Polys und Petros Androsylites werden keine Titel angegeben; es dürfte sich bei ihnen jedoch ebenfalls um weltliche (kaiserliche oder provinzielle) Würdenträger handeln.

88 Der antike Name mag im 10. Jh. zunächst verwundern, man vgl. jedoch die PMBZ und den Namensindex des PLP (Prosopographisches Lexikon der Palaiologenzeit. Ab-

standen, daß Eukleides der Kirche von Nikaia eine Stiftung hatte zukommen lassen.[90] Dies scheint jedoch nicht zutreffend zu sein und hätte wohl auch kaum Anlaß zu kanonischen Auseinandersetzungen geboten. Vielmehr sind unter den πρὸ Εὐκλείδου ἐκδοθέντας ἀγρούς die „an Eukleides verliehenen Ländereien" zu verstehen,[91] von denen Alexandros in der Folge behauptet, daß sie mit Gewinn bewahrt worden wären, was dem Patriarchen nach den Kanones nicht das Recht zur Einmischung gebe. Die Passage ist demnach folgendermaßen wiederzugeben:[92]

> „Er (sc. der Patriarch Theophylaktos) begehrt aber die an Eukleides auf immer und ewig[93] verliehenen Ländereien und fordert Rechenschaft von unserer Verwaltung, ver-

kürzungsverzeichnis und Gesamtregister, erstellt von E. Trapp unter Mitarbeit von H.-V. Beyer u. a., Wien 1996), wo sich ähnliche Fälle zur Genüge finden.

89 Alexandros von Nikaia, Ep. 10,33–38, insbesondere: τοὺς δὲ πρὸ Εὐκλείδου ἐπ' ἄπειρον καὶ εἰς τὸ διηνεκὲς ἐκδοθέντας ἀγρούς.

90 Vgl. Darrouzès (s. Anm. 3) 85: „la donation faite par Euclide".

91 Es lassen sich sprachliche und inhaltliche Gründe für unsere Interpretation der Stelle anführen: 1. ἐκδοθέντας ἀγρούς: Die Bedeutung des Verbums ἐκδίδωμι ist weit (sie erlaubt auch die Deutung von Darrouzès) und allgemein am besten mit „herausgeben, überlassen" wiederzugeben, die Bedeutung „verpachten, zur (insbesondere landwirtschaftlichen) Nutzung überlassen" bzw. „jemandem überlassen" ist gut belegt, vgl. Liddell–Scott–Jones s. v.: „3. *farm out, let for hire* ... 4. *give in charge* to another". Das Verb kann jede Form der Weitergabe oder Überlassung bezeichnen; es ist deshalb hier nicht genau zu klären, ob es sich etwa um Pacht, kostenlose Überlassung zur Nutzung o. ä. handelte. Wir wollen deshalb vorerst an dem Begriff der „Verleihung" (für ἔκδοσις) festhalten, der jede Art der Überlassung zur Nutzung gegen eine bestimmte Gegenleistung bezeichnet, so schon bei K. E. Zachariae von Lingenthal, Geschichte des griechisch-römischen Rechts, (3. Aufl.) Aalen 1955, 258, vgl. auch 300f. Wir wissen jedoch aus der byzantinischen Kirchengeschichte, daß gerade die Verpachtung kirchlicher Ländereien immer wieder Anlaß zu Streitigkeiten bot, s. dazu noch unten. Deshalb dürfte es sich auch im Falle des Eukleides mit sehr großer Wahrscheinlichkeit um Verpachtung gehandelt haben. 2. πρὸ Εὐκλείδου: Die Deutung von πρὸ mit Genitiv im Sinne von ὑπὲρ in der Bedeutung „für, zum Vorteil von, zugunsten" ist gegenüber der unregelmäßigen Verwendung im Sinne von παρὰ mit Genitiv in der Bedeutung „von, her" zu bevorzugen. 3. ἐπ' ἄπειρον καὶ εἰς τὸ διηνεκὲς: Der Urkundenstil dürfte sowohl zu einer Stiftungsurkunde als auch zu einem Verleihungsvertrag passen, s. dazu noch die übernächste Anm. Vgl. auch M. C. Bartusis, in: ODB 2, 1173 s. v. „Land Lease (ἔκδοσις)"; Zachariae (s. Anm. 91) 264.

92 Vgl. Alexandros von Nikaia, Ep. 10,34–38.

93 Nach einer Mitteilung von O. Kresten entspricht die Formel ἐπ' ἄπειρον καὶ εἰς τὸ διηνεκὲς dem „Urkundenjargon", ist aber nach den Gesetzen der Rhetorik frei ausformuliert worden. Demnach heißt es üblicherweise εἰς τὸν/τοὺς ἑξῆς ἅπαντα/ἅπαντας καὶ διηνεκὴ/διηνεκεῖς χρόνον/χρόνους (bisweilen geht es auch über das Substantiv αἰών) und bedeutet „auf immer und ewig". Vgl. dazu die Beispiele in den Indizes von C. Cupane, Das Register des Patriarchats von Konstantinopel. Indices zu den Urkunden aus den Jahren 1315–1331, Wien 1981, vereinzelte Beispiele finden sich auch in den Indizes der französischen Ausgabe der Athos-Urkunden, beides s. v. „διη-

liert jedoch kein Wort über die Kanones, die ihm zu schweigen gebieten, da doch die heiligen Besitztümer und Klöster unbeschadet und mit großem Zuwachs und großer Verbesserung[94] bewahrt wurden."

(Ep. 10,34–38: ..., τοὺς δὲ πρὸ Εὐκλείδου ἐπ' ἄπειρον καὶ εἰς τὸ διηνεκὲς ἐκδοθέντας ἀγρούς ἐπιζητεῖ καὶ λόγους ἀπαιτεῖ τῆς ἡμῶν διοικήσεως, λόγον οὐδένα τῶν κανόνων ποιούμενος, οἳ σιγᾶν αὐτὸν ἐγκελεύονται, τῶν ἱερῶν ἀναθημάτων καὶ τῶν χωρίων ἀλωβήτως μετὰ προσθήκης καὶ βελτιώσεως πολλῆς οὔσης σῳζομένων.)

Alexandros fährt dann fort:

„Aber er kennt wohl nicht den frommen Brief an Domnos und die uralte Gewohnheit der Kirche Gottes, was er beides dann vollkommen auf den Kopf stellt, wenn er allerorts die Priester anweist, die erworbenen Besitztümer und Klöster[95] ihren jeweiligen Kirchen zurückzugeben."

Der Brief des Kyrillos von Alexandreia an Domnos[96] enthält nun eine Passage, auf die sich Alexandros in seiner Argumentation beziehen dürfte. Ausgehend von

---

νεκής". Das bedeutet, daß der Verleihungsvertrag zwischen der Metropolis Nikaia und Eukleides auch für dessen Erben und Rechtsnachfolger (κληρονόμοι und διάδοχοι) Rechtswirksamkeit haben sollte. – Das widersprach allerdings geltendem Recht, denn die Weitergabe von Kirchengut war generell verboten. Vgl. dazu die einschlägigen Kanones des Konzils von Chalkedon (Joannou I/1, 88,1–12), Nr. 12 des Nicaenum II (Joannou I/1, 266,15–268,10), Nr. 10 der Prima-secunda (Joannou I/2, 464,6–467,17, bes. 467,15–17); vgl. zu diesen Bestimmungen auch Sp. N. Troianos, Οι πηγές του βυζαντινού δικαίου, Athen–Komotini 1999 (2. erweiterte Aufl.), 148–151 und 228–232 (mit weiterer Literatur).

94 Der Ausdruck (μετὰ προσθήκης καὶ βελτιώσεως) dürfte so zu deuten sein, daß dem kirchlichen Besitz zum einen etwas hinzugefügt worden war (προσθήκη), zum anderen aber auch inzwischen baufällig gewordene Gebäude und Einrichtungen ausgebessert worden waren (βελτίωσις). Vgl. dazu auch J. Ph. Thomas, Private Religious Foundations in the Byzantine Empire, Washington, D.C. 1987 (Dumbarton Oaks Studies 24), 158. 257; zur genaueren Bedeutung von βελτίωσις in byzantinischen Urkunden vgl. S. Dmitriev, Melioration (*beltiosis*) in Byzantine documents (Xth–XVth cent.). JÖB 49 (1999) 61–88.

95 Aller Wahrscheinlichkeit nach wurde dem Eukleides ein Kloster in der Metropolis von Nikaia (nach O. Kresten möglicherweise sogar ein stauropegiales, also dem Patriarchen von Konstantinopel unterstehendes Kloster) unter der Auflage der βελτίωσις verliehen; für derartige Verleihung finden sich im Patriarchatsregister von Konstantinopel (Das Register des Patriarchats von Konstantinopel I–III, hrsg. von H. Hunger, O. Kresten, J. Koder, M. Hinterberger et al., I, Wien 1981, II, Wien 1995 und III, Wien 2001, im folgenden PRK I–III) einige Beispiele, vgl. etwa PRK III, Nr. 184; vgl. auch Zachariae (s. Anm. 91) 264.

96 Dies ist freilich kein einfacher „Brief", sondern ein Kanon: der Text wurde in die „Kanones der Väter" aufgenommen und gilt daher als verbindliches Kirchenrecht.

dem konkreten Fall eines abgesetzten Bischofs Proklos, geht es darin generell um die Verwaltung eines Bistums und die Rechenschaftspflicht des jeweiligen Bischofs. Die Passage lautet folgendermaßen:[97]

> „Es ist rechtens, daß die von ihm (sc. von Proklos) zu Unrecht eingezogenen Gelder zurückgegeben werden, und zwar in zweierlei Hinsicht: erstens nun, weil so etwas überhaupt nicht hätte passieren dürfen, (und zweitens,) weil es die Bischöfe allerorten heftig betrübt und zu äußerster Mutlosigkeit veranlaßt, wenn von ihnen Rechenschaft über die Verwaltung der ihnen zufallenden finanziellen Mittel gefordert wird, sei es, daß diese aus kirchlichen Einnahmen stammen, sei es aus Stiftungen von Seiten anderer. Ein jeder von uns nämlich wird dem höchsten Richter (Gott) Rechenschaft geben über die eigene Zeit (als Bischof).[98] Es ist zum einen wahrlich nötig, daß das Kirchengerät und die unbeweglichen Güter den Kirchen erhalten bleiben, zum anderen, daß man sich auf die jeweiligen Bischöfe verläßt im Hinblick auf die Verwaltung der (ihnen) zufallenden finanziellen Mittel."

(Τὰ δὲ ἀδίκως ληφθέντα παρ' αὐτοῦ χρήματα ἀναδοθῆναι δίκαιον κατὰ δύο τρόπους· πρῶτον μέν, ὅτι οὐδὲ ἐχρῆν ὅλως γενέσθαι τι τοιοῦτον· καὶ ὅτι λυπεῖ σφόδρα καὶ εἰς ἐσχάτην ἀκηδίαν καταφέρει τοὺς ἁπανταχόσε γῆς ὄντας θεοσεβεστάτους ἐπισκόπους τὸ ἀπαιτεῖσθαι λόγους τῆς οἰκονομίας τῶν παραπιπτόντων αὐτοῖς ἀναλωμάτων, εἴτε ἐκ προσόδων ἐκκλησιαστικῶν, εἴτ' οὖν καὶ ἀπὸ τῆς τινῶν καρποφορίας. Ἕκαστος γὰρ ἡμῶν τῶν ἰδίων καιρῶν δώσει λόγον τῷ πάντων κριτῇ. Κειμήλια μὲν γὰρ καὶ κτήσεις ἀκινήτους ταῖς ἐκκλησίαις σώζεσθαι χρή, θαρσεῖσθαι δὲ τοὺς κατὰ καιρὸν τὴν θείαν διέποντας ἱερωσύνην τῶν παραπιπτόντων ἀναλωμάτων τὴν οἰκονομίαν.)

Durch den Brief bzw. Kanon des Kyrillos wird der Hintergrund des Briefes des Alexandros stärker ausgeleuchtet. Es wird nun deutlicher erkennbar, was in dem Brief des Alexandros lediglich anklingt: Der Patriarch hatte offensichtlich von der Kirche von Nikaia, also von dem Metropoliten Alexandros, Rechenschaft verlangt über deren Verwaltung, insbesondere über bestimmte finanzielle Mittel, die der Kirche von Nikaia zugeflossen oder nicht zugeflossen waren. Er hatte ferner wohl an einem Verleihungsvertrag Anstoß genommen, den die Kirche von Nikaia mit einem gewissen Eukleides abgeschlossen hatte. Eukleides hatte Ländereien der Kirche von Nikaia übernommen und diese wohl auch bewirtschaftet. Wenn Alexandros nun schreibt, der Patriarch fordere die „an Eukleides verliehenen Ländereien", so ist dies wohl dahingehend zu interpretieren, daß Theophylaktos forderte, den Vertrag aufzulösen und die Ländereien wieder der Kirche von

97 Cyrillus ad Domnum (Joannou II, 279,20ff.).

98 Vgl. dazu die Interpretation bei Theodoros Balsamon, in: Rhalles–Potles, Σύνταγμα IV, 359.

Nikaia zur Nutzung zurückzugeben. Dies deckt sich mit der Nachricht, daß er Alexandros zufolge alle Bischöfe angewiesen hatte, „die erworbenen Besitztümer und Klöster ihren jeweiligen Kirchen zurückzugeben".

Es läßt sich nunmehr feststellen, daß es bei der Auseinandersetzung zwischen dem Patriarchen Theophylaktos und dem Metropoliten Alexandros um das Problem der Verleihung kirchlicher Ländereien und Klöster an Laien ging. Der Patriarch forderte von Alexandros die Auflösung eines Verleihungsvertrages zwischen der Kirche von Nikaia und einem Eukleides und ferner allgemein Rechenschaft über die Verwaltung der Kirche von Nikaia. Alexandros suchte seine Verteidigung – dem Inhalt des Kanons nach nicht unbedingt überzeugend[99] – auf Kyrillos von Alexandreia zu stützen und verwies auf die Autonomie der bischöflichen Verwaltung, die nicht dem Patriarchen gegenüber, sondern allein vor Gott Rechenschaft ablegen müsse.

Wir können in der Absetzung und Bestrafung des Alexandros folglich den vorläufigen Höhepunkt einer kanonischen Auseinandersetzung über die Verleihung kirchlicher Ländereien ausmachen, deren kirchenhistorischer Hintergrund hier nur kurz umrissen werden kann: Bereits die Apostolischen Kanones[100] hatten grundsätzlich die Veräußerung von Kirchenbesitz verboten, sei es durch Schenkung oder Verkauf. Dies diente zunächst der Wahrung der Besitzstände der Alten Kirche. Über die Jahrhunderte erwarb die Kirche, vor allem durch fromme Stiftungen, aber auch aufgrund ihrer eigenen Wirtschaftskraft,[101] jedoch soviel Besitz, daß sie diesen anscheinend nicht mehr immer selbst bewirtschaften konnte. Diese kirchlichen Ländereien und Klöster wurden nun zum Teil verliehen (verpachtet bzw. überlassen).[102] Im Laufe der Zeit entbrannte und schwelte innerhalb des Klerus ein Streit darüber, ob die Verleihung von kirchlichem Besitz kanonisch rechtmäßig sei oder nicht. Neben Kanon 24 des Chalcedonense (a. 451) enthält

99 Man beachte insbesondere die – zum Teil wörtlichen – Anlehnungen des Alexandros an den Brief des Kyrillos: 1. λόγους ἀπαιτεῖ τῆς ἡμῶν διοικήσεως – τὸ ἀπαιτεῖσθαι λόγους τῆς οἰκονομίας, 2. τῶν ἱερῶ ἀναθημάτων καὶ τῶν χωρίων ... σῳζομένων – κειμήλια μὲν γὰρ καὶ κτήσεις ἀκινήτους ... σώζεσθαι χρῆ. Dies soll natürlich die Rechtmäßigkeit und patristische Tradition der Argumentation des Alexandros sprachlich untermauern; sachlich ist dieser Kanon des Kyrillos zur Verteidigung des Alexandros eher ungeeignet. Vgl. dazu auch den Kommentar des Theodoros Balsamon, in: Rhalles-Potles, Σύνταγμα IV, 359: Kirchengut bleibt stets unantastbar und darf nicht weitergegeben werden! S. dazu bereits oben Anm. 93.

100 Apostel, Kan. 38 und 41 (Joannou I/2, 26f., 28f. = Rhalles–Potles, Σύνταγμα II, 52 und 57).

101 Vgl. dazu Thomas, Private Religious Foundations, passim; P. Charanis, Monastic Properties and the State in the Byzantine Empire. DOP 4 (1948) bes. 98 (zu den Erwerbungsmöglichkeiten der Kirche).

102 Vgl. Onasch, Lexikon 217, s. v. „Kloster"; auch Zachariae (s. Anm. 91) 264.

vor allem Kanon 49 des Trullanum (a. 691/92) ein ausgesprochenes Verbot der Verleihung kirchlicher Ländereien und Klöster an weltliche Magnaten,[103] diese und spätere, ähnlich lautende Bestimmungen zeigen jedoch, daß die Verleihung bzw. Verpachtung kirchlicher Ländereien und Klöster (auch an Laien) trotz des Verbots beständig praktiziert wurde.[104] Im Kontext dieser langwierigen Auseinandersetzung über die Verleihung bzw. Verpachtung kirchlicher Ländereien und Klöster ist auch die Absetzung und Verurteilung des Alexandros zu sehen.

In seinen Briefen läßt sich auch das Kräfteverhältnis innerhalb des Klerus im Rahmen der Auseinandersetzung über die Verleihung bzw. Verpachtung kirchlicher Ländereien und Klöster zum Zeitpunkt der Absetzung des Alexandros greifen. Man muß bei der Interpretation dieser alles andere als neutralen Quellen freilich in Rechnung stellen, daß Alexandros darin seinen eigenen Standpunkt propagiert und folglich eher dazu neigt, die Bedeutung seiner Unterstützer zu übertreiben und die seiner Gegner zu schmälern. Betrachtet man die Metropoliten, um deren Stimme es in der Auseinandersetzung hauptsächlich ging, so ergibt sich in den Briefen ein zahlenmäßiges Verhältnis von dreizehn bzw. zwölf[105] tatsächlichen oder potentiellen Unterstützern des Alexandros zu zehn bzw. neun[106] offenkundigen Gegnern.[107] Man könnte dieses Verhältnis zunächst

---

103 Vgl. Chalcedon, Kan. 24 (Joannou I/1, 88 = Rhalles–Potles, Σύνταγμα II, 271); Trullanum, Kan. 49 (Joannou II, 187,1–18, bes. 12f.: μήτε δὲ ὑπό τινος τῶν ἁπάντων κοσμικοῖς ἀνδράσι ταῦτα ἐκδίδοσθαι). Vgl. dazu auch Nomocanon 14 Titulorum, ed. J.B. Pitra, Iuris Ecclesiastici Graecorum Historia et Monumenta, II, Rom 1868 (Ndr. Rom 1963), Tit. X, p. 579–587; s. auch Charanis, Monastic Properties 74f.

104 Vgl. Nicaenum II, Kan. 12 (Joannou I/1, 267,15–268,10) vom Jahre 787 sowie die Diataxis des Patriarchen Alexios Studites vom Jahre 1028, in: Rhalles–Potles, Σύνταγμα V, 25–32 (s. dazu Grumel–Darrouzès, Regestes (s. Anm. 18) Nr. 835, vgl. aber auch Nr. 833). Das Problem der Verleihung (kirchlicher Ländereien und Klöster) läßt sich auch bei Thomas, Private Religious Foundations, und Charanis, Monastic Properties 53–118, über fast die gesamte byzantinische Zeit hinweg verfolgen.

105 Dies hängt von der Frage ab, ob der in Ep. 14 des Alexandros ohne Namen erwähnte Archiepiskopos von Ephesos mit dem in Epp. 1. 6 und 7 erwähnten Archiepiskopos Stephanos von Ephesos zu identifizieren ist, oder ob er dessen Nachfolger ist. Aufgrund der inneren Chronologie des Briefkorpus scheint es naheliegender, daß es sich um den Nachfolger handelt.

106 Dies hängt davon ab, ob es sich bei Lazaros und Ignatios Magentinos, die als Nachfolger des Alexandros auftauchen, um ein und dieselbe Person handelt, wie Darrouzès vermutete, vgl. Grumel–Darrouzès, Regestes (s. Anm. 18) Nr. 789c, oder doch um zwei Personen, wie ich eher geneigt bin anzunehmen. S. zu dieser Frage noch unten, unter „5. Untersuchung, Prozeß und Revision“.

107 „Gegner“ sind in diesem Zusammenhang diejenigen Metropoliten, die die Absetzung und Verurteilung des Alexandros maßgeblich eingeleitet und durchgesetzt hatten. Für Alexandros wurde dies daran erkennbar, welche Bischöfe seine Absetzungsurkunde unterschrieben hatten, die ihm an seinen Verbannungsort zugestellt worden war, vgl.

so interpretieren, daß es Alexandros anscheinend wichtiger war, Unterstützer zu gewinnen und diese bei der Stange zu halten, als sich mit seinen Gegnern brieflich auseinanderzusetzen. Ferner wird dieses Verhältnis dadurch relativiert, daß einige seiner Unterstützer eben nur potentielle Unterstützer waren. Alexandros forderte diese in seinen Briefen zwar zur Unterstützung auf, wir wissen aber nicht, ob sie dieser Bitte auch tatsächlich nachkamen.

Um die hierarchische Wertigkeit[108] der beiden Parteien vergleichen zu können, erscheint es sinnvoll, die Unterstützer und Gegner des Alexandros im einzelnen vorzustellen:

Unterstützer:

1. Stephanos v. Ephesos (Asia)
2. Anonymus v. Ephesos (Asia)
3. Leon v. Sardeis (Lydien)
4. Ignatios v. Nikomedeia (Bithynien)
5. Eusebios v. Pissinus (Galatia Salutaria)
6. Anonymus v. Myra (Lykien)
7. Anonymus v. Staurupolis (Karien)
8. Georgios v. Hierapolis (Phrygia Pakatiane)
9. Philaretos v. Euchaïta (Helenopontos)
10. Nikolaos v. Kotyaeion (Phrygia Salutaria)
11. Prokopios v. Chonai (Phrygia Pakatiane)
12. Nikephoros v. Philippoi (Makedonien)
13. Gregorios von Thessalonike

Gegner:

1. Theophylaktos (Patriarch) v. Kpl.
2. Basileios v. Kaisareia (Kappadok.)
3. Anastasios von Herakleia (Thrakien)
4. Gregorios von Ankyra (Galatien)
5. Theodoros v. Kyzikos (Hellespontos)
6. Lazaros v. Nikaia (Bithynien)
7. Ignatios Magentinos v. Nikaia
8. Eustathios v. Side (Pamphylien)
9. Demetrios v. Sebasteia (Armenien)
10. Theodoros v. Amorion (Galatien)

Es läßt sich gut erkennen, daß die Gegner des Alexandros nur eine leichte Überlegenheit im Hinblick auf die Wertigkeit ihrer jeweiligen Bistümer haben: Zu ihnen zählt der Patriarch von Konstantinopel, aber auch der Protothronos Basileios von Kaisareia und ferner ausnahmslos recht hochrangige Metropolien. Herakleia in Thrakien, Ankyra, Kyzikos, Nikaia und Side werden üblicherweise zu den ersten zehn Metropoleis gerechnet. Aber auch die Partei der Unterstützer des Alexandros ist nicht schlecht besetzt: Zu ihr zählt der Deuterothronos Stephanos

Grumel–Darrouzès, Regestes (s. Anm. 18) Nr. 789b; Alexandros von Nikaia, Epp. 1. 11. 13. 16. Potentielle „Unterstützer“ waren für ihn wohl diejenigen Bischöfe, die seine Absetzungsurkunde nicht unterschrieben und auch (seines Wissens) keine Gemeinschaft mit seinen Gegnern gehalten hatten, vgl. beispielsweise Alexandros von Nikaia, Ep. 4,4–7 an Ignatios von Nikomedeia.

108 Die Stellung und die damit verbundene Bedeutung der jeweiligen Metropolien läßt sich an den erhaltenen Bischofslisten ablesen, vgl. Darrouzès, Notitiae 1–21, S. 380–420 (wie oben in Anm. 42).

von Ephesos und dessen Nachfolger, und auch die Bistümer Sardeis und Nikomedeia stehen auf einstelligen Plätzen in den Metropolitenlisten, ferner gehört der autokephale Archiepiskopos Georgios von Thessalonike dieser Partei an. Man kann also konstatieren, daß das Lager der höchstrangigen Metropoliten im Falle der Absetzung und Verurteilung des Alexandros durchaus geteilter Meinung war. Dies läßt darauf schließen, daß letztlich auch in der Frage der Verleihung bzw. Verpachtung kirchlicher Ländereien keine Einigkeit im Episkopat herrschte.[109]

5. Untersuchung, Prozeß und Revision

Betrachten wir nun die Einzelheiten der Untersuchung und des synodalen Prozesses gegen Alexandros:[110] Nach der Schilderung der Ereignisse, wie sie Alexandros in seinen Briefen wiedergibt, war er etwa um die Mitte des Jahres 944 durch den Metropoliten Theodoros von Amorion in das Patriarcheion gerufen und dort – anscheinend zu seiner völligen Überraschung – von dem Patriarchatskleriker Photios in Gegenwart eines Gremiums von sechs Metropoliten (ἕξ ἀρχιερέων) in der Sakelle des Patriarcheion festgenommen worden.[111] Dies geschah an einem Samstag. Am folgenden Tag, also am Sonntag,[112] wurde er zu einem Ortstermin in seinem Haus in Konstantinopel geführt und mußte dort mitansehen, wie eine Abordnung von Bischöfen seine Schränke nach etwas Verbotenem (τι τῶν ἀπορρήτων) durchsuchte. Dabei wurden die Schränke zum Teil aufgebrochen

109 Dies war wohl zu keinem Zeitpunkt der Existenz des byzantinischen Reiches der Fall, wie die lange Geschichte des Phänomens hinreichend deutlich macht, vgl. Thomas, Private Religious Foundations; Charanis, Monastic Properties. Vgl. dazu auch Nomocanon 14 Titulorum, ed. J. B. Pitra, Iuris Ecclesiastici Graecorum Historia et Monumenta, II, Rom 1868 (Ndr. Rom 1963), Tit. X, p. 579–587, hier p. 58: πολλὰ μὲν εἴρηται περὶ τῆς διοικήσεως τῶς ἐκκλησιαστικῶν πραγμάτων. Bereits die mehrfache Wiederholung des Verbots im kanonischen Recht macht hinreichend deutlich, daß das Verbot nicht durchweg beachtet wurde.

110 Vgl. Darrouzès (s. Anm. 3) 29–31.

111 Vgl. vor allem Alexandros von Nikaia, Ep. 1; dazu Grumel – Darrouzès, Regestes (s. Anm. 18) Nr. 789a. Das Detail der anwesenden sechs Metropoliten spielt hier insofern eine wichtige Rolle, als nach kanonischem Recht zur Absetzung eines Metropoliten mindestens zwölf andere Metropoliten notwendig waren (vgl. Kan. 12 des Konzils von Karthago, Joannou I,2, 225–226). Alexandros wird diese Tatsache später in seiner Argumentation nutzen und behaupten, seine Absetzung sei unkanonisch erfolgt bzw. er sei überhaupt nicht von einer Synode verurteilt worden.

112 Darrouzès (s. Anm. 3) 67, trat für Montag ein. Dies hängt davon ab, wie man τὴν τῆς ἐπιούσης κυριακῆς νύκτα interpretiert. Ich denke, daß im gegebenen Kontext die Nacht von Samstag auf Sonntag gemeint ist, die Alexandros, wie es scheint, wachend in der Sakelle des Patriarcheion verbracht hatte.

und anschließend versiegelt. Dann wurden seine dort befindlichen Schriftstücke gründlich durchgesehen und einige davon mitgenommen. Im Anschluß befahl ihm der Patriarch Theophylaktos, ein Testament hinsichtlich seines Besitzes abzufassen. Nachdem Alexandros dies getan hatte, wurde er zu einem Schiff geleitet, das ihn nach Satyros übersetzen sollte. Auf dem Weg zum Hafen hatten sich viele Schaulustige eingefunden,[113] darunter auch die Kleriker der Kirche von Nikaia, die sich gerade in der Hauptstadt befanden, so daß seine Bewacher sich mit Gewalt einen Weg durch die Menge bahnen mußten. Alexandros wurde dann eingeschifft und in großer Eile an seinen Verbannungsort, in das Monobatonkloster auf der Krim, gebracht.[114]

In der Darstellung des Alexandros sei ein Mann (Lazaros) zu seinem Nachfolger als Metropolites von Nikaia geweiht worden, noch ehe man Alexandros überhaupt durch eine Synode verurteilt hatte.[115] Die Frage des Nachfolgers ist

---

113 Aus der Sicht des Alexandros sind dies freilich Sympathisanten: ὅσα δάκρυα μὲν οὖν ὑφ' ἁπάσης τῆς πόλεως ...

114 Eine Verbannung zählt als Korporalstrafe nicht zum Strafkatalog des kanonischen Rechts (die Höchststrafen des kanonischen Rechts sind Absetzung und Exkommunikation), sondern des Strafrechts. Allerdings gibt es in der Geschichte hinreichend Beispiele, bei denen der Bestrafung eines Klerikers oder Mönchs nach kanonischem Recht noch eine Bestrafung nach dem Strafrecht folgt, vgl. PMBZ: Nr. 4921 (Maximos Homologetes) und Nr. 7574 (Theodoros Studites). Das Zusammenwirken von kanonischem Recht und Strafrecht scheint mir in diesen Fällen noch nicht erschöpfend behandelt worden zu sein, vorerst läßt sich nur eine Verzahnung der juristischen Ressorts feststellen, vgl. dazu auch H.-G. Beck, Nomos, Kanon und Staatsraison in Byzanz (Österreichische Akademie der Wissenschaften, Philosophisch-historische Klasse, Sitzungsberichte, 384. Band), Wien 1981. Es scheint mir deshalb zu gewagt, aus der Bestrafung des Alexandros mit Verbannung und einigen anderen Indizien (etwa der Hausdurchsuchung, die bei ihm durchgeführt wurde) schließen zu wollen, daß Alexandros wegen eines anderen Delikts als dem in Rede stehenden, etwa wegen Hochverrats, verurteilt wurde. Diese Hypothese äußerte O. Kresten in einer schriftlichen Mitteilung. Dafür fehlen meines Erachtens die stichhaltigen Beweise, vieles spricht sogar dagegen. Man würde dann etwa seine sofortige Entlassung aus der Verbannung und Wiedereinsetzung als Metropolites von Nikaia nach dem Beginn der Alleinherrschaft Konstantins VII. am 27. Januar 945 erwarten; ferner wird Hochverrat normalerweise mit der Todesstrafe geahndet, vgl. Zachariae (s. Anm. 91) 336f.

115 Alexandros von Nikaia, Ep. 14,36: (ironisch) καλὸν τὸ μετὰ χειροτονίαν κρίνειν τοὺς διωκομένους καὶ δεσμουμένους. Hier also benutzt Alexandros implizit das Argument, er sei noch nicht verurteilt und folglich noch nicht rechtsgültig abgesetzt. S. dazu bereits oben Anm. 111. Dieses Argument wird wiederholt in Alexandros von Nikaia, Ep. 5: erst Einsetzung des Lazaros, dann Synode; vgl. auch die Interpretation von Darrouzès (s. Anm. 3) 77 Anm. 18: „l'ordination de Lazare se situe entre les deux phases du procès d'Alexandre". Diese zwei Phasen sind 1. die offizielle Absetzung in der Sakelle des Patriarcheion und 2. die Verurteilung durch ein patriarchales Synodalgericht, s. dazu noch unten.

nicht ganz unproblematisch: Einem Brief (Ep. 5) des Alexandros zufolge entsteht der Eindruck, daß nach seiner Absetzung ein gewisser Lazaros zum Metropoliten von Nikaia geweiht und damit dessen Amtsnachfolger wurde. In einem anderen Brief des Alexandros (Ep. 10) wird jedoch ein gewisser Ignatios Magentinos als sein Nachfolger genannt. In zwei weiteren Briefen (Epp. 3 und 6) wird der Nachfolger ohne Namen erwähnt. Darrouzès schien zunächst der Annahme zuzuneigen,[116] daß Lazaros der direkte Nachfolger des Alexandros war und wies deshalb auch die anonymen Erwähnungen in den Briefen 3 und 6 jeweils Lazaros zu. Dafür spricht zumindest, daß, eine chronologisch korrekte Ordnung der Briefe vorausgesetzt, Lazaros im Briefkorpus zuerst erwähnt wird. Später äußerte er die Vermutung,[117] daß Ignatios Magentinos der frühere Name des Mannes gewesen sei, der anläßlich seiner Weihe zum Metropolites von Nikaia den Namen Lazaros annahm, daß Ignatios Magentinos und Lazaros folglich ein und dieselbe Person seien. Diese Annahme ist wohl deswegen nicht haltbar, weil ein Siegel des Ignatios erhalten ist, das ihn als Metropolit von Nikaia ausweist.[118] Es ist eher denkbar, daß Lazaros nach nur kurzer Amtszeit verstarb[119] und Ignatios Magentinos dessen direkter und damit Alexandros' indirekter Nachfolger als Metropolites von Nikaia wurde.

Die chronologischen Anhaltspunkte, die die Reihenfolge der Ereignisse betreffen, sind nicht von allergrößter Zuverlässigkeit.[120] Es steht jedoch fest,

116 Darrouzès (s. Anm. 3) 74 Anm. 13.

117 Grumel–Darrouzès, Regestes (s. Anm. 18) Nr. 789c.

118 Vgl. Catalogue of Byzantine Seals at Dumbarton Oaks and in the Fogg Museum of Art, III: West, Northwest, and Central Asia Minor and the Orient, ed. by J. Nesbitt and N. Oikonomides, Washington, D. C. 1996, Nr. 59.9 = V. Laurent, Le Corpus des Sceaux de l'Empire Byzantin, Tome V,3: L'Église, Supplément, Paris 1972, Nr. 1713: Ἰγνατίῳ μητροπολίτῃ Νικαίας, Datierung: „Xe s. (vers 946)". Allerdings ist das Siegel deshalb so genau datiert („vers 946"), weil der Herausgeber den Siegler eben mit jenem Ignatios Magentinos aus den Briefen des Alexandros identifiziert, vgl. Laurent, Corpus 72f. Man muß also die Gefahr des Zirkelschlusses hier im Auge behalten. Dennoch ist es nicht unwahrscheinlich, daß jenes Siegel dem Ignatios Magentinos zuzuweisen ist.

119 Vgl. Alexandros von Nikaia, Ep. 5, 39f.: καὶ τοῦ ἱερωτάτου Λαζάρου, τοῦ μηδὲν καθ' ἡμῶν ἐπίβουλον πράττοντος. Die respektvolle Ausdrucksweise des Alexandros an dieser Stelle dürfte ein Hinweis darauf sein, daß Lazaros zu diesem Zeitpunkt bereits verstorben war.

120 Es dürfte sich bei der Bemerkung des Alexandros, daß er erst nach der Einsetzung des Lazaros synodal verurteilt worden sei, um Propaganda des abgesetzten Metropoliten handeln, der seinen Gegnern möglichst viele Verfahrensfehler und Verstöße gegen geltendes Recht nachweisen möchte. Es ist auch vorstellbar, daß die synodale Verurteilung des Alexandros und die Einsetzung seines Nachfolgers zeitlich so dicht zusammenfielen, also etwa auf derselben Sitzung des patriarchalen Synodalgerichts abgehan-

daß erst nach der Absetzung und Verbannung des Alexandros und in dessen Abwesenheit ein synodales Urteil über ihn gefällt wurde. Bei der Synode, die den Fall des Alexandros behandelte, dürfte es sich aller Wahrscheinlichkeit nach um das patriarchale Synodalgericht in Konstantinopel gehandelt haben.[121] Als wahrscheinliche Teilnehmer dieser Synode kommen in erster Linie die oben bereits genannten Gegner des Alexandros in Frage. Die Urteilsschrift über seine Absetzung (καθαιρετικόν) wurde Alexandros an seinen Verbannungsort zugestellt.[122]

In etlichen Briefen bedauerte Alexandros die Tatsache, daß in seiner Abwesenheit ein Urteil über ihn gesprochen wurde und er somit keine Gelegenheit gehabt hatte, sich gegen die gegen ihn erhobenen Vorwürfe zu verteidigen.[123] In seinen Briefen aus der Verbannung forderte er seine Unterstützer dazu auf, sich dafür zu verwenden, daß er vor ein ordentliches Gericht gestellt werde, um die gegen ihn vorgebrachten Vorwürfe entkräften zu können.[124]

Einige Zeit darauf wurde eine achtköpfige Kommission, bestehend aus vier Metropoliten und vier weltlichen Würdenträgern,[125] nach Nikaia in Bithynien entsandt anscheinend mit dem Auftrag, am früheren Bistum des Alexandros weitere Untersuchungen durchzuführen.[126] Die Einsetzung dieser Kommission könnte bereits Teil eines Revisionsverfahrens gewesen sein. Aufgrund der gemischten Zusammensetzung der Kommission läßt sich nur schwer sagen, wer sie eingesetzt hatte. Zunächst würde man davon ausgehen – da es sich um eine kirchliche Angelegenheit handelte – daß der Patriarch Theophylaktos dafür verantwortlich zeichnete, doch deutet hier einiges auch auf eine Mitwirkung des Kaisers (Konstantins VII. Porphyrogennetos) hin. Zum einen hatte Konstantin VII. ja bereits den Bewacher des Alexandros abgezogen und damit dessen Haftbedingungen wesentlich erleichtert.[127] Zum anderen spricht Alexandros in einigen seiner Briefe davon, daß der Kaiser ihn schon mehrfach habe aus der Ver-

delt wurden, daß Alexandros ihre Reihenfolge bedenkenlos umkehren konnte, ohne auf sofortigen Widerspruch zu treffen. Vgl. dazu bes. Alexandros von Nikaia, Ep. 5, 39, und bereits oben Anm. 111.

121 Vgl. Alexandros von Nikaia, Epp. 10. 11. 13. 14. 17; Grumel – Darrouzès, Regestes (s. Anm. 18) Nr. 789c; Hörandner (s. Anm. 52) 230f.

122 Vgl. Alexandros von Nikaia, Epp. 1. 11. 13. 16; Grumel – Darrouzès, Regestes (s. Anm. 18) Nr. 789b.

123 Alexandros von Nikaia, Epp. 1, 79f.; 1, 84; 1, 95f.; 5, 64–67; 6, 30f.; 11, 20f.; 14, 11–15; 16, 15f.

124 Alexandros von Nikaia, Epp. 4, 22–24; 5, 61; 6, 41–43; 7, 5.

125 Die einzelnen Mitglieder der Kommission wurden oben bereits genannt, s. dort.

126 Vgl. Grumel – Darrouzès, Regestes (s. Anm. 18) Nr. 789d.

127 Allerdings gehörte eine vollständige oder teilweise Amnestie mit zu den kaiserlichen Vergünstigungen und Schenkungen bei Herrschaftsantritt, vgl. etwa Pratsch, Theodoros (s. Anm. 56) 180f. (Michael I.) und 264 (Michael II.).

bannung zurückrufen wollen, daß seine Gegner dies aber jedesmal verhindert hätten.[128]

Alexandros war mit der Einsetzung besagter Kommission alles andere als zufrieden[129] und schrieb einen Brief an die Kommissionsmitglieder.[130] Darin wirft er diesen zunächst vor, daß sie die heiligen Kanones nicht eingehalten hätten, als sie ihn verurteilten und Ignatios Magentinos[131] zum Metropoliten von Nikaia ernannten. Dieser Abschnitt ist wohl in erster Linie an die der Kommission angehörenden Metropoliten gerichtet, die vermutlich auch dem patriarchalen Synodalgericht angehört hatten und an seiner Verurteilung beteiligt gewesen waren.[132] Er fährt im Anschluß damit fort, daß der Prozeß gegen ihn nicht fair gewesen sei und er außerdem die Aussagen der bestochenen[133] Zeugen Konstantinos und Demetrios widerlegen könne, die ganz unzuverlässige und überhaupt nicht vertrauenswürdige Lügner seien. Es folgt dann der oben bereits besprochene Abschnitt, in dem er sich gegen die Kritik des Patriarchen an dem Überlassungsvertrag zwischen der Kirche von Nikaia und Eukleides dadurch zu verteidigen sucht, daß er auf die Autonomie des Bischofs verweist. Abschließend fordert er die Kommissionsmitglieder nochmals zur Einhaltung der Kanones auf.

Seine Unzufriedenheit über die Einsetzung der Kommission äußert Alexandros auch noch an anderer Stelle.[134] Seine Argumentation ist dabei ungefähr die folgende: Wenn seine synodale Verurteilung rechtens war, wieso dann jetzt eine erneute Untersuchung? Wenn aber seine synodale Verurteilung nicht rechtens war, wofür ist er dann abgesetzt und mißhandelt worden? Schließlich spricht sich Alexandros in einem Brief an den Patriarchen Theophylaktos und den Würdenträger Romanos Saronites ganz offen dafür aus, daß die Kommission aus Nikaia zurückgerufen und er ohne weitere Untersuchung freigelassen werde.[135] In diesem Brief deutet einiges darauf hin, daß der Patriarch und Alexandros bereits im Begriff waren, über die Konditionen der Freilassung des Alexandros zu verhandeln.[136]

128 Alexandros von Nikaia, Epp. 1, 63–67; 5, 29f.; 9, 11f.; 16, 21–24.

129 Vgl. Alexandros von Nikaia, Ep. 5, 18f.

130 Alexandros von Nikaia, Ep. 10.

131 Er war anscheinend der amtierende Nachfolger des Alexandros zu dem Zeitpunkt, an dem Alexandros an die Kommission schrieb (also etwa im Frühjahr 945).

132 Bei den Metropoliten Basileios von Kaisareia, Anastasios von Herakleia, Theodoros von Kyzikos und Demetrios von Sebasteia handelt es sich um ausgewiesene Gegner des Alexandros, s. dazu bereits oben. Von diesen kennt Alexandros nur Anastasios von Herakleia persönlich, vgl. Alexandros von Nikaia, Ep. 10, 8f.

133 Vgl. Alexandros von Nikaia, Ep. 10, 15–20, bes. 10, 17f.: ἀλλὰ τὴν προφανῆ δωροδοκίαν αὐτῶν ποῦ θήσετε;

134 Vgl. Alexandros von Nikaia, Epp. 10, 11; 11, 14; bes. 14, 4–8.

135 Alexandros von Nikaia, Ep. 9, 18–21.

136 Vgl. bes. Ep. 9, 6–10: Alexandros will keinen Reichtum und keine Ämter, er will ledig-

Es finden sich in den Quellen keine weiteren Informationen darüber, wie die Verhandlungen im einzelnen ausgingen, noch darüber, wer letztlich die Freilassung des Alexandros verfügte. Fest steht lediglich, daß Alexandros nicht lange darauf aus der Verbannung zurückgerufen wurde:

6. Lehrer der Rhetorik

Als nächstes taucht Alexandros namentlich in einer Notiz der Chronik des Theophanes Continuatus[137] auf, wo es heißt: Der allerweiseste Kaiser Konstantin VII. Porphyrogennetos, der auch ein großer Förderer der Wissenschaften war, besetzte die kaiserlichen Lehrstühle (παιδοτριβεῖα) in der Hauptstadt mit den besten Lehrern (bzw. Professoren[138]) neu. Den Lehrstuhl der Rhetoren vertraute er dabei Alexandros an, dem Metropolites von Nikaia. Die Chronik des Ioannes Skylitzes erwähnt an dieser Stelle die Wiederbelebung der Wissenschaften unter Konstantin und auch die Einsetzung der Besten ihres jeweiligen Fachs als Lehrer, nennt deren Namen jedoch nicht.[139]

Auf den ersten Blick erwecken die Angaben der Chronik des Theophanes Continuatus den Eindruck, daß die Einsetzung der Lehrer durch Kaiser Konstantin dadurch datiert werden könnte, daß kurz zuvor der Tod des Patriarchen Theophylaktos (27. Februar 956), erwähnt wird. Wenn man nämlich eine stimmige innere Chronologie der Chronik an dieser Stelle voraussetzt, wäre die Einsetzung des Alexandros zum Lehrer für Rhetorik nach den 27. Februar 956 zu datieren. Die innere Chronologie der Chronik ist an dieser Stelle jedoch alles andere als stimmig, wofür hier einige Argumente beigebracht werden können:[140]

---

lich ungestört in seinem Haus sitzen dürfen, wenn es schon nicht möglich ist, daß er seine Metropolis zurückerhalte.

137 Theophanes Continuatus, in: Theophanes Continuatus, Ioannes Cameniata, Symeon Magister, Georgius Monachus, ex rec. I. Bekkeri, Bonn 1838, 446,9–14; zu dieser Quelle s. H. Hunger, Die hochsprachliche profane Literatur der Byzantiner, I, II, München 1978 (Byzantinisches Handbuch Teil 5,1. 2 = Handbuch der Altertumswissenschaften XII 5,1. 2), hier I, 339–343 (mit älterer Literatur).

138 Es handelt sich wohl um die Lehrstühle der sogenannten „kaiserlichen Universität“ im Magnaurapalast, vgl. Speck, Universität (s. Anm. 31), bes. 22–28.

139 Ioannis Scylitzae Synopsis historiarum, editio princeps, rec. I. Thurn, Berlin 1973 (CFHB V, Series Berolinensis), p. 237, cap. 3,23–29. Die Weglassung der Namen kann als typisch für die Arbeitsweise des Skylitzes gelten, vgl. zu dieser Quelle Hunger, Literatur I, 389–393 (mit älterer Literatur).

140 Vorbehalte hinsichtlich der Datierung bzw. der Chronologie der Chronik äußerte bereits Markopoulos (s. Anm. 2) 317. Eine genauere Untersuchung der gesamten Chronik des Theophanes Continuatus ist noch immer ein dringendes Desiderat der Byzantinistik; für die ersten drei Bücher der Chronik liegt ein Kommentar vor:

Der Abschnitt der Chronik, der sich mit der Regierung des Konstantinos VII. Porphyrogennetos befaßt, erstreckt sich über insgesamt 33 Seiten der Bonner Ausgabe (436,1–469,4). Diesem Umfang sollte die Zeit der Alleinherrschaft Konstantins, also die rund fünfzehn Jahre von 944 bis 959, entsprechen. Der Tod des Patriarchen Theophylaktos, der im Jahr 956, also eher gegen Ende der Herrschaft Konstantins stattfand, wird aber bereits auf der neunten Seite dieses Abschnitts der Edition (nämlich 444,14–19) berichtet. Wäre die innere Chronologie der Chronik an dieser Stelle korrekt, müßten sämtliche, im Anschluß berichteten (nämlich auf insgesamt fünfundzwanzig Editionsseiten: 444,20–469,4) Ereignisse in den Zeitraum nach dem Tod des Patriarchen (27. Februar 956) und vor den Tod des Kaisers (9. November 959) datiert werden. Dies scheint bereits allein aufgrund der Fülle und Vielfalt der berichteten Ereignisse auszuschließen zu sein. Eine genauere Betrachtung der einzelnen Ereignisse kann diese Vermutung bestätigen. Es werden dort (capp. 11–54) folgende Aktivitäten Konstantins erwähnt:

Förderung der Wissenschaften,[141] Restauration kaiserlicher Gewänder und Kronen, Verbesserung der Ausstattung des Bukoleonpalastes,[142] Revision älterer Urteile und Amnestie,[143] Förderung und Beförderung gebildeter Männer, Gesetze gegen die Dynatoi,[144] gerechte Richtertätigkeit, beständiger enger Kontakt zu seinen Feldherren und Statthaltern,[145] Ausbau eines Krankenhauses, Umbau eines

J. Signes Codoñer, El periodo del segundo iconoclasmo en Theophanes Continuatus. Análisis y comentario de los tres primeros libros de la crónica, Amsterdam 1995 (Classical and Byzantine Monographs 33). Es ließe sich wohl zeigen, wie unstimmig die innere Chronologie der Chronik für die Zeit des Kaisers Konstantin VII. Porphyrogennetos ist. Im Rahmen dieser Arbeit müssen wir uns auf die wichtigsten Punkte beschränken.

141 Mit dem Zweck der späteren Rekrutierung fähiger Beamter aus den Reihen der Studenten der „kaiserlichen Universität“.

142 Er stattete den Palast mit Tieren aus, vermutlich mit Ziervögeln (Pfauen?) oder ähnlichem zur Schaffung einer künstlichen Idylle, denkbar wären aber auch Tierstatuen, weil sich dort ja bereits die Bukoleonstatuen befanden, vgl. R. Guilland, Études de topographie de Constantinople byzantine, I, Berlin–Amsterdam 1969 (BBA 37), 249–293), außerdem legte er ein Fischbecken an.

143 Ein Vorgang, den man zweifellos zu Beginn einer Herrschaft erwarten würde! Er betraf ja wohl auch Alexandros Anfang des Jahres 945.

144 Es handelt sich dabei um Gesetzgebung gegen die immer größere Konzentration des Landbesitzes in den Händen weniger Großgrundbesitzer und zum Schutz der kleinen Landbesitzer und Bauern – diese Frage war im 10. Jh. immer wieder Gegenstand kaiserlicher Erlasse. Vgl. dazu schon Zachariae (s. Anm. 91) 265–270; N. Svoronos, Les novelles des empereurs macédoiniens concernant la terre et les stratiotes. Introduction, édition, commentaire, édition posthume et index établis par P. Gounaridis, Athen 1994; jetzt E. McGeer, The Land Legislation of the Macedonian Emperors, Toronto 2000.

145 Letztere, von der Förderung gebildeter Funktionäre bis zum engen Kontakt mit den

Stalls in ein Altersheim,[146] Renovierung des Tribunalion der 19 Akkubiten,[147] Bau eines Palastes für den Sohn Romanos, Renovierung der Apostel-Paulos-Kirche,[148] Förderung der Kirchenmalerei und des Kunsthandwerks,[149] Verbesserung der Ausstattung des Chrysotriklinos,[150] Neugestaltung des Eingangsbereichs seines Schlafgemachs (Koiton), Beschäftigung mit Schiffbau und Beteiligung an der Konstruktion von Kriegsschiffen,[151] Ausbau des Eriapalastes, Kirchenbau in der Nähe der Apostelkirche,[152] Stiftungen von Kirchengerät,[153] Sieg des Basileios Hexamilites, Patrikios und Strategos des Kibyrrhaioton in Seeschlacht gegen Araber,[154] Feldzug des Patrikios Marianos Argyros gegen Unteritalien,[155] Unterwerfung von Afrika und Gallien, Emir von Ägypten und Emir von Persien unterwerfen sich dem Kaiser, prachtvolle Ausgestaltung des Chrysotriklinos, Pflege eines guten Verhältnisses mit der Aristokratie,[156] Ausrichtung des Fests der

---

Statthaltern, sind eher allgemeine Aussagen über den kaiserlichen Führungsstil Konstantins, die sicherlich keiner zeitlichen Einschränkung, etwa zwischen 956 und 959, unterliegen!

146 Diese Aktivität ist nun möglicherweise tatsächlich in den Zeitraum 956–959 zu datieren, da gesagt wird, daß es sich um den Stall des Patriarchen Theophylaktos gehandelt habe, vgl. 449,10–16. Es ist etwas wahrscheinlicher, wenn auch nicht zwingend notwendig, daß der Umbau erst nach dem Tod des Patriarchen erfolgte, wenn dies nicht alles – was recht wahrscheinlich ist – ausschließlich auf Propaganda beruht.

147 Unter anderem erneuerte er das vergoldete Dach des Saales, das baufällig geworden war.

148 Es handelt sich dabei um eine der zahlreichen Kapellen im Palastbezirk, vgl. R. Janin, La géographie ecclésiastique de l'empire byzantin, I: Le siège de Constantinople et le patriarchat oecuménique, III: Les églises et les monastères, 2e éd., Paris 1969, 393.

149 Wiederum eine allgemeinere Aussage. Damit wird Konstantin nicht erst 956 begonnen haben!

150 Unter anderem steuerte er eine silberne Tür und einen silbernen Tisch zur Ausstattung bei.

151 Wiederum eine allgemeinere Aussage. Sie entspricht aber der verschärften Rüstungspolitik unter Konstantin, die nicht erst 956 eingeleitet wurde.

152 Unter Leitung des Patrikios Theodoros Belonas, bei dem es sich um den Stadteparchen handelte, wie wir noch sehen werden.

153 Dies gehört wiederum allgemein zu den kaiserlichen Obliegenheiten.

154 Die ersten Schlachten gegen Saif ad-Daula, der auch Tarsos beherrschte (zu den Gegnern des Basileios Hexamilites vgl. Theophanes Continuatus 453,2f.: πολεμικῶν καραβίων ἀπὸ Ταρσοῦ ἐξωρμημένων καὶ Ἀγαρηνῶν ἐν αὐτοῖς ὄντων περιφανῶν), begannen 950/51, vgl. E. Eickhoff, Seekrieg und Seepolitik zwischen Islam und Abendland. Das Mittelmeer unter byzantinischer und arabischer Hegemonie (650–1040), Berlin 1966, 325.

155 Der Feldzug gegen das aufständische Unteritalien fand im Jahre 955 statt, vgl. Eickhoff (s. Anm. 154) 326; V. von Falkenhausen, Untersuchungen über die byzantinische Herrschaft in Süditalien vom 9. bis ins 11. Jahrhundert, Wiesbaden 1967, 81.

156 Wiederum ein Gemeinplatz, ebenso auch die folgenden.

Brumalien, Liebe zur Kirchenmusik, Verehrung des Ioannes Chrysostomos, Unterricht des Sohnes Romanos durch den Kaiser,[157] Verheiratung des Romanos mit Anastaso, der späteren Theophano,[158] Krankheit der Kaiserin Helena, Ruhestand des Bardas Phokas, Ernennung des Nikephoros Phokas zum obersten Feldherrn,[159] Restaurierung der Gebäude, die sein Vater, Kaiser Leon VI. gebaut hatte,[160] Ernennung des Theodoros Belonas zum Stadteparchen von Konstantinopel,[161] Feldzug des Basileios Parakoimomenos gegen die Araber und Eroberung von Samosata am Euphrat,[162] Ernennung von Leon Phokas zum Strategos des Anatolikon,[163] Brand in Konstantinopel und Wiederaufbau, Feldzug des Patrikios und Domestikos der Exkubiten, Pothos Argyros, gegen die Türken in Thrakien,[164] Vorankündigung des Todes des Kaisers durch einen Stern, Reise durch Bithynien und Besuch auf dem Olymp, Krankheit, Übergabe der Amtsgeschäfte an seinen Sohn Romanos, Ernennung und Vereidigung des Ioseph Bringas als Berater des Romanos, Tod des Kaisers.

Einen weiteren deutlichen Anhaltspunkt zur Frage der inneren Chronologie der Chronik in diesem Abschnitt liefert die zweimalige Erwähnung eines Kollegen des Alexandros, nämlich des Protospatharios und Mystikos Konstantinos, der vom Kaiser zum Lehrer für Philosophie ernannt wurde. Dieser Konstantinos wird nun in diesem Abschnitt der Chronik zweimal, einmal vor und einmal nach der Nachricht vom Tode des Patriarchen Theophylaktos, genannt. Vor dem Tod

157 Der Chronik zufolge habe er ihn vor allem in Fragen des Zeremoniells unterwiesen, was durchaus glaubwürdig erscheint. Allerdings liegt auf der Hand, daß der im Jahre 939 geborene Romanos nicht erst nach 956 (Im Alter von 17 Jahren und nach seiner Eheschließung! S. dazu die folgende Anm.), sondern wohl bereits früher von seinem Vater unterrichtet wurde.

158 Die Hochzeit fand um 956 statt, vgl. A. Kazhdan, in: ODB 3, 2064, s. v. „Theophano".

159 Die Ernennung des Nikephoros Phokas zum Domestikos der Scholen fand im Jahre 954 statt, vgl. A. Kazhdan, in: ODB 3, 1478, s. v. „Nikephoros II Phokas".

160 Leon wird ausdrücklich genannt. Es handelt sich wieder um eine allgemeine Aussage.

161 Dieser war oben bereits als Bauherr bei einem Kirchenbau in der Nähe der Apostelkirche in Erscheinung getreten. Es ist sehr wahrscheinlich, daß er dies bereits in seiner Funktion als Stadteparch war. Auch in diesem Fall ist also die chronologisch korrekte Abfolge der Notizen wohl nicht gegeben!

162 Es handelt sich wohl um den Vorstoß des Jahres 952, vgl. A. A. Vasiliev, Byzance et les Arabes II,1: La dynastie macédonienne (867–959). Les relations politiques de Byzance et des Arabes à l'époque de la dynastie macédonienne, Brüssel 1968, 347; A. Kazhdan – A. Cutler, in: ODB 1, 503, s. v. „Constantine VII Porphyrogennetos".

163 Diese Ernennung fand ca. 955 statt, vgl. A. Kazhdan – A. Cutler, in: ODB 3, 1667, s. v. „Phokas, Leo".

164 Gemeint sind hier die Ungarn, die wohl im Jahre 959 Thrakien verwüsteten, vgl. Gy. Moravcsik, Byzantinoturcica I. Die byzantinischen Quellen der Geschichte der Türkvölker, 3., unveränderte Aufl., Berlin 1983 (BBA 10), 542.

des Theophylaktos wird berichtet, der Kaiser habe den Stadteparchen von Konstantinopel, Theophilos, zum Patrikios und Quaestor ernannt und „an seiner Statt ernannte er zum Eparchen den Protospatharios Konstantinos, der damals Mystikos und Lehrer der Philosophen war“.[165] Nach dem Tod des Theophylaktos findet sich die Nachricht, daß der Kaiser die besten ihres Fachs als Lehrer bzw. Professoren in Konstantinopel eingesetzt habe. In diesem Zusammenhang heißt es, daß er „dem Protospatharios Konstantinos, der damals Mystikos war, den Lehrstuhl der Philosophen gab“.[166] Auf den ersten Blick wird hier klar, daß die zeitliche Reihenfolge der beiden Nachrichten vertauscht worden sein muß! Konstantinos wird in der ersten Nachricht zum Stadteparchen ernannt, als er bereits Philosophieprofessor ist, er wird aber erst in der zweiten Nachricht zum Philosophieprofessor ernannt! Die einzig sinnvolle Chronologie der Karriere des Konstantinos muß folglich lauten: Er war zunächst Protospatharios und Mystikos, wurde dann zum Philosophieprofessor ernannt und später zum Stadteparchen von Konstantinopel. Das Beispiel zeigt, daß der Verfasser dieses Abschnitts der Chronik die einzelnen Nachrichten nahezu beliebig einordnete und auf eine innere Chronologie wenig bis gar keinen Wert legte. Somit dürfte auch die Einordnung der Nachricht vom Tod des Patriarchen hier mehr oder weniger beliebig vorgenommen worden sein und keinen wirklichen chronologischen Anhaltspunkt bieten.[167]

Wie sich bei einer etwas genaueren Betrachtung zeigte, ist die innere Chronologie des fraglichen Abschnitts der Chronik des Theophanes Continuatus äußerst unzuverlässig. Eine große Zahl der Ereignisse, die in der Chronik nach dem Tod des Patriarchen Theophylaktos (27. Februar 956) berichtet werden, sind entweder so allgemeiner Natur, daß sie zweifellos auch schon vor 956 stattgefunden haben können, oder sie sind sogar erwiesenermaßen früher zu datieren. Auch das Beispiel der beiden Nachrichten über Konstantinos beweist diese These. Folglich darf die

---

165 Theophanes Continuatus 444,6–13: ... καὶ ἀντ' αὐτοῦ προεχειρίσατο ἔπαρχον Κωνσταντῖνον πρωτοσπαθάριον, τὸν τηνικαῦτα μυστικὸν καὶ καθηγητὴν τῶν φιλοσόφων.

166 Theophanes Continuatus 446,9–14: ... εἰς Κωνσταντῖνον πρωτοσπαθάριον τὸν τηνικαῦτα μυστικὸν τὸ τῶν φιλοσόφων παιδοτριβεῖον δέδωκεν, ...

167 Man könnte nun vielleicht auf die Idee kommen, die beiden Nachrichten von den Beförderungen des Konstantinos um die Nachricht vom Tod des Patriarchen herum einfach zu vertauschen und somit eine vorangegangene Vertauschung gleichsam rückgängig zu machen. Damit hätte man die Einsetzung der Lehrer in Kpl. nunmehr *vor* den Tod des Patriarchen datiert, erhielte also als *terminus ante quem* den 27. Februar 956. Dieser Termin mag zwar zutreffen, das Vorgehen erscheint mir jedoch methodisch nicht gerechtfertigt: Es bleibt äußerst fraglich, ob die Notiz vom Tod des Patriarchen überhaupt zwischen die zwei Notizen von Beförderungen des Konstantinos gehört, vielmehr scheint sie doch eher zufällig dorthin geraten zu sein.

Erwähnung des Todes des Patriarchen Theophylaktos nicht als Datierungskriterium der später genannten Ereignisse herangezogen werden. Für Alexandros bedeutet dies, daß damit auch seine Einsetzung zum Lehrer für Rhetorik in Konstantinopel auf der Grundlage der Chronik des Theophanes Continuatus nur insoweit datierbar ist, daß sie eben unter Konstantinos Porphyrogennetos stattfand.

Um die Frage zu klären, wann denn nun Alexandros zum Professor für Rhetorik in Konstantinopel ernannt wurde, sollten wir uns eher wieder dem Briefkorpus des Alexandros zuwenden. Es handelt sich, wie schon gesagt, um eine gewissermaßen zweckgebundene Briefsammlung. Alle siebzehn Briefe dienten einzig dem Zweck, die Entlassung des Alexandros aus der Verbannung zu erwirken. Seine Haftbedingungen waren durch den nun (seit spätestens 27. Januar 945) allein regierenden Konstantinos Porphyrogennetos ja bereits wesentlich erleichtert worden. In den Briefen läßt sich eine gespaltene Stimmungslage im Klerus feststellen: Unterstützer und Gegner des Alexandros sind in Hinsicht auf Anzahl und Rang ungefähr gleich stark. An verschiedenen Stellen bahnen sich bereits Verhandlungen auch mit dem Patriarchen Theophylaktos über die Konditionen seiner Rückkehr an. Alexandros läßt durchblicken, daß er bereit wäre, auf seine inzwischen wieder besetzte Metropolis zu verzichten. Eine erneute Untersuchungskommission wird eingesetzt und nach Nikaia, an die ehemalige Metropolis des Alexandros entsandt. Alexandros begrüßt die Einsetzung dieser Kommission zwar nicht, denn er will keine erneute Untersuchung, sondern ohne Umschweife entlassen werden, doch ist uns das Ergebnis der Untersuchung nicht bekannt. Mehrmals wird erwähnt, daß der Kaiser ihn bereits zurückgerufen habe, dies aber durch die Intrigen seiner Gegner bisher nicht in die Tat umgesetzt worden sei. Schließlich bricht das Briefkorpus nach dem siebzehnten Brief, in dem sich Alexandros noch vehement um Unterstützung bemüht hatte, mehr oder weniger abrupt ab. Die naheliegendste inhaltliche Erklärung dafür ist wohl die,[168] daß Alexandros mit diesen siebzehn Briefen schlicht und einfach sein Ziel erreicht hatte: Er war aus der Verbannung entlassen worden!

Der Zeitpunkt der Entlassung des Alexandros läßt sich ebenfalls annähernd ermitteln: Nicht lange nach dem Beginn der Alleinherrschaft des Konstantinos Porphyrogennetos waren seine Haftbedingungen erleichtert worden. Hierzu waren zwei Dinge erforderlich: Erstens die Gelegenheit des Kaisers, sich mit diesem Fall zu beschäftigen, dies dürfte nicht vor dem 27. Januar 945 der Fall gewesen sein, und zweitens eine Schiffspassage eines Boten von Konstantinopel nach Cherson über das Schwarze Meer, diese könnte mehrere Wochen in Anspruch genommen haben. Man kann also damit rechnen, daß der Bewacher des Alexandros wohl

168 Eine stichhaltige überlieferungsgeschichtliche Erklärung dafür ist meines Erachtens vorerst nicht zu erkennen.

nicht vor März 945, vielleicht aber noch später, abgezogen wurde. Alexandros schrieb nun seine siebzehn erhaltenen Briefe, erhielt aber in dieser Zeit auch verschiedentlich Besuch und empfing ferner Schreiben von seinen Metropolitenkollegen, auf die er wiederum antwortete. Dies bedeutet, daß man den Zeitraum, in dem sich Alexandros brieflich um seine Entlassung bemühte und über die Bedingungen seiner Entlassung verhandelte, nicht zu eng veranschlagen sollte. Es dürfte aber kaum verfehlt sein, von seiner Entlassung aus der Verbannung um die Jahresmitte oder in der zweiten Jahreshälfte des Jahres 945 auszugehen.

Alexandros konnte nicht auf seinen inzwischen wieder besetzten Metropolitenstuhl zurückkehren, erhielt aber zur Kompensation vom Kaiser den Lehrstuhl für Rhetorik in Konstantinopel.[169] Außerdem durfte er seinen Titel als Metropolites von Nikaia weiterhin führen, was in der Sache einer Rehabilitierung gleichkommt. Man darf wohl zu Recht annehmen, daß er sich auch als Rhetorikprofessor der philologischen Betätigung widmete. Im Anschluß hören wir nichts mehr von Alexandros. Er dürfte aller Wahrscheinlichkeit nach zwischen 945 und etwa 970 gestorben sein.

7. Vita

880–890, eher früher als später: Geburt des Alexandros, der Geburtsort ist unbekannt, die Familie hatte Verbindungen nach Konstantinopel und möglicherweise nach Larissa in Thessalien

919/20 oder etwas früher: Alexandros wird zum Metropolites von Nikaia ernannt

920–944, Mitte: Metropolites von Nikaia, philologische Betätigung, großzügige Restaurationstätigkeit

944, Mitte bis Anfang der zweiten Hälfte: Absetzung und Verbannung in das Monobatonkloster im byzantinischen Cherson auf der Krim, später synodale Verurteilung wegen Differenzen mit dem Patriarchen Theophylaktos hinsichtlich der Vergabe kirchlicher Ländereien und Klöster

944, Mitte bis Ende: strenge Haft im Monobatonkloster

945, zwischen März und Mai: Abzug seines Bewachers und Hafterleichterungen auf Befehl Kaiser Konstantins VII. Porphyrogennetos

945, etwa zwischen April und Juli: briefliche Initiative des Alexandros mit dem Ziel, seine Entlassung aus der Verbannung zu erwirken, eine achtköpfige Untersuchungskommission wird, anscheinend im Rahmen eines Revisionsverfahrens, nach Nikaia, an die frühere Metropolis des Alexandros, entsandt

169 Dafür gibt es in der byzantinischen Geschichte wenigstens einen Präzedenzfall, vgl. PMBZ Nr. 4440: Leon Mathematikos.

945, Mitte bis Ende: Entlassung aus der Verbannung, wohl bald darauf Ernennung zum Rhetorikprofessor in Konstantinopel

945 bis zu seinem Tode: Rhetoriklehrer in Konstantinopel, weitere philologische Betätigung

zwischen 945 und 970: Tod des Alexandros*

---

* Mein Dank gilt an dieser Stelle vor allem W. Brandes und O. Kresten, deren sachkundige, insbesondere rechtshistorische Anmerkungen den vorliegenden Beitrag ganz wesentlich verbessert haben, ferner habe ich auch M. Hinterberger, R.-J. Lilie, Claudia Ludwig und Beate Zielke für Ratschläge und Hinweise in verschiedenen Phasen der Entstehung des Manuskripts zu danken.

In dem Aufsatz werden folgende byzantinischen Zeitschriften, Publikationsreihen und Standardwerke abgekürzt zitiert:

BBA = Berliner Byzantinische Arbeiten
BNJ = Byzantinisch-neugriechische Jahrbücher
Byz = Byzantion. Revue Internationale des Études Byzantines
CFHB = Corpus Fontium Historiae Byzantinae
DOP = Dumbarton Oaks Papers
JÖB = Jahrbuch der Österreichischen Byzantinistik
ODB = The Oxford Dictionary of Byzantium, ed. A. Kazhdan, A.-M. Talbot, A. Cutler, T. E. Gregory, N. P. Ševčenko, vol. 1–3, New York – Oxford 1991
PMBZ = Prosopographie der mittelbyzantinischen Zeit
REB = Revue des Études Byzantines

Die *Praefecti praesent(al)es* und die Regionalisierung der Praetorianerpraefecturen im vierten Jahrhundert

Altay Coşkun

Prof. Dr. Ingemar König
zur Versetzung in den Ruhestand gewidmet *

1. Einführung

Als Augustus im Jahre 2 v. Chr. seine Leibgarde zwei *praefecti praetorio* (*ppo*) in ritterlichem Rang unterstellte, schuf er das *de facto* mächtigste Amt der folgenden Jahrhunderte. Denn an der Schnittstelle zwischen Kaiserhaus und Weltreich übten die beiden Amtsinhaber eine weitreichende Kontrolle über die Kommunikation des Herrschers aus. Als seine engen Vertrauten hatten sie regelmäßig großen Einfluß auf Politik, Rechtsprechung und Personalentscheidungen. Da ihnen immer umfangreichere zivile Aufgaben zuwuchsen, wurde eine der Positionen ab dem 2. Jh. mit einem Juristen besetzt. Militärische Funktionen nahmen sie abgesehen von ihrer ursprünglichen Verantwortung für die Praetorianer ab dem 3. Jh. auch indirekt wahr, indem sie für die Verproviantierung und Besoldung des Heeres sorgten; dagegen blieben Krisensituationen, in denen ihnen der militärische Oberbefehl angetragen wurde, seltene Ausnahmen.

Nachdem schon Septimius Severus (a. 193–211) kaum mehr in Rom residiert sowie Diocletian (284–305) das Mehrkaisertum institutionalisiert und zudem die Reichsverwaltung stärker bürokratisiert hatte, waren einschneidende Reformen

---

* Am 31. 3. 2004 tritt der Althistoriker Herr Prof. Dr. Ingemar König nach jahrzehntelanger Tätigkeit an den Universitäten Bern und Trier in den Ruhestand. Römisches Recht und römische Verwaltung haben einen besonderen Schwerpunkt in seiner Forschung und Lehre gebildet und mein Interesse an diesen Gebieten nachhaltig geprägt. So möchte ich ihm vorliegende Studie widmen. Sie entstand zum großen Teil während eines Postdoktoranden-Aufenthaltes in Oxford, der mir durch den DAAD ermöglicht wurde (2000–2002). Für kritische Anmerkungen danke ich Frau Prof. Dr. Elisabeth Herrmann-Otto (Trier) und Herrn Prof. Dr. Werner Eck (Köln). Dr. Benet Salway hat in seiner bisher unveröffentlichten Dissertation (s. Anm. 1) eine grundlegende Darstellung der *ppo* a. 284–344 vorgelegt; ihm sei an dieser Stelle herzlich für die Überlassung eines Exemplars gedankt.

überfällig. Derselbe Diocletian teilte die beiden *ppo* zunächst auf die beiden *Augusti* auf, bevor er vielleicht auch den *Caesares* je einen *ppo* an die Seite stellte, um den logistischen Bedürfnissen gerecht zu werden. Insbesondere unter Constantin I. (a. 306–337), der ab a. 317 seine Söhne zu *Caesares* bestellte, scheint der Wunsch nach ihrer Kontrolle ein ergänzendes Motiv gewesen zu sein. Ferner entzog Constantin den Praefecten ihre innerhöfischen Aufgaben, um gleichzeitig ihre Kompetenzen in der Reichsverwaltung zu stärken. Während der *quaestor* und der *magister officiorum* (*mag. off.*) die Hauptverantwortung für die kaiserliche Korrespondenz gemeinsam übernahmen, letzterer zudem die Aufsicht über die nun als *scholae palatinae* bezeichnete Leibwache führte, bildeten die *ppo* die Spitze der Administration und Judikative des *Imperium Romanum*: Ihnen oblagen die Vollstreckung jeglicher kaiserlicher Anordnungen, die Kontrolle der Provinzen, die Einziehung der Naturalsteuer sowie die Versorgung von Hof und Heer.

Die Auflösung der römischen Praetorianergarde im Anschluß an den Sieg über Maxentius (a. 312) sollte also nicht überbewertet werden, wenn es um die Einschätzung des Amtes in der Spätantike geht. Die Entwaffnung der Reichsverwaltung beugte gewiß weiteren Usurpationsversuchen vor, wie sie die vorangehenden Jahrhunderte wiederholt gesehen hatten; doch dürfte die neue Aufgabenverteilung angesichts der zunehmenden Bürokratisierung auch nach größerer Effizienz gestrebt haben. Da die *ppo* fortan *viri clarissimi* bzw. schon bald *viri illustres* waren, eigneten sie sich auch dazu, offizielle Vorgesetzte senatorischer Provinzverwalter zu werden; ihre herausragende Stellung wird dadurch unterstrichen, daß sie nun oft das Consulat während ihrer Praefectur bekleideten.[1]

1 Zur Praetorianerpraefectur im Principat cf. M. Absil, *Les préfets du prétoire d'Auguste à Commode,* Paris 1997, und L. Howe, *The Pretorian Prefect from Commodus to Diocletian*, Chicago 1942; auch F. M. Ausbüttel, *Die Verwaltung des römischen Kaiserreiches,* Darmstadt 1998, 8–24 und F. Millar, *The Emperor in the Roman World*, London 1997, 122–131; zur weiteren Entwicklung und zur Spätantike A. H. M. Jones, *The Later Roman Empire (284–602). A Social, Economic and Administrative Survey*, Oxford 1964, Nd. 1973, 1,50f.; 100–103; 448ff.; 586ff.; T. D. Barnes, *The New Empire of Diocletian and Constantine*, Cambridge/M. 1982; A. Demandt, *Die Spätantike*, München 1989, 244–255; W. Kuhoff, *Diokletian und die Epoche der Tetrarchie: das römische Reich zwischen Krisenbewältigung und Neuaufbau*, Frankfurt/M. 2001, 371–381; bes. R. W. B. Salway, *The Creation of the Roman State, AD 200–340. Social and Administrative Aspects*, Diss. Oxford 1994/95 (in der Bodleian Library/Oxford und der Universitätsbibliothek Trier zugänglich), 72–191 (s. bes. u. Anm. 9 betreffs des Umfangs der militärischen Funktion des *ppo*). Einen Eindruck von seiner Berliner Habilitationsschrift „Die Macht des Prätorianerpräfekten. Untersuchungen zum *praefectus praetorio Orientis* von 313 bis 395 n. Chr.“ (deren Erscheinen als Historia-Einzelschrift angekündigt ist) vermittelt A. Gutsfeld, „Der Prätorianerpräfekt und der kaiserliche Hof im 4. Jahrhundert n. Chr.“, in: A. Winterling (Hg.), *Comitatus. Beiträge zur Erforschung des spätantiken Kaiserhofes*, Berlin 1998, 75–102. Weitere Literatur ist im folgenden zitiert.

Der um a. 500 arbeitende Historiograph Zosimus schreibt auch die Einteilung des Reiches in vier regionale *praefecturae praetorio* Constantin zu; doch ist mittlerweile überwiegend anerkannt, daß sich diese Ordnung erst allmählich im Verlauf des 4. Jhs. entwickelte. In leicht abgewandelter Form, wie sie auch in der *Notitia dignitatum* (ca. a. 395/425) dargestellt ist, wurde sie nicht vor der Herrschaftsteilung unter Arcadius und Honorius a. 395 definitiv, und dies wohl allein deswegen, weil dem Heermeister Stilicho die Mittel zu ihrer erneuten Umwälzung fehlten.[2] Für die Rekonstruktion dieses Prozesses ist noch kein Konsens in Sicht. Dabei liegt die Hauptschwierigkeit weniger in der Lückenhaftigkeit der Quellen, die doch für kaum ein anderes Amt so reichlich sprudeln, als vielmehr in ihrer Interpretation, die teils durch eine unzuverlässige Überlieferung der im *Codex Theodosianus (CTh)* gesammelten Kaisergesetze (ca. a. 312/435) und teils durch zu starre Denkmuster fehlzugehen droht. Immerhin erlaubt eine eingehendere Erforschung des legislativen Prozesses, der Archivpraxis und des Briefformulars, die Untersuchung auf eine solidere prosopographische und chronologische Grundlage zu stellen, als dies bisher möglich war.[3]

Aber auch betreffs der Deutung der administrativen Strukturen hat die Forschung Fortschritte gemacht. Seeck glaubte noch, mit „Kollegialität" den Schlüssel

---

2 Borghesi folgte noch weitgehend der von Zos. 2,33; *Notitia dignitatis orientis* 2–3; *occidentis* 2–3 (ed. O. Seeck, *Notitia dignitatum,* 1876, Nd. Frankfurt/M. 1962) geschilderten Ordnung und läßt die Listen der vier Sprengel-Praefecten a. 314/18 beginnen; dagegen kamen bereits dem posthumen Herausgeber Cuq Bedenken an solchen Zuweisungen vor a. 324/27; zudem gesteht er ein, daß die stark verderbten Daten im *Codex Theodosianus* (CTh) sowie das Fehlen von Gebietsangaben in der Titulatur bis a. 363 die genaue Zuordnung erschwerten; cf. B. Borghesi, *Les préfets du prétoire. Aus dem Nachlaß mit Kommentar von É. Cuq herausgegeben,* 2 Teilbände (Paris 1897 [= *Œuvres complètes de B. Borghesi*, ed. A. Héron de Villefosse, Bde. 10,1–2]), 186; zudem S. 189ff. (*ppo Or.*), 433ff. (*ppo Illyr.*), 489ff. (*ppo Ital.*), 653ff. (*ppo Afr.*, 6./7. Jh.) und 673ff. (*ppo Gall.*). Das monumentale Werk hat heute nur noch antiquarischen Wert und wird hier nicht weiter berücksichtigt. Zur Politik Stilichos cf. Demandt (s. Anm. 1), 140–144. Die noch zu besprechenden Inschriften a. 336 widerlegen die Behauptung des Zosimus, s. unten Anm. 12, dazu auch D. Feissel, „Une dédicace en l'honneur de Constantin II César et les préfets du prétoire de 336", *Travaux et Mémoires* 9, 1985, 421–434, hier: 430.

3 In der vorliegende Arbeit profitiere ich von den Erkenntnissen hinsichtlich der Kanzleivermerke (s. u. Anm. 54) und der Jahresdatierung (s. u. Anm. 71), die ich in der Beschäftigung mit den Kaisergesetzen der valentinianisch-theodosianischen Zeit gewonnen habe, vgl. bes. A. Coşkun, „Imperial Constitutions, Chronology, and Prosopography. Towards a New Methodology for the Use of the Late Roman Law Codes", in: *Resourcing Sources*, Oxford 2002, 122–141; auch unter http://www.linacre.ox.ac.uk./research/prosop/home.stm. Die ebendort beschriebene stilkritische Methode kann mangels Grundlagenforschung für die Zeit vor a. 370 noch nicht als ergänzendes Datierungskriterium herangezogen werden.

zur Lösung der Probleme gefunden zu haben. Er verfocht die Lehre, daß bis a. 408 wiederholt zwei *collegae pari potestate* in einer regional beschränkten Praefectur amtiert hätten. Das dadurch entstandene 'Überangebot' an Planstellen versuchte er auszubalancieren, indem er die Existenz eines *praefectus praetorio* (*ppo*) im Illyricum vor a. 395 mit den kurzen Ausnahmen a. 357–361 und 378 leugnete. Trotz Mommsens entschiedenem Widerspruch vermögen Seeck seine 'Regesten' bis heute eine zahlreiche Anhängerschaft zu sichern, die an einer Regionalisierung unter Constantin I. und zugleich an der kollegialen Verwaltung klar umrissener Sprengel festhält.[4]

Nachdem allerdings schon Palanque mehrfach Bedenken gegen die inflationäre Annahme kollegialer *ppo* angemeldet hatte, konnte sich in der angelsächsischen Literatur die Gegenthese durchsetzen, die auch in der 'Prosopography of

4 Cf. O. Seeck, *Q. Aurelii Symmachi quae supersunt*, Berlin 1883 (MGH AA 6,1), LXXX; ders., „Die Reichspräfektur des vierten Jahrhunderts", *Rheinisches Museum* 69, 1914, 1–39; ders. *Regesten der Kaiser und Päpste für die Jahre 311 bis 476 n. Chr.*, Stuttgart 1919, 141–149. Dagegen ordnet Th. Mommsen, *Die diocletianische Reichspraefectur* (1901), in: *Gesammelte Schriften* 6, 1910, Nd. 1965, 285–290 jedem Augustus seit Diocletian einen *ppo* zu (die Caesaren und illegitimen Augusti läßt er beiseite), so daß sich schon früh eine Zweiteilung in Ost und West verfestigt habe, die auch den Untergang des Licinius überdauert habe; im Westen habe Constantin I. weitere *ppo* eingesetzt, von denen sich nach a. 337 drei gehalten hätten; die Separierung des Illyricum sei dann erstmalig a. 346 erfolgt und nach einer Phase der Unbeständigkeit a. 379 ohne Pannonien als östliche Praefectur etabliert worden. Mit Modifikationen folgen Seeck z. B. E. Stein „Untersuchungen zur spätrömischen Verwaltungsgeschichte", *Rheinisches Museum* 74, 1925, 347–394 (hier: 353. 369–375); ders., „A propos d'un livre récent sur la liste des préfets du prétoire", *Byzantion* 9, 1934, 327–353 (hier: 331 etc.); M. J. Higgins, „The Reliability of Titles and Dates in Codex Theodosianus", *Byzantion* 10, 1935, 621–640 (hier: 621 ff.); W. Enßlin, *s. v.* praefectus praetorio, *Paulys Realencyclopädie der classischen Altertumswissenschaften* 22,2, 1954, 2391–2502 (hier: 2431,23 ff.; 2495–2501 [Listen von Constantin bis Justinian]); S. Mazzarino, "Sulla carriera prefettizia di Sex. Petronius Probus", *Helikon* 7, 1967, 414–418 (hier: 416 Anm. 10); auch R. P. H. Green, *The Works of Ausonius*, Oxford 1991, 541 f. zu Ausonius, *Gratiarum actio* 11. Die Anzahl der *ppo*-Kollegien ist reduziert bei Palanque (wie unten Anm. 5) und R. von Haehling, *Die Religionszugehörigkeit der hohen Amtsträger des Römischen Reiches seit Constantins I. Alleinherrschaft bis zum Ende der Theodosianischen Dynastie*, Diss. 1975, Bonn 1978, 51 ff., der solche im Osten bis a. 340 (aber auch a. 380–381, 396–398), S. 284 ff. in Italien a. 347–349 und 355, S. 331 ff. in Gallien a. 327–329 kennt. Die Regionalisierung wird Constantin I. ferner zugeschrieben von A. Chastagnol, „Les préfets du prétoire de Constantin", *Revue des Études Anciennes* 70, 1968, 321–352 (cf. Listen S. 351 f.); É. Demougeot, „Le partage des provinces de l'*Illyricum* entre la *pars occidentis* et la *pars orientis*", in: *La géographie administrative et politique d'Alexandre à Mahomet*, Leiden 1979, 229–253 (hier: 242 f.), Ausbüttel (s. Anm. 1), 38 und M. M. Morciano, *s. v.* Praefectus praetorio, *Der Neue Pauly* 10, 2001, 249–252 (hier: 251).

the Later Roman Empire' (PLRE) ihren Niederschlag gefunden hat: Bis auf das einzig nachweisbare *praefecturae collegium* des Ausonius und Hesperius (a. 377–379) lehnte Jones die 'kollegiale' Verwaltung eines regionalen Sprengels kategorisch ab; spätestens ab a. 340 hätten Gallien (incl. Spaniens und Britanniens), Italien (incl. Afrikas und des Illyricum) und der Orient (incl. Thrakiens) je einem *ppo* unterstanden, wobei das Illyricum vor a. 395 bereits a. 347–361, 363–364, 377–381 von einem vierten *ppo* regiert worden sei.[5]

Freilich ergeben sich auch bei dieser rigiden Einteilung zahlreiche Schwierigkeiten. Den Weg zu ihrer Überwindung haben Palanque und Barnes gewiesen: Während ersterer a. 324–354 zwischen einer „préfecture ministérielle“ und einer „préfecture régionale“ unterscheidet, begann nach letzterem der Prozeß der Regionalisierung mit Constans a. 340/43; jedoch habe es neben den *ppo* der neuen Art bis in die Zeit Julians weiterhin *praefecti praesent(al)es* (*praeff. praess.*) ge-

5 J.-R. Palanque, *Essai sur la préfecture du prétoire du Bas-Empire*, Paris 1933, gestand zwar noch zahlreiche *collegia* zu, postulierte aber jeweils eine klare Abgrenzung der Kompetenzen: Entweder hätten die jeweiligen *ppo* unterschiedliche Dioecesen verwaltet, oder der eine sei als „regionaler“, der andere als „ministerieller“ *ppo* aufzufassen, dazu Genaueres im folgenden. In ders., „Les préfets du prétoire sous les fils de Constantin“, *Historia* 4, 1955, 256–263, hier: 257 datierte er die Regionalisierung a. 324/28 und reduzierte die *collegia* unter den Constantin-Söhnen auf die *ppo Or.* 337–340 und die *ppo Ital.* 347–350 (cf. die Liste S. 262f., gefolgt von J. Gaudemet, „Mutations politiques et géographie administrative: L'empire romain de Dioclétien (284) à la fin du Ve siècle“, in: *La géographie administrative et politique d'Alexandre à Mahomet*, Leiden 1979, 255–272, hier: 262. Die Anerkennung der *ppo Illyr.* ab ca. a. 345 bildete die Grundlage dafür, daß J.-R. Palanque „Du nouveau sur la préfecture d'Illyricum au IVe siècle“, in: *Hommages à Marcel Renard II*, Brüssel 1969, auch das letztgenannte *collegium* tilgte. Dabei konnte er sich bereits auf A. H. M. Jones, “Collegiate Prefectures”, *Journal of Roman Studies* 54, 1964, 78–89 berufen; cf. auch die Liste der *ppo* in PLRE 1,1049–1052. Trotz des Widerspruchs bei A. Demandt („Der Tod des älteren Theodosius“, *Historia* 18, 1969, 598–625, hier: 622 Anm. 137: „... ignoriert die Forschung, ist daher indiskutabel“) und von Haehling (s. Anm. 4) 98 fand Jones z. B. bei H. Sivan (*Ausonius of Bordeaux. Genesis of a Gallic Aristocracy*, London & New York 1993, 136) und R. M. Errington (“Theodosius and the Goths”, *Chiron* 26, 1996, 1–27, hier: 24 Anm. 134: “magistral demonstration of the impossibility of ‘collegiate prefectures’ ”) weitere Zustimmung; ähnlich Chastagnol (s. Anm. 4), der die Umwandlung von ministeriellen in einfach besetzte regionale Praefecturen a. 324–338 datiert (cf. seine Listen auf S. 351f.).
Gutsfeld (s. Anm. 1) 77–79 betont den Zusammenhang zwischen dem Entzug der Funktionen am Hofe, der Regionalisierung und der Entkollegialisierung der *ppo*; für den Osten sei diese Entwicklung bereits a. 325 abgeschlossen gewesen; die Liste der *ppo Or.* läßt er sogar a. 313 beginnen (S. 77 Anm. 14). – Weitere Lit. bei A. Coşkun, *Die* gens Ausoniana *an der Macht. Untersuchungen zu Decimius Magnus Ausonius und seiner Familie*, Oxford 2002, 63ff.

geben, die wie noch unter Constantin I. nicht an ein Gebiet, sondern unmittelbar an einen Kaiser gebunden gewesen seien.[6]

Die Vorzüge dieser Modelle liegen auf der Hand: Sie sind flexibel genug zu erklären, warum die Tätigkeit eines Beamten in verschiedenen 'Sprengeln' nachgewiesen ist und sich gegebenenfalls auch mit derjenigen eines anderen *ppo* überschneiden kann, ohne daß Kollegialität im Sinne von Seeck vorliegt. Zudem ist der Begriff *praefectus praesens* in den Quellen belegt, freilich ohne daß diese erlauben, darin einen *terminus technicus* zu erkennen.[7] Problematisch ist aber die scharfe

---

6 Cf. Palanque 1933 (s. Anm. 5) 17 u. a. zu Palanques Position; T. D. Barnes, "Regional Prefectures", *Historia Augusta Colloquium (1984/85)*, ed. J. Straub, Bonn 1987, 13–23 und ders., "Praetorian Prefects, 337–361", *Zeitschrift für Papyrologie und Epigraphik* 94, 1992, 249–260. Im Gefolge Palanques geht Ch. Vogler (*Constance II et l'administration impériale*, Straßburg 1979, 111–144) davon aus, daß die Praefecturen zu Beginn von Constantius' Herrschaft ministeriell und zugleich regional strukturiert worden sei; a. 354 sei Constantius' Herrschaft hinreichend sicher gewesen, um mit dem „allmächtigen" Rufinus den letzten „ministeriellen" *ppo* zu entlassen und fortan die Verwaltung vollständig regional zu organisieren; aus Regierungsministern und Kaiserberatern seien unpolitische Verwaltungsbeamte zur Bewahrung der Ordnung in den Provinzen geworden. Damit ist die Frage aufgeworfen, inwiefern die *ppo* Möglichkeiten zu persönlicher Machtentfaltung und politischer Gestaltung einbüßten. Eine weiterführende Untersuchung des Problems hat gewiß den Übergang von einer höfischen zu einer eher kaiserfernen Stellung zu berücksichtigen; doch sollte selbst diese Tendenz nicht überbewertet werden. Vogler übersieht jedenfalls, daß *ppo* bereits vor Constantius vor allem administrative Aufgaben hatten, während auch die späteren *ppo* einen nicht unerheblichen politischen Spielraum z. B. durch personelle und sachliche *suggestiones* behielten. Entscheidend ist freilich die Tatsache, daß die vier Hofminister und der Hofeunuch unter Constantius zu maßgeblichen Beratern in der Reichszentrale avancierten, wohingegen die *ppo* über die dem *magister officiorum* unterstehenden *principes* kontrolliert wurden, cf. W. G. Sinnigen, "Chiefs of Staff and Chiefs of the Secret Service", *Byzantinische Zeitschrift* 57, 1964, 68–105; Vogler (wie oben), 134f. Diese Entwicklung zeigt sich nicht zuletzt in der zunehmenden Bezeugung sowie sozialen Aufwertung der höfischen Amtsträger, cf. PLRE 1,1059–1069; R. Delmaire, *Les institutions du Bas-Empire romain de Constantin à Justinien, Teil I: Les institutions civiles palatines*, Paris 1995. Andererseits lassen sich keine pauschalen Aussagen zu den Machtverhältnissen machen; so haben z. B. die *ppo* Julians und Gratians maßgeblichen Einfluß auf die Politik ausgeübt. Weiteres unten in Anm. 9–11.

7 Ohne Auseinandersetzung mit Palanque oder Barnes verweist Gutsfeld (s. Anm. 1) 85 auf *praesens* (Thalassius bei Amm. 14,1,10 u. Secundus bei Amm. 23,5,6), *assidens* (Secundus bei Amm. 22,9,17) und *in comitatu* (allein CI 7,62,32 a. 440); in solchen Attributen komme aber nur zum Ausdruck, daß der *ppo* regelmäßig nicht mehr zum Hofstaat gehört habe und seine Anwesenheit in den genannten Fällen besonders hervorgehoben werde. Tatsächlich handelt es sich um einen „Pleonasmus", „weil die Bedeutung der räumlichen Nähe zu Kaiser und Hof dem Amtstitel des *praefectus praetorio* bzw. ὕπαρχος oder ὕπαρχος τῆς αὐλῆς innewohnte". In diesem Sinne scheint aber der in der Umgebung des Kaisers tätige Praefect den Implikationen seines

Trennlinie, die Barnes zwischen einem „regional prefect“ und einem „prefect of the old type“ zieht. Manifest wird dies vor allem dann, wenn er letzteren als „deputy emperor in military as well as civilian affairs“ beschreibt.[8] Doch darf, wie eingangs bereits gesagt wurde, seine militärische Rolle weder für das 3. noch 4. Jh. überschätzt werden.[9] Nichts hindert also daran, 'regionalen' und 'praesentalen' *ppo* prinzipiell die gleiche Natur zu unterstellen: Sie waren in administrativen und jurisdiktionellen Angelegenheiten die höchstrangigen Stellvertreter eines oder mehrerer Kaiser und führten entweder klar definierte Aufträge durch oder agierten innerhalb eines weit gefaßten Handlungsspielraumes als kaiserliche Bevollmächtigte.[10]

In seiner rezenten Monographie beschreibt Migl die definitive regionale Bindung der *ppo* als das Ergebnis einer geradezu planlosen Entwicklung, die erst in

---

Titels deutlich eher gerecht zu werden als derjenige eines festumrissenen Sprengels, dessen regionaler Amtsbereich ab ca. a. 360 auch Teil seiner offiziellen Bezeichnung wurde (z. B. *ppo Orientis*), s.u. Anm. 101.

8 Cf. Barnes 1987 (s. Anm. 6), 15–17, auch ders. 1992 (s. Anm. 6), 251; ebenso J. Migl, Die Ordnung der Ämter. Prätorianerpräfektur und Vikariat in der Regionalverwaltung des Römischen Reiches von Konstantin bis zur Valentinianischen Dynastie, Bern 1994, 121; teilweise ähnlich, wenn auch in anderem Argumentationszusammenhang, Gutsfeld (s. Anm. 1), 84.

9 Cf. die nunmehr grundlegende Darstellung Salways (s. Anm. 1), 72ff., bes. 78f.; 86–88; 110f.; er betont u. a., daß *ppo* seit Augustus hauptsächlich administrative Aufgaben hatten; erhellend ist sein Vergleich mit Aulus Hirtius: "while Hirtius was a military officer, he was a staff officer in Caesar's Headquarters, not a field commander. Hirtius gathered information from Caesar's legates in the field and co-ordinated supply" (S. 83). Barnes stützt sich vor allem auf das Beispiel des Philippus, dessen militärische Kompetenzen aus seinem gewaltsamen Einsatz in Constantinopel (bes. Socr. *Hist. eccl.* 2,16,2.8), seiner Spionagetätigkeit im Lager des Magnentius (Zos. 2,46,2–47,2; 48,2.5) sowie seiner mit einem Schwert ausgestatteten Statue (Lyd. *Mag.* 2,9) hervorgehe. Doch ist die Wiederherstellung der öffentlichen Ordnung nicht mit dem Vorgehen gegen einen äußeren Feind zu vergleichen; ferner war Philippus' Stellung an Magnentius' Hof die des höchstrangigen Gesandten, nicht eines Generals, s. u. Kap. 4. Die Erklärung des Schwertes durch Lydus ist vermutlich eine anachronistische und zudem ideologisierende Deutung, da der Autor eine Wiederaufwertung der Praefectur gegenüber dem *magisterium officiorum* erhoffte. Zum Schwert als Symbol der praetorianischen Machtfülle im 1. u. 2. Jh. vgl. Philostratus, *Vita Apollonii* 4,42 u. 7,16 (ed. C. L. Kayser, *Flavii Philostrati opera*, Bd. 1, Leipzig 1870, Nd. Hildesheim 1964), dazu Millar (s. Anm. 1) 123 ("monopolised the use of force in the immediate vicinity of the emperor") mit weiteren Verweisen. Es braucht also kaum zu verwundern, daß der Träger des *ius gladii* mit eben dieser Waffe abgebildet wurde.

10 Ein systematischer Beweis dieser Prämisse würde den Rahmen dieses Aufsatzes sprengen, doch wird ihre Plausibilität durch die im folgenden dargelegte flexible Einsatzmöglichkeit z. B. des Rufinus, Philippus oder Mamertinus als praesentale und nichtpraesentale *ppo* untermauert, s. o. Anm. 9 und u. Kap. 4–6.

den 360er Jahren feste Konturen gewonnen habe. Wichtig ist seine Beobachtung, daß sich hinter den Praefecturen bis unter Constantius II. keine „festgefügten bürokratischen Strukturen“ verbargen, „die u.a. die permanente Besetzung des Spitzenamtes der Verwaltung implizieren“. Die im ganzen höchst verdienstvolle Arbeit ermangelt indes einer systematischen prosopographischen Grundlegung und führt in manche unnötige Aporie, um feste Verwaltungsstrukturen auch dort zu leugnen, wo sie sich leicht nachweisen lassen. Zudem wird nicht hinreichend herausgestellt, daß ein gewisser Regionalisierungsprozeß die Praefectur bereits seit Constantin I. zu erfassen begann, obwohl die „Festigung der Diözesenordnung“ als ein maßgebliches Kriterium für die Umwandlung seit den 340-er Jahren durchaus richtig erkannt ist.[11]

Allerdings legten die Kaiser bis über das Ende des Westreiches hinaus Wert darauf, einen *praef. praes.* in ihrer näheren Umgebung zu haben, während aus administrativen oder politischen Erwägungen heraus vereinzelt ab der Mitte der 320-er Jahre und immer häufiger nach a. 337 weitere nichtpraesentale *ppo* im Reich verteilt wurden. Regional beschränkte Zuständigkeiten begegnen ebenfalls schon unter Constantin I., doch, wie im folgenden gezeigt wird, verfestigten sie sich mit der Ausnahme des Illyricum erst in den späteren Jahren von Constantius' II. Herrschaft.

2. Die Kaiser der Jahre 337–63 und ihre Praetorianerpraefecten

2.1 Die Praetorianerpraefecten beim Tod Constantins I. a. 337

Von den Inschriften, die anläßlich der Vicennalia des Caesars Constantin (II.) hergestellt wurden (ca. 1.3.336), erlauben die im tunesischen Tubernuc (h. Aïn Tebernok) und in Antiochia (am Orontes, h. Antakya) erhaltenen Exemplare, das damals amtierende fünfköpfige Kollegium lückenlos zu benennen: Papius Pacatianus, Flavius Ablabius, Valerius Felix, Annius Tiberianus und Nestorius Timoni-

---

11 Cf. Migl (s. Anm. 8) 95 ff. zu den Constantin-Söhnen; Zitate S. 101 und 117; S. 132 Kritik an Vogler (wie Anm. 6); S. 97: „Regionalisierung ... löst die Ministerialität nicht ab, sondern ergänzt sie nur, ein Gegensatz besteht überhaupt nicht“, s. auch u. Anm. 91. Lesenswert sind auch seine Ausführungen zum Charakter der Praefectur in der Mitte des 4. Jhs. (S. 124 ff.) und zu ihrer konsequenten Einbeziehung in die Dioecesenordnung ab ca. a. 360 (S. 140 ff.). Als Vorläufer dieser Entwicklung betrachtet Migl z. B. Rufinus seit a. 347, s. Kap. 3. Ähnliche Auffassungen vertritt Salway (s. Anm. 1), 162–168: Die Regionalisierung sei das Ergebnis der Entwicklung unter Constans und Constantius gewesen, wenn auch die frühere Vermehrung der Caesaren und *ppo* eine notwendige Voraussetzung dieser Entwicklung darstelle. – Eine umfangreiche Studie zu Dioecese und Vicariat bereite ich vor.

anus. Jüngst hat Salway erkannt, daß die Reihenfolge nur bedingt durch das Senioritätsprinzip vorgegeben ist; die erste Stelle nimmt nämlich – wie auch in der Inschrift von Aïn Rchine a. 330/34 – der *ppo* des Augustus Constantin I. ein. Mithin ist eine Revision der Fasten vonnöten.[12]

Pacatianus kann nun mit großer Sicherheit dem Hof Constantins I. zugeordnet werden;[13] das Inschriftenpaar stellt zugleich das letzte Lebenszeichen für ihn dar. Sein Nachfolger dürfte **Euagrius** gewesen sein, den ein Gesetzesfragment

12 Cf. AE 1925,72 = ILT 814 (Tubernuc) und Feissel (s. Anm. 2) 421 = AE 1985, 823 (Antiochia). In der älteren Lit. war die Abfassungszeit von ILT 814 umstritten; Chastagnol (s. Anm. 4) 352 datiert in den Sommer 337; ebenso PLRE 1 und von Haehling (s. Anm. 4) zu den jeweiligen *ppo*; Vogler (s. Anm. 6) 111f. Erst nach der Auffindung von AE 1985, 823 setzte sich die Ansicht durch, es handle sich um eine reichsweite Ehrung anläßlich von Constantins (II.) Vicennalia, cf. Feissel (s. Anm. 2) 421–436; A. Chastagnol, „Les inscriptions africaines des préfets du prétoire de Constantin", *L'Africa Romana* 3, Sassari 1986, 263–273; Salway (s. Anm. 1) 97–102. – Die notwendige Revision der Fasten der constantinischen *ppo* hat ferner die Inschrift aus dem tunesischen Aïn Rchine (AE 1981, 878) einzubeziehen, in welcher die *ppo* Valerius Maximus, Iunius Bassus, Fl. Ablabius und Va[...] genannt sind. Bisherige Kommentatoren setzen sie a. 331/32, da der ebendort genannte *procos. Afr.* Domitius Zenophilus *cos. ord.* 333 wurde. Doch ist dieses Datierungskriterium entgegen A. Chastagnol (wie oben, 263) z.B. mit Blick auf Fl. Hypatius *cos. ord.* 359, *vic. urb.* 363 (PLRE 1,448) oder Petronius Probinus *cos. ord.* 395, *procos. Afr.* 396–397 (PLRE 1,734f.) nicht zwingend. Außerdem muß das Ausscheiden des Euagrius als *ppo I* 326–331/32 vorausgesetzt werden, weil er dienstälter als Ablabius *ppo* ca. 328/30–337/38 war und deswegen in der Inschrift vor ihm gestanden haben müßte; Chastagnol, AE 1981, 248 ist sich dessen nicht bewußt, während Salway (s. Anm. 1) 150f.; 174–177 die Beförderung zum *ppo* nur durch schwerwiegende Texteingriffe auf Ende 330 verschiebt, s.u. Anm. 14f. Weiterhin scheint die nachträgliche Ergänzung des Constans, der am 25.12.333 zum Caesar erhoben wurde, eher auf eine Abfassung der Inschrift im Winter 333/34 hinzudeuten. Ggf. hatte die 14-jährige Amtszeit (AE 1975, 370) des Iunius Bassus also a. 320 begonnen, aus welchem Jahr auch das älteste erhaltene der an ihn gerichteten Gesetze stammt (CI 7,57,7 vom 18.3.320). Die erforderliche Neuuntersuchung hat aber erst einmal sicherzustellen, ob der Stein ehemals vier (so Naïdé Ferchiou in *Échanges* 1980 [2] 3,307–312 mit Photo [mir nicht zugänglich, cf. AE 1981, 878]) oder fünf (so Chastagnol, AE 1981, 878; erneut ders. [s. Anm. 4] 268) *ppo* genannt hat. Unentschieden bleibt in dieser Frage auch Salway (s. Anm. 1): S. 100 erwägt er, daß Chastagnols nunmehr widerlegte Vorstellung von einem nichtpraesentalen *ppo Afr.* (S. 91–103) das Erblicken eines fünften C in *ccccc. et i[llu]strium vvvv[v].* begünstigt haben könnte, während er S. 151 ebenfalls von fünf *ppo* a. 330/31 ausgeht. Bei der vorgeschlagenen Datierung von a. 333/34 sowie der Lesung *cccc. et i[llu]strium vvvv.* entfiele dagegen jede Schwierigkeit; auch die Zahl der Kaiser und *ppo* wäre damit wie in den vorangehenden Jahren im Einklang.

13 Wie auch Salway (s. Anm. 1) 137f. feststellt, steht dem nicht entgegen, daß CTh 14,4,1 (8.8.334) und 8,9,1 (17.4.335) Rom betreffen; als *ppo* des einzigen Augustus konnte sich seine Kompetenz reichsweit erstrecken. Anders z.B. noch Feissel (s. Anm. 2) 431.

vom 22.8.336 belegt.[14] **Ablabius**, der dienstälteste *ppo*, war a. 336 bereits mit Constantius in Richtung Perserfront aufgebrochen. Dort hielt er sich auch im Frühjahr 337 auf, als die Nachricht vom Tod des Augustus eintraf.[15] **Felix** kontrollierte gemeinsam mit Constans Italien, Afrika und Pannonien. Bis Sommer 336 fand er in **Gregorius** seinen Nachfolger.[16] Hieronymus bezeichnet **Tiberianus** als *vir disertus praefectus praetorio per Gallias*. Dabei ist die regionale Kompetenz vermutlich aus dem Herrschaftsgebiet erschlossen, das dem Caesar a. 335–337 (bzw. Augustus a. 337–340) unterstand.[17]

14 CTh 12,1,22 vom 22.8.336 wird gemeinhin dem *ppo* Constantins I. zugewiesen (abweichend Gutsfeld [s. Anm. 1] 77 Anm. 14, in dessen Liste der *ppo Or.* Euagrius fehlt und statt dessen Ablabius a. 329–337 zu finden ist). Sein Verhältnis zu den homonymen Amtsträgern ca. a. 315 und 325/26–331/32 sowie zum *ppo* 339 bleibt kontrovers, s.u. Anm. 23f. Seeck 1919 (s. Anm. 4) 452; 474 betrachtet Euagrius als *ppo I Or.* 326–336 (im Kollegium zunächst mit dem *ppo* Constantius, anschließend mit Ablabius) und *ppo II Ital.* 339–340; ähnlich Palanque 1955 (s. Anm. 5) 259; Enßlin (s. Anm. 4) 2431; Vogler (s. Anm. 6) 18 Anm. 17 und 140; Barnes (s. Anm. 1) 131f. Wegen seines Fehlens in der Inschrift von Tubernuc sowie aus Abneigung gegen kollegiale *ppo* beschreibt PLRE 1,284f. Nr. 2 den *cursus* wie folgt: *ppo I* 326, *II* 329–331, *III* 336–?337. Ähnlich geht auch Chastagnol 1986 (s. Anm. 12) 272 von mehreren 'Unterbrechungen' der Praefectur 326/36 aus, nachdem er Euagrius 1968 (s. Anm. 4), 352 noch als *ppo* 326–336 des Constantius angesehen und in AE 1981, 248 erwogen hatte, daß er als fünfter *ppo* im verlorenen Teil der Inschrift von Aïn Rchine genannt worden sein könnte. Eine Zwischenposition beziehen K. L. Noethlichs, *Die gesetzgeberischen Maßnahmen der christlichen Kaiser des vierten Jahrhunderts gegen Häretiker, Heiden und Juden*, Diss. Köln 1971, 252–254; 263–265 und von Haehling (s. Anm. 4) 56f., die zwischen einem *vic. Ital.* 315 (CTh 12,1,1; 14,8,1; 16,8,1), einem *ppo Or.* 326–336 und einem *ppo Ital.* 339 unterscheiden. Wieder anders Salway (s. Anm. 1) 173–181: Euagrius habe zunächst unbestimmte Ämter unter Licinius (a. 315, a. 321) und Constantin I. (a. 326) innegehabt, bevor er nichtpraesentaler *ppo* 330?–331 im Balkan geworden sei; erneut habe er die *ppo* nach März 336 bekleidet, doch sei er nicht notwendigerweise mit dem Amtsträger a. 339 identisch. Allerdings wäre eine ca. fünzehnjährige hochrangige Position (Vicariat?) unterhalb der Praefectur unwahrscheinlich, zumal in drei Fällen der überlieferte Titel *ppo* wegkorrigiert werden müßte. Außerdem setzt Salway ähnlich wie seine Vorgänger die Existenz von fünf gleichzeitig amtierenden *ppo* ca. a. 330/31 voraus, die aber nicht aus der Inschrift von Aïn Rchine gefolgert werden darf, s. o. Anm. 12.

15 Cf. PLRE 1,3f. Nr. 4; von Haehling (s. Anm. 4) 57f.; Vogler (s. Anm. 6) 111f.; Barnes (s. Anm. 1) 132; Migl (s. Anm. 8) 95f.; Salway (s. Anm. 1) 135–137.

16 Entgegen Chastagnol (s. Anm. 4) 352; ders., (s. Anm. 12), 271; PLRE 1,331f. Felix 2; 403 Gregorius 3; von Haehling (s. Anm. 4) 355f.; Barnes (s. Anm. 1) 133; 138f.; Feissel (s. Anm. 2) 426f.; 432 hat Salway (s. Anm. 1) 91–103 nachgewiesen, daß es unter Constantin I. keinen nichtpraesentalen *ppo Afr.* gegeben hat; das überseeische Gebiet unterstand seit der Erhebung des Constans seinem *ppo* bzw. dessen *vicarius*.

17 Cf. Hieron. *Chron.* a. 336 mit Barnes (s. Anm. 1) 134; Migl (s. Anm. 8) 98; 130. Ohne

Der nicht weiter bezeugte **Timonianus** muß als letzter in das Spitzenamt befördert worden sein. Er wird an der Seite des Dalmatius gestanden haben, der am 18.9.335 als Caesar in der Balkanregion eingesetzt worden war. Wohl gemeinsam fielen sie dem blutigen Nachfolgestreit des Sommers 337 zum Opfer.[18] Ihr Distrikt wurde aufgeteilt und dem Territorium des Constans (Moesia, d.h. die späteren Dioecesen Dacia und Macedonia) und Constantius (Thracia) zugeschlagen.

Es hat den Anschein, daß sich die drei überlebenden Caesaren recht schnell von den *ppo* trennten, die ihnen ihr Vater mitgegeben hatte. Am besten dokumentiert ist der Sturz des Ablabius, den Constantius zunächst absetzte und Ende 337 oder Anfang 338 hinrichten ließ. Gregorius ist zuletzt am 4.2.337 nachgewiesen; allerdings ist sein Nachfolger Euagrius nicht vor a. 339 belegt.[19] Wie lange Tiberianus im Amt verblieb, läßt sich nicht bestimmen; die oben zitierte Notiz des Hieronymus ist jedenfalls die letzte erhaltene Nachricht von ihm. Wurde auch er noch im Sommer 337 ersetzt, dann hieß sein Nachfolger möglicherweise **Maximus**, der durch eine einzige Constitution vom 2.8.337 als *ppo* bezeugt ist.[20] Auf einen der beiden folgte jedenfalls **Ambrosius**, der Vater des gleichnamigen Bischofs von Mailand, a. 337/39, nach. Dieser hatte nämlich die Praefectur unter Constantin II. inne, als sein Sohn ca. a. 339/40 in Trier geboren wurde.[21]

---

diese Differenzierung bleiben z.B. PLRE 1,911f. Nr. 4; von Haehling (s. Anm. 4) 335; Salway (s. Anm. 1) 139.

18 Cf. PLRE 1,915; Salway (s. Anm. 1) 139f.; unter Vorbehalt auch Feissel (s. Anm. 2) 432f., der jedoch kollegialen *ppo Or.* (Timonianus in Antiochia, Ablabius in Constantinopel) den Vorzug gibt. Anders Chastagnol (s. Anm. 4) 352; von Haehling (s. Anm. 4) 356 und Barnes (s. Anm. 1) 138, die Timonianus' Sprengel nach Afrika verlegen.

19 S.o. Anm. 15 (Ablabius), 16 (Gregorius) und u. Anm. 23f. (Euagrius).

20 In der Lit. wird der Empfänger von CTh 13,4,2 regelmäßig mit Valerius Maximus identifiziert, der als *ppo* 327–333 sicher nachgewiesen ist. Während Seeck 1919, 185; 473 dessen Amtszeit bis a. 337 ausdehnt, ist dieselbe in PLRE 1,590f. Maximus 49 (*ppo* 337 des Dalmatius) und bei Feissel (s. Anm. 2) 429 mit Anm. 35 unterbrochen; Barnes (s. Anm. 1) 132 läßt die Kontinuitätsfrage offen. Seecks Deutung scheitert jedenfalls an den erwähnten Vicennalien-Inschriften a. 336, in denen Maximus fehlt; das gleiche gilt für den Vorschlag, die Abfassung der Konstitution auf den 2.4.337 vorzudatieren (so Palanque 1933 [s. Anm. 5], 6 Anm. 29; P.O. Cuneo, *La legislazione di Costantino II, Costanzo II e Costante [337–361]*, Mailand 1997, 5f.). Chastagnol (s. Anm. 4) 352; 1985, 269 und von Haehling (s. Anm. 4) 334 ignorieren einen *ppo* Maximus nach a. 333. Salway (s. Anm. 1) 133f.; 158 erwägt alternativ, daß entweder das Consulat (*Feliciano et Titiano conss.*) interpoliert oder der Dienstgrad unrichtig sei. Da allerdings nichts wirklich gegen die Zuverlässigkeit der Überlieferung spricht, sollte wohl an ihr festgehalten werden. Ob es sich bei dem *ppo* 337 dann um einen wiederernannten Amtsträger handelt, bleibt wie auch im Fall des Euagrius offen.

21 Nach Paulinus Mediolanensis, *Vita Sancti Ambrosii* 3–4 (ed. M.S. Kaniecka, *Vita*

2.2 Constans a. 337–50

Womöglich als einziger Gefolgsmann des verstorbenen Kaisers vermochte **Euagrius** – sei es als *ppo ?I* ca. 326–31/32, *ppo ?II* ca. 336 oder auch als dessen Verwandter – das Vertrauen eines Constantin-Sohnes zu gewinnen. Bald nach der Verwaisung des zentralen Hofes könnte er in die Dienste des Constans getreten sein.[22] Nachgewiesen ist er durch eine Constitution, die in zwei Fragmenten vom 13. 8. 339 überliefert ist;[23] hinzu kommt ein weiteres Gesetz, das vom 11. 8.<339>

---

sancti Ambrosii Mediolanensis episcopi, a Paulino eius notario ad beatum Augustinum conscripta, Washington D.C. 1928) wurde der jüngere Ambrosius geboren *posito in administratione praefecturae Galliarum patre eius Ambrosio*; das Zeugnis aus dem frühen 5. Jh. erlaubt ebensowenig wie die Nachricht des Hieronymus, auf einen regionalen Charakter der Praefectur zu schließen. In derselben Vita heißt es ferner, daß Ambrosius *iunior* als Heranwachsender mit seiner verwitweten Mutter in Rom lebte. Zudem ist in Ambr. *epist.* 49 (59), 2–4 (ed. M. Zelzer, *Sancti Ambrosi opera*, Pars decima: *Epistularum et acta*, Bd. 3, Wien 1990 [*Corpus Scriptorum Ecclesiasticorum Latinorum* 82,2]) von *barbarici motus* nach Vollendung seines 53. Lebensjahres die Rede. PLRE 1,51 Nr. 1/3 datiert die Geburt somit a. „?340", während Palanque 1933 (s. Anm. 5) 25; Barnes 1987 (s. Anm. 6) 16; ders. 1992 (s. Anm. 6) 253; N. B. McLynn (*Ambrose of Milan. Church and Courts in a Christian Capital*, Berkeley 1994, 32 mit Anm. 114 [mit Verweis auf weitere Lit.]) auf a. 339 datieren. Auch hier ist eine Entscheidung nicht möglich. Stein 1934 (s. Anm. 4) 331; Chastagnol (s. Anm. 4) 352; von Haehling (s. Anm. 4) 331 (S. 335 versehentlich a. 328–340) lassen die Praefectur a. 338–340 dauern.

22 Eine mögliche Gelegenheit bot das Kaisertreffen in Pannonien, das Seeck 1919, 186f. in den Frühling 338, T. D. Barnes, *Athanasius and Constantius*, Cambridge/M. 1993, 218ff. ca. Sept. 337 datiert; weiteres dazu bei D. Kienast, *Römische Kaisertabelle*, Darmstadt ^{2}1996, 312.

23 Nach der Überlieferung wurde eine in zwei Fragmenten erhaltene Constitution (sie betrifft christliche Sklaven von Juden) am 13. 8. 339 an Euagrius (o. T.) adressiert: CTh 16,8,6 (*dat. id. Aug. Constantio A. II cons.*) und 16,9,2 (*dat. id. Aug. Constantio A. II et Constante A. conss.*); Seeck 1919 (s. Anm. 4) 187 behält das Datum bei, während PLRE ohne zwingenden Grund a. 329 (*Constantino A. VIII et Constantio C. IIII conss.*) vorschlägt. Noethlichs (s. Anm. 14) 46; 273 und von Haehling (s. Anm. 4) 56f. folgen Seeck, schreiben die Gesetze aber der Autorität Constantins II. zu (s. u. Anm. 25). Salway (s. Anm. 1) 181 hebt hervor, daß weder der Amtstitel noch die Identität mit dem *ppo* Constantins I. gesichert seien. Cuneo (s. Anm. 20) 50–52 gründet ihren Widerspruch gegen Seeck auf Euagrius' Fehlen in der Inschrift von Tubernuc, die sie aber immer noch fälschlicherweise a. 337 datiert (s. aber o. Anm. 12). Ihre Spekulation darüber, daß der Name des Euagrius in einem Dossier von Judengesetzen auch nach 336 sachfremd in Briefüberschriften gelangt sei, ist schon allein in Anbetracht des Veteranengesetzes (s. u. Anm. 24) untauglich. Andererseits macht Cuneo (s. Anm. 20) 52 glaubhaft, daß CTh 16,9,2 dem Inhalt zufolge nicht mehr von Constantin I. stammen kann, so daß Euagrius' Amtsführung a. 339 eine weitere Bestätigung findet. – CTh 16,8,1 *ad Euagrium* (o. T.) schreibt die Todesstrafe für Juden vor, die Apostaten

stammen könnte.[24] Irgendwann nach Sommer 337 hatte er also Gregorius abgelöst, bevor er selbst in **Antonius Marcellinus** bis Frühjahr 340 seinen Nachfolger erhielt. Dieser ist am 29. 4. 340 (CTh 11,12,1; o. T.) oder spätestens am 28. 6. 340 (CTh 6,22,3) bezeugt, so daß er sein Consulat a. 341 als amtierender *ppo* antrat.[25]

steinigen; die Unterfertigung lautet: *dat. XV kal. Nov. Murgillo* (Seeck: *Mursellae*) *Constantino A. IIII et Licinio IIII conss.* (18.10.315). Trotz Zustimmung von Palanque 1933 (s. Anm. 5) 27 Anm. 77 ist Seecks Zuweisung des Fragmentes zur o. g. Constitution von a. 339 aus inhaltlichen und formalen (keine Fragmentierungsverweise, verschiedenes Datum) Gründen unwahrscheinlich. PLRE und Barnes (s. Anm. 1) 78 datieren das Gesetz deswegen a. 329 (*dat. Bergule*). Noethlichs 252–254 und von Haehling (s. Anm. 4) 56 (ähnlich Cuneo [s. Anm. 20] 52) nennen den Adressaten wiederum Euagrius *vic. Ital.* 315. Salway (s. Anm. 1) 173 erkennt, daß das Consulat jedoch durch CTh 14,8,1 *ad Euagrium ppo* (*dat. XIIII kal. Octob. Naisso, acc. VIII id. Novemb.*) bestätigt wird. Da Constantin I. damals in Italien war, scheinen hier also zwei Constitutionen des Licinius vorzuliegen, der auf seinem Weg von Cibalae nach Thrakien (nach a. 314) Gesetze erließ. Die Stellung und Identität des Adressaten bleibt offen. – Für CI 2,19,11 (*dat.* 22. 9. 326) ist mit PLRE und von Haehling (s. Anm. 4) 56f. entgegen Seeck 1919 (s. Anm. 4) 78 und Enßlin (s. Anm. 4) 2431,61ff. (a. 340), Palanque 1933 (s. Anm. 5) 28 und Stein 1934 (s. Anm. 4) 331 (*acc.* a. 339) oder Cuneo (s. Anm. 20) 253 (a. 354?, Amt ungewiß) am überlieferten Jahr festzuhalten; weiteres bei Barnes (s. Anm. 1) 77 (22.<11.>326).

24 Ein Veteranen betreffendes Gesetz (CTh 7,20,7) wurde *Euagrio pu* (*pp* in CI 12,46,3) am 11. 8. 353?/342? (*Constantio A. VI et Constante II conss.*) laut Überlieferung, aber a. 339 (*Constantio A. II cons.* oder *Constantio II et Constante AA conss.*) nach Seeck 1919 (s. Anm. 4), 187f. gegeben. Mit geringfügiger Modifikation folgen ihm Palanque 1933 (s. Anm. 5) 27; ders. 1955 (s. Anm. 5) 259; Enßlin (s. Anm. 4) 2431,61ff. und Chastagnol (s. Anm. 4) 352. PLRE 1, 284f. Nr. 2 setzt es dagegen a. 326 (*Constantino A. VII et Constantio C. conss.*). Salway (s. Anm. 1) 174 datiert a. 321 und deutet den Titel als *perfectissimus vir*. Während J. Fitz (*Die Verwaltung Pannoniens in der Römerzeit*, 4 Bde., Budapest 1993–1995, hier Bd. 3, 1994, 1204f.) unentschieden bleibt, betont Cuneo (s. Anm. 20) 218f. zwar die Unlösbarkeit des Problems, datiert aber a. 353(?), da sie regelmäßig von der Ersetzung des *Constantius Gallus* durch *Constans* ausgeht (s. u. Anm. 39); den Amtstitel läßt sie offen.

25 Cf. PLRE 1,548f. Marcellinus 16, gefolgt von J. Fitz, *L'administration des provinces pannoniennes sous le Bas-Empire romain*, Brüssel 1983, 37; ders. (s. Anm. 24) 1205; CLRE 217. Allerdings ist durchaus möglich, daß die beiden inhaltlich und stilistisch verwandten Zeugnisse Fragmente desselben Briefes waren; das etwas spätere Datum müßte dann der Publikation zugerechnet werden; ähnlich von Haehling (s. Anm. 4) 290, der allein das frühere Datum als bezeugt ansieht. Seeck 1919, 145,25 folgert aus CTh 11,12,1, daß Marcellinus zuvor *ppo* Constantins II. gewesen sei, doch geht dies nicht aus dem Gesetz hervor; *contra* auch Palanque 1933 (s. Anm. 5) 25–28, demzufolge sich Constans durch die Ernennung des Euagrius aus der Tutel Constantins II. in diejenige Constantius' II. begeben habe, um mit der Einsetzung des Marcellinus endlich die volle Unabhängigkeit zu erlangen. Marcellinus ist im übrigen in der noch zu besprechenden Inschrift von Trajana a. 341/42 als *ppo* genannt, s. u. mit Anm. 29.

Constans' unmittelbare Reaktion auf die gescheiterte Invasion seines Bruders liegt ebenso wie das Schicksal des Ambrosius im Dunkeln. Letzerer könnte Constantin II. im Frühjahr 340 als *praef. praes.* nach Italien begleitet haben und dabei ebenfalls dem Bruderzwist zum Opfer gefallen sein. Allerdings ist auch denkbar, daß ihn Constans in Trier ablösen oder auch ersatzlos beseitigen ließ.[26] Gegebenenfalls mochte Marcellinus also vorübergehend den gesamten Westen regiert haben, worauf auch die – zugegebenermaßen vage – Formulierung einer Inschrift aus Gortyn verweisen könnte.[27]

Doch dürfte dieser Zustand – wenn überhaupt – nicht allzu lange gedauert haben, denn spätestens a. 341 wirkten genau zwei *ppo* gleichzeitig im Westen. Allerdings gestattet das Material erneut verschiedene Interpretationen. Zum einen ist **Aco Catullinus Philomatius** am 24. 6. 341 als *ppo* belegt, bevor er am 6. 7. 342 die Stadtpraefectur (*puR*) antrat.[28] Zum anderen bezeugen zwei Inschriften aus

---

26 S. o. Anm. 21 zu Ambrosius. Dem in PLRE 1,51 Nr. 1 erwogenen Zusammenhang zwischen seinem Lebensende und dem Untergang Constantins II. begegnet Salway (s. Anm. 1) 158 mit Skepsis.

27 Wahrscheinlich ist er mit dem in Inscriptiones Crétiennes 4,323 (Gortyn, wohl einige Jahrzehnte vor a. 380) geehrten Marcellinus identisch (PLRE 1,545 Marcellinus 5); dieser war „Schatzmeister für ganz Hesperia" (Ἑσπερίης πάσης ... ταμίης) und nennt den eigenen Stadtrat „Zeugen seiner Edicte". PLRE (gefolgt von Fitz [s. Anm. 24] 1206) erwägt, es handle sich um einen *ppo Ital. et Illyr.*, doch bedeutet *Hesperia* entweder Italien, Spanien oder Westen im allgemeinen; hier könnte also durchaus das gesamte Herrschaftsgebiet des Constans gemeint sein, über das Marcellinus als *praef. praes.* kurzfristig geboten haben mag. Ohne Verweis auf diese Inschrift postuliert Migl (s. Anm. 8) 100f., daß Marcellinus nach Absetzung des Ambrosius und vor der Investitur des Titianus (nach Februar 341, s. u.) den Westen allein verwaltet habe; Catullinus sei nicht Kollege, sondern Nachfolger des Marcellinus gewesen. Salway (s. Anm. 1) 141f. beschränkt Marcellinus' Zuständigkeit dagegen auf Ital., Illyr. und Afr.

28 Cf. CTh 8,2,1=12,1,31 (*dat. Lauriaco*) und Philocalus, Chron. 354 (MGH AA 9,68). Während ihn Seeck 1919 (s. Anm. 4), 145 zum Vorgänger des Marcellinus (*ppo Gall.* 340, *ppo Ital.* ca. 341–?) in Italien erklärt, hat er Marcellinus nach Palanque 1933 (s. Anm. 5) 28; Enßlin (s. Anm. 4) 2432; A. Chastagnol, *Les fastes de la Préfecture de Rome au Bas-Empire*, Paris 1962, 123; ders. (s. Anm. 4), 335; 352; PLRE 1,187f. Nr. 3; von Haehling (s. Anm. 4) 290; Fitz (s. Anm. 25) 37; ders. (s. Anm. 24), 1206; CLRE 232 und Cuneo (s. Anm. 20) 85 abgelöst, als Fabius Titianus in Gallien amtiert habe. Jedoch ist Titianus (neben den im folgenden besprochenen Inschriften) erst durch ein Gesetz vom 30. 6. 343 (CTh 12,1,36, o. T., *dat. Treveris*) und Hieron. *Chron.* a. 345 (*Titianus vir eloquens praefecturam praetorii apud Gallias administrat*) belegt, nachdem er bis zum 25. 2. 341 aus der *puR* ausgeschieden war (Chron. 354). Somit könnte Catullinus in Gallien noch zeitgleich mit Marcellinus *ppo Ital.* gedient haben, wie Barnes 1987 (s. Anm. 6) 18f.; 1992 (s. Anm. 6), 256 und Salway (s. Anm. 1) 143 vermuten. Jedenfalls war Catullinus a. 340/41 nicht mehr *vic. Afr.*, in welchem Amt er a. 338–339 nachgewiesen ist; denn mit Petronius hatte er bis a. 340 einen Nachfolger gefunden, cf. PLRE 1,1079. Als ehemaliger *vic. Afr.* war er ein Gefolgsmann des Constans. Gleiches

der ersten Hälfte der 340er Jahre ein je dreiköpfiges Praefecten-Kollegium: Im thrakischen Traiana ließen *Ant(onius) Marcellinus [et] Dom(itius) Leonti[us e]t Fab(ius) Titianus vv. cc. prae[ff.] praet.* Constans ehren; dagegen lauten die Autoren eines bei Delphi in Stein gemeißelten Briefes Domitius Leontius, Fabius Titianus und Furius Placidus.[29]

Da sich in der Reihenfolge jeweils die Seniorität der Funktionsträger spiegelt,[30] muß die erstzitierte Inschrift die ältere sein. Ebenso ist wahrscheinlich, daß Catullinus bei der Abfassung des jüngeren Textes bereits als *ppo* ausgeschieden war. Während ihn PLRE für den Nachfolger des Marcellinus und Vorgänger des Placidus hält, ist es plausibler, ihn mit Barnes und Salway als Nachfolger des Ambrosius zu betrachten, so daß er bis zu zwei Jahre amtiert haben könnte, bevor er am 6. 7. 342 mit der *puR* ausgezeichnet wurde.[31]

Selbst in diesem maximalen Fall muß sich kein Konflikt mit der Karriere des **Fabius Titianus** ergeben, denn das früheste an ihn gerichtete Gesetz stammt nach der Überlieferung vom 30. 6. 343 (CTh 12,1,36), und sein Titel ist erst in einer Constitution vom 30. 5. 349 (CTh 7,1,3) belegt. Indes versichert Hieronymus, daß Titianus im Verlauf der 340er Jahre in Gallien tätig war. Für seinen Amtsantritt ergeben sich damit die *termini* 24. 6. 341/6. 7. 342.[32]

Erst nach diesem nicht näher bestimmbaren Tag, aber bis spätestens Herbst 342, wurde die Inschrift von Traiana abgefaßt. Der *terminus ad quem* ergibt sich daraus, daß **M. Maecius Memmius Furius Baburius Caecilianus Placidus** vor der Inauguration seines Consulats am 1.1.343 Marcellinus in der Praefectur nachge-

---

gilt für Titianus *puR* 339 (obwohl er a. 350 zu Magnentius überlief), cf. PLRE 1,918f. Nr. 6 (*ppo* 341-349, *puR II* 27.2.350–1.3.351).

29 Cf. CIL 3,12330 = ILS 8944 (Traiana) sowie Chastagnol (s. Anm. 4) 336 mit Verweis auf C. Vatin, Delphes à l'époque impériale, thèse de troisième cycle, Paris 1965, 258f. (handschriftliches Exemplar in der Bibliothek der Sorbonne). Zur Datierung cf. die Alternativen bei Migl (s. Anm. 8) 98. Vogler (s. Anm. 6) 130–132 postuliert (ähnlich wie Palanque 1933 [s. Anm. 5] 18 zur Inschrift von Tubernuc) ein Treffen der *ppo* in bestimmten Abständen (a. 337, 341, ?344, ?346) zur Wahrung der Reichseinheit und Klärung strittiger Fragen. Es ist jedoch kaum einzusehen, daß die Kaiser ihre *ppo* regelmäßig für mehrere Monate entbehren konnten. So widersprechen auch Stein 1934 (s. Anm. 4) 331 und Enßlin (s. Anm. 4) 2430 der Vorstellung einer Konferenz, „vielmehr waren die Präfekten offiziell fiktiv ein für das ganze Reich zuständiges Kollegium"; so bereits Mommsen (s. Anm. 4) 285.

30 Übrigens hatte Titianus bereits a. 337 das Consulat erlangt, während Marcellinus *cos.* 341, Placidus *cos.* 343 und Leontius *cos.* 344 waren; dies blieb jedoch ohne Einfluß auf die Reihenfolge.

31 S. die Diskussion o. in Anm. 28. Die *puR* dauerte bis zum 11. 4. 344, cf. Chron. 354 (MGH AA 9,68).

32 PLRE 1,918f. Nr. 6 und 1049 setzt den Beginn in den Frühling 341; ebenso Chastagnol (s. Anm. 28) 109 (25. 2./ 24. 6. 341) und von Haehling (s. Anm. 4) 336; ähnlich Palanque 1933 (s. Anm. 5) 25 („dès 341"). Weiteres o. in Anm. 28.

rückt war (das einzig erhaltene an ihn adressierte Gesetz stammt vom 28.5.344). Der vorgeschlagene *terminus* wird auch durch den in Delphi überlieferten Brief untermauert, denn er geht dem Dienstbeginn des Flavius Philippus voraus, den Constantius im Sommer 342 als *ppo* nach Constantinopel entsandte. Vor dem 28.5.346 wurde Placidus von **Vulcacius Rufinus** abgelöst, dessen Karriere weiter unten näher zu beleuchten ist.[33]

In der Literatur finden sich verschiedene Ansätze dafür, daß Constans die Regionalisierung der Praefectur noch über die Einsetzung eines '*ppo Galliarum*' hinaus vorangetrieben habe. Während Voglers Postulat eines *ppo Africae* a. 347–355 zu Recht der Anklang versagt bleibt,[34] fordert Norman unter breiter Zustimmung die Ernennung eines *ppo Illyrici* bereits im Jahre 343. Doch ist es unstatthaft, Eunaps Angaben zur Biographie des *ppo* Anatolius chronologisch derart zu pressen; Anatolius mit Spitznamen *Azutrio* ist schwerlich ein anderer als Constantius' *ppo* der Jahre 357–360.[35] Auch Eustathius' vermeintliche Praefectur ca. a. 349 ist aus den Fasten zu streichen.[36]

---

33 Cf. CTh 12,1,37 a. 344; ferner CIL 10,1700 = ILS 1231, wo er erst *ppo*, dann *cos.* genannt ist. Vom 26.12.346 bis 12.6.347 war Placidus *puR*, cf. Chron. 354 (MGH AA 9,68). In der Lit. gilt er weitgehend als *ppo Ital.* 342–344, cf. Palanque 1933 (s. Anm. 5) 28; Chastagnol (s. Anm. 28) 126; PLRE 1,705f. Nr. 2; Fitz (s. Anm. 25) 37f.; ders. (s. Anm. 24) 1207; CLRE 220; Cuneo (s. Anm. 20) 124; ähnlich von Haehling (s. Anm. 4) 291. Dagegen betrachtet ihn Barnes 1987 (s. Anm. 6) 19; 1992 (s. Anm. 6), 255 als *praef. praes.* a. 342–343 und *ppo Ital.* a. 343–345. Salway (s. Anm. 1) 146 nennt als *terminus* für sein Ausscheiden aus der Praefectur *(Ital., Illyr. et Afr.)* den 28.5.346. S. Kap. 3–5 zu Rufinus und Philippus.

34 Vogler (s. Anm. 6) 123–129 geht davon aus, daß weder ein *ppo et puR* noch ein *ppo Illyr.* für Afrika zuständig gewesen sei (s.u.). Ferner beruft sie sich darauf, daß Fl. Eugenius (a. 347–350) und Taurus (bis a. 355; zu diesem s.u. Anm. 86) *ppo Afr.* gewesen seien; *contra* Migl (s. Anm. 8) 118. Bereits Palanque 1933 (s. Anm. 5) 28f. hielt Fl. Eugenius für einen *ppo Ital.* 344/46, doch erweist der Kontext in CIL 6,1721 = ILS 1244 den Titel *ex praefecto praetorio* als honorare Statuserhöhung des emeritierten *mag. off.*, cf. Mommsen (s. Anm. 4) 292 Anm. 3; Stein 1934 (s. Anm. 4) 331f.; Enßlin (s. Anm. 4) 2432,18ff.; PLRE 1,292 Nr. 5.

35 S.u. Anm. 88f.

36 Eustathius (*crp* ca. a. 345) wird in einer am 8.3.349 in Rom proponierten Constitution als *ppo* adressiert. Beide Fragmente (CTh 2,1,1+11,7,6[=CI 10,19,4]) betreffen die *res privatae*; das erstgenannte, das vermutlich den dispositiven Teil eröffnete (es endet mit *et cetera*), beginnt mit den Worten: *Iudices provinciarum volumus vim debitae auctoritatis adsumere, ut una actores ceterosque rei privatae nostrae quae provinciales teneat disciplina: sceleratos convictosque carcer teneat* ... Bezeugt ist also eine legislative Maßnahme, die in jedem Fall dem *crp* und den Vertretern der regionalen Verwaltung (*ppo*, *vic.* und Provinzstatthalter) mitgeteilt werden mußte. Da die einleitenden Worte typisch für einen Brief an einen *ppo* klingen, mag im Laufe der Überlieferung der Titel ergänzt worden sein. Dabei ist anzumerken, daß auch die Finanz-*comites* häufig an sie gerichtete Gesetze in der Hauptstadt proponieren ließen, cf. z.B. auch CTh 4,20,1 und

Dagegen läßt sich für Juni a. 347 tatsächlich eine administrative Reform fassen. Denn neben Titianus und Rufinus bezeugt der a. 354 angefertigte Philocalus-Kalender ab dem 12. 6. 347 mit **Limenius** einen *praefectus praetorio et urbis*. Nach einer kurzen Vakanz infolge seines Todes führte **Hermogenes** dasselbe Amt weiter, bis ihn Magnentius am 27. 2. 350 absetzte.[37] Da PLRE eine strenge Sprengelordnung voraussetzt, sieht sie in Rufinus konsequenterweise fortan einen *ppo Illyr*. Doch berechtigt allein die Feststellung, daß die Zahl der *ppo* erhöht wurde, keineswegs automatisch zu dem Schluß, daß damit das Konzept des *praef. praes.* aufgegeben wurde, zumal dasselbe unter Constantius II. und Julian die Regel blieb, wie weiter unten darzulegen ist.

Zudem ist folgendes zu bedenken: Als neben einem Augustus noch bis zu vier Caesaren gleichzeitig herrschten und alle von einem *praef. praes.* begleitet wurden, war zur Gewährleistung einer flächendeckenden Erreichbarkeit der *ppo* nur selten der vorübergehende Einsatz eines nichtpraesentalen *ppo* vonnöten. Die Voraussetzungen änderten sich, als im Verlauf a. 337–340 die Zahl der Kaiser und kurzfristig wohl auch der *ppo* auf zwei reduziert wurde. Bereits a. 340/41 wurde darauf mit der Berufung eines für Gallien, Spanien und Britannien zuständigen *ppo* reagiert.[38]

12,1,101 an Basilius *csl* (unter Gratian). Ähnlich interpretieren Mommsen (ed., *Theodosiani libri XVI cum constitutionibus Sirmondianis*, 1904/5, 3. Nd. Dublin 1971) und Stein 1934 (s. Anm. 4) 332. Dagegen gehen Seeck 1919, 197 und Enßlin (s. Anm. 4) 2431 f. von einer gallischen (kollegial mit Titianus) und R. Delmaire, *Les responsables des finances impériales au Bas-Empire romain (IVe–VIe s.)*, Brüssel 1989, 30 f. von einer illyrischen Praefectur a. 349 aus. Palanque 1933 (s. Anm. 5) 30 und PLRE 1,310 f. Nr. 2 schlagen vor, den Monatsnamen von *März* in *Mai* abzuändern, damit das Gesetz in die Zeit nach dem letzten Beleg für Limenius *ppo Ital.* (8.4.) und vor dem ersten Zeugnis für Hermogenes (19.5.) falle sowie eine Interims-Praefectur angesetzt werden könne. Ein solcher Harmonisierungsversuch ist aber sinnlos, da das Intervall in der Liste des Philocalus-Kalenders offenbar auf einen unerwarteten Todesfall und die im Anschluß notwendige Kommunikation zwischen Rom und dem Kaiser zurückgeht. Palanque machte deswegen 1955, 261 einen Rückzieher und ersetzte den überlieferten Titel schlicht durch *crp*. Vogler (s. Anm. 6) 123 f.; 129 ist unsicher, ob sie Palanque 1933 folgen und Eustathius, leicht modifiziert, als *crp et ppo Ital.* oder als *ppo Afr.* betrachten soll. Migl (s. Anm. 8) 118 und Cuneo (s. Anm. 20) 170 f. lassen die Entscheidung offen.

37 Cf. Chron. 354 (MGH AA 9,69); PLRE 1,423 Hermogenes 2 und 510 Ulpius Limenius 2; Chastagnol (s. Anm. 28) 128–130. Zur Identität des Hermogenes cf. auch von Haehling (s. Anm. 4) 61–63; 292. Weiteres im folgenden.

38 Dabei konnte man auf das Beispiel des Iunius Bassus zurückblicken, der a. 324–326 denselben Sprengel in Abwesenheit des Crispus verwaltet hatte; Euagrius *ppo* war a. 326 allein im Osten geblieben, cf. Barnes (s. Anm. 1) 76 f.; Salway (s. Anm. 1) 176; im übrigen hatte Constantin II. Gallien a. 337–338 und 340 verlassen (cf. PLRE 1,1048 f.; Seeck 1919 [s. Anm. 4], 185 ff.; Barnes [s. Anm. 22] 218) und könnte dort einen *ppo* ein-

Die Möglichkeit, daß Constans mit der Tradition eines *praef. praes.* brach, ist erst für seine Frankenfeldzüge a. 341/42 und Britannienexpedition a. 343 zu erwägen. Trennte er sich nun von Marcellinus (bzw. Placidus)? Wählte er Catullinus (bzw. Titianus) zu seinem Begleiter? Oder verzichtete er völlig auf einen *praef. praes.* während der militärischen Unternehmungen? Die lückenhaften Quellen lassen zahlreiche Kombinationen zu, die die oben skizzierten Fasten in mehrfacherer Hinsicht modifizieren könnten: Wiederholt sind Versetzungen oder reisebedingte Überlappungen der Einsatzgebiete denkbar.[39]

---

gesetzt haben. Überkritisch erscheint mir, daß Migl (s. Anm. 8) 98; 100; 102 die Einrichtung einer regionalen Praefectur in Gallien in den 340er Jahren in Frage stellt, wenn ihm auch darin zuzustimmen ist, daß sich für Titianus keineswegs ein kontinuierlicher Einsatz in Gallien beweisen läßt.

39 Im einzelnen sind die Erkenntnismöglichkeiten auch deswegen sehr begrenzt, weil das Kaiseritinerar unsicher ist: Am 24. 6. 341 machte Constans Station in Lauriacum, bevor er gegen die Franken zu Felde zog; im Spätherbst 342 residierte er wieder in Mailand; ob er im Folgejahr nach dem 25. 1. die Alpen überquerte, bis März Britannien erreichte und im Juni wieder in Trier anzutreffen war, wie Seeck 1919 (s. Anm. 4), 189ff. annimmt, ist jedenfalls fraglich; im Frühjahr 345 könnte er von Aquileia nach Nordgallien gezogen sein, während ihn ein Gesetz vom 17. 6. 348 vielleicht in Mailand nachweist; den Häschern des Magnentius erlag er am 18. 1. 350 im nordspanischen Ort Helena. Barnes (s. Anm. 22) 224f. bietet manche Verbesserung gegenüber Seeck: Die Beendigung des Frankenkrieges nach dem 11. 4. 342 spricht gegen die Annahme, CTh 7,20,6 sei am 24. 6. 342 in Sirmium gegeben worden; das verderbte Consulat (*Constantio A. VII et Constant. A. II conss.*) läßt auf a. 352/54 schließen; denn der Name *Constantius (Gallus)* wurde in vielen Gesetzen nach seiner *damnatio memoriae* einfach durch *Constans* ersetzt, cf. auch Cuneo (s. Anm. 20) 101f. und die unten stehenden Beispiele (weitere auch o. in Anm. 24 und u. in Anm. 76f., 88f.). A. 352 könnte Constantius das Gesetz noch in Sirmium aufgegeben haben, während für a. 353/54 von einem Publikationsvermerk aus dem Büro des Adressaten, Helpidius *consul(aris) Pannoniae*, zu rechnen wäre. Weiterhin wurde Frg. Vat. 35 nach der eindeutigen Unterfertigung *a pff.* (sic!) *ad correctorem Piceni Aquileia* gegeben und am 30. 9. in Alba angenommen; mag auch das korrupte Kaiserconsulat (a. 313) verschiedene Emendationen zulassen, ist dadurch Constans' Itinerar dennoch nicht tangiert. Zuverlässige Nachweise für seine Rückkehr nach Mailand fallen in den Nov. und Dez. 342. Es ist unwahrscheinlich, daß er am 25. 1. 343 (CTh 11,16,5) in Bononia war, dann die Alpen überquerte und noch im Winter nach Britannien übersetzte. Wenig Beweiskraft hat hier CTh 12,1,36 (*ad Titianum <ppo?>, dat. Trev.* 30. 6. 343), da es sich um die Bearbeitung des Briefes durch den Adressaten handeln könnte. Athan. Apol. Const. 3–4 belegt durchaus nicht, daß Constans a. 343 in Gallien war, sondern bezeugt nur einen Aufenthalt in Aquileia. Für CTh 10,10,7 (*ad Eustathium crp, dat. Trev.* 15. 5.345) ist keineswegs sicher, ob das Ortskürzel in *Treviris* oder *Tribus Tabernis* (nahe Mailand?) aufzulösen ist; ansonsten ist für a. 345 auf das Fragment CTh 3,5,7 *dat. V id. Iu[? ?Agrip]pinae Amantio et Albino conss.* zu verweisen. Daß der Hof am 5. 3. 346 in Sirmium gewesen sei, schließt Seeck 195 aus CTh 10,10,8 an Orio *crp*, doch deutet das

Daß sich das hohe Maß an Mobilität auf die Gestaltung der Administration auswirkte, ist deswegen eine plausible Annahme. Doch ist die Personalunion des *puR* mit einem in Italien residierenden *ppo* seit Juni 347 die einzig bezeugte Umstrukturierung der Verwaltungsspitze. Statt der Schaffung dreier regionaler Amtssprengel im Westen läßt sich dieser Schritt eher als Versuch verstehen, die widerstreitenden Prinzipien der flächendeckenden Erreichbarkeit eines *ppo* und der Existenz eines *praef. praes.* an einem wandernden Hofstaates bei sparsamem Einsatz der Kräfte zu einem Ausgleich zu bringen.

Deswegen dürfte Constans – vielleicht anläßlich einer erneuten Reise nach Gallien oder ins Illyricum – mit dem *puR* einen zugleich für Italien und Afrika sowie gegebenenfalls auch für das Illyricum zuständigen Stellvertreter hinterlassen haben, während Rufinus sein *praef. praes.* blieb. Damit war eine 'kostenneutrale' Lösung für den wiederholt eingetretenen Mißstand gefunden, daß entweder in der Reichsmitte vorübergehend kein *ppo* erreichbar war oder dem nichtpraesentalen *ppo* mitsamt seinem *officium* weite Reisen zugemutet wurden, um eine solche Lücke zu schließen.[40] Aus dem Folgenden wird hervorgehen, daß sich die gebotene Deutung leicht mit den Quellen für Rufinus' Karriere vereinbaren läßt.

---

unzuverlässige Kaiserconsulat (*Constantio VI et Constante Caes. conss.*) eher auf a. 352, als Constantius in Pannonien weilte (cf. auch Cuneo [s. Anm. 20] 199f.); schließlich ist CTh 11,1,6 (*Ordini Caesenatium*; *dat.* 22.5. *Med. Constantio VII et Constant. III conss.*: a. 354?) eindeutig mit 12,1,42 (*Ordini Caesenatium*; *dat.* 22.5. *Med. Constantio VII et Constantio III conss.*: a. 354) zu verbinden; Cuneo (s. Anm. 20) 244f. datiert ebenfalls a. 354, geht aber angesichts der unterschiedlichen Inhalte von zwei parallelen Constitutionen aus. Jedenfalls liegt kein einziges Zeugnis für a. 346 vor. Daß Constans im Juni 347 nach Gallien reiste oder sich bereits dort aufhielt, könnte durch die oben im Text genannte Verwaltungsreform impliziert sein. Er ist nur noch am 17.6.348 (CTh 10,14,2) in *Med.* nachgewiesen; aber das Kürzel kann neben der norditalischen Metropole auch verschiedene gallische Stationen bezeichnen. Allein sein Todesort Helena in Nordspanien ist bekannt (Seeck 197), doch legen die Versionen bei Zos. 2,42 und Ioannes Zonaras, *Epitoma historiarum* 13,6 (ed. Th. Büttner-Wobst, Ioannis Zonarae *Epitomae Historiarum*, Libri XVIII, Bd. 3 [B. 13–18], Bonn 1897 [*Corpus Scriptorum Historiae Byzantinae*]) nahe, daß er am 18.1. in der Umgebung von Autun oder im Rhônetal jagte und nach Bekanntwerden des Verrates über die Pyrenäen floh.

40 Hätte Constans auf einen *praef. praes.* verzichtet, wäre es immer noch sinnvoller und behutsamer gewesen, die *puR* unangetastet zu lassen und einen *ppo Ital., Afr. et Illyr.* in Mailand zu stationieren.

2.3 Vulcacius Rufinus *praefectus praesens* a. ?344–?350 und die Praefecten der Usurpatoren a. 350–351

Nach der Bekleidung der *comitiva per Orientem* ca. a. 342 ist Rufinus erst für sein Consulatsjahr (347) zweifelsfrei als *ppo* des Constans belegt. Freilich ist davon auszugehen, daß er wie seine Vorgänger bei der Designation bereits amtierender *ppo* war. Weder ein Gesetz noch eine Inschrift, die seinen Praefectenrang unter Constans bezeugen, können mit Sicherheit vor a. 346 datiert werden, so daß dieses Jahr der *terminus ad quem* für die Ablösung des Placidus bleibt, während mit dem 28.5.344 ein *terminus post quem* gegeben ist.[41] Überhaupt scheinen die früheste erhaltene Constitution *ad Rufinum ppo* von a. 348 oder 349 und die übrigen sämtlich von a. 352/54 zu stammen.[42]

---

41 Cf. CTh 12,1,33 *Rufino com. Orient.* (5.4.342); 12,1,37 *ad Placidum ppo*; PLRE 1,782f. Nr. 25 und CLRE 229 listen mehrere Papyri a. 347 auf, die Rufinus als *cos.* und *ppo* bezeichnen. Seeck 1919 (s. Anm. 4), 145f.; Palanque 1955 (s. Anm. 5) 260; Enßlin (s. Anm. 4) 2432,25ff. rekonstruieren *ppo Ital.* 346–349 (kollegial mit Limenius und Hermogenes), 352–353 (mit Philippus), *ppo Gall.* 354. Dagegen deutet PLRE: *ppo Ital.* ?344–347, *ppo Illyr.* 347–352, *ppo Gall.* 354; ebenso M. Heinzelmann, „Gallische Prosopographie 260–527“, Francia 10, 1982, 531–718, hier 683 Nr. 2; Fitz (s. Anm. 25) 38; ders. (s. Anm. 24) 1207–1209. Ähnlich Palanque 1969 (s. Anm. 5) 603f., jedoch sei Philippus *ppo Illyr.* um den 3.11.353 gewesen (gefolgt von Demougeot [s. Anm. 4] 245). Nach von Haehling (s. Anm. 4) 97f.; 291f.; 336f. war Rufinus *ppo Ital.* ?344–349 (a. 347–349 kollegial mit Limenius und Hermogenes), *ppo Ital. II* belegt 26.2.–12.5.352, *ppo Gall.* belegt am 8.3.354. Vogler (s. Anm. 6) 118–122; 129 erklärt ihn zum *ppo Ital.* ?344–?346, *ppo Illyr.* 346–352 (derweil Limenius, Eustathius [*crp et ppo*] und Hermogenes *ppo Ital.* 347–350 und Eugenius *ppo Afr.* 347–350, s. auch o. Anm. 34), *ppo Gall.* 353–354 und gleichzeitig zum *praef. praes.* a. 350–354. Delmaire (s. Anm. 36) 30f. rekonstruiert: *ppo Ital.* bis Juni 347; nach seiner Ablösung durch Limenius sei er Eustathius Ende 349 im Illyricum nachgefolgt (s.o. Anm. 36). Barnes 1992 (s. Anm. 6) 257ff. beschreibt: *ppo Ital.* ca. 345–347, *ppo Illyr.* 347–ca. 353, *ppo Gall.* ?353–354.

42 Zu a. 349 s.u. Anm. 46. Cf. ferner CI 6,22,5 vom 26.2.352; CTh 6,35,3, *dat. Sirmio* 27.4.?319 (*Constantino A. V et Licinio C. conss.*: Mommsen: a. 352; Seeck 1919 (s. Anm. 4) 168; Vogler (s. Anm. 6) 22 Anm. 28; Cuneo (s. Anm. 20) 464: a. 319; PLRE 1,782: a. ?346/?352); CTh 2,9,1, *dat.* 12.5.?319 (*ipso A.* [= der Autor *Constantinus*] *V et Lic. C. conss.*: Mommsen; Seeck 199; Vogler 121 Anm. 65 und Cuneo (s. Anm. 20) 201f.: a. 352; PLRE: a. ?346/?352); CTh 3,5,1, *dat. Sirmio* 12.5.?319 (*Constantino A. V et Licinio C. conss.*; das Gesetz verweist auf *pater noster* [= Constantin I.]: Mommsen; Seeck 199; Vogler 121 Anm. 65 und Cuneo 201: a. 352; Krüger (ed. a. 319; PLRE a. ?346/?352); CTh 13,3,2, *dat.* 21.5.?326 (*Constantio A. VII et Constantio C. conss.*: Mommsen: a. 354; Seeck 70: a. 320; PLRE: a. ?346/?352; Vogler 22 Anm. 28: Constantin I.; Cuneo 468 mit Gothofredus: a. 326); CTh 7,21,1, *pp. Sirmio* 10.8.?313 (*Constantino A. III et Licinio III. conss.*: Mommsen: a. 352/54; Seeck 70: a. 320; Krüger und Cuneo 464: a. 313; Vogler 22 Anm. 28: von Constantin I.; PLRE: a. ?346/?352); CTh

Unter Constans errichteten ihm die Bürger von Ravenna eine Statue in Rom; die beigefügte Inschrift faßt seinen *cursus honorum* bis zum Consulat zusammen und stammt deswegen aus den Jahren 347/50. Eine zweite Inschrift aus der Ära desselben Kaisers lobt die Behebung eines Versorgungsnotstandes in Savaria und wird meist in die Phase der vermuteten *ppo Illyr.* 347–350 datiert. Doch da Rufinus als *v.c. praef. praet.* und nicht als *consul* bezeichnet wird, ist eher von einem Zeitpunkt vor a. 347, vielleicht sogar vor der Bekanntwerdung seiner Designation bis Herbst 346 auszugehen.[43] Beide Belege sind also gut damit vereinbar, daß Rufinus a. 344/46–350 Constans' *praef. praes.* war.[44]

Sein Schicksal im Winter 350 bleibt ungewiß. Erst für Dezember (?) 350 ist bezeugt, daß er als *ppo* einer Delegation der Usurpatoren Magnentius und Vetranio angehörte, die mit Constantius in Heraclea verhandelte.[45] Welchem der

---

5,2,1, *dat. Sirmio* 1.12. ?319 (*Constantino A. V et Licinio C. conss.*: Mommsen, Krüger und Cuneo 207: a. 352; Seeck 167: a. 318; PLRE a. ?346; Vogler 22 Anm. 28: Constantin I.). Mit Blick auf den Adressaten und das Ortsdatum könnten alle sechs Fragmente a. 352(/54) an Rufinus *praef. praes.* gerichtet sein; allerdings bleibt die Erklärung hypothetisch, weil jeder Text mindestens dreifach korrigiert werden muß: Der Autor und beide Consuln müßten regelmäßig durch *Constantius* ersetzt werden, aber nur der Fehler betreffs des letztgenannten Consuls könnte mit der *damnatio memoriae* erklärt werden; doch bleibt auch dies unbefriedigend, weil beide Licinii ebenfalls verdammt worden waren. Unwahrscheinlich ist die Erwägung, manche der Constitutionen seien von den Usurpatoren erlassen worden, denn sie hätten a. 350 das offizielle Consulat (*Sergio et Nigriniano conss.*) getragen, während Rufinus a. 351 bereits am Hof des Constantius war, s. u. – Zu CTh 11,1,6 und 9,23,1 a. 354 s. Kap. 5 mit Anm. 76f.

43 Cf. CIL 6,32051 = ILS 1237 (Rom) und 3,4180 = ILS 727 (Savaria). Während Seeck u. a. Rufinus als kollegialen *ppo Ital. et Illyr.* betrachten, gilt er Jones u. a. als *ppo Illyr.* 347–350/52, s. o. Anm. 41. Vogler (s. Anm. 6) 120f. und Migl (s. Anm. 8) 108 datieren die Inschrift von Savaria indes vor a. 347, weil das Consulat unerwähnt ist; die Designation fiel regulär in den Sommer, cf. Coşkun (s. Anm. 5) 80–82. Vogler folgert weiter, daß Rufinus bereits a. 346 *ppo Illyr.* gewesen sei. Dagegen betont Migl 108–117, daß sich Rufinus' Praefectur einer Regionalisierung entziehe: „Rufinus war mächtiger Ratgeber und Begleiter des Kaisers, was ihn freilich nicht davon abhielt, über längere Zeit in Norditalien und Illyrien Schwerpunkte seiner Arbeit zu setzen" (S. 117); indes schlägt er S. 115 vor, Rufinus sei a. 347–350 für Norditalien und das Illyricum zuständig gewesen.

44 Dasselbe gilt für ein Gesetz des Constantius vom 22.5.354, in welchem eine Italien betreffende Anordnung des Constans an Rufinus zitiert wird, s. u. Anm. 76. Vogler (s. Anm. 6) 133f. behauptet, daß diese drei Zeugnisse „le zèle du préfet auprès de Constant et son importance" belegen; er habe sich freiwillig auf das Illyricum beschränkt, um sich „le poste prépondérant" zu sichern, sei dann aber um seiner Schwächung willen von Constantius nach Gallien mitgenommen wurde. Diese Positionen sind nicht überzeugend.

45 Cf. Petrus Patricius, frg. 16 (ed. C. Müller, *Fragmenta Historicorum Graecorum,* Bd. 4, Paris 1851, Nd. Frankfurt/M. 1975, 190) Ὅτι Μαγνέντιος καὶ Βετρανίων πέμπουσι

illegitimen Kaiser er unterstellt war, wird nicht mitgeteilt. So ist einerseits denkbar, daß er Constans a. 349/50 nach Gallien begleitete und sich dort – vor oder nach dessen Ermordung – dem Magnentius anschloß; eher dürfte er freilich im Illyricum aktiv an der Erhebung des Vetranio mitgewirkt haben.[46]

Die beachtliche Tatsache, daß er als einziger Gesandter nicht von Constantius festgenommen wurde, sondern sogar bald nach der Schlacht von Mursa (28. 9. 351) bis a. 354 als dessen *ppo* nachgewiesen ist, legt jedenfalls nahe, daß er als glaubwürdiger Vertreter der Interessen des constantinischen Hauses auftrat, und dies obwohl die mit ihm verwandte Justina Magnentius geheiratet hatte. Jedenfalls stellte er sich rechtzeitig auf Constantius' Seite, was ihm dessen Sympathien für die kommenden Jahre sicherte.[47]

πρέσβεις πρὸς Κωνστάντιον. πέμπονται δὲ Ῥουφῖνος καὶ Μαρκελλῖνος, ὁ μὲν ὕπαρχος ὢν τῶν πραιτωρίων, ὁ δὲ ἕτερος στρατηλάτης, καὶ Νουνέχιος συνκλητικὸς ὕπαρχος, καὶ Μάξιμος πρὸς τούτοις. Eine abweichende Darstellung (ohne Namen) findet sich u. a. bei Zos. 2,44, cf. dazu F. Paschoud, Zosime, *Histoire Nouvelle*, Bd. I (B. 1–2), Paris 1971, 251 mit weiteren Verweisen. PLRE und Fitz sehen in Rufinus den *ppo* des Magnentius, Enßlin und Barnes des Vetranio (Verweise s. Anm. 41). Da Constantius im Sommer in Nisibis und im Herbst in Ancyra war (Seeck 1919, 198; Barnes [s. Anm. 22] 220), folgten das Eintreffen der Gesandten in Heraclea, die Begegnung mit Vetranio in Serdica und dessen Abdankung in Naissus (25.12.350) recht schnell aufeinander. Im einzelnen sind weder die Ereignisse noch die Motive und Strategien der Akteure a. 350 völlig geklärt; cf. die jüngsten Interpretationen bei Migl (s. Anm. 8) 115f.; B. Bleckmann, „Constantina, Vetranio und Gallus Caesar", *Chiron* 24, 1994, 29–68, und J. F. Drinkwater, „The Revolt and Ethnic Origin of the Usurper Magnentius (350–353), and the Rebellion of Vetranio (350)", *Chiron* 30, 2000, 131–159; A. Dearn, „The Coinage of Vetranio. Imperial Representation and the Memory of Constantine the Great", *Numismatic Chronicle* 2003, 169–191 (mit Tafel 28).

46 Gegebenenfalls gelang Rufinus im Jan. 350 die Flucht aus Gallien. Alternativ ist zu erwägen, ob er ca. a. 348/49 von Constans mit einer Sondermission in Italien oder im Illyricum beauftragt worden war, während Titianus die Stelle des *praef. praes.* eingenommen hatte. Schließlich ist ebenfalls möglich, daß Rufinus schon bald nach dem 28.12.348/49 (CI 6,62,3; es bleibt offen, ob das Consulat der Emanation oder Publikation zuzurechnen ist) entlassen wurde.

47 PLRE 1,783 und Barnes 1992 (s. Anm. 6) 259 betrachten Rufinus als *ppo Illyr.* 347–352/53; Kontinuität in diesem Amt wird ausdrücklich von Enßlin (s. Anm. 4) 2432,50ff.; Jones (s. Anm. 5) 82; Palanque 1969 (s. Anm. 5) 603; Vogler (s. Anm. 6) 121; 133; Migl (s. Anm. 8) 121 vorausgesetzt, während Palanque 1955 (s. Anm. 5) 260 von einer erneuten Einsetzung nach dem 28. 9. 351 spricht; s. auch o. Anm. 41. Für die Fortsetzung von Rufinus' Karriere machen Palanque 1933 (s. Anm. 5) 31; M. T. W. Arnheim, *The Senatorial Aristocracy in the Later Roman Empire*, Oxford 1972, 76 und Migl 116 den Einfluß seines Neffen Gallus geltend, während Vogler 121 auf Rufinus' *comitiva Or.* ca. 342 unter Constantius verweist. Entscheidender ist freilich die Frage nach der Rolle, die Rufinus a. 350/51 eingenommen hatte. Daß Vetranio – von Anfang

Über die weiteren *ppo* der Usurpatoren ist wenig bekannt. Entgegen der Behauptung des Zosimus, Magnentius habe die höchsten Beamten des Constans hinterhältig ermorden lassen, impliziert auch die Karriere des **Titianus** ein Arrangement mit dem Rebellen, wenn nicht gar seine aktive Unterstützung. Die sträfliche Pflichtvergessenheit des jüngsten Constantin-Sohnes, die von verschiedenen Historiographen angeprangert wird, mag die Entscheidung des langgedienten Funktionsträgers für einen Seitenwechsel begünstigt haben. Jedenfalls wurde Titianus von Magnentius mit der Stadtpraefectur (27.2.350–1.3.351) belohnt, und im Sommer 351 vertrat er rückhaltlos die Interessen des Usurpators vor Constantius.[48]

---

an oder auch nur im Ergebnis – Constantius genutzt hatte und Rufinus entweder einen Anteil am Zustandekommen des förderlichen Aufstandes oder zumindest an der gütlichen Einigung hatte, ist weitestgehend anerkannt. Doch bereitet die Einordnung einzelner zusätzlicher Informationen Schwierigkeiten. So insbesondere die bis Herbst 350 geschlossene Ehe zwischen Magnentius und Justina, die Ch. Settipani (*Continuité gentilice et continuité familiale à Rome*, Oxford 2000, 329f.) als Rufinus' Großnichte bezeichnet. Abgesehen davon, daß über diese Ehe eine Anbindung an das Haus Constantins gesucht wurde (nach Settipani war Justina auch dessen Großnichte), könnte sie eine Übereinkunft des Magnentius mit einflußreichen Senatoren oder aber mit Vetranio und seinen Anhängern spiegeln. Hatte Rufinus also vorübergehend sogar versucht, die Gebiete jenseits der Alpen für Magnentius zu sichern (nach Zos. 2,46,3 bot auch Philippus dem Usurpator dieses Territorium an)? Andererseits muß auch die Möglichkeit in Erwägung gezogen werden, daß die Hochzeit ohne Rufinus' Einverständnis zustande gekommen sein könnte; denn immerhin ließ Constantius Justinas Vater kurzerhand hinrichten (cf. Arnheim [wie oben], 118; PLRE 1,490 Iustus 3), ohne seinen amtierenden *ppo* zu verprellen. Weitere Unklarheit bringt die negative Vetranio-Tradition in der proconstantinidischen Panegyrik (cf. bes. Iulianus, or. 1,1a; 26d; 30d [ed. J. Bidez, *L'empereur Julien, Oeuvres complètes*, Teil I[1]: *Discours de Julien César*, Paris 1932]; Themistius, or. 2,34b; 38a; 4,56a–b [edd. H. Schenkl/G. Downey, *Themistii orationes quae supersunt*, Leipzig, Bd. 1, 1965]; Aurelius Victor, *Liber de Caesaribus* 42,1–3 [ed. F. Pichlmayr, *Sextus Aurelius Victor de Caesaribus*, Leipzig 1961], dazu Dearn [s. Anm. 45] 171–176): Mußte Vetranio also tatsächlich überlistet werden, und liegt hierin dann Rufinus' besonderes Verdienst? Oder hat sich der *ppo* vielmehr dafür eingesetzt, daß jener Usurpator zumindest den Rang eines Caesar behalten durfte? Für letztere Position mag man auch darauf verweisen, daß Constantius kinderlos war und Vetranios Stellung durch die Ehe mit Constantina dynastisch legitimiert gewesen wäre. Dem Augustus des Ostens schien vorerst jedenfalls Zurückhaltung angeraten, so daß er Rufinus wohl suspendierte, ohne die Option späterer Zusammenarbeit zu verbauen. S. auch o. Anm. 45f.

48 Die Kombination von *ppo* und *puR* nahm mit ihm jedoch ein Ende, cf. PLRE 1,918f. Titianus 6, zudem die Liste der Amtsinhaber S. 1054. Zu Constans' Untergang cf. Zos. 2,42,1–2; *Epitome de Caesaribus* 41,22 (ed. Pichlmayr [s. Anm. 47]). Der negativen Bewertung wird heute regelmäßig gefolgt, cf. z. B. B. Bleckmann, *s. v.* Constans Nr. 1, *Der Neue Pauly* 3, 1997, 134.

Wahrscheinlich wurde **Anicetus** noch im Januar 350 mit der nichtpraesentalen *ppo (Ital., Afr. et Illyr.)* betraut. Nachdem er ungefähr gleichzeitig mit Titianus in Rom angekommen war, fiel er Nepotianus' Aufstand im Juni 350 zum Opfer.[49] Der συνκλητικὸς ὕπαρχος **Nunechius** wird in PLRE als *ppo Gall.*, von Barnes als *praef. praes.* und von Müller als *princeps senatus* gedeutet; doch verdient ebenfalls die Alternative *ppo Ital.* (Nachfolger des Anicetus in Rom) Berücksichtigung.[50] Bei seinem Einmarsch in Italien dürfte Magnentius Gallien jedenfalls einem nicht mehr identifizierbaren *ppo* unterstellt und einen *praef. praes.* mit sich geführt haben.

2.4 Constantius II. und der Osten a. 337–61

Als Constantin I. starb, befand sich sein Sohn Constantius an dessen Hof in der Nähe von Nicomedia. An der Spitze dieses *palatium* stand der bereits genannte *ppo* **Euagrius**, der in der Folgezeit vermutlich zu Constans wechselte. **Fl. Ablabius** (*ppo* seit ca. a. 329) diente damals als nichtpraesentaler *ppo* a. 337 an der Perserfront und wurde im Laufe der Sukzessionswirren bis spätestens Anfang a. 338 beseitigt.[51]

Septimius Acindynus gilt in der Forschung als erster *ppo*, der seine Beförderung Constantius verdankte. In dieser Funktion ist er zunächst ab dem 27. 12. 338 nachgewiesen und hatte dieselbe noch im Verlauf seines Consulatsjahres (5. 4. 340) inne. Da er in beiden Jahren in Antiochia wirkte, wo sich auch sein Kaiser ab Herbst 338 aufhielt, kann er als *praef. praes.* angesprochen werden.[52]

In der neueren Literatur heißt sein Nachfolger **Fl. Domitius Leontius**. Abgesehen von den Inschriften aus Traiana (Juni 341/Juni 342) und Delphi (Sommer

49 Cf. Zos. 2,43,3; PLRE 1,66f. Nr. 1; Palanque 1933 (s. Anm. 5) 31; von Haehling (s. Anm. 4) 292.

50 Cf. PLRE 1,635; Barnes 1992 (s. Anm. 6) 255; Müller (s. Anm. 45) 190. Von Haehling (s. Anm. 4) ignoriert ihn, hält ihn also nicht für einen *ppo*.

51 S. o. Anm. 15 (Ablabius) sowie 14 und 21–24 (Euagrius).

52 Cf. PLRE 1,11 Nr. 2 (*ppo Or.*), u. a. mit Verweis auf CTh 2,6,4 (*dat. et pp. VI kal. Ian. Antioch.* 338); 9,3,3 (5. 4. 340); Augustinus, *De sermone domini in monte libri duo* 1,50 (ed. A. Mutzenbecher, Turnhout 1967 [*Corpus Christianorum Series Latina* 35]): ... *Antiochiae ... Acindinus tunc praefectus, qui etiam consul fuit*; Barnes 1992 (s. Anm. 6) 253. Ferner ist er in den Consuldatierungen mehrerer Papyri als *ppo* bezeichnet (zuletzt: 24./28. 8. 340), cf. auch CLRE 215; allerdings ist damit kein *terminus post quem* für sein Ausscheiden gegeben. Palanque 1955 (s. Anm. 5) 258 behauptet, Acindynus sei als *cos.* 338 bereits a. 337 *ppo* geworden, doch war er *cos.* 340. Cf. auch von Haehling (s. Anm. 4) 58; Salway (s. Anm. 1) 141f.; Cuneo (s. Anm. 20) 39f. und 65; Gutsfeld (s. Anm. 1) 77 Anm. 14.

341/Ende 342) belegen ihn mehrere Gesetze als *ppo*, die vom 11.5. (o.T.) bzw. 30.7.342 bis in sein Consulatsjahr hinein erlassen wurden (zuletzt am 6.7.344).[53] Eine weitere Constitution datiert man zudem auf den 11.10.340, 342 oder 344, doch fiel die Emanation wohl a. 339 oder 340.[54] Da nun auch am 18.10.338 ein Gesetz *Dometio* (sic!) *Leontio ppo* gegeben wurde, dürfte Constantius sowohl für Euagrius als auch für Ablabius einen Nachfolger bestellt haben.[55] Erst die epi-

---

53 Leontius gilt zumeist als *ppo Or.* 340–344, cf. Chastagnol (s. Anm. 4) 352; PLRE 1,502f. Nr. 20; Vogler (s. Anm. 6) 115; CLRE 222; Salway (s. Anm. 1) 143–145; Cuneo (s. Anm. 20) 111–114 (anders S. 118: *ppo Or.* 338–344); Gutsfeld (s. Anm. 1) 77 Anm. 14; ähnlich Barnes 1992 (s. Anm. 6) 253f. (*praef. praes.* 340/41/42–344); weiteres u. in Anm. 54.

54 CTh 7,9,2 an Leontius *ppo* (*dat. V id. Oct. [...?...] CONSSS.*) beschränkt die Leistungspflichten der Provinzialen bei der Einquartierung von Soldaten. Mommsen liest *conss{s}* in cod. R und datiert a. 340/61, wobei er im Apparat die Lesart von Vesme (*conss su[...]*) zitiert; Seeck 1919, 188 erklärt *dat. V id. Oct. conss. s(upra) <s>(criptis)*, d.h. *Acindyno et Proculo* (a. 340) wie in CTh 7,9,1; eben dieses Consulat bietet die Parallelüberlieferung in CI 12,41,1. Krüger entscheidet sich in beiden Codex-Ausgaben für *conss. su[pra scriptis]* = a. 340, ergänzt aber ad CTh 7,9,2 ohne weiteren Kommentar „(342?)", womit er vermutlich prosopographische Probleme zu umgehen sucht. PLRE erkennt in *cons(ule) s(upra) s(cripto)* einen Verweis auf den Adressaten Leontius (*cos.* 344); Zustimmung findet sich bei Salway (s. Anm. 1) 144, allerdings mit der ungeeigneten Begründung, Leontius sei kaum vor Ablauf seines Consulatsjahres emeritiert worden. Nicht hinreichend beachtet wurde die Tatsache, daß CTh 7,9,1–2 Fragmente desselben legislativen Prozesses sind und von den Kommissaren des Theodosius gewiß in einem einzigen Dossier vorgefunden wurden. Während sie selbst mit all ihren Quellen recht behutsam umgingen, hatte ein früherer Bearbeiter das Consulat in dem Gesetz, das er aufgrund des Monatsnamens für das spätere hielt, abgekürzt. Entweder autorisierte also Constans die Anordnung erstmalig am 12.8.340, so daß ein Edikt später u.a. in Capua proponiert (7,9,1) und die Bestimmung von Constantius im Okt. 340 in Antiochia bestätigte wurde (7,9,2); oder der Kaiser des Ostens war der Urheber der Disposition, die er während seines Perserfeldzuges im Okt. 339 erlassen hatte und im folgenden Sommer von seinem Bruder übernommen wurde; das Consulat in CTh 7,9,2 ginge im letzteren Fall dann (wie so häufig, cf. Coşkun [s. Anm. 3] 125f.) auf die Publikation im Folgejahr zurück. Übrigens wurde das vollständige Consulat a. 340 in ägyptischen Papyri spätestens ab dem 21.3.340 verwandt, cf. CLRE 215.

55 Seeck 1919 (s. Anm. 4), 145, dem sich Enßlin (s. Anm. 4) 2431,28ff. und von Haehling (s. Anm. 4) 58 anschließen, spricht aufgrund der durch CTh 9,1,7 a. 338 gegebenen Überschneidung von kollegialer Verwaltung des Orients, während Palanque 1933 (s. Anm. 5) 20 zwischen einem regionalen *ppo* in Antiochia und einem *praef. praes.* in Constantinopel unterscheidet; der Grund für die Zweiteilung habe mit der Verlegung des Hofes nach Antiochia bereits a. 338 aufgehört, doch seien zwei *ppo* aus Konkurrenz zu Constantin II. bis a. 340 beibehalten worden; Palanque 1955 (s. Anm. 5) 258 zieht indes praktische Ursachen für die Einrichtung und Abschaffung der Kollegialität im Osten vor. PLRE 1,502 Nr. 20; Vogler (s. Anm. 6) 115; Salway (s. Anm. 1) 144 und

graphischen Zeugnisse a. 341/42 zeigen, daß mit dem Ausscheiden des Acindynus eine dieser östlichen Praefecturen erloschen war. Leontius wird also a. 340/41 dessen Stellung als *praef. praes.* übernommen haben.

Die beiden genannten Inschriften wurden offensichtlich konzipiert, bevor Constantius **Fl. Philippus** zum *ppo* beförderte. Heute gilt er als Nachfolger des Leontius *ppo Or./praef. praes.*, woraus sich gleichermaßen ein *terminus post quem* vom 6.7.344 ergäbe. An Philippus gerichtete Constitutionen sind für a. 346–49 überliefert; zudem weisen ihn verschiedene literarische Quellen bis Sommer a. 351 als *ppo* nach. Bisherige Rekonstruktionen geraten aber bei der Erklärung seiner kirchenpolitischen Aktivitäten in Schwierigkeiten.[56]

Die erste Bezeugung findet sich bei Socrates (*Hist. eccl.* 2,12–13): Nach dem Tod des Bischofs Eusebius sei der in der Verbannung lebende 'orthodoxe' Bischof Paulus nach Constantinopel zurückgekehrt; um die darauf einsetzenden blutigen Auseinandersetzungen mit den 'Arianern' zu unterbinden, hätte Constantius den Heermeister Hermogenes aus Antiochia entsandt, doch sei dieser von den Anhängern des Paulus gelyncht worden (a. 342); darauf sei der Kaiser selbst gekommen und habe Paulus vertrieben. Auf eine irrige Darstellung der Absetzung Gregors von Kappadokien (§ 14) folgt die ebenfalls unzuverlässige Schilderung der Rückkehr östlicher Bischöfe in ihre Städte vermittels von Briefen, die ihnen Papst Julius in Rom ausgestellt hätte (u.a. Athanasius, Paulus und Marcellus: § 15).[57] Erst im Anschluß daran wird beschrieben, wie Philippus *ppo* Paulus auf eine briefliche Anordnung des Constantius hin entführte und nach Thessalonike ins Exil bringen ließ, so daß der 'Arianer' Macedonius seine Stelle einnehmen konnte (§ 16).[58] Im nächsten Kapitel kommen Athanasius und später Paulus wiederum in Rom an (§ 17), und nach erneuten diplomatischen Bemühungen trifft

---

Cuneo (s. Anm. 20) 20 betrachten Leontius hingegen als *vic. As.* 338. Unklar ist die Position Migls 1994, 101: „Es fällt nun allerdings auf, daß die Nachweise für Leontius im Osten in einer Zeit liegen, als Acindynus nicht mehr Präfekt war: Constantius könnte 337 den Reichsteil des Dalmatius bis zur Dreikaiserkonferenz 338 übernommen haben, ... sicherlich Anlaß genug, ursprünglich zwei Präfekten mit Verwaltungsaufgaben zu beschäftigen".

56 Cf. PLRE 1,696f.; Enßlin (s. Anm. 4) 2432,63ff.; Cuneo (s. Anm. 20) 146; Gutsfeld (s. Anm. 1) 77 Anm. 14. Versehentlich datiert Migl (s. Anm. 8) 119 CTh 11,22,1 einmal a. 344, dann a. 347. Von Haehling (s. Anm. 4) 59 läßt die Amtszeit erst am 28.7.346 beginnen, so daß er Maiorinus zwischen Leontius und Philippus plazieren kann, s.u. Anm. 67.

57 Barnes (s. Anm. 22) 201 kommentiert: „This return is sheer fantasy, but may ultimately be based on a confused recollection of the attempts of Lucius and Paul to resume their sees after the Council of Serdica."

58 Soz. Hist. eccl. 3,9,1 ergänzt den Bericht um den Aufenthaltsort des Philippus (Constantinopel). Dies ist gewiß richtig, bleibt aber wohl ein interpretativer Zusatz.

endlich das Konzil von Serdica zusammen (§ 20), das Socrates zwar a. 347 datiert, mit Barnes aber a. 343 zu setzen ist.[59]

Hält man nun daran fest, daß Philippus nicht vor Juli 344 der Nachfolger des Leontius wurde, sind die Verwirrungen unüberwindbar. Doch hindert nichts an der Annahme, daß Constantius bald nach dem Ausscheiden des Acindynus angesichts der kritischen Ereignisse erneut einen nichtpraesentalen *ppo* berief. Dann aber entpuppen sich Paulus' zweifache Absetzung in Constantinopel und Ankunft in Rom als Dubletten: Einer von Socrates' Gewährsmännern mochte Constantius, den offiziellen Urheber der Verbannung, an die Stelle des ausführenden Beamten gesetzt haben, und Socrates hatte nun arge Not, die vermeintlichen zwei Vertreibungen zwischen den Tod des Eusebius und das Konzil von Serdica zu plazieren. Diese Deutung ist umso plausibler, als der Kaiser das anatolische Hochland im schneereichen Winter gewiß nicht binnen weniger Wochen durchquerte, um gleich nach Paulus' Absetzung nach Antiochia zurückzukehren, wo er zu Beginn des Winters und wieder ab dem 31. 3. 342 bezeugt ist. Mit Blick auf die Ereignisse nach Eusebius' Tod und vor dem Konzil von Serdica fiel Philippus' Einsatz also ungefähr in den Sommer 342.[60]

Später trat Philippus während Constantius' Perserkrieg a. 348 in Bithynien in Erscheinung,[61] während seine Stellung und sein Aufenthaltsort in der Folgezeit

59 Während Ch. u. L. Pietri ([Hg.], *Die Geschichte des Christentums, Bd. 2 [250–430]*, Freiburg/Br. 1996, 359) auf Herbst 342 datieren, verficht Barnes (s. Anm. 22) 68–71 Spätsommer 343; cf. auch Seeck 1919 (s. Anm. 4) 193; unentschieden Demandt (s. Anm. 1) 88. Die Paulus-Chronologie bestätigt Barnes' Ansicht. Siehe auch CPG 8560.

60 Zur Chronologie cf. Barnes (s. Anm. 22) 68–70, 201 f., 213 f.; auch A. H. M. Jones, „The Career of Flavius Philippus", *Historia* 4, 1995, 229–233, hier 229 und PLRE 1,696; ferner Palanque 1933 (s. Anm. 5) 20 f.: Alle datieren den Einsatz des Philippus a. 344, äußern jedoch ein Unbehagen über die Spätdatierung. Von Haehling (s. Anm. 4) 59 übergeht diesen Einsatz. Die Datierung Migls 1994, 119 basiert auf Irrtümern, s. o. Anm. 56 und u. Anm. 61. Bei Pietri (s. Anm. 59) 357 hört sich die Episode gar wie folgt an: „Der Kaiser … kam im Winter persönlich nach Konstantinopel: Behutsam stellte er die Ordnung wieder her, wobei er sich damit zufrieden gab, den für die Revolte Verantwortlichen, Paul, in die Verbannung zu schicken, ohne daß dieser einen Nachfolger erhielt". Der Verzicht auf die Beendigung der Sukzessionskrise wäre aber völlig unplausibel. Schließlich ist der winterliche Kaiserbesuch in Constantinopel entgegen Barnes 214 und 219 auch nicht in Lib. *or.* 59,94–97 bezeugt. Es wäre außerdem verwunderlich, wenn die *Consularia Constantinopolitana* a. 342 (ed. R. W. Burgess, *The Chronicle of Hydatius and the* Consularia Constantinopolitana, Oxford 1993) zwar von der Ermordung des Hermogenes, nicht aber vom *adventus* des Kaisers berichteten; ebensowenig bezeugt ihn Hieronymus, dessen Chronikeintrag (a. 342) sogar außergewöhnlich detailliert ist.

61 Cf. Lib. *or.* 1,69 f. ad a. 348, dazu PLRE 1,696. Barnes 1992 (s. Anm. 6) 254 übergeht diese Quelle, die bei der Annahme, Philippus sei ein *praef. praes.*, allerdings erklärungsbedürftig ist.

ungewiß sind.[62] Für a. 349 ist sogar zu erwägen, ob der Kaiser einen seiner zwei *ppo* entließ, als er nach Constantinopel reiste; denn er mochte die Amtsgeschäfte in Antiochia dem *comes Orientis* überlassen haben; andererseits könnte die Verwaltungsspitze a. 350 erneut geteilt worden sein, als Constantius wieder in den Osten zurückkehrte.[63]

Zuletzt verhandelte Philippus jedenfalls mit dem Rebellen Magnentius, in dessen Lager er kurz vor der Schlacht von Mursa (28.9.351) bezeugt ist. Dort bezahlte er Spionage- oder Sabotagetätigkeiten mit dem Leben. Noch in jenem Sommer wurde er von Constantius in Unkenntnis der Ereignisse verdammt. Jedoch belegen posthume Inschriften seine baldige Rehabilitierung. Seine bis zum Tod währende Loyalität blieb also nicht lange verborgen.[64]

---

62 Es ist ungewiß, wo sich Philippus a. 346/50 aufhielt, als der abgesetzte Bischof Paulus in Cucusus im Taurus-Gebirge getötet wurde. Im Gegensatz zu Athan. Hist. Ar. 7; Socr. *Hist. eccl.* 2,26 (im 4. Jahr nach dem Konzil von Serdica, das er a. 347 datiert); Soz. *Hist. eccl.* 4,1; Hieron. *Chron.* a. 342 wird Philippus allein von dem völlig unzuverlässigen Theodoret, *Hist. eccl.* 2,5,4 (ed. G. Ch. Hansen, *Theodoretus, Kirchengeschichte*, Berlin [3]1998 [Die griechischen christlichen Schriftsteller der ersten Jahrhunderte (Neue Folge 5)]) namentlich die Verantwortung für diese Tat zugeschrieben; doch offensichtlich ist ihm nicht an einer Differenzierung der Ereignisse a. 342/50 gelegen. Ähnlich verwechselt auch Migl (s. Anm. 8) 119 Vertreibung und Exekution des Paulus, so daß er den von Socr. und Soz. berichteten Einsatz des Philippus a. 350 datiert.

63 Die zugegebenermaßen lückenhafte Amtsliste (PLRE 1,1082) erlaubt die Hypothese, daß Constantius auf die Bestellung von *comites Orientis* verzichtete, solange ihm zwei *ppo* unterstellt waren und sich einer von ihnen in Syrien/Mesopotamien aufhielt: Während für a. 337–339 kein Inhaber bezeugt ist, sind a. 340–342 zwei oder drei Amtsträger bekannt; die anschließende Lücke endet mit dem 6.4.349 (CTh 8,18,5 *ad Leontium com. Or.*), als Constantius vielleicht soeben nach Constantinopel aufgebrochen war oder zumindest seine Abreise plante (Barnes [s. Anm. 22] 215f., 220 postuliert wenig überzeugend einen erneuten Perserfeldzug im Sommer 349); zudem wurde CTh 12,2,1+15,1,6 an Marcellinus *com. Or.* am 3.10.349 in Constantinopel aufgegeben. Erst ab a. 353/54 sind gleichzeitig ein *com. Or.* (Honoratus: PLRE 1,438f. Nr. 2) und *ppo* (Domitianus, s.u.) in der östlichsten Dioecese bezeugt, doch fehlt nun jede Spur für einen zweiten *ppo* in Constantinopel bis a. 358 (s.u.). Zu Constantius' Itinerar cf. Seeck 1919, 196 und Barnes (s. Anm. 22) 220 (mit der o.g. Einschränkung).

64 Zur Gesandtschaft cf. Zos. 2,46,2–47,3; 48,5; 49,2; zum schimpflichen Untergang Athan. Hist. Ar. 7; dazu Jones (s. Anm. 60) 229–233; PLRE 1,696f.; ähnlich von Haehling (s. Anm. 4) 59; CLRE 230; Barnes 1992 (s. Anm. 6) 255 mit Anm. 24 (trotz seiner schroffen, nicht überzeugenden Kritik an der These der posthumen Rehabilitierung); Fitz (s. Anm. 24) 1239f.; Migl (s. Anm. 8) 121–123 (anders S. 120). Dagegen hat Philippus nach Seeck 1919 den Krieg überlebt; S. 41,27ff.; 38,29ff.; 146,11ff. datiert er drei an Philippus *ppo* gerichtete Gesetze (CTh 8,7,2 a. 326; 11,22,1 a. 346; 11,30,20 a. 340) a. 353 und betrachtet ihn als *ppo Ital. et Illyr.* im Kollegium mit Rufinus bzw. Hilarianus (s.u.). Palanque 1933 (s. Anm. 5) 21f. akzeptiert lediglich die Korrektur von CTh 8,7,2, betrachtet Philippus aber als *mag. off.* 353, während er 1955 (s. Anm. 5),

Laut Zosimus hielt sich **Thalassius** im Vorfeld des Kampfes von Mursa in einer 'Spitzenposition' an Constantius' Hof in Sirmium auf. Zudem belegt ihn Epiphanius von Salamis (a. 310/20–403) als Zeugen im Verfahren gegen Bischof Photinus von Sirmium, das erst nach dem 28. 9. stattfand. Im Kontext desselben Prozesses ist aber auch von einem „Notar des Praefecten **Rufinus**" die Rede, so daß der ohne Titel genannte Thalassius selbst noch nicht *ppo* war. Dagegen berichtet Philostorgius (a. 368–425/33), daß Gallus bei seiner Erhebung zum Caesar (Sirmium 15. 3. 351) den *ppo* Thalassius und den *quaestor* Montius an die Seite gestellt bekam. Ein weiteres Problem ergibt sich dabei insofern, als Gallus nach Socrates bereits am 7. 5. 351 in Antiochia eingetroffen war. Wenn nun auch Ammian Thalassius für a. 352–53 ausdrücklich als *praefectus praetorio praesens* des Gallus bezeichnet, dann dürfte der Beamte dem Caesar nachgereist sein.[65]

---

261 *ppo Ital.*von Juni bis Nov. 353 einräumt; 1969 (s. Anm. 5), 603f. setzt er Philippus' Mission zu Magnentius a. 352 und seine Stellung als *ppo Illyr.* um den 3. 11. 353. Seecks Rekonstruktion wird von Stein 1934 (s. Anm. 4) 331; Enßlin (s. Anm. 4) 2433,16ff. und Vogler (s. Anm. 6) 122f.; 129; 136f. (*ppo Illyr.* 353 bzw. „préfet-ministre" 351–353) aufgegriffen. *Contra* Jones, der CTh 11,30,20 a. 347 setzt (ebenso Mommsen; PLRE) und für CTh 8,7,2 eine Vertauschung der Datumszeile mit 7,1,2 (*dat. III kal. Iun. Limenio et Catullino conss.*: 27. 5. 349) erwägt (cf. auch PLRE; von Haehling [s. Anm. 4] 59). Wieder anders Cuneo (s. Anm. 20) 60f.; 221: Trotz ihres Hinweises auf CTh 10,4,1 an Philippus *vic. urb.* 326? (PLRE 1,695 Nr. 2, s. aber unten) setzt sie CTh 8,7,2 a. 353; in CTh 11,30,20 hält sie am überlieferten Jahr 340 fest, ändert jedoch den Titel in *vic.*; CTh 11,22,1 läßt sie zu Recht unbeanstandet. CTh 8,7,2 wird tatsächlich von a. 353 stammen, aber ebenso wie 10,4,1 einen Philippus *vic. urb.* adressieren; im ersten Fall stimmen Emanationsort (*Arelato*) und Kaiserresidenz (Arles) überein (s. u. Kap. 5), während im zweiten Fall die Ortsangabe auf die Publikation im lucanischen Heraclia (*sic* auch in CI 3,26,9; cf. Itin. Ant. 113, bei Policoro) zurückgehen wird. Bei dem *vic.* könnte es sich um einen Sohn des soeben rehabilitierten *ppo* 342–351 handeln.

65 Cf. Zos. 2,48,5; Epiphan. Pan. 71,1 (edd. Holl/Dummer ^{2}III 250,12.25); Philostorg. 3,27f. (ed. J. Bidez, Philostorgius, *Kirchengeschichte*, 2. Aufl. bearb. von F. Winkelmann, Berlin 1972, 52,30 u. 54,21); Socr. Hist. eccl. 2,28,22 (mit Barnes [s. Anm. 22] 226, 316 Anm. 54); Amm. 14,1,10 (dazu s. o. mit Anm. 7). Palanque 1933 (s. Anm. 5) 22f. und Enßlin (s. Anm. 4) 2433,8ff. (Ende 351–Anfang 354) sowie PLRE 1,886 (a. 351–353) betrachten Thalassius als Nachfolger des Philippus *ppo Or.*; ähnlich von Haehling (s. Anm. 4) 60, der jedoch eine mehrmonatige Überschneidung in Kauf nimmt. Barnes 1992 (s. Anm. 6) 255f. hält Thalassius für Gallus' ersten *praef. praes.*; versehentlich bezeichnet er ihn 1993 (s. Anm. 22) 66 als Gesandten am Hof des Magnentius (er verwechselt ihn mit Philippus); S. 109 präzisiert Barnes, daß Gallus erst nach dem Photinus-Prozeß abgereist sei; doch wäre ein solches Strafgericht vor dem Sieg bei Mursa politisch unklug gewesen; auch Rufinus' Stellung spricht gegen diese Frühdatierung (s.u.). Nach Paschoud (s. Anm. 45) 257 war Thalassius zwar *ppo* 351–353, doch reiste er später als Gallus ab; ähnlich Migl (s. Anm. 8) 121, der die Beförderung des Thalassius dennoch auf den 15. 3. 351 setzt; zudem geht er davon aus, daß auch Rufinus kontinuierlich die Funktion eines *ppo* ausgeübt habe. Somit wäre

Im übrigen kann man davon ausgehen, daß Constantius spätestens bei seinem Aufbruch nach Pannonien im Herbst 350 einen nichtpraesentalen *ppo* mit Zuständigkeit für den Orient zurückgelassen hatte. Erwartungsgemäß wird dieser der erste *praef. praes.* des Gallus gewesen sein, den Thalassius dann Ende a. 351 oder Anfang a. 352 ablöste. Letzterer hatte wie sein Nachfolger **Domitianus** (a. 353–354) unter anderem die Aufgabe, den Caesar zu kontrollieren, was beiden den Ruf der Überheblichkeit einbrachte und Domitianus sogar das Leben kostete.[66]

Nachdem die strukturellen Voraussetzungen für jene Jahre geklärt sind, kann auch die *ppo* des **Maiorinus** eingeordnet werden: Gemäß einem a. 357 verfaßten Brief hatte er „das höchste Amt versehen"; posthume Inschriften sichern darüber hinaus den Praefectentitel und die Zuständigkeit für den Osten unter „Kaisern" (a. 337/50, 351/54, 355/57).[67] Bisher übersehen wurden weitere Angaben der Epitaphien, die vermutlich zwischen der Ermordung des Constans und vor der Erhebung des Gallus niedergeschrieben wurden. Damit könnte Maiorinus ein *praef. praes.* des Constantius (frühestens ab Juli 344) oder aber ein nichtpraesentaler *ppo Or.* (a. 350/51) gewesen sein.[68]

Constantius aber vorübergehend von drei *ppo* umgeben gewesen; doch keine Quelle stützt die Annahme einer solchen Synchronie.

66 Cf. Iohannes Damascenus, *Passio Artemii* 12 (ed. B. Kotter, *Die Schriften des Johannes von Damaskos*, Bd. 5: *Opera homiletica et hagiographica*, Berlin 1988 [Patristische Texte und Studien 29]); Amm. 14,1,10; PLRE 1,886 Thalassius 1 und 262 Domitianus 3 (*ppo Or.*, mit weiteren Quellen), von Haehling (s. Anm. 4) 60f. und Palanque 1933 (s. Anm. 5) 22f. (*ppo Or.*); Delmaire (s. Anm. 36) 33f. (zu Domitianus); Barnes 1992 (s. Anm. 6) 255f. (*praeff. praes.*). Zum Verhältnis von Caesaren und *ppo* unter Constantius cf. Migl (s. Anm. 8) 125–129; unverständlich ist allerdings die Behauptung, daß beide *ppo* bei Zuständigkeit für den ganzen Osten „ihren eigentlichen Sitz in Konstantinopel hatten".

67 Cf. Lib. *epist.* 560, auch 1510 a. 365; zu den Inschriften s.u. Anm. 68. PLRE 1,537f. Nr. 1 bezeichnet Maiorinus als Nachfolger des Leontius und Vorgänger des Philippus („?344/6", ähnlich Gutsfeld [s. Anm. 1] 77 Anm. 14); auf diese Weise ergibt sich aber ein Widerspruch zu PLRE 1,696f. Philippus „*ppo (Orientis)* a. ?344–351", den von Haehling (s. Anm. 4) 59 indes zu vermeiden sucht, s.o. Anm. 56. Dagegen wird Maiorinus von Barnes 1992 (s. Anm. 6) 255 zum *praef. praes.* des Constantius a. 351/54 erklärt, was aber nicht mit Rufinus vereinbar ist, s. Kap. 5. Palanque 1933 und 1955 (s. Anm. 5) übergeht Maiorinus.

68 Die drei in einer kleinen Kirche in Busr-el-Haríri (Arabia) gefundenen Inschriften hat W.D. Waddington, *Inscriptions grecques et latines de la Syrie*, Paris 1870, Nd. Rom 1968 publiziert. Vgl. bes. Nr. 2474 : … τεῦξε δέ μιν ὥριστος ἐν ἡμερίοισι Φίλιππος, αὐτοκασιγνήτης πινιτόφρονος, ἔκγονος ἥρως, καὐτὸς ἐὼν βασιλῆος ἀμύμονος ἐσλὸς ὀπάων … („[Das Grab] setzte der Edelste unter den Sterblichen, Philippus, der leibliche Bruder, klugen Sinnes, Nachkomme eines Heros, und selbst des trefflichen Kaisers treuer Gefolgsmann"); und Nr. 2475 (= CIL 3,124): … *Filippi extructa studiis Gratique nepotis* („Errichtet durch die Mühen des Philippus und des Neffen [sc. des

Nicht lange nach Domitianus' Untergang wurde Gallus an den Hof des Constantius zitiert. Doch kam es nicht mehr zu einem Zusammentreffen: Bereits in Pannonien machte man ihm den Prozeß und exekutierte ihn kurzerhand. Währenddessen war **Strategius Musonianus** mit der Verwaltung des gesamten Ostens als nichtpraesentaler *ppo* beauftragt worden. Das erste an ihn gerichtete Gesetz datiert vom 25. 7. 354 (CTh 8,5,5), und seine Freundschaft mit Libanius legt nahe, daß auch er in Antiochia residierte.[69]

Fl. Hermogenes folgte ihm spätestens bis August 358 nach. Sicher nachgewiesen ist er am 28. 5. 359 durch die einzige Kaiserconstitution (CTh 1,7,1), die aus seiner Praefectur erhalten ist. Probleme wirft die Frage nach seinem Dienstende auf. Denn während Ammian in seinem Bericht für das Jahr 361 behauptet, Hermogenes sei im Amt gestorben und durch **Helpidius** ersetzt worden, berichtet Libanius zufällig über den Tag seiner Emeritierung. Außerdem scheint Helpidius durch Gesetze vom Dezember 358 bis November 360 als *ppo* belegt zu sein. In der Forschung korrigiert man deswegen sowohl die Angabe des Geschichtsschreibers als auch die beiden ältesten Constitutionen und datiert die Sukzession entsprechend in den Januar 360.[70]

Diese Deutung ist aber methodisch nicht haltbar, weil der Nachweis von Helpidius' *ppo* für Dezember 358 nach allen Regeln der Kunst als unumstößlich zu gelten hat.[71] Eine Überschneidung mit Hermogenes' Dienstperiode ist deswegen

---

Brudersohnes] Gratus"). Irrtümlich bezeichnet PLRE 1,537f. (Maiorinus 1) Philippus als „great-nephew" und Gratus als „grandson". Da Maiorinus zu seinen Lebzeiten mehreren Kaisern gedient und Philippus das Grab als höchstrangiger Gefolgsmann eines Kaisers in Auftrag gegeben hatte, kann es sich kaum um jemand anderes als um den *ppo* 342–351 handeln.

69 Cf. O. Seeck, Die Briefe des Libanius, Leipzig 1906, 282–284; Palanque 1933 (s. Anm. 5) 23; PLRE 1,611f.; von Haehling (s. Anm. 4) 61; Barnes 1992 (s. Anm. 6) 259.

70 Cf. Lib. or. 1,115f. zur Ablösung des Musonianus durch Hermogenes; epist. 2,31 = 127 ed. Foerster (*Libanii opera*, 12 Bde., Leipzig 1903–1923) = 58 ed. Norman (*Libanius, Autobiography and Selected Letters*, 2 Bde., Cambridge/M. 1992) zum Dienstende (dazu auch epist. 2,42 = 138 Foerster); Amm. 21,6,9 *inter tot urgentia* (ca. a. 360/61) *Hermogene defuncto ad praefecturam promovetur Helpidius*; PLRE 1,414 Helpidius 4; 1,423 Hermogenes 3 und Seeck 1906 (s. Anm. 69), 168–170; 173f. mit weiteren Verweisen; auch Seeck 1919 (s. Anm. 4), 205ff.; Palanque 1933 (s. Anm. 5) 24; von Haehling (s. Anm. 4) 61–64; Vogler (s. Anm. 6) 140; Cuneo (s. Anm. 20) 375; Gutsfeld (s. Anm. 1) 77 Anm. 14. Die Datierung von epist. 127 und 138 auf a. 360 durch Seeck und PLRE beruht auf der fraglichen Rekonstruktion von Helpidius' Karriere.

71 Cf. CTh 7,4,4, o. T., *dat. IIII kal. Ian. Doridae Datiano et Cereale conss.*=29. 12. 358; 7,4,5 *Helpidio ppo, dat. prid. id. Mart. Constp. Eusebio et Hypatio conss.*=14. 3. 359. Ersteres Gesetz datiert Seeck 1919 (s. Anm. 4), 70,3; 76,8; 207f. auf den 29. 5. 361, letzteres auf den 14. 3. 360, worin ihm gemeinhin gefolgt wird, s. o. Anm. 70. Doch ist dieser leichtfertige Umgang mit zwei privaten Consulaten unhaltbar. Zudem geben sich

unausweichlich; aber sie läßt sich begreifen, wenn man Helpidius zunächst in Constantinopel eingesetzt sieht, während sein Kollege in Antiochia residierte. Überdies implizieren das o. g. Zeugnis des Libanius und das Gesetz vom 4. 2. 360, daß Hermogenes spätestens in der zweiten Hälfte a. 359 ausschied.[72] Nach dem Schweigen der Quellen zu urteilen, ernannte Constantius seitdem keinen zweiten *ppo* mehr für den Osten. Helpidius wurde somit a. 359 der Nachfolger des Hermogenes in der *dioecesis Orientis* und blieb bis zum Tod des Kaisers (3. 11. 361) der einzige östliche, zudem seit Herbst 359 gewiß auch der praesentale *ppo*.

2.5 Constantius II. und der Westen a. 351–361

Das oben zitierte Epiphanius-Zeugnis belegt, daß **Rufinus** spätestens im Herbst 351 wieder als *ppo* amtierte. Vielfach geht man davon aus, daß Constantius den Beamten des Vetranio als *ppo Illyr.* übernahm. Dabei ist aber vorausgesetzt, daß er dem doppelten Überläufer in völlig unsicherer Lage ein solches Vertrauensamt

die zwei Texte leicht als Ausfertigungen desselben Gesetzes über die Verpflegung von Soldaten zu erkennen. Der zeitliche Abstand und die Ortsdaten implizieren, daß der Brief am 29. 12. 358 im unbekannten Dorida (wohl nahe Sirmium, wo Constantius überwinterte, cf. Barnes [s. Anm. 22] 223) aufgegeben und am 14. 3. 359 in Constantinopel von Helpidius weitergereicht wurde; offensichtlich lagen den Kommissaren Theodosius' II. zwei unterschiedliche Exemplare vor: wie das Consulat verrät, geht das frühere auf ein Registerbuch der Hofscrinien zurück, denn die Originale trugen damals bei Postaufgabe regelmäßig kein Consulat; vielmehr wurde im Büro des Empfängers auf dem Original oder aber einer Abschrift das Datum des Eingangs (*acc.*), der Aushängung (*pp.*) oder Weiterleitung (*dat.*) vermerkt; cf. dazu auch Coşkun (s. Anm. 3) 125.

72 CTh 11,24,1 an Helpidius (o. T.) betrifft den illegalen Patronat in Ägypten. Der Text nimmt Bezug auf eine *suggestio* des Helpidius (*indicasti*), der diese nur als *ppo* eingereicht haben kann (die Stellen des *com. Or.* und *praef. Augustalis* waren in jenen Jahren anderweitig besetzt, cf. PLRE 1,1082–1084). Zudem ist zu vermuten, daß Hermogenes bereits ausgeschieden war, als der in Constantinopel weilende Helpidius über den Mißstand unterrichtet wurde. Damit ergibt sich kein Konflikt zur Kritik Ammians (19,12,6), daß Modestus *com. Or.* anstelle des Hermogenes zur Untersuchung eines Falles nach Palaestina geschickt wurde, denn ersterer ist seit a. 358 in seinem Amt nachgewiesen, cf. PLRE 1,605 Nr. 2; vielleicht handelte es sich entgegen Ammian nicht um eine Zurücksetzung angesichts von Hermogenes' Milde, sondern um Rücksicht auf seinen angeschlagenen Gesundheitszustand, der zu seiner baldigen Emeritierung geführt haben mochte. Ein weiteres Indiz für diese Rekonstruktion liefert Lib. epist. 127,3 (ed. Foerster): An jenem letzten Diensttag des Hermogenes ging man in Antiochia davon aus, daß sich Constantius damals noch in Europa aufhielt und dort auch in den kommenden Monaten bleiben würde; entsprechend seinem Itinerar (cf. Barnes [s. Anm. 22] 223) ist deswegen mit einem Zeitpunkt lange vor März 360 zu rechnen, als der Kaiser das kappadokische Caesarea erreichte.

zugestanden und somit über ein halbes Jahr neben Philippus einen zweiten aktiven *ppo* in seiner Umgebung gehalten hätte, während der Orient einem dritten *ppo* unterstanden hätte.[73] Ferner verbieten auch die Kenntnisse von Rufinus' weiterer Karriere, ihn als regionalen *ppo Illyr.* zu bezeichnen. Der Wirkungsort Sirmium macht ihn vielmehr zum Nachfolger des Philippus *praef. praes.* seit Sommer 351.

Dementsprechend begleitete er Constantius in der Folgezeit nach Italien (Sommer 352) und Gallien (a. 353–354).[74] Als dort Anfang a. 354 wetterbedingte Versorgungsengpässe die Gefahr eines Aufruhrs erkennen ließen, schickte der Kaiser *Rufinus ea tempestate praefectus praetorio* mit dem Auftrag voraus, den Soldaten die Gründe für die Verzögerung zu erklären. In der Literatur wird aus dieser Episode geschlossen, daß Rufinus *ppo Gall.* gewesen sei. Dabei wird die Frage unterschiedlich beantwortet, ob er die Zeit seit seiner letzten Bezeugung im Illyricum als Privatmann oder als regionaler *ppo* verbracht habe. Doch zeigt sich Rufinus erneut als *praef. praes.* in der Umgebung des Kaisers.[75] Im übrigen geht es nicht an, aus der geschilderten Mission auf seine Entlassung zu schließen: Abgesehen davon, daß Ammian nichts derartiges behauptet, stand derselbe *ppo* noch in

73 Zum Photinus-Prozeß und zur Anzahl der *ppo* s.o. Anm. 65; zu Rufinus und Vetranio o. Anm. 44–46.

74 Cf. auch Palanque 1933 (s. Anm. 5) 31: „peut-être était-il une sorte de *praefectus praesentalis*, s'il est demeuré à Sirmium avec l'empereur en 352 et s'il l'a suivi en Gaule comme préfet en 353–354"; ähnlich Vogler (s. Anm. 6) 121 und Migl (s. Anm. 8) 116, mit der Modifikation S. 139, daß er entsprechend dem Kaiseritinerar die (Immediats-) Dioecesen wechselte. Im übrigen ist kein anderer westlicher *ppo* vor a. 354 sicher bezeugt. Freilich regierten in Italien bis Sommer 351 und in Gallien bis Sommer 353 die *ppo* des Magnentius, doch werden sie mit ihrem Kaiser untergegangen sein. Zu Chronologie und Kaiseritinerar cf. Seeck 1919, 198–200; Barnes (s. Anm. 22) 221; Kienast (s. Anm. 22) 319f.

75 Zur Forschung s. o. Anm. 41 und 47. Die von Amm. 14,10,1–5 berichtete Maßnahme war ungewöhnlich, aber durchaus plausibel, denn der *ppo* trug die Verantwortung für die Belieferung des Heeres. Die niederen Motive, die Constantius unterstellt werden, sind jedoch sachlich unzutreffend; sie präfigurieren einerseits den Untergang von Rufinus' Neffen Gallus und dienen andererseits der verzerrenden Charakteristik des Kaisers, cf. zu vergleichbaren Fällen z.B. auch K. Rosen, *Studien zur Darstellungskunst und Glaubwürdigkeit des Ammianus Marcellinus*, Bonn 1970, 234–245; F. Paschoud, „Valentinien travesti, ou: De la malignité d'Ammien", in: *Cognitio gestorum. The Historiographical Art of Ammianus Marcellinus*, edd. J. den Boeft et al., Amsterdam 1992, 67–84; A. Coşkun, „Ammianus Marcellinus und die Prozesse in Rom (a. 368/69–371/74)", *Tyche* 15, 2000, 63–92, bes. 81–86. Wäre Rufinus tatsächlich von meuternden Soldaten erschlagen worden, hätte dies zu einer bedrohlichen Eskalation geführt; die Verteilung von Gold an die Soldaten durch den *praepositus sacri cubiculi* Eusebius war offensichtlich eine konzertierte Aktion, die ebenfalls auf eine tatsächliche Beruhigung der Lage abzielte.

Amt und Würden, als Constantius bis im Mai 354 nach Norditalien zurückgekehrt war.[76]

Auch die *ad Rufinum ppo* gerichtete Constitution CTh 9,23,1 (*acc. VIII id. Mar. Costantina Constantio A. VIII et Iuliano Caes. conss.*: 8.3.356?) verdient eine nähere Betrachtung. Mit Blick auf den Zeitpunkt sowie den Empfangsort (Constantina = ? Cirta) scheint sich ein Konflikt mit der Praefectur des **Taurus** zu ergeben, weil dieser vom 6.4./17.7.355 bis zum 29.8.361 durch eine Vielzahl von Quellen als *ppo* in Italien und Afrika nachgewiesen ist. Deswegen ist gleichermaßen plausibel, mit Mommsen in *Constantio A. V et Constantio Caes. conss.* (a. 352) oder mit PLRE in *Constantio A. VII et Constantio C. III conss.* (a. 354) zu korrigieren, wobei für a. 354 alternativ auch Arles (=Constantina) als Empfangsort denkbar ist. Das Gesetz an den *praef. praes.* wurde also zwischen Herbst 351 und Februar 354 gegeben.[77]

---

76 Dagegen kommentiert Barnes 1992 (s. Anm. 6) 256 den Bericht mit den Worten „dismissed in spring 354". Cf. aber CTh 11,1,6: *Impp. Constantius et Constans AA. ordini Caesenatium. Vinum, quod ad cellarii usus ministrari solet, cuncti Italiae possessores iuxta statutum Constantii fratris mei comparent. Quod ut fieri facilius possit, ab omnibus Italis nostris conferatur pecuniae quantitas ea, quam Rufini viri clarissimi et illustris praefecti praetorio parentis amicique nostri moderatio dandam esse censuerat. Dat. XI kal. Iun. Mediolano Constantio VII et Constante III AA. conss.* Rufinus' Charakterisierung erlaubt keinen Zweifel daran, daß er damals noch in Amt und Würden stand, selbst wenn man wie Vogler (s. Anm. 6) 133 von Heuchelei ausgehen sollte. Bereits Gothofredus (gefolgt von Mommsen; PLRE 1,782; Vogler 118f.; Barnes 1992 257; Cuneo [s. Anm. 20] 244f.) erkannte, daß in Prae- und Postscript der Name *Constans* in *Constantius* (sc. Gallus) geändert werden muß, so daß sich das Consulat a. 354 ergibt, s. dazu o. Anm. 39. Dagegen folgert Seeck 1919 (s. Anm. 4), 45,6ff. aus dem Fehlen von *divus* (sc. *frater*, im Text), daß Constans noch lebe und lediglich die Iterationsziffern verderbt seien (er ändert *VII* in *IIII*: a. 346); doch übersieht er, daß Constantius erst ab a. 351 direkte Zuständigkeit für Italien hatte. Bei der Verderbnis des Namens *Constantii* in *Constantis* im Text handelt es sich wohl um einen Folgefehler. Unentschieden bleibt Migl (s. Anm. 8) 109f. – Auch für das Kaiseritinerar ergeben sich Konsequenzen: Constantius brach nach Amm. 14,10,1–6 *caeli reserato tempore* (März?) 354 in Arles auf (s.u. im Text zu CTh 9,23,1) und gelangte über Valentia und Chalon-sur-Saône nach Kaiseraugst, in dessen Umgebung ihm Schneefall zu schaffen machte (?April); nach seinem Sieg über die Alamannen im Frühjahr begab er sich nach Mailand, wo er offensichtlich bereits am 22.5. das oben zitierte Gesetz erließ. Freilich heißt es in Amm. 14,10,16 *imperator Mediolanum ad hiberna discessit*, doch ist damit lediglich ausgesagt, daß Constantius keinen weiteren Feldzug unternahm. Dadurch ist im übrigen ausgeschlossen, daß *Med.* mit einem gleichnamigen Ort an Rhein oder Seine gleichgesetzt werden kann.

77 In allen genannten Fällen ist zudem auch das Praescript an das jeweilige Kaiserkollegium anzupassen. Cf. Mommsen (s. Anm. 36) PLRE 1,783 (Arles), gefolgt von Barnes 1992 (s. Anm. 6) 256 und Cuneo (s. Anm. 20) 233f.; zur *damnatio memoriae* des Constantius Gallus s. o. Anm. 39. Bei einem afrikanischen Acceptum fiele die Emanation unge-

Im übrigen ist Maecilius **Hilarianus** aus der Liste der *ppo* zu streichen: Das einzige an ihn gerichtete Gesetz, in welchem er den Titel *ppo* führt (CTh 6,4,3+4), datiert von a. 339, während dieselbe Constitution in CTh 6,4,7 a. 354 lediglich zitiert wird. Als Empfänger von CTh 6,4,3+4 war Hilarianus also nicht als *ppo* 354, sondern *puR*, in welcher Stellung ihn auch Philocalus vom 13.1.338 bis zum 14.7.339 bezeugt.[78]

Erst a. 354/55 läßt sich mit **C. Ceionius Rufius Volusianus *signo* Lampadius** ein weiterer westlicher *ppo* fassen. Gesetze weisen ihn vom 1.1. bis zum 30.7.355 in dieser Funktion nach. Zudem berichtet Ammian über dessen Verstrickung in die Usurpation des Silvanus (Sommer 355). Da er nach Zosimus bereits als *ppo* an der Verleumdung des Gallus mitgewirkt hatte, gilt er in PLRE als *ppo Gall.* 354–55.[79] Doch verrät ein Vergleich mit dem Hergang des Silvanus-Aufstandes, daß Zosimus die maßgeblichen Akteure des Jahres 355 bereits a. 354 auftreten läßt.[80] Wenn derselbe Gewährsmann den Verleumdern überdies noch die Hoff-

---

fähr in den Herbst des Vorjahres, was damit vereinbar ist, daß Magnentius im Sommer 351 nach Gallien zurückgedrängt worden war. Ein gallischer Empfangsort ist für a. 354 möglich, denn nach dem Tod des Magnentius im August 353 hatte Constantius in Arles sein Winterquartier bezogen (Oktober 353–ca. März 354), cf. Kienast (s. Anm. 22) 319f. Dagegen schlägt Seeck 1919, 45f. und 195 (gefolgt von Vogler [s. Anm. 6] 120) vor, *Constantio A. cons.* anstelle des offiziellen Consulats *Constantio IIII et Constante III AA. conss.* (a. 346) zu lesen. Zu Taurus s. u. Anm. 86.

78 Cf. Chron. 354 (MGH AA 9,68). Eine Datierung in die Zeit nach Magnentius' Tod ist schon deswegen unzulässig, weil in CTh 6,4,3 von einem *divus princeps* die Rede ist, der nur vor a. 340 ohne jeden Zweifel auf Constantin I. bezogen werden konnte. Das frühere Datum (6,4,3 *dat. VIII [A]pril.*) wird zur Emanation, das spätere (6,4,4 *dat. IIII kal. Iul.*) zur Publikation gehören. Dagegen wird Seecks 1919 (s. Anm. 4), 42 Korrektur in a. 354 von PLRE 1,433 Nr. 5; Palanque 1933 (s. Anm. 5) 31; 1955 (s. Anm. 5), 261; Enßlin (s. Anm. 4) 2433,44ff.; Chastagnol (s. Anm. 28) 104; von Haehling (s. Anm. 4) 293 und Barnes 1992 (s. Anm. 6) 258 akzeptiert; ähnlich Vogler (s. Anm. 6) 123. Cuneo (s. Anm. 20) 46f.; 225f. schlägt indes vor, CTh 6,4,3 a. 339 zu belassen, jedoch 6,4,4 a. 353 zu datieren (*dat. IIII kal. Ian.?*); die Trennung der beiden Fragmente ist angesichts des identischen Adressaten und Consulates sowie der thematischen Nähe unhaltbar.

79 Cf. PLRE 1,978–980 Volusianus 5 u. a. mit Verweis auf CTh 11,34,2; 11,30,26+36,12, gefolgt von Heinzelmann (s. Anm. 41) 717 Nr. 1; Fitz (s. Anm. 25) 39; ähnlich Cuneo (s. Anm. 20) 254f. Entgegen PLRE berechtigt CTh 13,3,1 *ad Volusianum* (o. T., *pp.* a. 321 oder 324) nicht zur Annahme eines *ppo Illyr.* 354. So wird das Gesetz von Barnes 1992 (s. Anm. 6) 256 ignoriert, doch hält auch er Volusianus für den unmittelbarer Nachfolger des Rufinus in Gallien. Vogler (s. Anm. 6) 122 schließt sich zwar PLRE an, bezeichnet Volusianus S. 129 aber als *ppo Ital.*; Fitz (s. Anm. 24) 1211 folgt PLRE unter Vorbehalt. Weitere Positionen u. in Anm. 83.

80 Cf. Zos. 2,55,1–3 ad a. 354 mit Amm. 15,5,3–5 ad a. 355, dazu Paschoud (s. Anm. 45) 262f. Bei Zos. fehlt jeder Hinweis auf Volusianus' Wirkungsort; ebensowenig zeigt er Interesse an den von Amm. 14,11 bis ins Detail geschilderten Intrigen; zudem läßt er Constantius und Gallus a. 354 irrigerweise zusammentreffen.

nung auf Beförderung unterstellt und Volusianus tatsächlich ab dem 1.1.355 als *ppo* belegt ist, dann mochte er bestenfalls bis Ende 354 das Amt von Gallus' *avunculus* übernommen haben.[81]

Für die vorgeschlagene Rekonstruktion spricht ferner, daß Volusianus als *praef. praes.* gedient zu haben scheint. Denn das erste an ihn gerichtete Gesetz betrifft die Appellation von einem Urteil *a praefecto urbi vel a proconsule*, die durch den Kaiser selbst oder den angeschriebenen *ppo* (*excellentia tua*) angehört werden solle. In Frage kommt hier also nur ein Amtsträger, der entweder regional für Italien und Afrika zuständig oder aber *praef. praes.* war. Die gleichen Alternativen erlaubt auch CTh 3,12,2: Laut Unterfertigung wurde das Gesetz am 30.4.355 in Rom aufgegeben, obwohl Constantius damals noch in Mailand residierte.[82] Schließlich positioniert Ammian die Intriganten, die Silvanus bis August 355 in den offenen Aufstand trieben, im Umfeld des Kaisers und somit in Mailand.[83]

Die gleiche administrative Konstellation zeigt sich unter **Q. Flavius Maesius Egnatius Lollianus *signo* Mavortius**, der Volusianus im Verlauf des Sommers 355 nachfolgte. Ein an ihn gerichtetes Gesetz verließ den Hof am 25.7.355 und wurde bald darauf in Campanien proponiert. Entgegen PLRE, die Lollianus als *ppo Illyr.* 355–356 betrachtet, handelt es sich also wiederum nicht um einen „Fehler".[84] Mit

81 In der Lit. (cf. z.B. Seeck 1919 [s. Anm. 4], 146,20) geht man von einer Absetzung aus; aber auch ein freiwilliger Rücktritt ist möglich. Ferner ist keinesfalls sicher, daß Volusianus etwas mit Gallus' Untergang oder Rufinus' Ausscheiden zu tun hatte. Ohnedies muß das gegen Gallus gerichtete Intrigenspiel ungefähr zeitgleich mit der oben erwähnten Mission des Rufinus datiert werden, da bis zur Abberufung des Caesars und seines Prozesses in Pola noch mehrere Monate vergingen. Jedenfalls schweigen die Quellen über Rufinus, bis ihn Valentinian erneut zum *ppo* ernannte (a. 365–368). Vogler (s. Anm. 6) 133–138 unterstellt, daß Constantius mit Rufinus' Entlassung nur solange gewartet habe, bis seine Position gefestigt gewesen sei; doch basiert dieses Urteil auf einer unkritischen Haltung gegenüber Ammian.

82 Rom wird freilich auch von Seeck 1919 (s. Anm. 4), 201 und Cuneo (s. Anm. 20) 261 als Publikationsort betrachtet, während PLRE 1,979 Nr. 5 einen Fehler unterstellt.

83 Cf. Palanque 1933 (s. Anm. 5) 32; Chastagnol (s. Anm. 28) 166 f.; Vogler (s. Anm. 6) 126; Delmaire (s. Anm. 36) 26; Migl (s. Anm. 8) 131 f. Cf. aber Amm. 15,5, bes. §§ 2 zu Arbitio (*absenti aemulo* bezieht sich auf Silvanus, der nun nicht mehr am Hof war); 3 *Dynamius quidam actuarius sarcinalium principis iumentorum* ...; 4 über seine Mitverschwörer: *subornatore et conscio .... Lampadio praefecto praetorio et Eusebio ex comite rei privatae ... atque Aedesio ex magistro memoriae*; 8 Arbitio veranlaßt die Entsendung des Apodemius zu Silvanus; 9 *Dynamius ... compositas litteras ... quas obtulerat principi per praefectum*. Noch vor Silvanus' Aufstand schöpfte man Verdacht gegen Volusianus, Eusebius und Aedesius; eine Untersuchung konnte zwar keine Schuld nachweisen, doch wurden die beiden erstgenannten ihrer Ämter enthoben (§§ 12–14).

84 CTh 11,30,26 und 11,36,12 an Volusianus datieren vom 29./30. Juli 355, doch mit Blick

der Stellung des *praef. praes.* ist ebenso vereinbar, daß Lollianus a. 356 zur Untersuchung eines heiklen Falls nach Salona gesandt wurde.[85] Nach dieser Mission ist er nicht mehr in einer öffentlichen Funktion bezeugt.

Ergänzend ist darauf hinzuweisen, daß **Taurus** zwar ab dem 17.4./17.7.355 als *ppo* nachgewiesen ist; jedoch legen die an ihn gerichteten Constitutionen nahe, daß er a. 355–357 Afrika direkt verwaltete, während er a. 357/59–361 *ppo* in Italien

---

auf die Rebellion des Silvanus dürfte es sich um einen oder zwei Tage einer späteren Bearbeitung handeln. Somit entfällt die vermeintliche Überlappung mit CTh 11,30,25 an Lollianus (*dat. VIII kal. Aug. Messadensi, pp. Capuae Arbitione et Lolliano conss.*: 25.7.355). Palanque 1933 (s. Anm. 5) 32 begegnet diesem Problem indes durch die Umdatierung von CTh 6,29,1 an Lollianus vom 22.7. auf den 1.8.355, indem er die Tagesziffer *XI* unterdrückt; *contra* auch Stein 1934 (s. Anm. 4) 332, der mit Seeck 1919 (s. Anm. 4), 69f.; 146f. ein ausgefallenes Postconsulat in 11,30,25 fordert; Lollianus sei Rufinus a. 354 in Gallien und Volusianus nach dem 22.7.355 in Italien nachgefolgt; ebenso Enßlin (s. Anm. 4) 2433,29ff.; Palanque 1955 (s. Anm. 5) 261; ähnlich von Haehling (s. Anm. 4) 293–295; 337, bei dem sich die Amtszeiten des Volusianus (zuletzt belegt am 29.7.355) und Lollianus (belegt in der zweiten Hälfte a. 356) mit derjenigen des Taurus (6.4.355–29.8.361) überschneiden. Chastagnol (s. Anm. 28) 119f. spricht Lollianus ab Ende 354 als *ppo Gall.* an und läßt offen, ob er a. 355/56 nach Italien versetzt wurde. Jones (s. Anm. 5) 82f.; 88 (gefolgt von Palanque 1969 [s. Anm. 5] 604) bezeichnet Volusianus hingegen nur als *ppo Gall.* 354–355 und Lollianus als *ppo Illyr.* 355–356, während er in PLRE 1,512–514; 979; 1049 Volusianus *ppo Illyr.* 354, *ppo Gall.* (?354–)355 rekonstruiert; den Publikationsort *Capua* in CTh 11,30,25 verwirft Jones in beiden Fällen. Vogler (s. Anm. 6) 122; 129 und Barnes 1992 (s. Anm. 6) 259 lassen das Problem unkommentiert, betrachten Lollianus aber ebenfalls als *ppo Illyr.* 355–356/57. Trotz Berufung auf PLRE hält Fitz (s. Anm. 25) 39; 1994 (s. Anm. 24), 1199 Lollianus für einen *ppo Ital. et Illyr.* 355 (aber 1994, 1212 *ppo* „in Illyricum"), während CLRE 245 den Zuständigkeitsbereich offenläßt. Anders Delmaire (s. Anm. 36) 26 Anm. 3: Volusianus sei vor dem 6.4.355 von Taurus in Italien abgelöst worden, so daß abweichende Gesetze entsprechend korrigiert werden müßten; Lollianus übergeht er völlig. Cuneo (s. Anm. 20) 273 hält Lollianus wiederum für einen *ppo Gall.* 355 und Volusianus und Taurus für kollegiale *ppo Ital.*; *Messadensis* erklärt sie als Korruptel aus *Mediolanum*, wo Constantius CTh 11,30,25 gegeben habe, während Seeck von einem unbekannten Ort in Rätien ausgeht.

85 Scharfsinnig, aber keinesfalls zwingend ist der Versuch in PLRE 1,512–14 Lollianus 5 (gefolgt von Vogler [s. Anm. 6] 122 und Barnes 1992 [s. Anm. 6] 259), aus Amm. 15,3,8 und 16,8,5–7 die Anwesenheit eines *ppo (Illyr.)* in Sirmium a. 354 und 356 zu folgern. Ähnlich Migl (s. Anm. 8) 129, der aber abstreitet, daß dadurch zu enge Rückschlüsse auf Lollianus' Wirkungsfeld erlaubt seien. Im übrigen besteht auch die Möglichkeit, daß sich jener Rufinus *princeps apparitionis praefecturae praetorianae* aus anderen (dienstlichen oder privaten) Gründen in Sirmium befand; die Reise an den Hof (15,3,9) mochte also auch die Rückkehr an seinen Arbeitsplatz bedeuten; der spätere Prozeß, der endlich zum Untergang dieses Rufinus führte, fand vermutlich in Salona statt (16,8,3–4); ohne Zweifel hatte Lollianus als nächster *ppo* die Verantwortung für den Prozeß, doch konnte er ebenso wie Ursulus *crp* von Mailand aus nach Salona gereist sein.

war.[86] Es steht zu vermuten, daß ihn Constantius anläßlich seiner eigenen Abreise nach Pannonien im Sommer 357 nach Europa versetzte, um die Präsenz eines *ppo* in der Reichsmitte zu gewährleisten.[87]

Anatolius gilt unbestritten als *ppo Illyr.* 357–360: Nachdem er verschiedene Ämter unter Constantius innegehabt hatte, ist er von a. 357 an in zahlreichen literarischen Quellen als *ppo* nachgewiesen, wobei sein Zuständigkeitsbereich von Ammian für a. 359 eindeutig bezeichnet wird (19,11,2): *Anatolio regente tunc per Illyricum praefecturam.* Im einzelnen ist allerdings kontrovers, ob Eunap in der Biographie des Prohaeresius denselben Anatolius oder einen gleichnamigen (vielleicht verwandten) Beamten bezeugt, den Norman und Barnes als *ppo Illyr.* ca. a. 343/46 betrachten. Nach Abwägung der Argumente scheint es indes ratsam, nicht allzu sehr auf die Schilderung Eunaps zu bauen.[88]

---

86 Cf. die Quellen in PLRE 1,880f. Nr. 3 und Barnes 1992 (s. Anm. 6) 258 (*ppo Ital. et Afr.* 355–361); die frühesten Gesetze sind CTh 7,4,2 (o.T., 17.4.355) und 12,1,43 (17.7.355). Während Seeck 1919 (s. Anm. 4), 147 von einer kollegialen Praefectur des Taurus und Volusianus in Italien ausgeht (ebenso Stein 1934 [s. Anm. 4] 332; Enßlin (s. Anm. 4) 2433,52ff.; ähnlich von Haehling [s. Anm. 4] 293f.), erklärt Palanque 1933 (s. Anm. 5) 33 Taurus zum *ppo Afr.* 355–356 (er verwirft dies aber 1955 [s. Anm. 5], 261f.). Vogler (s. Anm. 6) 126 hält Taurus für einen *ppo Afr.* bis zum Ausscheiden des Volusianus *ppo Ital.* bis Juli 355 und anschließend für einen *ppo Ital. et Afr.* Zwar wird Taurus in einer a. 364/67 aufgestellten Inschrift (AE 1934, 159) *praef. praet. per Italiam atque Africam* ohne Iterationsziffer genannt; doch hat die Formulierung wohl besonders die letzten Dienstjahre im Blick, da Sprengelangaben ebenso wie Iterationen bei ununterbrochener Amtsführung in den 350-er Jahren noch unüblich waren, s. auch u. Anm. 101. Tatsächlich zeigen die Gesetze a. 355–356 eine auffällige Konzentration auf Afrika (CTh 7,4,2; 11,7,8; 12,12,1), aber auch spätere Constitutionen lassen einen solchen Bezug erkennen (CTh 7,4,3; 11,16,9; 13,1,2). Bei den Proposita und Accepta ist jedenfalls Vorsicht geboten, denn aus ihnen folgt nicht zwingend eine Anwesenheit des Adressaten. Auf Italien bezieht sich jedoch zuerst CTh 11,30,37 (Ende 357); zudem fallen die frühesten literarischen Belege für Taurus' dortige Anwesenheit a. 359, cf. PLRE 1,880 u.a. mit Verweis auf Sulp. Sev. Chron. 2,41. Taurus verwaltete Afrika zunächst also vielleicht als Immediatsprengel. Der Grund dafür ist weniger mit Palanque und Vogler (s. Anm. 6) 130 in den Erfordernissen des Donatistenstreites oder Constantius' antisenatorischer Gesinnung als in der Rückkehr des Kaisers und seines *praef. praes.* aus Gallien a. 354 zu suchen, so daß eine neue Aufgabenverteilung sinnvoll wurde. Im übrigen ist zu beachten, daß der erste *vic. Afr.* nach a. 348 nicht vor Mai 358 belegt ist, als Constantius Rom längst verlassen und in Sirmium Residenz bezogen hatte, cf. PLRE 1,1079; Seeck 1919, 204f.

87 Migl (s. Anm. 8) 132 folgert aus CTh 9,16,6 (*dat. III non. Iul. Arimini* 358) Taurus' fortgesetzte Zuständigkeit für den *comitatus.* Doch bezeugt der Brief nicht etwa den Auftrag, einen Fall von Magie oder Wahrsagerei am sirmischen Hof zu untersuchen; vielmehr geht es um die Aufhebung der Privilegien von *palatini*, die von der regulären Jurisdiktionsgewalt der Statthalter und *ppo* exempt waren.

88 Cf. Eunapius, *Vitae Sophistarum* 10,4–7 (Eunapii Vitae Sophistarum, rec. I. Gian-

Ohnedies ist CTh 12,1,38 a. 357 zu datieren, so daß Anatolius kurz vor oder nach dem Aufbruch des Kaisers aus Rom (29. 5. 357) erstmalig als *ppo* bezeugt ist.[89] Anscheinend hatte er Lollianus a. 356 oder 357 als *praef. praes.* abgelöst.

---

grande, Rom 1956) zu Redewettbewerben vor dem *procos. Ach.*, dem *ppo* Anatolius und Constans. Die Auswahl und Anordnung dieser Episoden hat offenbar zu einer chronologischen Verwirrung geführt, so daß Eunaps Beteuerung, sorgfältig recherchiert zu haben, entgegen A. F. Norman, „The Illyrian Prefecture of Anatolius", *Rheinisches Museum* 100, 1957, 253–259, hier: 255 kein großes Gewicht beigemessen werden darf. Ohnedies gibt Eunap zu, daß manche seiner Angaben auf Hörensagen beruhen (cf. Migl [s. Anm. 8] 104 mit Anm. 25). Nach der literarkritischen Analyse Migls (s. Anm. 8) 103–108 ist kaum mehr am Postulat zweier Anatolii *ppo Illyr.* festzuhalten, wie in Gefolgschaft Normans auch Palanque 1969 (s. Anm. 5) 600–602; Vogler (s. Anm. 6) 115–118; 126 (die Gotengefahr in Thrakien sei das Motiv für die Intensivierung der illyrischen Infrastruktur gewesen); Barnes 1987 (s. Anm. 6) 19; ders. 1992 (s. Anm. 6), 258; R. J. Penella (*Greek Philosophers and Sophists in the Fourth Century A.D.*, Leeds 1990) 90 und Fitz (s. Anm. 24) 1209f. (mit Vorbehalt) vertreten. Die Unzuverlässigkeit des Eunap (cf. z. B. Penella IX und 91) und von Kaiserconsulaten in Gesetzesfragmenten (s. dazu z. B. o. Anm. 39) ist allgemein anerkannt. Migls Argumentation wäre freilich noch wirkungsvoller, wenn er nicht die Identität der beiden Tusciani, eines Gewährsmannes Eunaps und eines Assessors des Anatolius *ppo* 357–360 leugnete (PLRE 1,926 Nr. 1–2). Befremdlicherweise akzeptiert Migl den Hinweis, daß der *ppo* von Gallien gekommen sei, obwohl es sich hier ganz offensichtlich um eine fiktive Fuge innerhalb der Biographie handelt; hieran Folgerungen über die Mobilität von *ppo* und fehlende regionale Sprengel zu knüpfen, ist unhaltbar. Tatsächlich wäre aber die je erstmalige Besetzung eines regionalen illyrischen Sprengels mit einem Anatolius ein seltsamer Zufall, zumal Constans zurückhaltend mit der Erhöhung der Praefecten-Stellen war. Im übrigen scheint auch der Spitzname *Azutrio*, der nach Penella soviel wie *adiutor* bedeutet und einen „petty bureaucrat" charakterisiert, zu der außerordentlichen Effizienz zu passen, die für den *ppo* 357–360 vielfach belegt ist, cf. die Quellen in PLRE 1,60 Nr. 3 und bei Vogler 138f.; ähnlich bereits Héron de Villefosse (in Borghesi-Cuq [s. Anm. 2] 438), der den Namen mit *Adjutrio* latinisiert. Ohne Auseinandersetzung mit der Lit. nach Seeck und ohne Berücksichtigung des Eunap-Zeugnisses unterscheidet Cuneo (s. Anm. 20) 140–142 (wie bereits Mommsen [s. Anm. 4] 288) mit Verweis auf CTh 12,1,38 a. 346 und 39 a. 349 Anatolius *ppo Illyr.* 346–349 von Anatolius *ppo* 357–360. Dadurch würde die Zahl der gleichzeitig a. 347–349 im Westen aktiven *ppo* auf vier (oder sogar fünf, s. o. Anm. 34, 36) erhöht.

89 Cf. Seeck 1919 (s. Anm. 4), 40,18ff.; 41,9ff.; 119; 204 (*consularis Syriae* 349, *vic. As.* 352, *puC* 354, *ppo* 356/57–360); ihm folgen Palanque 1933 (s. Anm. 5) 34 und Enßlin (s. Anm. 4) 2433,60ff.; PLRE 1,59f. Nr. 3 (aber: *ppo Illyr.* 357–360; mit weiteren Quellen) und Fitz (s. Anm. 25) 39f. ignorieren Normans These, von Haehling (s. Anm. 4) 97–100 verwirft sie ausdrücklich. Während Norman (s. Anm. 88) 258 die Unterfertigung von CTh 12,1,38 *ad Anatolium ppo, dat. X kal. Iun. Caesenae Constantio IIII et Constante III AA. conss.* (23. 5. 346) unverändert läßt (ähnlich Cuneo [s. Anm. 20] 140–142, s. o. Anm. 88), korrigiert Seeck in *Iu<l>. … Constantio <V>IIII A. cons.*

Dennoch trifft es zu, daß Anatolius seit der Ankunft des Hofes in Sirmium im Oktober 357 und dem Eintreffen des Taurus in Italien faktisch nur für die Administration des Illyricum zuständig war. Eine prinzipielle Neuerung trat aber erst ein, als Constantius im Spätherbst 359 nach Thrakien weiterreiste und Anatolius als 'regionalen' *ppo* im Illyricum beließ, während Helpidius nun sein *praef. praes.* wurde.

Welche Motive hinter dieser Entscheidung steckten, läßt sich nicht mit Gewißheit feststellen. Mit Blick auf seine Nachfolger ist zu vermuten, daß eher personalpolitische als administrative Überlegungen den Ausschlag gaben. Denn die Wiederbesetzung des Amtes durch **Fl. Florentius** nach dem plötzlichen Tod des Anatolius Anfang a. 360 läßt sich leicht als individuelle Kompensation verstehen: Der *ppo Gall.* 357–360 hatte nämlich seine Loyalität zu Constantius mit dem Verlust seiner Stellung bezahlt, als er im Februar 360 vor dem Usurpator Julian floh. Jedoch büßte er auch seine zweite *ppo* aufgrund derselben Feindschaft ein: Bevor Julian auf seinem Ostfeldzug die Save erreicht hatte, waren ihm Florentius und Taurus in Richtung Antiochia ausgewichen.[90]

2.6 Julian und seine *ppo* a. 355–363

Mit der Vernichtung des Magnentius übernahmen die Beamten des Constantius im Verlauf des Sommers 353 auch die Verwaltung der gallischen Dioecesen, wobei die oberste Leitung in den Händen des *praef. praes.* Rufinus gelegen haben wird. Als der Hof im Frühjahr 354 das Gebiet westlich der Alpen verließ, wurde es erforderlich, einen 'regionalen' *ppo* mit der Administration zu betrauen. Vermut-

---

(22.6.357, s.o. Anm. 39 zum Kaiserconsulat): Constantius hatte Rom erst am 29.5. gen Norden verlassen (Amm. 16,10,20) und ist im Juli in Ariminum nahe Caesena nachgewiesen; Norman läßt das Ortsdatum unerklärt, obwohl für Constans keine Romreise bekannt ist, cf. das Itinerar bei Barnes (s. Anm. 22) 225 (allerdings mit der vorsichtigen Erwägung eines Romaufenthalts a. 340). Sollte der Monatsname in CTh 12,1,38 richtig überliefert sein, dann wäre Anatolius wenige Wochen vor Constantius aufgebrochen und hätte das Gesetz in Caesena weitergeleitet. Im übrigen ist der überlieferte Titel in CTh 12,1,39 (*ppo*, a. 349) mit Blick auf 12,1,38 (a. 346/57) als klarer Folgefehler zu betrachten.

90 Cf. Amm. 21,6,5; 21,9,4; PLRE 1,365 Fl. Florentius 10 *cos.* 361; von Haehling (s. Anm. 4) 98; 100; Fitz (s. Anm. 25) 40; 1994, 1213f.; Barnes 1992 (s. Anm. 6) 259; s. auch u. Kap. 6 mit Anm. 91. Wenig überzeugend unterstellt Palanque 1933 (s. Anm. 5) 35f., daß die „ambition intrigante" des Taurus zu den Veränderungen in Italien und im Illyricum a. 355–361 geführt hätten; zuzustimmen ist ihm darin, daß die erneute Einsetzung eines *ppo Illyr.* der persönlichen Genugtuung des Florentius gedient habe; Julian kehrte also ohne Zögern zur alten Ordung zurück.

lich ergab sich eine kurze Vakanz, bis **Honoratus** aus Kilikien in Gallien eintraf (?Sommer 354).[91] Von November 355 an, als der Caesar Julian mit der Sicherung der Rheingrenze betraut wurde, war Honoratus wohl dessen *praef. praes.*

Bis zur Schlacht von Argentorate (a. 357) hatte **Fl. Florentius** dieselbe Position bereits übernommen. Nicht zuletzt den Konflikten, die er als Anwalt des Constantius mit dem Caesar austrug, ist dessen reiche Bezeugung in den literarischen Quellen zu verdanken. In ihnen tritt er wiederholt als Berater und mit Verantwortung für die Logistik der Feldzüge auf. Im Vorfeld der Usurpation (Februar 360) hielt er es für sicherer, sich aus der unmittelbaren Umgebung Julians zu entfernen; er verweigerte sogar die Rückkehr an den Hof, als sie ihm mit Nachdruck befohlen wurde. Spätestens wenn Ammian dem Kaiser die Worte *ab imperatore nusquam diiungi debere praefectum in ardore terribilium rerum* in den Mund legt, wird manifest, daß kein Kaiser bis a. 360 den Anspruch auf einen *praef. praes.* aufgegeben hatte.[92]

Nachdem Julian im Februar 360 zum Augustus ausgerufen worden war, ergriff Florentius die Flucht. Constantius ersetzte ihn daraufhin durch **Nebridius**, der bislang als *quaestor* Julians gedient, aber die Treue zu Constantius bewahrt hatte. So verweigerte er dem Usurpator die Gefolgschaft, als dieser im Frühjahr 361 gegen Constantius zu rüsten begann. Nebridius erhielt die Erlaubnis, sich zurückzuziehen, so daß seine Amtsgeschäfte zunächst vom Vicar Decimius Germanianus übernommen wurden. Erst als Julian im Frühjahr 361 von Kaiseraugst gen Osten aufbrach, setzte er **Fl. Sallustius** zum *ppo* in Gallien ein, der dort bis unter Jovian regierte.[93] Hier zeigt sich recht deutlich, daß es damals als selbstverständlich erachtet wurde, die vier westlichsten Dioecesen unabhängig von der

91 Cf. PLRE 1,438f. Honoratus 2 *com. Or.* a. 353/54, *ppo Gall.* 355/57, *puC* 359–361; ähnlich Palanque 1933 (s. Anm. 5) 26; Barnes 1992 (s. Anm. 6) 257, der die *comitiva* auf a. 353 beschränkt. Allerdings geht aus Amm. 14,1,3; 2,20 hervor, daß Honoratus noch unter Gallus als *com. Or.* abgelöst worden war, und Lib. epist. 386,4.6 (ed. Foerster) impliziert eine unmittelbar folgende Beförderung zum *ppo Gall.* Da nun Volusianus offenbar nicht *ppo Gall.* war, konnte Honoratus dieses Amt ab Sommer 354 tatsächlich innehaben.

92 Cf. Amm. 20,3,8; weitere Quellen in PLRE 1,365 Nr. 10; s. auch o. Kap. 5 mit Anm. 90 zu Florentius.

93 Cf. Amm. 21,5,11–12; 21,8,1; PLRE 1,392 Decimius Germanianus 2; 619 Nebridius 1; 797f. Sallustius 5 (das früheste überlieferte Gesetz ist CTh 7,4,7 vom 6.1.362); 1049f. (Liste); Palanque 1933 (s. Anm. 5) 38; von Haehling (s. Anm. 4) 337; Barnes 1992 (s. Anm. 6) 257. Die Namensähnlichkeit von Julians gallischem (Fl. Sallustius) und östlichem (Saturninius Secundus Salutius) *ppo* hat in den Quellen und der älteren Lit. für Verwirrung gesorgt, gilt aber seit R. Étienne („Flavius Sallustius et Secundus Salutius", *Revue des Études Anciennes* 65, 1963, 104–113), der ersterem die Verfasserschaft des Traktats „Über die Götter und die Welt" zuschreibt, als geklärt; dennoch vertritt J.L. Desnier („Salutius-Salustius", *Revue des Études Anciennes* 85, 1983, 53–65) erneut die gegenteilige Auffassung.

An- oder Abwesenheit eines Kaisers einem *ppo* zu unterstellen. In diesem Sinne kann der unter Constantin I. begonnene Prozeß der 'Regionalisierung' für die gallische Praefectur als abgeschlossen betrachtet werden.

Ammian berichtet von weiteren Ernennungen, die Julian vornahm, als er sich in Naissus aufhielt (?Juni/?August–November 361): *tunc… **Mamertinum** promotum praefectum praetorio per Illyricum designavit consulem et Nevittam.* Auf dieser Aussage beruht die Ansicht, daß Mamertinus a. 361 sukzessive zum *csl*, *ppo Illyr.*, *cos.* und noch vor Jahreswechsel zum *ppo Ital. et Illyr.* befördert worden sei, wobei er in der mittleren Großpraefectur durch mehrere Gesetze a. 362–365 nachgewiesen ist.[94] Ein solcher Ablauf ist aber nicht sinnvoll, da nicht einzusehen ist, warum die italische Praefectur vakant geblieben sein soll, zumal Julian vielleicht noch kurz vor der Beförderung des Mamertinus eine Umbesetzung in der *puR* vorgenommen hatte.[95]

Tatsächlich läßt die Partizipialkonstruktion (*promotum*) offen, ob die Beauftragung mit der Praefectur und die Designation zum Consul fast gleichzeitig geschahen oder durch ein mehrmonatiges Intervall getrennt wurden.[96] Sobald Julian aber seine Scheu überwunden hatte, einen *ppo Illyr.* oder *puR* zu ernennen,

---

94 Cf. Amm. 21,12,25; PLRE 1,540f. Nr. 2 mit Quellen; ebenso Palanque 1933 (s. Anm. 5) 41; Fitz (s. Anm. 25) 40; 1994 (s. Anm. 24), 1214f.; Delmaire (s. Anm. 36) 37; C. E. V. Nixon / B. Saylor Rodgers, *In Praise of Later Roman Emperors. The* Panegyrici Latini, *Introduction, Translation and Historical Commentary with the Latin Text of R. A. B. Mynors*, Berkeley 1994, 386f. Während frühere Forscher Julians Ankunft in Sirmium auf den 10. 10. und in Naissos bald darauf datieren, schlägt J. Szidat („Zur Ankunft Julians in Sirmium 361 n. Chr.", *Historia* 24, 1975, 375–378, hier 376f.) Mitte Mai für das Eintreffen in Sirmium und Juni für Naissos vor; eine plausiblere Mittelposition beziehen dagegen C. E. V. Nixon („Aurelius Victor and Julian", *Classical Philology* 86, 1991, 113–125, hier 113–118) und Barnes (s. Anm. 22) 228/317 Anm. 64.

95 Cf. Amm. 21,12,24. Überhaupt ist auffällig, daß der Usurpator so lange mit der Besetzung der italischen Ämter gewartet haben soll. Daß er sich zunächst auf Beamte für Gallien und den Hof beschränkt hätte, könnte einerseits den Kompromiß implizieren, welchen er immer noch zu erzielen hoffte; andererseits scheint die Chronologie dagegenzustehen und eher für einen apologetischen, aber eben nicht konsistenten Griff des Historiographen zu sprechen.

96 Die Abfolge der Ereignisse ist nicht stringent geschildert, doch hat Julian sicher nicht mit den Personalentscheidungen gewartet, bis er alleiniger Augustus war. Sein Gesinnungswandel mochte dann einerseits durch die wachsende Gefahr eines Zweifrontenkrieges herbeigeführt worden sein; andererseits bot das Treffen mit Symmachus und Maximus eine willkommene Gelegenheit, sich die Zustimmung des römischen Senates zu sichern, der ihm bislang ebenfalls noch nicht zugetan war und angesichts des offenen Widerstandes von Aquileia ebenfalls eine Gefahr bedeutete. Ammians Bericht geht wie folgt: 21,12,1–3 Nachricht vom Tod des Constantius erreicht Julian in Naissus; Einzug in Constantinopel; § 16 Julian in Constantinopel; § 21 *agens etiamtum apud Naissum*: Sorge betreffs Aquileia verweist auf die Zeit vor der Nachricht von Constantius' Tod; § 22 Constantius hatte in Thrakien effektiven Widerstand organisiert,

bestand auch kein plausibler Grund mehr, auf einen *ppo Ital.* zu verzichten. Mamertinus dürfte deswegen von Anfang an die Hauptverantwortung für die Administration des gesamten zwischen Gallien und Thrakien liegenden Gebietes getragen haben. Dasselbe legen auch die restlichen Zeugnisse nahe, die ihn allein als *ppo Ital. et Illyr.* kennen, ohne eine Beförderung innerhalb der *ppo* zu belegen.[97]

Auch das älteste erhaltene an Mamertinus *ppo* gerichtete Gesetz (CTh 8,5,12) bestätigt das Mißtrauen an Ammians Darstellung: Da der Empfang eines Exemplars in Syracus am 22. 2. 362 vermerkt wurde, dürfte die Emanation angesichts der klimatischen und politischen Umstände kaum später als Oktober 361 gefallen sein. Hinzu kommt eine in Concordia gefundene Inschrift, die eine Reform des *cursus publicus* belegt *disponente Claudio Mamertino v. c. per Italiam et Illyricum praefecto praetorio* (CIL 5,8987=ILS 755). Zwar erkennt auch PLRE einen Bezug zu dem erwähnten Gesetz; sie ignoriert aber auch hier die chronologische Implikation, die in die Zeit vor Mamertinus' Designation zum Consul und somit ungefähr in den Sommer 361 verweist.

Offenbar hatte er während Julians Aufenthalt in Naissus die Aushebung von Soldaten und Requisition weiterer notwendiger Mittel im Illyricum organisiert, was die irreführende Angabe Ammians verursacht haben mag.[98] Die Inschrift von Concordia zeigt indes, daß selbst der ausdrückliche Vermerk einer regionalen Zuständigkeit völlig mit einer gleichzeitigen praesentalen Funktion vereinbar ist. Denn Mamertinus begleitete den Kaiser bis nach Constantinopel, wo er am 1. 1. 362 sein Consulat antrat; danach saß er sogar noch im Sondertribunal von Chalcedon über Anhänger des Constantius zu Gericht (?Januar/?Februar 362).[99]

während das rebellierende Aquileia die überlebensnotwendige Verbindungslinie mit dem Westen gefährdete (§§ 17 ff., 21); § 24 die Einsetzung des Maximus zum *puR* verpflichtete nicht nur diesen: *ad Rufini Vulcacii gratiam, cuius sororis eum filium norat* (n. b.: Constantius hatte diesen a. 354 ohnedies verprellt); § 25 s. o. im Text.

97 Cf. Claud. Mam. Grat. act. (=Panegyrici Latini 3) 1,5; 15,5; 22,2: Die Ernennung a. 361 wird als einmalige Beförderung betrachtet; eine Ausdehnung des Amtssprengels oder gar eine Iteration der Praefectur wäre angesichts des jeweiligen Kontextes gewiß erwähnt worden. Cf. außerdem Amm. 26,5,5.

98 Cf. Amm. 21,12,22 *ipse* (sc. Julian) ... *efficaciter Illyricum contrahebat exercitum.* Angesichts der Fehler, die sich Ammian hinsichtlich des Hermogenes (s. o. Anm. 70), Probus (PLRE 1,736–740) oder Rufinus (PLRE 1,782 f.) erlaubt, ist diese Ungenauigkeit nahezu bedeutungslos. Auch von Haehling (s. Anm. 4) 101 und 295 glaubt an eine sofortige Übernahme der Großpraefectur, wobei er sich einerseits auf deren Vakanz beruft, andererseits eine stilistische Variation des „exakten Amtstitels" in Anspruch nimmt. Cf. bereits Enßlin (s. Anm. 4) 2434,53 ff.: Die Designation zum *cos.* sei „schon mit Blick auf die Gesamtpräfektur Italien, Illyricum, Africa" erfolgt.

99 Cf. Claud. Mam. Grat. act.=Panegyrici Latini 3 zum 1. 1. 362; Amm. 22,3,1 ff. zum Sondertribunal.

Indem Mamertinus Anfang 362 als nichtpraesentaler *ppo* nach Italien zurückkehrte, wird deutlich, daß auch die Apenninhalbinsel und Afrika als ein Gebiet angesehen wurden, das unter normalen Umständen einem *ppo* zu unterstehen hatte. Lediglich die Einbeziehung oder Ausklammerung des Illyricum sollte in den kommenden Jahrzehnten zur Disposition stehen.

Als sich Julian von Mamertinus trennte, hatte er bereits seinen ehemaligen Quaestor **Saturninius Secundus Salutius** zum *ppo* erhoben. Erstmals bezeugt ist er als Mitglied des Sondergerichts von Chalcedon, doch könnte er bereits im Dezember 361 Helpidius als für den Osten zuständigen *ppo* abgelöst haben.[100] Die meisten der zahlreichen Quellen verzichten auf eine Spezifizierung des Titels: So nennt ihn eine Ehreninschrift a. 365/67 schlicht *praef. praetorio iterum* (unter Valens mußte er seine Amtszeit kurz unterbrechen), während die *inscriptio* nur einer einzigen der vielen Constitutionen *Secundo ppo Orientis* lautet.[101]

Daß er tatsächlich für den Osten zuständig war, steht außer Frage, doch ebensowenig kann bezweifelt werden, daß er in den folgenden Jahren praesentaler *ppo* war: Dies geht nicht nur daraus hervor, daß er bei Julians (Juni 363) und Jovians (Februar 364) Tod als einflußreichster Funktionsträger des Hofstaates jeweils im Zentrum des Geschehens stand; auch Ammian spricht ausdrücklich von *praefectus Salutius praesens*[102].

---

100 Cf. Amm. 23,3,1; PLRE 1,814–817; von Haehling (s. Anm. 4) 64 läßt die gesicherte Dienstperiode mit dem ersten Gesetz (CTh 8,1,7 vom 1. 3. 362) beginnen. Zur Person s. auch o. Anm. 93.

101 CTh 1,16,5, *dat. XIV k. Mai. Constantinopoli Constantio A. VIII et Constantio IIII conss.*: Mommsen datiert a. 362/63, Seeck und PLRE a. 365; das Kaiseritinerar ließe a. 362, 364 oder 365 zu. Das Consulat ist schon deswegen falsch, weil Constantinopel a. 329 noch nicht einmal eingeweiht war; auch ist eine regionale Spezifizierung ansonsten nicht vor den 360-er Jahren belegt, cf. z. B. CI 7,38,1 an Probus *pp(o) Galliarum* (a. 367?); AE 1934, 159 a. 364/67 auf Taurus (*praef. praet. per Italiam atq. Africam* sc. a. 355–361), nach Migl (s. Anm. 8) 130 der früheste inschriftliche Beleg, s. dazu o. Anm. 86; weiteres bei Mommsen (s. Anm. 4) 284f. und Migl (s. Anm. 8) 141.

102 Cf. Amm. 23,5,6 (kurz vor Julians Tod); die Formulierung könnte allerdings durch die vorangehende Nennung der *litterae tristes Sallusti Galliarum praefecti* (§ 4) motiviert sein. Cf. auch 26,5,5 *Orientem quidem regebat potestate praefecti Salutius, Italiam vero cum Africa et Illyrico Mamertinus et Gallicas provincias Germanianus.* Weitere Quellen, die die Anwesenheit am Hof beweisen, finden sich in PLRE 1,815f. Die Weitergabe und Aushängung einer an Secundus gerichteten Constitution (CTh 4,12,5 *Secundo ppo, dat. et pp. in Foro Traiano VIII id. Dec. Mamertino et Nevitta conss.*) könnte vielleicht ebenfalls mit seiner Funktion als *praef. praes.* zusammenhängen.

3. Zusammenfassung und Ausblick

Weder das Modell der kollegialen Besetzung einer Praefectur mit regionaler Zirkumskription (Seeck) noch die Vorstellung, daß ab a. 337/40 (PLRE) oder 343 (Barnes für den Westen) je ein alleinverantwortlicher *ppo* einen räumlich definierten Sprengel verwaltet habe, können die Dokumente für das 4. Jh. befriedigend erklären. Urkunden und literarische Quellen spiegeln vielmehr flexiblere und dynamische Strukturen wider, für die das Prinzip der personalen Bindung an den jeweiligen Kaiser dominierend war. Seit jeher war es für den Herrscher selbstverständlich, einen *praef. praes.* in seiner Umgebung zu haben und diesen auch auf Reisen mit sich zu führen.

Entscheidend für die Entwicklung der Amtsorganisation waren die Reaktionen auf Bewegungen, Vermehrung oder Reduktion der Kaiserhöfe. Da die *ppo* bis in die Zeit der Tetrarchie allein an die Augusti gebunden waren, setzte man, wie seit dem 3. Jh. belegt ist, bei Bedarf *vices agentes praefectorum praetorio* bzw. *vicarii* ein, um die Abwesenheit des Kaisers oder seiner höchstrangigen Stellvertreter an zentralen Orten zu kompensieren. Trotz veränderter Rahmenbedingungen blieb dieses Institut bis in die ausgehende Spätantike von großer Bedeutung. Constantins I. Entscheidung, auch Caesaren einen *ppo* an die Seite zu Stellen, führte ab ca. a. 317 zu einer Vermehrung dieser Funktionsträger, deren Zahl bis a. 335 auf fünf anstieg. Ihr nichtpraesentales Wirken blieb damals noch eine Ausnahme, die sich in Übergangszeiten infolge von Krieg oder Tod eines Kaisers nachweisen läßt.[103]

Während die Verringerung des Kaiserkollegiums a. 337 im Westen mit der Streichung der dem Caesar Dalmatius zugeordneten Praefectur einherging, behielt Constantius im Osten zunächst einen *ppo* in Constantinopel und einen weiteren in Antiochia bei, bis er a. 340/41 die Stelle des nichtpraesentalen *ppo* einsparte. Doch bewogen ihn die kirchenpolitischen Ereignisse a. 342, mit Philippus erneut einen *ppo* nach Byzanz zu entsenden. Eine solche flexible Handhabung läßt sich für den Osten bis a. 359 belegen. Danach fungierte dort in der Regel nur ein einziger *ppo* am Kaiserhof.

Im Westen geriet die Ordnung durch den Untergang Constantins II. a. 340 in Verwirrung. Spätestens bis a. 341 reagierte Constans darauf mit der Berufung eines nichtpraesentalen *ppo* für Gallien. Als er dann a. 347 mit Limenius erstmalig einen *puR et ppo* ernannte, schuf er nicht etwa einen italisch-afrikanischen und einen separaten illyrischen Sprengel, sondern bezweckte gleichermaßen die kon-

103 Die Vicariatsverfassung bedarf weiterer Untersuchungen; cf. insbesondere Noethlichs 1982; Kuhoff (s. Anm. 1) 112 ff.; Migl (s. Anm. 8). Zu den nichtpraesentalen *ppo* unter Constantin I. s. o. Anm. 38; auch o. Anm. 12.

stante Erreichbarkeit eines *ppo* in der Reichsmitte, auch wenn er sich mit seinem *palatium* in den gallisch-germanischen oder illyrischen Provinzen aufhielt.

Mit den Usurpationen des Magnentius (18.1.350) und Vetranio (1.3.350) kam erneute Bewegung in die Organisation der höchsten Ämter. Zum einen wurde die Personalunion in Italien aufgehoben und dort stattdessen ein nichtpraesentaler *ppo* stationiert; zum anderen wirkte nun ein *ppo* im Illyricum, zunächst unter Vetranio (a. 350), bald darauf unter Constantius (a. 350–352). Allerdings blieb das praesentale Konzept entscheidend: So hatte Constantius Philippus (a. 342–351) aus dem Osten mitgebracht; im Illyricum löste ihn Rufinus ab, der den Kaiser später nach Italien, Gallien und wieder nach Italien begleitete (a. 351–354); seine Nachfolger Volusianus und Lollianus blieben – von einem Sondereinsatz ins Illyricum einmal abgesehen – am *palatium* in Italien.

Veränderungen kündigten sich dann mit der Berufung des Taurus an, der a. 355 in Afrika eingesetzt wurde. Mit Constantius' Abreise ins Illyricum im Frühjahr 357 siedelte dieser nach Italien über, während der *praef. praes.* Anatolius seinen Augustus ins Illyricum begleitete. Als Constantius a. 359 nach Thrakien weiterzog, hinterließ er im Okzident drei *ppo*: In Gallien diente Florentius, der übrigens zugleich die Stellung eines *praef. praes.* am Hof des Caesars Julian innehatte, in Italien Taurus und im Illyricum der dort zurückgelassene Anatolius.

Ungefähr gleichzeitig reduzierte sich die Anzahl der im Orient dienenden *ppo* durch das Ausscheiden des in Antiochia stationierten Hermogenes auf einen, nachdem unbekannte Ursachen ca. a. 358 dazu geführt hatten, mit Helpidius einen zweiten nichtpraesentalen östlichen *ppo* in Constantinopel einzusetzen. Letzterer übernahm a. 359 also die gesamte östliche Praefectur und zugleich die Position des *praef. praes.*[104]

104 Zur Interpretation cf. auch Migl (s. Anm. 8) 132: Zwar lehnt er zu Recht die Annahme einer tiefgreifenden Reform a. 354 (s.o. Anm. 6) ab, stellt aber fest: „Gewiß ist unter Constantius nach dem Sieg über Magnentius eine bemerkenswerte Regelhaftigkeit hinsichtlich der Dislozierung von Präfekten in den Regionen eingekehrt. Sie ist allerdings eher die Voraussetzung für die Umwandlung der Präfektur zum Spitzenamt in der Regionalverwaltung als deren Konsequenz, denn ein wesentlicher Aspekt bei der Reform des Amtes fehlt bei Constantius noch: die klare Abstimmung zwischen Präfektur und den konkurrierenden Ämtern, insbesondere mit dem Vikariat". Einen wichtigen Schritt auf dem Wege der Regionalisierung stellt CTh 1,5,6 an Musonianus vom 7.6.358 dar: *Nullum patimur praefectorum in aliena dioecesi emolumenta annonaria erogare*. Cf. dazu Migl (s. Anm. 8) 136, wenn auch seine enge Deutung von *dioecesis* nicht zwingend ist. S. 140 schließt er das Kapitel: „Das alles hat noch längst nicht das Maß an Kontinuität und Regelhaftigkeit ..., die den Schluß rechtfertigen würden, ... das Reich und seine Verwaltung [seien] im großen Stil bürokratisiert worden. ... Vieles blieb improvisiert und blieb mehr von Personen und ihren Beziehungen abhängig als von Ämtern und rationalen Regeln." Die Vollendung der Regionalisierung fiel nach Migl erst in die 360er Jahre (s. Anm. 8, S. 140ff.).

Mit Julians Usurpation wurde das System erneut umgestoßen (a. 360/61), doch rekonstituierten sich die drei Großpraefecturen bis Frühjahr 362 wieder so, wie sie erstmals a. 341/42 bestanden hatten und auch später von Bedeutung sein sollten (*Gall. / Ital., Illyr. et Afr. / Or.*). Verschiebungen infolge von Usurpationen (a. 365–366, 387–388, 392–394) hatten nur noch ephemeren Charakter. Lediglich das Illyricum wurde ab a. 364 gelegentlich und seit a. 379 unter Ausschluß von Pannonien fast regelmäßig einem separaten *ppo* unterstellt, wobei sowohl militärische als auch personalpolitische Gründe ausschlaggebend waren.[105]

Noch während der Herrschaftszeit Theodosius' I. (a. 379–395) stellte sich die aus der *Notitia dignitatum* bekannte regionale Ordnung also dauerhaft ein. Denn sie wurde durch seine knabenhaften Söhne, die nun ihren Residenzen in Mailand (bzw. Ravenna) und Constantinopel weitgehend treu blieben, gewissermaßen konserviert. Aber trotz dieser 'Regionalisierung' hatten der *ppo Ital.* (bzw. *Ital., Illyr. et Afr.*) und der *ppo Or.* in der Regel weiterhin die Rolle von *praefecti praesent(al)es* inne.

4. Anhang: Abkürzungsverzeichnis

4.1 Bibliographisches

AE	Année Épigraphique
Amm.	Ammianus Marcellinus, *Res gestae*, ed. W. Seyfarth (Leipzig 1978)
Athan. *Apol. Const.*	Athansius, *Apologia ad Constantium*, ed. J. M. Szymusiak (Paris 1987)
Athan. *Hist. Ar.*	Athansius, *Historia Arianorum*, ed. H.-G. Opitz (Berlin 1940: Werke, 2. Bd., 1. Teil: *Die Apologien*, darin 8.)
Chron. 354	Philocalus, *Chronographon a. 354*, ed. Mommsen (MGH AA 9, Berlin 1892)
CLRE	Consuls of the Later Roman Empire, edd. Bagnall et al. (Atlanta 1987)

105 Dem ganzen Illyricum standen Petronius Probus a. 364–365/66, Iulius Ausonius a. 376–377 und Clodius Hermogenianus Olybrius 377–378/79 vor. Das Illyricum Orientale (Dacia und Macedonia) wurde von Neoterius 380–381, Clearchus 381–382, Nonius Atticus 383/84, Neoterius 384–385, ?Eutropius 385, Eusignius 385–386/87, N.N. 387/88, Trifolius 388/89, Polemius 388/90, Florus 390/92 (CI 12,50,13), Apodemius 392/93, Dexter 393/94 regiert, cf. Coşkun (s. Anm. 5) 72–74f.; 145f. zu a. 375–379; ders.: „Zur Verwaltungsspitze im Illyricum während der Mailänder Periode Kaiser Valentinians II. (a. 383–387)", *Byzantion* 73, 2003, 360–389 zu a. 380–387; demnächst ders.: „Die Karriere des Virius Nicomachus Flavianus. Mit Exkursen zu den *praefecti praetorio Italiae, Africae et Illyrici* 388–95", *Athenaeum* 2004, zu a. 388–394.

CI	*Codex Iustinianus*, ed. P. Krüger ([2]1877, 14. Nd. Dublin/Zürich 1967)
CIL	Corpus Inscriptionum Latinarum, ed. Academia Litterarum Borussica
CTh	*Codex Theodosianus*, ed. Th. Mommsen (1904/05) vel ed. P. Krüger (Berlin 1923: Bd. 1 [Bd. 1–6]; 1926: Bd. 2 [Bd. 7–8])
Hieron. *Chron.*	Hieronymus, *Chronicon*, ed. R. Helm (GCS Eusebius, Bd. 7: Berlin 1956, [3]1984)
ILS	Inscriptiones Latinae Selectae, ed. Dessau
ILT	Inscriptions latines de Tunésie, ed. Merlin
Lib.	Libanius, ed. R. Foerster, Leipzig 1903–1923 (vel ed. A. F. Norman, Cambridge/M. 1992)
MGH AA	Monumenta Germaniae Historica, Auctores Antiquissimi
PLRE	Prosopography of the Later Roman Empire, edd. Jones et al.
Socr. *Hist. eccl.*	Socrates, *Historia ecclesiastica*, ed. G. Ch. Hansen, Berlin 1995 (GCS N.F. 1)
Soz. *Hist. eccl.*	Sozomenus, *Historia ecclesiastica*, ed. G. Ch. Hansen, Berlin [2]1998 (GCS N.F. 5)
Zos.	Zosimus, *Historia nova*, ed. F. Paschoud, Bd. 1 (Bd. 1–2), Paris 1971

4.2 Spätantike Ämter und Rangtitel

Aug.	*Augustus*
Caes.	*Caesar*
cons.	*consule/ consulibus*
crp	*comes rerum privatarum*
cos. (ord.)	*consul (ordinarius)*
csl	*comes sacrarum largitionum*
mag. off.	*magister officiorum*
ppo (Afr./ Gall./ Illyr./ Ital./ Or.)	*praefectus praetorio (Africae/ Galliarum/ Illyrici/ Italiae/ Orientis)*
praef. (praes./ praet.)	*praefectus (praesens/ praetorio)*
procos. (Afr./ As.)	*proconsul (Africae/ Achaeae)*
puC	*praefectus* (vel *praefectura) urbis Constantinopolitanae*
puR	*praefectus* (vel *praefectura) urbi(s) Romae*
v.c.	*vir clarissimus*
vic. (As./ urb.).	*vicarius (Asiae/ urbis)*

5. Tabellarische Übersicht über die Praetorianerpraefecten a. 336–63[1]

	Oriens	Constantinopolis	Illyricum	Italia	Gallia
1.3.336 Inschr. Tubernuc	**Fl. Ablabius** (329)–37/38 C-tius C,Or	**Papius Pacatianus** (c.332)–36 C-tinus A, Cp	**Nestorius Timonianus** c.335–37 Dalmatius C, Ill	**Valerius Felix** 333–36 C-tans C, Ital	**Annius Tiberianus** 335/37 C-tinus C, Gall
		Euagrius *ppo II* 336–37 C-tinus A, Cp		**Gregorius** 336–37/39 C-tans C, Ital	
	Septimius Acindynus 337/38–40/42 C-tius A, Or/Cp	**Domitius Leontius** 337/38–44/48 Cp/Or			**?Maximus** c.337 C-tinus II A, Gall
				Euagrius *ppo III* 338/39–40 C-tans A, Ital	**Ambrosius** 337/40 C-tinus II A, Gall
				Antonius Marcellinus 340–41/42 C-tans A, Ital	**Aco Catullinus Philomatius** 340–41/42 Gall
341/vor 6.7.342 Inschr. Trajana	Domitius Leontius 340/42–44/48			Antonius Marcellinus	**Fabius Titianus** 341/42–50 Gall
Anfang/ Sommer 342 Inschr. Delphi	Domitius Leontius			**Furius Placidus** 341/42–c.44 C-tans A, Ital	Fabius Titianus
	?Maiorinus 344/51 C-tius A, Or/?Cp	**Fl. Philippus** 342 Cp 348 Bithynia	**Vulcacius Rufinus** 344/46–50 C-tans, Ital/Ill	**Ulpius Limenius** 12.6.347–8.4.349 *ppo et urbi*	Fabius Titianus

[1] Or=Oriens, Cp=Constantinopolis, Ill=Illyricum, Ital=Italia, Afr=Africa, Gall=Gallia, C-tius=Constantius, C-tinus=Constantinus, C-tans=Constans, Valent.=Valentinianus, A=Augustus, C=Caesar.

Fortsetzung: Tabelle von Seite 327

	Oriens	Constantinopolis	Illyricum	Italia	Gallia
	?N.N. 351 Gallus C, Or	349/50 ?C-tius A, Cp/?Or Fl. Philippus 350–51 C-tantius A, Cp/Ill	*[Anatolius Azutrio]* *[Eustatius]* Vulcacius Rufinus 350 Vetranio A, Ill 350/51 C-tius A, Ill 352–53 C-tius A, Ital 353–54/?55 C-tius A, Gall	**Hermogenes** 19.5.349–27.2.350 *ppo et urbi* **Anicetus** 350 Ital **?Nunechius** 350/52 Ital	N.N. 350–53 Magnentius A, Gall
	Thalassius 351/53 Gallus C, Or				
	Domitianus 353–54 Gallus C, Or			**Volusianus Lampadius** 354–55 C-tius A, Ital	
	Strategius Musonianus 354–57/58 Or			**Egnatius Lollianus** 355–56 C-tius A, Ital 356 Salona	**Honoratus** 355–56/57 Iulianus C, Gall
	Fl. Hermogenes 357/58–59 Or	**Helpidius** 358–59 Cp 359–61 C-tius A, Cp	**Anatolius Azutrio** 357 C-tius A, Ital 357 C-tius A, Ill 359–60 Ill	**Fl. Taurus** 355–57 Afr 357–61 Ital	**Fl. Florentius** 356/57–60 Iulianus C, Gall
					Nebridius 360–61 Iulianus C/A, Gall Decimius Germanianus 361 *vic. Gall*
					Fl. Sallustius 361–63 *ppo Gall*
ca. 364 Amm. 26,5,5		**Secundus Salutius** 361–63 Iulianus A, Cp/Or 363–64 Iovianus A, Or 364 Valent. et Valens AA 364–65 Valens, *ppo Or* 365–67 Valens, *ppo II Or*		**Claudius Mamertinus** 361–62 Iulianus A, Ital/Ill/Cp 362–64 *ppo Ital Afr et Illyr* 364–65 Valent., *ppo Ital et Afr*	**Decimius Germanianus** 363–66 Valent., *ppo Gall*

Byzantine Sardinia between West and East Features of a Regional Culture

Salvatore Cosentino

I. Man and the natural environment in Sardinian history: a question of perspective

In 1922 Lucien Febvre, in his book *La terre et l'évolution humaine*, had taken Sardinia as an example for explaining the concept of "insularity" in history. The French historian saw Sardinia as a model of a "conservative" island in opposition to Sicily, which, on the contrary, would have represented a kind of "île-carrefour" of races and cultural experiences.[1] Maurice Le Lannou also stressed such an element of strong conservatism in the history of Sardinia in 1941, originating the deep roots of this phenomenon with the secular struggle between shepherds and farmers.[2] One of the most eminent Sardinian scholars, Giovanni Lilliu, seems to identify the historical peculiarity of the Sardinian people in their ancient, heroic, constant endeavour to preserve their own cultural identity against the various political powers, which have been following one another in the control of the island.[3] But what the features of this cultural identity are is hard to define. For Lilliu they are connected, in quite a generic fashion, to the roughness of the natural environment of Sardinia, which would have contributed to mould the fierce and reserved nature of its inhabitants. In all the interpretations mentioned above there is a common element, i.e. the close relationship between the persistence of Sardinian traditions throughout the centuries and the peculiar ambience in which they developed. Conservatism, therefore, would be the result of both insularity and natural environment.

Of the Mediterranean islands, Sardinia is the one farthest from the mainland coasts (see map 1). It is about 188 km from Tuscany, 276 km from Sicily, 178 km

---

* This article is an enlarged version of a lecture delivered at Dumbarton Oaks on 29 April 2002. I am in debt to Wolfram Brandes for some bibliographical references and to David Toalster for revising my English.

1 L. Febvre, *La terre et l'évolution humaine*. Introduction géographique à l'histoire, Paris 1922, pp. 265–266 (Sardinia and Corsica are «îles-prisons qui semblent autant de conservatoires de vieilles races éliminées»).

2 M. Le Lannou, *Pâtres et paysans de la Sardaigne*, Tours 1941.

3 On Lilliu's views see the analysis by M. Tangheroni, *Lunghi secoli d'isolamento? Note sulla storiografia sarda degli ultimi trent'anni*, «Nuova Rivista Storica» 61 (1977), pp. 154–156.

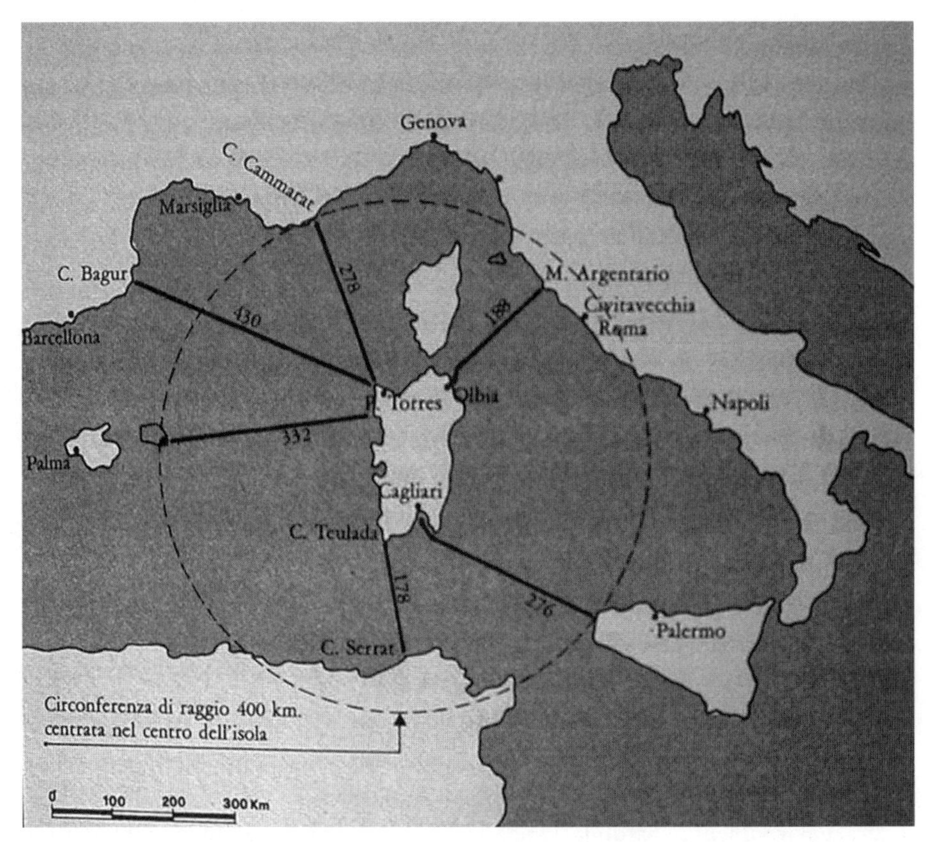

map 1

from Tunisia, 332 km from Minorca, 430 km from Catalonia, 278 km from southern France.[4] Apparently, the distance from Sardinia to the mainland would seem to strengthen the role played by insularity in the history of the region in preserving its scanty permeability to external influences. However, another element has to be underlined: the central position of our island in western Mediterranean. This fact, during Antiquity and the Middle Ages, made Sardinia an important landing-place for navigation, both in a north-south and an east-west direction (or *vice versa*), because of the characteristics of ancient and medieval shipping technology, which usually did not allow navigation on the open sea. If one looks through the history of Sardinia from ancient to the medieval times, one realizes that it shows a succession of contacts between natives and external

4 See M. Brigaglia, La geografia nella storia della Sardegna, in *Storia dei Sardi e della Sardegna,* Vol. 1: *Dalle origini alla fine dell'età bizantina*; edited by M. Guidetti, Milan 1988, p. 36, who derives the figures from the work of A. Mori, *La Sardegna*, Turin 1975.

peoples. Furthermore, it is worth stressing that Sardinia is well known in the whole geographic literature of the Graeco-Roman, Byzantine, Muslim and medieval civilization.[5] This sort of duplicity of its geographical status, being at the same time both island and a Mediterranean crossroads, has been perfectly resumed in the evocative title of a recent book: *The Periphery in the Center.*[6] The perception of Sardinia as a world of its own seems more an echo of modern interpretations than a judgment based on documentation. It is of course true that from the fourteenth century onwards, the island knew a wide and persistent phenomenon of political and social marginality; this is witnessed both by the inferiority of the Sardinian elite in regard to the Spanish and the Piedmontese and by a massive impoverishment due to depopulation of land, incidences of malaria and a colonialist exploitation of its economic resources. However, it is difficult to date this pattern of social development back to a period *ante* the twelfth century. From a political point of view, the ways by which the Roman, Late Roman and Byzantine governments faced the local aristocracy were modelled more on its co-optation into the mechanisms of state administration and bureaucracy, than on its segregation. As far as the conditions of Sardinian society are concerned, it is not at all sure that some of the elements being usually stated as the reason for its poverty in the modern world were already at work in ancient and early medieval times. For example, we have some hints that the demography of Sardinia, at least in the most populated areas of it, does not know a decrement before the twelfth or thirteenth century.[7] Today the percentage of wooded areas on Sardinia amounts to only 1.5 percent of the whole extension of the island.[8] The written sources, however, testify that this situation is the consequence of a short sighted policy of huge forest cutting carried on in the eighteenth and nineteenth centuries, and not a feature of the Sardinian habitat since Antiquity.

---

5 See R.J. Rowland Jr., *The Periphery in the Center. Sardinia in the ancient and medieval worlds*, Oxford 2001 (BAR International Series 970); J. Koder, Sardinien in byzantinischen Quellen, in *Ai confini dell'impero. Storia, arte e archeologia della Sardegna bizantina*, ed. by P. Corrias and S. Cosentino, Cagliari 2002, pp. 69–78 (Byzantium); M. G. Stasolla, La Sardegna nelle fonti arabe in *Ai confini*, pp. 79–91, and M. Pinna, *Il Mediterraneo e la Sardegna nella cartografia musulmana*, 2 vols., Nuoro, with no indication of the date of publication; J. Heers, Pisani e Genovesi nella Sardegna medievale: vita politica e sociale, in *Storia dei Sardi e della Sardegna*, Vol. II., *Il medioevo dai giudicati agli Aragonesi*, edited by M. Guidetti, Milan 1988, pp. 231–250 (Medieval culture).

6 See Rowland, *Periphery* (cf. fn. 5).

7 See S. Cosentino, La Sardegna: temi di storia economica e sociale, in *Ai confini* (cf. fn. 5), pp. 55–68, here p. 65.

8 See A. Terrosu Asole, I paesaggi di montagna e il manto boschivo, in *La Sardegna*, Vol. 1: *La geografia, la storia l'arte e la letteratura*, ed. by M. Brigaglia with the collaboration of A. Mattone and G. Melis, Cagliari 1982, pp. 46–47.

Insularity and the morphology of the land have surely been two important elements in the conditioning the historical development of Sardinia. But they cannot be imagined as static factors, as the role they played in Sardinian history varied time after time. The idea that the cultural traditions of Sardinia were modelled *ab originibus* by a strong attitude to conservatism deriving from its geographical position is, in itself, not more and not less than a myth. A myth which is not without interest for the history of historiography, but which does not appear as the key to the unravelling of every problem related to it. It is important to keep this in mind before approaching the theme of Sardinia in the late antique and early medieval periods.

II. From Italy to Africa

The *Collectanea rerum mirabilium* by Gaius Iulius Solinus (middle of third century) preserve a description of Sardinia which – under the typical literary canons of the ethnographic gender – gives us important information on its natural environment and economic resources. The region has no snakes, it is rich in silver mines, full of ponds abounding in fish and has very healthy hot springs.[9] According to Solinus, Sardinia is also characterized by a low level of rains during the summer, so that its habitants had to collect the water fallen in winter to be able to use it in the dry season.[10] In the middle of the fourth century an anonymous author of Syrian origin describes Sardinia as a very rich land, full of fruit and beautiful horses.[11] Moreover, since the age of Cicero, Roman writers stressed Sardinia's role as grain-producing land[12]. In Roman times the island was connected with Italy, Africa, Spain, France through a number of maritime routes, most of them must have gone back to the Phoenician and Carthaginian period.[13]

This picture of an abundance of natural resources and contacts with other parts of the empire seems to be apparently contradicted by another peculiar function carried out by Sardinia during the Roman Age, i.e. its role as a land of reclusion for those banished. It is well known that Roman law contemplated the

9 *C. Iulii Solini Collectanea rerum memorabilium,* iterum recensuit Th. Mommsen, Berlin 1958 (reprint of the edition of 1895) (= Solinus), 4, 3–7 (pp. 46–47).

10 Solinus (cf. fn. 9), 4, 5 (p. 47).

11 *Expositio totius mundi et gentium*, introduction, texte critique, traduction, notes et commentaire par J. Rougé, Paris 1966 (Sources Chrétiennes, 124), LXVI (p. 210).

12 See Cosentino, Sardegna (cf. fn. 7), p. 55 and quoted bibliography.

13 A. Mastino, R. Zucca, *La Sardegna nelle rotte mediterranee in età romana, in Idea e realtà del viaggio. Il viaggio nel mondo antico*, ed. by G. Camassa and S. Fasce, Genoa 1991, pp. 191–259.

condamnation *ad metalla* in Sardinian mines for the class of *humiliores.*[14] Among the persons who were sent to exile, there were criminals as well as people condemned for political reasons, e.g. the Christians. The *Catalogus Liberii* reports that in 235 the bishop of Rome, Pontianus, and the presbyter Hippolitus were exiled to the "unhealthy island of Sardinia".[15] In later periods the region continued to be utilised as a sort of reclusion centre, as is witnessed by the huge number of catholic bishops and priests sent into exile by the Vandal kings Unnericus (477–484) and Trasamund (496–523).[16] Among these, was Fulgentius of Ruspe, thanks to whom the monastery of St. Saturninus was built.[17] However, there is no contradiction between the image of Sardinia as a land rich in fruit, transmitted to us by the sources mentioned above and that of the "unhealthy" place of exile. Even if it was an important landing-place across the Mediterranean routes, Sardinia still remained an island, and therefore it was much harder to reach than places on the continent. Besides, one also has to pay attention to the cultural meaning with which Roman education perceived the notion of space. In the conception that Sardinia was an apposite territory for being sent to exile, there was not only the idea of geographical distance, but also the prejudice of cultural inadequacy. And that because, first of all, maritime space represented in the popular imagery some sort of obscure and fearsome dimension; the islands, therefore, had an ambiguous cultural status, half land and half sea, just because they were encircled with water everywhere. Secondly, being sent into exile into some remote province of the empire meant to Roman mentality being obliged to dwell in an uncivilized dimension of life that is far from the urban sphere, which was the dimension of life *par excellence* of the Roman and Byzantine world. Probably the circumstance that Sardinia was poor in large cities, increased its suitability in the opinion of Roman rulers as a land of exile. Its urbanisation was concentrated on the costs, along which stood the most important Sardinian towns: *Carales, Nora, Tharros, Turris Libisonis, Fausania* (Olbia).[18] The interior did not have urban

---

14 See Rowland, *Periphery* (cf. fn. 5), pp. 128–129; P. Meloni, *La Sardegna romana*, Sassari 1990[2], pp. 411–417; A. Mastino, La Sardegna cristiana in età tardoantica, in *La Sardegna paleocristiana tra Eusebio e Gregorio Magno*, ed. by A. Mastino, G. Sotgiu, N. Spaccapelo con la collaborazione di A. M. Corda, Cagliari 1999, pp. 263–307.

15 *Cat. Lib.*, p. 4 (in *Le Liber Pontificalis.* Texte, introduction et commentaire par L. Duchesne, 3 vols., Paris 1886–1892). On Christians exiled to Sardinia see R. Zucca, Christiani damnati ad metalla in Sardina, in *Insulae Christi. Il cristianesimo primitivo in Sardegna, Corsica e Baleari*, Oristano 2000, pp. 16–19 and Turtas, *Storia*, pp. 31–34.

16 See L. Pani Ermini, La Sardegna nel periodo vandalico, in *Storia dei Sardi*, Vol. I (cf. fn. 4), pp. 297–327, here: pp. 300–301; A. Boscolo, *La Sardegna bizantina e altogiudicale*, Sassari 1978, pp. 18–26.

17 P. G. Spanu, *La Sardegna bizantina tra VI e VII secolo*, Oristano 1998, pp. 31–37.

18 For a general survey on this topic see L. Pani Ermini, *La Storia dell'archeologia in*

centres. Meaningfully, this territory was called Barbaria (the present *Barbagia*), that is "land of the barbarous". I am not competent to discuss to what extent this part of the island was reached by a process of Romanisation. I limit myself to note that the map of routes built by the Romans in Sardinia shows they knew the inner part of the province very well (see map 2). This demonstrates that the difference between the civilized area of Sardinia (the *Romania*) and the uncivilized one (the *Barbaria*), was perceived not in terms of an effective penetration by man, but in terms of a cultural definition. Sardinia as a land rich in economic resources and Sardinia as an area culturally backward are not, therefore, two images in contradiction with each other. They represent, on the contrary, two aspects of the same mentality in which the notions of economics and civilization could be not conjugated, as we usually do nowadays. Civilization in the Late Roman Empire was above all a particular way of life focused on an urban ambience and its buildings, the forum, the *thermae*, the hippodrome, the aqueducts, the walls, and so on. This statement is corroborated by the same content that the notion of *Romanus* portrayed after the *constitutio Antoniniana* of 212, when it began to describe people living in an urban way in opposition to people living in the space of the *rusticitas* (ἀγροικία), i.e. the countryside.[19] We find an echo of such a cultural attitude in the fragmentary inscription commemorating the rebuilding of parts of the aqueduct of Nora in the first half of the fifth century.[20] The construction, embellishment and restoration of urban buildings was, indeed, one of the ways through which the municipal elites showed their social status by endowing their towns with monuments which increased the civic prestige of the towns themselves. In doing so, this urban aristocracy of high and middle level was lead by a precise cultural pattern, the one of *philantrōpia* towards their communities.

Since 237 B.C., the date of the conquest of Sardinia by the consul Tiberius Sempronius Gracchus, the island saw a more and more developed process of integration into the Roman world. With the institution of the *dioecesis Italiciana*, under Diocletian's reign, the region was listed among the so-called *provinciae suburbicariae*, that is those Italian regions whose economy was partially addressed to supplying Rome. From the fourth until the fifth century Sardinia was economically important for the capital of the *pars Occidentis*, especially for providing it with grain and pork.[21] In the port of Ostia one still can see the preserved mosaics

Sardegna alla luce dell'archeologia in *La Storia dell'Alto Medioevo italiano (VI–X) secolo alla luce dell'archeologia*, ed. by R. Francovich and G. Noyé, Florence 1994, pp. 394 and Spanu (cf. fn. 17), pp. 17–119.

19 See A. Carile, *Impero romano e Romània* in Id., *Immagine e realtà nel mondo bizantino*, Bologna 2000, pp. 9–14.

20 *Corpus Inscriptionum Latinarum*, X, 5742.

21 Cosentino, Sardegna (cf. fn. 7), p. 55.

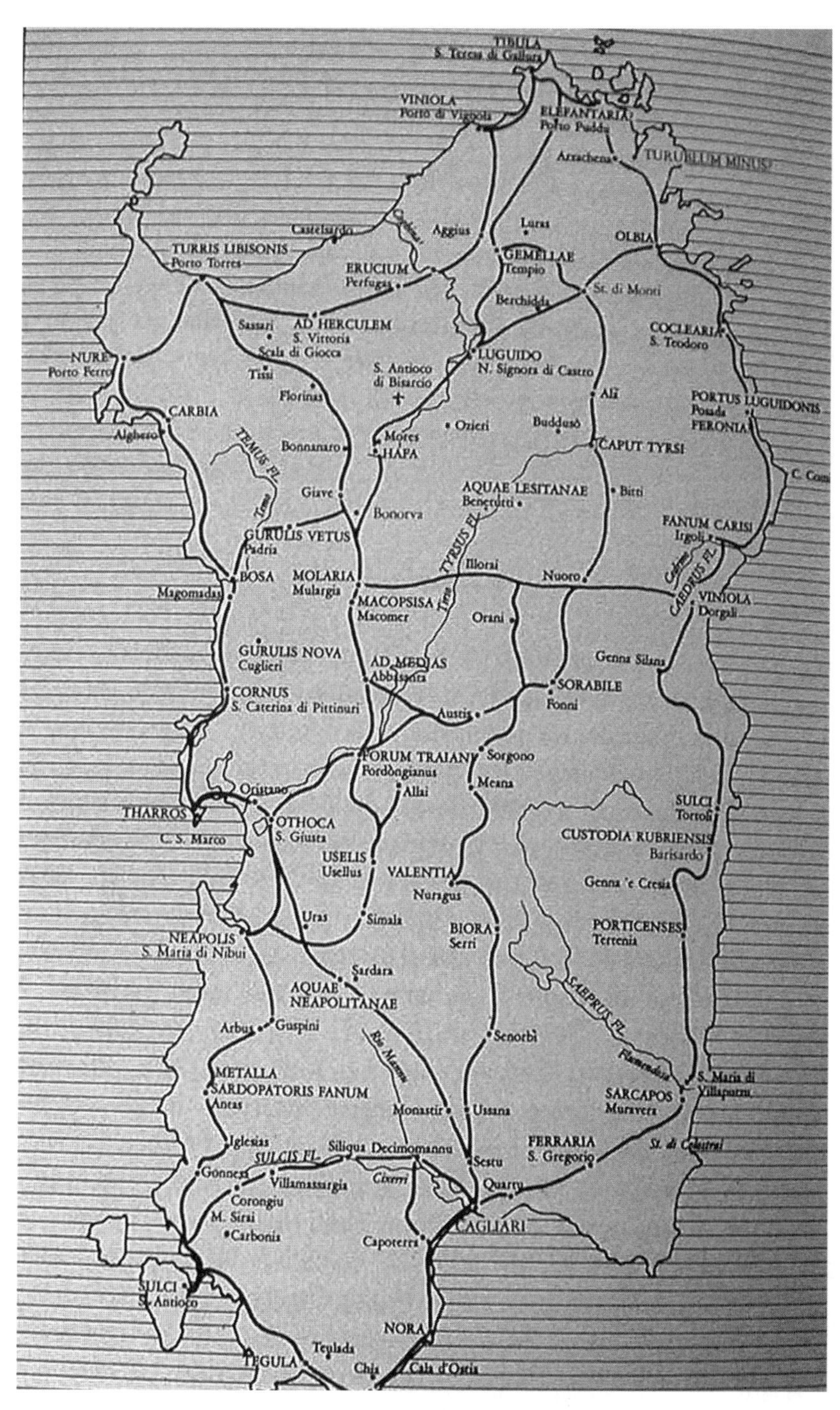
TIBULA
VINIOLA
ELEFANTARIA?
TURRIS LIBISONIS
Porto Torres
Castelsardo
Aggius
Luras
OLBIA
GEMELLAE
Tempio
ERUCIUM
Perfugas
St. di Monti
Berchidda
Sassari
AD HERCULEM
S. Vittoria
Scala di Giocca
NURE
Porto Ferro
Tissi
LUGUIDO
N. Signora di Castro
COCLEARIA
S. Teodoro
S. Antioco
di Bisarcio
Florinas
CARBIA
Alghero
Alà
PORTUS LUGUIDONIS
Posada
FERONIA
Mores
HAPA
Ozieri
Buddusò
Bonnanaro
CAPUT TYRSI
TEMUS FL.
Giave
AQUAE LESITANAE
Benetutti
Bitti
Bonorva
FANUM CARISI
Irgoli
GURULIS VETUS
Padria
TYRSUS FL.
Illorai
BOSA
MOLARIA
Mulargia
Nuoro
Magomadas
MACOPSISA
Macomer
VINIOLA
Dorgali
CAEDRUS FL.
Orani
GURULIS NOVA
Cuglieri
AD MEDIAS
Abbasanta
Genna Silana
CORNUS
S. Caterina di Pittinuri
SORABILE
Fonni
Austis
FORUM TRAIANI
Fordongianus
Sorgono
Meana
Allai
Oristano
THARROS
C. S. Marco
OTHOCA
S. Giusta
SULCI
Tortolì
CUSTODIA RUBRIENSIS
Barisardo
USELIS
Usellus
VALENTIA
Nuragus
Genna 'e Cresia
Uras
Simala
BIORA
Serri
PORTICENSES
Tertenia
NEAPOLIS
S. Maria di Nibui
Sardara
AQUAE NEAPOLITANAE
SAEPRUS FL.
Arbus
Guspini
Senorbì
METALLA
SARDOPATORIS FANUM
Antas
Monastir
Ussana
SARCAPOS
Muravera
S. Maria di Villaputzu
Iglesias
Siliqua
Decimomannu
Sestu
FERRARIA
S. Gregorio
St. di Colostrai
SULCIS FL.
Gonnesa
Villamassargia
Cixerri
Quartu
Corongiu
M. Sirai
Carbonia
CAGLIARI
Capoterra
SULCI
S. Antioco
NORA
TEGULA
Teulada
Chia
Cala d'Ostia

map 2

of the *navicularii* of Carales and Turris Libisonis, who were responsible for conveying the *annonae* to the Urbs.[22] In the occasion of the sack of Rome by Alaric in 410, part of the Roman nobility sought refuge on the island.[23] The beginning of the Vandals' expansion in the Mediterranean, after their conquest of Africa, seems to have been the cause for a crisis for the relationships between Sardinia and Rome. The first Vandal attack on the island took place in 437–438. In the years before 447–448 the officials of the Sardinian provincial administration did not send the revenues collected by them to the capital, possibly because of the troubles connected to the political situation.[24] Some years later, in 452, emperor Valentinian III (425–455), given the difficulties in Mediterranean navigation, ordered the *annona* in pork that the region had to supply to Rome, to be commuted into cash.[25] Such a situation of political uncertainty must have had some repercussions on the climate of social security of the Sardinian population. We can perceive an echo of this in the large number of discoveries of hoards in Sardinia dating back to the fifth century.[26]

The date of the Vandals' occupation of Sardinia is uncertain. It probably took place in the years between 456 and 466. From the viewpoint of social history, the Vandal domination did not greatly affect the social structure of the island, as the number of new rulers who settled down there presumably was very small.[27] It is impossible to give exact figures, but judging by the number of soldiers lead by the *dux* Cyrillus in the occasion of the Byzantine re-conquest in 534 – about 400 people – the Vandal military presence on Sardinia can not have exceeded a few hundred men.[28] In spite of the Arian confession of the Vandal kings, it is especially in the field of religious culture that we can find some important repercussions due to their domination of the island. Paradoxically, the exile of catholic bishops to

22 *Corpus Inscriptionum Latinarum,* XIV, 4549/19 (*navicularii Turritani*); *Corpus Inscriptionum Latinarum,* XIV, 4549/21 (*navicularii et negotiantes Karalitani*).

23 Meloni, Sardegna (cf. fn. 14), p. 222; Id., L'età imperiale in *Storia dei Sardi* (see fn. 4), I, p. 259.

24 This emerges from a novel of Valentinianus III, see *Codex Theodosianus (=CTh)*, Vols. I–II, ed. by Th. Mommsen and P. Meyer, Berlin 1905, here *Not. Valent.* I 3, 6.

25 See *CTh* (cf. fn. 24), *Nov. Valen.* XXXVI, 1.

26 One third of the total amount of hoards found in Sardinia date back to the Vandal period: Cosentino, Sardegna (cf. fn. 7), p. 56, n. 22. On Sardinian hoards relating to the seventh, eighth and ninth century see also M. McCormick, *Origins of the European Economy. Communications and Commerce, AD 300–900*, Cambridge 2002, pp. 354–357.

27 See S. Cosentino, Potere e istituzioni nella Sardegna bizantina, in *Ai confini* (cf. fn. 5), pp. 1–13, here p. 1.

28 *Procopii Bellum Vandalicum* in *Procopii Caesariensis Opera omnia* recognovit J. Haury, addenda et corrigenda adiecit G. Wirth, I, Leipzig 1962 (= *Proc. Bell. Vand.*), II 5, 2–4.

Sardinia, under the kings Unnericus (477–484) and Trasamund (496–523), had among its effects that of increasing the cultural level of the Sardinian clergy. This is patent especially if one thinks of the personality of St. Fulgentius of Ruspe and the promotion of the cultural centre of St. Saturninus, between the end of the fifth and the beginning of the sixth century. But we shall return to these aspects later.

Another important consequence of the Vandal rule on late antique Sardinian life is the shifting of its economic orientation from Italy to Africa.[29] This is not a new phenomenon in itself; one can think, for instance, back to the Carthaginian colonization. Moreover, economic relationships between Africa and Sardinia always existed during Roman times. Especially the presence of African ceramics on the island ranging from the third until the fifth century A.D., is witness to a remarkable exchange between African and Sardinian markets during the Late Roman Empire.[30] Nevertheless the coming of the Vandals coincides with an important transformation of the economic functionality of Sardinia. Its resources in grain, wood and minerals were diverted from the supplying of Rome to that of Carthage. This fact entailed long term consequences both for Sardinia and the two big western Mediterranean cities, Rome and Carthage. The inclusion of Sardinia into the area of Vandal power increased its cultural vocation, always existent, towards Africa, and this fact was not without consequences in the future immigration of Greek elements from Africa to the island. The transfer of Sardinian produce for the support of the political ambitions of the new capital, Carthage, must have been thought as being important also by the Byzantines in 533, because such a link was preserved by them after the Justinianic re-conquest of Africa. At the same time, the loss of Sardinian grain for the supplying of Rome brought into effect a more intensive exploitation of the Apulian and Sicilian resources, which in the course of the sixth and seventh century were directed towards the old capital of the empire.

III. A province of the empire: Byzantine Sardinia

Also in consequence of the conflict among the Vandal leaders, the conquest of the island by the Byzantines was easily achieved in 533 without a strong military effort. The Byzantine government detailed the subordination of Sardinia to Carthage, since the region was set among the provinces under the control of the *praefectus praetorio* of Africa. On the island a *praeses* was established being

29 Cosentino, Sardegna (cf. fn. 7), pp. 57–58.

30 See R. Martorelli, *Documenti di cultura materiale pertinenti agli scambi commerciali e alle produzioni locali* in *Ai confini* (cf. fn. 5), pp. 137–138.

responsible for civil, and a *dux* responsible for military affairs.[31] The former had his residence in Carales, the latter in Forum Traiani (modern Fordongianus, north-east of Cagliari, see map. 3).[32] Starting probably at this period a complex system of castles was built,[33] intended to defend the province more against enemies coming from the interior, rather than against enemies from the sea. Such a powerful defensive system was an instrument to obviate the paucity of soldiers garrisoning it; on the whole, these must not have been more than a thousand or a thousand five hundred men.[34] A squadron of war ships was stationed in Carales.

For some scholars the occupation of the island by the Byzantines had two main longstanding consequences for its history: firstly that the instauration of the new government coincided with the settlement in the region of a foreign elite, thereby in some way con-culcating the rights of the natives;[35] secondly that the Byzantines would have impoverished the Sardinian economy through pitiless taxation for their own advantage.[36] Both these interpretations stand in a traditional background seeing Byzantine culture as "extraneous" to the medieval history of Italy,[37] but both are highly disputable.

If we pay attention to the social developments of the exarchate of Ravenna, which are better documented than those of Sardinia or of Africa, we find that Byzantine power pursued a policy aiming at associating its interests with those of the local elites. For instance, the *pragmatica constitutio* of 554 testifies that the civil governors of the Italian provinces (*iudices*) were chosen from the members of the local upper-class.[38] There are no reasons to think that the Sardinian situation was any different, so that we have to presume the Sardinian *praeses* also to come from the local element. Most of the posts in the civil administration in the exarchate of Ravenna were held by natives and not by orientals.[39] Only the highest military

31 *Corpus Iuris Civilis II, Codex Iustinianus* recensuit P. Krüger, Dublin–Zürich 1970[15] I 27, 1, 12 (*praeses*); 2, 1–3 (*dux*).

32 See Cosentino, Potere (cf. fn. 27), p. 2.

33 On this system see Spanu (cf. fn. 17), pp. 173–198.

34 Cosentino, Potere (cf. fn. 27), p. 2.

35 For instance see C. Bellieni, *La Sardegna e i Sardi nella civiltà dell'Alto Medioevo*, I–II, Cagliari 1928–1931.

36 See A. Besta, *La Sardegna medioevale*, 2 vols, Bologna 1966[2] (first ed. Palermo 1908), here Vol. I, p. 26; G. Zanetti, *I Longobardi e la Sardegna* in *Atti del I Congresso Internazionale di Studi Longobardi*, Spoleto 1952, p. 527.

37 On this topic see S. Cosentino, La percezione della storia bizantina nella medievistica italiana tra Ottocento e secondo dopoguerra: alcune testimonianze, in *Studi Medievali* III[a] s. 39 (1998), pp. 889–909.

38 *Corpus Iuris Civilis, III, Novellae,* ediderunt R. Schöll et G. Kroll, Dublin–Zurich 1968[9], *App.* VII, 12.

39 T. S. Brown, *Gentlemen and Officers. Imperial Administration and Aristocratic Power in Byzantine Italy A. D. 554–800*, Rome 1984, pp. 64–77.

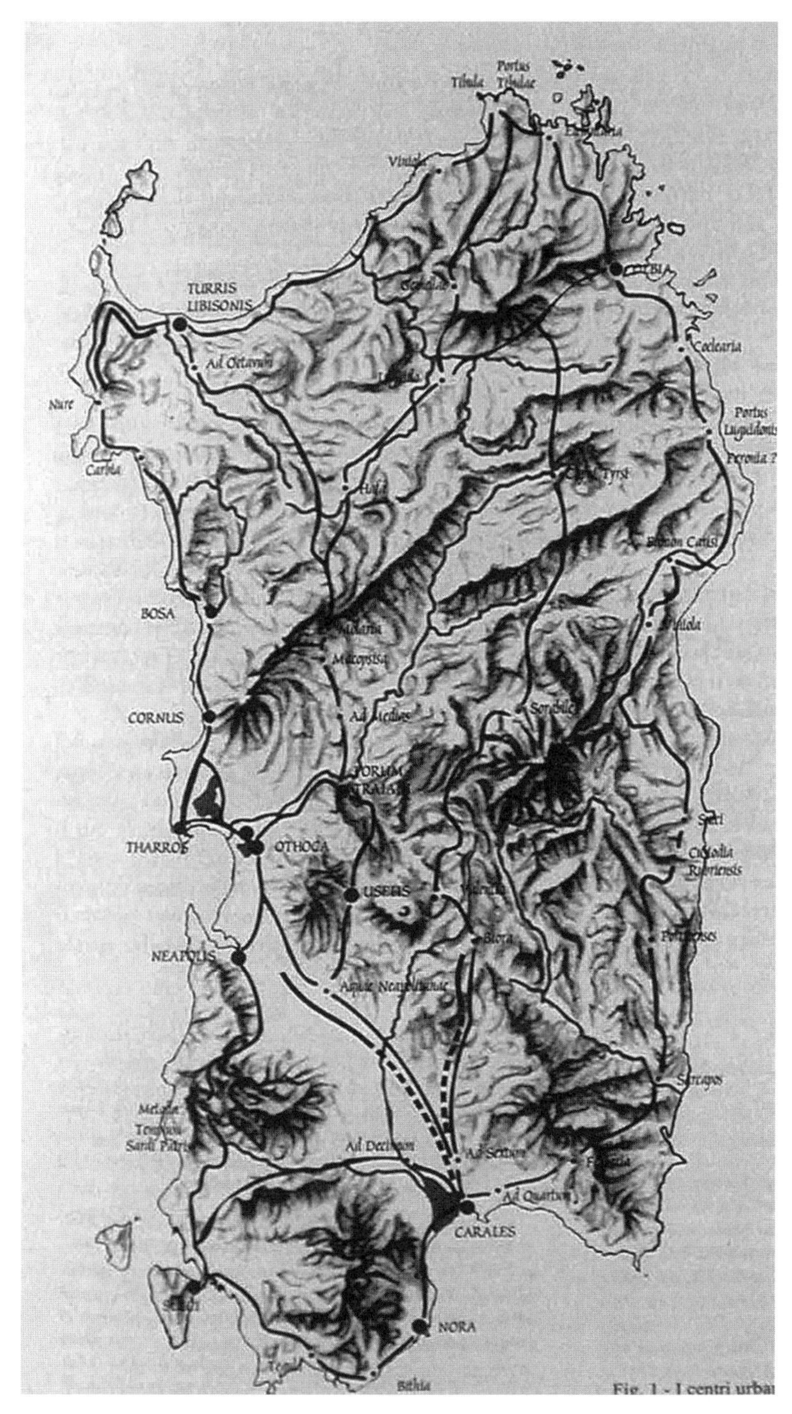
Portus
Tibula
Vinula
TURRIS
LIBISONIS
Ad Octavum
Nure
Carbia
Coclearia
Portus
Feronia
BOSA
Molaria
CORNUS
Ad Medias
THARROS
OTHOCA
USELLIS
Biora
NEAPOLIS
Sarcapos
Ad Decimum
Ad Sextum
Ad Quartum
CARALES
NORA
Bithia
Fig. 1 - I centri

map 3

officials came from Constantinople. If we examine the names of Sardinian officials documented before the seventh century, we will notice that none of them seems to be of Greek origin.[40] This probably means that they were Africans, if not Sardinians. There are strong hints to hypothesize, therefore, that in the course of time the ruling class of Byzantine Sardinia was more and more composed of local elements. This seems to be confirmed by later epigraphic evidence dating from the tenth and the eleventh century, from which it is clear that Byzantine tradition and the feeling of self-identity of this ruling class were consistent.

As to the pitilessness of the Byzantine taxation, it is a *topos* of modern historiography which probably needs to be investigated more precisely. It is obvious that the notion of a heavy taxation is a comparative one: in fact, "heavy" in respect to what? Some studies concerning the agrarian structures of *Langobardia* and *Romania* in early Medieval Italy have shown that the rents paid by the peasants of the former area were higher than those paid by the peasants of the latter.[41] A famous *placitus* issued at Risano in 804 clearly demonstrates that the occupation of Histria by the Franks at the beginning of the ninth century, had among its effects a growth of fiscal burdens for the landowners of that region.[42] The fiscal pressure in Muslim Egypt of the eighth century does not seem less heavy than that in Byzantine times.[43] We have some reason therefore to believe that Byzantine taxation[44] on

40 Donatus[5]: S. Cosentino, *Prosopografia dell'Italia bizantina (493–804)*, Vol. I: *A–F*, Bologne 1996, p. 378.; Donatus[8]: Cosentino, *Prosopografia*, Vol. I, p. 379; Edantius *dux*: Cosentino, *Prosopografia*, Vol. I, p. 389.; Eupaterius *magister militum*: Cosentino, *Prosopografia*, Vol. I, p. 415; Gaudiosus[2] *optio draconarius*: Cosentino, *Prosopografia dell'Italia bizantina (493–804)*, Vol. II: *G–O*, Bologne 2000, p. 28; Hortulanus *v. c.*: Cosentino, *Prosopografia*, Vol. II, s. v.; Iohannes[42]: Cosentino, *Prosopografia*, Vol. II, p. 135; Iohannes[45]: Cosentino, *Prosopografia*, Vol. II, p. 135; Isidorus[1]: Cosentino, *Prosopografia*, Vol. II, p. 227; Theodorus *magister militum*: Gregorii I papae Registrum epistolarum ediderunt P. Ewald et L. M. Hartmann, in *Monumenta Germaniae Historica*, Epistulae I–II, Berlin 1887–1899 (=Greg. Reg.), I, 34, 46–47, 59; Spesindeo *praeses*: Greg. Reg. IX, 195; XI, 12; Zabarda *dux*: Greg. Reg. IV, 25.

41 See V. Fumagalli, *Coloni e signori nell'Italia superiore dall'VIII al X secolo. Prospettive di ricerca e strumenti di lavoro* in *A Giuseppe Ermini*, I, Spoleto 1970, p. 438 (= «Studi Medievali» 3a s. (10, 1969); B. Andreolli, *Le enfiteusi e i livelli nel «Breviarium»* in AA. VV., *Ricerche e studi sul Breviarium Ecclesiae Ravennatis*, Rome 1985, pp. 163–177; M. Montanari, *Contadini e città tra «Langobardia» e «Romania»*, Florence 1988, pp. 1–65.

42 A. Petranović, A. Margetić, *Il placito del Risano* in *Centro di Ricerche Storiche di Rovigno. Atti.* XIV (1983–83), pp. 55–70.

43 See A. Ducellier, *Chrétiens d'Orient et Islam au Moyen Age. VIIe–XVe siècle*, Paris 1996, p. 62.

44 On the Byzantine fiscal system of the early and middle period see now the excellent work of W. Brandes, *Finanzverwaltung in Krisenzeiten. Untersuchungen zur byzantinischen Administration im 6.–9. Jahrhundert*, Frankfurt/Main 2002.

land was not as unbearable as it has been supposed, especially in comparison to the various systems used in the contemporary Latin-Germanic kingdoms. Besides, one has to consider the ideological background which is standing behind this matter. The recipients and the means of distributing fiscal pressure have been a highly disputed problem in every developed society. Therefore it is not surprising to see that in Byzantine Italy and Sardinia the largest number of complaints against taxation came from the Roman church, the largest landowner of the whole peninsula. The popes protected the rights of the weak, as well as their own at the same time. Of course there is no doubt that public opinion of Late Antiquity and Early Byzantium thought taxation to be much too heavy, but every social group gave a different explication of this phenomenon. The complaints we find in Gregory the Great's letters against Byzantine officials in Sardinia are not due to peculiar situations of the late sixth century, but go back to an ancient feeling of dissatisfaction spread among the populations living in the border areas of empire. The roots of such a dissatisfaction mostly came from officials' corruption and the arrogant behaviour of soldiers. Some scholars believe that fiscal pressure was felt as particularly unbearable by the populations of Italian and African exarchates because their taxes were not reinvested in the local economy, but sent to Constantinople.[45] This process would have involved a progressive impoverishment of the local societies of the empire. This may be, but it is worth noting that in a letter sent by pope Gregory to the *Augusta* Constantina in 595, it is clearly stated that the taxation which was levied from Italy was used to cope with the military needs of the Italian exarchate.[46]

The conquest of the African territories by the Muslims, in the second half of the seventh century, must have had important repercussions on the presence of the Greek element on Sardinia. It can be hypothesized that during the military operations, groups of officials, clergymen, monks or landowners looked at the island as a shelter, especially after the fall of Carthage into Arab hands. This hypothesis has been reinforced by the results of recent excavations made in the area around Tharros (see map 4), in the course of which about 80 Latin and Greek seals have been discovered near the church of St. George in the Sinis.[47] We already knew some seals from Byzantine Sardinia – as for example those of *dux* Theodotos and archbishop Arsenios[48] – but the amount of fragments found during

45 This is for example the opinion of W. E. Kaegi, *Society and Institutions in Byzantine Africa* in *Ai confini* (cf. fn. 5), p. 18.

46 Cf. Greg. Reg. (cf. fn. 40) V, 38.

47 Spanu (cf. fn. 17), pp. 92–95. See now P. G. Spanu – R. Zucca, *I sigilli bizantini della SARDHNIA*, Roma 2004 (Pubblicazioni del Centro di Studi Interdisciplinari sulle Province Romane dell' Università di Sassari, 20). This book appeared when I was correcting the proofs of the present article; too late, therefore, to be used here extensively.

48 Theodotos: G. Schlumberger, *Sigillographie de l'empire byzantin*, Paris 1884, n. 223 =

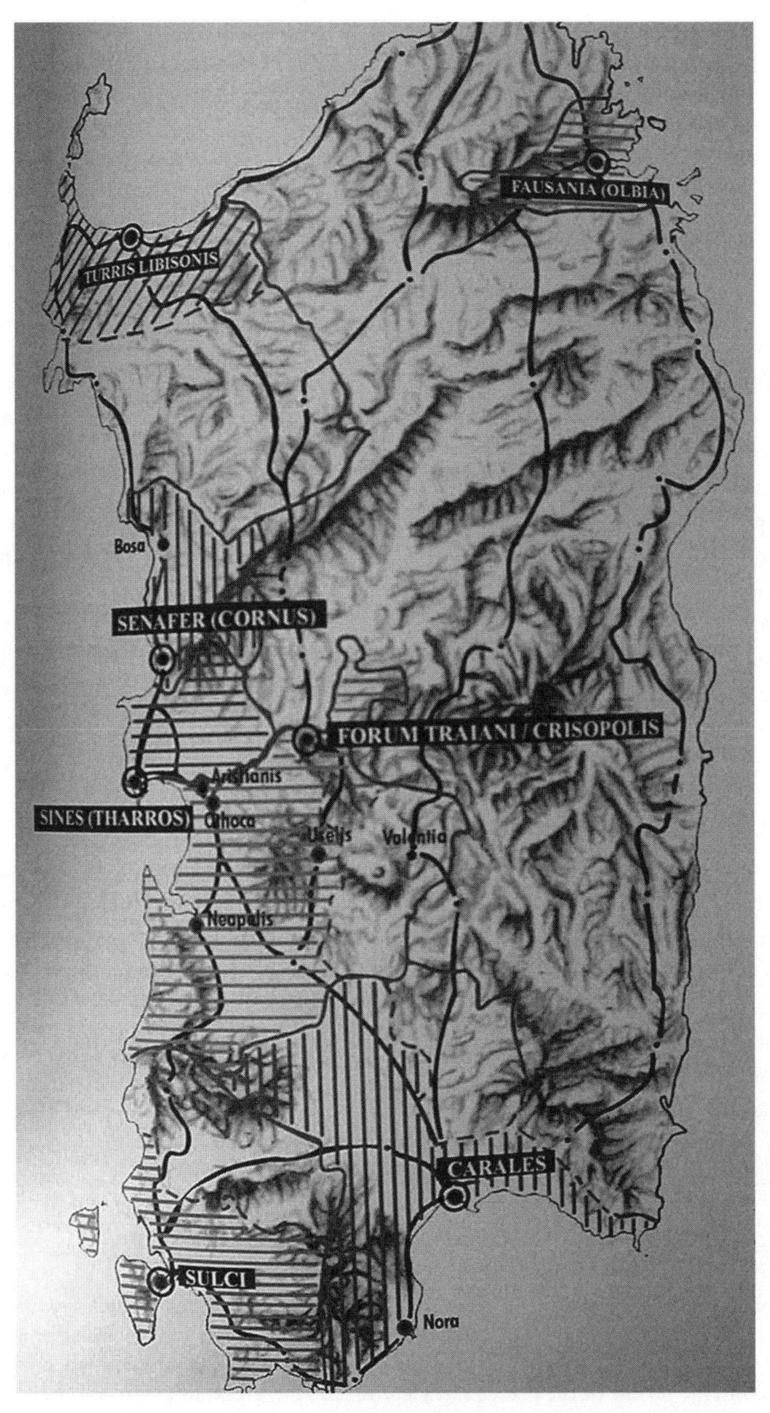
FAUSANIA (OLBIA)
TURRIS LIBISONIS
Bosa
SENAFER (CORNUS)
FORUM TRAIANI / CRISOPOLIS
Aristianis
SINES (THARROS)
Othoca
Uselis
Valentia
Neapolis
CARALES
SULCI
Nora

map 4

the Tharros excavations (in the area of the oppidum Sancti Georgii) has to be considered as being really exceptional. Their publication by P. G. Spanu and R. Zucca is just appeared 48bis. Most of the material ranges from the sixth to the eighth centuries and refers both to military and civil officers and bishops. Some of the seals belong to famous officers like the African *magister militum* Salomon;[49] others to middle-ranking dignitaries, like κουβικουλάριοι, μανδατάριοι, ὕπατοι, ἀπὸ ὑπάτων, δρουγγάριοι, στρατηλάται.[50] There are also specimens dating to the eleventh century, like the one of Zerchis *archōn Caraleōs*.[51] The majority of them is written with Greek legends and this fact seems to testify a certain degree of Hellenisation of the Byzantine administration, in spite of the fundamental linguistic Latinisation of the island since the third century B.C. In a really noteworthy book published in 1983,[52] the glottologist Giulio Paulis has argued, to my opinion convincingly, that the Greek superstratum of the medieval Sardinian language was not limited to bureaucratic use, but even penetrated several fields of life, like onomastics, toponomastics, phytonomastics and rural economy. In this paper I shall not attempt a detailed examination of all these linguistic loans.[53] But it is evident that the find of seals near St. George's church in the Sinis strongly corroborates the results of linguistic analysis in favour of the Hellenisation of Byzantine Sardinia not being superficial. As pope Gregory's letters show no trace of such a consistent penetration of Greek into Sardinian society, we must suppose that it began in the second half of the seventh century as a result of the immigration into the island of Greek-speakers from Africa. As we will see, this phenomenon had some repercussions also on Sardinian religious culture.

Boscolo, *Sardegna* (cf. fn. 16), p. 67 = Spanu-Zucca, *I sigilli bizantini* (cf. fn. 47), p. 50, no. 1–2; Arsenios: *Catalogue of Byzantine Seals at Dumbarton Oaks and in the Fogg Museum of Art, I, Italy, North of the Balkans, North of the Black Sea*, edited by J. Nesbitt and N. Oikonomides, Washington D.C. 1991, n. 9.1 (p. 37), with indication of former editions. 48bis see fn. 47.

49 Spanu (cf. fn. 17), p. 94, plates 101–102 = Spanu-Zucca, *I siglli bizantini* (cf. fn. 47), p. 118, no. 26.

50 Spanu (cf. fn. 17), pp. 92–95 = Spanu-Zucca, *I sigilli bizantini* (cf. fn. 47), pp. 103–119. Among them it is worth noting that of Theophylactos (κουράτωε) τῶν Μαρίνης (p. 105, no. 6).

51 Spanu (cf. fn. 17), p. 95, pl. 103 = Spanu-Zucca, *I sigilli bizantini* (cf. fn. 47), p. 145, no. 77; the bulla of Orzokor archōn is not reproduced (p. 146, no. 78); on the seals see the comments by R. Zucca, *Zerkis iudex arborensis*, in Giudicato *d'Arborea e Marchesato d'Oristano: proiezioni mediterranee e aspetti di storia locale*, a c. di G. Mele, Oristano 1999, pp. 1103–1112; Id., *Primi giudici di Arborea fino all'invasione del giudicato arborense da parte di Guglielmo di Massa, in Gli Obertenghi di Massa e della Lunigiana ed i regni della Sardegna (secoli XII–XIV)*, Pisa 1999, especially pp. 28–30.

52 G. Paulis, *Lingua e cultura nella Sardegna bizantina. Testimonianze linguistiche dell'influsso greco*, Sassari 1983.

53 See Cosentino, Potere (cf. fn. 27), pp. 7–8; Cosentino, Sardegna (cf. fn. 7), pp. 61–62.

The quality of Hellenisation also does not seem to be superficial. This statement is proved by the analysis of a famous inscription from Turris Libisonis (Porto Torres), in the north of the island. Found at the beginning of the nineteenth century engraved on a powerful architrave it is now preserved in the church of St. Gavino's. This is the text:

> † Νικᾷ ἡ τύχη τοῦ βασιλέως καὶ τῶν Ῥωμαίων †
> †Σέ, τὸν μόνον τροπαιοῦχον, τῆς ὅλης οἰκουμένης δεσπότην καὶ ἐχθρῶν ὀλετῆρα Λαγγοβαρδῶν καὶ λοιπῶν βαρβάρων / ἀμφιβίου χειμῶνος καταπλήττοντος πολιτείαν, σκάφη καὶ ὅπλα βαρβάρων ἀντιτάττεται τοῖς Ῥωμαίοις / τῇ δὲ κυβέρνου σου εὐβουλίᾳ ἀνθοπλισάμενος, Κωνσταντῖνε, τὸν θεῖον λόγον γαληνιῶντα τὸν / κόσμον ἀναδείξεις τοῖς ὑπηκόοις, ὅθεν τὰ τῆς νίκης σύμβολα προσφέρει τῷ τῆς ὅλης οἰκουμένης / δεσπότῃ Κωνσταντῖνος ὁ πανεύφημος ὕπατος καὶ δούξ, τὰς Λαγγοβαρδῶν πτώσεις τυράννων / καὶ λοιπῶν βαρβάρων ἐνοπλουμένων κατ' αὐτῆς τῆς δουλικῆς σου τῆς Σάρδων νήσου †
>
> May the emperor and the fortune of the Romans be victorious!
> The only triumphator, you!, lord of the whole world and destroyer of the Lombard enemies and other barbarians, while a double storm shook the state and ships and weapons of barbarians drewed up against the Romans, Constantine, you brave, being armed with the wisdom of your power, gave to your subjects the divine word which cheers up the cosmos, so that now, Constantine, the most exellent consul and dux, can offer you, lord of the whole earth, the symbols of victory, the downfall of the tyrannical race of Lombards and of other barbarian peoples who dared to bring their weapons against your subjected island of Sardinia.

This text has been the object of much scholarly analysis. Its date is on debate, swinging from the middle of the seventh to the middle of the eighth century.[54]

---

54 The last editor of the inscription is Fiori from whom I took the text (F. Fiori, *Costantino hypatos e doux di Sardegna*, Bologna 2001). Other editions can be found in: A. Guillou, *Recueil des inscriptions grecques médiévales d'Italie*, Rome 1996, no. 230; A. Guillou, La diffusione della cultura bizantina, in *Storia dei Sardi*, Vol. I (cf. fn. 4), pp. 373–423, here p. 407; A. Solmi, *L'iscrizione greca di Porto Torres del sec. VII*, in *Studi di storia e diritto in onore di Enrico Besta*, IV, Milan 1939, pp. 335–336; G. De Sanctis, *La Sardegna ai tempi di Costantino Pogonato*, in *« Rivista di Filologia e di Istruzione classica »*, n. s. 7 (1928), p. 118; B. R. Motzo, *Barlumi dell'età bizantina*, III, *Una nuova iscrizione bizantina* in Id., *Studi sui Bizantini*, pp. 30–33; A. Taramelli, *Un eroe sardo del secolo VI dell'età nostra*, in *«Mediterranea»*, 1 (1927), p. 7. On the controversial problem of its date see Fiori, *Costantino* (cf. fn. 54); S. Mazzarino, *Su una iscrizione trionfale di Turris Libisonis*, in *« Epigraphica »*, 2 (1940), pp. 292–313 (reprinted in Id., *Il Basso impero. Antico, tardo antico ed era costantiniana*, II, Bari 1980, pp. 362–390 with the title *Sull'epigrafia «occidentale» degli Eraclidi: Costante II (641–668) e Costantino IV Pogonato*, dates the text between 641–645 or between 681–685. Other bibliography in Fiori, *Costantino* (cf. fn. 54) and P. Corsi, *La spedizione italiana di Costante II*, Bologna 1983, pp. 96–102.

Recently a young Italian researcher, Francesca Fiori, has attributed it to Constantinus V's time, on the basis of a detailed study of its palaeography, historical contents and iconographical framework.[55] In any case, setting aside the problem of its chronology, it is worth paying attention to some cultural elements of the inscription. In spite of its rough palaeography, the epigraph is characterized by a polished literary style and a remarkable ideological content. Contrary to other epigraphic texts of high social commissioning, like the epitaph of the exarch Isacius (625–643) in Ravenna[56] or the commemorative inscription of the catepanus Basilios Mesardonites (1011) in Bari,[57] our text gives no importance to personal prestige and family proud of whom has really defeated the enemy. Of this person it is simply emphasized his rank in the imperial hierarchy: «the most excellent *consul* and *dux* Constantine». Not only is victory identified with the emperor, but is seen as a direct consequence of his charismatic virtues and his role as «lord of the whole inhabited portion of the earth» (τῆς ὅλης οἰκουμένης δεσπότης). Our text, under the appearance of a refined duplicity of its lexicon and by means of a narrative tune teeming with metaphors, is full of attributes identifying the personal characterization of the *basileus*: he is the bearer of good fortune (εὐτυχής), triumphator (τροπαιοῦχος), helmsman of the state (κυβερνήτης). Through his person the *Verbum* bringing serenity to the world (τὸν θεῖον λόγον γαληνιῶντα τὸν κόσμον ἀναδείξεις τοῖς ὑπηκόοις) is instilled in his subjects, so that the emperor, being the representative of God on earth, is himself a bearer of

55 The element relating to the imperial victory over the enemies is also strongly stressed in another epigraphic text from Nicaea, which must have been written during the reign of Leo III and Constantine V: «"Ενθα θεεικῇ βοηθείᾳ τὸ τῶν ἐχθρῶν καταισχύνθη θράσος / ἐκεῖ οἱ φιλώχριστι [sic] ἡμῶν βασιλεῖς Λέων κ(αὶ) Κωνσταντῖνος ἀνεκαίησαν πόθῳ τὴν πόλιν Νήκαιαν ἀνεγίραντаις διὰ τῆς τοῦ ἔργου ἐπιδείξεως νηκητικὸν ἀναστήσανταις πύργον κεντινάρι{σ}ων καὶ μόχθῳ ἐπληρω[φόρη]σεν 'Αρταύασδος πανεύφ(ημος) πατρικ(ιος) κοροπαλάτης» (Where the arrogance of the enemies was dishonoured thanks to the divine providence, here our emperors, friends of Christ, Leo and Constantine, renewed with love the city of Nicaea by building as exemplar work a tower of victory, which was raised up 100 feet; the work was brought to an end by the toil of the most excellent *patricius* Artavasdos *curopalates*»): cf. *Katalog der Antiken Inschriften des Museums von Iznik (Nikaia)*, von S. Şahin, I, Bonn 1979 (Inschriften Griechischer Städte aus Kleinasien, 9), no. 450. The tower in question is no. 69 of the Nicaean walls, between the Istanbul Kapı and the Göl Kapısı.

56 Text in Guillou, *Recueil* (cf. fn. 54), no. 109; comment in S. Cosentino, *L'iscrizione ravennate dell'esarco Isacio e le guerre di Rotari*, in «Atti e Memorie della Deputazione di Storia Patria per le Antiche Province Modenesi» s. XI, 15 (1993), pp. 23–43.

57 Text in A. Guillou, Un document sur le gouvernement de la province. L'inscription historique en vers de Bari (1011), in *Studies on Byzantine Italy*, London 1970, VIII; comment in A. Carile, *Titoli aulici e funzioni amministrative nelle epigrafi bizantine. Continuità e mutamento fra VII e XI secolo* in *La terza età dell'epigrafia*, ed. by A. Donati, Faenza 1989, pp. 200–201.

peace. The defeat of the Lombards is also a consequence of the illegitimacy of their political power, which is marked as τυραννία (τὰς Λογγουβαρδῶν πτώσεις τυράννων). As an ontological figure the imperial institution is therefore fortune-bearer, triumphator, eternal and universal in its power, distributor of peace. All these are characterizations witnessed in the imperial titulature of Late Antiquity.[58] Also the metaphor of the *basileus* being the helmsman of the state is well known in Byzantine culture; we find it, for instance, in Agapitus's work (written about 527).[59] The epigraph of the dux Constantine is so imbued with elements pertaining to Byzantine political ideology that I ask myself if we are not dealing with a text from an imperial commissioning.

As it is well known, during a period stretching grosso modo from the middle of the eighth to the middle of the ninth century, the Byzantines were obliged to re-think how to exercise their political influence in western Mediterranean areas. They had direct control only over Calabria and southern Apulia, whereas Sicily was progressively occupied by the Muslims from 827 onwards. Most of the territories formerly comprised in the Italian exarchate (that is the duchy of Venetia, Ravenna, the Pentapolis, the duchy of Naples), retained a kind of ambiguous political status, which has been interpreted by many scholars in the sense of a more and more developed process of political autonomy from Byzantium. For the new lordships autonomy raised the question of how to legitimise the rule of their leaders. The aristocracies of Venetia, Ravenna, Rimini and Naples arose in regions, which had always gravitated towards Roman culture, so that it was quite natural that the only legitimising power they conceived of was the imperial one. Hence followed their need to continue to keep contact with Byzantium, even though their territories were now outside of the administrative borders of the empire. Ties with Constantinople were pursued, first of all, by trying to obtain titles of rank from the imperial court, as these titles represented for their bearers a clear sign of political legitimisation in front of the societies in which they lived.[60] The relationship with Byzantium was not limited to that but extended to a wide range of other aspects, like in the imitation of its clothes, the mention of the emperor in the *datatio* of documents (Venice, Naples, Bari), the iconography of coins, or artistic fashions.[61] However, the need for maintaining close relationships with the

58 See G. Rösch, *ONOMA BASILEIAΣ. Studien zum offiziellen Gebrauch der Kaisertitulatur in Spätantiker und frühbyzantinischer Zeit*, Vienna 1978, pp. 39–40, 43, 46, 140, 152.

59 See B. Cavarra, *L'Esposizione di capitoli parenetici di Agapeto diacono* in *Ideologia politica e cultura in Romània fra IV e VI secolo*, Bologna 1990 (Quaderni della Rivista di Studi Bizantini e Slavi, no. 9), p. 29, paragraph 10.

60 See the book of G. Vespignani, *La Romània italiana dall'Esarcato al Patrimonium*, Spoleto 2001 (Quaderni della Rivista di Bizantinistica, no 3).

61 For Byzantine clothes see for example the personality of Melo of Bari, who dressed

Italian territories formerly under imperial rule was also felt by Constantinople. Rather than loosing all contact with those territories, for the Byzantine emperors it was better to try to draw them into their political influence. This became more and more necessary after the constitution of the Carolingian Empire, the growth of the Bulgar realm and the Abbassid Caliphate. The Byzantine intellectuals then devised a political theory which tried in some way to conciliate the contents of the imperial ideology – according to which the *basileia*, as an earthly imitation of the rule of God over the universe, could not exist if it was not universal – with the reality of the various powers really existing on earth. It was in this way that patriarch Nicholas Misticus (901–907 and 912–925) revised the theory of the « family of sovereigns and peoples », which remotely dated back to Hellenistic times, to restrain the political claims of czar Simon of Bulgaria (893–927).[62]

What was the political situation in Sardinia during the ninth century? To what extent the crisis of Byzantine power in the peninsula after the fall of the exarchate of Ravenna (751) and the beginning of the Muslim invasion of Sicily (827) have repercussions on the island? It is very difficult to answer these questions because of the paucity of our evidence. Several scholars believe that since an early date Sardinia showed a very high degree of political independence towards Byzantium. According to this view, between the ninth and the tenth century a regime based on four lords ruling different areas of the island in political independence would have been in power.[63] Such an interpretation is mainly based on two pieces of evidence.

---

more virum Graeco: Guillaume de Pouille, *La geste de Robert Guiscard*, édition, traduction et introduction par M. Mathieu, avec une préface de H. Grégoire, Palermo 1961, I, v. 14 (p. 100) to sign documents using Greek characters: F. Luzzati Laganà, *Le firme greche nei documenti del ducato di Napoli* in « Studi Medievali » 3a s. 23 (1982), pp. 729–752 (duchy of Naples); V. von Falkenhausen, *La dominazione bizantina nell'Italia meridionale dal IX all'XI secolo*, Italian translation Rome 1978, p. 173 (Apulia); iconography of coins: F. Panvini Rosati, *Monetazione bizantina in Italia in I Bizantini in Italia*, Milan 1982, pp. 666–668; arts: see the contributions of R. Farioli Campanati (architecture and luxury objects) and Valentino Pace (picture) in the above mentioned *I Bizantini* in *Italia*, respectively, pp. 139–426 and 429–494.

62 This is not the right place to analyse this theory, which in its essence adopts the metaphor of family relationships between father, sons and brothers to explain the relationships between the emperor and the other kings: see A. Carile, *Roma e Romània dagli Isaurici ai Comneni* in *Bisanzio, Roma e l'Italia nell'Alto Medioevo*, II, Spoleto 1988, pp. 546–547 and bibliography quoted on p. 546, n. 57, 58; A. Pertusi, *Il pensiero politico bizantino* edizione a. c. di A. Carile, Bologna 1990, pp. 114–117.

63 For instance A. Solmi, *Studi storici sulle istituzioni della Sardegna nel Medioevo*, Cagliari 1917, p. 23; Boscolo *Sardegna* (cf. fn. 16), p. 117; G. Zanetti, entry *Giudicato* in *Novissimo Digesto Italiano*, VII, Turin 1975, p. 864; F. C. Casula, *Studi di paleografia e diplomatica*, Padua 1974, pp. 4–6; Id., *Introduzione in Genealogie medievali di Sardegna*, edited by L. L. Brook, F. C. Casula, M. M. Costa, A. M. Oliva, R. Pavoni, M. Tangheroni, Pisa 1986, p. 18, n. 13 (but the reference to "Sardos ... a quattuor

The first is the mention of an embassy sent from the Sardinians to Ludovicus the Pious asking for his aid against the Muslims.[64] The second is a dossier of some letters, dealing with different matters, sent by popes Leo IV and John VIII to Sardinian *iudices.*[65] These sources must be compared with chap. 48 of the second book of *De caerimoniis aulae byzantinae* by the emperor Constantine VII, from which emerges that even at the beginning of the tenth century Constantinople preserved relationships with Sardinia. In fact, among the chancery formulas used by the Byzantine administration to correspond with foreign realms and lordships, one is used for the lord of Sardinia, who is called ἄρχων Σαρδανίας, *archōn Sardanias.*[66] Since the beginning of the nineteenth century, Enrico Besta had argued that the historical background to which the mention of Sardinia in Constantine's work refers, has to be set around 915.[67] There is no reason to deny a true historical value to the foregoing passage of the *De caerimoniis*. The list of the Italian lordships

iudicibus reguntur" in the letter sent by duke Miezko I to pope John XV, which the author thinks to be original, is simply a later *glossa*, see Turtas, *Storia*, p. 189, n. 5); J. Day, La Sardegna e i suoi dominatori dal secolo XI al secolo XIV in J. Day, B. Anatra, L. Scaraffia, *La Sardegna medievale e moderna*, Torino 1984, pp. 3–186, here p. 56; G. Meloni, La Sardegna nel quadro della politica mediterranea di Pisa, Genova, Aragona, in *Storia dei Sardi*, Vol. II (cf. fn. 4), pp. 49–96, here p. 49 Id., L'origine dei giudicati in M. Brigaglia, A. Mastino, G. G. Ortu, *Storia della Sardegna*, Roma–Bari 2002, pp. 1–32; Id., Dalla crisi di Bisanzio alla nascita di istituzioni singolari e originali: i giudicati in *La civiltà giudicale in Sardegna nei secoli XI–XII*. Fontie documenti scritti, Sassari 2002, esp. pp. 74–77; Rowland, *Periphery* (cf. fn. 5), p. 151.

64 See *Annales regni Francorum*, edited by F. Kunze, Hannover 1895 (Monumenta Germaniae Historica, Scriptores in usum scholarum, 6), a. 815 (p. 143).

65 Pope Leo: *Leonis IV papae Epistulae* edidit A. de Hirsch-Gereuth Berlin 1949 (*Monumenta Germaniae Historica*, Epistulae Karolini Aevi, III), nn. 17, 45 (respectively of 851, 853 addressed to Leo iudex), 32, 48 (respectively of 850/854, 857 addressed to John archbishop of Cagliari). Pope John VIII: Iohannis VIII papae Epistulae edidit E. Caspar, in *Monumenta Germaniae Historica*, Epistulae Karolini Aevi, V, München 1978[2], n. 27 (a. 873, addressed to *principibus Sardiniae*).

66 «Εἰς τὸν ἄρχοντα Σαρδανίας. Βούλλα χρυσῆ δισολδία· κέλευσις ἐκ τῶν φιλοχρίστων δεσποτῶν πρὸς τὸν ἄρχοντα» (In corresponding with the governor of Sardinia, one seal of the value of two solidi is to be used, with the heading in the letter: ordinance of our lords friends of Christ to the governor): Constantini Porphyrogeneti De caerimoniis aulae Byzantinae, in *Patrologia cursus completus. Series Graeca 112*, Paris 1857ff., c. 1276. After the *archōn* of Sardinia the same heading is ordered also for the duke of Venice, the prince of Salerno, the duke of Naples and the archontes of Amalfi and Gaeta («εἰς τὸν δοῦκα Βενετίας· εἰς τὸν πρίγκιπα Σαλερινοῦ· εἰς τὸν δοῦκα Νεαπόλεως· εἰς τὸν ἄρχοντα Ἀμάλφης· εἰς τὸν ἄρχοντα Γαίτης»). On the information of the *De caerimoniis* on the Sardinian situation see J.M. Martin, *L'Occident chrétien dans le Livre de Cérémonies II*, 48 in «Travaux et Mémoires» 13 (2000), pp. 631–637.

67 Besta, *Sardegna* (cf. fn. 36), Vol. I, p. 46.

among which the *archōn Sardanias* is set, is perfectly adherent to the historical context of the peninsula in the first half of the tenth century. We are talking about the same age in which Constantine lived. Moreover, we must not forget that the whole chap. 48 in itself is not a arid compilation written with an eminently antiquarian purpose, but the practical assumption of the *Weltfamilie* (Dölger's definition) idea of powers through which Byzantine imperial ideology of the tenth century looked at the world around it.

The survival of strong cultural ties between Sardinian aristocracy and Byzantium even in the age of Constantine VII is proven by the well known Greek inscriptions coming from the churches of St. John and St. Peter in Assemini, St. Antiochus in the Sulcis, St. Sophia in Decimoputzu (near Villasor), which have been dated back to the late tenth or beginning of the eleventh century.[68] According to Guglielmo Cavallo, these inscriptions show an high level of technical execution.[69] Their formulas for the invocation of God belong to the most traditional inventory of Byzantine devotion. In the text of the one coming from St. John's church in Assemini we find the same dignity mentioned as in the *De caerimoniis*: Torchitorius is *archōn Sardinias.*[70] The same Torchitorius, in the epigraph coming from Decimoputzu, bears the rank of *basilikos prōtospatharios*[71] that he must have received from Constantinople. Also his son Salusios bears the title of *archōn*, probably because he has been associated in this office by his father. But even setting aside these particulars, it is the same cultural background of such texts which expresses its adherence to the mental habits of the Byzantine world. Presumably they were put in churches either to commemorate who had financed the construction of the buildings, or to celebrate a gift made to the churches themselves. The need to emphasise the benefactor's name is an element of an aristocratic *ethos* seeing a model of imperial virtue in the munificence towards others. This model has been divulged since Synesius of Cyrene and Procopius of Gaza. But the desire to retain a memory

68 Texts in Guillou, *Recueil* (cf. fn. 54), no. 215 = R. Coroneo, Tavole, in *Ai confini* (cf. fn. 5), pp. 249–282, pl. 43; Guillou, *Recueil* (cf. fn. 54), n. 216 = Coroneo, Tavole, pl. 37; Guillou, *Recueil* (cf. fn. 54), no. 223 = Coroneo, Tavole, pl. 44; Guillou, *Recueil* (cf. fn. 54), n. 226 = Coroneo, Tavole, pl. 31; Guillou, *Recueil* (cf. fn. 54), no. 231 = Coroneo, Tavole, pl. 45.

69 G. Cavallo, *Le tipologie della cultura nel riflesso delle testimonianze scritte* in *Bisanzio, Roma e l'Italia nell'Alto Medioevo*, I, Spoleto 1988, pp. 472–476.

70 I quote both inscriptions, the present one and that of the following footnote, with correct accents and orthography: Κύριε βοήθει τοῦ δούλου σου Τωρκοτορίου ἄρχοντος Σαρδανίας καὶ τῆς δούλης σου Γετίτ[ης]: Guillou, *Recueil* (cf. fn. 54), n. 215 = Coroneo, Tavole (cf. fn. 58), pl. 43.

71 Κύριε βοήθει τῶν δούλων τοῦ Θεοῦ Τορκοτορίου βασιλικοῦ πρωτοσπαθαρίου καὶ Σαλουσίου τῶν εὐγενεστάτων ἀρχόντων ἡμῶν, ἀμήν. μνήσθητε, Κύριε καὶ τοῦ δούλου σου 'Ορτζοκώρ, ἁμήν: Guillou, *Recueil* (cf. fn. 54), n. 223 = Coroneo, Tavole (cf. fn. 58), pl. 44.

of the benefactors is also an instrument for increasing their social importance in their communities. While asking for divine protection for themselves, Torchitorius and Salusius at the same time proclaimed their reception of a favour from God simply by belonging to the upper class.

Therefore it is hard denying that Sardinian aristocracy continued to look to Byzantium as its main spring of political legitimation. This fact obviously does not mean that such an aristocracy was not able to carry out autonomous political initiatives during the ninth and tenth century. Nevertheless, the close relationship with the papacy proved by Leo IV's and John VIII's letters and the embassy sent to Ludovicus the Pious in 815, are all operations aiming to preserve the survival of this aristocracy, but they cannot change its cultural orientation. It is difficult to say exactly how and to what extent direct contacts between Sardinia and the empire were kept in the period in question. Byzantine fleets might have reached the island leaving from the ports of Reggio Calabria, Naples or Palermo, at least as long as the latter remained in imperial hands. What is certain is that some fleets arrived in and left from Sardinia.[72] From the letter sent in 873 by pope John VIII to the *principes* of Sardinia we infer that Greek merchants, presumably coming from southern Italy, went to the island to sell slaves.[73] In the *Annales* by Flodoardus of Reims is said that in 931 a Greek fleet attacked the Muslim outpost of Fraxinetum.[74] Another Greek expedition against Fraxinetum in 942 can be found in the *Antapodosis* by Liutprand of Cremona.[75] It is very probable, in my opinion, that these expeditions were carried out from Sardinia. Whatever kind of political autonomy the island may have had during the tenth century, the presence of imperial fleets there during that period proves that political and cultural contacts with Byzantium were maintained for a longer period than usually thought. It is possible that still in the eleventh century, some monastic Sardinian workshops

72 For the contacts between Sardinia and Sicily (and Constantinople) in the eighth and ninth century see McCormick, *Origins* (cf. fn. 26), p. 508.

73 Iohannis VIII papae Epistulae (cf. fn. 55), no. 27.

74 Flodoardi Annales, in *Monumenta Germaniae Historica*, Scriptores III, Hannover 1839, a. 931 (p. 379).

75 *Liutprandi Cremonensis Antapodosis, Homelia Paschalis, Historia Ottonis, Relatio de legatione Constantinopolitana*, cura et studio P. Chiesa, Turnholti 1998 (Corpus Christianorum, Continuatio Mediaevalis, 156), pp. 5, 9; 16. On the political context in which the mentioned expeditions took place see the well documented article by C. Renzi Rizzo, *I rapporti diplomatici fra il re Ugo di Provenza e il califfo 'Abd ar-Ramân III: fonti cristiane e fonti arabe a confronto*, published as an electronic text in «Reti Medievali» (www.storia.unifi.it/RM/rivista/saggi/Renzi.htm)

76 On the story of this reliquary see my forthcoming article *Indagine sul cosiddetto reliquiario di san Basilio conservato nella chiesa di San Francesco d'Oristano* in *Forme e caratteri della presenza bizantina nel Mediterraneo occidentale: la Sardegna (sec. VI–XI)*, Oristano 2004.

were able to produce artefacts like the so-called reliquary of Saint Basil (although this was later to be related to Saint Gregory of Nazianzus).[76] This would explain the high quality of the Greek inscriptions of the tenth and eleventh century. Cultural contacts and not cultural conservatism are at the grounds of the strong presence of Byzantine tradition in the life of Early Medieval Sardinia. The island, even after the conquest of Sicily by the Arabs, never remained an isolated region.

IV. Another Orient: Islam

On the basis of a passage preserved in Pseudo-Methodius' Apocalypse, Walter Kaegi has convincingly argued that an Arab raid against Sardinia took place in the second half of the seventh century.[77] This is an important contribution, because until now scholars commonly believe the first Arab raids against Sardinia to have taken place in 703.[78] It is impossible to determine when precisely it took place; probably the expedition targeted the town of Olbia.[79] Maybe it has to be placed just after the expedition lead by Mu'awiya ibn Hudayi in 665/6 A.D. against what is today the south coast of Tunisia.[80] In any case, here we have another element for thinking that early Muslim naval raids were neither made at random nor had the simply purpose of making booty. On the contrary, they seem to have been carried out following a precise strategic plan, that is to increase pressure upon the Byzantines on contemporaneous fronts of war.[81] This is clear from Sardinian context. The majority of Muslim raids against the island, according to Muslims sources, is concentrated in the first half of the eighth century (703–704, 705–706, 707–708, 710–711, 732, 735, 752),[82] at the same time of one of the most enduring period of Arab pressure against Anatolia and Constantinople.

According to Ibn al-Athir, the last of the eighth century raids on Sardinia ended with the payment of the giz'yah by the Sardinians.[83] After this event, the island remained safe from Arab attacks until the beginning of the ninth century. It

77 W. Kaegi, Gigthis and Olbia in the Pseudo-Methodius Apocalypse and their significance, in «*Byzantinische Forschungen*» 26 (2000), pp. 161–167; W. E. Kaegi, Byzantine Sardinia and Africa face the Muslims: Seventh century evidence, in «*Bizantinistica*» 3 (2001), pp. 1–25 (esp. 5–13).

78 See for example Stasolla (see fn. 5), p. 80.

79 Kaegi, Byzantine Sardinia and Africa (cf. fn. 77).

80 Kaegi, Byzantine Sardinia and Africa (cf. fn. 77), p. 8.

81 Kaegi; Byzantine Sardinia and Africa, (cf. fn. 77), p. 14.

82 My assessment of the chronology of the eighth century Arab raids on Sardinia is based on the article of Stasolla (fn. 5).

83 M. G. Stasolla, *Italia euro-mediterranea nel Medioevo: testimonianze di scrittori arabi*, Bologna 1983, p. 302.

is also probable that as a result of the expedition of 752 there were some Arab settlements in the region. The first element for support this statement is based on numismatic evidence. Out of a total amount of 19 Muslim coins found in Sardinia until today, 11 date back to the eighth century; of these, 7 are copper coins.[84] As copper coins were neither used for long distance trade nor for thesaurization, but for everyday commerce, it is possible to refer them to an Arab community living on the island. Scholars have pointed out the town of Assemini (about twenty kilometres north of modern Cagliari) as one of the places which might have hosted an Arab settlement because of its name. Assemini, actually, would derive from the Arab ath-thàmini, that is the "eighth".[85] Moreover, in Assemini there has been found a Kufic inscription dating back to the eleventh century.[86]

Fig 1

Other elements of toponymy which might be referred to Arab etymons are the names of the towns of Arbatax and Alghero, respectively deriving from arba'atash ("fourteenth") and al-ghàr ("cave").[87] In the hypogeum of St. Salvatore of Sinis (near Oristano) are the legible remains of a koranic formula written in charcoal.[88] Of course, we cannot say if these supposed settlements were simply warrior out-

84 G. Oman, *Monete con iscrizioni arabe nel Museo archeologico nazionale di Cagliari* in «Annali dell'Istituto Italiano di Numismatica» (1968), pp. 115–117 quoted by Stasolla (see fn. 5), p. 86 On Muslim coins found on Sardinia see also McCormick, *Origins* (cf. fn. 26), p. 354.

85 Stasolla (see fn. 5), p. 86. On Muslim finds in Sardinia, see also Rowland, *Periphery* (cf. fn. 5), p. 149. Among the seals found in the area of the oppidum sancti *Georgi* (Tharros) there are also four specimens written in Arabic, see Spanu-Zucca, *I sigilli bizantini* (cf. fn. 47), pp. 142–144.

86 See *Moriscos. Echi della presenza della cultura islamica in Sardegna. Catalogo*, Cagliari with no indication of its date of publication, p. 29, no. 14, 15.

87 Stasolla (see fn. 5), p. 86.

88 Stasolla (see fn. 5), p. 86.

posts or if they also included a civilian population. Another toponymic element seems to reinforce the hypothesis of a permanent presence of small groups of Muslims on the island. In thirteenth- and fourteenth-century documentation written in the vernacular one finds the place-name of *Quaddu Morisco* (i.e. Muslim horse) as opposed to *Quaddu Aregu* (i.e. Greek horse).[89] In his *Kàmil*, Ibn al Athir makes an express hint of one thousand horses carried onto the island by the fleet of Mugiàhid in 1015,[90] but it seems reasonable to think that in earlier expeditions horses might also have been transported from Africa or Spain to Sardinia.

The second wave of Muslim expeditions against the region collides with the growth of the Aghlabite emirate in Ifriqiyah and the consolidation of the Ummayyads in Spain. In the first two decades of the ninth century we can enumerate five raids: 807, 809, 813, 816–817, 821–822. But after 822 Muslims apparently stopped raiding Sardinia until 934–935:[91] why? It is hard to believe that this happened because the island was uninhabitable or offered nothing attractive to potential raiders. Sardinia was rich in raw materials, like minerals, wood, or grain, which potentially might have interested the Muslims. Still again it is necessary to be aware of two things: the Sardinian situation in the Early Middle Ages must not be evaluated as a world apart, but in a broader context; Muslim raids were not simply military operations, but they were planned and carried out in the light of a more complex political situation. The Aghlabits probably stopped raiding Sardinia since all their military efforts were more and more concentrated on the conquest of Sicily. On the other hand, the Ummayyads must have restrained their ambitions on Sardinia because of their agreement with Byzantium against the Abbassids. This might have meant that even in the ninth century Sardinia was still perceived by the Muslims as a province of the Byzantine empire. It is worth remembering that Ibn Khurdadhbeh, being between 840 and 845 the author of a geographical description of *Romania*, listed the *batriq* (*patrikios*) of Sardinia among the Byzantine provincial governors.[92] We learn of only one expedition during the tenth century, carried out against Sardinia by a Fatimid fleet in 934–935.[93] It seems that its main goal was not Sardinia itself, but the town of Genoa, which was conquered and sacked by the Fatimids in 934. Only in their return voyage to Egypt, did the raiders attack Sardinia. The most important Muslim military operation against the island was carried out under the leadership of Mugiàhid al-'Amirì in 1014–1015, who is known to Latin sources by the name of Mugeto, Mugetto or Musetto. It has a completely different meaning in comparison to the preceding ones, since its purpose was one of submitting the whole region and incorporating it into the

89 Paulis, *Lingua* (cf. fn. 52), p. 26.
90 Stasolla (see fn. 5), p. 88 (Ibn al-Athìr, Kàmil IV, 7).
91 For the chronology see Stasolla (cf. fn. 5), pp. 81–82.
92 One can read the notice in Besta, *Sardegna* (cf. fn. 36), Vol. I, p. 40.
93 Stasolla (see fn. 5), p. 82.

territorial dominion of Mugiàhid himself.[94] The expedition fits in with the background of the crisis of the caliphate of Cordova, which gave rise to the birth of the so-called *mulùk al-tawà'if* or *reyes de taifas*. Mugiàhid profited from this situation of political crisis by cutting off, to his own the advantage, a territory which included Denia and the Balearics; then he tried to occupy Sardinia. It is not worth while to describe his expedition here in detail, let it suffice to say that at first Mugiàhid was successful in occupying the region, but that later, after ruling it for several months, he was defeated by an army mostly including Pisan and Genoese soldiers. The last expedition against Sardinia mentioned in Arabic sources (Ibn Khaldun) is one made by Yahyà ben Temìn, emir of the Zirids, between 1108 and 1116.[95]

Sardinia shares a common characteristic with other Mediterranean islands, like Malta and Crete. In spite of a quite important Islamic presence on them, Muslim writers do not give us much information on their history. In such a situation, archaeological research appears to be the only instrument for evaluating the mark Islamic culture made on them. In Sardinia, three kufic inscriptions have been discovered, all dating back to the second half of the eleventh century. Of these, one comes from Olbia, another one from Assemini, and the third one – as yet still unpublished – from Cagliari.[96] This means that even after the failure of Mugiàhid's enterprise some Arabs continued to live on the island. What their fate was is impossible to say. The influence of Islam in the traditions of medieval Sardinia has been supposed to be as very insignificant by many scholars. The written sources apparently support such a conclusion, but it is not impossible that future archaeological finds will drastically modify this view.

V. The religious culture as the mirror of an identity

Sardinia shows several traces of a process of early Christianisation. At the end of the second century A.D. the future pope Callistus and some other Christians were sent to exile in the mines of Sulcis (about one hundred km west of Cagliari).[97] It

94 See C. Picard, *La mer et les musulmans d'Occident au Moyen Age (VIIIe–XIIIe siècle)*, Paris 1997, pp. 121–154; Stasolla (see fn. 5), p. 83; *Moriscos. Echi della presenza araba*, pp. 23–23; Boscolo, *Sardegna* (cf. fn. 16), pp. 123–129.

95 Stasolla (see fn. 5), p. 83.

96 On those of Olbia and Assemini see G. Oman, *Iscrizioni arabe di Sardegna* in *Atti della Settimana internazionale di studi mediterranei medievali e moderni*, Cagliari 1979, pp. 213–227. The unpublished inscription is preserved in the deposit of the Soprintendenza dei Beni Archeologici di Cagliari.

97 A. Zucca, Christiani damnati ad metalla in Sardinia, in *Insulae Christi* (cf. fn. 15), pp. 16–19; Turtas, *Storia*, pp. 31–34; Meloni, Sardegna (cf. fn. 14), pp. 411–417.

has been demonstrated that a Christian community lived in Carales and Turris (Porto Torres) since the middle of the fourth century.[98] The Sardinian martyrs Gavinus and Lussorius were venerated since the same time.[99] Eminent persons like Luciferus bishop of Carales, Eusebius bishop of Vercelli, pope Hilarius, or pope Symmachus were born on the island. However, this process of Christianisation neither affected the whole region nor all social classes living on it. When analysing the Sardinian inscriptions dating from the fourth until the sixth century, we find that none of them come from the interior.[100] All come from coastal towns. This means that Christianisation, as is proven by the later Gregory the Great's *Registrum epistolarum*, only superficially touched the inner areas of the island until at least the first half of the seventh century.[101] Moreover, the vitality shown by the imperial cult and the high number of pagan buildings which were repaired since the end of the third until the beginning of the fifth century seem to point out that the majority of the Sardinian aristocracy was not converted to the new religion. A paradigmatic case could be represented by the figure of pope Symmachus (498–514): at the end of the fifth century he arrived at Rome, where he was baptised still a pagan.

As in other regions of the Late Roman Empire, the phenomena of religious syncretism must also have taken place in Sardinia. This is the case with the cult of Heracles *sōtēr* venerated in the homonymous hypogeum near Tharros (in the area of the modern Oristano), which was reinterpreted as referring to Christ.[102] Robert Rowland has stressed that the new religion in some cases developed at old shrines by assimilating the preceding pagan cults, e.g., in the hypogeum of *Forum Traiani* (Fordongianus), where the cult of Aesculapius was substituted with that of the martyr Lussurius.[103] Many cave churches grew up inside old *domus de janas* – i.e. prehistoric caves not inhabited any more in Late Antiquity.[104] Another aspect of the slowness with which Christianity spread in Sardinia is represented by the presence of a strong tradition of magic on the island, most probably to be owing to ancient Etruscan and Punic influences. Some elements of such a tradition are described in the above-mentioned work of Solinus: the use of poisoned herbs provoking the so-called «Sardian laugh», the ordeal, the presence of magicians,

98 Turtas, *Storia*, pp. 75–77, 81–82.

99 P. G. Spanu, *Martyria Sardiniae. I santuari dei martiri sardi*, Oristano 2000 (Mediterraneo Tardoantico e Medievale, Scavi e ricerche, 15) p. 105 (Lussorius), pp. 125–131 (Gavinus).

100 Rowland, *Periphery* (cf. fn. 5), p. 101.

101 See below, n. 116.

102 Mastino, Sardegna (cf. fn. 14), pp. 267.

103 Mastino, Sardegna (cf. fn. 14), pp. 267–268.

104 See E. Morini, Il monachesimo, in *Ai confini* (cf. fn. 5), pp. 39–53, pp. 46–47; Spanu (cf. fn. 17), pp. 203–210.

witches and terrible omens.[105] Other sources deal with dreadful curses engraved on *tabellae defixionum* (found in Nulvi and Orosei) and the veneration of wood.[106] Gregory the Great's letters at the end of the sixth century witnessed a region in which Christianisation was substantially limited to urban centres.[107] Even among the ecclesiastics there were some, like the priest Paul, who was charged with practice magic.[108]

From the acts of the ecclesiastical council held in Carthage in 484 we are informed about the dioceses into which Sardinia was divided at the end of fifth century. Carales was probably the metropolitan see that probably also included the Balearics;[109] followed by Turris Libisonis (Porto Torres), Forum Traiani (Fordongianus), Sulci (S. Antioco), Senafer (Cornus near modern Oristano).[110] The bishoprics of Fausiana (near modern Olbia) is missing in the acts of 484, but is mentioned in pope Gregory's letters.[111] This diocesan geography remained unchanged until the eleventh century. An increase in the level of ecclesiastical culture in Sardinia must have taken place as a consequence of the banishment to the island, in 507, of a large group of African ecclesiastics, that included Fulgentius, the bishop of Ruspe. This measure was due to the initiative of the Vandal king Trasamund, who had banished all those bishops and priests from Africa that had not accepted his Arian policy. One of them, the bishop of Hippo, brought the remains of St. Augustin to Sardinia which later were transferred to Pavia.[112] Presumably the newcomers brought with them a deep awareness of their orthodox culture and sacerdotal leading role in the Christian community. From the *Vita* of Fulgentius, written by the deacon Ferrandus, we learn that the bishop of Ruspe founded two monasteries, the first one between the 507 and 518, the second one after 519.[113] This latter was erected near the church of St. Saturnus. Both monasteries became places of prayer and study. Especially the one built near St. Saturnus seems to have been able of exercising considerable influence on the local community. Archaeological excavations made around the basilica of

105 Solinus (cf. fn. 9), 4, 4 (p. 47).

106 See Greg. Reg. (cf. fn. 40) IV, 27 on *Barbaricini* whose practise it is to worship «woods and stones».

107 See Turtas, *Chiesa*, pp. 108–113; T. Pinna, *Gregorio Magno e la Sardegna*, Cagliari 1989, pp. 71–76.

108 Greg. Reg. (cf. fn. 40) IV, 24.

109 See R. Zucca, *Insulae Baliares. Le isole Baleari sotto il dominio romano*, Rome 1998, p. 209; Turtas, Storia, p. 71.

110 Rowland, *Periphery* (cf. fn. 5), p. 129; Turtas, *Storia*, pp. 71–72.

111 Greg. Reg. (cf. fn. 40) IV, 29; XI, 7.

112 See Pani Ermini, La Sardegna (cf. fn. 16), p. 300; *contra* Turtas, *Storia*, pp. 155–156 who believes that the translation of Saint Augustine's relics took place at the beginning of the eighth century.

113 On the activity of Saint Fulgentius on Sardinia see Turtas, *Storia*, pp. 85–92.

St. Saturnus demonstrate an increase in burials standing around the sanctuary between the end of fifth and the beginning of the sixth century.[114] This phenomenon depended both on the rise of the cult of St. Saturnus (or St. Saturninus) in Sardinia and the prestige exercised by Fulgentius. The attention towards the meaning of the Holy Scripture and the thoughts of the fathers, typical of the intellectual personality of Fulgentius, must have been favourable to the activity of the re-copying of sacred texts in the *coenobia* founded by him. In such a cultural milieu the *Hilarius Basilicanus* (CLA, 1[115] a–b) was probably written.

A second phase of Christian acculturation on the island was promoted by Gregory the Great. From an ecclesiastical point of view, the interest of the pope towards Sardinia was quite natural, as the region was dependant on the Roman patriarchate. Many papal letters deal with Sardinia and, can be divided in two main groups according to their contents: 1) those concerning the ecclesiastical discipline of churches and monasteries; 2) those dealing with the Christianisation of the *Barbaricini*, i.e. the inhabitants of the inner part of Sardinia.[116] As in Great Britain, the pope sent two envoys of his to the island – Felix bishop of Portus (near Rome) and Cyriacus abbot of St Andrew's in *Clivo Scauri* – with the task of promoting the evangelisation of the pagans. Their Christianisation was carried out according to a pattern which is well-known in the whole Early Medieval Occident as well as in Byzantium: first the aristocracy was converted, then the populace. Byzantine authorities in Sardinia gave their support to such an operation for reasons both political and cultural. On the one hand, the conversion of the Barbaricini undoubtedly presented some political advantages for Byzantium, because it could have limited their attacks against the costal areas of Sardinia; on the other hand, by supporting the papal envoys, Byzantine officials did nothing but conform to the *symphonia* between imperial and ecclesiastic powers, a feature peculiar to Byzantine culture even in earlier days. Gregory the Great's letters are also a mirror of the contemporaneous Sardinian society, giving a perspective that enables us to underline the main problems affecting the island at the end of the sixth century. These problems are especially connected to the arrogance of officials towards the local population, the inadequacy of pastoral action of the Sardinian clergy, social pauperism and the militarisation of the everyday life.[117] The Sardinian society of that time seems to be quite different from that of Fulgentius' of Ruspe. The Byzantine presence was starting to influence local culture. We find proof for this in a second manuscript, most probably coming from a Sardinian

114 Spanu (cf. fn. 17), pp. 31–35.

115 See E. Cau, Oralità e scrittura, in *La Sardegna* (cf. fn. 8), pp. 5–10, here p. 7.

116 On Gregory's letters on Sardinia see Turtas, *Storia*, pp. 102–139; Pinna, *Gregorio Magno*, pp. 1–108.

117 See Cosentino, Potere (cf. fn. 27), pp. 3–6.

scriptorium, the famous *codex Laudianus* gr. 35 containing a Graeco-Latin version of the Acts of the Apostles, written around the end of the sixth or at the beginning of the seventh century (now preserved in the Bodleian Library in Oxford).[118] The manuscript, written in a very sophisticated Biblical minuscule, is characterized, according to Guglielmo Cavallo, by an high level of technical execution. The audience of its readers is a bilingual one, but not necessarily restricted to a small circle of persons, since – as we have already seen and will see again – the knowledge of Greek in the island seems to have increased in the course of the seventh and eighth centuries.

Beginning in the forties of the seventh century, Sardinia must have become the destination of a group of Greek-speaking monks fleeing from Muslim invaders. Clear evidence for this is represented by the letter of the monk Anastasius, a disciple of Maximus Homologetes, sent before 662 to a group of monks living in Carales.[119] The author of the letter was informing his addressees about the state of the monothelitic controversy and urging them to support the anti-monothelitic party by going to Rome. A hint on the degree of the diffusion of the Greek language among monks and priests in late seventh-century, Sardinia is represented by the abjuration pronounced by Euthalius bishop of Sulci of his former monothelitic profession. This abjuration, written in Greek, is preserved in a Mount Athos-codex (Lavra 149, ff. 1–4) dating back to the eleventh century.[120] From it we learn that the bishop Euthalius, urged by the Byzantine *dux* of Sardinia, had accepted to have formerly professed a monothelitic creed, but had then later turned back to the orthodox belief. This case in question, by the way, proves

118 See *Codices Latini Antiquiores,* Oxford 1934ff., II, n. 251. On the manuscript see Cavallo, *Le tipologie della cultura*, pp. 476–477; Cavallo, La cultura italo- greca nella produzione libraria, in AA.VV., *I Bizantini in Italia*, Milan 1982, p. 503; Pani Ermini, *Sardegna* (cf. fn. 16), p. 308; Cau, Oralità (cf. fn. 115), p. 8; C. Mango, La culture grecque et l'Occident au VIIIe siècle, in *I problemi dell'Occidente nel sec. VIII*, II, Spoleto 1973, pp. 688–690; B.R. Motzo, *Barlumi della età bizantina, I, Un prezioso codice originario della Sardegna*, in Id., *Studi sui Bizantini in Sardegna e sull'agiografia sarda*, Cagliari 1987, pp. 13–20; against a Sardinian attribution is P. Batiffol, Librairies byzantines à Rome, in «*Mélanges de l'École Française de Rome*» 8 (1888), p. 306.

119 *Anastasii monachi epistula ad monaches claritanos* in *Maximus the Confessor and his Companions Documents from Exile*, ed. and transl. by P. Allen and B. Neil, Oxford 2002, pp. 124–131 (with a commentary).

120 See the text in H. von Soden, *Die Schriften des Neuen Testaments in ihrer ältesten erreichbaren Textgestalt hergestellt auf Grund ihrer Textgeschichte*, I/1, Göttingen 1911, pp. 638–641; Italian translation in Motzo. *Barlumi dell'età bizantina*, pp. 20–24 and Guillou, Diffusione (cf. fn. 54), pp. 399–402. On the historical context of this text see W. Brandes, Orthodoxy and Heresy in the Seventh Century: Prosopographical Observations on Monotheletism in *Fifty Years of Prosopography. The Later Roman Empire and Beyond*, ed. by Av. Cameron, Oxford 2003 (Proceedings of the British Academy, 118), pp. 109–110; on Euthalios see PmbZ, no. 2837.

that at the end of the seventh century, Sardinia was perfectly integrated into the political tissue of the empire. As in other areas of the exarchates of Africa and Italy, in this region the military apparatus seems also to have supported the monothelitic policy of the imperial court. All three versions of the *Bios* of Theodore of Stoudios preserve a passage dealing with the sojourn in Carales of a group of Greek monks who were supporters of Gregorius Asbestas, archbishop of Syracuse. The *prōtos* of the island gave them hospitality. This episode is well known and I shall not analyse it further here in detail. In short, it tells of the terrible punishment inflicted by God on the man hosting the monks, as he had shared the hostility towards Theodore of Stoudios with them. I just want to stress that there is no reason to see in this man the bishop of Carales, as Guillou and Dagron do.[121] The appellatives given to him by the sources – according to the different versions of the *Vita*: πρῶτος, τὶς ἀνήρ or εἷς τῶν ἐκεῖσε – do not allow us to keep up such a conclusion.[122] Version B describes this man as φιλόχριστος καὶ θεοσεβής, adjectives which seem more compatible with the status of a layman, than with an ecclesiastical one. It can be suggested, therefore, to identify him with the *archōn* of Carales. In any case, this episode shows that in the second half of the ninth century some monks were able to sail, presumably from Sicily, to Sardinia, and that Greek was still spoken by members of the Sardinian upper class. The presence on Sardinia of Greek monks can be found also in a fragmentary Greek inscription of the tenth century commemorating a *monachos*[123] and in the medieval onomastics and toponomastics. In the countryside near the modern centre of Siniscola there was a village, now disappeared, appearing in late medieval documents under the name *Riu Manaò* or simply *Manaò* ("settlement of the monks").[124] According to the glottologist Giulio Paulis, this form is derived from the Greek word *monachos*. But the most evident trace of a Greek influence in Sardinian monasticism is represented by the term *condaghe* (sing.) that is the medieval term with which the monastic *chartularia* were designated in Sardinia[125]. This word refers to a lexicon and consuetude being typical of Byzantium. To register deeds relating to ecclesiastical or monastic property *en kontakio* (ἐν κοντακίῳ), i.e. on a rotolus, is a practice well known to the whole Byzantine world. One thinks, for example, of the long parchment rotolus belonging to the church of Reggio Calabria (in southern Italy), dating back to the second quarter of the eleventh century. It preserves on the *recto* a *brebeion* of the church mentioned above and on the *verso*

121 Guillou, Diffusione (cf. fn. 54), p. 404; G. Dagron, Le traité de Grégoire de Nicée sur le baptême des Juifs, in «*Travaux et Mémoires*» 11 (1991), p. 342, n. 134.
122 Analysis of the sources in Morini, Monachesimo (cf. fn. 104), pp. 43–44.
123 Guillou, Diffusione (cf. fn. 54), p. 408, n. 12.
124 See Paulis, *Lingua* (cf. fn. 52), p. 82.
125 See the entry "condake" in M.T. Atzori, *Glossario di sardo antico*, Modena 1975 and the entry "kondáke" in M.L. Wagner, *Dizionario etimologico sardo*, Heidelberg 1960.

about 43 documents pertaining to the archive of the church of Hagia Agathé (Oppido Mamertino).[126]

As well as the evidence of written sources, material culture also left some hints of a Greek monastic presence on Sardinia. I refer to a certain presence of rocky sites, spread over the whole island, and undoubtedly with a religious meaning; I shall avoid listing them singly here. Archaeologists date the most part of them to a period stretching from the fifth to the seventh century.[127] The Sardinian countryside, rich in natural caves and hypogea, and the presence of a number of megalithic complexes in the region, later reused in medieval times, may have favoured forms of eremitic life. In the toponyms *Lauras / Luras*, witnessed in Gallura, we find the echo of the Byzantine form of *laura* (λαύρα).[128]

Whereas it could seem exaggerated to speak of a complete religious Byzantinisation of the region during the early Middle Ages, as some local scholars do, there is no doubt that Byzantine religious culture must have played an important role during that period. On the other hand, Sardinia was never under the ecclesiastical jurisdiction of the Constantinopolitan patriarchate, not even as consequence of the administrative measures taken by emperor Constantine V.[128bis] against the papacy in the second half of the eighth century. There is no evidence for such an assumption.[129] The only apparent exception seems to be represented by the inclusion of Sardinia among the metropolitan sees depending on Constantinople in the third *notitia episcopatuum* edited by Jean Darrouzès, which dates to the first half of the ninth century. But the same editor, Darrouzès, has shown that the section of the list in which Sardinia is mentioned is a copy of two earlier lists relating to those bishops attending the seventh ecumenical council of Nicaea in 787.[130] The

126 See for example A. Guillou, La tourme des Salines dans le thème de Calabre, in «*Mélanges de l'École française de Rome. Moyen Age*» 83 (1971), p. 10, n. 4 (reprinted in A. Guillou, *Culture et société en Italie byzantine, VIe–XIe s.*, London 1978, X).

127 Spanu (cf. fn. 17), pp. 203–210; R. Caprara, *Tipologie tombali presso le chiese rupestri* in *Le sepolture in Sardegna dal IV al VII secolo*, Oristano 1990, pp. 161–178 (Mediterraneo tardoantico e medievale, Scavi e ricerche, 8); R. Caprara, Le chiese rupestri medievali della Sardegna, in «*Nuovo Bollettino Archeologico Sardo*» 3 (1986), pp. 251–258.

128 Paulis, *Lingua* (cf. 52), p. 158.

128bis On the problem of the sequestration of the papel patrimonia in southern Italy and the passage of Calabria, Sicily and Illyricum from the jurisdiction on the Pope to that of the partriarchate of Constantinople see the forthcoming *mise-aupoint* of W. Brandes, *Byzanz und das Papsttum im 8. Jahrhundert. Die «Enteignung» der päpstlichen Patrimonium, der Transfer der westillyrischen Bistümer und das Schweigen des Liber Pontificalis* in «Millennium» 2 (2005). I thank the Author for letting me read his article before publication.

129 Turtas, *La chiesa sarda* in *Ai confini* (cf. fn. 5), p. 34 and Turtas, *Storia*, pp. 161–163; Morini, Monachesimo (cf. fn. 104), p. 39.

130 J. Darrouzès, *Notitiae episcopatuum ecclesiae Constantinopolitanae*, téxte critique, introduction et notes, Paris 1981, p. 231, no. 19 (commentary, p. 23).

exercise of Roman ecclesiastical jurisdiction over Sardinia from Late Antiquity until the Early Middle can be proven from our knowledge of the whole surviving evidence. Recently, Enrico Morini has convincingly reshuffled the number of examples which would have demonstrated, according to some scholars, the existence of a Greek liturgy on the island[131]. This is not to say that there was no permeability between the two rites, but that taken as a whole, the Sardinian liturgy must have remained a Latin one. We have also to take into consideration a potential influence through the Mozarabic liturgy. The *cod. lat.* LXXXIX of the Biblioteca Capitolare of Verona (*CLA*, no. 515), a prayer book of Spanish origin, was surely known in Carales in the eighth century, because in its initial folios we find the subscription of Flavius Sergius *bicidominus sancte ecclesie Caralitane.*[132]

There is no contradiction in arguing for a noteworthy Byzantinisation of the religious culture of Sardinia and, at the same time, denying that the island was never subject to the Constantinopolitan patriarchate. Between the seventh and the eighth century not a negligible number of popes were of oriental origin, but this does not mean that the Roman church became theologically and institutionally Greek. Other areas of southern Italy, like Apulia and Campania were never subject to the patriarchate of Constantinople, even though one can find in them many aspects of Byzantine tradition. The influence of Byzantine elements in Sardinian life seems to have been exercised more on education than ecclesiology or theology. As a consequence, we find some seals of Sardinian priests possessing a Greek legenda, as the one of Arsenios, bishop of Carales in the first half of the ninth century.[133] The first hagiographical text coming from the island, the Latin *Vita* of St. George of Suelli written approximately towards the end of the eleventh century, tells us that the saint learned Greek and Latin during his youth.[134] This might surely be a literary *topos*, but in any case more peculiar to contemporary Byzantine hagiography than to Latin ones.

Another important aspect of a Byzantinisation of Sardinian religious life can be seen in the forms of popular devotion. This is a relevant field of study that, until recently, has not received the attention it deserves. A very large number of

---

131 Morini, Monachesimo (cf. fn. 104), p. 41, n. 29.

132 Cau, Oralità (cf. fn. 115), p. 8.

133 *Catalogue* (see fn. 48), p. 36, no. 9,1 (θεοτόκε βοήθει Ἀρσενίῳ ἀρχιεπισκόπῳ Σαρδηνίας) Spanu-Zucca, *I sigilli bizantini*, p. 52, no. 5. I do not think Turtas, *Storia della Chiesa*, p. 160 is right in making a distinction between the Arsenios mentioned in a letter of pope Leo IV (*Leonis IV papae Epistulae* [cf. fn. 55], no. 32) and the homonym witnessed by our seal.

134 Legenda sanctissimi Georgii Suellensis edidit B.R. Motzo, in *Studi sui Bizantini in Sardegna e sull'agiografia sarda*, Cagliari 1987, pp. 147–154 (= B.R. Motzo, La vita e l'ufficio di S. Giorgio vescovo di Barbagia, in «*Archivio Storico Sardo*» 15 [1924], pp. 1–26), II (p. 20).

publications in local historiography exist dealing with this topic, but for the most part they are not written by specialists. Anyhow, according to recent research devoted to the cults of the saints in Late Antique and Early Medieval Sardinia, the presence of Byzantine saints seems remarkable. Of 116 churches mentioned in deeds of gift made by the Sardinian *iudices* during the eleventh and twelfth century, 38 were dedicated to St. Mary, seventeen to the Holy Apostles, nine to local martyrs (e.g. Gavinus, Lussurius, Antiochus or Saturnus – even though the latter is of African origin), seven to St. John the Baptist, twenty-eight to oriental and seventeen to Latin saints. Among the Byzantine saints, seven churches were dedicated to St. George, six to St. Nicholas, five to St. Helias, four to St. Michael and one respectively to SS. Barbara, Caterina, Demetrius, Haeliseus, Julian, Quiricus and Sergius.[135] From toponomastics and titulations of churches still existing we know that the SS. Constantinus, Helen, Sophia, Basil, Procopius and Theodore were also venerated on the island.[136]

Even if the paucity of our written documentation until the second half of the eleventh century does not allow us to outline a detailed picture of the influence of Byzantine traditions on Sardinian religiosity, all available evidence forces us to regard it as having been relevant. An opposite trend must have taken place beginning only at the end of the eleventh century, with the settlement on the island of Latin monastic orders, like the Benedictines, Vallombrosans and Cistercians.[137]

VI. One island, four kings

In a letter sent by pope Gregory VII on the 14 of October 1073 we find the first undisputable evidence that Sardinia at that time was divided into four lordships that were politically autonomous of one another. The letter in fact is addressed to the *iudices* Marianus of Porto Torres, Orzocco of Arborea, Orzocco of Carales, and Constantinus of Gallura.[138] However, if the *terminus post quem* of the birth of the so-called *giudicati* – meaning the regime of the *iudices*, i.e. kings – is sure, its *terminus ante quem* is still on debate.[139] This peculiar political structure lasted

135 These figures can be taken from A. F. Spada, Il culto dei santi nella Sardegna tardoantica e altomedievale in *La Sardegna paleocristiana*, pp. 473–483. On the presence of Byzantines saints in Sardinian devotion see also Turtas, *Storia*, pp. 171–172 and R. J. Rowland, Su alcuni agiotoponimi greco-orientali in Sardegna, in «*Quaderni Bolotanesi*» 17 (1991), pp. 311–319.

136 Even though Saint Constantine's cult might be pre-Byzantine, as Mastino, Sardegna (cf. fn. 14), p. 270 has stressed.

137 R. Turtas, *Storia della chiesa in Sardegna dalle origini al 2000*, Rome 1999, pp. 213–245.

138 See *Das Register Gregors VII*, ed. by E. Caspar; I, Berlin 1955[2] (Monumenta Germaniae Historica, Scriptores in usum scholarum, 6) (= Register), I, no. 29 (p. 46).

139 See above, n. 63.

until the second half of the thirteenth century in the lordships of Carales (1257), Logudoro (1259) and Gallura, whereas in that of Arborea until the first half of the fifteenth century (1410).[140] The period from the eleventh to the thirteenth century represents what is called the *età giudicale*, an age much better documented than the preceding ones, but still very neglected by scholars. Maybe one of the reasons is the difficulty of approaching documentation that is often written in the Old Sardinian vulgar. In the imagery of contemporary Sardinia the *età giudicale* is a sort of mythical age, an age of pride and freedom, as it is supposedly the sole period – together with that of the Nuragic civilization – of Sardinian history in which the island was ruled by its native aristocracy. This way of thinking, however, is a very questionable one; but here reasons of political propaganda sometimes take precedence over those of history.

To thought that the birth of the *giudicati* broke a secular isolation of Sardinia is an opinion quite far spread among scholars.[141] As the *giudicati* have sometimes been perceived as a sort of modern symbol of Sardinian identity, since their origin some historians aim to attribute to them a sort of completeness of character. But this is very much a matter of opinion. Many cultural, institutional, religious and economic aspects of their civilization were inherited from preceding ages – the influence exercised over the *giudicati* by the Byzantine tradition is out of discussion. One thinks about, for instance, the similar qualification of their rulers: in fact, the term *iudex* is a clear conceptual translation of the Greek word *archōn*.[142] Sigillographic evidence dating from the first half of the ninth century bear the memory of the ἄρχων μερε(ίας) Καλ(άρ)ε(ος) and the ἄρχων Ἀρβορέας.[143] What does the formula exactly mean? Scholars have usually interpreted the word μέρεια in a «territorial» sense, as a synonym of «area», or «region». As a matter of fact, this is the translation of the term in Latin or vulgar documents written in 1089, 1102, 1107 and 1108.[144] But was this always the meaning of the formula since

140 On their political history see the contribution by S. Petrucci, Storia politica e istituzionale della Sardegna medievale (secoli XI–XIV), in *Storia dei Sardi* (see fn. 5), II, pp. 97–156.

141 See for example Day, Sardegna (cf. fn. 53), p. 3 or Meloni, Quadro (cf. fn. 53), p. 49.

142 See Cosentino, Potere (cf. fn. 27), p. 10.

143 Archontes of Carales: A. Manno, *Alcuni piombi sardi* in «Atti della Reale Accademia delle Scienze di Torino» XIII (1877–1878), no. 9, p. 178 (= G. Schlumberger, *Sigillographie de l'empire byzantin*, Paris 1884, p. 223), no. 10, p. 479 (= Schlumberger, *Sigillographie*, p. 223), no. 11, p. 480; *archōn* of Arboreas: Spanu (cf. fn. 17), p. 95, no. 103; Spanu-Zucca, *I sigilli bizantini* (cf. fn. 47), p. 145, no. 77; p. 146, no. 78.

144 Ἔγω ἰούδικι … ποτεσδάνδω πόρτη δὲ Κάραλη (1089ca.): M. K. Wescher, M. Blanchard, Charte sarde de l'abbaye de Saint Victor de Marseille écrite en caractères grecs, in «*Bibliothèque de l'École des Chartes*» 35 (1874), p. 256, line 1; *Ego iudice Turbini de Lacon potestando parte de Arborea* (1102): P. Tola, *Codice diplomatico della Sardegna*, I–II, presentazione di A. Boscolo, introduzione di F. C. Casula, Cagliari 1984², no.

its origin? In a recent article I made the hypothesis that the locution ἄρχων μέρους Καλάρεως or Ἀρβορέας originally had a military sense, so that it has to be interpreted not as «head of the region» of Carales or Arborea, but as «head of the forces» of Carales or Arborea.[145] In other words, it is possible that the *archontes* mentioned in the well known evidence dating back to the end of the tenth or the beginning of the eleventh century may have derived their power from the chiefs (*droungarioi*, *komētes* or whatever) of Byzantine units quartered in various parts of the island between the eighth and the ninth century.[146] In any case, the written and archaeological evidence of troops quartered in Sardinia, especially after the fall of Carthage, leads us to the conclusion that the Byzantine army must have played a decisive role in the defence, organisation and rule of the territory, at least from the seventh and throughout the ninth century.

Whatever may have been the precise framework in which the *giudicati* arose, the Byzantine conception of power seems to have strongly influenced their administrative structures. As in the Byzantine Empire, the private property of the *iudex* was strictly separated from the one pertaining to the state. The prince lived in his palace, protected by a personal guard, called *kita de buiakesos* in the Sardinian vulgar documents. Giorgio Paulis has shown that these elite troops were modelled on the Byzantine *exkoubitores*.[147] One deed of gift issued about 1089 by the chancellery of the *iudex* Constantinus-Salusios (he bore a double name) to the monastery of St. Saturnus, is written in Campidanese but using Greek letters.[148] Why did the *iudices* still use Byzantine-shaped seals and the Greek alphabet at the end of the eleventh century or maybe at an even later date? Not because they perceived themselves as Byzantines of course, but probably because they looked towards Greek as the language of power *par excellence*. In their mentality, writing in Greek was a way of giving more sacrality to their deeds, since probably to them Greek letters were symbols of power. Symbols of a power from which they felt to have derived the legitimation of their rule. This statement can be proved by analysing the titles of the earlier deeds issued by the *giudicale* chancellery. In these documents the *iudices* alternatively use the attribute of *iudex* or *rex* for

XXII, p. 165; *Ego iudex Torchitor de Lacono pro voluntate Dei potestando regnum Callaritani* (1107): Tola, p. 178, no. III; *Ego iudice Trogotori de Guanali cum filio meo domnu Constantini per voluntate de domnu Deus potestando parte Karalis* (1108): Tola, p. 189, no. V.

145 S. Cosentino, *Re-analysing some old Byzantine bullae from Sardinia*, forthcoming.

146 If such is the case, Guillou's interpretation of the *archōn Sardanias* as a customs officer of the port of Carales has to be considered being very improbable: see A. Guillou, La lunga età bizantina. Politica e economia, in *Storia dei Sardi* (see fn. 4), I, pp. 347–348.

147 See G. Paulis, *La guardia palatina nella Sardegna giudicale: la chita de buiachesos* in *Studi sul sardo medievale*, Nuoro 1997, pp. 63–69.

148 See Wescher, Blanchard, *Charte sarde de l'abbaye de Saint Victor de Marseille écrite en caractères grecs* quoted above, n. 144.

themselves.[149] If their addressees were living on the island, they employed the title of *iudex*; if not, they used the term *rex* in order to underline their own rulership. This means that the Caralitan *iudices* were perfectly aware of the importance of the symbolic communication as manifestation of their authority. In fact, the title of *iudex* – i.e. the equivalent of the Greek *archōn* – could have been understood as an element of legitimate sovereignty only by a people who grew up in a Byzantine political tradition. Moreover, Byzantine *bullae* dating back to the ninth century were used by an anonymous forger of later times to seal at least 21 donations of goods made by the *iudices* to the bishops of Carales.[150] To the mentality of the forger, these seals evidently were not a living symbol of a world long dead, but on the contrary, an old symbol of a world, Byzantium, still living on in the imagery of power of thirteenth century-Sardinia.

VII. Conclusions

Looking at Sardinia as being an isolated province during the Early Middle Ages has, among its consequences, that of considering it to be a poor region as far as culture and economics are concerned. According to some scholars, an impulse towards its revival would have only seem to have been given by the Genoese and Pisan penetration into the island from the second half of the eleventh century on[151]. Such a conclusion, however, surely has to be rejected. The supposed cultural isolation of Byzantine Sardinia never existed. It is an historiographical myth, probably connected with the search for a Sardinian self-identity by modern-day intellectuals, for whom «isolation» is a distinctive feature in itself. The idea that it was the Pisans and the Genoese who were responsible for the «discovery» of Sardinia, like Christopher Columbus for the Americas, has to be modified all the same. Sardinia was not discovered by Pisa and Genoa; on the contrary, these two cities began to enlarge their influence in the Mediterranean only at the beginning of the eleventh century and only in that period did they start to penetrate the island. The numerous mentions of Sardinia we find in Byzantine, Islamic and papal sources during the early Middle Ages, on average are no less than those referring to other Western Mediterranean regions of the same period. We have seen that from Late Antiquity until the tenth century military and merchant fleets continued to frequent the ports of the island. Whenever the Muslims had an interest in raiding Sardinia, they never had problems doing so. The papacy

149 For the quotation of related evidence see Cosentino, Potere (cf. fn. 27), p. 11.
150 See Cosentino, *Re-analysing some Byzantine bullae from Sardinia* (cf. fn. 145).
151 See for instance Boscolo, *Sardegna* (cf. fn. 16), pp. 187–188; Day, Sardegna (cf. fn. 3), pp. 3–4; Meloni, Quadro (cf. fn. 53), pp. 49–50.

drew both luxurious clothes and young soldiers from Sardinia.[152] The analysis of the forms through which the Sardinian aristocracy exercised its rule shows we are dealing with a political culture that was not anachronistic. Titles, symbolism of power and the tools of propaganda, were closely connected to contemporary Byzantine ideology. The high technical quality of the Greek inscriptions of the tenth and eleventh centuries does not result from conservatism, but from contacts with the outside. In terms of written documentation, for Byzantine Sardinia this is no less scarce than that of some other regions of Italy, like Abruzzo or Lucania. The artistic production of Late Antiquity is set in a traditional Mediterranean context, whereas the one ranging from the eighth to the tenth century – represented by scattered material like pillars, *plutei* and so on – denotes a close relationship with patterns originating, according to art historians, in Campania.[153] Archaeological studies have pointed out a decrease in the import of African ceramics after the seventh century, but this fact also seems to be normal for the Italian situation at that time.[154] There does seem to exist a kind of pottery typical for Early Medieval Sardinia, but this is still debated by the specialists.

In proper terms, Sardinia was not a poor region at the time in question; it was rich in raw materials, like minerals, salt, grain or wood. Moreover, on the contrary to what is usually thought, currency was not scarce on the island. This is proven by the numerous finds of Byzantine coins ranging from the fifth until the end of the ninth century.[155] Even in documents of the twelfth and thirteenth centuries the Byzantine *solidus* is mentioned as the coinage of accounting.[156] But speaking of the presence of coins is one thing, speaking of their commercialisation is another. In that field, Sardinia seems to show another peculiar feature of Byzantine culture. The lives of Byzantine saints often use the term *autarchia* (αὐτάρκεια) to describe the mental habit of the peasantry towards its own way of life.[157] This word is more understandable as a moral attitude, rather than as a strategy for saving money. As a matter of fact, it refers to the duty of the Christian peasant to divide his rural income into three parts, and use it for his own upkeep, the payment of taxes and help for the poor. We cannot prove to what extent this

152 Cosentino, Sardegna (cf. fn. 7), pp. 63–64. See also McCormick, *Origins* (cf. fn. 26), p. 516.

153 See R. Coroneo, La cultura artistica, in *Ai confini* (cf. fn. 5), pp. 99–107.

154 R. Martorelli, Documenti di cultura materiale pertinenti agli scambi commerciali e alle produzioni locali, in *Ai confini* (cf. fn. 5), pp. 137–140.

155 See G. Perantoni Satta, Rinvenimenti in Sardegna di monete dell'impero d'Oriente, in «*Annali dell'Istituto Italiano di Numismatica*» 3 (1961), pp. 151–166.

156 See R. Carta Raspi, *L'economia della Sardegna medievale. Scambi e prezzi*, Cagliari 1940, p. 97.

157 On the *autarcheia* see M. Kaplan, L'économie paysanne dans l'empire byzantin du Ve au Xe siècle, in «*Klio*» 68 (1986), pp. 199–205 and from the same author *Les hommes et la terre à Byzance du VIe au XIe siècle*, Paris 1992, pp. 493–496.

cultural notion has permeated the mentality of the Sardinian countryside in the Early Middle Ages. However, it is a fact that the long adventure of the Byzantine *solidus* in the island started with Constantine the Great's age and came to an end between the eleventh and the thirteenth century, when Sardinia fell under the cultural dominance of Pisa and Genoa.

The features characterizing Byzantine Sardinia seem to be similar to those of other big islands of the Eastern Roman Empire, like Crete or other islands of the Aegean. As Elisabeth Malamut has shown, in the case of Crete we are faced with a country which was neither poor or isolated *strictu sensu* from the rest of the *Romania.*[158] The apparent conservatism of its traditions is not due to a lack of relationships with the outside, but to the fact that through the centuries its main character remained that of a rural region. The *ethos* of Sardinian or Cretan elites must not have been different from that of the Anatolian aristocracy. Of course, the sea was an important resource for survival, but it was always perceived as a hostile element.[159] As strange as it may appear, the land and not the sea was the key element of Byzantine Sardinia. Another feature of the Byzantine legacy towards the island.

158 E. Malamut, *Les îles de l'empire byzantin VIII*[e]*–XII siècles*, Paris 1988, II, pp. 383–469.

159 On the thalassophobia of the *homo byzantinus* see J. Koder, Aspekte der Thalassokratia der Byzantiner in der Ägäis, in *Griechenland und das Meer*, ed. by E. Chrysos, D. Letsios, H.A. Richter, R. Stupperich, Mannheim and Möhnesee 1999, p. 109; S. Cosentino, La flotte byzantine face à l'expansion musulmane. Aspects d'histoire institutionnelle et sociale (VIIe–Xe siècles), in *«Byzantinische Forschungen»* 28 (2004), forthcoming.

Die *'columna virginea'* und ihre Wiederverwendung in der Süleymaniye Camii*

Neslihan Asutay-Effenberger und Arne Effenberger

I

Unter den zahllosen İstanbul-Reisenden des 16. Jahrhunderts hat wohl kein zweiter die Topographie der Stadt und ihre Denkmäler mit solcher Leidenschaft erforscht wie der französische Zoologe Petrus Gyllius (Pierre Gilles) aus Albi (1489–1555).[1] Während zweier Aufenthalte zwischen 1547 und 1550 hat er İstanbul, Pera (Galata), die europäische Seite des Bosporus sowie die asiatischen Küstenorte Skutari (Üsküdar) und Chalkedon (Kadıköy) durchwandert, wobei ihn die großen osmanischen Bauleistungen nicht weniger interessierten als die byzantinischen. Bei der Lektüre seines postum erschienenen Werks über die Topographie von Konstantinopel fasziniert der klare Blick des Naturforschers für die physische Beschaffenheit der Stadt-Landschaft und der darin eingebetteten Monumente.[2] Seiner profunden Kenntnis der byzantinischen Autoren ist es zu verdanken, daß er nicht selten als Erster ein überkommenes Gebäude sicher zu identifizieren vermochte. Als Augenzeuge beobachtete er noch viele inzwischen verschwundene

---

* Für mancherlei Hilfe danken wir Ali Akkaya (DAI, İstanbul), Matthias Fritz (Freie Universität Berlin) und Claus-Peter Haase (Staatliche Museen zu Berlin).

1 Zu Petrus Gyllius siehe J. Ebersolt, Constantinople byzantin et les voyageurs du Levant, Paris 1918 [Nachdruck: London 1986], S. 72–82; St. Yerasimos, Les voyageurs dans l'Empire ottoman (XIVe–XVIe siècles). Bibliographie, itinéraires et inventaire des lieux habités (Conseil suprême d'Atatürk pour culture, langue et histoire. Publications der la Société Turque d'Histoire, ser. VII No. 117), Ankara 1991, S. 209–210; St. Yerasimos, s. v. Gilles, Pierre, in: İstanbul Ansiklopedisi 3 (1994) S. 395–396; J.-P. Grelois, in: Marie-France Auzépy (Ed.), Byzance retrouvée. Érudits et voyageurs français (XVe–XVIIIe siècles) [Ausstellungskatalog], Paris 2001, S. 30–31, Nr. 8; K. Bird, Pierre Gilles and the Topography of Constantinople, in: Myth to Modernity / Efsanelerden Günümüze 1: İstanbul. Selected Themes / Seçme Yazılar. Ed. by N. Başgelen, B. Johnson, İstanbul 2002, S. 1–15.

2 Petri Gyllii De topographia Constantinopoleos et de illius antiquitatibus libri quatuor, Lyon 1561 [Nachdruck: Athen ohne Jahr]. – Vielfach ungenau ist die englische Übersetzung von 1729: Pierre Gilles, The Antiquities of Constantinople based on the translation by John Ball, New York 1988; sehr gute türkische Übersetzung von Erendiz Özbayoğlu, İstanbul 2000. – Nicht weniger bedeutsam das zweite topographische Werk: Petri Gyllii De Bosporo Thracio libri III, Lyon 1561. Beide wurden postum von seinem Sohn herausgegeben.

Baulichkeiten und mußte ihre Zerstörung oder Ausbeutung zum Zweck der Materialgewinnung oft schmerzlich miterleben. Vielen Monumenten rückte er sozusagen mit dem 'Zollstock' zu Leibe, um sie gründlich zu vermessen. Wo seine Maßangaben heute noch nachprüfbar sind, belegen sie die erstaunliche Präzision seiner Arbeitsweise. Hätte ihm ein kongenialer Zeichner wie der aus Flensburg stammende Melchior Lorichs zur Seite gestanden: Wir besäßen gewiß ein archäologisches Kompendium von unschätzbarem Wert. So müssen wir uns mit Gyllius' deskriptiver Topographie begnügen, die – obgleich in vielem überholt und über weite Passagen oft nur eine langatmige Auseinandersetzung mit der schriftlichen Überlieferung – noch immer die wichtigste Quelle für den Zustand İstanbuls im Zeitalter Süleymans des Prächtigen (1520–1566) darstellt.

Im I. Buch versucht sich Gyllius zunächst in einer ausführlichen Beschreibung der geomorphologischen Struktur der Stadt, insbesondere der 'sieben Hügel' und der Taleinschnitte zwischen ihnen.[3] Dabei unterscheidet er einerseits die Abfolge von sechs Hügeln entlang dem Goldenen Horn, die er zusammenfassend als *sexicolle promontorij*, als sechshügeliges Vorgebirge bezeichnet, und andererseits den durch das Tal des Lykosbachs abgetrennten siebten Hügel, der fast ein Viertel der gesamten Stadtfläche einnimmt. Bereits in zwei seiner 'Berg-und-Tal-Beschreibungen' wird die *columna virginea* als topographischer Fixpunkt erwähnt, um bestimmte markante Verläufe der Hügellandschaft näher kennzeichnen zu können. Im IV. Buch widmet Gyllius der Säule eine ausführliche Behandlung. Diese Passage wird in der Forschung stets zitiert, doch sollten auch die früheren Erwähnungen die ihnen gebührende Beachtung finden, zumal sie zur genaueren Lokalisierung und Bestimmung der Säule beitragen können.

Im 13. Kapitel des I. Buches, wo Gyllius die Beschaffenheit des 'vierten' Stadthügels schildert, lesen wir in der hier interessierenden Passage:[4]

A tergo tertij collis vergentes cliui ad horam primam postmeridianam placidi, lenésque vsque ad planitiem vallis, quae sexicolle promontorium diuidit à septimo colle, itaque postica collis pars intumescit in Meridiem, atque ex utroque latere separatur à valle tertia ... quae post tumulum eminentem in latus vallis tertiae aliquantum contrahitur sub Xenodochio Regis Mameti: at enim à tergo quinti collis sub columna virginea magis subducitur.

„Hinter dem dritten Hügel neigen sich die Abhänge nach Südwesten sanft und weich bis zur Ebene des Tals (scil. des Lykostals), welches das sechshügelige Vorgebirge vom

3 Zur Entstehung der Vorstellung vom 'siebenhügeligen Konstantinopel' siehe W. Brandes, Sieben Hügel. Die imaginäre Topographie Konstantinopels zwischen apokalyptischem Denken und moderner Wissenschaft, in: Rechtsgeschichte 2 (2003) S. 58–71; zu Gyllius ebenda, S. 67–68.

4 Gyllius (s. Anm. 2) S. 46, Z. 8–18. – Gyllius' Schreibweise wird beibehalten.

siebten Hügel trennt; der hintere Teil des Hügels schwillt also nach Süden an, und zwar ist er beiderseits durch das dritte Tal geteilt ... welches sich hinter dem in die Flanke des dritten Tals hineinragenden Hügel unterhalb des Kervansaray Sultan Mehmets ziemlich verengt. Aber hinter dem fünften Hügel unterhalb der Jungfrauensäule steigt er (scil. der vierte Hügel) mächtig an".

Nicht weniger umständlich ist die Beschreibung des 'fünften' Stadthügels im 14. Kapitel des I. Buches, woraus wir wieder die entscheidende Stelle zitieren:[5]

Latus promontorij contuens Meridiem à tergo quinti collis positū(m), desinit in planitiem vallis sexicolle promontorium diuidentis à septimo colle, propendet aliàs contractius, aliàs remissius extumescens in tumulum crassum eminentem in vallem quintam, atque in vallem, quae sexicolle promō(n)torium seiungit à septimo colle. Haec postica pars quinti collis etiam incuruatur in valliculam exorientem à promō(n)torij supercilio, vbi paulò ante extabat columna virginea, à qua promontorij fastigium leniter eminens in summam quinti collis planitiem molliter deuexam ad septentriones nusquam angustiorem sexē(n)tis, alicubi septingentis latiorem passibus.

„Die nach Süden schauende Seite des Vorgebirges, die hinter dem fünften Hügels gelegen ist, endet auf dem Grunde des Tals (scil. Lykostal), welches das sechshügelige Vorgebirge vom siebten Hügel trennt; sie neigt sich mal steiler, mal gelinder anschwellend zu einem rundlichen Hügel, der in das fünfte Tal hineinragt, nämlich in das Tal, welches das sechshügelige Vorgebirge vom siebten Hügel trennt. Dieser hintere Teil des fünften Hügels krümmt sich noch zu einem Tälchen, das bis zur Anhöhe des Vorgebirges aufgeht, wo vor kurzem die Jungfrauensäule stand, von wo der Bergrücken gelind zur obersten Fläche des fünften Hügels ansteigt, die sanft nach Norden geneigt ist, an keiner Stelle schmaler als 600 noch irgendwo breiter als 700 Schritte".

Mit dem *tumulus crassus* bzw. mit der südlichen Seite des 'fünften' Hügels, die in das Lykostal vortritt, dürfte der Bergrücken gemeint sein, auf dem sich heute der Stadtteil Karagümrük befindet, wie ein Blick auf die hypsometrischen Pläne zeigt (Abb. 1).[6] Südöstlich davor schließt sich ein flacher Taleinschnitt an, der relativ sanft ansteigt und seine höchste Erhebung bei etwa 70–72 m Seehöhe erreicht. Damit ist schon ein erster Anhaltspunkt für den einstigen Standort der *columna virginea* gewonnen: Sie muß auf dem südwestlichen Hang des Taleinschnitts und südlich der höchsten Erhebung des 'fünften' Hügels gestanden haben.

---

5 Gyllius, ebenda, S. 48, Z. 6–18.

6 Siehe die Pläne von R. Janin, Constantinople byzantine. Développement urbain et réport topographique, [2]Paris 1964, Plananhang (danach unsere Abb. 1) (im folgenden Janin, Constantinople) und W. Müller-Wiener, Bildlexikon zur Topographie Istanbuls. Byzantion – Konstantinupolis – Istanbul bis zum Beginn des 17. Jahrhunderts, Tübingen 1977, Faltkarte (danach unsere Umzeichnung Abb. 2) (im folgenden Müller-Wiener, Bildlexikon).

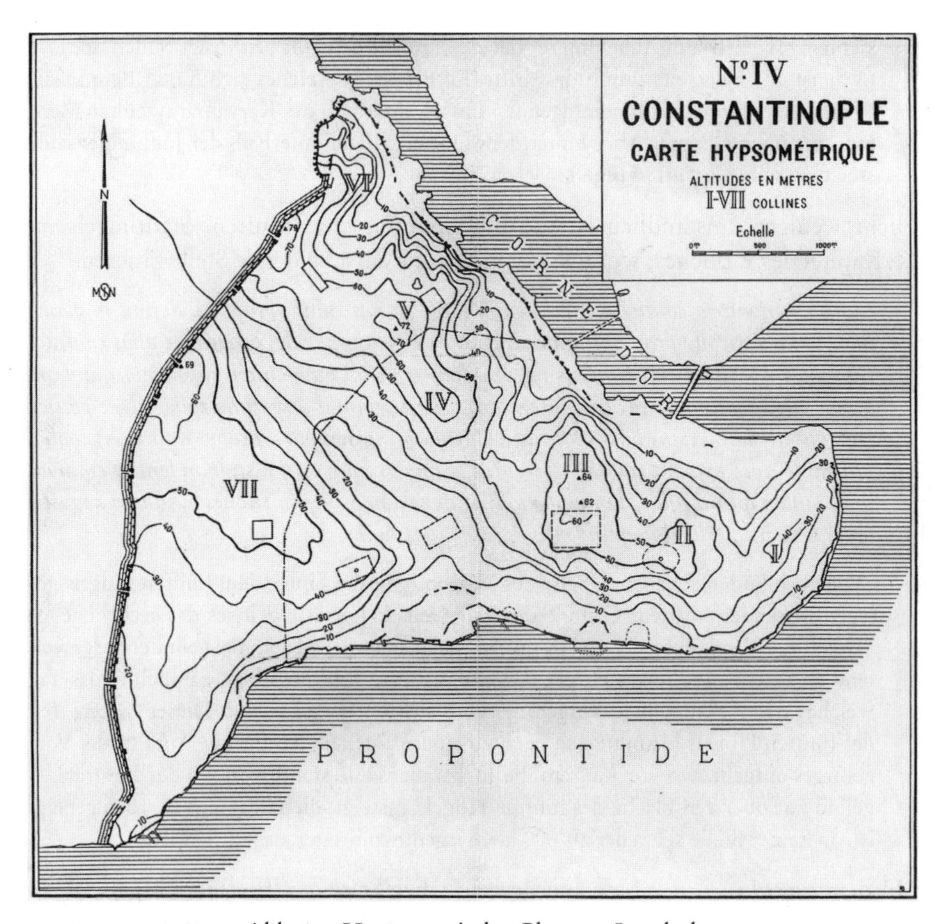

Abb. 1: Hypsometrischer Plan von Istanbul

Wichtig sind vor allem die Angaben, die Gyllius im 1. Kapitel des IV. Buches zu ihrem ehemaligen Platz und Aufbau macht:[7]

quod si colũ(m)na, à qua dicunt appellatum locum Exacionion fuit, illa, quae in dorso quinti collis bene excelsa vndique procul longè eminere supra omnes domos paulò ante videbatur, facilè intelligeremus muros, quos posuit Constantinus non processisse vltra hanc columnam distantem a(b) templo Apostolorum circiter quatuor stadia. Hã(n)c columnam transferri vidi in aedificationem aedis, quam Rex Soleimanus construere aggressus est. Cuius scapus est marmoris Pyrropoecili, altus circiter sexaginta pedes, eius perimeter est tredecim pedum & dodrantis capitulum Corinthium quidem, sed marmoris albi. Eius stereoma & stylobates, & basis sunt etiam marmoris albi, stereoma altum, vt id scalis ascendere habuerim necesse, stylobates altus quatuor & nouẽ(m) digitos,

7 Gyllius (s. Anm. 2) S. 181 (verdruckt in 183), Z. 10–28.

> *plinthus pedem & sex digitos. Graeci & Turci vtrique sua lingua hanc appellabant columnam Virginis* ...
>
> „wenn also die Säule, von welcher der Ort Exakionion seinen Namen erhalten haben soll, jene war, die sich auf dem Rücken des fünften Hügels herrlich erhob und überall aus der Ferne zu sehen war, da sie alle Häuser weit überragte, würden wir leicht verstehen, daß die Mauern, die Konstantin errichtet hatte, nicht über diese Säule hinausreichten, deren Entfernung von der Apostelkirche ungefähr vier Stadien betrug. Ich habe gesehen, wie diese Säule zu der von Sultan Süleyman begonnenen Baustelle der Moschee transportiert wurde. Der Schaft ist aus Rosengranit[8], Höhe circa 60 Fuß, sein Umfang beträgt 13¾ Fuß, das Kapitell ist korinthisch und aus weißem Marmor. Ihr Podest und der Stylobat und die Basis sind ebenfalls aus weißem Marmor, das Podest ist hoch, so daß ich eine Leiter zum Besteigen nötig hatte, um hinaufzuklettern, der Stylobat ist vier Fuß, neun Digiti hoch, die Plinthe einen Fuß, sechs Digiti. Griechen und Türken nennen sie beide jeweils in ihrer Sprache Jungfrauensäule ... ".

Ohne ihren Namen zu nennen, erwähnt Gyllius die 'Säule auf dem fünften Hügel' im 11. Kapitel des II. Buches und beschreibt hier als Augenzeuge ihre Niederlegung und ihren Abtransport zur Baustelle der Süleymaniye Camii.[9] Eine letzte Erwähnung der *columna virginea* findet sich schließlich am Ende des 2. Kapitels im IV. Buch, wo Gyllius die Markianssäule (Abb. 7) beschreibt und mit der *columna virginea* vergleicht.[10] Zwar wurde die Säule auf dem 'fünften' Hügel im Volksmund Kıztaşı, 'Mädchensäule', genannt, was Gyllius mit *columna Virginis* bzw. *virginea* übersetzte,[11] doch erklärte er den Namen irrtümlich mit der Keuschheitslegende, die sich um die Säulenstatue der Aphrodite beim Zeugma rankte.[12] Auch

8 Zur Bezeichnung des Rosengranits von Syene/Aswan als *marmor Pyrrhopoecilus* siehe Plinius, Nat. hist. XXXVI, 63; vgl. R. Gnoli, Marmora romana, 3. rev. Aufl., Rom 1997, S. 145–146; zur Lagerstätte siehe R. Klemm / D. D. Klemm, Steine und Steinbrüche im Alten Ägypten, Berlin usw. 1993, S. 305–320; siehe auch L. Lazzarini, in: I marmi colorati della Roma imperiale a cura di M. De Nuccio e L. Ungaro. Roma, Mercati di Traiano 28 settembre 2002–19 gennaio 2003 [Ausstellungskatalog] S. 228–229.

9 Siehe unten Abschnitt III.

10 Gyllius (s. Anm. 2) S. 196, Z. 7–10: *par & similis ei, quam dixi in Exocionio paulò ante stantem nuper traductam in Basilicam Regis Śoleimani.*

11 Gyllius hat die *columna virginea* jedoch keineswegs mit der Markianssäule verwechselt, wie A. Berger, Zur sogenannten Stadtansicht des Vavassore, in: Istanbuler Mitteilungen 44 (1994) S. 345, Anm. 39 (im folgenden Berger, Stadtansicht) behauptet, obgleich auf diese und das umliegende Stadtviertel die Bezeichnung 'Kıztaşı' übergegangen ist, nachdem die *columna virginea* in die Süleymaniye Camii verbracht worden war.

12 Siehe dazu A. Berger, Untersuchungen zu den Patria Konstantinupoleos (Poikila Byzantina, 8), Bonn 1988, S. 484–486 (im folgenden Berger, Patria); C. Mango, The Columns of Justinian and his Successors, in: C. Mango, Studies on Constantinople,

die Überlegungen, die er im vorerwähnten 1. Kapitel des IV. Buches zur Lage des Exakionion anstellte, können wir getrost vergessen, denn diese Ortsbezeichnung bezieht sich auf einen Platz vor dem einstigen Haupttor der Konstantinischen Mauer im Südwesten der Stadt, wo vormals eine Statue Konstantins des Großen stand.[13] Selbst wenn Gyllius noch Anhaltspunkte für den Verlauf der Konstantinsmauer nordwestlich der Apostelkirche gefunden haben sollte, was – wie seine Überlegungen zeigen – eher unwahrscheinlich ist, sind seine Mutmaßungen über die Distanz zwischen Mauer und Säule doch allein dem Irrtum geschuldet, daß der Name 'Exakionion' auf die *columna virginea* und somit auf einen außerhalb der alten Mauer gelegenen Standort zu beziehen sei.

In der Regel mißt Gyllius alle Entfernungen in Schritten.[14] Abweichend davon gibt er die Distanz zwischen Apostelkirche und *columna virginea* mit ungefähr vier Stadien (ca. 740 m) an. Da die Apostelkirche zu seiner Zeit nicht mehr existierte und ihre Stelle sowie das gesamte Gebiet des 'vierten' Hügels längst von der Fatih Camii mit ihrem ausgedehnten İmaret eingenommen wurde, können wir ohnedies nicht mehr ermitteln, von welchem Punkt aus er die Entfernung geschätzt haben will.[15] Sicher ist nur, daß die *columna virginea* nordwestlich der Fatih Camii gestanden haben muß, da allein auf dieses Gebiet die Angabe zutrifft, wonach die Säule auf dem Rücken des 'fünften' Hügels herrlich aufgeragt habe *(in dorso quinti collis bene excelsa).* Gleichwohl haben wir mit drei Zirkelschlägen die Länge von vier Stadien = 740 m auf dem hypsometrischen Stadtplan abgesteckt und damit drei Peripherien auf dem Sattel des 'fünften' Hügels mar-

---

Aldershot 1993, Study X, S. 14 (im folgenden Mango, Columns). – Der Legende zufolge wurde jedes Mädchen, das seine Jungfräulichkeit verloren und jede Frau, die Ehebruch begangen hatte, im Angesicht der Aphroditestatue durch eine dämonische Kraft gezwungen, die Kleider zu heben und die Scham öffentlich zu zeigen.

13 Zum Exakionion siehe Janin, Constantinople (s. Anm. 6) S. 351–352; Berger, Patria (s. Anm. 12) S. 352–356.

14 Allerdings teilt Gyllius (s. Anm. 2) S. 51, mit, daß sein Schritt der übliche eines Menschen sei und vom römischen *passus* abweiche. Aus Vergleichen seiner Angaben mit absoluten Maßen läßt sich seine Schrittlänge mit ca. 65 cm bestimmen, vgl. A. Berger, Der Langa Bostanı in Istanbul, in: Istanbuler Mitteilungen 43 (1993) S. 476.

15 C. Mango, Le développement urbain de Constantinople (IVe–VIIe siècles) [Travaux et Mémoires, Monographies 2] ^{2}Paris 1990, S. 27 (im folgend Mango, Développement), verweist auf die anonyme Ecthesis Chronica and Chronicon Athenarum, ed. by Sp. Lampros, London 1902 [Nachdruck: New York 1979] S. 19, wonach im 16. Jahrhundert südlich der Fatih Camii noch Baureste der Apostelkirche sichtbar gewesen seien. Eine weitere Quelle des 16. Jahrhunderts bei V. Kidonopoulos, Bauten in Konstantinopel 1204–1328. Verfall und Zerstörung, Restaurierung, Umbau und Neubau von Profan- und Sakralbauten (Mainzer Veröffentlichungen zur Byzantinistik. Hrsg. von G. Prinzing, 1), Wiesbaden 1994, S. 101 mit Anm. 1185. – Siehe auch S. Eyice, Les fragments de la décoration plastique de l'église des Saints-Apôtres, in: Cahiers archéologiques 8 (1956) S. 64–73.

kiert, die für die Überprüfung der Entfernungsangabe in Betracht kämen (Abb. 2). Einstichpunkte waren (1) die nordwestliche Hoffront, (2) die südöstliche Front der Fatih Camii und (3) die südöstliche Begrenzung des Fatih-Bezirks. Dabei wird deutlich, daß allein Peripherie 3 im Bereich des Taleinschnitts liegt und die Bergkuppe bei 70–72 m Seehöhe berührt, während die Peripherien 1 und 2 weit außerhalb liegen und mit Gyllius' Geländebeschreibung nicht mehr in Einklang zu bringen sind.

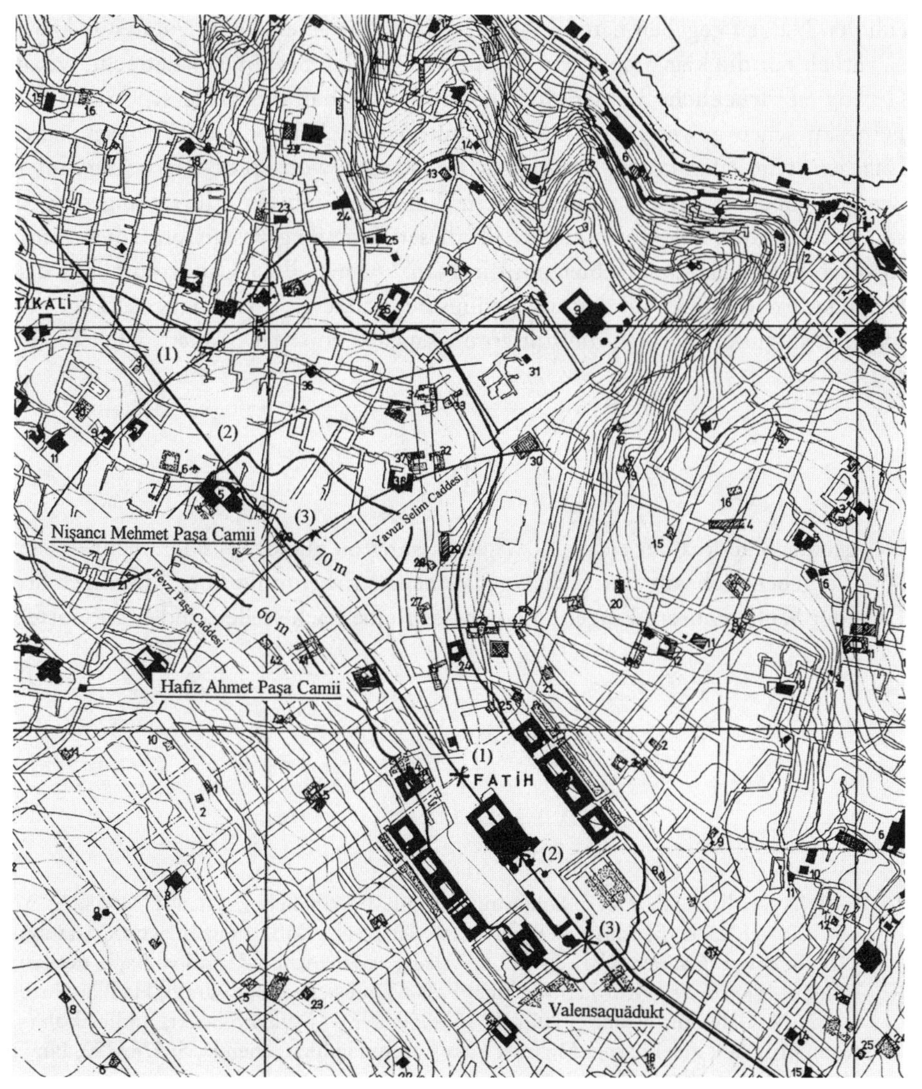

Abb. 2 Ausschnitt des Kartengebiets nordwestlich der Fatih Camii mit Eintragung der Entfernung von 4 Stadien = ca. 740 m

Aus einer Stiftungsurkunde von 1510 (916H) geht hervor, daß das Wohnviertel zwischen der 1595/96 erbauten Hafız Ahmet Paşa Camii (Abb. 2) und der Nişancı Mehmet Paşa Camii von 1584/88 (Abb. 2) – offenbar in Erinnerung an die hier bis 1550 stehende 'Mädchensäule' – Kıztaşı Mescidi Mahallesi genannt wurde.[16] Die Hafız Ahmet Paşa Camii ist von der nordwestlichen Grenze des Fatihbezirks kaum mehr als 200 m entfernt, die Nişancı Mehmet Paşa Camii wird wenigstens von unserer Peripherie 2 berührt. In diesem Bereich müßte sich demnach die *columna virginea* befunden haben, die dem Quartier um die Kıztaşı Mescidi den Namen gegeben hatte.[17] Als Standplatz für eine Monumentalsäule käme eigentlich nur die klar umgrenzte Kuppe bei 70–72 m Seehöhe in Betracht, wozu Gyllius' ausdrückliche Bemerkung passen würde, daß die Säule schon aus der Ferne zu sehen gewesen sei und die umliegenden Häuser weit überragt habe. Dagegen steht jedoch seine ebenso präzise Angabe, wonach der Berghang hinter der Säule noch weiter bis zum höchsten Punkt des 'fünften' Hügels angestiegen sei, weshalb die Säule etwas unterhalb dieser Erhebung gestanden haben muß. Insofern entspricht das Gebiet um die Hafız Ahmet Paşa Camii durchaus der Geländebeschreibung und der von Gyllius bezeichneten ursprünglichen Lage der *columna virginea*, obgleich die Entfernungsangabe von vier Stadien sicher unzutreffend ist.

II

Der genaue Standort der *columna virginea* ist damit allerdings noch nicht fixiert. Auch ergeben sich aus der bisher gewonnenen Erkenntnis über die ungefähre Lage der Säule mehrere Fragen, die wir der Reihe nach stellen und beantworten wollen:

16 E.H. Ayverdi, Fatih Devri Sonlarında İstanbul Mahalleleri, İstanbul 1958, S. 32 Nr. 100; vgl. Ö.L. Barkan / E.H. Ayverdi, İstanbul vakıfları tahrîr defteri, İstanbul 1970, S. 291; T. Cantay, XVI.–XVII. yüzyıllarda Süleymaniye Camii ve Bağlı Yapıları, İstanbul 1989, S. 31. – Zur Hafız Ahmet Paşa Camii siehe Ayvansarayi, Hadikat, hrsg. von A.N. Galitekin, İstanbul 2001, S. 131–132, Nr. 7; Müller-Wiener, Bildlexikon (s. Anm. 6) S. 418; zur Nişancı Mehmet Paşa Camii: Hadikat, ebenda, S. 278–280, Nr. 7; Müller-Wiener, ebenda, S. 447–49.

17 Ob die Hafız Ahmet Paşa Camii an der Stelle der Kıztaşı Mescidi errichtet wurde, ist allerdings unbekannt.

1. Wir verhält sich die *columna virginea* zu der angeblichen Säule Justinians II. bei der Annenkirche am Deuteron bzw. zur Säule Justins II. bei seinem Palast am Deuteron?

In den Patria Konstantinupoleos wird berichtet, daß auf dem 'Deuteron' genannten Platz, und zwar bei der Annenkirche eine Statue Justinians II. Rhinotmetos (685–695 und 705–711) auf einer Säule gestanden habe, die der Caesar Bardas zerstören ließ.[18] Die Patria erklären den Namen 'Deuteron' mit der zweiten Rückkehr Justinians II. nach Konstantinopel im Jahre 705, wobei der Kaiser durch die Wasserleitung in die Stadt eingedrungen und beim Fundament der Säule herausgestiegen sei.[19] A. Berger machte auf den Anachronismus in der Textstelle aufmerksam, der darin besteht, daß Justinian II. beim Fundament einer Säule angekommen sein soll, welche er erst später errichtet habe.[20] Da die Aufstellung kaiserlicher Säulenmonumente in Konstantinopel und anderswo bereits mit Phokas (602–610) endete,[21] kann auch für Justinian II. keine Ehrensäule mehr aufgerichtet worden sein. Die Säule, bei deren Fundament er die Wasserleitung verlassen hatte, muß demnach bereits existiert haben und für einen früheren Kaiser bestimmt gewesen sein.

Die Überlieferung in der zitierten Patriastelle ist in mancherlei Hinsicht konfus, weil einerseits Justinian II. mit Justinian I. als Erbauer der Annenkirche,[22] andererseits Justinian II. mit Justin II. (565–578) als Inhaber einer Statuensäule beim Deuteron verwechselt werden.[23] Allerdings bezieht nur die Vita des Patriarchen Ignatios (847–858) das Säulenstandbild bei der Annenkirche ausdrücklich auf

18 Patria III, 79 (Πάτρια Κωνσταντινουπόλεως, in: Scriptores Originum Constantinopolitanum, ed. Th. Preger, Bd. 2, Leipzig 1907, S. 244, Z. 1–17); Übersetzung und Kommentar bei Berger, Patria (s. Anm. 12) S. 518–522.

19 Ähnlich auch Leo Grammaticus, Chronographia, ed. I. Bekker, Bonn 1842, S. 168, Z. 6–9; weitere Quellen bei Janin, Constantinople (s. Anm. 6) S. 336, 338.

20 Berger, Patria (s. Anm. 12) S. 519.

21 Martina Jordan-Ruwe, Das Säulenmonument. Zur Geschichte der erhöhten Aufstellung antiker Porträtstatuen (Asia Minor Studien, 19), Bonn 1995, S. 189 passim (im folgenden Jordan-Ruwe, Säulenmonument); Neslihan Asutay, Ein unbekanntes Ehrenmonument des Kaisers Phokas aus Synada bei Akroinon (Afyon), in: Byzantinische Zeitschrift 95 (2002) S. 417–421.

22 Zu Justinian I. als Erbauer der Annenkirche am Deuteron siehe Procopius, De aedificiis I, 3, 11, ed. J. Haury / G. Wirth, Leipzig 1964, S. 21, Z. 17–20; vgl. auch R. Janin, La géographie ecclésiastique de l'Empire byzantin I. Le siège de Constantinople et le patriarcat oecuménique 3: Les églises et les monastères, [2]Paris 1969, S. 35–37 (im folgenden Janin, Églises).

23 Solche Verwechslungen bei ähnlich lautenden Kaisernamen kommen häufig vor, vgl. Berger, Patria (s. Anm. 12) S. 275.

Justin II.[24] Theophanes Confessor († 818) erwähnt lediglich einen Palast Justins beim Deuteron.[25] Johannes von Ephesos († 586) als Zeitgenosse Justins II. berichtet von dieser ausgedehnten Palastanlage des Kaisers, die neben prächtigen Gärten auch einen Hippodrom eingeschlossen habe.[26] Vor seinem Palast am Deuteron ließ Justin II. für sich und seine Gattin Sophia eherne Statuen errichten. Diese fielen bei einem Sturm herab und bohrten sich mit den Köpfen in die Erde.[27] Daraus hat man zu Recht geschlußfolgert, daß die Statuen aus großer Höhe – also von einer Säule – herabgestüzt seien,[28] wobei unklar bleibt, ob beide Statuen gemeinsam auf einer Säule gestanden haben.[29] Die Konjektur, wonach die Statue Justins II. vor seinem Palast beim Deuteron mit der Säulenstatue 'Justinians II.' bei der Annenkirche am Deuteron identisch sei, ist also naheliegend.

Die Vita des Patriarchen Ignatios[30] sowie Quellen des 10. bis frühen 12. Jahrhunderts[31] berichten von der Zerstörung der Säulenstatue bei der Annenkirche am Deuteron durch ein Erdbeben, das sich zwischen dem 25. März und dem 21. April 866 ereignet hatte.[32] Dabei brach das Standbild Justins II. an den Knien ab und stürzte herab. Der Name der kaiserlichen Person, die in der Säulenstatue dargestellt war, wird jedoch in den späteren Quellen nicht erwähnt; ebenso hören wir nichts mehr von einem Standbild der Sophia.[33] Da der Caesar Bardas, dem

24 Vita Ignatii, in: J. P. Migne, *Patrologiae cursus completus. Series graeca,* Bd. 105, Sp. 529 D: ἡ στήλη 'Ιουστίνου ἐκ τῶν γονάτων κοπεῖσα κατερράγη („Die Stele Justins brach an den Knien und stürzte herab").

25 Theophanes, Chronographia A.M. 6062, ed. C. De Boor, Bd. 1, Leipzig 1883, S. 243, Z. 17–19; vgl. The Chronicle of Theophanes Confessor. Byzantine and Near Eastern History AD 284–813. Translated with introduction and commentary by Cyril Mango and Roger Scott with the assistance of G. Greatrex, Oxford 1997, S. 359.

26 Ioannis Ephesini Historiae Ecclesiasticae pars III, 24, übersetzt von W. E. Brooks (Corpus Scriptorum Christianorum Orientalium, Scriptores Syri, ser. 3, Bd. 3), Louvain 1936, S. 111, Z. 24–31.

27 Ebenda, S. 111, Z. 31–33.

28 Mango, Columns (s. Anm. 12) S. 9; Jordan-Ruwe, Säulenmonument (s. Anm. 21) S. 172.

29 Mango, Columns (s. Anm. 12) S. 9, erwägt beide Möglichkeiten.

30 Oben Anm. 24.

31 Iosephi Genesii Regum libri IV, ed. A. Lesmüller-Werner / I. Thurn, Berlin/New York 1978, S. 74, Z. 15–22; Theophanes Continuatus, Chronographia, ed. I. Bekker, Bonn 1838, S. 196, Z. 20 – S. 197, Z. 7; Symeonis Magistri ac logothetae Annales, ed. I. Bekker (in: Theophanes Continuatus, wie voriges Zitat), S. 677, Z. 5–7; Ioannis Skylitzae Synopsis historiarum, ed. I. Thurn, Berlin/New York 1973, S. 107, Z. 55–56 (alle Quellentexte abgedruckt bei Jordan-Ruwe, Säulenmonument [wie Anm. 21] S. 239–240).

32 G. Downey, Earthquakes at Constantinople and Vicinity, A.D. 342–1454, in: Speculum 30 (1955) S. 599.

33 Mango, Colums (s. Anm. 12) S. 10, macht darauf aufmerksam, daß Theophanes Conti-

Abb. 3: Ansicht von Konstantinopel nach Cristoforo Buondelmonti, „Liber insularum archipelagi". Nach 1458/59. Paris, Bibl. Nat. de France, Ms. N. A. Lat. 2383, fol. 34ᵛ

die Patria die Zerstörung der Statue 'Justinians II.' anlasten,[34] am 21. April 866 ermordet wurde, sind beide Ereignisse anscheinend miteinander vermengt worden. Berger glaubt jedoch nicht, daß das Standbild der Säule bei der Annenkirche am Deuteron mit der Statue Justins II. vor dessen Palast identisch ist und möchte die Deuteron-Säule mit der von Buondelmonti (Abb. 3) bei der Apostelkirche bezeugten und mit der von Vavassore (Abb. 4 und 5) nordwestlich der Fatih

---

nuatus (s. Anm. 31) von στῆλαι spricht; vgl. Ioannis Skylitzae Synopsis historiarum, ed. I. Thurn (s. Anm. 31) S. 107, Z. 55: καὶ τῆς ἐν τῷ Δευτέρῳ.

34 Patria III, 79, ed. Th. Preger (s. Anm. 18) S. 244, Z. 3–4.

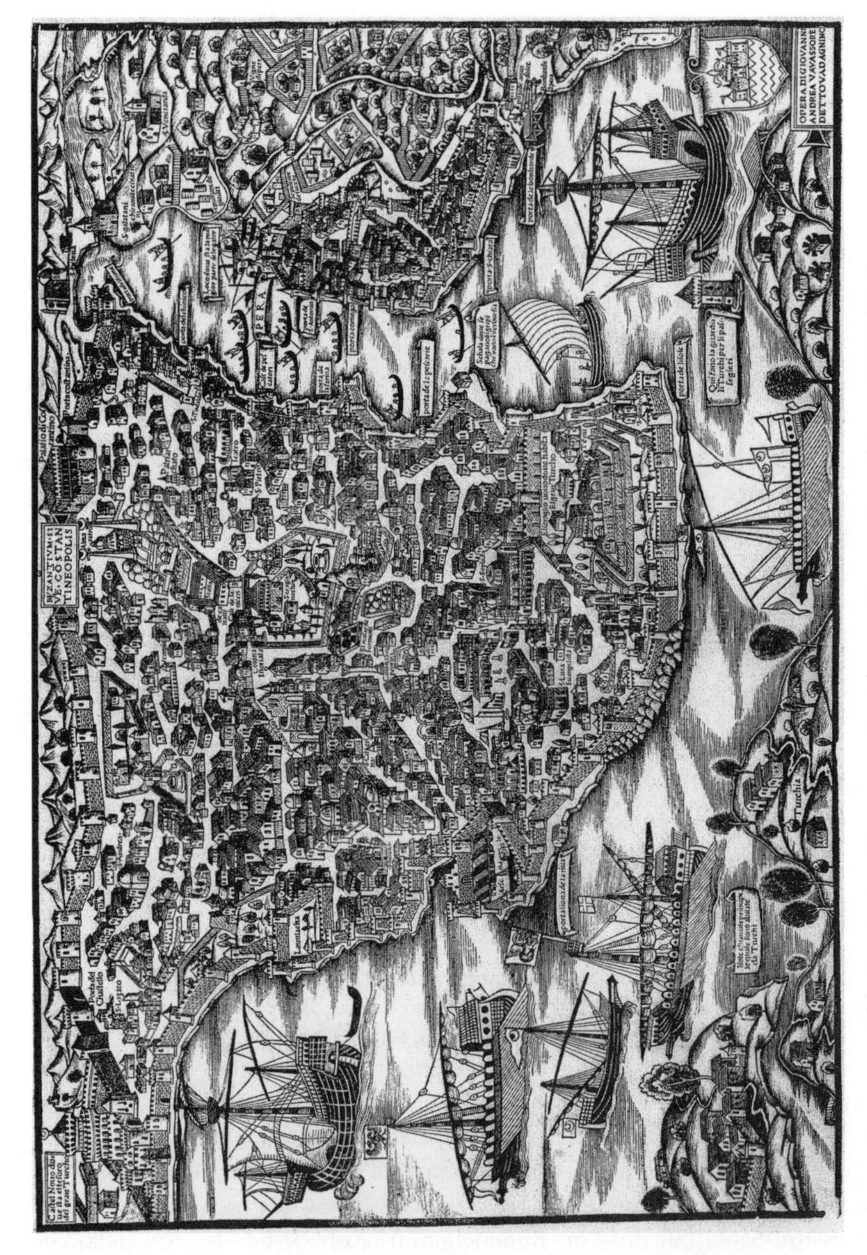

Abb. 4: Andrea Vavassore. Ansicht von Konstantinopel (um 1530). Nürnberg, Germanisches Nationalmuseum SP 8190, Kapsel 1102 (52,6 × 36,8 cm)

Camii dargestellten Säule identifizieren.[35] Auf die beiden Bildzeugnisse werden wir später eingehen. Hinsichtlich ihres Standorts kommt er zu folgender Annahme:[36] „Die Säule des Deuteron könnte ungefähr in ihrer Verlängerung (scil. der Achse der Apostelkirche) nach Westen an der Mese gestanden haben. Sie stand dann aber nicht am Fixpunkt Deuteron selbst, sondern etwa 250 m stadteinwärts".

Sofern die Überlieferung glaubwürdig ist, wonach Justinian II. beim Fundament der Säule am Deuteron die Wasserleitung verlassen hatte, müßten wir zunächst versuchen, den Verlauf der Leitung genauer zu bestimmen.[37] Berger nahm an, daß die Leitung wahrscheinlich bis zur Konstantinsmauer entlang der Mese unterirdisch verlaufen sei, beim Deuteron etwa im Winkel von 150° abbog und sich geradeaus zum Valensaquädukt fortgesetzt habe.[38] Danach wäre die Lage des Deuteron etwa an der Einmündung der Yavuz Selim Caddesi in die Fevzi Paşa Caddesi zu suchen (Abb. 2), und die Säule müßte nahe unterhalb der Westseite der Apostelkirche gestanden haben.[39] Auf Grund der geomorphologischen Gegebenheiten ist das aber nicht möglich, wie ein Blick auf die hypsometrischen Pläne zeigt.[40] Der Valensaquädukt wies am Eintritt der Leitung eine Sohlhöhe des Gerinnes von ca. 58,9≈59,5 m Seehöhe auf.[41] Beim Eintritt in das nordwestliche Plateau der Apostelkirche wird die Sohle des Leitungskanals etwa einen halben

35 Berger, Patria (s. Anm. 12) S. 519; Berger, Stadtansicht (s. Anm. 11) S. 345, Nr. 19.

36 Berger, Patria (s. Anm. 12) S. 520.

37 Zum Verlauf der sogenannten Valensleitung vgl. K. O. Dalman, Der Valens-Aquädukt in Konstantinopel. Mit Beiträgen von P. Witteck (Istanbuler Forschungen, 3), Bamberg 1933, S. 33; Müller-Wiener, Bildlexikon (s. Anm. 6) S. 514; S. Eyice, Byzantinische Wasserversorgungsanlagen in Istanbul, Sonderdruck, Leichtweiss-Institut für Wasserbau Nr. 64, Technische Universität Braunschweig 1979.

38 Berger, Patria (s. Anm. 12) S. 521–522.

39 R. Brun, The Column of Theodosius II at Hebdomon and a Recently (1988) Discovered Monumental Column in Constantinople, at the Site of the Holy Apostles, in: Svenska kommittén för bysantinska studier, Bulletin 7 (1989) S. 25–27, berichtet unter Berufung auf S. Eyice von den Resten einer großen Säule, die 1988 bei Bauarbeiten an der Fevzi Paşa Caddesi/Ecke Tophane Sok. aufgedeckt worden sei; nach S. Eyice, s. v. Fatih Külliyesi, in: İstanbul Ansiklopedisi 3 (1994) S. 269 wurde die Säule im Inneren des Kervansaray unterhalb des Tabhane gefunden. Es kann sich dabei jedoch kaum um ein weiteres Säulenmonument gehandelt haben, wie uns Prof. Eyice inzwischen auch mündlich bestätigt hat (der Ort ist heute unzugänglich).

40 Das scheint A. Berger, Regionen und Straßen im frühen Konstantinopel, in: Istanbuler Mitteilungen 47 (1997) S. 379–380 (im folgenden Berger, Regionen) inzwischen auch erkannt zu haben.

41 Dalmann (s. Anm. 37) S. 42–43, Abb. 1, gibt eine Bauhöhe von 61 m Seehöhe an; anders Müller-Wiener, Bildlexikon (s. Anm. 6) S. 273 (Bauhöhe 63,5 m Seehöhe; Gefälle 1 : 1000); Sohlhöhe des Gerinnes nach Dalman bei ca. 56,4–57,0 m Seehöhe, woraus sich nach Müller-Wiener beim Eintritt in den Valensaquädukt eine Sohlhöhe von 58,9≈59,5 m ergibt.

Meter höher, also ungefähr bei 60 m Seehöhe gelegen haben, wenn man die Entfernung zwischen Ein- und Austritt und das Gefälle berücksichtigt.[42]

Über den Verlauf der byzantinischen Wasserleitungen innerhalb der Stadt sind wir nur unzureichend unterrichtet. Einzig der Valensaquädukt mit seiner bekannten Bau- und Gerinnehöhe läßt Rückschlüsse auf die Heranführung der Leitung zwischen Edirnekapı, Aetios-Zisterne und Plateau der Apostelkirche zu, wobei ihre Sohle immer oberhalb 60 m Seehöhe verlaufen sein muß. Fatih Sultan Mehmet (1451–1481) hatte bald nach der Einnahme Konstantinopels die byzantinische Wasserleitung erneuern lassen (die sog. Halkalı-Leitung[43]), weshalb davon ausgegangen werden kann, daß zumindest die alte Trasse, die zum Plateau der Apostelkirche führte, in Teilen weiterbenutzt worden war. Nach dem synoptischen Plan von K. Çeçen[44], der den Verlauf der osmanischen Wasserleitungen auf der Basis der bekannten Wasserleitungspläne wiedergibt, trat die Halkalı-Leitung bei Edirnekapı in die Stadt ein, verlief bis zur Atik Ali Paşa Camii (Abb. 2) unterhalb der Mese, bog südlich von dieser nach Nordosten ab und verlief bis zur Südwestseite der (zweiten) Mihrimah Camii, berührte dann im weiteren Verlauf die Nordostseiten der Nişancı Mehmet Paşa Camii (Abb. 2), der Kumrulu Mesçit (Abb. 2) sowie der Hafız Ahmet Paşa Camii (Abb. 2) und mündete schließlich in das Plateau des Fatih İmaret ein. Spätere Leitungen folgten ab Atik Ali Paşa Camii derselben Trasse, was es nahelegt, daß zumindest dieser letzte Abschnitt, der stellenweise ein in etwa 6 bis 8 m Tiefe liegender Stollen war, aus praktischen Gründen weiterbenutzt wurde. Nach der oben zitierten Patriastelle waren Wasserleitung und Säule eng benachbart, weshalb derjenige Teil des Säulenfundaments, der mit dem Leitungskanal in Verbindung stand, bis zur Sohle der Leitung herabgereicht haben müßte. Wiederum erfüllt einzig das Gebiet um die Hafız Ahmet Paşa

42 Der Valensleitung ging bereits in konstantinischer Zeit eine Trasse voraus, da Eusebius (De vita Constantini IV, 59 [Eusebius, Werke, 1. Bd., 1. Teil: Über das Leben des Kaisers Konstantin. Hrsg. von F. Winkelmann, ²Berlin 1991, S. 144, Z. 12]) Brunnenhallen beim Konstantinsmausoleum bzw. bei der Apostelkirche erwähnt. Nach C. Mango, The Water Supply of Constantinople, in: C. Mango / G. Dagron / G. Greatex, Constantinople and its Hinterland (Society for the Promotion of Byzantine Studies Publications, 3), Aldershot 1995, S. 9–18, hier S. 10–12, handle es sich dabei um die alte Hadriansleitung. A. Berger (zitiert bei F. A. Bauer, Stadt, Platz und Denkmal in der Spätantike. Untersuchungen zur Ausgestaltung des öffentlichen Raums in den spätantiken Städten Rom, Konstantinopel und Ephesos, Mainz 1996, S. 171, Anm. 178) hat jedoch richtig erkannt, daß die Trasse viel zu hoch gelegen war, um die vorkonstantinische Stadt auf der ehemaligen Akropolis versorgen zu können.

43 Siehe dazu K. Çeçen, Halkalı Suları, İstanbul 1991; Ders., The Longest Roman Water Supply Line, İstanbul 1996.

44 K. Çeçen, İstanbul'un Osmanlı Dönemi Suyolları, İstanbul 1999, Taf. 36.

Camii – und zwar entlang dem nachgewiesenen Verlauf der Leitung – diese topographische Voraussetzung (Abb. 2).[45]

Wenn das Deuteron der Ort des zweiten Meilensteins am Nordstrang der Mese war und sich irgendwo zwischen Apostelkirche und Aetioszisterne befand,[46] käme hierfür nur das Gelände zwischen Hafız Ahmet Paşa Camii und Nişancı Mehmet Paşa Camii in Betracht (Abb. 2). Dieser Bereich müßte jedenfalls zur Anlage eines größeren Platzes geeignet gewesen sein, da sich den Quellen zufolge in der Umgebung des Deuteron zahlreiche Kirchen befanden.[47] Dazu würde auch die von C. Mango vorgeschlagene Lage und Ausdehnung des Palastes und der Gärten Justins II. einschließlich des Hippodroms passen, dessen Überreste auf der Stadtansicht von Vavassore (Abb. 4) zwischen Fethiye Camii (Pammakaristoskloster) und Kastell Petrion erkennbar und als *teatro* bezeichnet sind.[48] Die Palastanlage hätte demnach, vom Deuteron ausgehend, das gesamte Plateau des 'fünften' Hügels eingenommen.

2. Wie verhält sich die *columna virginea* zur Säule Michaels VIII. Palaiologos mit den Bronzestatuen des Erzengels Michael und des Kaisers?

Georgios Pachymeres († um 1310)[49] und Nikephoros Gregoras († bald nach 1357)[50] berichten von einer ehernen Statuengruppe, die Michael VIII. Palaiologos

45 Jordan-Ruwe, Säulenmonument (s. Anm. 21) Plan S. 195 Nr. 22, hat den Standort oberhalb der Höhenlinie 60 m annähernd richtig bestimmt; sicher jedoch falsch die vermeintliche Säule Michaels VIII. unterhalb der Höhenlinie 60, ebenda Nr. 25 (siehe dazu unten S. 390).

46 Zur Bestimmung des Deuteron siehe A. M. Schneider, Deuteron und Melantiastor, in: Bonner Jahrbücher 15 (1939) S. 181–186; Janin, Constantinople (s. Anm. 6) S. 336–339 (Quellen und Diskussion früherer Deutungen); Berger, Patria (s. Anm. 12) S. 521; Mango, Développement (s. Anm. 15) S. 49.

47 Janin, Églises (s. Anm. 22) S. 36–37 und Index S. 601, s. v. Δεύτερον.

48 Mango, Columns (s. Anm. 12) S. 9; anders Berger, Stadtansicht (s. Anm. 11) S. 346, Nr. 23 und Berger, Regionen (s. Anm. 40) S. 408, der die Anlage auf den Mesomphalos beziehen möchte. – Die Lage des *teatro* auf Vavassores Ansicht etwas 'unterhalb' vom Petrion-Kastell (Berger, Stadtansicht, S. 346, Nr. 25 und S. 333, Abb. 4) spricht nicht gegen Mangos Annahme, denn auch die Pammakaristoskirche (ebenda, S. 347, Nr. 26 und S. 333, Abb. 4) ist zu weit nach unten gerutscht. – Zu Vavassores Ansicht siehe unten S. 390 ff.

49 Georgii Pachymeris De Michaele et Andronico Palaeologis Libri XIII, ed I. Bekker, Bd. 2, Bonn 1835, S. 234, Z. 16 – S. 235, Z. 10; Georges Pachymérès, Relations Historiques, III. Livres VII–IX, ed., trad. A. Failler/V. Laurent, Paris 1999, S. 259,29 – S. 261,5. – Englische Übersetzung der Stelle bei C. Mango, The Art of the Byzantine Empire 312–1453. Sources and Documents, Englewood Cliffs, N. J. 1972 (Nachdruck Toronto 1997) S. 245–246.

50 Siehe unten Anm. 52.

(1259–1282) auf einer Säule aufgestellt habe. Nach Pachymeres befand sich das Monument in der Nähe der Allerheiligenkirche. Die Statuengruppe zeigte den Erzengel Michael stehend und zu seinen Füßen kniend Kaiser Michael VIII. Palaiologos, der in den Händen die 'Stadt' hielt und dem Engel übergab, um sie seinem Schutz anzuvertrauen. Beim Erdbeben von 1296 stürzten die Bildwerke herab, wobei der Kopf des Erzengels abgebrochen und die 'Stadt' den Händen des Kaisers entglitt waren.[51] Hingegen berichtet Nikephoros Gregoras zunächst nur von einer Statue des Erzengels, die Michael VIII. nach der Rückeroberung Konstantinopels (1261) 'vor der Apostelkirche' (πρὸ τοῦ νεὼ τῶν ἁγίων 'Αποστόλων) auf einer Säule aufgestellt habe.[52] Andronikos II. Palaiologos (1282–1328) ließ die Engelstatue reparieren und erneut aufstellen, doch die Erschütterungen des Bebens vom Jahre 1344 waren so heftig, daß „die Bronzestatue eines Engels auf der quadratischen Säule und auch die des vorhergehenden Paläologenkaisers der Gewalt nachgaben; bei der einen Statue sank der Kopf auf die eine Schulter, der anderen wurde das Modell der Stadt, das sie in den Händen trug, vor die Füße geworfen".[53] Da der russische Diakon Zosima (1419/20 und 1421/22) und Cristoforo Buondelmonti (1422) die beiden Standbilder noch auf der Säule gesehen haben, sind sie nach 1344 offensichtlich repariert und reinstalliert worden. Zosima zufolge erhob sich 'vor den Türen' (пред враты) der Apostelkirche eine Säule von großer Höhe, auf deren Spitze ein furchteinflößender Engel stand, der in seiner Hand das Szepter von Konstantinopel hielt; vor ihm stand (sic) Kaiser Konstantin, der auf seinen Händen die Konstantinopolis trug und der Obhut des Engels übergab.[54]

---

51 Zu den Erdbeben siehe Downey (s. Anm. 32) S. 600.

52 Nicephori Gregorae Historiae Byzantinae, ed. L. Schopen, Bd. 1, Bonn 1829, S. 202, Z. 7–14. – Übersetzung: Nikephoros Gregoras, Rhomäische Geschichte. Übersetzt und erläutert von J.-L. van Dieten, 1. Teil (Bibliothek der griechischen Literatur, Bd. 4), Stuttgart 1973, S. 168: „Um diese Zeit ereignete sich ein schweres Erdbeben [1. Januar 1296]. Dabei stürzten viele große Gebäude ein, auch viele große Kirchen, während andere schwer beschädigt wurden. Auch das Bild des Erzengels Michael, das Kaiser Michael Palaiologos nach der Rückeroberung Konstantinopels vor der Apostelkirche auf einer Säule errichtet hatte, stürzte um; sein Sohn Kaiser Andronikos ließ es restaurieren und wieder aufrichten".

53 Nicephori Gregorae Historiae Byzantinae, ed. L. Schopen, Bd. 2, Bonn 1830, S. 695, Z. 21 – S. 696, Z. 7. – Die Übersetzung von J.-L. van Dieten, Nikephoros Gregoras, Rhomäische Geschichte, 3. Teil 3 (Bibliothek der griechischen Literatur, Bd. 24), Stuttgart 1988, S. 113. – Van Dieten übersetzte ἐπὶ τοῦ πλινθωτοῦ κιόνος mit „quadratische Säule", obwohl doch eigentlich eine „aus Ziegeln gemauerte" Säule gemeint sein müßte. Daß die Säule nicht aus Ziegeln bestand, zeigen wir unten S. 389f.

54 G.P. Majeska, Russian travelers to Constantinople in the fourteenth and fifteenth centuries (Dumbarton Oaks Studies, 19), Washington, D.C. 1984, S. 184/185–186/187 und Kommentar S. 306 (§ 32). – Mango, Columns (s. Anm. 12) S. 11, nimmt die Aus-

Buondelmonti hielt sich ein letztes Mal Anfang 1422 in Konstantinopel auf.[55] Am 18. Januar dieses Jahres vollendete er hier eine zweite Fassung seiner 'Descriptio insulae Cretae', wie die eigenhändige Subskription beweist.[56] Im 'Liber Insularum Archipelagi' lokalisierte er die fünfte Säule *apud denique eclesiam sanctorum Apostolorum* („nahe bei der Kirche der heiligen Apostel") und beschrieb die Statuengruppe gleichfalls mit falschem Bezug auf Konstantin den Großen.[57] Auch der armenischer Pilger, der vor 1434 in Konstantinopel weilte, sah außerhalb der Apostelkirche eine hohe Säule mit Bronzebildern des Engels Gabriel (sic) und des

---

sage wörtlich: „the column was close to the main, presumably west doors of the church".

55 Zu *Buondelmonti* (1385–nach 1430) siehe: E. Jacobs, Cristoforo Buondelmonti. Ein Beitrag zur Kenntnis seines Lebens und seiner Schriften, in: Beiträge zur Bücherkunde und Philologie August Wilmanns zum 25. März 1903 gewidmet, Leipzig 1903, S. 313–340; R. Weiss, Un umanista antiquario: Cristoforo Buondelmonti, in: Lettere Italiane 16, 2 (1964) S. 105–116; R. Weiss, Buondelmonti, Cristoforo, in: Dizionario Biografico degli Italiani 15, Rom 1972, 198–200; Claudia Barsanti, Costantinopoli e l'Egeo nei primi decenni del XV secolo: la testimonianza di Cristoforo Buondelmonti, in: Rivista dell'Istituto Nazionale d'Archeologia e Storia dell'Arte 56 (2001) 83–253, hier S. 97–111 (im folgenden Barsanti, Costantinopoli).

56 Die zwischen 1422 und 1435 von Onufrio da Penna angefertigte Kopie des „Liber insularum archipelagi" (Bibl. Apost. Vat., Ms. Chigi F IV 74), die auch die „Descriptio insulae Cretae" enthält, überliefert diese Subskription Buondelmontis: „*Scripsi hunc librum figuramque insule in urbe Constantinopoli die XVIII mensis ianuarii MCCCCXXII*" (ebenso in Padua, Bibl. Universitaria, Ms. 1606 und Paris, Bibl. Nat., Cartes et Plans, Ms. Rés. Ge. FF 9351). Die Subskription bezieht sich zwar auf die „Descriptio insulae Cretae", deren erste Fassung Buondelmonti bereits 1417 seinem Freund und Lehrer Niccolò Niccoli zugeeignet hatte, vgl. Hilary L. Turner, Christopher Buondelmonti and the Isolario, in: Terrae Incognitae. The Journal for the History of Discoveries 19 (1987) S. 12 mit Anm. 4 und 5 (im folgenden Turner, Isolario), gleichwohl belegt sie den Aufenthalt Buondelmontis in Konstantinopel Anfang 1422.

57 G. Gerola, Le vedute di Costantinopoli di Cristoforo Buondelmonti, in: Studi bizantini e neoellenici 3 (1931) S. S. 275–276: *quo in capite Angelus eneus est, et Constantinus genuflexus hanc urbem in manu sua offert.* – Zur *Textüberlieferung* des „Liber Insularum Archipelagi" siehe: Gerola, ebenda, S. 247–279; J. P. A. Van der Vin, Travellers to Greece and Constantinople. Ancient Monuments and Old Traditions in Medieval Travellers' Tales, İstanbul 1980, S. 133–150, bes. S. 136–137; A. Luttrell, The Later History of the Maussolleion and its Utilization in the Hospitaler Castle at Bodrum, in: The Maussolleion at Halikarnassos, Report of the Danish Archaeological Expedition to Bodrum, vol. 2, part 2, Aarhus 1986, S. 189–194 (S. 193–194 = Liste von 60 Manuskripten); Hilary L. Turner, Chios and Christopher Buondelmonti's *Liber Insularum*, in: Δελτίον τῆς Ἱστορικῆς καὶ Ἐθνολογικῆς Ἑταιρείας τῆς Ἑλλάδος N.S. 30 (Athen 1987) S. 47–71; Turner, Isolario (s. Anm. 56) S. 11–28; Barsanti, Costantinopoli (s. Anm. 55) S. 95, 160–169. – Zur *Stadtdarstellung von Konstantinopel* im „Liber insularum archipelagi" siehe unten Anm. 71. – Die Zitate nach dem bei Gerola, ebenda, S. 270–279 abgedruckten Text im Ambrosianus Ms. A 219 Inf.

Kaisers Konstantin.[58] Die Bezeichnung des Kaisers als 'Konstantin' war anscheinend *communis opinio,* zumal sich Michael VIII. Palaiologos als 'neuer Konstantin' verherrlichen ließ:[59] Doch obgleich die mit der Gruppe beabsichtigte Konstantin-Mimesis nach seinem unrühmlichen Ende obsolet geworden sein dürfte, blieb der Name Konstantins weiterhin an der Statue des knienden Kaisers haften. Schließlich ist noch auf Manuel Chrysoloras (1411) hinzuweisen, der sich an eine Säule 'rechts' von der Apostelkirche erinnern konnte, allerdings ohne eine Statuengruppe zu erwähnen.[60] Über das spätere Schicksal der Standbilder schweigen die Quellen; im Unterschied zur Säule werden sie die Eroberung von Konstantinopel wohl kaum lange überlebt haben, zumal Mehmet II. alle Glocken und ehernen Statuen einschmelzen und zu Kanonen verarbeiten ließ.

Wir besitzen demnach vier scheinbar divergierende Angaben für den Standort der Säule: 1.) In der Nähe der Allerheiligenkirche (Georgios Pachymeres), 2.) 'vor' bzw. 'nahe bei' der Apostelkirche (Nikephoros Gregoras, Cristoforo Buondelmonti), 3.) 'vor den Türen' der Apostelkirche (Zosima) und 4.) außerhalb der Apostelkirche (armenischer Anonymus). Das Problem läßt sich jedoch lösen, wenn man den Kontext der jeweiligen Berichte beachtet. Georgios Pachymeres spricht von den schweren Beschädigungen, die das Erdbeben von 1296 an der Allerheiligenkirche angerichtet hatte, und leitet dann mit der allgemeinen Ortsangabe 'dort' (ἐκεῖσε) unmittelbar zu der ebenfalls beschädigten Statuengruppe Michaels VIII. Palaiologos über, ohne daß damit ihr Standort exakt bezeichnet wäre.[61] Die Allerheiligenkirche lag nordöstlich der Apostelkirche und war vermutlich über einer hier nachgewiesenen Zisterne errichtet worden.[62] Keine andere

58 S. Brock, A Medieval Armenian pilgrim's description of Constantinople, in: Revue des Études arméniennes n. s. 4 (1967) S. 87, 98; zum Datum S. 80 (der armenische Anonymus besichtigte noch die am 29. Januar 1434 abgebrannte Blachernenkirche).

59 Siehe dazu Ruth Macrides, The New Constantine and the New Constantinople – 1261?, in: Byzantine and Modern Greek Studies 6 (1980) S. 13–41, hier: S. 22–24; vgl. A.-M. Talbot, The Restauration of Constantinople under Michael VIII, in: Dumbarton Oaks Papers 47 (1993) S. 255, 260.

60 Manuel Chrysoloras, Epist. I, 48, in: J. P. Migne, *Patrologiae cursus completus. Series graeca,* Bd. 156, S. 46 D; Cristina Billò, Manuele Crisolora, Confronto tra l'Antica e la Nuova Roma, in: Medioevo greco. Rivista di storia e filologia bizantina 0 (2000) S. 21, Z. 17–18. – Deutsch: F. Grabler, Europa im XV. Jahrhundert von Byzantinern gesehen (Byzantinische Geschichtsschreiber, 2), [2]Graz usw. 1965, S. 134. – Da Manuel Chrysoloras zuvor den Blachernenpalast erwähnt, könnte – aus dieser Richtung gesehen – mit der Säule „rechts von der Apostelkirche" diejenige auf dem 'fünften' Hügel gemeint sein. Von Berger, Patria (s. Anm. 12) S. 519, wird die Nachricht auf die Deuteron-Säule bezogen.

61 Vgl. oben Anm. 49.

62 W. Müller-Wiener, Zur Lage der Allerheiligenkirche in Konstantinopel, in: Lebendige Altertumswissenschaft. Festgabe zur Vollendung des 70. Lebensjahres von Hermann

Quelle berichtet davon, daß vor oder bei der Allerheiligenkirche ein Säulendenkmal aufgestellt gewesen sei.[63] Auch Zosimas Ortsangabe ist nicht wortwörtlich zu nehmen, denn schon für den Standort der Justinianssäule gebrauchte er dieselbe rhetorische Formel „vor den Toren (пред двермиж) der heiligen Sophia"[64], obgleich sich die Säule etwa 50 m vom südlichen Zugang der Großen Kirche entfernt auf dem Augustaion erhob.[65] Aus Nikephoros Gregoras, Zosima, Buondelmonti und der Nachricht des armenischen Pilgers geht also nur hervor, daß die Säule Michaels VIII. irgendwo nordwestlich 'vor', 'nahe bei' oder außerhalb der Apostelkirche gestanden haben muß.[66] Ihr vermuteter Platz in der Nachbarschaft der nachmaligen Hafız Ahmet Paşa Camii (Abb. 2) – etwa 200 m von der Apostelkirche entfernt – würde sich wieder problemlos mit diesen sehr allgemeinen Ortsangaben in Übereinstimmung bringen lassen[67].

In der neueren Literatur findet sich gelegentlich die Aussage, wonach Michael VIII. Palaiologos nicht nur die Statuengruppe, sondern auch die Säule auf-

---

Vetters, Wien 1985, S. 333–335; G. Dagron, Théophanô, les Saint-Apôtres et l'église de Tous-Les-Saints, in: Σύμμεικτα 9 (1994) S. 201–218; zuletzt Neslihan Asutay-Effenberger / A. Effenberger, Die Porphyrsarkophage der oströmischen Kaiser. Versuch einer Bestandserfassung, Zeitbestimmung und Zuordnung, Wiesbaden 2004 [im Druck].

63 Skeptisch auch P. Schreiner, Geträumte Topographie: Isidor von Kiev, ein unbekanntes Kloster und die Justinianssäule zu Beginn des 15. Jahrhunderts im Vat. Gr. 1891, in: Mélanges Gilbert Dagron (Travaux et Mémoires 14), Paris 2002, S. 560, vgl. S. 554: Isidor (wohl 1411) bezieht sich hier auf ein Säulenstandbild „bei (περί) den heiligen Aposteln". – Sicher falsch Kidonopoulos (s. Anm. 15) S. 232: „die zwischen Allerheiligen- und der Apostelkirche auf einer Säulenbasis aufgestellte Statuengruppe ...".

64 Majeska (s. Anm. 54) S. 185, Z. 2.

65 Der genaue Standort der Justinianssäule ist unbekannt. Giovan M. Angiolello, Viaggio di Negroponte. A cura die Cristina Bazzolo, Vincenza 1982, S. 27–28, bezeugt bereits für die Zeit Fatih Sultan Mehmets einen Brunnen am Fuß der Justinianssäule. Nach Petrus Gyllius (s. Anm. 2) S. 105, diente das Fundament der Justinianssäule noch 1550 als Brunnen. Vermutlich wurde an derselben Stelle unter Süleyman (1520–1566) ein Suterazisi (Druckausgleichsturm) errichtet, dessen Standort auf dem Aya Sofya Meydanı sich aus alten Fotos und einer Lithographie von Gaspare Fossati ermitteln läßt, vgl. dazu R. H. W. Stichel, Sechs kolossale Säulen nahe der Hagia Sophia und die Curia Justinians am Augusteion in Konstantinopel, in: Architectura 30 (2000) S. 11–12, Abb. 8 und 9.

66 Mango, Columns (s. Anm. 12) S. 13, argumentiert anders: „If the column he [Gyllius] saw was Justin's column (as appears very likely), it would hardly have been described as standing before the main door of the Apostle's church or anywhere near the church of All Saints, which makes one wonder if the bronze group of Michael VIII could have been on the same column. If not, there must have been yet another column".

67 Wenig überzeugend ist die Argumentation zur Standortbestimmung von Th. Thomov, The Last Column in Constantinople, in: Byzantinoslavica 59 (1998) S. 83 mit Anm. 16, der die Angaben von Manuel Chrysoloras und Zosima vermengt.

gestellt habe.[68] Aus den Quellen geht das nicht hervor.[69] Eher gewinnt man den Eindruck, daß die beiden Standbilder – zweifellos wiederverwendete ältere Statuen ganz anderer Bedeutung – auf eine vorhandene Säule gestellt worden waren.[70] Da über deren Vorbesitzer nichts mitgeteilt wird, darf angenommen werden, daß dieser längst vergessen war, das Säulenmonument also schon lange Zeit ohne jeglichen Statuenschmuck dagestanden haben muß. Auch hierdurch wird die Vermutung erhärtet, daß die von Michael VIII. Palaiologos okkupierte Säule, die westlich der Apostelkirche – also auf dem 'fünften' Hügel – stand, mit der Säule Justins II. beim Deuteron identisch ist, zumal diese bereits 866 ihre Bildnisstatue(n) eingebüßt hatte.

3. Wie verhält sich die *columna virginea* zu der von Cristoforo Buondelmonti und Giovanni Andrea Vavassore überlieferten Säule westlich der Apostelkirche bzw. der Fatih Camii?

Die auf Cristoforo Buondelmonti zurückgehende Stadtansicht von Konstantinopel gibt die Säulen Konstantins, Theodosios' I., Justinians und des Arkadios sowie eine fünfte *(quinta columpna)* bei der Apostelkirche wieder (Abb. 3).[71] Die

68 Müller-Wiener, Bildlexikon (s. Anm. 6) S. 26, 406; Talbot (s. Anm. 59) S. 255, 258–259; Jordan-Ruwe, Säulenmonument (s. Anm. 21) S. 201; A. Berger / J. Bardill, The Representation of Constantinople in Hartmann Schedel's *World Chronicle,* and Related Pictures, in: Byzantine and Modern Greek Studies 22 (1998) S. 8, Anm. 14; Thomov (s. Anm. 67) S. 86.

69 Einzig in dem Gedicht, das dem Typikon für das Michaelskloster auf dem Auxentiosberg vorausgeht (P. N. Papageorgiu, Zwei iambische Gedichte saec. XIV und XIII, in: Byzantinische Zeitschrift 8 [1899] S. 676, Z. 54–55) heißt es: πρὸς τοῦτο γάρ σε καὶ κίων ὑψοῦ φέρει / ναῷ παρεστὼς τῶν σοφῶν 'Αποστόλων, doch wird hier die Statuengruppe nicht genannt, weshalb die Erwähnung nur ganz allgemein auf das Säulenmonument zu beziehen ist und nicht beweist, daß Michael auch die Säule neu errichtet habe.

70 Zur Problematik der Gruppe vgl. R. H. W. Stichel, Die römische Kaiserstatue am Ausgang der Antike. Untersuchungen zum plastischen Kaiserporträt seit Valentinian I. (364–375 n. Chr.), Rom 1982, S. 28–31; Mango, Columns (s. Anm. 12) S. 12. – Talbot (s. Anm. 59) S. 259, möchte die Gruppe – offensichtlich in Unkenntis der Arbeit von Stichel – westlichen (italienischen) Künstlern zuweisen, was wir für abwegig halten, da aus dem späteren 13. Jahrhundert noch keine italienischen Großbronzen bekannt sind. Die ältesten erhaltenen Beispiele sind die Amphoraträgerinnen auf der Fontana maggiore in Perugia von Nicola Pisano von 1276/78 (Höhe 125 cm) und die Petrusfigur in St. Peter (um 1300), deren Modell Arnolfo di Cambio zugeschrieben wird (Höhe 180 cm); vgl. G. Poeschke, Die Skulptur des Mittelalters in Italien, Bd. 2: Gotik, München 2000, S. 76–77, Taf. 43 (Brunnenfigur); S. 93–94, Taf. 76–77 (Petrus).

71 Zur *Stadtvignette von Konstantinopel* im „Liber Insularum Archipelagi" siehe: Gerola (s. Anm. 57) passim; Th. Thomov, New information about Cristoforo Buondelmonti's

der verlorenen Urfassung von 1420 nahestehenden Kopien sind im Unterschied zu den Beschreibungen im Text noch äußerst sparsam mit Kirchen und markantem Monumenten ausgestattet. Hingegen wollen die seit der zweiten Hälfte des 15. Jahrhunderts angefertigten Darstellungen, die auf den längeren Textversionen basieren, vor allem die 'christliche Stadt' in Erinnerung halten.[72] Diese jüngeren Veduten lokalisieren die fünfte Säule innerhalb eines Dreiecks, das von der Apostelkirche, dem Kloster des Ioannes Prodromos τῆς Πέτρας (links) und dem Pantokratorkloster (rechts) markiert wird (Abb. 3), wodurch ihr Standort hinter der Apostelkirche auf dem 'fünften' Hügel gesichert ist.[73]

In der Forschung begegnet man gelegentlich der Behauptung, daß Buondelmonti nur die fünf Monumentalsäulen von Konstantinopel abgebildet habe.[74] Da Zosima die Säule Michaels VIII. als 'sehr hoch' (велми высок) bezeichnet,[75] wird sie den fünf Großsäulen zugerechnet. Schon die älteste Kopie, ehemals in Baden,[76] gibt fünf gleichgroße Säulen wieder. M. Jordan-Ruwe machte jedoch geltend, daß die *columna virginea* nach der Beschreibung von Gyllius nur wenig größer als die Markianssäule (Abb. 7) gewesen sein könne, was gegen eine Gleichsetzung mit Buondelmontis fünfter Säule spräche.[77] Weiterhin wies er darauf hin, daß auf einigen Fassungen von Buondelmontis Stadtansicht die Säule bei der Apostelkirche als gemauert erscheint,[78] mithin nicht, wie durch Gyllius für die *columna virginea* ausdrücklich verbürgt, einen monolithischen Schaft besessen haben könne.[79] Beide

drawings of Constantinople, in: Byzantion 66 (1996) S. 431–453; I. R. Manners, Constructing the Image of a City. The Representation of Constantinople in Christopher Buondelmonti's *Liber Insularum Archipelagi*, in: Annals of the Association of the American Geographers 87 (1997) S. 72–102, bes. S. 80–83; Berger/Bardill (s. Anm. 68) S. 7–14; Claudia Barsanti, Un panorama di Costantinopoli dal 'Liber insularum archipelagi' di Cristoforo Buondelmonti, in: L'arte di Bisanzio e l'Italia al tempo dei Paleologi 1261–1453, a cura di A. Iacobini / M. della Valle (Milion, 5), Rom 1999, S. 35–54 (behandelt hier v. a. Pera); Barsanti, Costantinopoli (s. Anm. 55) S. 182–253. – Die älteste erhaltene, um 1430 datierten Kopie (fol. 131^{v}) ehemals André Morf (Baden/Schweiz) bei Hilary L. Turner, Christopher Buondelmonti: Adventurer, Explorer, and Cartographer, in: Géographie du Monde au Moyen Âge et à la Renaissance, ed. Monique Pelletier, Paris 1989, S. 207–216, hier S. 215, Fig 3; Barsanti, Costantinopoli, S. 88, 113, 188–189, Abb. 69.

72 So Manners (s. Anm. 71) S. 85, 86.

73 Diese fünfte Säule von Manners (s. Anm. 71) S. 99, Anm. 14, irrtümlich für die Markianssäule gehalten.

74 Mango, Columns (s. Anm. 12) S. 10.

75 Vgl. oben Anm. 54.

76 Vgl. oben Anm. 71.

77 Jordan-Ruwe, Säulenmonument (s. Anm. 21) S. 172, Anm. 971; S. 201. – Zu den Maßen siehe unten Abschnitt III.

78 Zu den Darstellungsvarianten siehe unten Anm. 82.

79 Jordan-Ruwe, Säulenmonument (s. Anm. 21) 201; vgl. Gyllius oben S. 372f.

Einwände überzeugen nicht. Buondelmonti wird die Säule vor allem deswegen erwähnt und abgebildet haben, weil sie zu seiner Zeit noch die als *Constantinus genuflexus* gedeutete Statuengruppe Michaels VIII. Palaiologos trug,[80] wohingegen die drei anderen Säulen – mit Ausnahme der Justinianssäule – ihren Statuenschmuck längst verloren hatten.[81] Auch wird die Säule auf den einzelnen Versionen nach Buondelmontis Vorlage entweder wie die Theodosios- und die Arkadiossäule mit Spiralschaft oder mit glattem bzw. mit gemauertem oder kanneliertem Schaft dargestellt.[82] Es ist also nicht möglich, aus den einander scheinbar widersprechenden Text- und Bildzeugnissen eine sechste Säule erschließen zu wollen.

Die mit dem Namen des venezianischen Holzschneiders, Buchdruckers und Kartographen Giovanni Andrea Vavassore verbundene Stadtansicht von Konstantinopel (Abb. 4)[83] wurde seit etwa 1530/50 in zahlreichen Varianten verbrei-

80 Auf einigen Kopien ist eine statuarische Bekrönung angedeutet, vgl. Barsanti, Costantinopoli (s. Anm. 55) S. 191, Abb. 78 (Bibl. Apost. Vat., Ms. Rossiano 702, fol. 32[v]); S. 118–119, Abb. 61 (Venedig, Bibl. Marc., Ms. Lat. XIV.25, fol. 123[r]); S. 195–196, 208, Abb. 74 (Devon/Pensylvania, Slg. Boies-Penrose, Ms. 4).

81 Zur Beseitigung der Reiterstatue Justinians unter Fatih Sultan Mehmet zwischen 1453 und 1455/56 siehe C. Mango, Justinian's Equestrian Statue, in: Art Bulletin 41 (1959) S. 351–356 (wieder abgedruckt in: C. Mango, Studies on Constantinople, Aldershot 1993, Study XI); J. Raby, Mehmed the Conqueror and the Byzantine Rider of the Augusteion, in: Illinois Classical Studies 12,2 (1987) S. 305–313, hier: S. 308–311 (osmanische Quellen) [erschienen auch in: Topkapı Sarayı Müzesi Yıllığı 2 (1987) S. 141–150]; Mango, Columns (s. Anm. 12) S. 6; Berger/Bardill (s. Anm. 68) S. 15–16. – Gyllius konnte 1544/51 noch Teile der zertrümmerten Statue im Topkapı Sarayı sehen und heimlich vermessen.

82 Vgl. Barsanti, Costantinopoli (s. Anm. 55) S. 211, Anm. 444. – *Spiralschaft:* 1.) Bibl. Apost. Vat., Ms. Rossiano 702, fol. 32[v]; 2.) Paris, Bibl. Nat., Ms. N. A. Lat. 2383, fol. 34[v] (unsere Abb. 3): Barsanti, ebenda, Abb. 100. – *Glatter Schaft:* 1.) Athen, Gennadios Bibliothek, Ms. 71, fol. 36[v]; 2.) Florenz, Bibl. Naz. Centrale, Ms. II II 312, fol. 47[v]; 3.) Ravenna, Bibl. Civica Classense, Ms. Lat. 308, fol. 58[v]: Barsanti, ebenda, Abb. 80, 95, 60. – *Gemauerter Schaft:* 1.) Paris, Bibl. Nat., Ms. Lat. 4825, fol. 37; 2.) Venedig, Bibl. Marc., Ms. Lat. XIV 45 (= coll. 4595), fol. 123[r]; 3.) London, Brit. Mus., Cotton Vespasian A XIII; 4.) Bibl. Apost. Vat., Ms. Urb. Lat. 459, fol. 34[r]: Barsanti, ebenda, Abb. 60, 61, 98, 72. – *Kannelierter Schaft:* Bibl. Apost. Vat., Ms. Chigi F V 110, fol. 43[v]: Barsanti, ebenda, Abb. 73. – *Zinnen:* Florenz, Bibl. Med. Laur., Ms. Plut. XXIX 25, fol. 42: Manners (s. Anm. 71) Abb. 4. – *Abgebrochener Schaft:* London, Brit. Libr., Ms. Arundel 93, fol. 155[r]: Barsanti, ebenda, Abb. 75.

83 Nürnberg, Germanisches Nationalmuseum SP 8190, Kapsel 1102 (52,6 × 36,8 cm): Konstantinopel unter Suleiman dem Großen, aufgenommen im Jahre 1559 von Melchior Lorichs aus Flensburg, hrsg. von E. Oberhummer, München 1902, S. 21–22 mit Abb. (mit der älteren Lit.) – Zu Vavassore siehe F. Babinger, Drei Stadtansichten von Konstantinopel, Galata ('Pera') und Skutari aus dem Ende des 16. Jahrhunderts (Österreichische Akademie der Wissenschaften, Philosophisch-historische Klasse, Denkschriften, 77, 3), Wien 1959, S. 5; Europa und der Orient 800–1900 [Ausstel-

tet.[84] Der Vavassore-Holzschnitt geht – mittelbar oder unmittelbar – auf eine großformatige Vorlage zurück, vielleicht einen aus sechs Blättern zusammgesetzten Kupferstich des Florentiner Kartographen Francesco Rosselli († nach 1508).[85] Die Urfassung datierte Mango auf Grund bildinterner Indizien später als 1478/79 (Fertigstellung der Mauern des Topkapı Sarayı[86]) und vor 1490.[87] Da Gentile Bel-

---

lungskatalog], Berlin 1989 S. 856, Nr. 14/34, Abb. 931; Berger, Stadtansicht (s. Anm. 11) 329–355, Abb. 1; Manners (s. Anm. 71) S. 91–94, Fig. 8; R. W. H. Stichel, Das *Coliseo de Spiriti* in Konstantinopel: ein Phantom. Ein Beitrag zur Erklärung der Stadtansicht vom Vavassore-Typus, in: Istanbuler Mitteilungen 51 (2001) S. 445–459 (im folgenden Stichel, Vavassore).

84 Nachweise (Sebastian Münster, 1550; Georg Braun und Franz Hogenberg, 1572 sowie nachfolgende Editionen) bei A. Fauser, Repertorium älterer Topographie. Druckgraphik von 1486 bis 1750, Wiesbaden 1978, S. LXI, 379, Nr. 6818 (Sebastian Münster; Holzschnitt von David Kandel); S. XXXIV–XXXV, 379, Nr. 6824 (Kupferstich bei Braun/Hogenberg); Stichel, Vavassore (s. Anm. 83) S. 445–447, mit weiteren wichtigen und bislang unbeachteten Bildzeugnissen; vgl. Yeryüzü Suretleri / Images of the Earth. F. Muhtar Katırcıoğlu Collection [Ausstellungskatalog], İstanbul 2000, S. 74–91.

85 Das Nachlaßinventar von Rossellis Sohn Alessandro († 1525) führt unter den Druckstöcken mehrere Ansichten von Konstantinopel auf: „Gostantinopoli in 6 pezi", „gostantinopoli in tela cholorita inn istampa del pupillo", „francia chon parte gostantinopoli, in mezzo goglio comune"; siehe dazu I. Del Badia, La Bottega di Alessandro e Francesco Rosselli, merciaio e stampatore, 1525, in: Miscellanea fiorentina di erudizione e storia, Florenz 1894, S. 24–30; A. M. Hind, Early Italian Engraving 1, London / New York 1939, S. 304, 305f. (Inv. III, Nr. 60; Inv. I, Nr. 4; Inv. III, Nr. 47 [Nachdruck: Nendeln 1970]. – Zu Franceso Rosselli siehe J. Schulz, The Printed Plans and Panoramic Views of Venice (1486–1797), in: Saggi e memorie di storia dell'arte 7 (1970) S. 19 mit Anm. 30; J. Schulz, Jacopo d'Barberi's View of Venice: Map Making, City Views, and Moralized Geography Before the Year 1500, in: The Art Bulletin 58 (1978) S. 429 mit Anm. 12, S. 430; Manners (s. Anm. 71) S. 93–94; A. Paribeni, Iconografia, committenza, topografia di Costantinopoli: Sul cassone di Apollonio di Giovanni con la „Conquista di Trebisonda", in: Rivista dell'Istituto Nazionale d'Archeologia e Storia dell'Arte 56 (III Serie, XXIV) (2001) S. 302–304.

86 Siehe dazu G. Necipoğlu, Architecture, ceremonial and power in the Topkapı Palace in the fifteenth and sixteenth centuries (Cambridge, Mass./London 1991) S. 7–8, 264, Anm. 13 und 14 (Quellen).

87 Dieses Datum beruht auf der von Mango aufgestellten und zuletzt Développement (s. Anm. 15) 9, Anm. 9, Fig. 6, wiederholten Hypothese, wonach die auf der Konstantinopel-Ansicht von Andrea Vavassore als *S. Luca Euangelista* bezeichnete Kirche die ehemalige Nea Ekklesia gewesen und diese wiederum mit der Güngörmez kilisesi zu identifizieren sei, die als Pulvermagazin (Baruthane) genutzt und am 12. Juli 1490 durch Blitzschlag explodierte, wodurch großes Unheil in der Umgebung angerichtet wurde; die osmanischen Quellen hierfür bei İ. H. Konyalı, İstanbul Sarayları. Atmeydanı Sarayı, Pertev Paşa Sarayı, Çinili Köşk, İstanbul 1942, S. 18–19. – Das berühmte Unwetter vom 12. Juli 1490 ist auf Blatt 257^r in Hartmann Schedels *Liber chronicarum,* Nürnberg 1493, dargestellt, vgl. Berger/Bardill (s. Anm. 68) S. 19–20, Abb. 8.

lini von 1479 bis 1481 für Fatih Sultan Mehmet in Konstantinopel tätig war,[88] ist die Rückführung der Vorlage auf ihn in Erwägung gezogen worden, wenngleich sich diese These nicht beweisen läßt.[89] Der Zeugniswert von Vavassores Stadtansicht ist allerdings lange überschätzt worden, wie unlängst R. H. W Stichel gezeigt hat. Insbesondere konnte er nachweisen, daß auf allen vom Vavassore-Typus abhängigen Kopien gerade im Zentrum der Stadt 'Störungen' in der Wiedergabe der Denkmäler und Beischriften auftreten, die auf den schlechten Erhaltungszustand der Vorlage in diesem Bereich des Stadtgebiets zurückzuführen seien.[90] Zwar sieht Stichel den Prototyp für Vavassores Stadtansicht nicht zwingend in dem sechsteiligen Kupferstich von Rosselli,[91] hält jedoch grundsätzlich daran fest, daß „die Vorlage des Vavassore-Typus auf sechs Blätter verteilt gewesen sein könnte".[92]

Auf Vavassores Stadtansicht (Abb. 4) sind ebenfalls fünf Säulen abgebildet,[93] wovon eine in dem Gebiet zwischen Fatih Camii und Tekfur Sarayı – also auf dem 'fünften' Hügel – inmitten einer Häusergruppe steht und diese deutlich überragt

88 Vgl. J. v. Karabacek, Abendländische Künstler zu Konstantinopel im 15. und 16. Jahrhundert, in: Kaiserliche Akademie der Wissenschaften in Wien, philosophisch-historische Klasse 62,1 (Wien 1918) S. 24–36; Manners (s. Anm. 71) S. 93–94; J. Meyer zur Capellen, Gentile Bellini, Wiesbaden 1985.

89 Gentile Bellini als Urheber des Prototyps seit A. D. Mordtmann (Caedicius), Ancien Plan de Constantinople imprimé entre 1566 et 1574, Constantinople 1889, S. 2–3, wiederholt vorgeschlagen; ablehnend Berger, Stadtansicht (s. Anm. 11) S. 334; vorsichtig Manners (s. Anm. 71) S. 94; skeptisch auch Stichel, Vavassore (s. Anm. 83) S. 458. – Zum Anteil von Jacopo und Gentile Bellini an den (verlorenen) Stadtansichten in der „Camera delle Città" in der Villa des Marchese Francesco II. Gonzaga, die auch eine 1493 vollendete Stadtansicht von Konstantinopel enthielt, siehe Schulz, Venice (s. Anm. 85) S. 465–466. – Francesco II. Gonzaga hatte 1492 seinen Botschafter Alexis Becagut zu Sultan Bayezıt II. nach Istanbul entsandt, vgl. H. J. Kissling, Sultan Bājezīd's II. Beziehungen zu Markgraf Francesco II. von Gonzaga, München 1965, S. 8–36.

90 Stichel, Vavassore (s. Anm. 83) S. 448–454: Insbesondere in dem bei Vavassore als *Coliseo de spiriti* bezeichneten Gebäuderest erkennt er eine Verdoppelung der Sphendone des Hippodrom (*coliseo* wäre dann eine Verschreibung von *colossus* und bezöge sich auf den nicht wiedergegebenen gemauerten Obelisken); auch die Beischrift *Colona Serpentina* bei der Konstantinssäule sei irrtümlich hierher versetzt worden und beziehe sich auf die (nicht dargestellte) Schlangensäule im Hippodrom. Die Beweisführung ist nicht ganz stichhaltig, denn während Sphendone und Hippodrom nach oben gewandert sind, sind die Beischriften zum Alten und Neuen Serail nach unten gerutscht.

91 Stichel, Vavassore (s. Anm. 83) S. 454, 459; zweifelnd auch Manners (s. Anm. 71) S. 93.

92 Stichel, ebenda, S. 455 mit Abb. 6.

93 Berger, Stadtansicht (s. Anm. 11) S. 340, Nr. 5 (Justinianssäule), 341, Nr. 9 (Konstantinssäule), 344, Nr. 14 (Theodosiossäule), 345, Nr. 19 (Deuteron-Säule) und 348, Nr. 33 (Arkadiossäule).

(Abb. 5).[94] Die betreffende Partie ist bei der Übertragung der sechsteiligen Vorlage in das Kleinformat des Holzschnitts anscheinend ungestört geblieben. Da die Säule ohne Beischrift ist, läßt sich zunächst nicht sicher ausmachen, ob es sich um dieselbe Säule wie auf Buondelmontis Ansicht (Abb. 3), also um die Säule nordwestlich der Apostelkirche mit der Stauengruppe Michaels VIII. Palaiologos handelt. Für Berger sind die Säulen auf den Stadtansichten vom Buondelmonti- und Vavassore-Typus 'zweifellos identisch' mit der Säule beim Deuteron, nicht aber mit der Säule Michaels VIII. Palaiologos.[95] Nach Mango gibt allein die Vavassore-Säule die Deuteron-Säule wieder, während die Buondelmonti-Säule wegen ihrer angeblichen Nähe zur Apostelkirche eine weitere Säule gewesen sein müsse, also diejenige Michaels.[96] Dies würde bedeuten, daß auf den beiden Ansichten jeweils eine der beiden Säulen fehlt, mithin von einer sechsten Säule auszugehen wäre, was jedoch mit Sicherheit auszuschließen ist.

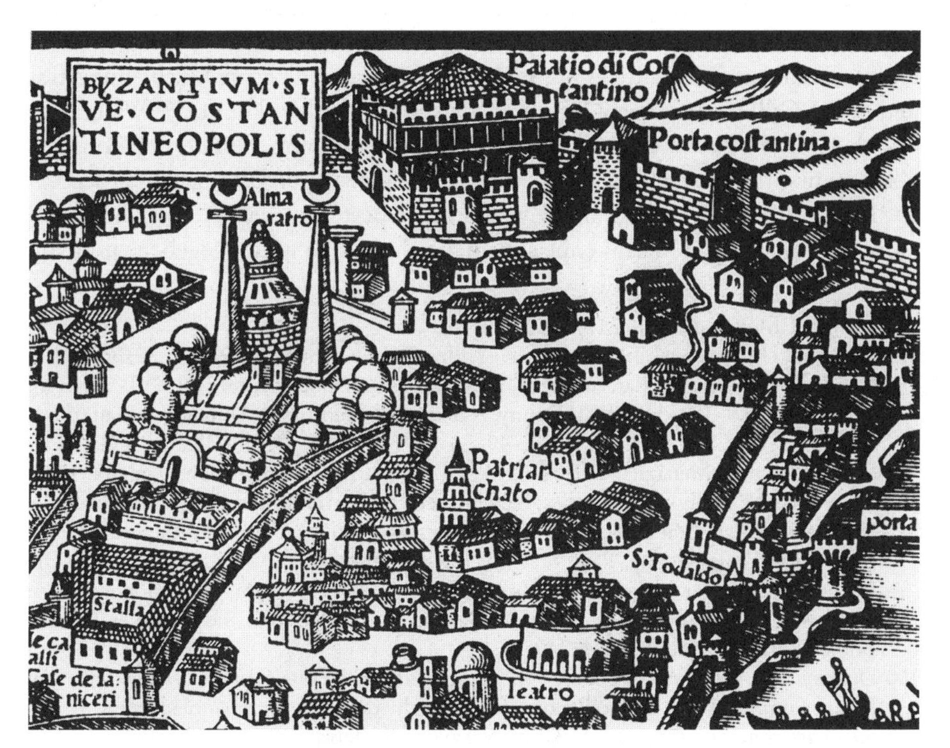

Abb. 5: Ausschnitt aus der Konstantinopel-Ansicht von Vavassore. Das Gebiet um die *columna virginea*

94 Mango, Columns (s. Anm. 12) S. 12.
95 Berger, Patria (s. Anm. 12) S. 519; Berger, Stadtansicht (s. Anm. 11) S. 345 zu Nr. 19.
96 Vgl. oben Anm. 65.

4. Wie verhält sich die *columna virginea* zu der von Matrakçı Nasuh (1537) überlieferten Säule im Gebiet zwischen Fatih Camii und Edirnekapı?

Auf die İstanbul-Ansicht des Matrakçı Nasuh von 1537 hat im Zusammenhang mit der Deuteron-Säule wieder Mango hingewiesen.[97] Im Unterschied zu den vogelperspektivischen Ansichten von Buondelmonti (Abb. 3) und Vavassore (Abb. 4) gibt Matrakçı Nasuh die Stadt in einer Art Draufsicht von der Seite der Landmauer, also von Norden her wieder (Abb. 6).[98] Etwa in der Mitte zwischen Edirnekapı und der herausgehobenen und ein wenig in die Bildachse verschobenen Fatih Camii hat er eine freistehende Säule mit Kapitell eingefügt. Sie ist deutlich kleiner gebildet als die Konstantins- und die Arkadiossäule.[99] Schon W. B. Denny war 1970 der Frage nachgegangen, um welche Säule es sich dabei handeln könnte, und schlug die Markianssäule vor.[100] Die von Matrakçı Nasuh wiedergegebene Säule befindet sich jedoch eindeutig im Gebiet des 'fünften' Stadthügels.[101] Hingegen war die Markianssäule am Südabhang des 'vierten' Hügels damals dicht von Häusern umbaut, weshalb sie im Stadtbild überhaupt nicht in Erscheinung trat und selbst Gyllius nur einen Teil ihrer Sockelreliefs sehen konnte.[102] Wichtig ist jedoch Gyllius' Bemerkung, daß die Markianssäule ganz ähnlich der von ihm noch am ursprünglichen Standort vermessenen *columna virginea* gewesen sei.[103]

Damit dürfte eigentlich kein Zweifel mehr bestehen, daß die von Buondelmonti, Vavassore und Matrakçı Nasuh an gleicher Stelle wiedergegebene und von

97 Mango, Columns (s. Anm. 12) S. 12.

98 Istanbul, Universitätsbibliothek, Ms. Yıldız Ty 5964, fol. 8b–9a: A. Gabriel, Les étapes d'une campagne dans les deux 'Iraq d'après un manuscrit turc du XVIe siècle, in: Syria 9 (1928) S. 328–349; W. B. Denny, A Sixteenth-Century Architectural Plan of Istanbul, in: Ars Orientalis 8 (1970) S. 49–63 (im folgenden Denny, Plan); H. G. Yurdaydın, Beyan-i Menazil-i Sefer-i 'Irakeyn-i Sultan Süleyman Ḫan, Ankara 1976, Taf. 9a/8b; D. Halbout du Tanney, Istanbul seen by Matrakçi and the miniatures of the 16th century, Istanbul 1996, Abb. 1 und 54 (angeschnitten), Faltplan ohne Nummer.

99 Konstantinssäule: Denny, Plan, S. 58 Nr. 32; Arkadiossäule: Ebenda, 61 Nr. 74. – Die Justinianssäule war nach Gyllius (s. Anm. 2) S. 104–105, um 1514/21 abgetragen worden; die Theodosiossäule stürzte bei einem Orkan 1517 ein; siehe Müller-Wiener, Bildlexikon (s. Anm. 6) S. 264, 249.

100 Denny, Plan (s. Anm. 98) S. 61 Nr. 71, jedoch mit Verweis auf eine Auskunft von Hilary Sumner Boyd, die völlig zutreffend für die *columna virginea* plädierte.

101 So auch Cantay (s. Anm. 16) S. 31 mit Verweis auf Matrakçı Nasuh.

102 Gyllius (s. Anm. 2) S. 196, Z. 7–10. – Siehe auch den Kupferstich bei Cosimo Comidas de Carbognano [eigentlich Kozmas Kömürciyan], Descrizione topografica dello stato presente di Costantinopoli arricchiata di figure (Bassano 1794), ed. V. Ruggieri, Rom 1992, Taf. XI (türkische Übersetzung von Erendiz Özbayoğlu: 18. Yüzyılın Sonunda İstanbul, İstanbul 1993, Taf. XI), der die dichte Umbauung der Markianssäule noch am Ende des 18. Jahrhunderts belegt.

103 Vgl. oben S. 373.

Abb 6: Matrakçı Nasuh. Ansicht von İstanbul. Um 1537. İstanbul, Universitätsbibliothek, Ms. Yıldız Ty 5964, fol. 8 b–9 a

Gyllius in genau derselben Gegend auf dem 'fünften' Hügel beschriebene Säule das Säulenmonument Justins II. beim Deuteron gewesen sein muß. Eine weitere Säule nordwestlich der Apostelkirche oder bei der Allerheiligenkirche hat es nie gegeben. Demzufolge kann auch die Säule Michaels VIII. Palaiologos nur mit der Deuteron-Säule bzw. mit der *columna virginea* identisch sein. Ihr vermuteter Standort in der Nähe der Hafız Ahmet Paşa Camii deckt sich sowohl mit der Lokalisierung des Deuteron als auch mit den Ortsangaben in den Text- und Bildquellen.

III

Ehe wir versuchen können, die *columna virginea* anhand der von Gyllius mitgeteilten Maßangaben zu rekonstruieren, ist es notwendig, auch ihrem Weiterleben nachzugehen. Mehre Quellen erwähnen nämlich, daß die Säule während der Bauarbeiten an der Süleymaniye Moschee (1550–1557) dorthin transportiert und zwischen den kuppeltragenden Hauptpfeilern wiederverwendet wurde. Das von Ö. L. Barkan veröffentlichte Baubuch der Süleymaniye enthält mehrere Angaben bezüglich des Transports der erforderlichen Steinmaterialien.[104] Sowohl nach dem Baubuch als auch nach dem *Tezküret-ül Bünyan* des Mustafa Sa'i (gest. 1595) sollen Säulen aus dem Eski Saray, aus Baalbek und aus Alexandria zur Baustelle verbracht worden sein.[105] Besonders aufschlußreich ist ein kaiserlicher Befehl an den Kadı von İstanbul, in dem es heißt:[106] „Der derzeitige Architekt sandte an mein Allerhöchstes Haus *(dergâh-ı muallâ)* einen Brief und benachrichtigte mich, daß die in İstanbul befindliche Kıztaşı für mein im Bau befindliches İmaret notwendig sei. Befolge meinen kaiserlichen Befehl und suche den Stein sofort gemeinsam mit meinem Architekt auf, und versuche ihn herabzunehmen, ohne die Gläubigen zu belästigen und ohne ihn zu beschädigen". Aus dem Baubuch geht weiterhin hervor, daß der Verwalter der kaiserlichen Güter im Stadtteil Galata angewiesen wurde, die notwendigen Materialien – 40 Kantar[107] Draht – bereitzu-

104 Ö. L. Barkan, Süleymaniye Camii ve İmareti İnşaatı (1550–1557), 2 Bde. Ankara 1972, 1979; hier: Bd. 2, S. 335–346 (im folgenden Barkan, Süleymaniye); vgl. auch J. M. Rogers, The State and the Arts in Ottoman Turkey Part 1. The Stones of Süleymaniye, in: International Journal of Middle East Studies 14 (1982) S. 71–86.

105 Zur Diskussion der Herkunftsorte siehe auch Gülru Necipoğlu-Kafadar, The Süleymaniye Complex in Istanbul: An Interpretation, in: Muqarnas 3 (1985) S. 92–117, hier: S. 104–105.

106 Barkan, Süleymaniye (s. Anm. 104) Bd. 2, S. 22, Nr. 44.

107 Ein Kantar beträgt 56,144 kg; siehe dazu E. Schilbach, Byzantinische Metrologie, München 1970, S. 230.

stellen, um die Säule niederzulegen.[108] Kurz darauf wurden zunächst von Kaptan Paşa 97 hölzerne Laufrollen bestellt, womit die Säulen bewegt werden sollte.[109]

M. Rogers bezweifelte allerdings das Transportunternehmen mit folgendem Argument: „But since the Column of Virginity was indisputably porphyry the column brought from that quarter cannot have been it".[110] Auch G. Goodwin schrieb, daß die Säule aus Porphyr gewesen sei.[111] Beide Autoren verschweigen jedoch, woher sie diese Information haben. Wie gezeigt wurde, sagt Petrus Gyllius eindeutig, daß die *columna virginea* aus rosenfarbenem Granit *(pyrrhopoecilus)* bestand.[112] Auch Matrakçı Nasuh unterschied in seiner İstanbul-Miniatur (Abb. 6) deutlich zwischen Porphyr und anderem Gestein. Während er den Schaft der Porphyrsäule Konstantins mit leuchtendem Rot ausgemalt hat, wurde die Säule auf dem 'fünften' Hügel in einem hellen Farbton wiedergegeben.

Gyllius beschrieb darüber hinaus die Niederlegung der Säule *sita in dorso quinti collis Constantinopolitanis* und ihren Abtransport zur Süleymaniye mit folgenden Worten:[113]

> *Hanc à(b) suis sedibus deiici in terram vidi in hunc fere modum, circum columnam aliquo tamen interposito spatio trabes ingentes crebras in quadrum dispositas in solo defixas columna ipsa excelsiores erexerunt paribus interuallis inter se distantes, supra trabes imposuerunt transuersa tigna omnia inter se fermissimè reuincta, ex quibus Trochleas creberrimas appenderunt, per quas traiecerunt validos funes ab imo columnae scapo ad summum surgentes ad columnam strictissimè alligatos densis funibus, vt se contingerent, & transuersis rectos velut tramis stamina secantibus formam textlis operis repraesentā(n)tibus extra quadraturam trabium similitudem turris quadrat(ae) gerentium. Ergatae vtrinque multae in terram defixae erant versatae à(b) multitudine robustissimorum iuuenum funes illos validos, quibus columna cingebatur trahentes tandiu, quoad columnam, à(b) sedibus subtraxerunt, deinde sensim detrahentes in terram deiecerunt, & curribus impositam firmissimis, quos rot(ae) crassissimis ferris cinct(ae) sustinebā(n)t, traduxerunt incolumem in collem tertiū(m) ad Soleimani Regis aedem ornā(n)dam.*

108 Barkan, Süleymaniye (s. Anm. 104) Bd. 2, S. 23, Nr. 43.

109 Barkan, Süleymaniye (s. Anm. 104) Bd. 2, S. 22, Nr. 45.

110 Rogers (s. Anm. 104) S. 85, Anm. 29; ebenso M. Rogers, The Arts under Süleyman the Magnificent, in: H. İnalcık / C. Kafadar (Edd.), Süleyman the Second and his Time, İstanbul 1993, S. 257–294, hier: S. 286; dagegen Gülru Necipoğlu-Kafadar, The Süleymaniye Complex in Istanbul: An Interpretation, in: Muqarnas 9 (1985) S. 92–117, hier: S. 104; siehe auch Mango, Columns (s. Anm. 12) S. 14, Anm. 49. – Obwohl Rogers und Necipoğlu-Kafadar Gyllius zitieren, erwähnen sie nicht die Passage, wo er über die Niederlegung und den Transport der Säule berichtet.

111 G. Goodwin, A History of Ottoman Architecture, London 1971, S. 230.

112 Siehe oben S. 372f.

113 Gyllius (s. Anm. 2) S. 86, Z. 10–Seitenende.

„Ich sah, wie sie von ihrer Basis auf die Erde niedergelassen wurde, was ungefähr auf folgende Weise geschah: Um die Säule herum hat man in einigem Abstand zahlreiche gewaltige Holzbalken im Boden verankert, die ein Viereck bildeten und höher waren als die Säule selbst und voneinander gleichen Abstand hatten. Über die Balken legte man Querbalken, sämtlich ganz fest miteinander verbunden; davon hingen ziemlich zahlreich Flaschenzüge herab, durch die man starke Taue führte, die ganz unten vom Schaft der Säule bis zur Spitze reichten. Und die Säule war so dicht mit Seilen ganz fest umwunden, daß sie sich berührten und hinten durchgeführt waren gleich den Fäden, welche die Kette schneiden, die Form eines Gewebes darstellend außen am Geviert der Balken, was zu einer Ähnlichkeit mit einem viereckigen Turm führte. Zahlreiche an allen Seiten im Boden befestigte Winden wurden von einer Menge überaus kräftiger Burschen gedreht; und indem sie die starken Taue, mit denen die Säule umwunden war, so lange anzogen, bis sie die Säule von ihrer Basis abhoben, legten sie sie vorsichtig nachlassend auf die Erde; und nachdem sie sie auf sehr feste Karren gelegt hatten, welche Räder mit ganz festen Eisenringen stützten, überführten sie sie unbeschädigt zum dritten Hügel, um die Moschee Süleymans zu schmücken".

Der Bericht im *Tezküret-ül Bünyan* entspricht in vielem der Schilderung von Petrus Gyllius.[114] Zunächst wurde auch hier aus gewaltigen Galeerenmasten ein Gerüst errichtet. Viele starke Schiffstaue wurde zu einem Tau, „so stark wie ein Menschenkörper" zusammengewunden und über eine Laufrolle gelegt. Auch die Säule wurde mit starken Galeerenmasten verbunden und mit Seilen vertäut. Kräftige Burschen und viele starke christliche Sklaven stellten sich an die Drehkreuze. Beim Niederlassen liefen allerdings die Laufrollen heiß und das dicke Tau riß, doch konnte eine Reserverolle eingesetzt werden. Nach der glücklich vollbrachten Niederlegung wurden Opfertiere geschlachtet und an die Armen verteilt. Den Schaft legte man auf einen Schlitten und brachten ihn in die Moschee.

Es besteht also kein Grund daran zu zweifeln, daß die in den osmanischen Quellen 'Kıztaşı' genannte *columna virginea* in der Süleymaniye Moschee als Spoliensäule wiederverwendet wurde. Das Problem für den Architekten bestand aber darin, daß ihr Schaft den aus unterschiedlichen Orten zusammengetragenen Säulen in den Maßen angeglichen werden mußte. Doch auch darüber berichtet uns das *Tezküret-ül Bünyan*[115]: „Auf Befehl des Herrschers wurde die Säule abgeschnitten und in gleiche Maße wie die anderen Säulen gebracht".

114 Barkan, Süleymaniye (s. Anm. 104) Bd. 1, S. 335; Saatçi, Mimar Sinan ve Tezküret-ül Bünyan, İstanbul 1989, S. 82.

115 Saatçi, ebenda, S. 82.

IV

Für die Höhe der *columna virginea* gibt Gyllius ungefähr 60 Fuß *(altus circiter sexaginta pedes)* an. Da er die einzelnen Bestandteile des Monuments aufzählt und hierfür einige wenige Maße mitteilt, scheint er die Gesamthöhe mit ca. 60 Fuß geschätzt zu haben.[116] Alle vier Hauptsäulen der Süleymaniye weisen, obgleich sie von verschiedenen Orten stammten, eine einheitliche Höhe von 9,020 m und einen unteren Durchmesser von 1,140 m auf,[117] weshalb der Überlieferung Glauben geschenkt werden darf, wonach sie für den Zweck der Wiederverwendung auf gleiche Maße gebracht worden seien. Die ursprüngliche Höhe des Schafts der *columna virginea* war demnach >9,020 m, ihr unterer Durchmesser >1,140 m.

Gyllius verwendete bei seinen Messungen einen Fuß, der zwischen 0,293≈0,295 m und 0,299 m schwankt,[118] im Mittel dem römischen Normalfuß von 0,296 m jedoch sehr nahe kommt. Dem folgenden Versuch, die Höhe der *columna virginea* und ihrer einzelnen Teile zu berechnen, legen wir der Einfachheit halber einen Fuß mit 0,296 m zugrunde. Für die Rekonstruktion der Säule ist es weiterhin hilfreich, daß Gyllius ihre Ähnlichkeit mit der Markianssäule ausdrücklich hervorhebt, weswegen wir Aufbau, Maße und Proportionen der Markianssäule für unsere Berechnungen zum Vergleich heranziehen (Abb. 7 und 8). Auf den Wiedergaben von Vavassore (Abb. 4 und 5) und Matrakçı Nasuh (Abb. 6) erkennt man deutlich das Kapitell. Ob die *columna virginea* wie die Markianssäule einen Kämpfer mit dem Aufsatz für die Statue(n) besaß, geht aus Gyllius' Beschreibung nicht hervor. Ein Aufsatz muß aber einstmals vorhanden gewesen sein, um die aus zwei Figuren bestehende Bronzegruppe Michaels VIII. Palaiologos aufnehmen zu können. Daher ist es durchaus möglich, daß schon ursprünglich Statuen von Justin II. *und* Sophia auf dieser Säule gestanden haben.[119]

Bei der vergleichenden Berechnung gehen wir von der Höhe der Markianssäule ohne Aufsatz aus. Die Beschreibung der einzelnen Teile der *columna virginea* ist allerdings nicht ganz klar, denn zunächst spricht Gyllius von *scapus, capitulum Corinthium, stereoma, stylobates* und *basis,* deren Material er nennt, teilt

116 Oben S. 372f. – Aus dem Satzbau ergibt sich allerdings der Eindruck, daß Gyllius nur von der Höhe des Schaftes spricht, doch ist eine Schafthöhe von 60 Fuß (ca. 17,760 m) bei einem Umfang von $13^3/_4$ Fuß ganz ausgeschlossen, wie unsere Berechnungen zeigen werden.

117 Die Maßangaben nach Barkan, Süleymaniye (s. Anm. 104) Bd. 1, S. 343.

118 Sie dazu Ch. B. Konrad, Beobachtungen zur Architektur und Stellung des Säulenmonumentes in Istanbul-Cerrahpaşa – 'Arkadiossäule', in: Istanbuler Mitteilungen 51 (2001) S. 362–371 – Jordan-Ruwe, Säulenmonument (s. Anm. 21) S. 172, nimmt für Gyllius mit Vorbehalt einen Fuß zu 0,308 m an, was jedoch sicher unzutreffend ist.

119 Vgl. oben S. 378.

Abb. 7: Säule des Kaisers Markian. 450/452

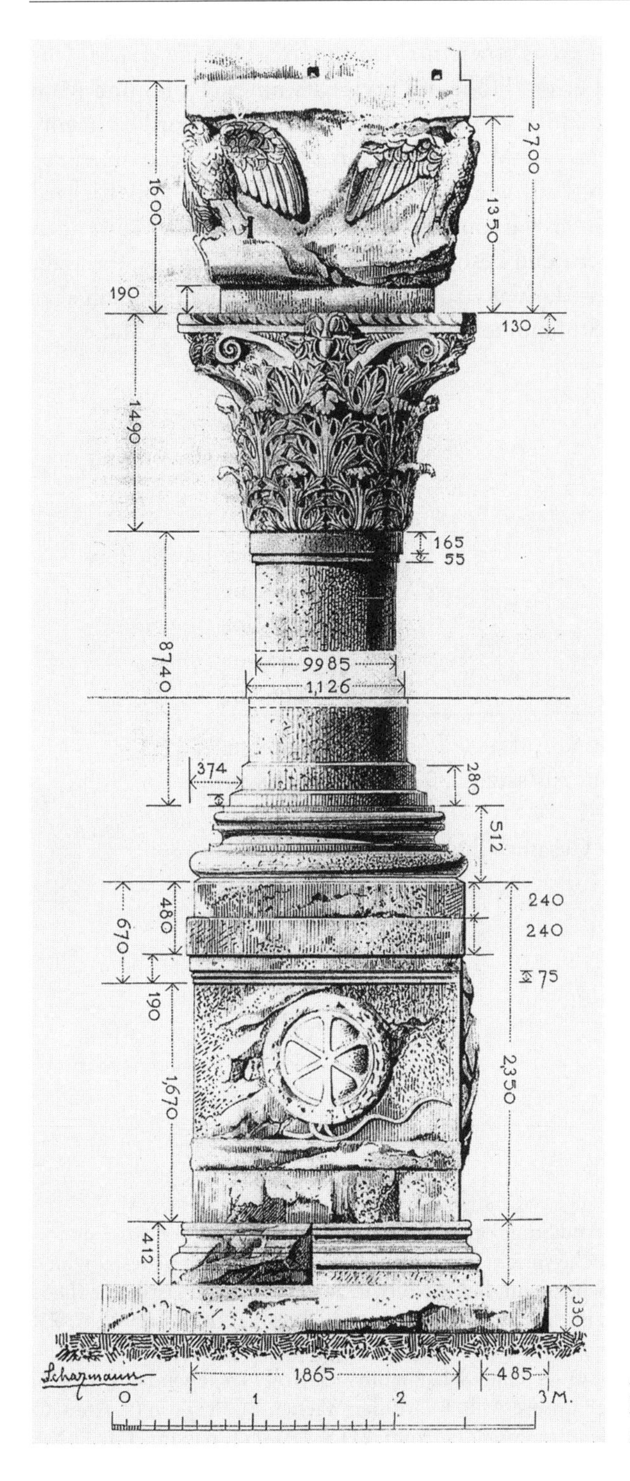

Abb. 8:
Maße der Markianssäule
nach P. Schazmann

aber nur für *stylobates* und *plinthus* sowie für den unteren Umfang des Säulenschafts Detailmaße mit.[120] Da er die Höhe des Stylobats mit vier Fuß und neun Digiti angibt, woraus sich eine Höhe von 1,351 m errechnet (s. u.), wird ein mehrstufiger Unterbau gemeint sein. Die Markianssäule besaß anscheinend einen aus drei Stufen bestehenden Unterbau, wie wir aus einer Mitteilung von Richard Pococke wissen.[121] Die folgende – hypothetische – Berechnung der einzelnen Abschnitte der *columna virginea* und besonders der Höhe ihres Schafts überträgt zunächst die Proportionen der Markianssäule auf diese, berücksichtigt dann aber die von Gyllius für Stylobat (Stufenunterbau) und Plinthe mitgeteilten Maße.

Markianssäule (Abb. 8)[122]

1. Absolute Maße in m	
Kapitell	1,490 m
Schaft	8,740 m
Säulenbasis	0,512 m
Plinthe	0,240 m
Postament	2,512 m
oberste Stufe	0,330 m
2 hinzugerechnete Stufen	0,660 m
geschätzte Gesamthöhe ohne Aufsatz	14,484 m
geschätzte Gesamthöhe mit Aufsatz (2,700 m)	17,184 m

2. Verhältnis der Teile zur Gesamthöhe in %	
Kapitell	10,29 %
Schaft	60,34 %
Säulenbasis	3,53 %
Plinthe	1,66 %
Postament	17,34 %
3 Stufen (0,990 m)	6,84 %
Gesamthöhe	100,00 %

120 Vgl. oben S. 372f.

121 A Description Of The East, And Some other Countries. By Richerd Pococke, London 1743/45, vol. 1, S. 131. – Pococke spricht von einem „well proportioned pedestal which had steps round it"; vgl. P. Schazmann bei J. Kollwitz, Oströmische Plastik der theodosianischen Zeit (Studien zur spätantiken Kunstgeschichte, 12), Berlin 1941, S. 73, Anm. 1.

122 Zu den Maßen der Markianssäule siehe Schazmann bei Kollwitz, ebenda, S. 73–76, Taf. 10–11, Beilage 12 (danach unsere Abb. 8); Müller-Wiener, Bildlexikon (s. Anm. 6) S. 54–55; Jordan-Ruwe, Säulenmonument (s. Anm. 21) S. 170–171, passim, Taf. 20,2.

Das Verhältnis von Höhe Stufen/Postament[123] (4,254 m) zur Höhe Säulenschaft/ Kapitell (10,230 m) beträgt 1:2,405 oder – auf die Gesamthöhe des Monuments bezogen – 29,37 % : 70,63 %.

Der untere Schaftdurchmesser (1,126 m) zur Schafthöhe (8,740 m = 29 $^1/_2$ Fuß) beträgt 1 : 7,76).[124]
Die Kapitellhöhe zur Schafthöhe beträgt 1 : 5,87.

columna virginea

1. Übertragung der %-Werte der Markianssäule auf die *columna virginea* bei Annahme einer Gesamthöhe von 60 Fuß zu 0,296 m = 17,760 m = 100 %. Die Angaben in ( ) sind später durch die von Gyllius mitgeteilten Maße zu ersetzen.

Kapitell	1,828 m
Schaft	10,716 m
Säulenbasis	0,627 m
Plinthe	(0,295) m
Postament *(stereoma)*	3,080 m
Stylobat, 3-stufig	(1,215) m
geschätzte Gesamthöhe	gerundet 17,760 m

2. Berechnung des unteren Durchmessers des Säulenschafts nach Gyllius
Umfang = 13 Fuß + *dodrans* ($^3/_4$ Fuß) = 3,848 m + 0,222 m = 4,070 m ÷ 3,14 (π) = 1,296 m.

3. Berechnung der Schafthöhe
Bei einem unteren Durchmesser des Schafts von 1,296 m und einer angenommenen Schafthöhe von 10,716 m ergäbe sich ein Verhältnis von unterem Durchmesser zur Schafthöhe von 1 : 8,27, was jedoch ungewöhnlich ist, denn das Verhältnis von unterem Durchmesser zur Schafthöhe beträgt in der Regel 1 : 7 bis höchstens 1 : 8. Bei Anwendung des Verhältnisses von 1 : 7,76 (wie bei der Markianssäule) ergibt sich für den Schaft eine Höhe von 1,296 m · 7,76 = 10,057 m.

4. Berechnung der Kapitellhöhe
Legt man wie bei der Markianssäule Kapitellhöhe zu Schafthöhe mit 1 : 5,87 zugrunde, ergibt sich für das Kapitell eine Höhe von 10,057 m ÷ 5,87 = 1,713 m.

123 Einschließlich Säulenbasis und Plinthe.
124 Unterer Durchmesser nach Schazmann (s. Anm. 121), ohne Ablauf.

5. Berechnung der Höhe des Postaments *(stereoma)*
Für die Berechnung der Höhe des Postaments legen wir jetzt die von Gyllius für Plinthe und Stylobat angegebenen Maße *(kursiv)* zugrunde:

Kapitell	1,713 m
Schaft	10,057 m
Säulenbasis	0,628 m
Plinthe	*0,407* m
Stylobat, 3-stufig	*1,351* m
Höhe ohne Stereoma	14,156 m
Gesamthöhe	17,760 m
./. Höhe ohne Stereoma	14,156 m
Höhe des Postaments (Stereoma)	3,604 m

Das Verhältnis von Höhe Stufen/Postament[125] (5,990 m) zur Höhe Säulenschaft/Kapitell (11,770 m) beträgt hierbei 1 : 1,965 oder – auf die Gesamthöhe des Monuments bezogen – 33,72 % : 66,27 %. Da Säulenschäfte aus Rosengranit von Aswan häufig die Proportion 1 zu 8 aufweisen,[126] wäre eine Schafthöhe von 1,296 m · 8 = 10,368 m eher möglich. Unter Anwendung des Verhältnisses Kapitellhöhe zu Säulenhöhe = 1 : 5,87 ergäbe sich daraus eine Kapitellhöhe von 10,368 m ÷ 5,87 = 1,766 m. Unsere Berechnung würde sich dann wie folgt darstellen:

Kapitell	1,766 m
Schaft	10,368 m
Säulenbasis	0,628 m
Plinthe	*0,407* m
Stylobat, 3-stufig	*1,351* m
Höhe ohne *stereoma*	14,520 m
Gesamthöhe	1,7760 m
./. Höhe ohne *stereoma*	14,520 m
Höhe des Postaments *(stereoma)*	3,240 m

Das Verhältnis von Höhe Stufen/Postament[127] (5,626 m) zu Höhe Säulenschaft/Kapitell (12,134 m) beträgt hierbei 1 : 2,157 oder – wieder auf die Gesamthöhe des Monuments bezogen – 31,68 % : 68,32 %, was den entsprechenden Werten der

125 Einschließlich Säulenbasis und Plinthe.
126 P. Barresi, in: I marmi colorati (s. Anm. 8) S. 71.
127 Einschließlich Säulenbasis und Plinthe.

Markianssäule (1 : 2,405 oder 29,37 % : 70,63 %) sehr nahe kommt. Die Schafthöhe von 10,368 m fällt erwartungsgemäß größer aus als die Schäfte der Hauptsäulen in der Süleymaniye, deren egalisierte Höhe mit 9,020 m bekannt ist. Die errechnete Kapitellhöhe (1,766 m) läge unter der Höhe bekannter Monumentalkapitelle.[128] Die für das eigentliche Postament *(stereoma)* zuletzt errechnete Höhe von 3,240 m stützt die Mitteilung von Gyllius, wonach er beim Vermessen eine Leiter benutzen mußte.[129] Beim Stylobat kann man wahlweise von drei oder fünf Stufen ausgehen, wodurch sich eine Höhe von 0,450 m bei drei bzw. von 0,270 m bei fünf Stufen ergibt; letzteres dürfte entschieden zu niedrig sein, da bereits bei der Markianssäule die eine erhaltene Stufe eine Höhe von 0,330 m aufweist. Hatte der monolithische Schaft aus Rosengranit eine Höhe von 10,368 m (= 35 Fuß!), wäre er zum Zweck der Wiederverwendung in der Süleymaniye Camii um 1,348 m verkürzt worden. Der untere Durchmesser wurde durch Abdrehen um 0,156 m reduziert. Auch nach dieser Bearbeitung betrug das Verhältnis von unterem Durchmesser zur Schafthöhe 1 : 7,912.

Eine Aussage über Gestalt und Maße des Kämpfers und des Statuenpostaments der *columna virginea* ist nur bedingt möglich. Die von U. Peschlow aus den Funden im Topkapı Sarayı rekonstruierte Ehrensäule – vermutlich Leons I. (457–474) – weist zwar in Form und Proportionen des Kapitells große Übereinstimmungen mit dem Kapitell der Markianssäule auf, doch weichen die Kämpfer-Statuen-Aufsätze erheblich voneinander ab, da bei der Markianssäule der Aufsatz extrem hoch ist (Abb. 8).[130] Markianssäule (ohne Aufsatz) und *columna virginea* verhalten sich nach unseren Berechnungen in der Höhe zueinander wie 1 : 1,226. Würden wir das gleiche Verhältnis für den Aufsatz (Kämpfer und Statuenpostament) der *columna virginea* zugrunde legen, ergäbe sich hierfür die unwahrscheinliche Höhe von 2,700 m · 1,226 = 3,310 m. Ohnedies müßte man für die *columna virginea* einen Kämpfer mit oblonger oberer Auflagefläche für das Statuenpostament und ein ausgewogenes Verhältnis zwischen Kapitell und Aufsatz voraussetzen, da hier in der ursprünglichen und in der sekundären Verwendung zwei Statuen Platz finden mußten.

---

128 Das Monumentalkapitell im zweiten Hof des Topkapı Sarayı weist eine Höhe von 2,380 m und einen unteren Durchmesser von 1,780 m auf, vgl. U. Peschlow, Eine wiedergewonnene byzantinische Ehrensäule in Istanbul, in: Studien zur spätantiken und byzantinischen Kunst Friedrich Wilhelm Deichmann gewidmet, hrsg. in Verbindung mit Otto Feld und Urs Peschlow, Teil 1 (Römisch-Germanisches Zentralmuseum, Bd. 10,1), Bonn 1986, S. 21–33, hier S. 21–22, Taf. 3,1–2; 4,1–3; Abb. 1. – Für das gesamte Säulenmonument, das etwa ein Drittel höher war als die Markianssäule, nimmt Peschlow, ebenda, S. 27 eine Höhe von ca. 23 m und für den aus acht Trommeln errichteten Schaft von ca. 15 m an.

129 Oben S. 372 f.

130 Peschlow (s. Anm. 128) S. 27–28, Abb. 6.

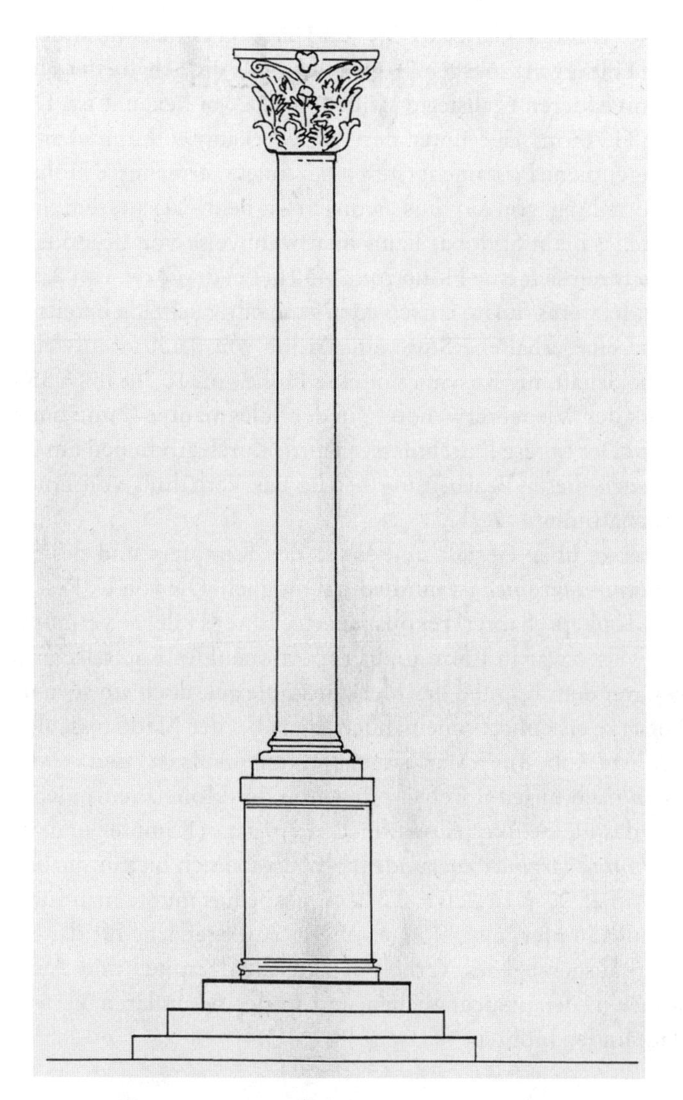

Abb. 9: Rekonstruktion der *columna virginea*

Das Verhältnis von Kämpferhöhe (1,170 m) zu Kapitellhöhe (2,380 m) der Teile im Topkapı Sarayı beträgt 1 : 2,034, wobei das Statuenpostament etwa dieselbe Höhe gehabt haben wird wie der Kämpfer,[131] d. h. Kapitell und Kämpfer/Aufsatz stehen etwa im Verhältnis 1 : 1. Legen wir das gleiche Verhältnis für den

131 Das Statuenpostament ist beschädigt, die Höhe ist daher unbekannt, erhalten sind nur ca. 1,00 m nach Peschlow, ebenda, S. 25, Taf. 7,2; Abb. 5.

Aufsatz der *columna virginea* zugrunde, könnten Kämpfer und Statuenpostament ebenfalls mindestens 1,713 m hoch gewesen sein. Die Gesamthöhe der *columna virginea* lag demnach bei 17,760 m + ≥1,713 m = ≥19,473 m. Sie wäre somit etwas über 2 m höher gewesen als die Markianssäule und etwas über 6 m niedriger als die von Peschlow rekonstruierte Ehrensäule.

Die gleichen Überlegungen ließen sich nun auch für die Maße der verlorenen Statue(n) anstellen, sowohl für das Paar Justinian II. und Sophia als auch für die Erzengel-Gruppe. War die von Peschlow rekonstruierte Ehrensäule für den Koloß in Barletta bestimmt, dann verhielt sich die Höhe der Statue (ursprünglich ca. 5 m) zur Höhe der Säule (ca. 26 m) wie 1 : 5,2. Nach dem gleichen Verhältnis könnte die Statuengruppe von Justinian und Sophia etwa 3,70 m hoch gewesen sein. Die von Michael VIII. Palaiologos wiederverwendeten Statuen setzen für den stehenden Erzengel eine ähnliche Höhe voraus, um aus einer Entfernung von über 20 m noch wahrgenommen werden zu können.

Eine zeichnerische Rekonstruktion der *columna virginea,* deren hypothetischer Charakter nicht eigens betont werden muß, mag das Ergebnis unserer zuletzt angestellten Berechnungen verdeutlichen (Abb. 9).

Abbildungsnachweise

Abb. 1: Repro nach R. Janin, Constantinople byzantine. Développement urbain et réport topographique, [2]Paris 1964, Plananhang

Abb. 2: Nach W. Müller-Wiener, Bildlexikon zur Topographie Istanbuls. Byzantion – Konstantinupolis – Istanbul bis zum Beginn des 17. Jahrhunderts, Tübingen 1977, Faltkarte

Abb. 3: Foto: Paris, Bibliothèque national de France

Abb. 4: Foto: Germanisches Nationalmuseum Nürnberg

Abb. 5: Ausschnitt aus der Konstantinopel-Ansicht von Vavassore. Das Gebiet um die *columna virginea*

Abb. 6: Repro nach H. G. Yurdaydın, Beyan-ı Menazil-i Sefer-i 'Irakeyn-i Sultan Süleyman Ḫan, Ankara 1976, Taf. 9 a/8 b)

Abb. 7: Foto: DAI Istanbul Neg.-Nr. R 29.397

Abb. 8: Repro nach J. Kollwitz, Oströmische Plastik der theodosianischen Zeit, Berlin 1941, Taf. 10–11

Abb. 9: Zeichnung Verf.

Die Hagia Sophia in Vize

Forschungsgeschichte – Restaurierungen – neue Ergebnisse*

Franz Alto Bauer und Holger A. Klein

1. Geschichte der Stadt Bizye

Die Stadt Vize, das antike Βιζύη, befindet sich im türkischen Teil Thrakiens, etwa auf halbem Weg zwischen Istanbul und Edirne, an den südwestlichen Ausläufern des Strandža-Gebirges (Yıldız Dağları). Über Ursprung und Frühgeschichte der Siedlung ist wenig bekannt.[1] Strabon zufolge war sie Hauptstadt des thrakischen Stammes der Asten, Plinius nennt sie „Sitz der thrakischen Könige".[2] Vermutlich existierte eine Siedlung bereits im 4. Jahrhundert v. Chr, doch stützt sich diese Vermutung nur auf ein aufwendiges Tumulusgrab mit Grabkammer und Dromos aus dieser Zeit, das bei Vize ergraben wurde.[3] Sichere Nachrichten erhalten wir erst aus dem späten 1. Jahrhundert v. Chr.: Eine Inschrift des Königs Kotys, die zu Ehren seiner Eltern in Bizye angebracht wurde, deutet darauf hin, daß sich zu dieser Zeit hier die Residenz der thrakischen Könige befand.[4] Arif Müfid Mansel

---

* Für Unterstützung und hilfreiche Hinweise möchten wir Adolf Hoffmann (Deutsches Archäologisches Institut, Abt. Istanbul), Robert Ousterhout (Univ. of Illinois at Urbana-Champaign), Urs Peschlow (Univ. Mainz) und Cecil Striker (Univ. of Pennsylvania) herzlichst danken. Bei unseren Arbeiten vor Ort waren uns Serpil Arık (Bursa Müzesi), İsmail Hakkı Gönenç (Belediye Başkanı Vekili), Mustafa H. Sayar (İstanbul Üniversitesi), Tuncay Sonel (Vize Kaimakamı) und Zülküf Yılmaz (Kırklareli Müzesi) behilflich.

1 Einen kurzen Überblick zur Geschichte der Stadt bieten E. Oberhummer, RE III.1, 1897, 552 s. v. Bizye, A. Th. Samothrakis, Λεξικὸν γεωγραφικὸν καὶ ἱστορικὸν τῆς Θρᾴκης, Athen 1963², 104b–106b, und T. E. Gregory, Oxford Dictionary of Byzantium I, 1991, 292f. s. v. Bizye. Ausführlicher: V. Velkov, Die thrakische Stadt Bizye, in: Studia in honorem Veselini Beševliev, Sofia 1978, 174–181; J. Jurukova, Griechisches Münzwerk: Die Münzprägung von Bizye (Schriften zur Geschichte und Kultur der Antike 18), Berlin 1981, 1–8. Zur Geschichte Thrakiens in Antike und Mittelalter vgl. B. Lenk, RE VI A,1, 1936, 414–452 s. v. Thrake (Geschichte); A. Betz, ebenda 452–472 s. v. Thrake (römisch); P. Soustal, Thrakien (Thrakē, Rodopē und Haimimontos) (= Tabula Imperii Byzantini 6), Wien 1991, 59–124.

2 Strabo VII frgm. 48 (Ἀστῶν βασίλειον ἦν Βιζύη); Plinius, nat. hist. 4, 47 (arx regum Thraciae). Vgl. auch Ptolemaios 3, 11.6.

3 Unpubliziert. Vgl. Jurukova (s. Anm. 1) 4f. mit Anm. 1.

4 E. Kalinka, Altes und Neues aus Thrakien, Jahreshefte des Österreichischen Archäologischen Institutes 23, 1926, Beiblatt 117–208, hier 119f. Nr. 1–3; Ephemerides epigraphicae II, 252f.

hat zudem ein von ihm ergrabenes Tumulusgrab in der Nähe von Vize aufgrund seines reichen Grabinventars in die erste Hälfte des 1. Jahrhunderts n. Chr. datiert und es auf einen der letzten unabhängigen Herrscher Thrakiens bzw. einen Familienangehörigen bezogen.[5] Die wachsende Abhängigkeit der thrakischen Herrscher, die seit 20 v. Chr. Klientelkönige Roms waren, dokumentiert die Münzprägung Bizyes, die seit Augustus das Bild des römischen Kaisers zeigte.[6] Diese formelle Autonomie endete vermutlich im Jahre 46, als das thrakische Vasallenkönigreich in die römische Provinz Thracia eingegliedert wurde.[7] Unter Trajan stieg Bizye zur πόλις und zum Zentrum der Strategie Astike auf.[8] Zwar lag die Stadt nicht an einer der großen Straßen, die den Ostteil der Balkanhalbinsel durchzogen, doch waren sowohl die Straße, die von Byzantion die Schwarzmeerküste entlang führte, wie auch die Straße, die von Byzantion über Adrianoupolis (Edirne) nach Westen führte, schnell erreichbar.[9] Zugleich befand sich die Stadt weit genug vom südlichen Donauraum entfernt, um von den Einfällen und Verwüstungen um die Mitte des 3. Jahrhunderts betroffen zu sein.

Nach dem Ende der autonomen Münzprägung im Jahr 46 wurden wieder seit Hadrian Münzen in Bizye geprägt.[10] Die Münzmotive zeigen häufig ein Stadttor, bei dem es sich möglicherweise um eine ältere Anlage, vielleicht sogar Teil einer – vorrömischen? – Stadtbefestigung handelt. Spätestens um die Mitte des 2. Jahrhunderts erhielt die Stadt eine Verteidigungsanlage: Eine Inschrift aus dem Jahre 155 bezeugt die Errichtung von Türmen (κατασκεύασε τοὺς πύργους) auf Veranlassung des Statthalters von Thrakien.[11] Dabei könnte es sich um Teile einer Festungsmauer auf der Akropolis handeln. An weiteren ergrabenen öffentlichen Bauten aus der hohen Kaiserzeit wäre das Theater am Südabhang der Akropolis zu nennen.[12] Eine Inschrift aus dem Jahr 212/217 spricht von der Errichtung eines Dionysos-Altars.[13] Da dies auf Veranlassung des „Rats und des Volks von Bizye“ erfolgte, muß die Stadt eine Polis peregrinen Rechts gewesen sein, d. h. über ein eigenes Territorium verfügt haben.[14]

5 A. M. Mansel, Trakyanın kültür ve tarihi, Istanbul 1938; ders., Grabhügelforschung in Ostthrakien, Izvestija na Bălgarskija Archeologičeski Institut 13, 1939, 154–189.
6 Jurukova (s. Anm. 1) 5.
7 Soustal (s. Anm. 1) 60.
8 Soldatenverzeichnis in Rom: Corpus Inscriptionum Latinarum VI 32640_{20} (Ulpia Bize). Velkov (s. Anm. 1) 176.
9 Jurukova (s. Anm. 1) 2. Straßennetz bei Soustal (s. Anm. 1) 132 ff.
10 Jurukova (s. Anm. 1) 9–20.
11 K. Bittel – A. M. Schneider, Archäologische Funde aus der Türkei, Archäologischer Anzeiger 56, 1941, 278–80; G. Mihailov, La fortification de la Thrace par Antonin le Pieux et Marc Aurèle, Studi Urbinati 35, 1961, 42–56, hier 45 f.
12 Unpubliziert.
13 Abbildung, Transkription und Kommentar bei Velkov (s. Anm. 1) 179 f.
14 Velkov (s. Anm. 1) 180 f.

Im Zuge der Verwaltungsreform Diokletians wurde die Stadt der neugeschaffenen Provinz Europa zugeschlagen.[15] Mit der Neugründung Konstantinopels nach 324 stieg die Bedeutung Bizyes. Es befand sich nun im unmittelbaren Hinterland der neuen Reichshauptstadt und war Ausgangspunkt einer Wasserleitung, die Konstantinopel versorgte.[16] Nach dem Tod Attilas (453), der mehrfach in das Gebiet Ostthrakiens einfiel, und der Auflösung des Hunnenreichs siedelten „Rugier und andere Stämme" im Gebiet von Bizye und Arkadioupolis, dem heutigen Lüleburgaz.[17]

Wann sich das Christentum in der Stadt etablierte, ist ungewiß. Die hll. Severus und Memnon sollen mit ihren Gefährten hier den Märtyrertod erduldet haben.[18] Zur Zeit der Kirchenkämpfe unter Valens diente die Stadt als Verbannungsort.[19] Spätestens im Jahre 431 war die Stadt Bischofssitz.[20] Aus dem 5./6. Jahrhundert stammen drei Kirchenbauten: ein Vorgängerbau an der Stelle der späteren Hagia Sophia auf der Akropolis, eine benachbarte dreischiffige Basilika sowie eine weitere Kirchenanlage an der Stelle der heutigen Yeni-Camii im Stadtzentrum.[21] Aus der Spätantike stammt auch der Ausbau des Festungsrings auf der Akropolis. Arif Müfid Mansel zufolge geschah dies im 6. Jahrhundert, möglicherweise im Zuge eines systematischen Ausbaus aller Festungen im ostthrakischen Gebiet.[22] Bislang ungeklärt ist die Zeitstellung eines Höhlenklosters im Norden der Stadt.[23]

15 Hierokles, synekdemos 632 (p. 3 ed. Parthey = p. 12 ed. Honigmann); Konstantin Porphyrogennetos, de them. p. 47 Bonn = p. 86 ed. Pertusi. Zur Reorganisation der Provinzverwaltung in Thrakien s. Soustal (s. Anm. 1) 62f.

16 J. Crow, Investigating the hinterland of Constantinople. Interim report on the Anastasian Long Wall, Journal of Roman Archaeology 10, 1997, 235–262.

17 Jordanes, Getica L 266 (= Monumenta Germaniae Historica, Auctores Antiquissimi V.1, 126f.). V. Velkov, Cities in Thrace and Dacia in Late Antiquity (Studies and Materials), Amsterdam 1977, 164f.

18 H. Delehaye, Saints de Thrace et de Mésie, Analecta Bollandiana 31, 1912, 161–300, hier 192–194.

19 Sokrates, hist. eccl. IV 15 (= p. 244 Hansen); Sozomenos, hist. eccl. VI 13 (= p. 254f. Bidez-Hansen).

20 Notitia episcopatum ecclesiae Constantinopolitanae, ed. J. Darrouzès, Paris 1981, I 41; II 44; IV 42; III 57; VI 42; V 46; VII 52; VIII 66; XI 86; XII 92; XIV 73; XV 127; XVI 84; XVIII 113. Zu den Bischöfen Bizyes s. R. Janin, Dictionnaire d'Histoire et de Géographie Ecclésiastiques 9, 1937, 44–46 s. v. Bizya.

21 Zwei der drei frühen Kirchenbauten sind unpubliziert. Zur Basilika vermutlich des 6. Jhs. unter der Hagia Sophia s. Y. Ötüken – R. Ousterhout, Notes on the Monuments of Turkish Thrace, Anatolian Studies 39, 1989, 121–149, hier 138f. mit Abb. 5.

22 Arif Müfid Mansel, Trakyanın kültür ve tarihi, Istanbul 1938, 45; ders., Belleten 4, 1940, 117–139. Im Gegensatz hierzu vertrat Feridun Dirimtekin, Vize (Bizyhe, Bizye), Ayasofya Müzesi Yıllığı 5, 1963, 15–25, hier 20–25 (mit franz. Übersetzung: Vize et ses antiquités, ebenda 26–36, hier 30–36), eine Datierung in palaiologische Zeit.

23 Vgl. hierzu F. Dirimtekin, Vize'deki kaya kilisesi, Ayasofya Müzesi Yıllığı 4, 1962, 16–18 (mit engl. Übersetzung: Rock Church at Vize, ebenda 49f.); S. Eyice, Trakya'da

In byzantinischer Zeit wird Bizye als κάστρον, πόλισμα und πολίχνιον bezeichnet.[24] Im Bericht über den Prozeß gegen Maximus den Bekenner, der im Jahre 655 zu dessen Verbannung nach Bizye führte, wird der Ort als κάστρον τῆς Θράκης bezeichnet.[25] Gleiches gilt für den Bericht über die im August des folgenden Jahres in Bizye geführt Debatte zwischen Maximus und Bischof Theodosius von Caesarea.[26] Nur das *Hypomnesticum* der Prozesse gegen Papst Martin I., Maximus und seine Begleiter sowie die Vita der hl. Maria der Jüngeren, auf die noch zurückzukommen sein wird, nennen Bizye eine πόλις, wobei letztere die Einwohner der Stadt allerdings als Bauern und Landarbeiter bezeichnet.[27] Während der Revolte Thomas' des Slaven in den Jahren 821 bis 823 spielte Bizye eine Rolle als Zufluchtsort seines Sohns, der sich wenig später dem Kaiser ergab.[28] Zar Simeon (893–927) eroberte und verwüstete nach angeblich fünfjähriger Belagerung die Stadt im Jahre 925; nach seinem Tod im Jahre 927 wurde die Stadt von byzantinischen Truppen wiedereingenommen.[29] Im Itinerar des Idrîsî (1153 n. Chr.) wird die Stadt als Station einer Handelsstraße von Konstantinopel nach Sliven erwähnt, und zwar als „große, wohlbefestigte Stadt, welche in einem fruchtbaren Talgrund liegt und in Gewerbe und Handel sich hervortut".[30] Nach der Erobe-

---

Bizans devrine ait eserler, Belleten 33, 1969, 325–358, hier 333–336; ders., Les monuments byzantins de la Thrace turque, Corsi di Cultura sull'arte Ravennate e Bizantina 18, 1971, 293–308, hier 297f.

24 V. Beševliev, Die protobulgarischen Inschriften, Berlin 1961, 184, Nr. 27; Theophanes Cont. 68_{6-7} Bonn; Johannes Zonaras XV 346_{15} Bonn.

25 Relatio Motionis (Clavis Patrum Graecorum 7736), ed. P. Allen – B. Neil, Corpus Christianorum Series Graeca 39, 49_{475}. Vgl. auch P. Allen – B. Neil, Maximus the Confessor and his Companions. Documents from Exile, Oxford 2002, 72–73. Zu dem Prozeß vgl. W. Brandes, Juristische Krisenbewältigung im 7. Jahrhundert? Die Prozesse gegen Martin I. und Maximos Homologetes, in: Fontes Minores X, 1998, 141–212, hier 205–207.

26 Disputatio Bizyae (Clavis Patrum Graecorum 7735), ed. Allen – Neil (s. Anm. 25) 75_{16-17}. Vgl. auch Allen – Neil, Maximus the Confessor (s. Anm. 25) 76–77.

27 Hypomnesticum (Clavis Patrum Graecorum 7968), ed. Allen – Neil (s. Anm. 25) 197_{28}. Vgl. auch Allen – Neil, Maximus the Confessor (a. O. Anm. 25) 150–151. Zur Vita der hl. Maria der Jüngeren (Bibliotheca Hagiographica Graeca 1164) vgl. Acta Sanctorum Nov. IV, 699BC, 700F.

28 Johannes Zonaras XV 346_{15} Bonn. Allg.: P. Lemerle, Thomas le Slave, Travaux et Memoires 1, 1965, 255–297.

29 Leben der hl. Maria d. Jüngeren, Acta Sanctorum Nov. IV, 700D–F. Allg.: R. Browning, Byzantium and Bulgaria, Berkeley – Los Angeles 1975, 56–67; Soustal (s. Anm. 1) 89–91. Zum Datum der Eroberung vgl. A. Laiou, in: A.-M. Talbot (Hg.), Holy Women in Byzantium. Ten Saints' Lives in English Translation, Washington D. C. 1996, 248f.

30 W. Tomaschek, Zur Kunde der Hämus-Halbinsel II: Die Handelswege im 12. Jahrhundert des Arabers Idrîsî, Sitzungsberichte der Akademie der Wissenschaften Wien, phil.-hist. Kl. 113, 1886, 285–373, hier 321. Eine aus dem Gebiet von Vize-Kırklareli

rung Konstantinopels durch die Kreuzfahrer im Jahre 1204 blieb Bizye zunächst noch mehr als ein Jahr unter byzantinischer Kontrolle. Erst im Juni 1205 fiel die nach Aussage des lateinischen Chronisten Villehardouin „gut befestigte und mit zahlreichen Griechen besetzte“ Stadt in die Hände der Kreuzfahrer.[31] Gegen Ende des Jahres wird die Stadt schließlich von Heinrich von Flandern mit einer 120 Mann starken Garnison unter dem Kommando von Anselm von Cayeux besetzt.[32] Seit der Mitte des 13. Jahrhunderts war Bizye, das kurz zuvor von Johannes III. Dukas Vatatzes (1222–1254) den Lateinern entrissen worden war, Ausgangspunkt militärischer Operationen gegen die Bulgaren: Theodor II. Laskaris (1254–1258) besiegte hier im Jahre 1256 die mit Michael II. Asen (1246–1256) verbündeten Kumanen.[33] Während des Bürgerkriegs zwischen Johannes V. Palaiologos (1341–1391) und Johannes VI. Kantakuzenos (1347–1354) in den Jahren 1341–47 war die Stadt einer der Hauptschauplätze;[34] 1346 verwüsteten die mit Kantakuzenos verbündeten Türken die Stadt.[35] Wenig später, seit den 60er Jahren des 14. Jahrhunderts, bemächtigten sich die Türken der Balkanhalbinsel. Bizye scheint 1368 eingenommen worden zu sein, kam später jedoch wieder unter byzantinische Herrschaft.[36] Vielleicht wurde die Stadt in den Jahren 1411–1413

stammende Inschrift aus der gemeinsamen Regierungszeit Kaiser Konstantins V. und Leons IV. belegt die Instandsetzung von Straßen und Brücken in der Region um Bizye in der zweiten Hälfte des 8. Jahrhunderts. Vgl. C. Mango – I. Ševčenko, Three inscriptions of the Reigns of Anastasius I and Constantine V, Byzantinische Zeitschrift 65, 1972, 379–393, bes. 384–393.

31 Villehardouin, La Conquête de Constantinople, hrsg. von E. Faral, 2 Bde., Paris 1938–39, II, Nr. 390, 198–201.

32 Villehardouin (s. Anm. 31) Nr. 403, 214–215, Nr. 421, 431–432, und Nr. 428, 240–243. Zu Anselm von Cayeux vgl. J. Longnon, Les compagnons de Villehardouin. Recherches sur les croisés de la quatrième croisade (= Hautes Études Médiévales et Modernes 30), Paris 1978, 200 f.

33 Georg. Akr. 59, 91 f. Bonn; Theod. Skut. 523 ed. Sathas.

34 Vgl. Joh. Kantakuzenos III c. 78–79 (= II, 484–491 Bonn) u. 85–86 (= II, 522–534 Bonn); Nikephoros Gregoras XVI 7 (= II, 835 f. Bonn). G. Weiss, Joannes Kantakuzenos – Aristokrat, Staatsmann, Kaiser, Mönch – in der Gesellschaftsentwicklung von Byzanz im 14. Jahrhundert, Wiesbaden 1969, 42, 75 f., 79 u. 144. Zu dem Bürgerkrieg der Jahre 1341–1347 s. D. M. Nicol, The Last Centuries of Byzantium, 1261–1453, Cambridge 1993[2], 185–208.

35 F. Babinger, Beiträge zur Frühgeschichte der Türkenherrschaft in Rumelien, Brünn – München – Wien 1944, 40 mit Anm. 18.

36 Babinger (s. Anm. 35) 54 u. 60; M. T. Gökbilgin, XV–XVI asırlarda Edirne ve Paşa livası, Istanbul 1952, 6; A. Bakalopulos, Les limites de l'empire byzantin depuis la fin du XVe siècle jusqu'à sa chute (1453), Byzantinische Zeitschrift 55, 1962, 56–65, hier 59. Aus diesem Anlaß transferierte man den Sitz des Metropoliten nach Mesembria: F. Miklosich – I. Müller, Acta et diplomata Graeca medii aevi I: Acta patriarchatus Constantinopolitani 1315–1402, Wien 1860, 500.

von Mûsa Bey (1411–1413), dem Sohn Beyazits I., besetzt.[37] 1453 fiel die Stadt endgültig – wie auch Konstantinopel – in die Hände der Eroberer.

2. Forschungsgeschichte

Die heute „Hagia Sophia" (Ayasofya, Süleyman Paşa Camii) genannte Kirche erhebt sich am südwestlichen Abhang der Akropolis von Bizye und befindet sich innerhalb des spätantiken Befestigungsrings. Ob der Bau dieses Patrozinium bereits zum Zeitpunkt seiner Weihe hatte, ist nicht klar, da weder Quellen noch Inschriften hierüber Auskunft geben. Belegt ist die Benennung „Hagia Sophia" erst im späten 19. Jahrhundert.[38]

Trotz verschiedener nachträglicher Instandsetzungen und Veränderungen hat sich der Bau in seiner Substanz weitgehend erhalten (Abb. 1–6). In seiner architektonischen Form bildet die 25 m lange und 12 m breite Kirche eine Mischform aus basilikalem Längsbau und Kreuzkuppelbau (Abb. 8). Das Erdgeschoß ist nach dem Vorbild einer dreischiffigen Basilika organisiert, wobei das Mittelschiff und die überwölbten Seitenschiffe durch jeweils drei Stützen voneinander geschieden sind: zwei massive Pfeiler in den Ecken der Kuppelvierung und zwei gedrungene Säulen mit korinthischen Kapitellen zwischen den nördlichen und südlichen Pfeilerpaaren. Während das Mittelschiff in einen leicht eingezogenen Bemabereich mit – ebenfalls leicht eingezogener – Apsis mündet, enden die Seitenschiffe in tonnenüberwölbten Nebenräumen mit Apsiden, die über Durchgänge mit dem Bema in Verbindung stehen. Dem Bau ist auf voller Breite ein eingewölbter Narthex vorgelagert, der mit dem Naos über drei Zugänge kommuniziert.

Auf der Emporenebene und im Bereich der Eindeckung weist die Architektur eine stark zentralisierende Tendenz auf. Die Einwölbung erfolgt durch zwei sich durchdringende Tonnengewölbe, deren Schnittbereich die Kuppelvierung bildet. Hier leiten vier Pendentifs auf eine kreisrunde Standfläche über, auf der sich der durchfensterte Kuppeltambour und die abschließende Kuppel erheben. Da sich die Arme der Quertonne über die offenen Emporen bis an die durchfensterten Außenwände des Baus erstrecken, entfallen im Obergeschoß den Seitenschiffen des Untergeschosses entsprechende Längsräume. Auf der Nord- und Südempore schließen im Osten eingewölbte Nebenräume mit Apsiden an die offenen Galerien an; nach Westen hin erreicht man über je einen Eckraum die Empore über dem Narthex, die heute keine Eindeckung mehr besitzt.

---

37 Bakalopulos (s. Anm. 36) 61 f.
38 S. u. Anm. 39.

Trotz ihrer für byzantinische Sakralbauten beachtlichen Dimensionen und auffallend hybriden architektonischen Gestaltung war die Hagia Sophia bislang noch nicht Gegenstand intensiver Erforschung. Der Bau wird erstmals von Savvas Ioannidis in einem 1886 verfaßten, allerdings erst 1954 erschienenen, populärwissenschaftlichen Überblickswerk zur Geschichte der Stadt Vize erwähnt.[39] Ioannidis sah noch Gräber bzw. Reliquiendepots zu Seiten des zentralen Eingangs in den Naos.[40] Weitgehend unbekannt blieb eine vergleichsweise ausführliche Erörterung des Baus in einem Surveybericht des bulgarischen Archäologen Karel H. Škorpil aus dem Jahr 1912/13.[41] Škorpil beschreibt den Bau, gibt Maßangaben und verliert einige Hinweise zur Beschaffenheit des (inzwischen entfernten) osmanischen Bodenbelags. In den Jahren 1920 bis 1922, zur Zeit der griechischen Besetzung Ostthrakiens, beschäftigte sich der damalige Antikenverwalter, Georgios Lampousiades, näher mit dem Bau. Seine 1938 erschienenen Aufzeichnungen enthalten einige wichtige Beobachtungen zur einstigen Ausstattung und zu einer heute verlorenen Inschrift, die für die Datierung des Baus von Bedeutung ist (s. u.).[42]

Erst seit den 60er Jahren des 20. Jahrhunderts wurde der Bau architektonisch dokumentiert. Im Jahre 1961 erschien ein kurzer Aufsatz von Feridun Dirimtekin, dem damaligen Direktor des Ayasofya Müzesi, in dem eine oberflächliche Beschreibung des Baus gegeben wird.[43] Neben einigen Photographien des Baus bildet Dirimtekin auch einen stark vereinfachenden, zum Teil fehlerhaften Grundriß sowie eine zeichnerische Ansicht der Nordseite des Baus ab.[44] In den Jahren 1961 und 1962 nahm Semavi Eyice einen Survey in Ostthrakien vor, dessen Ergebnisse 1969 publiziert wurden.[45] In diesem Bericht wird neben weiteren byzantinischen Denkmälern Vizes auch die Hagia Sophia beschrieben und ein erster brauchbarer Grundriß des Baus gegeben: ein Plan auf Bodenebene und ein Plan

---

39 S. Ioannidis, Ἱστορία τῆς Βιζύης ἀνατολικῆς Θράκης, Ἑταιρεία Θρακικῶν Μελετῶν 33, Athen 1954, 1–19, hier 14 (verfaßt im Jahr 1886). Ioannidis' Beobachtungen zur Hagia Sophia werden zitiert in: N. Bapheidis, Ἀρχεῖον τοῦ Θρακικοῦ λαογραφικοῦ καὶ γλωσσικοῦ Θησαυροῦ, ser. 2, Bd. 19, 1954, 193–212, hier 198.

40 Bapheidis (s. Anm. 39) 198: πρὸς δὲ τὴν θύραν τοῦ κυρίως ναοῦ ὑπάρχουσι τάφοι ἢ καὶ θέσεις εἰς ἐναποταμίευσιν ἱερῶν λειψάνων.

41 K. H. Škorpil, Археологически бѣлѣжки оть Странджа-планина, Izvestija na Bālgarskoto Archeologičesko Družestvo 3, 1912/13, 235–262, hier 239–241.

42 G. Lampousiades, Ὁδοιπορικόν, Thrakika 9, 1938, 42–70, hier 64–67.

43 F. Dirimtekin, Vize'deki Ayasofya Kilisesi (Süleyman Paşa), Ayasofya Müzesi Yıllığı 3, 1961, 18–20 (mit engl. Übersetzung: Church of St.-Sophia (Süleyman Paşa) at Vize, ebenda 47–49).

44 Grundriß: Dirimtekin (s. Anm. 43) Pl. 1. Der Plan ignoriert die Nebenapsiden und gibt die Stärke der Vierungspfeiler zu gering an.

45 S. Eyice, Trakya'da Bizans devrine ait eserler, Belleten 33, 1969, 325–358, hier 326–333.

auf Emporenebene. Aufgrund bautypologischer Überlegungen, vor allem aber aufgrund eines Vergleichs mit den Kuppelbasiliken von Mistras gelangte er zu einer Datierung ins 13. oder 14. Jahrhundert. In zwei weiteren Publikationen wiederholte Eyice die Argumente für seine Datierung.[46] Hierin folgte ihm auch Nazan Yavuzoğlu in einer unveröffentlichen Lizentiatsarbeit an der İstanbul Üniversitesi aus dem Jahr 1975.[47]

Ebenfalls 1969 erschien eine Untersuchung von Cyril Mango, der aufgrund hagiographischer Überlegungen zu einer abweichenden Datierung des Baus gelangte.[48] Ausgangspunkt seiner Überlegungen war die bei Lampousiades überlieferte Inschrift, die Mango als ein am Grab der verehrten Maria der Jüngeren angebrachtes Pilgergraffito identifizierte.[49] Die 902/03 verstorbene Heilige ist aus ihrer vermutlich im 11. Jahrhundert auf der Grundlage einer älteren Version entstandenen Vita gut bekannt.[50] Demnach soll Maria in der „Bischofskirche" (καθολικὴ ἐκκλησία) von Bizye bestattet, wenig später aber bereits in eine eigens zu diesem Zweck errichtete Grabkapelle transferiert worden sein. Da es sich bei der „Bischofskirche" vermutlich um die heute als „Hagia Sophia" bekannte Kirche handelt, müsse diese vor dem Tod der Heiligen, d. h. vor 903 entstanden sein. Darüber hinaus trug Mango wertvolle Beobachtungen zur Architektur und Ausstattung des Baus zusammen und publizierte eine Reihe von Photographien des Äußeren und Inneren der Kirche, die infolge der tiefgreifenden Veränderungen in den Jahren 1978–1983 von besonderer Bedeutung sind (s. u.). In seinem Überblickswerk zur byzantinischen Architektur erwähnt Mango die Hagia Sophia erneut im Zusammenhang mit Bauten aus dem 8. und 9. Jahrhundert.[51]

Einigkeit hinsichtlich der Datierung der Kirche wurde in den Folgejahren nicht erzielt: Hans Buchwald blieb in dieser Frage unentschieden, tendierte aber

---

46 S. Eyice, Les monuments byzantins de la Thrace turque, Corsi di Cultura sull'arte Ravennate e Bizantina 18, 1971, 293–308, hier 293–297; ders., Ayasofya'lar, Ayasofya Müzesi Yıllığı 11, 1990, 1–17, hier 15–17 (mit engl. Übersetzung: The other „Ayasofyas", ebenda 18–37, hier 34–37).

47 N. Yavuzoğlu, Vize'deki Bizans eserleri (unveröffentlichte Lizentiatsarbeit an der Abteilung Kunstgeschichte der İstanbul Üniversitesi), o. J. (ca. 1973), 10–21.

48 C. Mango, The Byzantine Church at Vize (Bizye) in Thrace and St. Mary the Younger, Zbornik Radova Vizantološkog Instituta 11, 1968, 9–13.

49 Transkription bei Mango (s. Anm. 48): … τοῦ θανάτου / …κὲ ἐδορήσο τὸν / … ἐκ τῆς φθ[ο]ρᾶς τοῦ θανάτου / Μάρθα κὲ Μαρήα † τὸ ζοοδόχο(ν) σου μνῆμα † ….

50 Text: Acta SS Nov. IV, 692–705. Englische Übersetzung bei A.-M. Talbot (Hg.), Holy Women in Byzantium (= Byzantine Saints' Lives in English Translation 1), Washington D.C. 1996, 254–289 (A. Laiou). Zur Datierung vgl. A. Laiou, in: Talbot, ebenda, 242–245, mit Diskussion abweichender Datierungsvorschläge in der älteren Forschung.

51 C. Mango, Byzantinische Architektur, Stuttgart 1975, 165.

zu einer Frühdatierung ins späte 8. bzw. frühe 9. Jahrhundert.[52] James Morganstern, der Bearbeiter der Kirche von Dereağzı, sprach sich hingegen für eine Datierung ins 13. oder 14. Jahrhundert aus.[53]

Einen erneuten Survey im Bereich Türkisch-Thrakiens unternahmen Yıldız Ötüken und Robert Ousterhout in den Jahren 1987 und 1988.[54] In ihrem abschließenden Bericht verweisen sie auf die Existenz eines Vorgängerbaus, dessen Ostabschluß sich in Resten noch hinter der Dreiapsidengruppe der Hagia Sophia erhalten hat. Weiterhin untersuchten Ötüken und Ousterhout das Arkosolgrab in der Südwand des Baus, wobei sie auf unveröffentlichte Beobachtungen des Restaurators der Jahre 1978–1983, Erol Çetin, zurückgreifen konnten, die für die Datierung des Baus von großer Bedeutung sind: So fand man in einer aus der Bauzeit der Kirche stammenden Grablege im Kircheninneren neben Skelettresten ein Bleisiegel mit dem Namen Theodoros' Dekapolites, einem auch anderweitig bekannten Rechtsgelehrten aus der ersten Hälfte des 10. Jahrhunderts (s. u.). Demnach muß der Bau zu dieser Zeit bereits bestanden haben.[55] Dendrochronologische Untersuchungen an den erhaltenen Bauhölzern scheinen eine solche Datierung ebenfalls zu stützen.[56]

Eine Zusammenfassung der bisherigen Forschungsergebnisse legte Vincenzo Ruggieri zuletzt in seinem Werk zur byzantinischen Sakralarchitektur vom 6. bis zum 9. Jahrhundert vor.[57] Obwohl er Bau und Bautechnik ausführlich beschreibt, bietet seine Studie darüber hinaus keine neuen Erkenntnisse.

Die jüngste Publikation zur Hagia Sophia stammt aus dem Jahre 1995. Hierbei handelt es sich um einen Überblick über die historischen Monumente Vizes und die Grabungs- und Reinigungsarbeiten, die im selben Jahr unter der Leitung von Zülküf Yılmaz (Museum von Kırklareli) und Özkan Ertuğrul (Trakya Üniversitesi) vor Ort stattfanden.[58] Hier finden sich nicht nur Hinweise auf noch

---

52 H. Buchwald, Lascarid Architecture, Jahrbuch der Österreichischen Byzantinistik 28, 1979, 261–296, hier 296 Anm. 99.

53 J. Morganstern, The Byzantine Church at Dereağzı and its Decoration (= Istanbuler Mitteilungen Beiheft 29), Tübingen 1983, 84 mit Anm. 254.

54 Y. Ötüken – R. Ousterhout, Notes on the Monuments of Turkish Thrace (s. Anm. 21) 138–142.

55 So datiert R. Ousterhout den Bau auch in seinem neuesten Buch ins 9. Jh.: R. Ousterhout, Master Builders of Byzantium, Princeton N.J. 1999, 164 u. 210.

56 P. I. Kuniholm, New Tree-Ring Dates for Byzantine Buildings, 21. Byzantine Studies Conference. Abstracts of Papers, 1995, 35.

57 V. Ruggieri, L'architettura religiosa nell'Impero Bizantino (fine VI–IX secolo), Messina 1995, 132–135. Bereits zuvor hatte Ruggieri eine Datierung ins späte 8. bzw. frühe 9. Jh. vertreten: V. Ruggieri, Byzantine Religious Architecture (582–867): its History and Structural Elements (= Orientalia Christiana Analecta 237), Rom 1991, 233.

58 A. Kahramankaptan – Ö. Ertuğrul, Vize'den tarih fışkırıyor, Mozaik 1, September 1995, 18–33.

unpublizierte römische, spätantike und byzantinische Funde innerhalb des Stadtgebiets, sondern auch interessante Details zur Ausstattung der Hagia Sophia. Hinsichtlich der Datierung der Kirche unterscheidet Ertuğrul zwischen einem basilikalen Bau des 10. Jahrhunderts, der sich im Erdgeschoßbereich noch erhalten hat, und einem noch im Bereich der Emporen und Kuppel nachweisbaren Kreuzkuppelbau aus dem 13. bzw. 14. Jahrhundert.[59] Von Bedeutung ist weiterhin, daß beim Entfernen von Erdreich im Narthex Bruchstücke eines Freskos mit Heiligendarstellung und jener bei Lampousiades überlieferten Inschrift zum Vorschein kamen (s. u.).

3. Restaurierungsgeschichte, Schicksal des Baus im 20. Jahrhundert

Der Bau, der Ende des 19. Jahrhundert zum ersten Mal in der wissenschaftlichen Literatur Erwähnung findet, diente zu diesem Zeitpunkt bereits seit mehreren Jahrhunderten als Moschee. Wann genau die Umwandlung erfolgte, ist unklar. Der heutige Name der Moschee, Süleyman Paşa Camii, läßt mehrere Möglichkeiten offen.[60] Eher unwahrscheinlich ist, daß es sich bei Süleyman Paşa um den Sohn Orhan Gazıs und Bruder Murats I. (1362–1389) handelt, der die türkischen Eroberungen in Ostthrakien leitete und 1357 verstarb. Sollte sich der heutige Name der Moschee auf ihn beziehen, dann allenfalls in späterem ehrenden Andenken. Wahrscheinlicher ist, daß sich der Name auf einen gewissen Hadım Süleyman Paşa, den Gouverneur von Rumelien, bezieht. Der 1548 verstorbene Hadım Süleyman Paşa, der als Stifter von Moscheen in Edirne und Ferecik bekannt ist, könnte auch die Umwandlung der byzantinischen Kirche von Vize veranlaßt haben. Im Zuge dieser Umwandlung wurde ein Minaret im südlichen Abschnitt des Narthex errichet, ein neuer Bodenbelag aus wiederverwendeten Marmorplatten und opus-sectile-Fragmenten auf höherem Niveau verlegt, ein Mihrab im südlichen Seitenschiff eingebaut und das Rauminnere mit einer ersten Malschicht versehen, von denen sich Reste an dem südwestlichen Quadratpfeiler erhalten haben. Eine weitere Ausmalung erfolgte im 19. Jahrhundert. Von ihr sind heute noch große Partien an den Wänden und in den Gewölben sichtbar (Abb. 5–6). Aus dem 19. Jahrhundert stammt vermutlich auch die Mihrabnische in der Apsis der Kirche, der Einbau einer hölzernen Empore im Westbereich des Naos und der hölzerne Aufbau über der Vorhalle, deren Obergeschoß zuvor eingestürzt war (Abb. 2).[61]

59 Kahramankaptan – Ertuğrul (s. Anm. 58) 28 u. 31.

60 Zu dieser Frage Eyice, The other „Ayasofyas“ (s. Anm. 46) 35f.

61 Beide Konstruktionen sind auf alten Abbildungen noch zu sehen: Mango, The Byzan-

Die ältesten uns bekannten Aufnahmen der Kirchen zeigen noch das Minaret, so eine Aufnahme aus dem Jahre 1890, die Antonios Stamoules und Georgios Lampousiades publizierten, und eine Aufnahme aus dem Jahre 1906, die sich in einem Aufsatz von Richard Dawkins findet (Abb. 1).[62] Die Photographie, die Karel Škorpil im Jahre 1913 veröffentlichte, zeigt das Minaret nicht mehr.[63] Offenbar wurde es während des ersten Balkankriegs im Jahre 1912 zerstört, als Vize und das ostthrakische Gebiet bulgarisch besetzt waren.[64]

Noch 1969 diente der Bau als Moschee, doch verrichtete der Imam, wie Mango berichtet, sein Gebet schon lange allein, da die Siedlung sich in die Ebene verlagert hatte und das Gebiet um die Moschee unbesiedelt war.[65] Der vernachlässigte Zustand des Baus ließ bereits in den 1950er Jahren Gedanken an eine Restaurierung aufkommen, doch wurde dieses Vorhaben zunächst nicht in die Tat umgesetzt.[66] Nach der Profanisierung des Baus beschleunigte sich sein Verfall. Der hölzerne Aufbau über dem Narthex verfiel, so daß das Gewölbe des Narthex dauerhaft der Witterung ausgesetzt blieb. Inzwischen ist der Narthex akut vom Einsturz bedroht.

In den Jahren 1978–1983 wurden schließlich von Seiten der İstanbul Vakıflar Bölge Müdürlüğü umfangreiche Arbeiten mit dem Ziel einer Instandsetzung vorgenommen. Die Arbeiten fanden unter der Leitung von Erol Çetin statt, dessen Ziel es offenbar war, das architektonische Erscheinungsbild des byzantinischen Baus so weit wie möglich zu rekonstruieren.[67] Hierzu wurde der Bau zunächst vom Erdreich befreit, das sich im Laufe der Jahrhunderte an den Außenmauern angelagert und zu einer beträchtlichen Niveauerhöhung geführt hatte. Ältere Aufnahmen zeigen, daß das Laufniveau am Außenbau vor allem an der Nord- und Ostseite um bis zu 10 m über dem Niveau des originalen Kirchenbodens lag (Abb. 2). Über das Erdreich drang Feuchtigkeit in die Außenmauern und ins

---

tine Church at Vize (s. Anm. 46) Abb. 3 (äußerer Holzaufbau), Abb. 5 (hölzerne Empore).

62 A. K. P. Stamoules, Ἀνέκδοτα βυζαντινὰ μνῆμεια ἐν Θράκῃ, Δέλτιον Χριστιανικῆς Ἀρχαιολογικῆς Ἑταιρείας, ser. 2, Bd. 3, Athen 1926, 62–66, hier 62 Abb. 1; G. Lampousiades (s. Anm. 42) Abb. auf S. 65; R. M. Dawkins, The Modern Carnival in Thrace and the Cult of Dionysus, Journal of Hellenic Studies 24, 1906, 191–206, hier Abb. 2 auf S. 193.

63 K. H. Škorpil (s. Anm. 41) 241, Abb. 139.

64 So auch Škorpil (s. Anm. 41) 241 (ohne Angabe des Datums oder der Urheber).

65 Mango, The Byzantine Church at Vize (s. Anm. 48) 9; Eyice, The other „Ayasofyas" (s. Anm. 46) 36f.

66 Eyice, Trakya'da bizans devrine ait eserler (s. Anm. 45) 327f.; ders., The other „Ayasofyas" (s. Anm. 46) 36: Offenbar planten die Vakıflar für 1952/53 Instandsetzungsarbeiten, die jedoch nicht durchgeführt wurden.

67 Ötüken – Ousterhout, Notes on the Monuments of Turkish Thrace (s. Anm. 21) 121. Die Arbeiten an der Kirche wurden weder dokumentiert noch publiziert.

Innere der Kirche.[68] Man grub das Erdreich bis zum Bodenniveau der Kirche ab und umgab den Bau mit einer modernen, U-förmigen Stützmauer, die sich im Abstand von ca. 3–5m um die Nord-, Ost- und Südseite des Baus zieht (Abb. 3). Zudem verstrich man am Außenbau der Kirche die Fugen zwischen den Kleinquadern mit einem roten Mörtel (Abb. 4 u. 9); obwohl sich der moderne Fugenverstrich an Resten aus byzantinischer Zeit orientierte, die sich in den unteren Partien des Mauerwerks vor allem an der Nordseite erhalten haben, erschwert dieser die Analyse des Baubefunds beträchtlich. Vermutlich aus finanziellen Gründen unterblieb der moderne Fugenverstrich im Bereich des Narthex' und des Eingangsjochs. Auch die Veränderungen des Innenraums hatten die Wiederherstellung des 'originalen Erscheinungsbilds' zum Ziel. Man entfernte den Marmorplattenbelag, der noch auf älteren Aufnahmen zu sehen ist (Abb. 5), ohne ihn zu dokumentieren und schlichtete die Platten im Bereich westlich vor der Kirche auf. Auf dem Niveau des einstigen Bodenbelags der Kirche, der sich noch in einigen geringen Resten erhalten hat, brachte man einen Betonboden ein. Zuvor hatte man im Bereich des Arkosolgrabs an der Südwand eine Sondage vorgenommen, um das originale Bodenniveau ausfindig zu machen.[69] Dabei stieß man auf eine mit flachen Ziegeln gedeckte Grablege, in der sich ein Skelett befand, das man nun vor der Kirche 'bestattete'. Auch im Narthex befanden sich zu diesem Zeitpunkt noch Bodengräber. Offenbar handelte es sich bei ihnen um diejenigen, die Ioannidis 1886 noch sah und beschrieb.[70] Diese Grablegen wurden auf Veranlassung Erol Çetins entfernt und die darin gefundenen Gebeine, 10–15 Skelette, vor der Kirche bestattet.

Die nicht von Fresken bedeckten Wandflächen im Inneren der Kirche wurden flächendeckend mit Mörtelverputz versehen. Dabei nahm man Rücksicht auf die Ausmalung des 19. Jahrhunderts (Abb. 6).

Die Instandsetzung der Kirche wurde offenbar beendet, noch bevor sie abgeschlossen war.[71] Abgesehen von dem unvollendet gebliebenen Fugenverstrich am Außenbau finden sich auch im Bauinneren Spuren plötzlichen Arbeitsabbruchs: Zwar entfernte man auf der Nordempore den Türsturz des Durchgangs zum

68 Eyice, Trakya'da bizans devrine ait eserler (s. Anm. 45) 327.

69 Ötüken – Ousterhout, Notes on the Monuments of Turkish Thrace (s. Anm. 21) 139. Die Information stammt aus einem Brief von E. Çetin an Y. Ötüken und R. Ousterhout. Eine Dokumentation existiert nicht.

70 Ötüken – Ousterhout, Notes on the Monuments of Turkish Thrace (s. Anm. 21) 140 mit Anm. 84. Ioannidis, Ἱστορία τῆς Βιζύης ἀνατολικῆς Θράκης (s. wie Anm. 39) 14 (zitiert bei Bapheidis, Ἀρχεῖον τοῦ Θρακικοῦ λαογραφικοῦ καὶ γλωσσικοῦ Θησαυροῦ (s. Anm. 39) 198, und Mango, The Byzantine Church at Vize (s. Anm. 48) 10 Anm. 6).

71 So auch Eyice, The other „Ayasofyas" (s. Anm. 46) 37; Ötüken – Ousterhout, Notes on the Monuments of Turkish Thrace (s. Anm. 21) 138.

östlichen Kapellenraum, doch unterblieb jeder Ersatz hierfür. Und schließlich blieb auch der Narthex weiterhin ohne Eindeckung.

Weitere Instandsetzungsarbeiten fanden im Sommer 1995 erneut auf Initiative der İstanbul Vakıflar Bölge Müdürlüğü statt.[72] Hierbei festigte man die Freskokanten erhaltener Malschichten mit einem weißen Mörtel, der sehr grob verstrichen wurde. Zu diesem Zeitpunkt scheint der hölzerne Einbau, der 1983/84 noch vorhanden gewesen sein muß, an der Westseite der Kirche nicht mehr existiert zu haben.[73] Im Apsisbereich bedeckte man den originalen Kirchenboden aus Marmorplatten sehr unregelmäßig mit Mörtel.

Zur selben Zeit wurde unter der Leitung von Zülküf Yılmaz (Museum von Kırklareli) und Özkan Ertuğrul (Trakya Üniversitesi) der Pflanzenbewuchs auf dem Bau, vor allem im Narthexbereich, und das Erdreich im Narthex entfernt, die verstreut liegenden Werkstücke gesammelt und im Narthex aufgeschlichtet.[74]

Zu den gravierendsten Folgen der Instandsetzungsmaßnahmen der Jahre 1978–1983 zählt, daß infolge der Abtragung des Erdreichs um den Bau und der gleichzeitigen Anlage einer umlaufenden Stützmauer sich nun in diesem Bereich das Regenwasser sammelt und ins nördliche Seitenschiff – in niederschlagsreichen Perioden auch ins Mittelschiff – eindringt. Die unteren Mauerpartien haben sich bereits so sehr mit Wasser vollgesogen, daß Verputz und Teile der Ausmalung abblättern. Da eine provisorische Eindeckung des Narthex ausblieb, ist dessen Gewölbe nach wie vor der Witterung ausgesetzt (Abb. 7). Das Wasser löst den Mörtel aus dem Gewölbe und verursacht, daß immer wieder einzelne Bruchsteine der Wölbung herabfallen. Die Zersetzung der Bausubstanz wird auch durch den starken Pflanzenbewuchs auf dem Narthexgewölbe gefördert.

4. Ergebnisse der Kampagne 2003

Der bedrohliche Zustand dieses für seine anzunehmende Zeitstellung einzigartigen Baus war ausschlaggebend für ein Kooperationsprojekt zwischen dem Deutschen Archäologischen Institut (Abteilung Istanbul) und der Columbia University in New York, dessen Ziel die Erforschung und gleichzeitige Vorbereitung einer Sicherung des Baus ist. In einer ersten Arbeitskampagne im Sommer 2003 wurde eine Bauaufnahme mit Dokumentation aller Werkstücke und Spolien

72 Kahramankaptan – Ertuğrul (s. Anm. 58) 29.

73 Diesen Holzeinbau zeigt Mango, The Byzantine Church at Vize (s. Anm. 48) Abb. 5. Çetins großflächige Verputzung der Wandoberfläche berücksichtigt die Stützen dieser Holzempore. Nach dem Entfernen der Empore wurden die durch die Verankerungslöcher und Stützen ausgesparten Partien ebenfalls verputzt.

74 Kahramankaptan – Ertuğrul (s. Anm. 58) 29.

im Bereich der Kirche vorgenommen.[75] Zugleich sollten die Möglichkeiten einer Ausweitung der Untersuchungen sondiert und die Grundlage für eine Restaurierung dieses vom Verfall bedrohten Monuments geschaffen werden.

4.1 Allgemeine Baudisposition, Bau- und Ausstattungsgeschichte

Die bislang einzig brauchbaren Pläne der Hagia Sophia in Vize stammen von Semavi Eyice.[76] Im Zuge seines Thrakien-Surveys in den Jahren 1961 und 1962 erstellte er Grundrisse der Erdgeschoß- und Emporenebene, in denen auch die Einwölbungen der einzelnen Raumkompartimente verzeichnet sind. Da zu diesem Zeitpunkt der untere Bereich des Außenbaus noch von Erdreich bedeckt war, mußte Eyice den Außengrundriß der oberen Ebene auf die untere projizieren. Infolge der Freilegung der Kirche in den Jahren 1978–1983 kamen Details zutage, die Eyice nicht sehen konnte. So hat sich die nördliche Seitenapsis, die Eyice nicht verzeichnet, im unteren Bereich erhalten.[77] Auch sind in Eyices Plan an der Nordseite nur jene Wandvorlagen eingetragen, die über das Emporengeschoß ragen, nicht aber die auf den unteren Bereich beschränkten Wandvorlagen. Sein Plan enthält zudem einige Ungenauigkeiten: So fehlt die Angabe des Arkosolgrabs in der Südwestecke des Naos, und die Kuppel ist als Ellipse eingezeichnet, obwohl zwar das Kranzgesims des Kuppeltambours leicht oval, der Kuppelfuß jedoch kreisrund ist. In den mit Hilfe von Ralph C. Rosenbauer erstellten Grundrissen sind diese neuen Befunde eingezeichnet (Abb. 8). Zugleich wurde der Versuch unternommen, auch die einzelnen Bau- und Ausstattungsphasen im Plan hervorzuheben. Im folgenden seien auf der Grundlage dieser neuen Dokumentation einige Details herausgegriffen und vorläufige Beobachtungen ausgeführt, die noch weiterer Untersuchung bedürfen.

75 Projektleitung: Franz Alto Bauer (Istanbul / Basel) u. Holger A. Klein (New York). Teilnehmer: Roberta Casagrande (New York), Kirstin Noreen (Baton Rouge), Ralph C. Rosenbauer (Berlin). Dauer der Kampagne: 14. Juli bis 2. August 2003.

76 Erstmals publiziert bei Eyice, Trakya'da bizans devrine ait eserler (s. Anm. 45) Abb. 4 u. 5.

77 Beide Seitenapsiden eingezeichnet in dem Detailplan von Ötüken – Ousterhout, Notes on the Monuments of Turkish Thrace (s. Anm. 21) 139 Abb. 5. V. Ruggieri, der die Kirche in ihren freigelegten Zustand sah, verzichtet auf eine Korrektur des Grundrißplans: Ruggieri, L'architettura religiosa nell'Impero Bizantino (s. Anm. 57) 133 Abb. 50.

a) Fensteröffnungen

Die Beleuchtung des Naos erfolgt heute durch je drei hohe Fenster in der Tympanonwand der Nord- und Südempore, acht (ursprünglich sechzehn) Fenster im Kuppeltambour und fünf (ursprünglich sieben) kleinere Fenster in der Apsiskalotte. Die Zusetzung von acht Fenstern in der nördlichen Hälfte des Kuppeltambours geht auf die Erneuerung der in spätbyzantinischer oder osmanischer Zeit offenbar teilweise eingestürzten Kuppel zurück. Die erneuerten Partien zeichnen sich durch eine divergierende Mauertechnik aus: das breite Ziegelband, das sich in den erhaltenen byzantinischen Partien findet, fehlt hier; das Quadermaterial ist heterogener dimensioniert; Ziegelsteine begegnen hier auch in den senkrechten Fugen zwischen den Quadern. Die Schließung der beiden nördlichen Fenster der Apsiskalotte dürfte in osmanischer Zeit erfolgt sein.[78] Möglicherweise wurden diese erst geschlossen, als man in der Apsis den Mihrab einbaute: so unterstrich die Lichtführung die divergierende kultische Ausrichtung nach Mekka. Hier jedoch fehlen am Außenbau eindeutige Befunde. Das Mauerwerk ist in diesem Bereich uneben und gestört, was auf nachträgliche Veränderungen hinweist.

Das Apsisgewände besaß einst drei hohe Fenster, die heute vermauert sind. Die Vermauerung wurde notwendig, da sich vor allem im Osten des Baus Erdreich angelagert hatte und das Niveau hier beträchtlich angestiegen war. Reste der ursprünglichen Apsisfenster sind trotz starker Restaurierungen an der Außenwand des Baus eindeutig ablesbar (Abb. 9): Die beiden breiten Ziegelbänder, die sich entlang der Ostseite des Baus ziehen, sind hier unterbrochen. Die nach oben abschließenden Ziegelbögen sind ebenfalls noch zu erkennen. Die Unterkante wiederum ist dort ablesbar, wo die nachträgliche Zumauerung, die die einstigen Fensterkanten berücksichtigt, von einer durchgehenden Quaderschicht abgelöst wird.

Die Nebenapsiden besaßen je eine Fensteröffnung. Im Scheitel der Südapsis zeichnet sich diese noch durch eine Störung im Mauerwerk ab während an der Nordapsis die Unterbrechung eines doppelten Ziegelbands erkennbar ist.

Auch die östlichen Kapellenräume der Emporen dürften einst schmale, schlitzförmige Fenster besessen haben. Im Norden fehlt jeder Befund, da hier in osmanischer Zeit die Apsis durch einen geraden Abschluß ersetzt wurde. Im Süden läßt sich eine solche Wandöffnung noch im Inneren des Baus nachweisen; am Außenbau deutet eine Störung des Mauerwerks sowie eine in situ befindliche Fensterbank ebenfalls auf die einstige Existenz dieser Wandöffnung hin.

78 Eyice, Trakya'da bizans devrine ait eserler (s. Anm. 45) 329; ders., Les monuments de la Thrace Turque (s. Anm. 44) 295; Mango, The Byzantine Church at Vize (s. Anm. 48) 10.

b) Pfeilerstützen

In der bisherigen Forschungsliteratur ist bereits mehrfach hervorgehoben worden, daß es sich bei den massiven Pfeilern in den Ecken der Kuppelvierung wahrscheinlich um eine nachträgliche Baumaßahme handelt.[79] Ursprünglich befanden sich wohl auch hier Säulenstützen, die allerdings entweder infolge des hohen statischen Drucks oder aufgrund von Erdbebenschäden ersetzt werden mußten. Ob die Säulen ummantelt wurden, ist dabei keinesfalls sicher; neben dem südwestlichen Pfeiler befindet sich in liegender Position noch eine Säule, deren Maße denen der mittleren Säulenstützen entsprechen. Dies mag darauf hindeuten, daß man entweder einzelne oder alle Säulen entfernte, bevor man die Pfeilerstützen einbrachte. Hinsichtlich der Datierung ist vermutet worden, daß es sich um eine spätbyzantinische Baumaßnahme handelt:[80] Das Mauerwerk besteht aus unterschiedlich dimensionierten, zumeist rechtwinklig geschnittenen Quadern, die bisweilen die gesamte Breite des Pfeilers erreichen.[81] In die Zwischenräume der Quader wurden Ziegel eingefügt. Da die Fugen mit einem rötlichen Mörtel verstrichen wurden, ist nicht mehr feststellbar, ob die Quaderblöcke systematisch mit Ziegeln umgeben wurden. In den feinen rötlichen Putz wurden mit einer dünnen Kordel parallel verlaufende Ritzlinien in den noch nassen Mörtel eingezogen, wie sie für palaiologische Bautechnik typisch sind.[82]

c) Fußboden

Mit der „Restaurierung“ von 1978–1983 verschwanden fast alle Hinweise auf die Abfolge der Bodenniveaus, da man den osmanischen Plattenbelag restlos entfernte.[83] Eine Dokumentation dieses Bodens (Photos, Zeichnungen o. ä.) fehlt gänzlich; nur auf einigen alten Photographien ist er noch ausschnittsweise erkennbar.

Immerhin lassen sich noch die Niveaus der beiden Bodenbeläge feststellen. Geringe Reste des originalen Marmorbelags haben sich im südlichen Seitenschiff erhalten. Hierbei handelt es sich um in situ befindliche, leicht gelbliche Marmor-

79 Eyice, Trakya'da bizans devrine ait eserler (s. Anm. 45) 329; ders., Les monuments de la Thrace Turque (s. Anm. 46) 275; Mango, The Byzantine Church at Vize (s. Anm. 48) 9 Anm. 2.

80 Ötüken – Ousterhout, Notes on the Monuments of Turkish Thrace (s. Anm. 21) 142.

81 Befund an der Nord- und an der Südseite des SO-Pfeilers.

82 So bereits erkannt von Ötüken Ousterhout, Notes on the Monuments of Turkish Thrace (s. Anm. 21) 142.

83 Die Platten befinden sich heute im Bereich westlich der Kirche. Als Bodenbelag verwendete man auch Bruchstücke von Schrankenplatten mit Kreuzdekor und Platten mit griechischen Inschriften: Škorpil (s. Anm. 41) 240.

platten, deren Niveau mit der Standfläche der Plinthen der Säulenstützen korrespondiert. Zu diesem ersten Bodenbelag gehören offenbar auch die Reste eines opus-sectile-Bodens, die im osmanischen Bodenbelag wiederverwendet wurden und sich als lose Bruchstücke teilweise erhalten haben (Abb. 10).[84] Dazu gehören insgesamt fünf Bruchstücke mit variierendem geometrischen Dekor sowie einzelne geschnittene opus-sectile-Plättchen.

Größere Partien originalen Fußbodens haben sich im Bema- und Apsisbereich erhalten, der gegenüber dem Naos durch eine Stufe abgesetzt war. Auf der Höhe der Westseite des Bemas ist noch heute ein sorgfältig gefügter Absatz aus marmornen Basisblöcken erkennbar, die einst die Grenze zum Sanktuar bildeten. Daß sich hier das Templon befand, legen verschiedene Ein- und Abarbeitungen in den Blöcken nahe: Im Zentrum finden sich zwei rechteckige Einlaßspuren im Abstand von 101 cm. Fraglos wurden in diesen Befestigungslöchern die Pfosten des Mitteldurchgangs verankert.

Innerhalb des Bema- und Apsisbereichs sind heute unter einem großflächigen Mörtelbelag, der erst in jüngerer Zeit eingebracht wurde, mehrere sorgfältig gefügte, rechteckige Marmorplatten zu sehen, die Bestandteil des originalen Kirchenfußbodens bilden. Eine eingehende Dokumentation und Analyse dieses Belags kann erst nach Entfernung des modernen Mörtels erfolgen.

Das Niveau des späteren osmanischen Bodenbelags kann heute nur mehr aufgrund alter Photos (Abb. 5) und geringer Spuren an Wänden und Stützen ermittelt werden. Von besonderer Bedeutung ist eine Abarbeitung an der SW-Ecke des südöstlichen Pfeilers, die vermutlich im Zusammenhang mit der Anlage einer (ersten?) Mihrabnische im südlichen Seitenschiff stand (s. u.). Aus ihr geht hervor, daß das türkische Bodenniveau ca. 43 cm über dem einstigen byzantinischen Bodenniveau lag. Ausschlaggebend für die Erhöhung des Bodenbelags dürfte vor allem die zunehmende Feuchtigkeit in den unteren Mauerpartien infolge der Anlagerung von Erdreich am Außenbau gewesen sein.

d) Arkosolgräber

An der Südwand des Kircheninneren befinden sich zwei Arkosolgräber. Ein mit dem Kirchenbau gleichzeitiges Arkosolgrab (A) befindet sich im dritten Joch von Westen (Abb. 11), ein erst nachträglich eingebautes Arkosol (B) befindet sich im ersten Joch. Während der von den Vakıflar durchgeführten Restaurierungsarbeiten wurde unter dem Fußboden von Arkosol A ein Grab entdeckt, in dem

84 Škorpil (s. Anm. 41) 240f.; Mango, The Byzantine Church at Vize (s. Anm. 48) 10. Umzeichnung einzelner Fragmente bereits bei Eyice, Trakya'da bizans devrine ait eserler (s. Anm. 45) Abb. 5. Einzelne opus-sectile-Spolien im türkischen Bodenbelag sind in Mangos Abb. 4 noch erkennbar.

sich menschliche Gebeine befanden. Nach Auskunft des leitenden Architekten der Restaurierungsarbeiten, Erol Çetin, lag dieses Grab unterhalb des byzantinischen Fußbodenniveaus und war mit flachen Ziegeln bedeckt. Auf der Brust des Skeletts liegend wurde ein Bleisiegel gefunden, dessen Inschrift: †Θεο – τόκε βο[ή] – ϑει τῷ σ[ῷ] – δ[ού]λῳ Θ[ε] – οδώρῳ (Obvers) †πατρι – [κ]ίῳ καὶ κ – [ο]ιαίστωρ[ι] – [τ]ῷ Δεκα – πολίτ[ης] (Revers) – *Muttergottes, hilf deinem Diener Theodor, dem Patrikios und Quaestor Dekapolites* – sich auf Theodoros Dekapolites, einen auch aus anderem Zusammenhang bekannten Juristen des frühen und mittleren 10. Jahrhunderts beziehen läßt.[85] Leider unterblieb jegliche Dokumentation dieses gerade für die Datierung des Baus bedeutungsvollen Befunds. Denn die eigentliche Grablege des Arkosols befand sich (in byzantinischer Zeit) oberirdisch: Einarbeitungen belegen die Existenz einer Frontplatte, die mit der Wandfläche bündig abschloß; horizontale Einarbeitungen an der Rückwand und an den seitlichen Gewänden rühren von einer Deckplatte her. Die Rückseite der Grablege besteht aus einer wiederverwendeten Altarplatte (?) mit einer längsrechteckigen Zierprofilierung.

Die Stirnwand des Arkosols wurde nachträglich stark abgearbeitet. Eine Abarbeitung reicht von der linken Kante des Arkosols bis zur benachbarten Wandvorlage. Eine weitere befindet sich links über dem Arkosolbogen, eine dritte, die bis in die Substanz der benachbarten Wandvorlage eingreift, rechts darüber. Diese Eingriffe stehen offensichtlich im Zusammenhang mit einer Abarbeitung an der SW-Ecke des SO-Pfeilers: sie besitzen dieselbe Basishöhe und laufen jeweils bogenförmig aus. Offenbar wurde hier zu einem Zeitpunkt, als der Bau als Moschee diente, ein schräger Einbau vorgenommen, der das ehemalige südliche Seitenschiff blockierte. Die Orientierung weist nach Mekka. So erklärt sich möglicherweise auch die Abarbeitung links neben dem Arkosolscheitel: sie könnte der Rest einer später wieder entfernten Mihrabnische sein.

Über der Arkosolnische haben sich Reste eines Freskos erhalten: im Zentrum ist der thronende Christus zu erkennen – leicht identifizierbar am aufgeschlagenen Codex mit der Inschrift ΕΓΩ ΕΙΜΙ ΤΟ ΦΩC ΤΟΥ ΚΟCΜΟΥ. Zur Rechten Christi befindet sich eine etwas kleinere weibliche Figur, vermutlich Maria, weiter außen folgt ein Engel. Wie bereits Ötüken und Ousterhout erkannten, ist die Darstellung als erweiterte Deesis mit Christus zwischen Maria und Johannes, flankiert von zwei Engeln, zu rekonstruieren.[86]

85 Zu dem Bleisiegel vgl. Ötüken – Ousterhout, Notes on the Monuments of Turkish Thrace (s. Anm. 21) 139–140 mit Taf. 33a. Zu Theodoros Dekapolites s. A. Kazhdan, Oxford Dictionary of Byzantium III, 1991, 2043 s. v. Theodore of Dekapolis (mit weiterer Lit.); vgl. W. Seibt, Beinamen, „Spitznamen", Herkunftsnamen, Familiennamen bis ins 10. Jahrhundert …, Studies in Byzantine Sigillography 7 (2002) 119–136, hier 130.

86 Ötüken – Ousterhout, Notes on the Monuments of Turkish Thrace (s. Anm. 21) 140ff. mit Abb. 6 (Umzeichnung).

Arkosol B gehört mit Sicherheit einer späteren Bauphase an. Hierfür spricht der Befund an der Außenfassade: Um die gewünschte Tiefe von 1,24 m zu erreichen, hat man die Außenwand der Kirche in diesem Bereich ausgebrochen und durch eine zwischen den Wandvorlagen hervorspringende, aus Bruchsteinen bestehende Aufmauerung verschlossen. Zugleich hat man das Arkosolgrab nach Innen bis auf die Höhe der östlich anschließenden Wandvorlage erweitert. Jeglicher Ausstattungsrest fehlt; die Wandoberfläche wurde 1978–1983 mit weißem Mörtelverputz versehen.

e) Originale Ausmalung

Innerhalb des Naos und des Narthex lassen sich – abgesehen von dem bereits erwähnten Deesis-Fresko über Arkosol A – noch an einigen weiteren Stellen geringe Reste der ursprünglichen Ausmalung beobachten. In der Ecke zwischen der Westwand des Naos und der anschließenden südlichen Stützenwand ist noch eine größere Partie dunkelblauem Grunds zu erkennen. An der Ostwand des Narthex, im Joch zwischen dem Zugang zum Naos und dem Minaret, haben sich spärliche Reste zweier nimbierter Figuren erhalten, deren Gesichter nachträglich ausgeschlagen wurden. Diese Malereischicht befindet sich unmittelbar auf dem Ziegelmauerwerk, muß also zur Erstausstattung der Kirche gehören.[87] In der älteren Literatur finden sich zudem Hinweise auf Malereien, die inzwischen gänzlich verloren sind. Lampousiades sah 1920/22 noch beachtliche Reste von byzantinischen Malereien, auf die er allerdings nur sehr summarisch verweist.[88] Mango erkannte zwei stehende Heilige auf der Südwand des südöstlichen Stützenpfeilers.[89]

Der interessanteste Hinweis auf inzwischen verlorene Malereien stammt von Ertuğrul. Beim Entfernen des Erdreichs im Narthex im Jahre 1995 fielen einzelne Partien der byzantinischen Ausmalungen von der Wand ab und brachten ein Fragment mit der Darstellung einer weiblichen Heiligen in Orantenhaltung zum Vorschein.[90] Unter der Figur befand sich die einst von Lampousiades publizierte Inschrift, die Mango als Pilgergraffito mit Anrufung an die hll. Maria und Martha interpretierte und bereits in den 60er Jahren als verloren ansah.[91] Geht man mit

87 Ötüken – Ousterhout, Notes on the Monuments of Turkish Thrace (s. Anm. 21) 142.

88 Lampousiades (s. Anm. 41) 66.

89 Mango, The Byzantine Church at Vize (s. Anm. 48) 11, Anm. 9.

90 Kahramankaptan – Ertuğrul (s. Anm. 58) 28f. Bisher gelang es uns nicht, die Freskenreste ausfindig zu machen. Eine Anfrage an das Museum von Kırklareli ergab, daß sie sich dort nicht befinden.

91 Lampousiades (s. Anm. 42) 66; Mango, The Byzantine Church at Vize (s. Anm. 48) 11. Die Inschrift ist nach Kahramankaptan – Ertuğrul (s. Anm. 58) 28f., gemalt und nicht eingeritzt, wie man das bei einem Pilgergraffito erwarten würde.

Mango davon aus, daß sich die Inschrift am Grab der Heiligen befand, würde dies bedeuten, daß Maria und Martha im Narthex bestattet waren.[92]

4.2 Werkstückkatalog

Im Bereich der Kirche fanden sich zahlreiche Werkstücke, sowohl als Spolien im Mauerwerk verbaut, als auch außerhalb jeglichen Kontexts in und außerhalb des Baus. Diese in der bisherigen Forschungsliteratur nur summarisch erwähnten Werkstücke wurden von Roberta Casagrande und Kirstin Noreen zeichnerisch und photographisch dokumentiert und werden in einer späteren Publikation ausführlich vorgestellt. Ötüken und Ousterhout erwähnten bereits das Fragment eines Ambos und ein ionisches Kämpferkapitell, die sich im Bereich westlich vor der Kirche befanden. Ertuğrul sah 1995 ebenfalls mehrere Werkstücke: das Fragment eines Sarkophags mit Kreuz, ein Inschriftenfragment im Boden, das heute vom nachträglich eingezogenen Holzboden bedeckt wird, und einen Inschriftenblock mit der Aufschrift † HΛIAC†.[93]

Einige dieser von Ertuğrul erwähnten Werkstücke konnten von uns wiederentdeckt werden. Am 18. Juli 2003 wurde ein rezente Aufschlichtung aus verschiedenen Bruchsteinen und Werkstücken im Südbereich des Narthex ausgenommen. Dabei fanden sich Fragmente verschiedener Schrankenplatten (Abb. 12), eine nahezu komplette Ambowange (Abb. 13a) und die Plattform eines Ambos (Abb. 13b), ein Türsturz mit einem Reliefkreuz an der Stirnseite, ein Werkstück in der Form eines Tür- oder Fenstersturzes mit der Inschrift † HΛIAC† und verschiedene osmanische Grabsteine.

Problematisch ist es, daß fast alle Werkstücke entkontextualisiert sind und es nicht sicher ist, ob sie aus der Hagia Sophia oder einem der benachbarten Bauten stammen. Die unterschiedliche Gestaltung der zumeist ins 6. Jahrhundert zu datierenden Schrankenplatten deutet auf unterschiedliche Primärkontexte hin.[94] Dies schließt jedoch nicht aus, daß sie als liturgische Einrichtung des späteren Baus dienten.

---

92 Zur Bestattung der Heiligen in der Kathedrale vgl. Acta Sanctorum, Nov. IV, 697B. Eine Bestattung der Heiligen außerhalb des Naos mag auch eine Wundererzählung aus ihrer Vita nahelegen, in der berichtet wird, daß fünf besessene Männer an ihrem Grab zusammenkamen, das Grab öffneten und geheilt wurden „während die heilige Messe gefeiert wurde." Vgl. Acta Sanctorum, Nov. IV, 698E.

93 Kahramankaptan – Ertuğrul (s. Anm. 58) 28.

94 Einige der heute erhaltenen Schrankenplattenfragmente könnten in türkischer Zeit als Bodenbelag verwendet worden sein: Škorpil (s. Anm. 41) 240 f.

5. Perspektiven

Viele der noch offenen Fragen, vor allem zur Chronologie und Bauabfolge, können erst nach dem für 2004 vorgesehenen Abschluß der Baufnahme beantwortet werden. Fraglich ist noch der Umfang der Instandsetzung des Baus in spätbyzantinischer bzw. osmanischer Zeit, in der man die Nordhälfte der Kuppel wiedererrichtete. Problematisch ist die moderne Verfugung am Außenbau, die die Befundanalyse erheblich erschwert, und der flächige Verputz im Bauinneren.

Zu klären bleiben auch die Mauerreste, die sich in dem Bereich vor der Westseite der Kirche abzeichnen. Hier sind Spuren eines weiteren Baukörpers zu erkennen, bei dem es sich möglicherweise um einen offenen Vorhof aus osmanischer Zeit gehandelt haben könnte (Abb. 3). Ältere Aufnahmen zeigen an dieser Stelle noch Reste einer aufgehenden Wand aus sehr heterogenem Bruchsteinmaterial (Abb. 2).[95]

Schließlich soll das Verhältnis der Kirche zu ihrem Vorgängerbau geklärt werden. Reste der Apsis und der östlichen Begrenzungsmauern der Seitenschiffe dieses Baus haben sich östlich der Dreiapsidengruppe erhalten. Von besonderer Bedeutung wäre es, das einstige Fußbodenniveau und die Lage der Stützenwand der älteren Kirche zu bestimmen. Ob die älteren Mauerpartien unter der modernen Stützmauer ebenfalls zu dieser ersten Kirche gehören, wird noch zu klären sein. Möglicherweise lassen sich Reste des älteren Baus auch im Westbereich vor der Kirche feststellen.

Vordringlichste Aufgabe ist jedoch eine zumindest teilweise Sicherung des Kirchenbaus. Um den vom Einsturz bedrohten Narthex zu sichern, ist es notwendig, möglichst umgehend über dem Gewölbe ein Schutzdach zu errichten. Ein zweites Problem ist der Wasserstau im Bereich zwischen Kirchenäußerem und moderner Stützwand sowie im Kircheninneren. Eine Entwässerung kann nur nach Westen hin erfolgen. Somit wäre es wünschenswert, westlich der Kirche Grabungssondagen vorzunehmen, um Klarheit über den Befund in diesem Bereich zu erhalten und die Anlage von Drainagekanälen vorzubereiten. So wäre dazu beigetragen, den Verfall des Baus zu stoppen und die Grundlage für eine behutsame Restaurierung zu schaffen.

95 F. Dirimtekin, Vize'deki Ayasofya Kilisesi (Süleyman Paşa), Ayasofya Müzesi Yıllığı 3, 1961, 18–20 Abb. 5; Eyice, Trakya'da bizans devrine ait eserler (s. Anm. 45) Abb. 2; Mango, The Byzantine Church at Vize (s. Anm. 48) Abb. 3.

Abbildungsnachweis:

Abb. 1: R. M. Dawkins, The Modern Carnival in Thrace and the Cult of Dionysus, Journal of Hellenic Studies 24, 1906, 191–206, hier Abb. 2 auf S. 193.
- Abb. 2 u. 5: Urs Peschlow / Mainz.
- Abb. 3–4 u.
  6–13: Verf.

Abb. 1: Vize, Hagia Sophia (Süleyman Paşa Camii), Ansicht von Südosten. Photographie aus dem frühen 20. Jahrhundert (R. M. Dawkins).

Abb. 2: Vize, Hagia Sophia (Süleyman Paşa Camii), Ansicht von Südwesten. Photographie von 1969 (U. Peschlow).

Abb. 3: Vize, Hagia Sophia (Süleyman Paşa Camii), Ansicht von Westen (2003).

Abb. 4: Vize, Hagia Sophia (Süleyman Paşa Camii), Ansicht von Osten (2003).

Abb. 5: Vize, Hagia Sophia (Süleyman Paşa Camii), Inneres nach Osten. Photographie von 1969 (U. Peschlow).

Abb. 6: Vize, Hagia Sophia (Süleyman Paşa Camii), Inneres nach Osten (2003).

Abb. 7: Vize, Hagia Sophia (Süleyman Paşa Camii), Gewölbe des Narthex (2003).

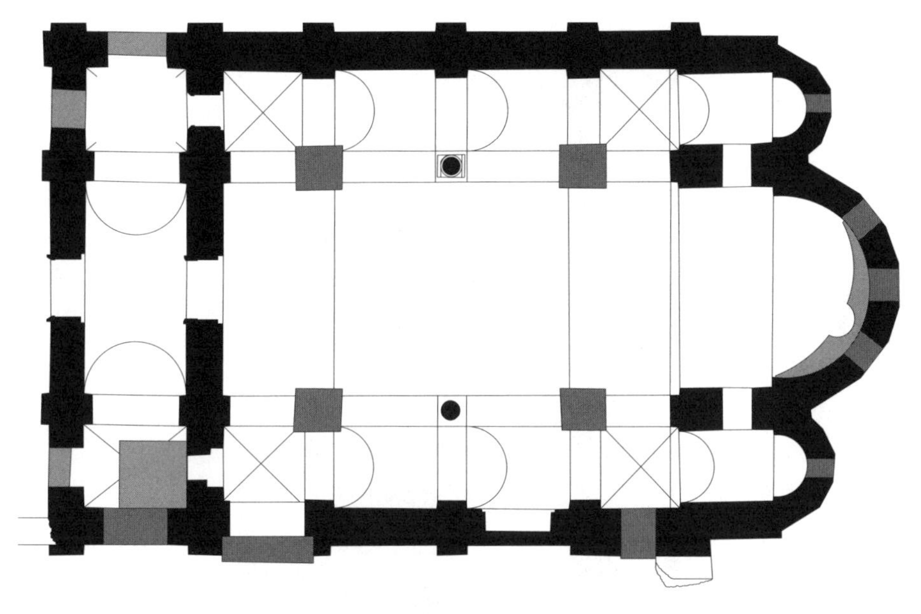

Vize, Hagia Sophia

Grundriß (oben) und Schnitt auf der Ebene der Emporen (unten)

■ Byzantinisch I ■ Byzantinisch II ■ Osmanisch ■ Rezent

0m 5m

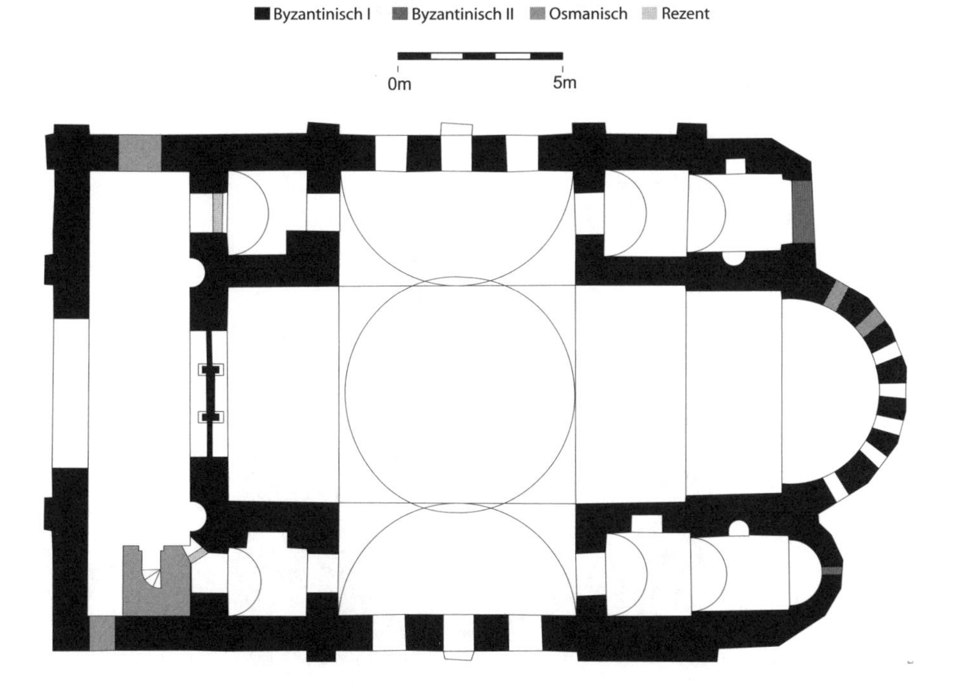

Abb. 8: Vize, Hagia Sophia (Süleyman Paşa Camii), Grundriß und Schnitt auf Emporenebene unter Berücksichtigung der verschiedenen Bauphasen.

Abb. 9: Vize, Hagia Sophia (Süleyman Paşa Camii), Hauptapsis von Südosten (2003).

Abb. 10: Vize, Hagia Sophia (Süleyman Paşa Camii), Fragment des originalen opus-sectile-Bodens.

Abb. 11: Vize, Hagia Sophia (Süleyman Paşa Camii), Arkosol in der Südwand.

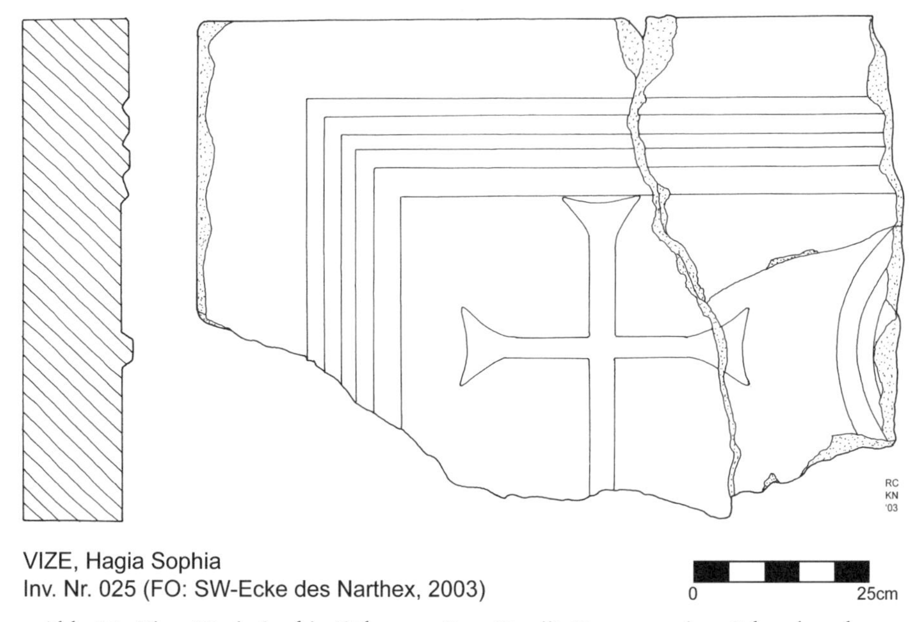

Abb. 12: Vize, Hagia Sophia (Süleyman Paşa Camii), Fragment einer Schrankenplatte (Umzeichnung R. Casagrande / K. Noreen).

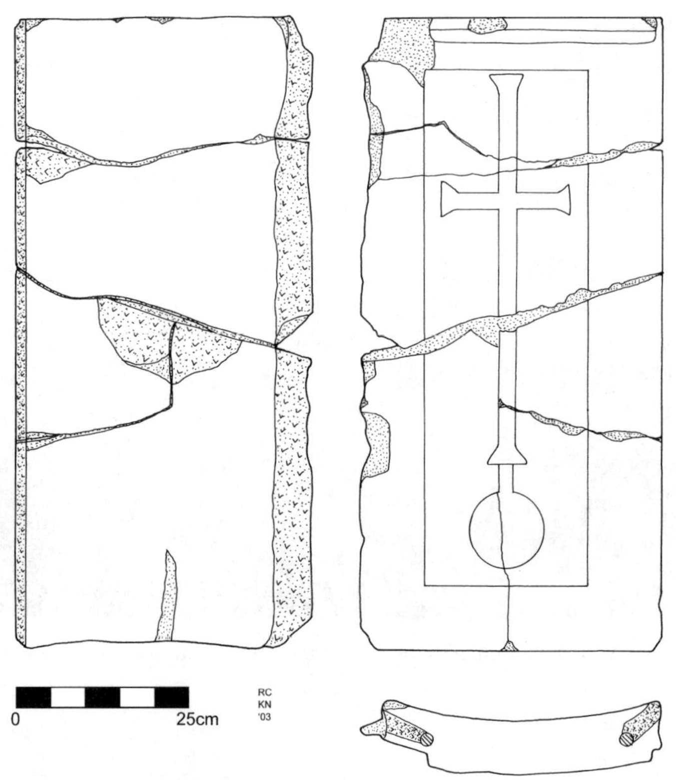

Abb. 13a: Vize, Hagia Sophia (Süleyman Paşa Camii), Ambowange (Umzeichnung R. Casagrande / K. Noreen).

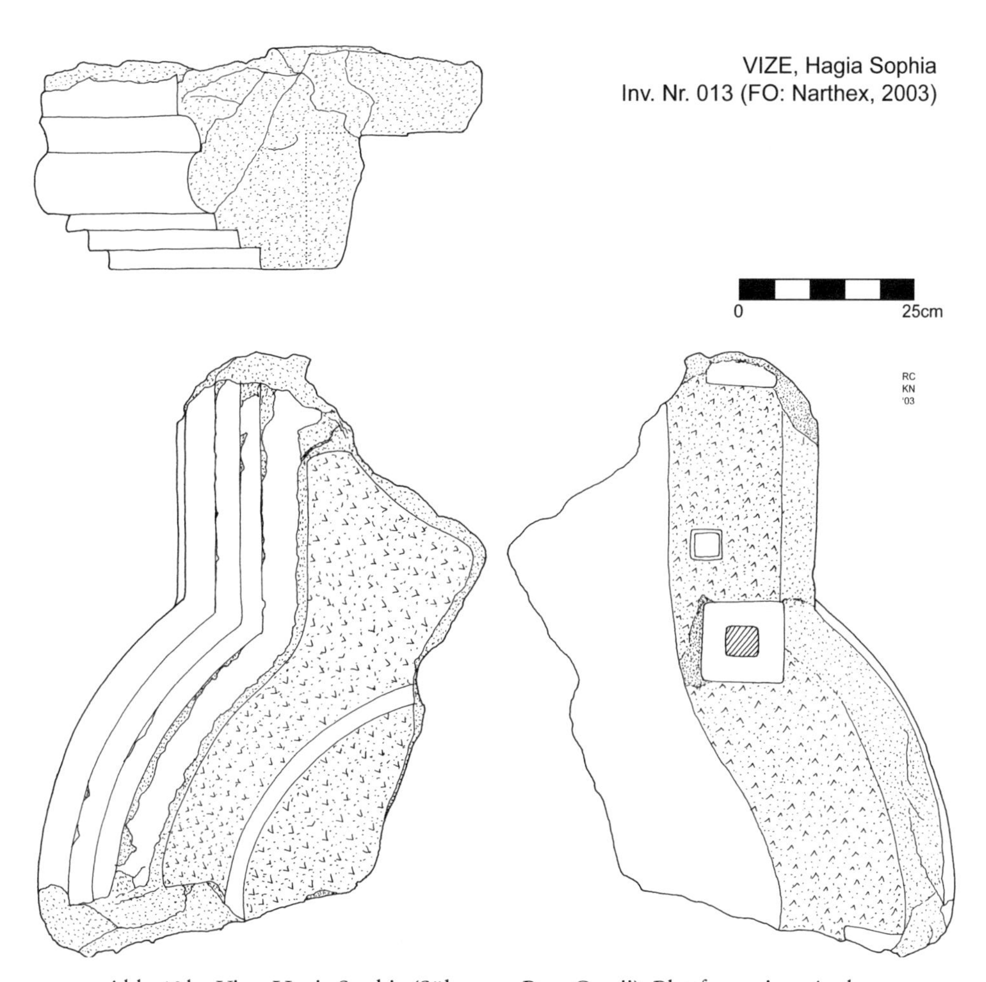

Abb. 13b: Vize, Hagia Sophia (Süleyman Paşa Camii), Plattform eines Ambos (Umzeichnung R. Casagrande / K. Noreen).

Autoren dieses Bandes

Dr. Neslihan Asutay-Effenberger und Prof. Dr. Arne Effenberger, Staatliche Museen zu Berlin, Preußischer Kulturbesitz, Museum für Byzantinische Kunst, Bodestr. 1–3, D-10178 Berlin

PD Dr. Franz Alto Bauer, Kunsthistorisches Seminar, Universität Basel, St. Alban-Graben 8, CH-4010 Basel

Prof. Dr. Albrecht Berger, Institut für Byzantinistik, Byzantinische Kunstgeschichte und Neogräzistik, Ludwigs-Maximilians-Universität, Geschwister-Scholl-Platz 1, D-80539 München

Prof. Dr. Bruno Bleckmann, Heinrich-Heine-Universität, Historisches Seminar III: Lehrstuhl für Alte Geschichte, Universitätsstraße 1, D-40225 Düsseldorf

Prof. Dr. Barbara E. Borg, Department of Classics and Ancient History, Queen's Building, The Queen's Drive, Exeter EX4 4QH, United Kingdom

Prof. Dr. Salvatore Cosentino, Dipartimento di Storie e Metodi per la Conservazione dei Beni Culturali, Università di Bologna – Sede di Ravenna, Via Mariani, 5, I-48100 Ravenna

Dr. Altay Coşkun, Universität Trier, Fachbereich III – Geschichte, Abteilung Alte Geschichte, D-54286 Trier

Dr. Holger A. Klein, The Robert P. Bergman Curator of Medieval Art, The Cleveland Museum of Art, 11150 East Boulevard, Cleveland, OH, 44106, USA

Prof. Dr. Hartmut Leppin, Abteilung für Alte Geschichte, Johann Wolfgang Goethe-Universität, Grüneburgplatz 1, D-60629 Frankfurt / Main

Dr. David Lambert, School of Classics, St Andrews University, St Andrews KY16 9AL, United Kingdom

Prof. Dr. Gabriele Marasco, Università di Viterbo, Via Val Senio, 19, I-00141 Roma

Prof. Dr. Mischa Meier, Eberhard-Karls-Universität Tübingen, Geschichtswissenschaftliche Fakultät, Abteilung für Alte Geschichte, Wilhelmstraße 36 (Hegelbau), D-72074 Tübingen

Prof. Dr. Peter von Möllendorff, Institut für Altertumswissenschaften, Justus-Liebig-Universität, Otto-Behaghel-Str. 10, Haus G, D-35394 Gießen

Prof. Dr. Karla Pollmann, School of Classics, St Andrews University, St Andrews, KY16 9AL, United Kingdom

PD Dr. Thomas Pratsch, Berlin-Brandenburgische Akademie der Wissenschaften, Prosopographie der mittelbyzantinistischen Zeit, Jägerstraße 22/23, D-10117 Berlin